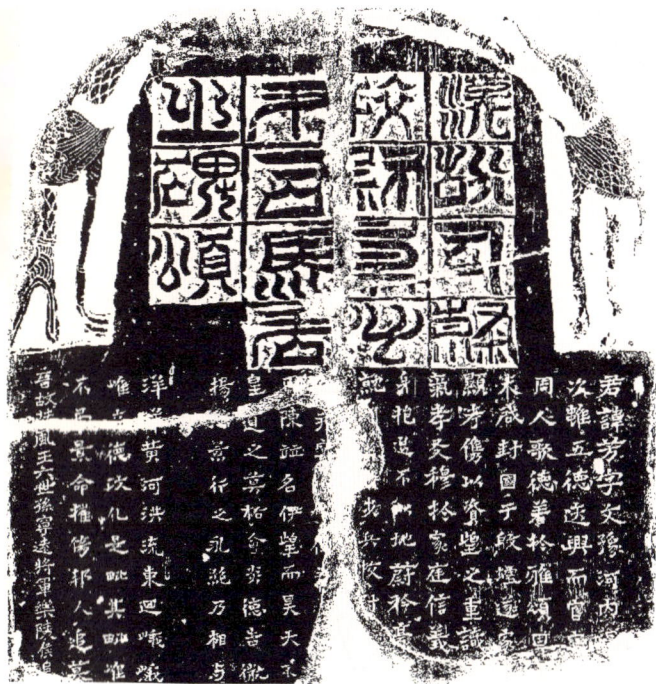

《汉故司隶校尉京兆尹司马君之碑颂》残碑

《汉故司隶校尉京兆尹司马君之碑颂》残碑（碑阴）

司 马 懿 传

朱子彦 著

人民出版社

司马懿像（选自明代《三才图会》）

司 马 懿 传

朱子彦 著

人 民 出 版 社

司马懿像（选自明代《三才图会》）

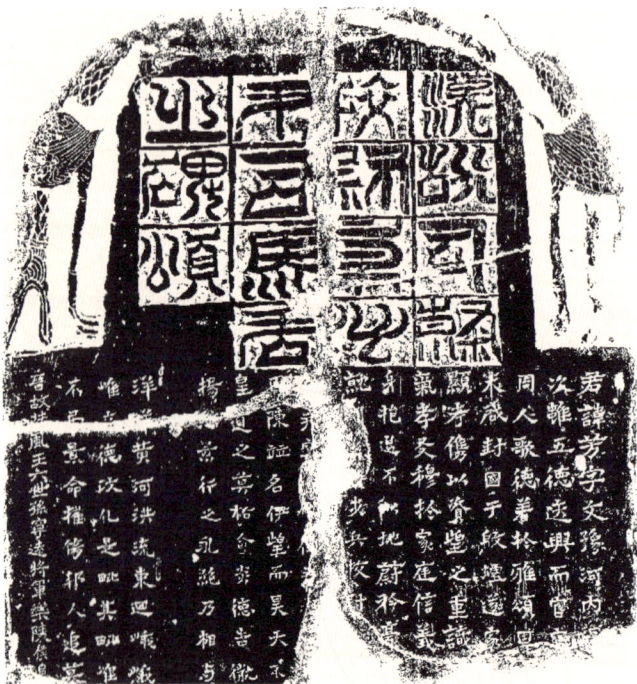

《汉故司隶校尉京兆尹司马君之碑颂》残碑

《汉故司隶校尉京兆尹司马君之碑颂》残碑（碑阴）

目　　录

3

绪言　司马懿历史形象再思考

三国时代龙争虎斗,英雄辈出,而诸葛亮、司马懿则是其中极具代表性的人物。千百年来,人们将诸葛亮奉为中华民族智慧的化身,是清廉的典范、正义的象征、爱民的贤相、忠臣的圭臬,而将司马懿定性为凶狠阴鸷、残暴嗜杀、老奸巨猾,是狐媚事上的野心家、阴谋家。汉晋之际,这两位具有雄才大略的政治家、军事家,两位在历史舞台上叱咤风云,在治国理政、用兵谋略上难分伯仲的历史人物,最终的历史评价反差之大犹如云泥,令人惊诧莫名。

毋庸讳言,对历史人物的评价是一个极其复杂的问题。历史人物往往功过集于一身,其中不合逻辑、前后矛盾的"二律背反"①现象比比皆是。② 司马懿是汉魏时期的杰出人物,这是没有疑义的。但他既是老谋深算的权谋家,酷虐诡诈、雄猜多忌的权臣,又是那个时代优秀的政治家、杰出的军事家,推动历史进步的英雄。这二者看似相矛盾,但中间并无一条明显的鸿沟,两者之间并不是

---

① 二律背反(antinomies)是十八世纪德国古典哲学家康德提出的哲学基本概念。它指双方各自依据普遍承认的原则建立起来的公认的两个命题之间的矛盾冲突。由于人类理性认识的辩证性力图超越自己的经验界限去认识物体,误把宇宙理念当作认识对象,用说明现象的东西去说明它,这就必然产生二律背反,而实践则可以使主观见之于客观,论证相对性与绝对性统一的真理。

② 例如像曹操这样复杂的历史人物,岂能简单地褒贬其功过是非。在曹操身上集中的种种悖论,还是月旦评主持人许邵的那句名言:"子治世之能臣,乱世之奸雄",最能概括曹操之所作所为。这个"能臣"提出了"唯才是举"的用人政策,而这个"奸雄"又以"宁我负人,毋人负我"为其处世准则。

1

泾渭分明。

人是世界上最复杂的动物,人之行为的悖论,人性之曲折隐秘,复杂多变,难以逆料,所以要知人论世最为不易。而评述历史人物,最易犯的通病,就是褒之将其神化、圣化,贬之将其丑化、污名化、妖魔化,而褒贬严重失实的症结,就是不能实事求是,不尊重史事的真相。二十世纪有知名学者替商纣王、曹操、武则天全面翻案,极力吹捧李白、肆意贬低杜甫等就是这方面的典型。臧否历史人物或事件,最需要注意的关节点,就是力求保持客观的态度,不能用理论来削足适履,不要过度注目于某些历史积案的是非,也不要简单地用后世的是非观、价值观来判断历史。特别需要摆脱历史人物平面化、道德化的研究方法。

有关司马懿及曹魏政治的研究历来不乏前贤时彦的关注,但司马懿历史形象的形成过程如何?古代著名史学家对司马懿的评论究竟是否恰如其分?司马懿究竟是曹魏政权的掘墓人,还是曹操事业的继承人,或者是两者兼而有之?从历史发展的潮流而言,这二者又孰轻孰重?似乎这些问题尚无学人涉足,笔者不敏,试作如下分析。

一、仁义道德与"卡里斯玛"的博弈

司马懿被后人长期诟病的主要原因是他的"狼顾相","三马同食一槽"的谶谣,以及"高平陵之变"。关于"狼顾相""三马同食一槽"以及"高平陵之变"前后经过,笔者在正文中将作全面分析和论述。这里需要补充的是世人对"高平陵之变"的看法。

高平陵之变后,"夏侯霸降蜀,姜维问之曰:'司马懿既得彼政,当复有征伐之志不?'霸曰:'彼方营立家门,未遑外事。'"①所

---

① 《三国志》卷28《钟会传》注引《汉晋春秋》。

谓"营立家门",周一良诠释云:"并非谋求发家致富,而是谋求取代曹氏,篡夺政权,司马氏之心固不待司马昭而路人皆知矣。"①可见,司马懿在高平陵之变中施展的阴谋权术与狠毒凶残已暴露无遗,其政治品格不断地受到时人的谴责。

按照"成王败寇"的历史法则,司马懿惩治曹爽一党,本不足奇,问题在于,当初司马懿对曹爽承诺只要放弃兵权,即"免官而已",而且又由殿中校尉尹大目、侍中许允、尚书陈泰、太尉蒋济等人作担保,以洛水为誓,不可谓不郑重。故曹爽才打消了疑虑,讲出"我不失作富家翁"②之语,而俯首臣服。可见司马懿的信誓旦旦才是瓦解曹爽意志并迅速剪除曹爽集团的关键之举。司马懿在此事件中的出尔反尔、言而无信造成了极为恶劣的政治影响,蒋济、许允、尹大目、陈泰等人,或表示了极度的愤懑,或日后成为司马氏的政敌。当曹爽被杀,司马氏党羽纷纷论功行赏之际,蒋济却拒绝晋爵增封,因为他从司马懿大肆杀戮曹魏皇室宗子枝属的行动中,察觉出司马懿篡政夺权之心。蒋济感到自己失信于曹爽,故极为羞愧,不久负疚而病殁。许允在嘉平六年(254)与张缉、李丰等人共同策划诛灭司马师兄弟,最后事败,被司马师流徙乐浪郡,于半道而死。③司马懿利用曹爽的心腹尹大目来诱骗曹爽,尹大目眼见曹爽因自己而死,悔恨交加,故后来助毌丘俭反

---

① 周一良:《魏晋南北朝史札记》"曹氏司马氏斗争"条,中华书局1985年,第27页。
② 《三国志》卷9《曹爽传》注引《魏氏春秋》。
③ 《三国志》卷4《齐王芳纪》注引《世语》及《魏氏春秋》并云:"此秋,姜维寇陇右。时安东将军司马文王镇许昌,征还击维,至京师,帝於平乐观以临军过。中领军许允与左右小臣谋,因文王辞,杀之,勒其众以退大将军。"《三国志》卷9《夏侯玄传》注引《魏略》曰:"(许)允闻李丰等被收,欲往见大将军,已出门,回遑不定,中道还取袴,丰等已收讫。大将军闻允前遽,怪之曰:'我自收丰等,不知士大夫何为怱怱乎?'是时朝臣遽者多耳,而众人咸以为意在允也。……允以嘉平六年秋徙,妻子不得随,行道未到,以其年冬死。"

司马师。① 陈群、陈泰父子与司马氏为世交,泰父陈群与司马懿、吴质、朱铄同为曹丕四友,陈泰更是司马师、司马昭兄弟的至交,两家有通家之谊。然而面对高贵乡公曹髦被司马昭所弑,陈泰悲痛欲绝,"帝之崩也,太傅司马孚、尚书右仆射陈泰枕帝尸于股,号哭尽哀",陈泰怒不可遏地对司马昭说:"独有斩贾充,少可于谢天下耳。"司马昭不允,要他"更思其他",陈泰坚决不同意,说:"岂可使泰复发后言。"②不久,陈泰呕血而死。值得注意的是不仅陈泰、蒋济、许允等司马氏的故旧心腹对司马父子的狡诈凶残有了清醒认识,连司马懿之弟司马孚也觉得司马昭弑君有悖君臣之道,故"枕尸于股,哭之恸,曰:'杀陛下者臣之罪。'奏推主者"。临终前他一再声称自己是"大魏之纯臣""有魏贞士",③对司马昭弑君、司马炎受禅表示了不满。

高平陵之变本是曹魏统治集团的内部斗争,但司马懿过于阴鸷残暴的行径使蜀汉大将军费祎也为曹爽的遭遇而鸣不平。史载:"司马懿诛曹爽,费祎设甲乙论平其是非。甲以为曹爽兄弟凡品庸人,苟以宗子枝属,得蒙顾命之任,而骄奢僭逸,交非其人,私树朋党,谋以乱国。懿奋诛讨,一朝殄尽,此所以称其任,副士民之望也。乙以为懿感曹仲付己不一,岂爽与相干?事势不专,以此阴成疵瑕。初无忠告侃尔之训,一朝屠戮,攘其不意,岂大人经国笃本之事乎!若爽信有谋主之心,大逆已构,而发兵之日,更以芳委

---

① 《三国志》卷28《毌丘俭传》注引《魏末传》载:"殿中人姓尹,字大目,小为曹氏家奴,常侍在帝侧,大将军(司马师)将俱行。大目知大将军一目已突出,启云:'文钦本是明公腹心,但为人所误耳,又天子乡里。大目昔为文钦所信,乞得追解语之,令还与公复好。'大将军听遣大目单身往,乘大马,被铠甲,追文钦,遥相与语。大目心实欲曹氏安,谬言:'君侯何苦若不可复忍数日中也!'欲使钦解其旨。钦殊不悟,乃更厉声骂大目。……大目涕泣曰:'世事败矣,善自努力也。'"
② 《三国志》卷22《陈泰传》注引《魏氏春秋》。
③ 《晋书》卷37《安平献王孚传》。

爽兄弟。懿父子从后闭门举兵，蹙而向芳，必无悉宁，忠臣为君深虑之谓乎？以此推之，爽无大恶明矣，若懿以爽奢僭，废之刑之可也。灭其尺口，被以不义，绝子丹血食，及何晏子魏之亲甥，亦与同戮，为僭滥不当矣。"①这是局外人的看法，当属公允之论。

在中国历史上，以禅代范式成功地进行易代更祚的始作俑者是曹操、曹丕父子，②司马氏只不过因袭曹魏故事，如法炮制而已。然而在汉晋之际人们的观念中，与曹氏相比，对司马氏的品评似乎更等而下之。曹操虽被吴、蜀等敌国骂为"汉贼"，然而《三国志·武帝纪》却对其高度评价，并无不恭之词；反之《晋书·宣帝纪》对司马懿的评价与曹操相去甚远，根本不可以道里计，作为一代奠基之君的本纪中竟然出现"三马同食一槽""狼顾相""猜忍"等严重的贬义词，这不能不引起史家的深思。更令人吃惊的是《宣帝纪》的篇末记载了东晋宰辅王导与明帝的一段对话：

> 明帝时，王导侍坐。帝问前世所以得天下，导乃陈帝(司马懿)创业之始，及文帝(司马昭)末高贵乡公事。明帝以面覆床曰："若如公言，晋祚复安得长远！"

王导向明帝讲述的司马懿"创业之始"，即指司马懿发动高平陵之变，诛杀曹爽；"文帝末高贵乡公事"是指司马昭弑魏主曹髦。而身为司马氏后裔的晋明帝竟然认为祖宗以如此手段夺权，颇不光彩，故羞愧地说："若如公言，晋祚复安得长远！"可见，司马篡魏的理念在魏晋人的心目中业已根深蒂固。

魏晋以降的人们对司马代魏更有成见。不少人都认为司马氏弑主篡逆，得天下不正。后赵君主石勒曾云："大丈夫行事当磊磊落落，如日月皎然，终不能如曹孟德、司马仲达父子，欺他孤儿寡

---

① 《三国志》卷44《费祎传》注引殷基《通语》。
② 参阅朱子彦：《汉魏禅代与三国政治》第一章《王朝鼎革的主流形态：以汉魏禅代为中心》，东方出版中心2013年，第14—73页。

妇,狐媚以取天下也。"①最具代表性的是唐太宗为《晋书·宣帝纪》所撰的制书,他对司马懿的欺伪之行进行了严厉地批评:

> (司马懿)受遗二主,佐命三朝,既承忍死之托,曾无殉生之报。天子在外,内起甲兵,陵土未干,遽相诛戮,贞臣之体,宁若此乎……辅佐之心,何前忠而后乱?故晋明掩面,耻欺伪以成功;石勒肆言,笑奸回以定业。古人有云:"积善三年,知之者少,为恶一日,闻于天下。"可不谓然乎!虽自隐过当年,而终见嗤后代。亦犹窃钟掩耳,以众人为不闻,锐意盗金,谓市中为莫睹。故知贪于近者则遗远,溺于利者则伤名,若不损己以益人,则当祸人而福己。

《晋书》对司马篡魏的看法,不仅是魏晋人的观点,也是唐人的观点。李世民是一位非常注重资鉴历史功能的皇帝,他在《修晋书诏》中明确指出历史的使命是经世致用:"盖史籍之为用也。彰善瘅恶,激一代之清芬,褒吉惩凶,备百王之令。"②可见,李世民对司马懿之评有警世之意。

降及后世,清代史学家赵翼的批判亦极具代表性:

> (曹)操当汉室大坏之后,起义兵,诛暴乱,汉之臣如袁绍、吕布、刘表、陶谦等能与操为敌者,多手自削平,或死或诛。其在朝者,不过如杨彪、孔融等数文臣,亦废且杀。其余列侯将帅,皆操所擢用……司马氏则当文帝、明帝国势方隆之日,猝遇幼主嗣位,得窃威权。其时中外臣工尚皆魏帝所用之人。内有张缉、苏铄、乐敦、刘贤等,伺隙相图;外有王凌、毌丘俭、诸葛诞等相继起兵,声讨司马氏。惟恃挟天子以肆其奸,一离京辇,则祸不可测。故父子三人执国柄,终不敢出国门一步。③

① 《晋书》卷105《石勒载记》。
② 《唐大诏令集》卷81《修晋书诏》,商务印书馆1959年,第467页。
③ (清)赵翼:《廿二史札记校证》卷7"魏晋禅代不同"条,中华书局1984年。

赵翼的评论至少代表了魏晋至清代大多数人的看法。至此司马篡魏几乎成了层累①的历史结论。②

诚然,这些对司马懿的负面评论都有一定的道理,但也必须清醒地认识到:历史上对司马懿的所有指责都涉及伦理道德层面,即司马懿以奸诈欺伪之术篡夺曹魏政权。对普通布衣平民而言,奸诈欺伪之术当然为世人所鄙视,以儒家伦理道德来看,是否言行一致,忠孝仁义诚信是衡量君子与小人的标尺。君子尚德崇义,"耻其言而过其行"。③ 特别是有宋以降,程朱理学、陆王心学等儒学各个学派强调"内圣外王""正心诚意""破心中贼"之后,对个人的道德修养就提出了更高的要求。然而,对君主、统治者、政治家而言,过分强调伦理道德恐怕将难以成就大事,更遑论治国平天下。德国著名社会学家、哲学家马克斯·韦伯(Max Weber)曾经提出"卡里斯玛"型的权威和人格。卡里斯玛(Charisma)原意为"神圣的天赋",来自早期基督教,初时指得到神帮助的超常人物,后来引申为具有非凡魅力和能力的领袖。在中国历史上,具有"卡里斯玛"品质的人,大都是王朝鼎革时期的开国之君,他们为了能夺取江山社稷,往往不择手段,采取一切可以采取的权术和谋略,本来只是带兵将帅在军事上运用的"兵不厌诈"和《孙子兵法》中的各种谋略,到了具有"卡里斯玛"品质的帝王那里,已经将兵不厌诈的权术广泛地运用到政治斗争层面。

在血雨腥风的政治与军事斗争中,仁义诚信几乎成了装饰品,谁若过分强调仁义与诚信,就成了书呆子式的酸儒,为雄才大略的

① 顾颉刚是二十世纪中国最具影响力的史学家之一,他提出"层累说",创建"古史辨派",在国内外史学界产生广泛深远的影响。
② 近现代以降,学界对司马代魏的看法已与古人不完全一致,甚至大异其趣。此处仅是探讨司马篡魏的观念是如何形成的,并不代表笔者也认同此观念。我认为,今日学者对司马代魏应作出更客观、更符合历史的评判。
③ 来可泓:《论语直解·宪问》,复旦大学出版社 1996 年。

君主所不屑。①"卡里斯玛"型的人物需要具备智勇双全的政治品质。所谓"智",即富于权谋、善于机变、拔擢人才、纳谏如流、豁达大度。所谓"勇",并非是指匹夫之勇,而是指杀伐决断,坚忍不拔,翻手为云,覆手为雨,心狠手毒,决不行宋襄公那种不击半渡、不杀二毛,蠢猪式的"仁义",也鄙视项羽式的"妇人之仁"。② 为了消灭政敌,必须不择各种阴谋手段,决不能心慈手软。历史证明,有勇无智者,乌江自刎;有智无勇者,不能当人主。

高平陵事件中,司马懿指洛水为誓决不杀曹爽,然而最终却夷其三族,此事历来为世人所诟病。但如果我们开拓历史的视野来看,此类事多矣。楚汉战争进入相持阶段时,刘邦、项羽两方皆已疲惫不堪,故于鸿沟议和,中分天下,休兵罢战。项羽将刘邦老父妻子等人质放还,撤军退回楚地。但刘邦却采纳了陈平、张良之策,毫不犹豫地撕毁了墨迹未干的鸿沟之约,率兵追杀项羽,最终逼项王自刎于垓下。③ 史家每每斥责汉高、明祖诛杀开国功臣,斥

---

① 汉高祖刘邦最厌恶书呆子式的儒生,甚至将尿撒入儒冠之中,故舌辩之士郦食其见刘邦时,不敢自称儒生,而称自己是高阳酒徒。

② 《史记》卷92《淮阴侯列传》记载韩信对刘邦云项羽之为人:"项王喑噁叱咤,千人皆废,然不能任属贤将,此特匹夫之勇耳。项王见人恭敬慈爱,言语呕呕,人有疾病,涕泣分食饮,至使人有功当封爵者,印刓敝,忍不能予,此所谓妇人之仁也。"

③ 此类言而无信之事史不绝书。如黄武五年(226),任交趾太守40年之久的士燮去世,士燮之子士徽意欲叛吴自立,割据一方。吴安南将军吕岱率兵前往交趾。士徽听说吕岱率军前来讨伐,十分惊恐,不知所措。士徽的堂弟中郎将士匡与吕岱有旧,吕岱任命士匡为师友从事,先让他写信给士徽,"告喻祸福"。接着又遣士匡见徽,劝说士徽承认罪责,"虽失郡守,保无他忧"。吕岱率军到交趾后,士徽与其兄祇、弟士干、士颂"等六人肉袒奉迎",以示谢罪。吕岱辞谢,并命令士徽等人穿上衣服,随后前往郡城。吕岱到郡城后立即设宴,布置帷幕,邀请士徽兄弟等人依次进入。此时宴会上宾客满坐,吕岱突然起身,"拥节读诏书,数(士)徽罪过"。士徽兄弟遂被武士绑两手押出,吕岱将他们全部斩首,"传首诣武昌"。吕岱违背承诺,杀已降的士徽兄弟六人,裴松之引用孙盛之语表达了自己的愤懑:"夫柔远能迩,莫善于信,……吕岱师友士匡,

之为雄猜嗜杀,阴狠歹毒,无情无义,流氓行径。殊不知政治风云诡谲多变,政治斗争冷酷无情,政治家不用心计、不施手腕何以取胜。权力之争甚至置亲情与伦理纲常于不顾,为了争夺最高统治权,即使父子兄弟亦反目成仇,何况异姓君臣哉!唐初李世民发动玄武门之变,诛兄杀弟,逼父退位,手段之凶狠绝不亚于汉高、明祖。王夫之对此事件评曰:"太宗亲执弓以射杀其兄,疾呼以加刃其弟,斯时也,穷凶极惨,而人心无毫发之存者也。"王夫之从儒家伦理道德层面上对李世民痛加斥责,认为:"太宗不可复列于人类也。""太宗之不仁,蔑以加矣。万世之下,岂无君子哉?"①然而,船山先生的这些看法终究带有些书生气,如果李世民拘泥于父慈子孝、兄友弟恭的儒家亲情,不发动喋血宫门的政变,哪里会有后来被万代称颂的"贞观之治"。由此可见,"卡里斯玛"的品格中具有超乎常人的强大能力。正所谓行非常之事,需有非常之人也。

即使是被后人诩为一身正气,集忠君孝悌、廉洁自律、公正严明、赏罚必信、虚心纳谏等优良品质于一身的诸葛亮身上,也有清除政敌、统揽大权的"卡里斯玛"的气质。蜀汉偏居西南一隅,人才匮乏。诸葛亮诛杀马谡时,习凿齿评曰:"今蜀僻陋一方,才少上国,而杀其俊杰,退收驽下之用,明法胜才,不师三败之道,将以成业,不亦难乎!"②其实,诸葛亮不仅诛杀马谡一人。蜀汉诸多良臣勇将,如魏延、杨仪、刘封、孟达、彭羕、李严、廖立等人都直接或间接地死在诸葛亮手中。

意大利政治学家马基雅维里深谙"卡里斯玛"的品格。他在《君主论》里谈道:"君主为着使自己的臣民团结一致和同心同德,

使通信誓,徽兄弟肉袒,推心委命,岱因灭之,以要功利,君子是以知孙权之不能远略,而吕氏之祚不延者也。"参阅《三国志》卷49《士燮传》及裴注引孙盛曰。

① (清)王夫之:《读通鉴论》卷 20 之 22,中华书局 1975 年。
② 《三国志》卷 39《马谡传》注引习凿齿曰。

对于残酷这个恶名就不应有所介意。"①又特别指出："君主必须兼有狮子和狐狸两种兽性。"因为狐狸虽然狡猾，但体形较小，敌不过虎豹；狮子虽然凶猛，但有时不免掉入猎人设下的陷阱。身居帝王之位就必须兼有狮子和狐狸两种气质，既要凶猛，又要狡猾，也就是将专制独断和阴谋权术融为一体。中国古代历史上，就有诸多具有雄才伟略的君主，十分善于运用权术欺骗那些恪守儒家伦理道德信条的君子和墨守成规、泥古不化的贵族。比如流氓无赖出身的汉高祖刘邦，身上就具备了狮子和狐狸的两种气质，因而最终打败了贵族出身、为人豪爽讲信义的楚霸王项羽。紧接着又除掉立下赫赫战功的韩信、彭越和英布等功臣，从而奠定了自己的汉朝伟业根基。司马懿和马基雅维里当然不是同一时代的人，他也不可能去读马氏的《君主论》，但司马懿完全具备"卡里斯玛"的品质，他的身上兼有狮子和狐狸的两种习性。

二、曹操事业的继承人

正确评价历史人物的方法应该是从历史的大处或大局着眼，而不应过分拘泥于个人的道德品质。古人常诟病司马氏篡位，窃取曹魏社稷江山。在封建的纲常伦理，正统观早已被否定的当代社会，再去讨论所谓权臣"篡位"问题，已毫无意义。连古代有识之士都认为"天下乃天下人之天下，非独陛下之天下也"。②"自古已来，能除民害为百姓所归者，即民主也"，③所以我们现在来评判王莽、曹操等人的历史功过，都不会迂腐到再以其是否废主篡位作

① ［意］马基雅维里：《君主论》，商务印书馆 2005 年，第 79 页。
② 《资治通鉴》卷 73，"景初元年十月"条，上海古籍出版社 1987 年。
③ 《三国志》卷 1《武帝纪》注引《魏氏春秋》。

为是非的标准。① 对司马懿而言,当然亦应同理。

汉末三国时代整个社会最迫切需要解决的问题是什么?毫无疑问,就是恢复正常的社会秩序,拯民于水火,将四分五裂的天下统一起来。自公元184年黄巾起义至公元280年三国归晋,整个天下动乱分裂了将近一百年。因此谁能把分裂了将近一个世纪的天下重新统一起来,谁就是那个时代当之无愧的英雄。

东汉末年群雄割据,天下分崩,因战争、饥荒、疾疫所带来的灾难,以及导致的人口大幅度的锐减已达到了令人难以想象的程度。据《晋书·地理志》载:东汉桓帝永寿三年(157),天下有人口五千六百多万,而到了"三国鼎峙之时,天下通计户一百四十七万三千四百二十三,口七百六十七万二千八百八十一"。② 曹魏奄有北方九州之地,幅员广阔,但"丧乱之后,人民至少,比汉文、景之时,不过一大郡"。③ 梁启超在《中国史上人口之统计》一文中,对我国古代历次大规模动乱所引发人口数量大幅度减少的原因,做过非常深刻的分析:"盖扰乱既亘二三十年,则仕者涂膏血于原野。举凡有生殖力者而一空之,无以为继,一也;壮者既去,老弱妇女势不能存,二也;血肉满地,疠疫缘生,三也;田弃不治,饥馑相随,四也。"④ 这四条人口减少的原因,在汉魏时期的乱世中可以说是条条切中要害,一个不少。正如曹操在建安十四年七月的辛未令中所言:"自顷已来,军数征行,或遇疫气,吏士死亡不归,家室怨旷,

---

① 吕思勉指出:"立君本来是为民的。如其本来的君主,因种种原因不能保护国家和人民,而另有一个能够如此,则废掉他而自立,原不算错,而且是合理的,因为这正是合于大多数人的幸福的呀!"又说:"篡汉本来算不得什么罪名。"参见吕思勉:《三国史话》,生活·读书·新知三联书店2012年,第104、105页。

② 《通典》卷7《食货·历代盛衰户口·丁中》。

③ 《三国志》卷22《陈群传》。

④ 《梁启超全集》第4卷,北京出版社1999年。

百姓流离。"①建安二十二年（216）又发生大疫，使"建安七子"一下子死了四位。②曹植描述当时的情况是："家家有僵尸之痛，室室有号泣之哀，或阖门而殪，或举族而丧者。"③再如乱世年间，"田弃不治"，粮食减少引发的大饥荒，不仅对军队有着极大的影响，对于百姓的生活更是致命的打击。曹操军队断炊，程昱供他三天伙食，餐餐混有人肉；袁绍的部队在河北吃桑葚；袁术的部队在江淮，靠蚌螺水草过日子。刘备被袁术打败后，"备军在广陵，饥饿困踧，吏士大小自相啖食，穷饿侵逼"。④ 更为痛苦的是民众的生活。董卓之乱，民不聊生，长安城内"人相食啖，白骨委积，臭秽满路"；⑤"人民饥困，二年间相啖食略尽"；"自李傕、郭汜相攻，天子东归后，长安城空四十余日，强者四散，羸者相食，二三年间，关中无复人迹"。⑥ 以至于曹操不得不实行屯田制度。是时，民众百姓蜂拥而至，也不管赋役多重，都还是甘愿成为屯田民，实是因为身处乱世的底层人民能够活命已足矣。

作为三国时期最杰出的政治家、军事家的曹操，其最主要的功绩就是统一中国的北方，结束群雄割据的局面。虽然曹操有滥杀无辜，凶残暴虐的一面，但这对于很多帝王将相而言是常见现象，甚至是难以避免的，看待历史人物应该看其主流，特别是在乱世之中。当今学界对曹操的评价完全适用于司马懿，评价司马懿也必须看其主流。司马父子最主要的功绩就是结束了三国鼎立的局面，使天下归于一统。虽然司马父子是曹魏政权的掘墓人，但从汉

① 《三国志》卷1《武帝纪》。
② 见曹丕《与吴质书》，《昭明文选》卷42，中州古籍出版社1990年。曹丕《与吴质书》中言道："昔年疾疫，亲故多离其灾，徐（幹）、陈（琳）、应（瑒），刘（桢），一时俱逝，痛可言邪！"
③ （晋）司马彪：《续汉书·五行志五》注引，上海古籍出版社1986年。
④ 《三国志》卷32《先主传》注引《英雄记》。
⑤ 《后汉书》卷72《董卓列传》。
⑥ 《后汉书》卷72《董卓列传》。

魏时代民众的呼声、时代的主旋律来看,司马懿又是"曹操事业的继承人"。

三国鼎峙虽较之东汉末年军阀割据的局面稍优些,但三国之间干戈不止,天下无一日之宁。卫觊说:"四海之内,分而为三,群士陈力,各为其主,是与六国分治,无以为异也。当今千里无烟,遗民困苦。"①张茂曰:"自丧乱以来,四五十载,马不舍鞍,士不释甲,边寇在疆,图危魏室。"②孙权描述当时天下的情况是:"军兴日久,民离农畔,父子夫妇,不能相恤。"③司马昭说:"唯华夏乖殊,方隅圮裂,六十余载,金革驱动,无年不战,暴骸丧元。"这不仅阻碍了生产力的发展,也给人民带来了极大的痛苦。所以司马昭当政时,"欲止戈兴仁,为百姓请命,故分命偏师,平定蜀汉,役未经年,全军独克"。④当邓艾率兵进"入阴平,百姓扰扰,皆进山野,不可禁制"。⑤蜀汉统治者虽欲抵抗,但蜀民都不愿继续作战,来延长国内的割据局面。由此可见,要求统一,解百姓于倒悬之苦,不仅是司马氏集团的愿望,同时也是社会与民众的迫切要求。

从本质上来看,司马代魏与曹魏代汉并无大的区别,都是采用禅代的方式来易代更祚,那么史家为何要厚此薄彼,褒曹魏而贬司马呢?赵翼说:"曹操起兵于汉祚垂绝之后,力征经营,延汉祚者二十余年,然后代之。司马氏当魏室未衰,乘机窃权,废一帝、弑一帝而夺其位,比之于操,其功罪不可同日语矣。"⑥赵翼的看法讲出了曹氏代汉、司马代魏的不同背景和条件,曹操先有护佑汉献帝,续延汉祚二十余年之大功,而后诛灭暴乱,削平诸侯,恃仗功业而

① 《资治通鉴》卷73,"景初元年十月"条。
② 《资治通鉴》卷73,"景初元年十月"条。
③ 《三国志》卷47《吴主传》。
④ 《三国志》卷48《孙皓传》注引《汉晋春秋》。
⑤ 《三国志》卷42《谯周传》。
⑥ (清)赵翼:《廿二史札记校证》卷7"魏晋禅代不同"条。

代汉称帝。司马氏对曹魏王朝并无多大功劳可言,仅仅凭借暴力和权术,废弑魏主而登大位。

王夫之对司马代魏更为不满,他将曹操与司马懿的禅代过程作了比较:"曹操之篡也,迎天子于危亡之中而措之安土;二袁、吕布、刘表、刘焉群起以思移汉祚,献帝弗能制,而操以力胜而得之……由此言之,虽篡有天下,而岂易易哉? 司马懿之于魏,掾佐而已,拒诸葛于秦川,仅以不败,未尝有尺寸之功于天下也;受魏主叡登床之托,横翦曹爽,遂制孱君、胁群臣,猎相国九锡之命,终使其子孙继世而登天位,成一统之业。"①

司马懿难道真的"比之于操,其功罪不可同日语","未尝有尺寸之功于天下"吗? 我以为赵翼、王夫之的评论主观色彩太浓,明显带有偏颇,有失史家论史之公允了。实际上,无论是赵瓯北,还是王船山,他们评论的核心要点是司马篡魏仅凭诈术,而缺少"征诛"。赵翼云"古来只有禅让、征诛"②两种易代形式,所谓"征诛"即是平定天下靠武功,带有暴力革命色彩,从汤武革命到明清鼎革,莫不如是。真正的"禅让"仅出现于上古社会,后世的禅让都是"假禅让为攘夺",也就是"禅代"。没有显赫的战功,"禅代"将缺乏社会影响力与认同度,在朝廷之上也缺乏威望;反之,若只有"征诛"而无"禅让",亦占领不了儒学伦理道德上的制高点,容易被归类为"篡位夺权"。故"后世得天下必以征诛为正"。③

毫无疑问,曹魏代汉并非完全是和平过渡,曹操兴兵诛灭群雄,擒吕布、平张绣、诛袁术、灭袁绍、败马超、定张鲁,武功之显赫,同时代无人能出其右。虽然名为受汉禅,但仍有"征诛"的意味。曹操始终认为"征诛"虽可获得实际权力,但在儒学传统浸淫深厚的汉代,很难获得合法性,故用"禅代"的方式来规避世人将其视

① (清)王夫之:《读通鉴论》卷 10 之 31。
② 赵翼:《廿二史札记校证》卷 7"禅代"条。
③ 钱大昕:《潜研堂集》卷 36《与邱草心书》,上海古籍出版社 1989 年,第 646 页。

为"篡位"的风险。事实证明，只有将征诛、禅让这两种手段结合起来才是禅代。

赵翼、王夫之等人之所以褒曹操而贬司马，最主要的原因恐怕是司马懿在其获得权力的过程中稍稍缺少了"征诛"的事功。古代士人理想的最高境界是能够"治国平天下"，换而言之也就是建立文治武功。众所周知，三国乃争战之世，非用武治戎不能立国。曹操、诸葛亮、周瑜、陆逊等人皆以其杰出的军事才能而威震诸侯，名闻天下。然而就是在关键的"武功"上，司马懿仅仅诛灭了在当时名望不甚著的孟达和公孙渊，对劲敌诸葛亮只能"闭军固垒，莫敢争锋"①，结果被世人嘲笑"死诸葛走生仲达"②。这与曹操收拾东汉残局、扫灭各路诸侯的赫赫武功相比，似乎相去甚远。但关键的问题是不能简单化地来评论司马懿的军功不及曹操，而应该具体问题具体分析。要知道司马懿的年龄与曹操相差整整二十四岁，③两人所处的时代、环境以及当时的天下形势已完全不同，因此他们两人的征伐之功并没有可比性。

司马懿入仕后不久，曹操就已基本上扫平了北方各路诸侯，三国鼎立的局面业已初见端倪。曹操南征北战，一手开创了曹魏王朝。然而，曹操一生中遇到的最强劲的对手，就是刘备与孙权。刘备、孙权虽实力不及曹操，但也是一代雄才英杰，是汉末三国时期数一数二的英雄人物。曹操所说的"今天下英雄，唯使君与操耳。本初之徒，不足数也"，④"生子当如孙仲谋，刘景升儿子若豚犬耳"⑤等语，绝非谬赞之词，而是从心底里发出来的赞叹。曹、孙、刘能够三分天下都有各自的优势与实力，三者之间保持着一种大

---

① 《晋书》卷1《宣帝纪》。
② 《晋书》卷1《宣帝纪》。
③ 司马懿生于东汉灵帝光和二年（179），曹操生于东汉桓帝永寿元年（155）。
④ 《三国志》卷32《先主传》。
⑤ 《三国志》卷47《吴主传》注引《吴历》。

体的均衡,短时间内谁都"吃"不掉谁。上天其实也给过曹操统一天下的良机,在关键的赤壁之战中,如果曹操获胜,则四海归一。可惜曹操没有把握住这次机会,被孙刘联军击败,三国鼎立之势也因此而形成。从此,终曹操一生再也无力大举南下,统一天下的脚步变得迟滞而无力。世人皆对曹操晚年不穿龙袍、不登皇位而感到困惑不解,其实曹操不是不想称帝,而是惧怕刘备与孙权。操心腹大将夏侯惇就窥破了曹操心中的隐秘,他对曹操说:"宜先灭蜀,蜀亡则吴服,二方既定。然后遵舜、禹之轨。"曹操思虑再三,"从之"。① 说到底,曹操还是顾虑自己没有能够征服吴、蜀,统一天下。一旦代汉称帝,终究是底气不足!

三、历史选择了司马懿

曹操死后,给时人留下了一个最大的难题,就是谁能做他事业的继承人,完成统一天下的大业。正如世人皆知的,历史最终选择了司马懿。是司马懿及其子孙继承了魏武的未竟之业,历经数十年的奋斗,才于公元 263 年灭蜀,280 年灭吴,扫平四海,完成统一大业。

司马懿高祖司马钧原为赳赳武夫,以战功起家,传之后裔,其家族已成为累世二千石的高门。经汉代社会数百年儒学之风的熏染,从司马儁开始,司马家族已由原来的"将种"完成了向儒生文人的转型。司马懿若秉承家风,治学不辍,至多只能成为如文坛巨擘曹植或"建安七子"式的文人。然而,汉末魏晋之际为乱世,群雄争霸,干戈不止,整个社会崇尚的是武功。俗语云:乱世出英雄,此"英雄"的含义非同一般,只有具有雄才大略,拨乱反正,建立非凡战功之人才能成为治乱世的英雄。

---

① 《三国志》卷1《武帝纪》注引《曹瞒传》及《世语》。

司马懿掌握兵权时,三国鼎立的格局已经完全形成,魏虽略强,但吴、蜀二国的实力也未可小觑,用魏大臣高堂隆的话来说:"今吴、蜀二贼,非徒白地小虏,聚邑之寇,乃据险乘流,僭号称帝,欲于中国争衡。……今天下雕弊,民无担石之储,国无终年之畜,外有强敌,六军暴边。"[1]可见,曹魏的形势并不乐观,自公元229年起,吴蜀又重新结盟,对曹魏东西夹击,构成相当大的威胁。对于司马懿而言,不能仅仅满足于治国理政,而必须继承魏武的未竟之业,统率兵马,应对吴、蜀二个强劲的对手。

司马懿虽未像曹操那样,一生戎马倥偬,征战不已,但其亲自指挥的几次战役,也是十分重要,极为成功,为西晋统一天下奠定了坚实的基础。例如当司马懿得知孟达欲叛魏投蜀,即当机立断,不去请示魏明帝曹叡,而是星夜起兵,日夜兼程,以最快的速度赶赴上庸。结果只花了八天时间就到达,仅用了十六天就攻克了上庸,斩了孟达,取得了完胜。司马懿的用兵方略可以称之为"静如处子,动如脱兔"。司马懿攻克上庸,收复东三郡,[2]巩固了曹魏的西南边境,粉碎了蜀汉从汉中、上庸两路北伐的计划。

司马懿平辽东既是他一生军事生涯中的得意之笔,也是曹魏立国以来取得的最为辉煌的胜利。曹魏除了有孙吴和蜀汉二大劲敌外,辽东公孙氏政权也是肘腋之患。辽东公孙氏政权名义上虽然隶属于曹魏,但其割地自守,父子相袭,自置官署,不纳赋税,俨然是个独立王国。曹操、曹丕、曹叡祖孙三代都对其采取羁縻政

---

[1] 《三国志》卷25《高堂隆传》。

[2] 东汉末年,由于汉中为五斗米教首领张鲁所占领,加之山川环绕,房陵、上庸与西城遂与益州本部分离,同时,其战略地位也逐渐凸现出来。汉魏之际,此三县均升格为郡,史称东三郡。田余庆指出:"在研究了东三郡的地理历史状况以后,应当获得新的理解。当年高祖因之以成帝业之地是汉中,刘备欲得汉中以步刘邦后尘,按草庐三顾之时的设想,只有道出东三郡最为现实可行;出东三郡而得汉中,就具有当时所谓'跨有荆益'地理历史含义。"载氏著:《秦汉魏晋史探微》,中华书局1993年,第234页。

策,辽东遂成了曹魏政权长期未能解决的历史遗留问题,成为曹魏的一大隐患。景初元年(237),公孙渊叛魏,自立为燕王,置百官有司,改年号为"绍汉",意谓其要继承汉朝。若公孙渊图谋一旦得逞,就将改变三国鼎立的局面,而成为四国并列,曹魏就要遭到来自西南、东南、东北三个方向的军事威胁。为此,魏明帝十分焦虑,先后派田豫、王雄、毌丘俭等将领前往讨伐,但都为公孙渊击败。如同当年秦始皇只有靠名将王翦才能灭楚一样,曹叡虽然此时对司马懿已有猜忌之心,但也只能打出司马懿这张唯一的王牌,他命司马懿为帅平定辽东。司马懿临行前,魏明帝询问此战需用多少时间。司马懿回答:"往百百,还百天,攻百日,以六十日为休息,一年足矣。"①其精确算出平辽东作战的时间表,表明他已全局在胸,胜券在握了,结果果如其言。司马懿平辽东之战,堪称经典战例,表现了卓越的军事才能和智慧。正如唐太宗在《晋书·宣帝纪》制书中所说:"观其雄略内断,英猷外决,殄公孙于百日,擒孟达于盈旬,自以兵动若神,谋无再计矣。"李世民虽为帝王,但也是中国历史上著名的军事家,其赞扬司马懿"兵动若神,谋无再计",是军政全能的文武全才,绝非是虚夸之词。

　　西晋王朝建立后,晋人十分推崇司马氏统一天下的赫赫战功。淮南国相刘颂上疏朝廷曰:"魏氏虽正位居体,南面称帝,然三方未宾,正朔有所不加,实有战国相持之势。大晋之兴,宣帝定燕,太祖平蜀,陛下灭吴,可谓功格天地,土广三王,舟车所至,人迹所及,皆为臣妾,四海大同,始于今日。"②在刘颂心目中,"宣帝(司马懿)定燕"与"太祖(司马昭)平蜀""陛下(司马炎)灭吴"等同,"功格天下",是"大晋之兴"的三大战役。在刘颂看来,正是在司马氏发动了三大战役之后,西晋才完成了统一大业。

---

① 《晋书》卷1《宣帝纪》。
② 《晋书》卷46《刘颂传》。

王夫之关于"（司马懿）拒诸葛于秦川,仅以不败"的看法,完全低估了诸葛亮与司马懿的政治与军事才能。汉末三国历史上,群贤云集,英才辈出,但真正才兼文武者仍然屈指可数。曹操帐下,猛将如云,谋士如雨,荀彧、荀攸、郭嘉、程昱、贾诩临阵画计,算无遗策;典韦、许褚、张辽、徐晃勇冠三军,但皆非文武全才。蜀汉政权中唯有诸葛亮既能理政,又能带兵打仗,是三国时期最杰出的人才之一。诸葛亮攻魏,曹魏诸将皆非其敌手,连身经百战的五子良将之一张郃也被诸葛亮射杀。即使曹操在世,亲自挂帅,同诸葛亮交锋,亦未必能胜之。汉中之役,曹操甚至败于自己多年来的手下败将刘备即是典型一例。诸葛亮死后,司马懿称他是"天下奇才",表示他同诸葛亮是惺惺相惜,英雄识英雄。

　　面对诸葛亮北伐时咄咄逼人的凌厉攻势,司马懿采取了深沟高垒、坚守不战的战略战术,是非常正确的。司马懿的过人之处,就是他能够审时度势,知己知彼,料敌先机。他知道诸葛亮是天下奇才,不好对付。碰到诸葛亮这样的对手,他岂敢轻敌,在没有十足把握的情况下,司马懿只能凭险据守,以防御战抵御诸葛亮,以求不战而屈人之兵。司马懿坦然接受"巾帼妇人之饰",[1]忍常人不能忍之辱,导致诸葛亮求战不得,最终病逝于五丈原。这就使三国鼎立的局势开始发生变化,自此,吴蜀二国的国力都有所衰退,曹魏解除了警报。在司马懿等人的主持和倡导下,全力兴修水利,发展经济,曹魏国力不断增强。司马懿不战而屈人之兵,完全达到了战略目的。

　　为什么我们说司马懿是曹操事业的继承人呢? 因为在他成为曹魏辅政大臣,特别是掌握兵权之后,确实有统一天下的雄心壮志。在司马懿平辽东之前,他奉魏明帝之诏,返回故乡温县,举行乡饮酒礼。在酒宴上,司马懿赋诗曰:"天地开辟,日月重光。遭

---

① 《晋书》卷1《宣帝纪》。

遇际会，毕力遐方。将扫群秽，还过故乡。肃清万里，总齐八荒。告成归老，待罪舞阳。"①诗中"肃清万里，总齐八荒"之句可谓是雄视千古，气吞万里，应该是全诗的诗眼。诗言志，这八个字表达了司马懿欲扫平六合、混一宇内的心愿。

司马懿不仅善于领兵打仗，而且很懂得治国之道，在政治上颇有建树。针对"魏明帝好修宫室，制度靡丽，百姓苦之"的弊政，司马懿多次上书，要求朝廷免除一部分力役，以纾民困。司马懿自辽东返回后，"役者犹万余人，雕玩之物动以千计。至是皆奏罢之，节用务农，天下欣赖焉"。②司马懿拔擢人才，也是任人唯贤，着重于事功。司马懿慧眼识英雄，其拔擢邓艾之例最为典型。邓艾出身寒微，因家贫，"为农民养犊"，"以口吃，不得作干佐，为稻田守丛草吏"。但其很有才能，遂被司马懿破格选用，史载："宣王奇之，辟之为掾，迁尚书郎"。③后来邓艾成为独当一面的大将，并率军一举灭蜀。

在经济上，司马懿关心农业，发展生产，注重兴修水利和屯田事业的推广。他大力推行军事屯田，取得十分显著的效果。经过几十年的休养生息，中原地区的社会经济有了很大的恢复和发展，不仅河洛地区垦田增多，而且江淮地区荒田亦被开垦。为了发展农业生产，司马懿大力兴修水利工程，"遂北临淮水，自钟离而南横石以西，尽沘水四百余里，五里置一营，营六十人，且佃且守。兼修广淮阳、百尺二渠，上引河流，下通淮颍，大治诸陂于颍南、颍北，穿渠三百余里，溉田二万顷，淮南、淮北皆相连接。"④当时洛阳至淮南一带，河渠纵横，引水灌田，"农官兵田，鸡犬之声，阡陌相属"。"嘉平四年，关中饥，宣帝表徙冀州农夫五千人佃上邽，兴京

① 《晋书》卷1《宣帝纪》。
② 《晋书》卷1《宣帝纪》。
③ 《三国志》卷28《邓艾传》。
④ 《晋书》卷26《食货志》。

兆、天水、南安盐池，以充军实"。① 司马懿又接受邓艾的建议，于正始二年（241）在淮南寿春一带地区，"开广漕渠，每东南有事，大军兴众，泛舟而下，达于江、淮，资食有储而无水害"。② 曹魏又以关中长安为征蜀的战略前线，为了保证军粮供给，司马懿开成国渠灌溉关中西部渭北农田。《晋书·食货志》云："青龙元年，开成国渠自陈仓至槐里；筑临晋陂，引汧洛溉舄卤之地三千余顷，国以充实焉。"这就为司马氏统一天下，奠定了雄厚的物质基础。随着经济的发展，曹魏的军事实力亦不断增强，据《晋书·文帝纪》载："今诸军可五十万，以众击寡，蔑不克矣。"比之蜀汉只有约十万兵力，差不多是整整五倍，占有绝对的优势。

历史证明，尽管曹魏占有优势，但统一三国的道路仍然十分艰巨，曹魏不仅要发展经济，增强国力，而且要有打长期持久战的思想准备，平定天下的任务绝不可能由一二代人来完成。尽管司马懿较为长寿，但在他有生之年仍未能完成统一大业，所以必须由其子孙来继承他的事业。司马代魏与完成天下统一实际上是司马家族的三代接力所致。

司马懿死后，司马师控制朝政，他"命百官举贤才，明少长，恤穷独，理废滞"，安排和重用一些司马懿时期提拔起来有才干的文武官员，在中央和地方发挥他们的作用，于是"四海倾注，朝野肃然"。③ 接着，司马师又废曹芳，平定毌丘俭之乱，进一步巩固了权力。而司马昭则起了更为关键的作用。虽然司马昭口碑不佳，以所谓的"司马昭之心"留下千古骂名，但此人实际上有大功于天下：他修订的《晋律》，比《汉律》的刑法更宽和；又废民屯，释放国家佃农；平淮南之乱，不杀吴军俘虏，大兴仁政。从历史发展的潮

① 《晋书》卷26《食货志》。
② 《三国志》卷28《邓艾传》。
③ 《晋书》卷2《景帝纪》。

流来看,司马师平淮南毌丘俭、司马昭灭蜀、司马炎灭吴都是继承了司马懿的事业,他们前赴后继,历时数十年之功,才终结了汉末三国乱世的局面,完成了"天下书同文,车同轨"的统一大业。

以往,有些论者对司马氏灭吴、蜀的功绩评价不高。他们分析三国统一的原因,往往比较强调客观条件。即认为三国后期,中原地区经济的发展已超过吴、蜀,这就为统一创造了条件。其实,客观条件即使已经具备,但如果不发挥人的主观作用,统一还是不能实现。例如,战国后期尽管秦对东方六国已占绝对优势,但如果不出现秦始皇这样雄才大略的帝王,统一进程也势必延缓。同样,我们也可以认为,三国后期如果不出现司马师、司马昭、司马炎这样卓越的政治家和战略家,要迅速实现全国的统一,也是不可能的。对司马氏统一全国的功绩,晋人习凿齿作出了高度评价:

> 昔汉之失御,九州残隔,三国乘间,鼎峙数世,干戈日寻,流血百载,虽各有偏平,而其实乱也。宣皇帝势逼当年,力制魏氏,蠖屈从时,遂羁戎役,晦明掩耀,龙潜下位,俯首重足,鞠躬屏息,道有不容之难,躬蹈履霜之险,可谓危矣!魏武既亡,大难获免,始南擒孟达,东荡海隅,西抑劲蜀,旋抚诸夏,摧吴人入侵之锋,扫曹爽见忌之党,植灵根以跨中岳,树群才以翼子弟,命世之志既恢,非常之业亦固。景文继之,灵武冠世,克伐贰违,以定厥庸,席卷梁益,奄征西极,功格皇天,勋侔古烈,丰规显祚,故以灼如也。至于武皇,遂并强吴,混一宇宙,又清四海,同轨二汉。除三国之大害,静汉末之交争,开九域之蒙晦,定千载之盛功者,皆司马氏也。①

综观三国历史,习氏的这一见解确是中的之论。虽然西晋后期出现了惠帝、贾后这样的昏君悍妇,导致八王之乱与五胡乱华,但这笔账不能算到司马懿头上。难道北宋的靖康之耻要宋

---

① 《晋书》卷82《习凿齿传》。

太祖赵匡胤来负责？明末崇祯皇帝亡国之罪要开国之君朱元璋来承担吗？

近来民间有舆论把曹魏灭亡的原因归诸于司马懿长寿,活到73岁;而曹魏的二位君主皆寿不永年,魏文帝曹丕40岁病殁,魏明帝曹叡仅35岁崩殂,因而使司马懿有机可乘,篡夺曹魏政权。我认为这个理由是站不住脚的。汉晋之际,由于生活、食品、医疗等各方面的原因,时人的寿命普遍较低,但享高寿者也不在少数。陈寿撰《三国志》、房玄龄等撰《晋书》之人物传,凡80岁以下去世者,皆不写其年龄,凡80岁以上者皆书之。笔者兹据史书,将享"伞寿"以上者罗列如右:魏开国功臣程昱于黄初元年去世,曹丕为之流涕,追赠车骑将军,谥曰肃,寿八十;司马懿之弟安平献王司马孚"泰始八年薨,时年九十三";①魏司徒高柔"景元四年,年九十薨";②魏司徒"董昭年八十一薨";③魏光禄大夫常林,"年八十三,薨";④魏太中大夫田豫"年八十二薨";⑤西晋太保王祥"年八十有五";⑥西晋太尉刘寔"岁余薨,时年九十一";⑦吴大司马吕岱"太平元年,年九十六卒";⑧吴卫将军士燮"黄武五年,年九十卒";⑨魏太尉王凌79岁时,仍十分康健,但因在淮南谋反,在司马懿逼迫下,服毒自尽。以上诸人的寿考皆超过司马懿,他们在魏、吴二国亦历官至公卿将相,但都不可能左右朝政,更遑论易代更祚。可见司马懿绝非是靠长寿代魏成晋的。

① 《晋书》卷 37《安平献王孚传》。
② 《三国志》卷 24《高柔传》。
③ 《三国志》卷 14《董昭传》。
④ 《三国志》卷 23《常林传》。
⑤ 《三国志》卷 26《田豫传》。
⑥ 《晋书》卷 33《王祥传》。
⑦ 《晋书》卷 41《刘寔传》。
⑧ 《三国志》卷 60《吕岱传》。
⑨ 《三国志》卷 49《士燮传》。

第一章　姓氏、家世、交游圈与门风

一、司马姓氏的源流与"将种"的家世

在叙述本书传主司马懿生平之前，我们首先需要考察一下司马姓氏的源流。《晋书·宣帝纪》在述及司马氏由来时，是这样表述的："其先出自帝高阳之子重黎，为夏官祝融。历唐、虞、夏、商，世序其职。及周，以夏官为司马。其后程伯休父，周宣王时，以世官克平徐方，锡以官族，因而为氏。"这段文字语焉不详，且脉络也不甚清晰。其实，司马的姓氏，与太史一样，均来自职官。司马氏渊源于西周的官职——司马。春秋以前的职业化军队主要由贵族出身的子弟组成，战争方式主要是战车的列阵，对阵冲锋，而先秦的战车是由马拉的，所以马在军中的作用极其重要。春秋时形容哪个国家国力强盛，就称它为千乘之国、万乘之国。司马最初是专门负责掌管马匹之职，殷商时代始置，与司徒、司空、司士、司寇并称五官。上古时有人名重黎，为夏官祝融。传说上古五帝时，设春、夏、秋、冬、中五官来管理天下。关于夏官祝融，《汉书·百官公卿表上》记载："自颛顼以来。为民师而命以民事，有重黎、句芒、祝融、后土、蓐收、玄冥之官。"注云："颛顼氏代少昊者也，不能纪远，始以职事命官也。春官为木正，夏官为火正，秋官为金正，冬官为水正，中官为土正。"火正职责不甚清楚，大概与司马之职接近。至西周，以夏官为司马，掌军政和军赋。

周宣王时，有重黎之后程伯休父，任司马，后来程伯休父克平

徐方,立下战功。《诗经·大雅·常武》篇记载了这场战争:"王谓尹氏,命程伯休父,左右陈行。戒我师旅,率彼淮浦,省此徐土。"《常武》这段诗句的意思是,周宣王亲自领兵征伐时叛时服的淮夷,派遣大臣尹氏为使者,任命程伯休父为大司马。让他左右列成队,告诫全军,申明军纪,沿淮岸行军,巡察徐国隐情。程伯休父随周宣王出征,在对淮夷的战争中建立了显著的功勋。程伯休父后裔以官职称谓为姓氏,称司马氏,为司马氏始祖。春秋时,宋、楚、晋等国都有司马,故不排除担任司马之职的人以司马为姓的可能。东周惠王、襄王时,司马氏去周奔晋,其后裔分散在东周列国:在秦的一支成为武将世家,有平定巴蜀的秦国大将司马错,其后为夏阳司马氏(司马迁家族);在赵国的一支成为剑客世家,有刺客司马蒯聩(又名盖聂),其后为河内司马氏。

　　司马懿的远祖已很难稽考。《晋书·宣帝纪》说司马懿的远祖是司马卬。司马卬起于秦末乱世,初为赵王武臣部将,曾率军攻占朝歌(今河南淇县)。巨鹿之战后,司马卬跟随项羽入关。秦二世三年(前207),秦朝灭亡,司马卬因"定河内,数有功",于是项羽分魏国土地为西魏、殷两国,"立(司马)卬为殷王,王河内,都朝歌"。[①]刘邦出关中,东向与项羽争夺天下,从临晋渡过黄河,攻下河内之地,俘获殷王司马卬,将其地设置为河内郡,[②]司马卬战败归汉。汉高祖三年(前204)四月,楚、汉大战于彭城,汉军大败,诸侯见汉军兵败,皆逃亡离去。塞王司马欣、翟王董翳降楚,殷王司马卬战死。

　　但凡治史者皆知,无论是帝王将相者的本纪列传,抑或私家所修的家乘谱牒,都有一个很大的局限性,即假托始祖、攀附名人,抑或司马懿家世亦不例外,故很难断定司马卬就是其先祖。三国时期,不仅司马懿祖先难考其实,即使曹操、刘备也是如此。当曹丕

---

①　《史记》卷7《项羽本纪》。

②　《晋书》卷1《宣帝纪》曰:"汉以其地(指河内)为郡,子孙遂家焉。"

从汉献帝手中夺取皇位,完成易代鼎革之后,为了论证"汉魏禅代"是"尧舜禅让"的再现,曹丕、曹叡父子从"汉家尧后说"出发,苦心炮制了"魏家舜后说",以至于从曹操至曹叡三代之内出现了多个祖源。卢弼因而评曰:"夫以一代之君而三易其祖,岂不可笑?"①卢弼所谓曹氏"三易其祖",分别是指祖"汉相国曹参"、祖"曹叔振铎"、祖"舜"。揆诸史籍,可以发现卢氏的总结并不完全。依笔者归纳,得到曹氏及曹魏官方承认的说法可分为四种,较卢氏多祖"颛顼"一说。②虽然曹氏"四易其祖"是出于禅代的政治需要,但毕竟亦反映了他们对自身的姓氏血脉不甚了了,否则何以一改再改,授人以柄。

元人胡三省曰:"《蜀书》云:(刘)备中山靖王胜子陆城亭侯贞之后,然自祖父以上世系不可考。"③胡氏有此言,乃是因为刘胜的中山靖王是西汉早期所封,至东汉末年,已历数百年,又胜子刘贞为陆城亭侯,据考西汉并未有"亭侯"的封号,故他认为刘备与汉家皇室是否有血缘关系颇值得怀疑。

《晋书·宣帝纪》追溯司马懿先世甚详,并以殷王司马卬为其先祖,但由于司马卬之后八世的世系阙失,④故也未必足以凭信。

司马懿确切可考的家世始于司马懿高祖司马钧。司马钧,字叔平,河内温县孝敬里(今河南焦作市温县招贤乡)人。虽然司马钧的先祖不一定是司马卬,但司马钧出身于行伍或将门大致是可信的。司马钧的从戎经历与羌患颇有关联:

汉代羌患严重,西北地区的羌人不断骚扰边境。神爵元年(前61),汉遣后将军赵充国率兵六万予羌人以重创。先零羌余部

① 卢弼:《三国志集解》卷1《武帝纪》,卢弼"考曹氏祖"条后论,中华书局1982年。
② 参阅朱子彦:《汉魏禅代与三国政治》,东方出版中心2013年,第54—56页。
③ 《三国志集解》卷32《先主传》注引胡三省曰。
④ 《晋书》卷1《宣帝纪》云:"自卬八世,生征西将军钧,字叔平。"

一支退居青海湖西南;另一支南渡湟水,退居大、小榆谷及河曲等地,并利用优越的自然条件迅速发展壮大。王莽执政初,青海湖、大小榆谷地区的先零羌反叛,势力蔓延至陇西等郡。东汉光武帝建武十一年(35),汉将来歙、马援等击败先零羌于临洮、浩门、允吾谷、唐翼谷等地,并迁其降众于天水、陇西、扶风三郡。安帝永初元年(107),先零别种滇零与钟羌诸部再次起兵反汉。

东汉和帝去世后,朝中权力掌握在邓太后及太后兄车骑将军邓骘手中,司马钧即投奔邓骘门下。凭借逐渐积累的军功和邓骘对他的信任,司马钧仕途还比较顺畅。永初年间,司马钧担任从事中郎。[①] 永初二年(108)冬,车骑将军邓骘派遣征西校尉任尚和从事中郎司马钧率领各郡的部队,在平襄(今甘肃通渭西北)与先零部落首领滇零率领的数万羌军交战,结果汉军大败,八千多人战死。此战虽然失利,但司马钧并没有受到革职或降职的处罚,很有可能是受到了邓骘的庇护。八年之后,当史书上再次出现司马钧名字时,他已升任让曹操年轻时十分向往的征西将军之职了。[②]

元初二年(115)秋,汉廷派屯骑校尉班雄驻守三辅,以司马钧为行征西将军,统领右扶风太守仲光、安定太守杜恢、北地太守盛包、京兆虎牙都尉耿溥、右扶风都尉皇甫旗等人,共计八千多军士。护羌校尉庞参率领七千多羌胡兵,配合司马钧分道并进,攻打先零羌。庞参的军队到勇士(地名)东面,被先零羌将领杜季贡打败,

① 从事中郎,战国始设,汉代沿置,秩为比六百石,属光禄勋(秦及汉初为郎中令)。其职为管理车、骑、门户,担任皇帝的侍卫和随从。初分为车郎、户郎、骑郎三类,长官则设有车、户、骑三将,其后逐渐不加区分。东汉除三署外又分属虎贲、羽林中郎将。

② 曹操所撰《让县自明本志令》云:"孤始举孝廉,年少,自以本非岩穴知名之士,恐为海内人之所见凡愚,欲为一郡守,好作政教,以建立名誉,使世士明知之……后征为都尉,迁典军校尉,意遂更欲为国家讨贼立功,欲望封侯作征西将军,然后题墓道言'汉故征西将军曹侯之墓',此其志也。"见《三国志》卷1《武帝纪》注引《魏武故事》。

因而率兵撤退。司马钧、任尚进兵，攻占丁奚城（今宁夏灵武南）。杜季贡率众伪装败逃，司马钧命仲光、杜恢、盛包等人收割羌人的庄稼，仲光等人违背司马钧的节度，部队分散深入险处，羌人设埋伏拦腰攻击汉军。司马钧当时在城里，因恼怒仲光等人不听号令而不去援救，结果仲光等人全部战死，三千多人被杀。司马钧因败亡丧师而被朝廷征召问罪。他效仿西汉飞将军李广，因不愿受文法吏羞辱，下狱后即自杀。①

东汉一代，羌乱贯穿始终，成为朝廷大患。《后汉书》并未给司马钧单独立传，其事迹仅零星地散见于《安帝纪》及《西羌传》中，司马钧的主要事功都与平定羌乱有关。东汉安帝时，邓骘先后担任车骑将军和大将军之职，权倾朝野，司马钧在其手下供职，凭借军功，得以快速升迁，由车骑将军从事中郎晋升为征西将军，秩中二千石，差不多位列九卿。由此可见，司马氏家族最初确实是以军功而兴。

晋武帝嫔妃胡芳与司马炎有一段对话，可以作为司马氏本是"将种"的有力证明："芳最蒙爱幸，殆有专房之宠焉，侍御服饰亚于皇后。帝尝与之樗蒲，争道，遂伤上指。帝怒曰：'此固将种也！'对曰：'北伐公孙，西拒诸葛，非将种而何！'帝甚有惭色。"②胡芳是晋武帝所宠幸的贵嫔，其父胡奋少以白衣随司马懿出征辽东，甚见器重，西晋王朝建立后，被封为镇军大将军。胡奋兄胡广、弟胡烈皆当时名将，兄弟三人皆是西晋朝开国武臣。胡芳与司马炎玩"樗蒲"的游戏，不小心碰伤了武帝的手指，武帝发怒说胡家是"将种"，胡贵嫔不服，反唇相讥司马家亦是"将种"，并以司马懿"北伐公孙，西拒诸葛"的战功为例。这里值得注意的是，司马炎听了胡贵嫔一番话之后，"甚有惭色"。武帝对司马氏世代为将的家世为何会感到羞愧呢？这一问题如不放在魏晋时代门阀士族兴

---

① 参阅《后汉书》卷5《安帝纪》、卷16《邓骘传》、卷87《西羌传》。
② 《晋书》卷31《后妃传上》。

起的大背景下考量审读，就颇令人费解。

汉代儒学的兴旺发达，使整个社会浸淫儒术儒风，人们普遍崇尚敬仰经学世家和阀阅门第出身的士人。反之，武人的地位逐渐下降，将门出身也为时人所轻。而兵卒身份则更为低下："兵卒""武人""老革"已成为侮辱人的称呼，这类例证并不罕见。

刘备自称汉中王时，欲重用黄忠为后将军。"诸葛亮说先主曰：'忠之名望，素非关（羽）、马（超）之伦也，而今便令同列，马、张（飞）在近，亲见其功，尚可喻指，关遥闻之，恐必不悦，得无不可乎？'先主曰：'吾自当解之。'"①刘备于是派遣益州前部司马"（费）诗拜关羽为前将军，羽闻黄忠为后将军，羽怒曰：'大丈夫终不与老兵同列。'不肯受拜"。②

零陵名士刘巴因张飞是武人而瞧不起他，诸葛亮劝刘巴说："张飞虽实武人，敬慕足下。主公今方收合文武，以定大事，足下虽天素高亮，宜少降意也。"但刘巴却回答道："大丈夫处世，当交四海英雄，如何与兵子共语乎？"③

蜀中名士彭羕得不到刘备重用，竟然当着马超的面，斥骂刘备为"老革荒悖，可复道邪"！何谓"老革"？裴松之解释道："皮去毛曰革。古者以革为兵，故语称兵革，革犹兵也。（彭）羕骂（刘）备为老革，犹言老兵也。"④此风浸淫至东晋，依然如故。如《世说新语·简傲》篇记载谢安之弟谢万十分骄狂，谢安劝诫之，谢万并不放在心上。他有一次"召集诸将，都无所说，直以如意指四坐云：'诸君皆是劲卒。'诸将甚忿恨之"。为何诸将会"忿恨"呢？胡三省说："凡奋身行伍者，以兵与卒为讳。既为将矣，而称之为卒，所以益恨也。"⑤

① 《三国志》卷36《黄忠传》。
② 《三国志》卷41《费诗传》。
③ 《三国志》卷39《刘巴传》注引《零陵先贤传》。
④ 《三国志》卷40《彭羕传》注引裴松之语。
⑤ 《资治通鉴》卷100，"升平三年"条，胡三省注。

司马炎贵为天子,为西晋王朝开国之君,司马氏家族也是承胤久远,累世二千石,跻身于汉魏士族行列。然而,河内司马氏虽说是汉末儒学大族,却非第一流高门,且先世乃武将出身,与当时第一流的世家大族,如弘农杨氏、汝南袁氏、颍川荀氏相比,仍然有不小的差距,故晋武帝被受其"专房之宠"的胡贵嫔重提"将种"家族的往事,仍然会感到脸红,"甚有惭色"。① 既然司马家族原先出自将门,那么,之后又如何由武入文,完成家族门第的文化转型呢?我们还得从司马钧的后代讲起。

二、"由武入文":司马家族的文化转型

司马钧之子司马量,字公度。司马量事功不显,史书对其没有只字片语的记载,仅知道司马量最后官至豫章太守。汉代的太守,秩二千石,乃是一郡最高的行政长官,属文官系统。司马量是否研治经学或史学,我们无从得知,但从其所任官职中获得了一个重要信息,即其家族已受到儒学传统的熏染,开启了整个家族偃武修文,向崇文尚儒的文人世家的转型。

司马量之子司马儁,"字元异,博学好古,倜傥有大度,长八尺三寸,腰带十围,仪状魁岸,与众有异。乡党宗族咸景附焉,位至颍川太守"。② 司马儁长得高大魁伟,倜傥有大度,带有一定的武人风采,与其博学好古的儒生形象似乎不太吻合,但这一身体特征并

① 魏末晋初,玄学盛行,在其风浸淫下,将门、将种已被时人诟病,成为门第低下的主要标志。

② 《三国志》卷15《司马朗传》注引司马彪《序传》。司马儁身材高大的基因还传给了后代。司马懿兄司马朗十二岁时,去应童子试。童子试专门选拔十二岁到十六岁之间的神童。监试官看到司马朗身材高大,完全不像十二岁小孩的样子,怀疑他隐瞒年龄,就质问他。司马朗回答道:"朗之内外,累世长大,朗虽稚弱,无仰高之风,损年以求早成,非志所为也。"见《三国志》卷15《司马朗传》。

不重要,关键是他摒弃了祖先的武将家风,而与乃父一样,继续担任太守。其人博学好古,可知不是那种传统儒生中的经学家,苦研经典,寻章摘句,而是通达明鉴,博览古书,带有很强的实用性。

抑或是其子司马懿被西晋尊谥为高祖宣皇帝的缘故,史官记载司马儁之子司马防的事迹才稍稍多些。笔者依据《晋书·宣帝纪》《三国志·司马朗传》注引司马彪《序传》、《三国志·武帝纪》注引《曹瞒传》等零星史料,对司马防生平作一简单叙述。

司马防,字建公,生于东汉建和三年(149),卒于建安二十四年(219),享年整 70。在古代寿命普遍不高的情况下,算是高寿了。司马防生有八子:长子司马朗,字伯达,官至东汉兖州刺史;次子司马懿,字仲达,官至魏太傅,封舞阳侯(西晋朝尊谥为宣帝);三子司马孚,字叔达,官至晋太宰(西晋朝封安平王);四子司马馗,字季达,封东武城侯;五子司马恂,字显达,官至魏鸿胪丞;六子司马进,字惠达,仕曹魏为中郎,封城阳亭侯;七子司马通,字雅达,魏封安城亭侯;八子司马敏,字幼达,魏封安平亭侯。因其兄弟八人的表字皆有"达",且均知名于当时,于是并称为"司马八达"。

司马防年轻时为地方州郡掾吏,26 岁被调入中央担任尚书右丞,主管钱粮。39 岁时,董卓入京。卓暴虐无道,废少帝,杀何太后,专制朝纲。董卓专擅朝政时,有的士人仗节死义、慷慨赴难,有的则是曲意逢迎、为虎作伥。司马防深谙安命保身之术,他遵循恪守儒家"中庸""乡愿"的准则,对董卓的胡作非为冷眼旁观,置身度外。司马防先后任洛阳令、治书侍御史、京兆尹等职。京兆为东汉首都,京兆尹在汉代是中二千石的高级官员,地位尊贵。对司马氏家族而言,司马防已是超越其祖先了。司马防担任京兆尹的时间并不长,数年之后,杜畿从荆州返回长安,被署为郡功曹,此时的京兆尹已易其主,由河东郡人张时担任。董卓、李傕、郭汜败亡后,汉献帝被曹操接到许昌。司马防亦随之来到许昌,不久"以年老转拜骑都尉,养志闾巷,阖门自守"。①

司马防担任尚书右丞时,曾荐举曹操任洛阳北部尉,此事对司马家族而言,具有不可估量的意义。据《三国志·武帝纪》云:曹操"年二十,举孝廉为郎,除洛阳北部尉"。汉制,地方郡国守相举荐的孝廉,入京之后先要充任郎官。郎官是国家的预备官员,其编制是皇帝的侍卫队伍,其性质却是储材之所,是让入京的孝廉,在天子的周围,熟悉政治中心的环境,了解国家机器的运作,然后从中再选拔优秀者,由中央正式任命为各个行政机构的低级官员。这种由中央发布的正式任命,当时称之为"除"。郎官一般需要有中央机构官员的推荐,才能得到这种正式的除授。曹操初次除授的官职是洛阳北部尉。汉代每县有县尉一人,主管治安,大县则置二人。曹操除授伊始,即制造五色棒,置于县衙大门两旁,有违反禁令者,"不避豪强,皆棒杀之。后数月,灵帝爱幸小黄门蹇硕叔父夜行,即杀之,京师敛迹,莫敢犯者"。②

曹操在洛阳北部尉任上,政绩斐然,令人瞩目。而曹操任洛阳北部尉正是因司马防所荐,才使其发挥才能,显露锋芒。《三国志·武帝纪》建安二十一年裴注引《曹瞒传》有这样一段记载:

> (魏公)为尚书右丞司马建公所举,及公为王,召建公到邺,谓建公曰:"孤今日可复作尉否?"建公曰:"昔举大王时,适可作尉耳。"王大笑。建公名防,司马宣王之父。

司马防曾经担任过洛阳县令,对洛阳的治安情况有亲身了解。洛阳作为京师,权贵子弟众多,他们勾结地方豪强,横行不法,对治安造成严重威胁,需要果敢有为的官员才能应对。他之所以举荐曹操,正是看中其血气方刚、迫切建功立业的特点。反过来,出身于"赘阉遗丑"的曹操,也一心期望依靠自己的努力,得到清流士

---

① 《三国志》卷15《司马朗传》注引司马彪《序传》。
② 《三国志》卷1《武帝纪》注引《曹瞒传》。

大夫集团的刮目相看,而出自河内温县世家大族的司马防,正是清流士大夫集团的重要成员。曹操对司马防不抱成见的大力推荐,自然也心怀感激之情。

实际上,曹操的问话是一种踌躇满志之余的调侃,虽无恶意,却也明显带有对昔日上司的揶揄,很符合其"每与人谈论,戏弄言诵,尽无所隐,及欢悦大笑,至以头没杯案中"的一贯作风。此时的司马防面对这个昔日的部下、如今的权相,这个"佻易无威重"而又"持法峻刻"①的晚辈,倘若胁肩谄笑、柔媚取容,就会降低自己清流士大夫的身份,但倘若言语过于刚直,则又会触及阿瞒忌讳,埋下隐患。对此两难处境,司马防以"四两拨千斤"之术轻轻将其化解:"我当初举荐大王您时,您正可作北部尉这样的官。"这一回答绵里藏针、柔中带刚,既不卑不亢而又寓谐于庄,无怪乎曹操听了大笑不止。总之,司马防是曹操的伯乐,他为其子司马朗、司马懿、司马孚日后在曹操霸府中任职并得到重用,奠定了很好的基础。司马防举荐曹操,从此开启了曹氏与司马氏两大家族的因缘。曹操因为司马防的举荐,走出了开创曹魏基业的第一步;而司马氏也因曹氏的栽培、提携,在曹魏政权中的权势日渐强大,最终终结了曹氏王朝的气运。因此,对于曹氏王朝而言,可谓以司马氏始,复以司马氏终。

司马炎代魏建晋时,尊祖父司马懿为晋宣帝,为晋朝奠基之君。"而王隐《晋书》云赵王(司马伦)篡位,欲尊祖(司马防)为帝。"但司马防没有建立显著的功业,所以司马伦犹豫不决,"博士马平议称京兆府君昔举魏武帝为北部尉,贼不犯界,如此则为有征"。② 但司马伦篡位很快就以失败而告终,故司马防被子孙尊谥帝号之事也终成泡影。

---

① 《三国志》卷1《武帝纪》注引《曹瞒传》。
② 《三国志》卷1《武帝纪》注引《曹瞒传》。

司马家族到司马防时,已完成了由武入文的家族转型,其已从武将家族转为儒学大族,以儒术为业已是司马氏家族重要的文化特征。对于家族的儒学渊源,晋武帝司马炎曾自我表白:"吾本诸生家,传礼来久。"[1]同当时的世族高门弘农杨氏、汝南袁氏相比,司马氏缺乏世传的经业,如杨氏世传《欧阳尚书》、袁氏世传《孟氏易》;也没有累世公卿的显赫世宦。晋武帝自述家世:"吾本诸生家",其实并没有夸饰的成分,用它来说明司马氏的家世特征,是最为贴切不过的。

"诸生"这一身份,是指经考试录取而进入中央、郡县等各级学校,包括在太学学习的太学生、博士弟子等。诸生并不能执经教授,故经学素养不甚深厚,属于儒学推广后的最基层成员。因此司马家族的儒学造诣并不是很高。虽然诸生的地位并不尊贵,但却有着儒学孔门弟子的身份,以诸生自诩是司马家族文化转向的结果。"传礼来久"是指诸生之家皆崇尚孝道,以倡导儒家纲常伦理,传承诗礼门风为圭臬。在这方面司马防堪称典范。司马防治家遵从礼教甚严,"诸子虽冠成人,不命曰不敢进,不命坐不敢坐,不指有所问不敢问,父子之间肃如也"。司马防"性质直公方,虽闲居宴处,威仪不忒"。[2]即便是参加宴会也是正襟危坐、一脸严肃,从来不开玩笑。平时就喜欢阅读《汉书》名臣列传,能背诵数十万字之多。

司马防事功不显,故史书对其记载亦简,但《司马芳残碑》的出土,对其行状略有补缺。据学者考证:碑主司马芳即司马防。[3]《司马芳残碑》又名《司隶校尉京兆尹司马文预碑》。因出土时只存碑身上半截,且断为三块,通常也称《司马芳残碑》。碑圆首,额上雕刻的蟠螭纹仅存上半段,残高九十八厘米,宽九十七厘米,两

---

① 《晋书》卷 20《礼志中》。
② 《三国志》卷 15《司马朗传》注引司马彪《序传》。
③ 段绍嘉:《司马芳残碑出土经过及初步研究》,《人文杂志》1957 年第 3 期。

面刻字,正面碑文十六行,行五至十五字不等,隶书;额题"汉故司隶校尉京兆尹司马君之碑颂",篆书。碑阴上部有题名十四行,下残存叙文十八行,亦为隶书体。碑阴有杜县、韦诞、杜畿等十四人题名。[①] 该碑原立于汉长安城故地,1952 年于西安市西大街广济街发现,遂入藏西安碑林。此碑为司马芳之八世孙(也有说是七世孙)司马准为司马芳所立。其内容是记述司马氏的家世、官职和追述司马芳的功德等。碑文与《晋书·宣帝纪》、《三国志·武帝纪》裴注《曹瞒传》等史书相校,司马芳的官职、族望以及生卒年,与史俱合。《司马芳残碑》作为目前关于司马氏先世唯一的出土石刻,其历史价值极高。虽然碑文残损不堪,给研究解读带来极大困难,但吉光片羽,仍然弥足珍贵。

三、交游圈是如何建立的

司马氏交游圈并非是一般儒生文士进行雅集唱和等活动的交游圈。司马氏交游圈和朝中政治密切相关,直接关乎到司马懿日后如何构筑其权势网络,并最终形成颠覆曹魏政权的政治集团。笔者认为,司马氏权势网络形成的雏形并非始于司马懿时代。要搞清楚司马氏权势网络的起点,必须追本探源,远溯其祖。司马氏祖先家世二千石,多人担任郡守之职。其中司马懿祖父司马儁官职引起笔者的密切关注。《晋书·宣帝纪》有这么一句话:"(司马)量生颍川太守(司马)儁。"此语虽然简单,但它却透露出一条信息,司马儁仕途中最重要的官职是他担任东汉朝的颍川郡太守。笔者以为,司马儁任颍川郡守对司马家族日后的崛起,起到了至关重要的作用。从某种意义上说,颍川既是司马氏构筑人际及权势网络最重要的地区,同时也成为司马氏

---

① 碑阴题名中的 14 人都是司马防担任京兆尹时的故吏僚佐。

家族的龙兴之地。①

颍川郡有其独特的地缘及文化优势。自秦始皇设立此郡后，一直是京师之外人口最多、最为繁华的大郡。颍川郡治所在今河南省禹州市，黄帝生于斯，夏禹建都于此，因此成为中华民族的发祥地之一。东汉时期颍川郡属于豫州刺史部。《续汉书·郡国志二》记载："颍川郡，秦置。洛阳东南五百里。户二十六万三千四百五十，口百四十三万六千五百一十三。十七城。"自东汉到魏晋，中州（指颍川、汝南、南阳三郡）既是学术中心，也是政治中心。中州士人的活动影响着历史的节奏。

《晋书·姚兴载记》有一句后秦君主姚兴的名言："关东出相，关西出将，三秦饶俊异，汝颍固多奇士。""汝颍"即指同属豫州，彼此毗邻的汝南、颍川二郡，这两郡以盛产才学之士闻名天下，东汉朝廷的名门显宦多出于此地。日本学者川胜义雄指出："东汉中叶以后，学问逐渐遍及天下，于是各地都有学者自行召集诸生讲学，河南省中部的颍川、汝南以及山东省北部的北海，都是著名的学问之地。"②汉魏之际，汝南、颍川一带，人才辈出，英雄驰骋。就学术而论，自东汉初至顺帝年间，汝颍地区曾涌现出一批经学大家，汝南戴凭、钟兴、许慎、周举、蔡玄，颍川张兴、丁鸿等均蜚声海内，他们或是享有"五经无双""五经纵横"之美誉，或者招收弟子成千上万，为一代宗师。东汉末年发生了著名的党锢之祸，其中，党锢核心人物的"三君"中有汝南陈蕃，"八俊"中有颍川李膺、杜密，"八顾"中有汝南范滂、蔡衍，"八及"中有汝南陈翔，汝颍名士之多是其他地区所无法比拟的。

汉魏之际，中原地区最有影响力的大族是颍川郡颍阴县（今

---

① 司马懿祖籍河内郡温县，但生前曾被封为舞阳侯，舞阳县在颍川郡内，故称其为司马氏发迹的龙兴之地。

② ［日］川胜义雄：《六朝贵族制社会研究》，徐谷梵、李济沧译，上海古籍出版社2007年，第10页。

许昌市区)荀氏。荀淑品行高洁,学识渊博,乡里称其为"智人",曾征拜郎中,再迁升当涂长,东汉名士李固、李膺都曾拜他为师,后出为朗陵侯相。荀淑办事明理,人称为"神君"。他的八个儿子,并有才名,人称"荀氏八龙",其第六子荀爽最为知名,官至司空。荀淑的孙子荀彧、荀谌、荀衍、荀悦,从曾孙荀攸等人,都是汉魏之际的风云人物和曹魏集团的重要谋士。

荀彧起初依附袁绍,发现袁绍不能成大事,便投奔曹操。为曹操运筹帷幄,不久任尚书令,参与军国大事,成为曹魏集团中最重要的谋士,曹操把他比作"子房",称赞其"略不世出"。当曹袁决战的紧要关头,曹操军粮将尽,写信给荀彧,打算退还许都。荀彧以"楚、汉在荥阳、成皋间"对峙的情形作比喻,认为"先退者势屈",①要曹操坚守待变,由此最终赢得了胜利。官渡战后,荀彧又谏止曹操南击刘表,要他乘势讨平袁绍,其结果加速了袁绍集团覆灭的过程。曹操后来表彰荀彧功勋:"向使臣退于官渡,绍必鼓行而前,有倾覆之形,无克捷之势。后若南征,委弃兖、豫,利既难要,将失本据。彧之二策,以亡为存,以祸致福,谋殊功异,臣所不及也。"②这是对荀彧功绩的高度评价。曹操迎天子到许昌,召荀攸为尚书,不久又任为军师。荀攸随曹操南征北战,屡献奇策,在曹操统一北方过程中发挥了重要作用。

颍川郡长社县(今长葛市)钟氏也是魏晋时期颇有影响的世家大族。早在东汉时期,钟皓以诗律教授门徒千余人,朝廷多次征召他做官,他都拒绝了。钟皓因德行高尚、学识渊博,与陈寔、荀淑、韩韶并称为"颍川四长",为当时士大夫所倾慕。党人领袖李膺曾盛赞荀淑、陈寔、钟皓:"荀君清识难尚,陈钟

①　《三国志》卷10《荀彧传》。
②　《三国志》卷10《荀彧传》注引《彧别传》。

至德可师。"①钟皓之子钟迪、钟敷因桓灵之世的"党锢之祸"而终身不仕。到了他的孙子钟繇，终于重振家风，使钟氏成为曹魏时期举足轻重的世家大族。

钟繇东汉末为黄门侍郎，遭逢李傕、郭汜之乱，奉献帝归曹操。后为侍中守司隶校尉，持节督关中诸军，为曹操经营关中，招集流散，使生产逐渐得到恢复。钟繇坐镇长安，迫使马腾、韩遂遣子入质，暂时稳定了关中形势，从而为曹操解除了西顾之忧。曹操对钟繇的镇守之功予以充分肯定，把他比作为替刘邦镇守关中的萧何。曹操建立魏国之后，钟繇"为大理，迁相国"，成为魏国的首任首辅。曹丕代汉，任为廷尉。黄初三年（223），代贾诩为太尉，转封平阳乡侯。当时司徒华歆、司空王朗，都是曹操时的名臣。曹丕在一次退朝后对左右曰："此三公者，乃一代之伟人也，后世殆难继矣！"②明帝即位，进封定陵侯，迁太傅，世称"钟太傅"。钟繇工书法，尤善隶、楷，与王羲之并称"钟王"。

汉末魏晋是中国历史上士族门阀制度兴起与鼎盛时期。颍川陈氏也是以汉末名士身份起家的巨姓望族，世代传承，名重魏晋。汉末魏晋颍川陈氏家族的事功刊载于《后汉书》《三国志》《晋书》《宋书》及《世说新语》等书，其中陈寔、陈纪、陈群、陈泰在《后汉书》《三国志》中列有专传。颍川陈氏作为当时的一流高门，在谱学兴盛的时代背景下，撰有《陈氏谱》一部。

司马懿初入曹操霸府时，并未得到曹操的重用，主要原因是这时的曹操已破吕布、败袁术、灭袁绍，基本上统一了黄河流域。曹操政权吸纳人才的工作也已基本完成。将司马懿推荐给曹操并在日后提携司马懿，起关键作用的是荀彧，对于这个问题，笔者在本

---

① 余嘉锡：《世说新语笺疏》卷上之上《德行第一》注引《海内先贤传》曰："颍川先辈，为海内所者：定陵陈稚叔、颍阴荀淑、长社钟皓。少府李膺宗此三君，常言：'荀君清识难尚，陈钟至德可师。'"中华书局 2007 年。

② 《三国志》卷 13《钟繇传》。

书第二章中也要展开讨论。司马懿掌握权力之后，投桃报李，大力拔擢荀氏子弟。作为曹魏政权主要谋臣的荀氏后来完全投靠司马氏，荀勖、荀颢皆成为司马氏心腹和西晋王朝的佐命元勋，在魏晋易代鼎革中起了重要作用。而与荀氏家族的交游，则是司马懿初入仕途的关键之举。

司马懿与钟繇也有交游。司马懿在曹操时代后期任军司马，魏受汉禅，转督军，可以参预军机，但在黄初二年(221)司马懿改任侍中、尚书右仆射，基本上不掌握兵权。时钟繇任廷尉，管理天下刑狱，司马懿所任的尚书右仆射也涉及刑狱之事，故两人必有交往。司马懿和钟繇都为荀彧所荐举，钟繇和荀攸为莫逆之交，司马懿和荀氏关系也十分密切。史书虽然没有详细记载司马懿和钟繇的交往，但据有关史料可以推测，钟繇和司马懿的关系也不错。因为钟繇担任太尉一年多后，陈群就任"镇军大将军，领中护军，录尚书事"，[①]司马懿任"抚军，假节，领兵五千，加给事中，录尚书事"。[②]当时大司马曹仁去世，钟繇是最高军事长官，他若反对，陈群和司马懿就不会获得军事指挥权。不久之后发生的鲍勋事件也能反映钟繇偏袒司马懿的立场。"黄初四年，尚书令陈群、仆射司马宣王并举鲍勋为宫正，宫正即御史中丞也"，[③]但是魏文帝对鲍勋素有成见，仅是碍于陈群和司马懿的面子勉强任用鲍勋，后来曹丕要杀鲍勋，钟繇和陈群等人极力劝阻，是时司马懿镇守许昌，不在朝中，故不及相救，曹丕"遂诛勋"，可见，钟繇是支持司马懿和陈群的立场，要保护鲍勋的。

钟繇的长子钟毓和司马师、司马昭兄弟最为亲密，曾为司马师出谋划策平定毌丘俭之乱，并告诫司马昭：钟会日后会谋反。司马氏兄弟执政时，钟会作为中枢智囊，是司马氏最得力的心腹谋士，

① 《三国志》卷21《陈群传》。
② 《晋书》卷1《宣帝纪》。
③ 《三国志》卷12《鲍勋传》。

曾多次替司马兄弟谋谟帷幄。司马氏平定淮南毌丘俭、诸葛诞之乱,钟会居功甚伟。史载"寿春之破,会谋居多,亲待日隆,时人谓之子房。军还,迁为太仆,固辞不就。以中郎在大将军府管记室事,为腹心之任"。①尽管钟会有野心,最后因叛乱被杀,但因钟氏同司马氏有通家之谊,故司马昭还是网开一面,赦免钟氏全族。②

陈群出身于颍川陈氏家族,其祖父陈寔是东汉末年最具声望的士人之一,陈寔与荀淑齐名,因为担任过太丘县长,故人称他为"陈太丘"。将陈群引入曹操幕府的是荀彧,以后陈群又娶荀彧之女,成为荀彧的女婿,荀彧死后,陈群被拥戴为士族的新领袖。魏国建立后,曹丕被立为太子,太子四友是司马懿、陈群、吴质和朱铄。其中司马懿同陈群的关系最为密切,两人曾同在曹操丞相府任职,在曹丕继位初期分别担任尚书台的尚书令和尚书仆射,处理政务。两人还共同荐举鲍勋任宫正,曹丕死后,同受顾命辅佐曹叡,两人共事数十年,建立起十分亲密的关系。

从表象上来看,上述这些内容似乎同司马儁并无太大关联。但若仔细分析,就会发现,司马儁任颍川郡太守这一看似无关紧要的官职,却对司马家族日后的发展、壮大乃至化家为国、亡魏成晋都起了潜在而较大的作用。在司马氏夺取曹魏政权的过程中,形成了与曹氏对立的司马氏官僚集团。司马氏官僚集团具有双重性,它既是曹魏政权的对立面,又从曹魏政权中诞生。司马氏集团的重要特征是"司马氏仕乎曹族,三祖之寓于魏世",③即司马懿

---

① 《三国志》卷28《钟会传》。
② 《三国志》卷28《钟会传》曰:"(钟)会所养兄子毅及峻、迪敕连反。等下狱,当伏诛。司马文王表天子下诏曰:'峻等祖父繇,三祖之世,极位台司,佐命立勋,飨食庙庭。父毓,历职内外,干事有绩。昔楚思子文之治,不灭斗氏之祀。晋录成宣之忠,用存赵氏之后。以会、邕之罪,而绝繇、毓之类,吾有愍然! 峻、迪兄弟特原,有官爵者如故。惟毅及邕息伏法。'"
③ 《晋书》卷82《习凿齿传》。

（高祖）、司马师（世宗）、司马昭（太祖）三人曾经都是魏臣；①司马家族的人际关系，政治权势与曹魏政权有着千丝万缕的联系。

曹魏政权主要由两个政治集团组成，即谯沛集团与汝颖集团。与汝南士人相比，汝颖集团中的颖川士人占了更大的比重。荀氏、钟氏、陈氏则是颖川士人的主要代表，荀彧是汝颖集团的前期领袖。荀彧死后，司马懿和陈群代表汝颖集团的利益，成为汝颖集团事实上的领袖。以司马氏为代表的汝颖集团最终战胜以曹氏、夏侯氏为主体的谯沛集团，完成了魏晋禅代。陈寅恪曾指出："荀彧认为袁绍不能有所作为，遂舍袁从曹。他还为曹操引进了不少士大夫阶级的人物。然而，作为一个阶级来说，儒家豪族是与寒门出身的曹氏对立的。官渡一战，曹氏胜，袁氏败，儒家豪族阶级不得不暂时隐忍屈辱。但乘机恢复的想法，未尝一刻抛弃。曹操死后，他们找到了司马懿，支持司马懿向曹氏展开了夺权斗争。袁绍是有后继人的，他的继承人就是司马懿。袁绍的失败只能表明儒家豪族暂时受到了挫折。后来，他们通过了司马懿父子之手，终于把政权夺回到了自己手上。"②由此可以看出，以荀彧为代表的颖川士人在魏晋禅代中起到了至关重要的作用。

这里需要思考的问题是，司马氏的祖籍是河内郡（东汉河内郡属于司隶校尉部）温县，而荀、陈、钟等大族却祖居于豫州之颖川，河内郡与颖川郡两地相隔数百里，司马氏是如何同荀、陈、钟等大族的名士进行交往的？众所周知，古代交通十分不便，除非发生社会动乱或做官，一般士人交游的范围都局限在本县或本郡。如汝南名士许劭、许靖主持的"月旦评"，在东汉末年名扬天下，烜赫一时，但月旦评的参加者大都是汝南当地的名士，而很少有其他地

---

① 司马炎称帝后追谥其祖父、伯父、父亲为西晋王朝"三祖"。
② 陈寅恪：《魏晋南北朝史讲演录》，贵州人民出版社2007年，第11页。

区人参与。① 所以,司马氏同颍川士人的交往,最大的可能是司马儁在颍川太守任上建立起来的交游圈。

隋代以降,地方官任期都比较短,一般不会超过三年。汉代对地方郡守、县令的任期并不作硬性规定,有的地方官任期甚至长达十余年。如果司马儁担任颍川太守时间较长,他就可能把颍川作为其第二故乡。汉代的郡太守权力非常大,②可以自行辟除掾佐僚属。太守所辟除的幕僚掾属,都是当地有名望的士人。颍川郡最具名望的士人当然出自上述的荀、钟、陈等大族。所以,我们不排除司马儁征辟荀、陈、钟三族士人担任颍川郡主簿、督邮、五官、功曹等掾吏的可能。

迄今为止,虽然并无资料可以说明颍川太守司马儁的交游范围,但从司马懿同荀彧、陈群、钟繇过从甚密的关系来看,应该不是一朝一夕建立起来的。司马懿同他们的关系可能上溯到祖辈,建立在几代人持续不断交游的基础上,唯有如此,才能形成家族之间的交游网络。那么,这些家族间相互交往的网络是何时才构建起来的呢?笔者以为,很可能就是始于司马儁担任颍川太守期间,否则河内郡的司马氏和颍川郡的荀氏、陈氏、钟氏是不太可能异地相交的。

到了曹魏时代,司马、荀、陈、钟四家已成为世交、通家之好,他们相互间还联姻成亲。如陈群之妻为荀彧之女;钟繇为荀勖的从外祖。司马懿长女嫁与荀彧之孙荀霬。司马懿死后,司马家族与荀、陈、钟三家来往更为频繁、密切。特别是司马师兄弟与钟毓兄弟情感甚笃,犹如家人。《世说新语·排调二十五》记载了他们之

---

① 参阅朱子彦:《论东汉末年汝南郡的月旦评》,《学术月刊》2002 年第 9 期。
② 西汉哀帝时,王嘉曾说:"今之郡守重于古诸侯。"见《汉书》卷 86《王嘉传》。章太炎云:"太守上与天子剖符,而下得刑赏廉除,一郡之吏,无虑千人,皆承流修职,故举事易。"载氏著《章氏丛书·检论·通法》,上海世界书局 1935 年。

间互相戏谑调侃的故事。

司马昭和陈骞、陈泰同乘一辆车子,当车子经过钟会家时,招呼钟会一同乘车,还没等他出来,就丢下他驾车离开了。等钟会出来时,车子已经走远了。钟会赶到后,司马昭借机嘲笑他说:"与人期行,何以迟迟,望卿遥遥不至。"这里的"遥"是一语双关之字,除了说钟会迟到外,还顺便点出他父亲钟繇。在中国古代,随便提别人父、祖的名讳是非常失礼的,但如果是非常亲密的朋友,却往往喜欢玩这种文字游戏。而钟会的回答也是非常有意思。他答道:"(吾)矫然懿实,何必同群!"意思是,我本来就是一个喜欢独行的人,懿美丰盈,何必要和你们同群。此处也是一双关,不仅表明自己清高,卓尔不群,而且还用陈骞之父陈矫,陈泰之父陈群,司马昭之父司马懿的名讳来回答。司马昭又问道:"皋繇何如人?"钟会答道:"上不及尧、舜,下不逮周、孔,亦一时之懿士。"钟会的意思是我父亲虽然比不上尧舜周孔,但和你父亲一样,也是懿德之士。①

这个故事反映了司马昭与钟会、陈泰、陈矫等人的交游,他们同坐一车,插科打诨,互开玩笑,如同家人子弟。其实,当时的司马昭已掌握朝政,成了无冕之君。司马昭平定淮南诸葛诞叛乱之后,"功德盛大,坐席严敬,拟于王者"。②对于一般臣僚而言,皆在司马昭面前唯唯诺诺,绝不敢放肆。但陈泰、陈骞、钟会居然可以同司马昭相互戏谑,甚至可以无所顾忌地拿对方父祖的名讳开玩笑,其间绝无尊卑等级之别。以至于后来钟会捏造邓艾谋反一事,司马昭居然深信不疑。③

为何钟会等人会如此"放肆"呢? 我以为,其中最重要的原因

① 钟会父亲钟繇,而"繇"与"尧"同音。
② (南朝宋)刘义庆:《世说新语·简傲第二十四》。
③ 《三国志》卷28《钟会传》曰:"(钟)会内有异志,因邓艾承制专事。密白艾有反状,于是诏书槛车征艾。司马文王惧艾或不从命,敕会并进军成都。"

就是钟会、陈群等人从祖上开始,就和司马氏家族建立了特殊的关系,他们的关系是"世交至谊"与"通家之好"。而这个"世交"与"通家"的起点就是源于司马儁任颍川太守时期。

随着司马氏家族的崛起和政治上的日益显贵,司马懿还通过婚姻网络来强化家族势力。司马懿发妻张春华门第不高,虽然她替司马懿生育三子一女,且协助司马懿伪装风痹之症,拒绝曹操征辟,但由于其父仅为粟邑县令,官职卑微,故司马懿晚年对张氏有"老物可憎""老物不足惜"①的倨傲态度。

从司马懿子女开始,其姻亲的门第几乎都是当时的名门望族,且有明显的政治联姻倾向。懿长子司马师联姻过三次,其原配夫人夏侯徽,字媛容,父夏侯尚,官拜魏征南大将军;徽母曹氏,魏德阳乡主,是曹操的义女,曹魏名将曹真之妹。夏侯尚子是魏晋之际著名的玄学家夏侯玄。司马师与夏侯徽联姻,表明司马家族同时与曹氏、夏侯氏家族缔结姻娅。夏侯徽亡故后,司马师续弦夫人为吴氏,吴氏父吴质是曹丕的"太子四友"之一,位至振威将军,假节都督河北诸军事,封列侯。吴质与司马懿关系甚笃,他曾盛赞司马懿忠贞机智,是国家栋梁。吴氏后为司马师所休,师又娶泰山南城(今山东费县)人羊徽瑜为妻。泰山羊氏是两汉名族,世为二千石,门第显赫。羊徽瑜的高祖父羊侵,在汉安帝时官至司隶校尉;曾祖父羊儒,在汉桓帝时官至太常;祖父羊续官至南阳太守;父羊衜官至上党太守。羊衜前妻为孔融之女,续弦为东汉名士蔡邕之女、蔡文姬之妹。联姻的对象都是汉魏之际最有声望的名士。羊氏与司马懿相交当始于羊续之子羊秘,羊秘任侍御史时,曾与司马懿联名劝曹丕代汉。②

次子司马昭娶王元姬为妻。王氏出身于东海高门士族,其祖

① 《晋书》卷 31《后妃传上》。
② 可参阅本书第五章之二"曹丕受禅与司马懿上《劝进表》"。

父王朗是曹魏司徒,封兰陵侯,其父王肃受业于荆州学派的宋忠,王肃广注群经,是著名的经学家、大儒,曾助司马师平定毌丘俭之乱,迁中领军,加散骑常侍,袭封兰陵侯。五子司马榦妻满氏,是曹魏元老重臣太尉满宠之女。

司马懿第三子司马伷之妻诸葛氏,出身于山东琅琊诸葛氏,乃魏征东大将军诸葛诞之女。[①] 琅琊诸葛氏为山东大族,其先祖为西汉元帝时期的司隶校尉诸葛丰。汉魏时,琅琊诸葛瑾、诸葛亮、诸葛恪、诸葛诞等先后登上三国政治舞台,且都官至公卿宰辅,故《吴书》称之为"一门三方为冠盖,天下荣之"。[②] 诸葛诞后因反对司马昭,发动淮南三叛而全族被诛,但因司马伷保护,其妻诸葛氏幸免于难。永嘉之乱后,衣冠南渡,建立东晋,晋元帝司马睿即是司马伷与诸葛氏之孙。

司马懿与颍川荀氏为通家之好,其长女南阳公主适荀彧之孙荀霬。荀霬既是荀彧之孙,又是曹操的外孙。司马懿之女高陆公主适晋征南大将军杜预,杜预出身于关中大族,亦是显宦世家。预祖父杜畿是曹魏名臣,曹丕时任尚书仆射,被封为亭侯。从《司马芳残碑》提供的信息中我们可以得知,京兆杜氏与河内司马氏为故交,其间虽然司马懿与杜预父杜恕有过龃龉,[③]但并未影响到两族之间的正常交往。司马昭执政时,为了进一步扩大自己的权势网络,遂将己妹嫁与才华横溢的杜预,在司马氏与杜氏累世交往的基础上又增加了通婚联姻的特殊关系。

经过这一番政治联姻,不少两汉时期的名门贵胄及曹魏新贵

---

① 诸葛诞另一女适魏太尉王凌之子王广,诞女颇有智慧,《世说新语·贤媛第十九》云:"王公渊娶诸葛诞女,入室,言语始交,王谓妇曰:'新妇神色卑下,殊不似公休。'妇曰:'大丈夫不能仿佛彦云,而令妇人比踪英杰!'"

② 《三国志》卷52《诸葛瑾传》注引《吴书》。

③ 《晋书》卷34《杜预传》载:"初,其父与宣帝不相能,遂以幽死,故预久不得调。"又据《三国志》卷16《杜恕传》载,杜恕曾弹劾司隶校尉孔羡辟举司马懿之弟司马通一事选举不实,由此得罪了司马懿。

都同司马氏发生了密切的关系。这标志着司马氏从一个地方性的大族已逐步发展为曹魏王朝中具有举足轻重地位的政治家族。

司马懿通过与门阀士族的联姻积累了深厚的人脉与政治资源，这就为他日后控制朝政奠定了坚实的政治基础。从司马氏集团形成的过程来看，司马懿父子正是通过建立人际网络、政治网络、权势网络、①婚姻网络，争取了大量曹魏旧臣的支持，通过和平方式把他们从魏臣转化为晋臣，从而最后以禅让方式夺取曹魏政权。但如果从深层次发掘、思考，我们就可以发现这些网络的起点就是从颍川太守司马儁时期开始构建的。通过上述分析，大致可以得出这样一个结论：司马懿是建立西晋王朝的奠基人，但构建人际交游网络的始作俑者却是其祖父司马儁。

四、司马家族的门风

家风又称门风，是家庭成员在日常生活中传承、延续的价值观、人生观，有具体的生活作风、行为规范、精神风貌、道德品质等内容。司马防一生并未建有"三不朽"的事功，但其孝悌治家、机敏权变、善于自保的门风却作为一笔无形资产传承给后代子孙。

从司马家族"不命曰不敢进，不命坐不敢坐，不指有所问不敢问，父子之间肃如也"的关系中，可以看出，司马防以孝悌为家风，要求儿子们从言谈举止等各个方面都对他绝对服从。这样的家教实际上就是服膺儒学的一种表现。儒学纲纪伦理的核心内容就是"孝悌"。秦汉之际，孝悌、亲亲的道德观念颇为缺失，为世人所知的故实是楚汉相争时，刘邦在项羽欲烹其父时，厚颜无耻地欲分老父一杯羹。然而，刘邦的这种无耻无赖之举，在秦汉之际并未受人

---

① 关于司马懿如何构筑政治网络、权势网络，笔者将在本书第十章"开府治事与转任太尉"中再展开具体分析。

诟病。两汉是儒学继春秋滥觞、战国发展后,迎来的第一个兴盛时代。自汉武帝"罢黜百家,独尊儒术"后,儒学的主流地位逐步得以确立。东汉以"名教治天下",统治者倡导以儒家仁义孝悌为家风,不断褒扬仁孝,奖励名德,从而使孝道观念有力地推进与渗透至社会的各个层面,达到了儒学传统深植朝野,伦纪纲常化入风俗,形成了"孝悌""亲亲"的道德观念。从史书记载来看,自司马防以降,司马家族已深受儒学传统的浸淫,形成敦亲睦邻、孝顺父母、悌敬兄长、抚恤族人的门风。在此我们不妨试举数例。

司马懿族兄司马芝,字子华,河内郡温县人。司马芝少年时到荆州去躲避战乱,在鲁阳山里遇到贼寇。同行的人都丢下老人和弱小逃走了。只有司马芝一个人坐在那里守护老母亲。贼寇来到后,用刀逼着司马芝。司马芝叩头说:"母亲老了,杀了我之后放过我的母亲吧。"贼寇们说:"这是个孝子啊! 杀他是不义的。"司马芝因此免于被杀,推着小车把他母亲拉走了。司马芝在南方住了十几年,亲自耕种,恪守礼仪节操。

中原大乱时,司马防在朝,随天子西迁,无法照顾族人,就嘱托长子司马朗保护族人与家眷。长兄如父,司马朗由此就承担了保护家族的重任。董卓进京掌握朝政后,司马朗估计天下将要大乱,他就向父老长辈们建议:河内郡与京城相邻,一旦爆发战争,战火一定会波及于此。不如趁目前道路尚通之时,先去黎阳暂避。司马朗说:"黎阳有营兵,赵威孙乡里旧婚,为监营谒者,统兵马,足以为主。若后有变,徐复观望未晚也。"[1]但是父老乡亲留恋故土,不愿意跟随司马朗离乡背井去黎阳,因此只有少数人随司马朗迁徙。数月之后,关东诸州郡起兵数十万人讨伐董卓,大军都聚集在荥阳及河内郡,关东军军纪败坏,将领放纵士卒劫掠当地百姓,造成当地百姓死伤超过半数以上。后来,黎阳也不太平,兴平元年

---

① 《三国志》卷15《司马朗传》。

（195），兖州刺史曹操与吕布争战于濮阳，而濮阳就在黎阳的河对岸，于是司马朗带着家属迁回河内温县。这一年不幸又遇上大饥荒，以至于出现人吃人的惨况。司马朗收留抚恤救济宗族众人，代替父亲照顾教导诸弟，尽心操持着家族事务，因此司马家族并没有因为世道衰败而家业凋零。

历史上司马昭的形象遭致严重歪曲，口碑极差，"司马昭之心，路人皆知"更是成了人们詈骂斥责所有野心家、阴谋家的口头禅。当然如何对司马昭作出正确与客观的评价诚非易事，笔者将在本书中以一定的篇幅论述司马昭的功过是非。这里只谈司马昭与司马师的兄弟关系。司马懿死后，司马师秉政。司马师具有雄才大略，其从嘉平三年（251）执政到正元二年（255）去世，其间不足五年，但对司马代魏的进程而言，却是至关重要。可以毫不夸大地说，如果没有司马师在其父司马懿的基础上进一步巩固扩大司马氏集团的权力，西晋王朝就不可能建立。

《论语·为政》曰："友于兄弟。"司马师、司马昭兄弟即是这方面的典范。司马师征讨毌丘俭时，因目疾加重而不治身亡。师病重时，司马昭"自京都省疾"，[1]司马师"使文帝总统诸军"。[2] 将大权交给了弟弟，从而确保了司马家族权力的平稳过渡，为之后的魏晋禅代奠定了坚实的基础。

司马昭对兄长有很深的感情，晋将代魏时，他常说："此景王之天下也，吾何与也。"其意是天下是我兄长司马师打下来的，同我没有什么关系。由于司马师去世得早，且无子嗣，故司马昭将己之次子司马攸过继给司马师为嗣子。灭蜀之后，司马昭被封为晋王，将立世子，"初，文帝（司马昭）以景帝（司马师）既宣帝（司马懿）之嫡，早世无后，以帝（司马炎）弟攸为嗣，特加爱异，自谓摄居

---

[1] 《晋书》卷2《文帝纪》。
[2] 《晋书》卷2《景帝纪》。

相位,百年之后,大业宜归攸"。① 司马昭对司马攸特别宠爱,每次见面都要抚床呼唤他的小名"桃符"。司马攸既是司马师的宗嗣,又是司马昭的亲子,"几为太子者数也"。② 但由于何曾等大臣极力劝阻,盛赞司马炎"聪明神武,有超世之才",甚至还搬出相面之术,从他发长及地,手垂过膝的外貌得出结论,说他有"非人臣之相",③司马攸才未能成为太子。

尽管司马攸未能继承大位,司马昭亦未能将皇位传承纳入司马师的后裔之中,但此事还是能反映出司马师、司马昭兄弟的手足之情。虽然儒家十分强调父义、母慈、兄友、弟恭、子孝,但在帝制社会最高权力——皇权面前,封建统治集团成员大都将儒家倡导的孝悌仁义置之脑后,历史上弑君弑父、父子夫妇反目、兄弟手足相残事件层出不穷,④不知酿成多少宫廷政变的惨剧,其中唐太宗发动的玄武门之变、宋太宗策划的烛影斧声最具典型。

如果与汉魏时代的帝王相比,司马师、司马昭兄弟与曹丕、曹植兄弟关系就有霄壤之别,⑤甚至也超过孙策、孙权兄弟。建安五年(200)孙策遇刺身亡,临终时,将江东基业传给其弟孙权,并再三叮咛张昭等人:"中国方乱,夫以吴、越之众,三江之固,足以观成败,公等善相吾弟。"⑥孙策刚死时,孙权极为悲痛,"策薨,以事

① 《晋书》卷3《武帝纪》。
② 《晋书》卷38《齐王攸传》。
③ 《晋书》卷3《武帝纪》载:"何曾等固争曰:'中抚军(司马炎)聪明神武,有超世之才,发委地,手过膝,此非人臣之相也。'由是遂定。咸熙二年五月,立为晋王太子。"
④ 袁绍、刘表都是东汉末年雄踞一方的割据势力,然而他们甫一去世,其子就立即手足相残,争夺统治权,最后被曹操各个击破。曹操晚年为立嗣而左右为难,曾向贾诩请教,贾诩不答,若有所思,曹操问:"何思?"贾诩回答:"思袁本初、刘景升父子也。"(《三国志》卷10《贾诩传》)曹操省悟,遂确立曹丕为世子。
⑤ 曹丕、曹植争夺嫡嗣后文将论述,曹子建七步成诗世人皆知,此处不再赘述。
⑥ 《三国志》卷46《讨逆传》。

授权,权哭未及息"。① 然而,孙权称帝时,则把孙策的开创之功忘得一干二净。《三国志·吴主传》载:"权称尊号,追谥策曰长沙桓王,封子绍为吴侯,后改封为上虞侯。"孙策于天下扰攘之际艰难创业,是江东政权"首事之君,有吴开国之主",②孙权却只给了他一个王的封号,孙权称帝后,将己子皆封为王,但孙策之子孙绍仅封为侯。③ 为此,《三国志》的作者陈寿也愤懑不平,他评曰:"割据江东,(孙)策之基兆也,而(孙)权尊崇未至,子止侯爵,于义俭矣。"④

晋武帝司马炎登基伊始,除尊谥祖父司马懿为宣皇帝、父亲司马昭为文皇帝外,还追谥其伯父司马师为景皇帝。同时武帝还下诏遍封宗室司马孚等27人为王。晋武帝大封司马宗室子弟为王,导致了惠帝时的八王之乱、五胡乱华,历来为后世所诟病。但其初衷除殷鉴曹魏因苛禁宗室,孤立而亡的教训外,还有敦亲睦族,广树藩屏,宗子维城,封建亲贤的用意。这和司马氏家族一贯遵循的"以孝治家"的门风是一脉相承的。

司马家族还特别重视丧葬之礼,丧葬之礼是孝礼的一个重要组成部分。《抱朴子·外篇·讥惑篇》称:"吾闻晋之宣、景、文、武四帝居亲丧皆毁瘠逾制,又不用王氏二十五月之礼,皆行二十七月服。于是天下之重哀者,咸以四帝为法。"司马家族如此重视丧葬之礼与东汉社会大力弘扬的儒家孝道思想密切相关。东汉光武帝刘秀尊崇孝义,敦励名实,使孝道观念有力地推进与渗透至社会的各个层面,达到了"人识君臣父子之纲,家知违邪归正之路"⑤的思

---

① 《三国志》卷47《吴主传》。
② 《三国志》卷46《讨逆传》注引孙盛曰。
③ 孙绍死后,其子孙奉继承爵位。孙皓即位后,闻民间流传孙奉将会称帝,立即派人将其杀害。自此,孙策的血脉彻底断绝,孙吴政权奠基人的子嗣落得如斯下场,使人不得不说:"无情最是帝王家。"
④ 《三国志》卷46《讨逆传》陈寿评曰。
⑤ 《后汉书》卷79下《儒林列传》。

想洗礼效果。东汉时期,《孝经》广为流行,在全社会普及。《孝经》言约意丰,全面系统地论述孝道。不仅如此,汉代"以孝治天下"还体现在诸多的政治举措之中:如将不孝之罪纳入刑律;创立"举孝廉"制度;颁布"养老令",以及确立三年丧制等。《晋书·礼志中》对丧制有翔实的论述,兹略云晋武帝居丧之礼如下:

> 文帝之崩,国内服三日。武帝亦遵汉魏之典,既葬除丧,然犹深衣素冠,降席撤膳。太宰司马孚等以为:"陛下宜割情以康时济俗,辄敕御府易服,内者改坐,太官复膳,诸所施行,皆如旧制。"诏曰:"每感念幽冥,而不得终苴绖于草土,以存此痛,况当食稻衣锦,诚诡然激切其心,非所以相解也。吾本诸生家,传礼来久,何心一旦便易此情于所天!"……孚等重奏:"伏读圣诏,感以悲怀,然今者干戈未戢,武事未偃,万机至重,天下至众。陛下以万乘之尊,履布衣之礼,服粗席藁,水饮疏食,殷忧内盈,毁悴外表。而躬勤万机,坐而待旦,降心接下,仄不遑食,所以劳力者如斯之甚。是以臣等悚息不宁,诚惧神气用损,以疚大事。"……又诏曰:"重览奏议,益以悲剥,不能自胜,奈何!奈何!三年之丧,自古达礼,诚圣人称情立衷,明恕而行也。神灵日远,无所诉告,虽薄于情,食旨服美,所不堪也。不宜反覆,重伤其心,言用断绝,奈何!奈何!"帝遂以此礼终三年。后居太后之丧亦如之。

咸熙二年(265),司马昭去世,司马攸在居丧期间过度悲伤,超过了礼节的规定。数天之内水米未进,"左右以稻米干饭杂理中丸进之,司马攸泣而不受"。其母王元姬亲自前往劝慰:"若万一加以他疾,将复奈何!宜远虑深计,不可专守一志。"司马攸仍然不愿进食。其司马嵇喜进谏曰:"毁不灭性,圣人之教,且大王地即密亲,任惟元辅。匹夫犹惜其命,以为祖宗,况荷天下之大业,辅帝室之重任,而可尽无极之哀,与颜闵争孝!不可令贤人笑,愚人幸也。"在嵇喜的再三劝慰下,"攸不得已,为之强饭"。事后,司马攸对左右说:"嵇司马将令我不忘居丧之节,得存区区之身耳。"①

众所周知,孝是道德标准,礼是行为规范。看某个人的行为是否合乎儒家的道德标准,首先便看他守不守礼。司马氏主张以礼孝治天下。晋皇室自司马懿至司马炎、司马攸以降都极为重视孝道、重视丧礼。"生则养,死则哀,故曰三年之丧,天下之达礼……然则汉文革丧礼之制,无复三年之礼。"②曹操死后,将丧礼简化,时间不超过一个月。作为西晋统治者的司马氏家族,"居亲丧皆毁瘠逾制",不仅超越曹魏,甚至超过了汉代丧礼的规定,这既是司马家族的门风,也是他们极端崇奉儒家名教的体现。

需要指出的是,司马家族虽然崇儒重教,标榜"以名教治天下",但也有虚伪的一面。在家国同构的古代社会,忠与孝是相通的,所谓"求忠臣于孝子之门","事君不忠非孝也",可见忠孝已完全结合在一起。但贾充助司马昭弑君之事却为司马氏倡导的孝道蒙上了阴影。如"贾充与朝士宴饮,河南尹庾纯醉,与充争言。充曰:'父老,不归供养,卿为无天地!'纯曰:'高贵乡公何在?'充惭怒,上表解职"。③贾充为司马氏主谋弑逆,悖礼违教,无以复加,却偏以"不孝"之罪责之于人。史书载之,亦颇具嘲讽意味。

韬光养晦、机敏权变、善于自保也是司马家族的一个特征。司马防生逢东汉末年乱世,其间政治风云变幻,迭经战乱,他能"苟全性命于乱世",既保全性命与家族,又享古稀高寿,历官至中二千石的京兆尹,绝非容易。汉末军阀混战,特别是董卓、李傕、郭汜之乱,造成中原及洛阳、长安两京地区惨绝人寰的大浩劫。董卓进京后,其凶残暴虐确实令人发指。史载:"卓性残忍不仁,遂以严刑胁众,睚眦之隙必报,人不自保,尝遣军到阳城。时适二月社,民

---

① 《晋书》卷38《齐王攸传》。
② 《晋书》卷20《礼志中》。
③ 《资治通鉴》卷79,"武帝泰始八年"条。

各在其社下,悉就断其男子头,驾其车牛,载其妇女财物,以所断头系车辕轴,连轸而还洛,云攻贼大获,称万岁。入开阳城门,焚烧其头,以妇女与甲兵为婢妾,至于奸乱宫人公主,其凶逆如此。"①对朝中的公卿大臣,董卓也是顺之者昌、逆之者亡。董卓被诛杀后,李傕、郭汜等攻入长安、洛阳。大肆烧杀掳掠。长安城内"人相食啖,白骨委积,臭秽满路"。②"天子入洛阳,宫室烧尽,街陌荒芜,百官披荆棘,依丘墙间……尚书郎以下自出樵采,或饥死墙壁间。"③此种情景惨不忍睹。

面对"天阶踏尽公卿骨""甲第朱门无一半"的局面,司马防、司马朗父子能够从容应对,实属不易。特别是董卓逼汉献帝迁都长安时,文武官员都当随行,作为治书侍御史的司马防自然也不例外,按照规定,"当徙西"。《三国志·司马朗传》记载:"朗知(董)卓必败,恐见留,即散财物以赂遗卓用事者,求归乡里。到谓父老曰:'董卓悖虐,为天下所仇,此忠臣义士奋发之时也。'"从这段史料中可知,司马防、司马朗父子十分痛恨董卓,并预见董卓日后必败。正因如此,司马防父子当然不愿充当其殉葬品,追随董卓入长安。然而,董卓大权在握,气焰熏天,连天子都掌控于其股掌之中,公卿大臣更是唯命是从。所以此时此刻,司马防父子若稍微流露不愿追随董卓入关之意,必将遭致杀身之祸。面对如此局面,司马防父子作了精心安排,最后父子商定:"以四方云扰,乃遣(司马)朗将家属还本县。"④而司马防自己则作为人质留在长安。

然而董卓的警觉性很高,他密切注意朝中官员是否愿意追随他入关的动向。有人告发司马朗想要逃亡,军士便抓住他去见董卓,董卓对司马朗说:"你和我已去世的儿子同岁,为何要背叛!"

---

① 《三国志》卷6《董卓传》。
② 《后汉书》卷72《董卓列传》。
③ 《三国志》卷6《董卓传》。
④ 《三国志》卷15《司马朗传》。

司马朗回答说："明公以不世之功德,在天下大乱中辅助天子,清除了宦官的秽乱,举荐了许多贤士,这的确是深谋远虑,期望您早日复兴社稷,天下得到大治!但是随着明公威德的隆重,功业的著名,而兵灾战乱却日渐严重,地方州郡犹如大鼎煮沸一般,连京城的近郊,人民都不能安家乐业,因此要抛弃住家田产,四处流亡逃窜。虽然您已在四方关口设置禁令,以重刑杀戮惩处,但也不能阻止逃亡的风潮,这就是我为何会想返回故乡的原因。希望明公有所借鉴,稍加反省深思,那么您的名声就如同日月一般,伊尹和周公也不能和您相比了。"董卓对司马朗说:"我也有这种感悟,你说的很有道理。"暴虐成性、杀人如麻的董卓居然被一个十几岁的孩童所折服,裴松之在此处作了按语:"司马朗此对,但为称述卓功德,未相箴诲而已。了不自申释,而卓便云'吾亦悟之,卿言有意'!客主之辞如为不相酬塞也。"①于是董卓便释放了司马朗,并准予其返乡。在司马防父子的周密安排下,司马氏终于化险为夷,于乱世年间保全了家族。

从司马朗处变不惊、巧妙应对董卓,最终成功脱险的事例,我们再联想到其弟司马懿为应对曹操的猜忌,诈风痹卧床数年;诸葛亮送女子巾帼不以为羞而坦然受之;以及面对曹爽剥夺其军政大权,咄咄逼人,司马懿"称疾困笃,示以赢形"。②卧薪尝胆数年后,突然发动高平陵之变,一招就制政敌曹爽以死地的诸多历史事件,我们可以清晰地看出司马懿确实非同凡响。如此的深谋远虑,如此的坚忍不拔,其胸襟、眼光、胆识、才能确非常人所具备!笔者以为除了司马懿自身所具有的特异禀赋外,还不能排除门风、家风以及父兄对他的影响。由于历史并未给司马防、司马朗父子以太多的机遇,故司马防、司马朗父子没有做出惊天动地之举,所以他们

---

① 《三国志》卷15《司马朗传》注引裴松之案。
② 《三国志》卷9《曹爽传》。

的谋略已为世人所忽视。其实从司马防、朗父子应对董卓的策略中,我们也可领略到他们的机诈权变之术。

由此可见,司马家族不仅精通儒术,亦深谙老庄道家及申韩之术。将诸子学融会贯通,灵活运用就成了司马氏的家族传统。韬光养晦、深藏不露、坚忍不拔的门风或许也是司马家族于汉魏诸多士族中一枝独秀,亡魏成晋的原因之一吧!

第二章　拒辟与"狼顾相"考辨

一、"非常之器"

　　司马懿,字仲达,河内郡温县孝敬里人。生于东汉灵帝光和二年(179),卒于魏嘉平三年(251)八月戊寅,享年七十三虚岁。虽然他是西晋王朝的奠基者,实际上的开国之君,但史书对他的记载还是较为简略的。魏晋时代的诸家晋书,如王隐《晋书》、干宝《晋纪》、臧荣绪《晋书》、习凿齿《汉晋春秋》、孙盛《晋阳秋》,以及所谓"九家旧晋书"等早已散佚,仅有辑本或只言片语保存于《太平御览》等类书之中。今人经常使用的二十四史中的《晋书》,为唐初房玄龄等人所修,唐代距魏晋已有三四百年,由于年代久远,故《晋书》中的本纪与列传的人物事迹往往语焉不详。陈寿撰《三国志》,惜墨如金,史料比较单薄,但幸亏有裴松之注的补充,极大地丰盈了汉魏时期的历史。与《三国志》相比较,《晋书》史料还要单薄,因为它是官修史书,不再引用私家所撰历史作注。

　　一般而言,写人物传记,理应从传主童年时期开始,但司马懿青少年时期是如何度过的?《晋书·宣帝纪》并无只字提及,更遑论完整记载。故笔者只能钩玄提要,比较笼统概要地叙述之。

　　司马懿祖上自司马钧始,家世二千石。汉代最高官职为三公,秩万石。西汉三公为丞相、太尉、御史大夫。东汉三公是太尉、司徒、司空。汉代官员以俸禄定高低,三公万石之下即是二千石,俸禄二千石也是汉代的高级官员。但二千石是个比较笼统的概念,其中仍有高低上下之别。二千石可分为四个等级:中二千石、真二千石、二千石、比二千石。一般而言,中央政府九卿、地方州牧及京兆尹秩为中二千石;嫔妃等级中的容华为真二千石;郡国守相秩为二千石;西汉凡丞相司直、护军都尉、司隶校尉(哀帝时进为中二千石)、西域都护、奉车都尉、驸马都尉、郡都尉等秩皆比二千石。东汉诸中郎将、光禄大夫、侍中、诸校尉也为比二千石。司马氏家族从司马钧开始,至司马防,分别任征西将军、豫章太守、颍川太守、京兆尹,其中除京兆尹秩为中二千石外,其余皆是二千石。司马氏家族四世二千石,亦可谓是簪缨世家,高门贵胄了,当然与四世三公,门生故吏遍天下的汝南袁氏、弘农杨氏家族相较尚有不小的差距,甚至也不如颍川荀氏、陈氏、钟氏家族的门第及社会影响。

司马懿出身于二千石世家,毫无疑问,自幼就会受到良好的教育。据《晋书·安平献王孚传》记载,司马懿、司马孚兄弟八人读书非常刻苦,常常是废寝忘食,他们"博涉经史。汉末丧乱,与兄弟处危亡之中,箪食瓢饮,而披阅不倦"。司马氏兄弟读的是什么书? 史书并无记载,笔者只能根据汉代河内郡儒学世家的情况,作大致的判断。

首先需要介绍一下司马氏祖籍河内郡温县的概况。战国时河内郡为魏国领地,秦末天下大乱,赵国大将司马卬因有灭秦战功而被项羽封为殷王,都城在河内。汉高祖即位时设置殷国,次年改名为河内郡,位于太行山东南与黄河以北。范围为今河南焦作、济源全境和新乡、安阳西部部分地域。领县十八:汲县、共县、隆虑县、获嘉县、修武县、蘖王县、州县、怀县(郡治)、平皋县、河阳县、沁水县、轵县、山阳县、温县、朝歌县、武德县、波县、荡阴县。

温县(属于今河南省焦作市)地处豫北平原西部,南滨黄河,北依太行。温县原隶属于殷商时期的苏国。苏国前身为夏朝时建立的温国,商汤灭之,而后同宗有苏氏居其地。商末,有苏氏助周伐商,因受赐十二邑建苏国,都城温邑,在今河南省温县。公元前

650年,狄人灭温,从西周初期建立的苏国延续近400年后便从历史上消逝了。周天子将温地收回作为畿内之地,到了公元前635年,晋文公因带兵助周襄王恢复王位,周襄王便将太行山以南、黄河以北包括原、温等在内的土地赐给了晋国,被称为南阳。晋国得到温地,便在这里设邑,并委任了狐溱为第一任温大夫。汉初置县,名温县。温县、轵县一带自先秦以降就是一个"西贾上党,北贾赵、中山"①的商业发达地区,其地"富冠海内,为天下名郡,利在势居,不在力耕"。② 通过商贸往来,温县与战国时期的赵国、中山国故地建立了相当密切的关系。

河内郡从先秦至西汉初年颇有尚武之风。《史记·货殖列传》说:"夫三河(指河东、河内、河南)在天下之中,若鼎足,王者所更居也,建国各数百千岁。土地小狭,民人众,都国诸侯所聚会,故其俗纤俭习事……人民矜懻忮,好气,任侠为奸,不事农商。"《汉书·地理志下》也指出:"河内本殷之旧都,周既灭殷,分其畿内为三国,《诗·风》邶、庸、卫国是也。……康叔之风既歇,而纣之化犹存,故俗刚强,多豪桀侵夺,薄恩礼,好生分。"可见河内地区民风剽悍,豪侠横行不法。司马氏家族先祖司马钧习武为将,征伐西羌,颇与其地民风契合。但自西汉中后期以降,河内郡的习俗与文化氛围就出现明显变化,开始向"由武入文"转型。河内郡出现了一些以儒术起家的士人。如赵子即是河内郡儒学文化的奠基人,其学生蔡谊以经术入仕,历官至汉昭帝时的丞相。东汉时期,整个社会形成了研治经学的风气,要从政起家就必须"经明行修"。学经、通经成了当时仕进的敲门砖。由于经学的盛行,一些士大夫家族纷纷研治经学,专攻一经或兼习数经,由经入仕。按钱穆的说法:"经学既为入仕之条件,于是又有所谓累世公卿。累世经学与

---

① 《史记》卷129《货殖列传》。
② (汉)桓宽编、王利器校注:《盐铁论校注》卷3,中华书局1992年。

累世公卿,便造成士族传袭的势力,积久遂成门第。"①东汉建都于洛阳,河内郡靠近王畿,无论在政治与文化上,都获得了地缘上的优势。河内郡先后出现了治《严氏春秋》的李章;习《颜氏春秋》的张玄;兼通五经的王奂等大儒。

但司马儁、司马防父子却与这些传统的经学世家不同,他们的兴趣主要在史学,注重经史兼通。史载司马儁"博学好古",司马防"雅好《汉书》名臣列传"。②《汉书》在汉魏时代被视为具有实际功能的经世致用之书,颇受注重事功的三国君主的重视。司马氏家族对于《汉书》的兴趣与研究,实际上反映了其注重事功的倾向。司马氏家族在汉魏时并非以治经显名于世,司马懿父子更非是"寻章摘句"的恓饤俗儒,他们传承门风,更多地注重史学,注重经世致用之学,故能"文以缵治,武以棱威",③在汉末群雄逐鹿、三国鼎峙之时,脱颖而出。

为何司马懿没有走一般士人所重视的章句之学,专攻一经的传统道路? 这是因为东汉末年,朝政昏暗,社稷已呈土崩之势。董卓作乱之后,出现四方兵起,军阀混战的局面。此时的士人若再墨守成规,专攻经学,必将成为不识时务的"俗儒"、④不知时变的"鄙儒"。⑤ 事实上,汉魏之际,凡开基创业的雄略之主及胸怀济世之才,平治天下的政治家、军事家都不再专攻经学,他们往往兼治《春秋》《周易》《史记》《汉书》等经史著作,并研习申韩之术及《六

---

① 钱穆:《国史大纲》第10章,商务印书馆1996年修订版,第185页。
② 《三国志》卷15《司马朗传》注引司马彪《序传》。
③ 《晋书》卷1《宣帝纪》制曰。
④ 《三国志》卷35《诸葛亮传》注引《襄阳记》载:"刘备访世事于司马德操。德操曰:'儒生俗士,岂识时务?识时务者在乎俊杰。此间自有伏龙、凤雏。'备问为谁,曰:'诸葛孔明、庞士元也。'"
⑤ 《史记》卷99《叔孙通列传》载,叔孙通欲为汉高祖刘邦订礼乐制度,有诸生认为"礼乐所由起,积德百年而后可兴也。吾不忍为公所为,公所为不合古。……叔孙通笑曰:'若真鄙儒也,不知时变。'"

韬》《孙子兵法》等兵书。如曹操不仅年轻时就手不释卷,博览群书,甚至"老而好学"。他还"自作兵书十万余言,诸将征伐,皆以新书从事"。①

孙权年幼时就读"《诗》《书》《礼记》《左传》《国语》,惟不读《易》"。等到他统领江东政权后,"省三史,诸家兵书"。孙权说,他读了这些书后,"自以为大有所益"。② 夷陵之战时,孙权派都尉赵咨出使魏国,魏文帝自恃自己是建安时代著名的文学家(建安三曹之一),以为孙权不学无术,不过是一介武夫,遂以嘲笑的口吻问赵咨:"吴王颇知学乎?"赵咨答道:"吴王浮江万艘,带甲百万,任贤使能,志存经略,虽有余闲,博览书传历史,藉采奇异,不效诸生寻章摘句而已。"③

刘备年轻时拜海内大儒、士人之望的卢植为师,所以经史一类的书他也广泛涉猎。但他又喜欢声色犬马,《三国志·先主传》说他"不甚乐读书"。其实"不乐读书"是指他没有刻苦攻读,下狠功夫研究经史兵书。为此,刘备临终时下遗诏,告诫儿子刘禅:"汝父德薄,勿效之。可读《汉书》《礼记》,闲暇历观诸子及《六韬》《商君书》,益人意智。闻丞相为写《申》《韩》《管子》《六韬》一通已毕,未送,道亡,可自更求闻达。"④刘备感到由于自己读的书较少,所以行军作战缺少奇谋妙策,屡战屡败,为此他颇为后悔,故要儿子阿斗发奋勤读。

笔者之所以罗列三国君主的读书经历,无非是从中可以大致了解汉末杰出人物所读之书的范畴。《晋书·宣帝纪》说:司马懿"少有奇节,聪朗多大略,博学洽闻,伏膺儒教"。"博学洽闻"的意思是他读的书很多,"伏膺儒教"之意是他佩服的是儒家学术。但

---

① 《三国志》卷1《武帝纪》注引《魏书》。
② 《三国志》卷54《吕蒙传》注引《江表传》。
③ 《三国志》卷47《吴主传》注引《吴书》。
④ 《三国志》卷32《先主传》注引《诸葛亮集》。

这几句话终究较为抽象,并不能看出司马懿读什么书,以及他如何将所学所思运用到实践之中。由于史料的匮乏,笔者只得以司马懿一生事功的片断视角来窥探其治学经历,抑或能窥豹一斑,了解他是怎样从一介书生成为汉魏时代杰出的政治家、军事家的。

司马光引用干宝的长篇议论在《资治通鉴》卷八十九中这样评价司马懿:"昔高祖宣皇帝。以雄才硕量。应时而起。性深阻有若城府,而能宽绰以容纳,行数术以御物,而知人善采拔。于是百姓与能,大象始构。""行数术以御物"是指以易理①来驾驭纷繁复杂的事务。在曹操打败张鲁,平定汉中后,司马懿曾劝曹操乘胜,一鼓作气,拿下巴蜀,他说:"圣人不能违时,亦不失时矣。"②此语乃是用活了《管子·山至数》中的"王者乘时,圣人乘易"的原理。《易经》及《管子》中的哲理影响了司马懿的一生,使他总能抓住机遇,获得成功。

司马懿不仅熟读《春秋》,而且能在政治斗争中灵活运用《春秋》。高平陵之变时,曹爽知道自己不是司马懿对手,故放弃兵权,只乞求作"富家翁"。司马懿欲将其定成死罪,但曹爽是曹魏皇室的宗亲,按照常理,在刑律上可以有一定的豁免权,至少可以免去死罪。司马懿恨曹爽入骨,必欲除之而后快。他"会公卿朝臣廷议,以为《春秋》之义,'君亲无将,将而必诛'"。③ 此语出自《公羊传·庄公三十二年》:"君亲无将,将而诛焉。"《史记·叔孙通列传》云:"人臣无将,将即反,罪死无赦。"裴骃《集解》引臣瓒曰:"将谓逆乱也。"其意就是人臣对于君主不能有谋反之心,只要

---

① 易者,变化也,易理是指在客观变化前提下形成的规律,只有客观性质的变化,才能叫"易",易之一切都强调客观。"易"的核心是变易,但是"唯变所适"并非没有确定性的基础。易道之基本构成被归结到刚柔二爻,一刚一柔的交错和推荡便是变易的根本动因。

② 《晋书》卷1《宣帝纪》。

③ 《三国志》卷9《曹爽传》。

有谋反之心,不管有没有实际行动,都是可以诛杀的。司马懿打出"春秋大义"的旗帜,朝臣谁敢反对!朝议结果,众臣接受司马懿的决定,将曹爽等人夷灭三族。

司马懿对黄老之学也颇有心得。正始二年,在他击败吴国车骑将军朱然等人的进犯之后,魏帝曹芳增封他二县食邑,连同之前的食邑,共有四县,邑一万户,子弟十一人皆为列侯。此时,司马懿虽然位高权重,但其谦恭谨慎,处世低调,锋芒不露,这从一些细微小事中亦可窥见一斑。例如,太常卿常林,是司马懿的同乡,但他与司马懿的父亲司马防交谊甚笃,从乡里齿序而论是司马懿的长辈。司马懿成为辅政大臣后,地位要比常林显赫得多,但他每次见常林,都执晚辈后生礼,向他跪拜行礼。史载:"晋宣王以常林乡邑耆德,每为之拜。或谓林曰:'司马公贵重,君宜止之。'林曰:'司马公自欲敦长幼之序,为后生之法,贵非吾之所畏,拜非吾之所制也。'"[1]司马懿对常林尚且如此谦恭,更不用说他对朝廷其他重臣及皇帝的态度了。又据《晋书·宣帝纪》载:正始初,司马懿"勋德日盛,而谦恭益甚"。他一再告诫子弟:"盛满是道家所忌的,春夏秋冬尚且往返推移,吾有何德能居此高位。应当减损再减损,或许如此才可以免于灾祸啊!"司马懿如此谦卑,如此谨慎,从不居功自傲的态度自然赢得了士族阶层的广泛赞誉和支持。可见司马懿深谙道家韬光养晦、深藏不露之术。

毫无疑问,作为魏晋之际杰出政治家、军事家、战略家的司马懿精通兵法,对兵书更是烂熟于胸,他经常运用兵书之语来分析战场形势。例如,正始七年(246)正月,吴兵入侵柤中,有万余家百姓为避吴兵,北渡沔水,司马懿认为沔南离敌太近,倘若百姓奔还,还会引来吴兵,应该让他们暂留北方。曹爽不同意,说:"现在不能在沔南修城守地,反而让百姓留在沔北,这不是长远之计。"司

① 《三国志》卷23《常林传》。

马懿则说:"这话不对。凡在安稳之处则安稳,凡在危险之处则危险,人与物都是如此。所以兵书上说:'成败,形也;安危。势也。'形势是驾驭众人的关键,不能不审慎对待。假如吴军以二万人防守沔水,三万人与我沔南诸军对抗,一万人猛攻柤中,我们怎么去救援呢?"曹爽不从,驱令百姓返回沔南。吴军果然击破柤中,所失百姓人口,数以万计。

《军志》是我国迄今为止发现的最早一部兵书。其成书确切年代不能确定,但在春秋末年的重要文献《左传》中曾多次提到过它,而且引用它的文字,足以证明它成书于西周时代。这样,它较之春秋时期的《孙子兵法》要早一个多世纪。《军志》成书之后,即受到社会各界重视,许多政治家、史学家、军事家都在其著作中引用了该书内容。如春秋时期史学家左丘明在《左传》中,三国司马懿,唐初军事家李靖在其军事著作中,以及宋本《十一家注孙子》中都曾引用了《军志》的内容。

正始二年(241)五月,吴国孙权分兵四路攻魏:吴将全琮入侵芍陂,诸葛恪攻六安,朱然、孙伦围攻樊城,诸葛瑾、步骘侵掠柤中。樊城被围告急,司马懿说:"柤中民夷十万,隔在水南,流离无主,樊城被攻,历月不解,此危事也,"自请出兵前往征讨。朝臣们都认为,敌兵远来攻樊城而不克,挫于坚城之下,有自破之势,我军不必前往征讨,可另想别策来对付。司马懿坚决不同意,他说:"《军志》有之:将能而御之,此为縻军;不能而任之,此为覆军。今疆场骚动,民心疑惑,是社稷之大忧也。"[1]六月,司马懿统率诸军南征,"车驾送出津阳门"。[2] 司马懿知南方暑热低湿,大军不宜持久在此,先派轻骑挑战,朱然不敢动。于是,便休养士卒,检选精锐,招募勇士,发布号令,摆出攻城的架势。吴军惊惧,连夜撤退。在三

---

① 《三国志》卷4《齐王芳纪》注引干宝《晋纪》。
② 《晋书》卷1《宣帝纪》。

州口(荆、豫、扬三州)，为魏军追及，吴军被歼万余人，船舰物资损失甚多。司马懿获得大胜。

由此可见，司马懿读的兵书很多，绝不局限于《六韬》《孙子兵法》等。更为关键和重要的是，司马懿并非像赵括、马谡那样，只是纸上谈兵，死读兵书，而是根据战场形势，灵活运用，所以其用兵如神，这就使得与他生活在同时代的强劲对手也对他钦佩不已。例如，当司马懿率兵前往辽东平定公孙渊叛乱时，孙权就告诫公孙渊："司马公善用兵，变化若神，所向无前，深为弟忧之。"①结果不出孙权意料，辽东很快就被司马懿平定，公孙渊父子授首，三族被夷。

除了勤奋读书，司马懿青少年时亦喜欢与志同道合的士人交游，以拓宽自己的视野。士人之间交游、切磋学问与互相品题，是东汉时代的社会风尚。东汉桓灵之时，政治极端腐败，外戚与宦官轮流把持政权。面对日益深重的政治危机和亡国之兆，士人学子们已无法安心于书本，沉潜于学术了。太学中出现了"博士倚席不讲，朋徒相视怠散，学舍颓敝，鞠为园蔬"的萧条景象。② 太学生们把精力逐渐转向了时政，对社会政治的关切和议论，成为时代的一个兴奋点。汉代原有的学术论辩的风气，主要侧重于经学义理的论辩诘难。东汉后期谈论蔚然成风。士人见面即经常谈议，相互品鉴人伦，臧否朝政，谈论不仅长至"连日达夜"，③而且规模扩大到"六七千人"。④ 能言善辩被视为名士一项极富吸引力的才能，位尊名高的党人领袖李膺每见太学生符融，"辄绝它宾客，听其言论，融幅巾奋袖，谈辞如云，膺每捧手叹息"。⑤ 他们谈兴其

① 《晋书》卷1《宣帝纪》。
② 《后汉书》卷79《儒林列传》。
③ 《后汉书》卷68《郭泰列传》。
④ 《后汉书》卷53《申屠蟠列传》。
⑤ 《后汉书》卷68《符融列传》。

浓,谈论、评论、坐谈、虚谈、高谈、清谈,到处出现这些名称虽异而实质相同的评议。尤其是"党锢之祸"后,这种倾向更为明显。士人们"激扬名声,互相题拂,品核公卿,裁量执政"。① 东汉末年重清议,乡里评论是清议的基础,更是入仕的主要依据。

东汉末年,品评人物也成为时代风尚。如汝南地区的月旦评,天下知名。月旦评是以汝南名士许劭为首,与其族兄许靖共同主持的。《后汉书·许劭列传》载:"初,劭与靖俱有高名,好共核论乡党人物,每月辄更其品题,故汝南俗有月旦评焉。"这项活动在汝南一带蔚成风气,参与者甚众,影响也非常大。其后,月旦评便逐渐成为名士们品评人物的代名词。曹操祖父曹腾为中常侍,出身阉门,时人讥讽其为"赘阉遗丑",曹操为摆脱被人看轻的尴尬局面,遂千方百计恳求许劭为己一评,为达目的甚至不惜采用胁迫等无赖手段。史称:"曹操微时,常卑辞厚礼,求为己目(令品藻为题目),劭鄙其人而不肯对。操乃伺隙胁劭。劭不得已,曰:'君清平之奸贼,乱世之英雄。'操大悦而去。"②

许劭察人之准,评人之确为世人所敬服。在曹操尚未显山露水之时便评其为"子治世之能臣,乱世之奸雄",③可见其目锐如锋,料事如神。月旦评在许劭、许靖的主持下,名噪一时,被许氏兄弟"所称如龙之升,所贬如坠于渊,清论风行,高唱草偃,为众所服"。④

同汝南郡相似,河内郡也盛行品评与谈论。河内郡最有影响力的品评家是杨俊,史称:"杨俊自少及长,以人伦自任。同郡审

① 《后汉书》卷67《党锢列传》。
② 《后汉书》卷68《许劭列传》。
③ 《三国志》卷1《武帝纪》注引孙盛《异同杂语》:"(曹操)尝问许子将,我何如人?子将不答。固问之。曰:'子治世之能臣,乱世之奸雄。'太祖大笑。"
④ 《谢承书》卷4《许劭传》,载(清)汪文台辑:《七家后汉书》,河北人民出版社1987年。

固、陈留卫恂本皆出自兵伍，俊资拔奖致，咸作佳士。后固历位郡守，恂御史、县令，其明鉴行义多此类也。"①司马朗、司马芝、司马懿最初的出名皆因杨俊对他们的品评。史载："司马朗早有声名，其族兄芝，众未之知，惟俊言曰：芝虽凤望不及朗，实理但有优耳"；"司马宣王年十六七，与俊相遇"，杨俊对他作出极高的评价，认为司马懿是"非常之人也"。②《晋书·宣帝纪》与《三国志·杨俊传》记载稍有出入，云："南阳太守同郡杨俊名知人，见帝，未弱冠，以为非常之器。"

尚书崔琰是东汉经学家郑玄弟子，出身望族，名重当世，为曹操所倚重，长期典选举，素有识人之誉。他与司马朗交好，亦十分钦佩司马朗之才学，但崔琰对司马懿更为看重，认为司马懿之才智远在乃兄之上。《三国志·崔琰传》载："始，琰与司马朗善，晋宣王方壮，琰谓朗曰：'子之弟，聪哲明允，刚断英跱，殆非子之所及也。'朗以为不然。而琰每秉此论。"③司马懿得到杨俊、崔琰等人的褒扬赞美，在士林中顿时声名鹊起，他亦颇为自负。

二、结交著名隐士胡昭

我们曾经谈到司马懿同荀彧、陈群、钟繇等颍川士人早有交往，不仅如此，司马懿交游的范围很广，他同隐居于山野林泉之内的樵夫隐士也有来往。

东汉末年，朝纲解纽，群雄逐鹿，天下动荡不宁，为躲避战乱，一些不愿出仕为宦的名士纷纷隐逸于山野草莽之中。其中，最著名的隐逸之士是管宁。管宁、邴原、华歆三人号称一龙，华歆为龙

① 《三国志》卷23《杨俊传》。
② 《三国志》卷23《杨俊传》，杨俊品评司马懿是"非常之器"，陈寿称曹操是"非常之人，超世之杰"，二人皆获得时人的最高评价。
③ 《三国志》卷12《崔琰传》。

头,邴原为龙腹,管宁为龙尾。三人中管宁的道德品藻最为高尚。中原两京地区发生战乱时,管宁避居辽东,他常戴白帽,坐卧一楼,足不履地,终生不肯仕魏。隐士虽然不肯出仕,但声望颇高,天下士人对他们极为仰慕,即使贵为帝王亦不敢怠慢隐士。"管宁在辽东讲《诗》《书》,谈祭礼、习俎豆,非学者勿见。"[1]"行为世表,学任人师,清俭足以激浊,贞正足以矫时。"[2]其影响遍及中原。从魏黄初到青龙、正始年间,曹魏的三代皇帝曹丕、曹叡、曹芳都派专人礼请管宁出仕,而且给予公卿的高位,但管宁一概谢绝。

司马懿对隐士也极其敬仰,可能是没有人为他和管宁牵线搭桥,故司马懿无缘拜谒管宁。不过,司马懿却结交了汉魏时期声望稍逊于管宁的著名隐士胡昭。

胡昭,字孔明,颍川郡人,汉末天下大乱时,他到冀州避乱。其时,袁绍为冀州牧,绍慕胡昭名,征召他为冀州牧掾佐,胡昭辞谢袁绍的任命,返归故里并隐居不出。曹操任司空与丞相后,频频以礼征召。胡昭前往,到达以后,他向曹操陈述:自己本是"一介野生,无军国之用,归诚求去"。[3]曹操说:"人各有志,或出仕或隐居,各异其趣,既然你不愿出仕,就努力完成你高雅的嗜好吧,我不会勉强。"胡昭于是移居陆浑山(今河南嵩县东北)中,躬耕于陇亩,以求道为乐事,以研读经籍自娱。邻里乡亲都十分敬重他。

建安二十三年(218),陆浑县县长张固奉命调集壮丁,派往汉中服徭役。百姓厌恶且害怕远道服役,都怀着忐忑不安的心情。当地奸民孙狼等人趁机杀了县主簿,发动叛乱,县城因此遭到摧残破坏。张固率领十几个吏役士兵,来到胡昭住宅周围,招集遗民,恢复了县政权。孙狼等人于是向南投奔了关羽。关羽授给他们官印,让他们返回陆浑继续作乱。孙狼等人到了陆浑以南的长乐亭,

---

① (清)王夫之:《读通鉴论》卷9之6,中华书局1975年。

② 《三国志》卷11《管宁传》注引《傅子》。

③ 《三国志》卷11《管宁传附胡昭传》。

见县衙已迁往胡昭居住之地，遂互相发誓约定，说："胡居士是个贤士，我们决不能侵犯他的部落。"结果，陆浑一带士民依靠胡昭的关系，才保得一方平安。等到平定孙狼之乱，曹魏局势安定后，胡昭迁徙到了宜阳县。

正始年间，骠骑将军赵俨、尚书黄休、郭彝、散骑常侍荀顗、钟毓、太仆庾嶷、弘农太守何桢等人相继荐举胡昭，他们一致认为："胡昭心地天真，行为高洁，越老越是坚定。玄远虚心，静穆朴素，有伯夷、商山四皓的节操。应该得到朝廷的征召任命，以勉励世俗风气。"然而，此时魏与吴蜀"戎车未息"，争战不休，所以征召之事就被耽搁下来。后来荀顗、黄休与庾嶷继续推荐胡昭，朝廷才下诏书，"访于本州评议，侍中韦诞驳曰：'礼贤征士，王政之所重也，古者考行于乡。今荀顗等位皆常伯纳言，庾嶷为卿佐，足以取信。附下罔上，忠臣之所不行也。胡昭宿德耆艾，遗逸山林，诚宜嘉异。'乃从诞议也"。[①] 但此时曹魏政权因曹爽掌权，对贤士毫不重视，故朝廷仍未征召胡昭。

胡昭擅长隶书，与钟繇、邯郸淳、卫觊、韦诞齐名，他的尺牍墨迹，成为时人学习的楷模。西晋书法家卫恒评曰："昭与钟繇并师于刘德升，俱善草行，而胡肥钟瘦。""钟氏小巧，胡氏豪放"，世人并称"钟胡"。西晋大臣张华评曰："胡昭善隶书。"

根据皇甫谧所撰的《高士传》记载，司马懿同胡昭有一段颇为离奇的交往。胡昭在陆浑山开馆办学，声名远播，很多世家子弟都前往求学，司马懿也在其中。然而，意想不到的事情发生了。同郡的周生等人埋伏在路上，图谋刺死司马懿，胡昭得知后，便于崤山渑池之间拦住周生，试图阻止，周生不肯，胡昭涕泣流泪，不断恳求，最后终于感动周生，放弃杀害司马懿的计划。胡昭心思缜密，害怕周生日后反悔，遂与周生共砍枣树，以为盟誓。由此司马懿幸

---

① 《三国志》卷11《管宁传附胡昭传》注引《高士传》。

免于难。胡昭有阴德于司马懿,但闭口不言,故无人知道此事。

从司马懿一生事迹来看,胡昭与司马懿交往并不太多,但胡昭要想方设法营救司马懿,其因何在?因无确切史料记载,只能作一揣测。根据《胡昭传》注引《高士传》"初,晋宣帝为布衣时,与(胡)昭有旧"的记载,很有可能是司马懿祖父司马儁任颍川太守时就同胡昭祖上有了交往,而且两家还可能是世交,甚至是通家之好。否则司马懿祖籍是河内郡,胡昭是颍川郡人,他们怎么可能会"有旧"呢?正因为两家"有旧",加之,胡昭又是心情率真、行为高洁的贤士,才会"闻而步涉险,邀周生于崤、渑之间,止生",①千方百计地来营救司马懿。其实,胡昭此人一贯古道热肠、急公好义,他隐居山野,做了不少善事。史载:"建安十六年,百姓闻马超叛,避兵入山者千余家,饥乏,渐相劫略,(胡)昭常逊辞以解之,是以寇难消息,众咸宗焉。故其所居部落中,三百里无相侵暴者。"②胡昭用自己的义举劝阻了饥民们打家劫舍的暴行,使自己住所附近方圆三百里之地成为一方乐土,成为乱世年间的桃花源。

司马懿步入仕途之后,虽然再也没有同胡昭来往,但他并没有忘记胡昭当年的救命之恩。嘉平二年(250),曹魏朝廷公车特别征召胡昭出仕,此举看起来是以天子的名义,但实际上下令征召胡昭入朝的却是司马懿,因为在上一年,司马懿已经发动了高平陵之变,诛杀了曹爽,掌控了朝政大权,所以能代表天子行使最高权力。可惜的是,使者到达陆浑山后,胡昭不幸病逝,享年八十九岁。否则,胡昭将得到司马懿的重用。虽然胡昭未能出仕为宦,但司马懿拜其子胡纂为郎中。

---

① 《三国志》卷11《管宁传附胡昭传》注引《高士传》。
② 《三国志》卷11《管宁传附胡昭传》注引《高士传》。

三、拒绝曹操征辟

司马懿一直到建安十三年（208）才进入曹操的幕府，其时他已是三十岁的壮年了。其实司马懿入仕的机会早就出现，在建安六年抑或元年，他就该步入仕途。《晋书·宣帝纪》有一段不长的记载，书写了司马懿入仕的过程，兹录之如下：

> 汉建安六年，郡举上计掾。魏武帝为司空，闻而辟之。帝知汉运方微，不欲屈节曹氏，辞以风痹，不能起居。魏武使人夜往密刺之，帝坚卧不动。及魏武为丞相，又辟为文学掾，敕行者曰："若复盘桓，便收之。"帝惧而就职。

对于这段史料如何看？学者颇有质疑。宋人叶适说："懿是时齿少名微，岂为异日雄豪之地，而曹操遽惮之至此？史臣及当时佞谀者，意在夸其素美而无辞以述，亦可笑也。"①叶氏认为这条材料乃是出于史臣对西晋开创之主的褒美之词，本非事实。由于《三国志》《晋书》的记载对魏晋史事颇多避忌回护，故给史家考订带来很大的不便。叶氏的推论虽然颇符情理，但缺少直接的史料佐证，亦仅仅是猜测而已。笔者试图综合散见于他处的各种史料，进行归纳，以作进一步的考察与辨析。

唐人修撰《晋书》的诸多史事都参阅晋史旧闻，据近代一些学者对于诸家晋书的核查来看，这段记载主要存在于王隐《晋书》和孙盛《晋阳秋》。作为曹魏的四朝元老，两代托孤重臣的司马懿日后"自作家门"，篡夺政权，很难洗刷儒家伦理道德中至关重要的不忠的指责。诚如唐长孺所指出：西晋大力弘扬倡导以孝治天下，极力回避对于忠的问题的讨论。② 从《晋书》作者的意图来看，晋

---

① （宋）叶适：《习学记言序目》卷 29《晋书一》，中华书局 1977 年，第 407 页。

② 参见唐长孺：《魏晋南朝的君父先后论》，载氏著《魏晋南北朝史论拾遗》，中华书局 1983 年，第 238—239 页。

代史臣的这段记载在很大程度上有为尊者讳的可能,力图塑造一个司马懿心存汉室,本"不欲屈节曹氏"的假象,从而为司马氏最终代魏辩护。

那么,司马懿为何要拒绝曹操的征辟呢? 笔者以为可从三个方面来考察:

其一,待价而沽。汉末的真名士淡泊名利与假名士沽名钓誉,拒绝朝廷征辟已成为一种风尚,检阅《后汉书·儒林列传》《逸民列传》《黄琼列传》《三国志·管宁传》《胡昭传》等史书,此类记载比比皆是。此风相沿成习,司马懿亦不能免俗。司马氏为河内郡温县大族,门第甚高。司马懿父京兆尹司马防有八子,"俱知名,故时号为'八达'焉"。① 东汉重清议,乡里评论是清议的基础,更是入仕的主要依据。河内、清河最有影响力的评论家是杨俊、崔琰,司马懿最初的出名皆因其品评(前文已述)。司马懿得到杨俊、崔琰等人的褒扬,在士林中顿时声名鹊起。

司马懿既然得到名士的大力推崇,必然心高气傲,自负其才,觊觎在仕途上有较高的起点。然而"汉建安六年,郡举(司马懿)上计掾"。所谓上计,即由地方县令长于年终将该县户口、垦田、钱谷、刑狱状况等,编制为计簿,呈送郡国。根据属县的计簿,郡守国相再编制郡的计簿,上报朝廷。朝廷据此评定地方行政长官的政绩。这种考评地方官的方式战国已有之。然而"上计掾"并非是官,而只是吏。钱穆云:"太学毕业考试甲等的就得为郎……至考乙等的,回到本乡地方政府充当吏职。"②郎称之为郎官,而吏只是地方长官的掾属,二者截然不同。汉代"计吏拜官",从吏到官,还有一条很长的路要走。更不巧的是司马懿被举荐的竟然是"上计掾"。据《后汉书·杨秉列传》载:"时郡国计吏,多留拜为郎,秉

----

① 《晋书》卷37《安平献王孚传》。
② 钱穆:《中国历代政治得失》,生活·读书·新知三联书店2001年,第13页。

上言三署见郎七百余人,帑藏空虚,浮食者众,而不良守相,欲因国为池,浇灌菑秽。宜绝横拜,以塞觊觎之端。自此终桓帝世,计吏无复留拜者。"上计掾从此不得担任郎官,岂非堵塞了司马懿仕途的上升通道。

名士觊觎高位,不愿从仕途的基层起步之例颇多,如诸葛亮未出草庐时就自视极高。《三国志·诸葛亮传》注引《魏略》曰:"亮在荆州,以建安初与颍川石广元、徐元直、汝南孟公威等俱游学,三人务於精熟,而亮独观其大略。每晨夜从容,常抱膝长啸,而谓三人曰:'卿三人仕进可至刺史郡守也。'三人问其所至,亮但笑而不言。后公威思乡里,欲北归,亮谓之曰:'中国饶士大夫,遨游何必故乡邪!'"襄阳名士,号为"凤雏"的庞统亦自命不凡。刘备初见庞统时,任其为耒阳县令,县令主事一方,官俸六百石,初入仕的起点并不算低,然而庞统竟放浪形骸,不理县事。《三国志·庞统传》载:"先主领荆州,统以从事守耒阳令,在县不治,免官。吴将鲁肃遗先主书曰:'庞士元非百里才也,使处治中、别驾之任,始当展其骥足耳。'"直至鲁肃褒赞庞统非百里之才,刘备才"大器之,以为治中从事。亲待亚于诸葛亮,遂与亮并为军师中郎将"。庞统才心满意足。

曹操霸府中诸多名士的起家似也超过司马懿,如荀彧"永汉元年,举孝廉,拜守宫令";①"何进秉政,征海内名士(荀)攸等二十余人,攸到,拜黄门侍郎";②"钟繇字元常,颍川长社人也……举孝廉,除尚书郎,阳陵令";③郭嘉初见曹操,操与之"论天下事。太祖曰:'使孤成大业者,必此人也。'……表为司空军祭酒";④"王

① 《三国志》卷10《荀彧传》。
② 《三国志》卷10《荀攸传》。
③ 《三国志》卷13《钟繇传》。
④ 《三国志》卷14《郭嘉传》。

郎字景兴,东海郡郯人也。以通经,拜郎中,除菑丘长";①甚至连寒门出身的贾诩都"察孝廉为郎"。② 比照之下,出身于"累世二千石",且在士林中颇有声望的司马懿对于仅当一个不入流的上计掾小吏当然心中愤愤不平。恰巧,此时曹操征辟令至,司马懿不仅拒辟,干脆连上计掾也一并辞去。

其二,假以时日,冷静观察。从司马氏家族与曹操的关系来看,司马懿亦不应该成为曹操的对立面。懿父司马防与曹操熟识,任尚书右丞时曾推荐曹操担任洛阳北部尉。后来司马防一直效力于曹操控制下的汉廷,其兄司马朗建安初便被辟为曹操司空府掾属。可知司马氏家族与曹操素有来往,关系密切,司马懿没有理由疏远曹操。清人张憼认为:"汉建安六年,郡举上计掾。魏武帝为司空,闻而辟之。"中的"六年"很可能是"元年"之讹。③ 若张憼所考不误,则建安元年的天下形势较为复杂:此时,各路诸侯蜂起,孰强孰弱,瞬息万变,诚如周瑜与鲁肃书中援引"马援答光武云,'当今之世,非但君择臣,臣亦择君'"。④ 司马懿身处汉末离乱之世,胸怀王霸之才,一旦出仕,如何"择君"? 必然慎重考量。所谓"不欲屈节曹氏",并非是司马懿心存汉室,抑或嫌曹氏出身卑微。司马懿熟读经史,深知英雄不问出身的道理,其政治见识也绝不在"汝颍奇士"之下。⑤ 虽然司马氏家族与曹氏素有交往,但曹操的客观条件亦并非是司马懿对人主的不二之选。建安元年(196),曹操刚从吕布手中夺回兖州,经过连年战争,作为曹操的根据地——兖州已残破不堪。虽然曹操将汉献帝迎至许昌,但汉家新

---

① 《三国志》卷 13《王朗传》。

② 《三国志》卷 10《贾诩传》。

③ 张憼:《读书举正》卷 3,丛书集成初编本,商务印书馆 1937 年,第 46 页。

④ 《三国志》卷 54《鲁肃传》。

⑤ 汝颍奇士若嫌曹操是"赘阉遗丑"的身份,荀彧、荀攸、戏志才、郭嘉、钟繇、陈群等一大批汝颍士人就不会相继投奔曹操,成为曹操霸府的主要谋臣。

朝廷初建，诸事草创，曹操号令基本不出河南，根本不可能挟天子以令诸侯。操之势力与其他诸侯相比，并无任何优势可言。《晋书·宣帝纪》云：司马懿性格"内忌而外宽""猜忌多权变"，内忌、猜忌者乃雄猜多疑也，司马懿多疑，对择何人为君最初也必然是犹豫彷徨，所以他要冷静观察后再作决定。

其三，不愿追随乃兄。司马懿兄司马朗何时出仕，任曹操司空掾属，史家颇多质疑。《三国志·司马朗》载："（司马朗）年二十二，太祖辟为司空掾属"，"建安二十二年，与夏侯惇、臧霸等征吴……遇疾卒，时年四十七"。潘眉在《三国志考证》中的意见是："太祖以建安元年拜司空，辟朗为司空掾，朗时年二十二。至建安二十二年卒，止有四十三岁，传误。"①笔者无意考订司马朗受征辟的具体时间，但需要考量的是，无论司马懿在其兄之前、之后，抑或是同时受征辟，司马懿都有顾虑。此种状况，在诸葛亮身上也出现过，诸葛亮高卧隆中时，乃兄诸葛瑾已在孙权幕府中任长史，颇受重用。诸葛亮若要"闻达于诸侯"，②最方便的就是追随其兄，投奔东吴。然而诸葛亮就是迟迟不肯出山。后来张昭将诸葛亮推荐予吴主时，亮断然拒绝道："孙将军可谓人主，然观其度，能贤亮而不能尽亮，吾是以不留。"③

诸葛瑾亦复如此，刘备发动夷陵之战时，有人怀疑诸葛瑾将弃吴投蜀，孙权断然不信，并曰："玄德昔遣孔明至吴，孤尝语子瑜曰：'卿与孔明同产，且弟随兄，于义为顺，何以不留孔明？孔明若留从卿者，孤当以书解玄德，意自随人耳。'子瑜答孤言：'弟亮已失身于人。委质定分，义无二心。弟之不留，犹瑾之不往也。'其

---

① 卢弼：《三国志集解》卷15《司马朗传》，中华书局1982年影印本。
② 诸葛亮《出师表》云："臣本布衣，躬耕于南阳，苟全性命于乱世，不求闻达于诸侯。"见《三国志》卷35《诸葛亮传》。
③ 《三国志》卷35《诸葛亮传》注引《袁子》。

言足贯神明,今岂当有此乎!"①诸葛亮还有族弟诸葛诞在曹魏为宦。《吴书》曰:"初,瑾为大将军,而弟亮为蜀丞相,二子恪、融皆典戎马,督领将帅,族弟诞又显名于魏。"②诸葛氏三兄弟分别仕于魏蜀吴三国,不失为于乱世中进退自如,保全家族的最佳良策。而此时司马懿父防、兄朗、堂兄芝皆在曹操霸府中供职,若司马懿追随父兄,应操之征辟,不仅在仕途上难以超越父兄,且把全族之生死存亡皆系于曹操一人,万一曹操失败,覆巢之下安有完卵,司马家族亦岂能幸免!司马懿精通韬略,具有远大的政治眼光,在涉及自己未来仕途及家族兴衰存亡的问题上怎么能不深思熟虑,谋定而后动!

司马懿拒绝征辟这段史料还有一个难解之处,即其拒绝征辟之后,"辞以风痹,不能起居。魏武使人夜往密刺之,帝坚卧不动"。这里的问题是司马懿是否装病?曹操是否派人去刺杀司马懿?有学者认为《晋书·宣帝纪》中关于司马懿装病之事乃是虚构,其目的是为司马氏后来篡魏成晋讳饰。③ 我以为所谓司马懿"不欲屈节曹氏",乃出自晋代史臣的手笔,其后流布颇广,影响甚大,成为司马懿代表汝颍士族集团颠覆曹魏政权的有力依据。房玄龄等人修《晋书》不过是照录晋史旧闻而已。陈寅恪曾指出:"儒家豪族是与寒族出身的曹氏对立的。官渡一战,曹氏胜,袁氏败。儒家豪族阶级不得不暂时隐忍屈辱。但乘机恢复的想法,未尝一刻抛弃。"④对于部分"儒家豪族"来说,这种情况确实存在。如杨彪、孔融、金祎、耿纪、韦晃等人,确如陈寅恪所言,他们"乘机恢复的想法,未尝一刻抛弃",但司马懿绝非如此,其拒聘曹氏理由已见上述。

---

① 《三国志》卷52《诸葛瑾传》注引《江表传》。
② 《三国志》卷52《诸葛瑾传》注引《吴书》。
③ 张大可:《三国人物新传》第六编"司马懿",华文出版社2003年。
④ 陈寅恪:《魏晋南北朝演讲录》,贵州人民出版社2007年,第11页。

笔者以为，司马懿"不欲屈节曹氏"是假，但"辞以风痹"是真。① 这不仅有尔后高平陵之变之前其诈病赚曹爽可以佐证，且《晋书·宣穆张皇后传》也有明确记载：

> 宣帝初辞魏武之命，托以风痹，尝暴书，遇暴雨，不觉自起收之。家惟有一婢见之，后乃恐事泄致祸，遂手杀之以灭口，而亲自执爨。帝由是重之。

所谓"风痹"，又称"行痹"或"周痹"，中医学是指因风寒湿侵袭而引起的肢节疼痛或麻木的病症。临床表现为肢体酸痛，痛而游走无定处。病因风寒湿三邪中以风邪偏胜，而风邪易于游走所致。故《素问·痹论》说："其风气胜者，为行痹。"然症状轻重如何？诸多史料并无十分清晰的诠释。《灵枢经·寿夭刚柔》："病在阳者命曰风病，在阴者命曰痹病，阴阳俱病，命曰风痹病。"《宋书·隐逸传·周续之》云："续之素患风痹，不复堪讲，乃移病钟山。"苏辙《记病》诗："侵寻作风痹，两足几蹒跚。"《景岳全书·杂症谟》："风痹一症，即今人所谓痛风也。"司马懿"托以风痹"，不仅瞒住曹操，连府中仆婢等也一概不知。某日，天降暴雨，司马懿忍不住从床上起身将所晒的书收起，不巧的是，此举给一婢女看见。司马懿"托以风痹"，风痹有轻有重，未必就不能行走，但司马懿自称此病严重到"不能起居"，如能下床行走，就等于告知世人，我是装病。为怕泄漏，懿妻张氏杀婢灭口。此后，张氏屏退左右，亲自下厨烹饪。

司马懿虽然在汉末士林中有不错的品评，但其名望与曹操霸府中一流谋臣荀彧、荀攸、程昱、贾诩、郭嘉等人相比尚有一定的差距。操之霸府中，不乏人才，自然无须如刘备那样"三顾"司马懿

---

① 汉魏之际士人装病拒辟并不局限于司马懿，程昱亦复如是。《三国志》卷14《程昱传》载："初平中，兖州刺史刘岱辟昱，昱不应……岱表昱为骑都尉，昱辞以疾。"

之府第。但曹操何以在征辟失败后，还要"使人夜往密刺之"？对这句话的解读，有学者以为是曹操派刺客行刺司马懿。① 然而令人费解的是，此时的司马懿齿少名微，并未崭露头角，哪里就值得曹操大费周折地派人前往行刺，这实在是个匪夷所思的问题。我以为关键的问题是对"刺"字作何解读？查阅《辞海》，刺字有多种释意，除刺杀、针刺外，"刺"又作刺事（打探事情）；刺取（刺探）；刺候（侦察）之解。如《汉书·陈万年传附陈咸传》："（陈）咸素善（朱）云，云从刺候，教令上书自讼。"《新唐书·封伦传》："伦资险佞内狭，数刺人主意，阴导而阳合之。"即是二例。

关于司马懿拒辟之事，在臧荣绪《晋书》中有另一种叙述：

> 魏武辟高祖。高祖以汉祚将终，不欲屈节於曹氏，辞以风痹不能起居。魏武遣亲信令史，微服於高祖门下树荫下息。时七月七日，高祖方曝书。令史窃知，还具以告。②

将臧荣绪《晋书》及《晋书·宣穆张皇后传》相互参证起来看，可窥知司马懿曝书的细节。更为重要的是臧荣绪《晋书》较为合理地诠释了《晋书·宣帝纪》中"魏武使人夜往密刺之，帝坚卧不动"语。所谓的"密刺之"绝不能作"刺杀""针刺"解，而应作刺探、刺候、刺事释。曹操见司马懿"辞以风痹不能起居"，将信将疑，故派遣亲信令史，微服于司马懿府第门口树荫之下，刺探其事真伪。七月七日，司马懿曝书之事被令史获知，即向曹操汇报。我推测，令史只刺探到司马懿"曝书"，曝书当然由司马懿府第仆婢等人来做，而不用懿亲为之。至于曝书时，遇到暴雨，司马懿"不

<hr></hr>

① 周一良：《魏晋南北朝史札记》"曹氏司马氏斗争"条云："懿'辞以风痹，不能起居'，以致操使人密往行刺。"中华书局 1985 年，第 26 页。方北辰：《谁结束了三国？司马懿》云："他取出早已准备好的银针，在司马懿腿脚上乱刺。"北京大学出版社 2013 年，第 13 页。

② （清）汤球辑，杨朝明校补：《九家旧晋书辑本》，中州古籍出版社 1991 年，第 58 页。

觉自起收之。家惟有一婢见之，后（懿妻张春华）乃恐事泄致祸，遂手杀之以灭口"的情形，除司马懿夫妇之外，他人一概不知，令史不在现场，婢女被杀后，此事消弭于无形，令史连风闻也不可能。令史之刺探基本上是一无所获，唯有如此，司马懿才能躲过一劫。若不参证比对臧荣绪《晋书》及《晋书·宣穆张皇后传》，单从字面上来解读"魏武使人夜往密刺之，帝坚卧不动"，必然得出不合常理的解释：首先，司马懿家世二千石，并非寻常素族寒士可比，其府第虽然不至于戒备森严，但家中仆婢甚多，刺客怎么能畅通无阻地深夜闯入司马懿卧室；其次，当刺客将刀剑架在司马懿头颈上，司马懿居然"坚卧不动"，得无过于夸大其辞！①

其实，《晋书·宣帝纪》中的"魏武使人夜往密刺之，帝坚卧不动"亦并非纯属乌有，虚构其事，②问题是读者如何理解。我以为不能光看"坚卧不动"，还应注意到前文的"不能起居"。所谓"不能起居"，即他所患的风痹之症已严重到卧床不起，如果司马懿能够起居自如，例如曝书时"遇暴雨，不觉自起收之"之事被曹操知晓，其弥天大谎将不攻自破。所以司马懿装病，只能"坚卧不动"，尽管曹操派遣的令史并不在身边，他也不敢有丝毫大意，因为令史就在府门之外，刺探消息，若婢仆走漏风声，就会给自己带来不测之祸。

---

① 建安二年（197），曹操欲伐张绣，临行前朝见汉献帝，"帝不任其愤，因曰：'君若能相辅，则厚，不尔，幸垂恩相舍。'"面对献帝突如其来的愤怒，曹操大惊"失色，俛仰求出"。操久经沙场，何以会"失色"。因为，"（汉）旧仪，三公领兵朝见，（天子）令虎贲执刃挟之"。（《后汉书》卷10下《献帝伏皇后纪》），《三国志》卷1《武帝纪》注引《世语》亦有类似记载："三公领兵入见，皆交戟叉颈而前，初，公将讨张绣，入觐天子，时始复此制。"当时，汉献帝怒气冲冲，若虎贲用戟一刺，曹操即死于非命。所以"操出，顾左右，汗流浃背，自后不敢复朝请"。（《后汉书》卷10下《献帝伏皇后纪》）以此事推论，司马懿若面对刀剑，难道能"坚卧不动"？

② 柳春藩认为曹操派人行刺及司马懿"坚卧不动"之事纯属史家虚构。见氏著《正说司马懿》，中国青年出版社2004年，第20—21页。

实事求是地说,《晋书·宣帝纪》对于这段史事的叙述基本上还是正确的,在司马懿的政治生涯中,用得最多的就是韬晦之计,"深藏不露、坚忍不拔"是司马懿一生的写照。正如陈寅恪所指出:"司马懿的坚忍阴毒,远非汉末同时儒家迂缓无能之士所能比。"①其"坚卧不动"也是坚忍的表现。只不过是《宣帝纪》中的这段文字过于简略,表述亦欠精确,容易造成误解而已。之所以有这方面的缺陷,可能还是为尊者讳饰,不欲在细节上过多暴露司马懿的阴谋权术。

对《宣帝纪》中:"及魏武为丞相,又辟为文学掾,敕行者曰:'若复盘桓,便收之。'帝惧而上任。"作何解?如果单从"惧而上任"来诠释,我以为还是过于粗疏简陋。"魏武为丞相"是建安十三年(208)初,其时曹操已攻灭袁氏,平定乌桓,统一北方,汉末由乱入治的局面已初步显现,司马懿若此时再不入曹操霸府,就将失去步入仕途,一展宏图的机会。另外,司马懿此次出山,还找到了两个自下台阶的好机会,一是曹洪征辟:"晋宣帝好学,曹洪自以麄疏,欲屈自辅帝,帝耻往访,乃托病拄杖。洪恨之,以语太祖,太祖辟帝,乃投杖而应命也。"②二是由海内第一名士,被曹操誉为"吾之子房",最为倚重的心腹谋臣荀彧的推荐:"彧又进操计谋之士从子攸,及钟繇、郭嘉、陈群、杜袭、司马懿、戏志才等。"③"前后所举者,命世大才,邦邑则荀攸、钟繇、陈群,海内则司马宣王。"④正是在荀彧的大力推荐下,司马懿才得以为丞相文学掾。司马懿日后对荀彧的事功作出了高度评价:"书传远事,吾自耳目所从闻见,逮百数十年间,贤才未有及荀令君者也。"⑤司马懿成为曹魏重

①　陈寅恪:《魏晋南北朝演讲录》,贵州人民出版社2007年,第12页。
②　《北堂书钞》卷133引《魏略》,中国书店1989年,第536页。
③　《后汉书》卷70《荀彧列传》。
④　《三国志》卷10《荀彧传》注引《彧别传》。
⑤　《三国志》卷10《荀彧传》注引《魏氏春秋》。

臣之后,十分感激荀彧昔时的举荐之恩,遂大力拔擢荀氏子弟。①可见,在惺惺作态,待价而沽之后,建安十三年,司马懿已亟欲出仕,其热衷于功名之心跃然于纸上。

四、"狼顾相"考辨

司马懿是魏晋易代更祚时期的关键人物,其一生事功素来不乏学者的关注,然笔者翻阅检索《晋书·宣帝纪》,觉得司马懿有所谓"狼顾相"的记载多有疑谳。司马代魏有一个循序渐进的过程,事实上直到高平陵之变后,司马懿完全掌控朝政大权,天下士人才意识到司马氏将倾覆魏朝。司马懿初入仕途,在政治上并不引人注目,然而曹操竟然看出司马懿有"狼顾相",这不能不说是件匪夷所思之事。② 若其事属真,岂不成了"先验论"。③ 若曹操真的察觉,又为何不剪除这一心腹之患? 由此看来,对狼顾说不能以常理度之,亦不能循已知条件等线索来研究。必须拓宽视野,钩沉索隐,另辟蹊径。

我们先看《晋书·宣帝纪》的记载:

> 帝内忌而外宽,猜忌多权变。魏武察帝有雄豪志,闻有狼顾相。欲验之。乃召使前行,令反顾,面正向后而身不动。又尝梦三马同食一槽,甚恶焉。因谓太子丕曰:"司马懿非人臣

---

① 《三国志》卷10《荀彧传》注引《晋阳秋》载:"司马宣王见(荀)顗,奇之,曰:'荀令君之子也。近见袁侃,亦曜卿之子也。'擢拜散骑侍郎。"

② (清)王夫之:《读通鉴论》卷10之8载:"魏之亡,自曹丕遗诏命司马懿辅政始。懿之初起为文学掾,岂夙有夺魏之心哉?"

③ 诸葛亮《隆中对》有诸多已知的基本条件作为依据,经过分析,推测未来的天下形势,但有时仍被赋予先验论的色彩,故田余庆撰《〈隆中对〉再认识》,对诸葛亮《隆中对》"加以分析,使验与未验,验多验少,都能得到历史的说明,从而使人们便于理解"。载《历史研究》1989年第5期。但曹操的"狼顾说"不存在任何已知的条件。

也，必预汝家事。"太子素与帝善，每相全佑，故免。帝于是勤于吏职，夜以忘寝，至于刍牧之间，悉皆临履，由是魏武意遂安。

从以上记载看，曹操对司马懿十分忌惮，若非曹丕庇佑及司马懿废寝忘食的"勤以吏职"，司马懿则难以幸存。懿有"狼顾相"虽然日后被亡魏成晋的史实所证明，但曹操何以能预判，且预判得如此准确！不由人不感到惊诧莫名。然研治魏晋史的学者大都对这段史料匆匆略过，未作精深探究。"狼顾"的定位将司马懿打入万劫不复的境地，所以对这个问题必须重新审视。

所谓的"狼顾相"当然不是指人在肩头不动的情况下，头颈像狼那样来个近似 180 度的旋转。那么何来狼顾之谓呢？《人伦大统赋》曰："狼顾者，谓回头顾而身不转，性狼，常怀杀人害物之心。"①《相理衡真》云："狼目，低头反顾，蹙眉而视，黑多白少，心毒多妒，贪婪好淫。"②然而，"狼顾"之词有多义。古人有时亦用"狼顾"来形容黎庶百姓遭遇自然灾害之苦。如柳宗元《行路难》诗之二："栢梁天灾武库火，匠石狼顾相愁冤。"苏舜钦《上范希文书》："今虽少稔，恐来年宿麦不登，民必狼顾矣。"这里的"狼顾"，是用来形容民间疾苦的，与狼的特征及奸恶之人毫无关系。另外，狼顾有时还被用来形容两军交战时，被打败的敌军的狼狈相。如曹魏大将郭淮说："今若取廖化，出贼不意，姜维必狼顾。"③

当然，在更多的场合下，"狼顾"是詈骂斥责乱世枭雄的奸诈与野心。如《昭明文选》卷 44 陈琳《檄吴将校部曲文》："自董卓作乱，以迄於今……锋捍特起，鹗视狼顾，争为枭雄者，不可胜数。"《晋书·刘聪载记》："石勒鸱视赵魏，曹嶷狼顾东齐。"《金史·礼志一》："海陵狼顾，志欲并吞江南。"

① 张行简：《人伦大统赋》，陕西师范大学出版社 2009 年，第 78 页。
② 陈钊：《相衡真理》，远方出版社 1977 年，第 175 页。
③ 《三国志》卷 26《郭淮传》。

从上引史料来看,狼顾基本上与人之容貌无关。司马懿容貌未见史载。《晋书·宣帝纪》解释其"狼顾相"时说:"迹其猜忍,盖有符於狼顾也。"与相貌亦无关联。那么,曹操为何要测试司马懿是否有狼顾相呢?我疑此事同司马懿最初拒绝曹操征辟有关,虽经大都数学者考证论定司马懿"不欲屈节曹氏"是假,是《晋书》为其开脱,洗刷其不忠之迹,但雄猜多疑、"酷虐变诈"①的曹操怎知司马懿"不欲屈节曹氏"之真伪与否?

曹操出身寒族,为阉宦之后,颇疑名门望族出身的名士不肯与之合作。其起兵之初,倚仗的是谯沛集团的子弟兵。后经其礼贤下士,颁布《求才令》后,一批汝颍士人才逐渐归附曹操,形成与谯沛集团并立的汝颍士人集团,共同辅助曹操。然而汝颍集团中仍有相当一部分士人"心存汉室",其中的士人领袖荀彧最为典型,其可谓是身在曹营心在汉。

司马懿虽然于建安十三年应征于曹操幕府,但其初次拒绝征辟之事曹操绝不会忘却,自然留下不良的印象。司马懿进入曹操幕府后,曹操时刻注意其行动举止,故才"闻有狼顾相"一说。我揣度曹操此时疑司马懿有狼顾相,倒并非是后人所指的司马懿有篡位谋反之相。作为汝颍集团领袖的荀彧对司马懿有知遇之恩,荀彧被曹操谋杀后,汝颍集团重新洗牌组合,司马懿作为汝颍集团新的核心成员,操疑懿仍有可能心存汉室,而不专心效忠曹氏。从《汉书·食货志》与《史记·苏秦列传》②中看,"狼顾"除有狼子野心之解外,还有狼生性多疑,行走时不断回顾,防人袭击之释,狼瞻

① 《三国志》卷1《武帝纪》注引《曹瞒传》。

② 《汉书》卷24上《食货志》曰:"失时不雨,民且狼顾。"颜师古注引李奇曰:"狼性怯,走喜还顾,言民见天不雨,今亦恐也。"《史记》卷69《苏秦列传》记载苏秦游说齐王时说:"秦虽欲深入,则狼顾,恐韩、魏之议其后也。是故惧疑,虚骄矜而不敢进,则秦之不能害齐亦明矣。"文中"狼顾"之意是指秦欲攻齐,但顾虑韩、魏会从后乘虚而入,故不敢轻举妄动。

前顾后的特征与狼顾相颇有契合之处。

荀彧死后，曹操扫除了其代汉的一大障碍，建安十八年（213），曹操进爵魏公，其代汉之心愈益迫切，故对士人的动向更为关注。清河名士中尉崔琰在给杨训的书信中写道："时乎时乎，会当有变时。"①曹操竟以"腹诽心谤"②罪将其下狱赐死，崔琰与司马懿兄司马朗友善，司马懿同崔琰关系亦非同一般，③故曹操对司马懿是否"心存汉室"更增添了一层疑虑。④

这里还有一个问题需要探讨，即曹操为何会相信"狼顾相"，而"欲验之"，我以为这与自秦以降极为盛行的卜筮、相术颇有关联。东汉末年卜筮、谶谣、相术极为流行，成为浸淫时代的风尚。如朱建平即是汉魏之际著名的相术家。《三国志·方技传》记载了朱建平相术的神效。为方便读者阅读，兹翻译成白话文：

> 朱建平，沛国人，擅长相面术，在民间多所验证。曹操为魏公时，征召朱建平作郎官。曹丕任五官将时，一次，召集三十多位宾客相面。朱建平说："将军能活八十岁。四十岁时会有小小的危险，请多保重。"又对夏侯威说："您四十九岁时能作州牧，但会有危险。如能躲过这个危险，可以活到七十，而且能成为宰辅。"又对应璩说："您六十二岁能任常伯，但也会遇危险。在您六十一岁时，您能见到一条白狗，而这条狗别人见不到。"又对曹彪说："您据守藩国，五十七岁这年会被敌兵包围，应有预防。"……黄初七年，曹丕四十岁，身患重病，对左右亲信说："朱建平说我能活八十，是昼夜加起来计算的。我的命数该到尽头了。"果真不久就死了。夏侯威任兖

---

① 《三国志》卷 12《崔琰传》。

② 《三国志》卷 12《崔琰传》注引《魏略》。

③ 崔琰对司马懿的高度品评见前述。

④ 要等到司马懿在政治上正式表态，支持曹操代汉称帝，曹操才会完全消除疑虑。对此问题，笔者将于第四章中展开分析。

州刺史,四十九岁这年的十二月上旬,得了重病,想到朱建平的预言,自觉必死无疑。于是预先立下遗书,并预备了一些后事,都很简单。到该月下旬病情好转,竟然快要痊愈。三十日傍晚,请府吏准备酒食,说:"我的灾难就要过去。明天鸡鸣,我就该五十岁了。朱建平的预言说我四十九岁有灾厄,看来就要躲过去了。"夏侯威在酒席散了之后,突然发病,半夜死去。应璩六十一岁任侍中,到宫省,看见一条白狗。他问别人,都说没看见。于是应璩赶紧与友人聚会,并四处游玩,返回家园,饮宴自娱。过了一年,六十三岁病故。曹彪被封为楚王。五十七岁那年,因与王凌合谋反叛而被杀。类似这样的预言,无不应验。因为很多,不胜枚举,只能大概地记述几件而已。

比朱建平更知名、更神奇的方技家是管辂,其精通《周易》,明天文地理,占卜看相,风水堪舆,无不精微,相传每言辄中,出神入化,有神卜之称。陈寿将朱建平、管辂、周宣、华佗等人事迹合为《方技传》,并评曰:"华佗之医诊,杜夔之声乐,朱建平之相术,周宣之相梦,管辂之术筮,诚皆玄妙之殊巧,非常之绝技矣。昔史迁著扁鹊、仓公、日者之传,所以广异闻而表奇事也。故存录云尔。"[1]曹操与管辂、朱建平等系同时代人,朱建平还是曹操同乡,操为魏公时,将朱建平"召为郎",耳濡目染其相术,必然叹服其神奇,故不排斥其闲暇时向朱建平请教相术的可能,当曹操闻司马懿有"狼顾相"时,即欲验之,以小试其所学之相术耳。

对于曹操"梦三马同食一槽",以及他对曹丕说:"司马懿非人臣也,必预汝家事"作何解?笔者感觉这是一个比"狼顾相"更晦幽不明的难题。所谓的占梦、解梦当然由来已久,《周公解梦》即是一本民间流传甚广的秘籍。《三国志·方技传》中的周宣是汉

---

① 《三国志》卷29《方技传》。

魏之际的相梦家，"(魏)文帝问(周)宣曰：'吾梦殿屋两瓦坠地，化为双鸳鸯，此何谓也？'宣对曰：'后宫当有暴死者。'帝曰：'吾诈卿耳！'宣对曰：'夫梦者意耳，苟以形言，便占吉凶。'言未毕，而黄门令奏宫人相杀。无几，帝复问曰：'我昨夜梦青气自地属天。'宣对曰：'天下当有贵女子冤死。'是时，帝已遣使赐甄后玺书，闻宣言而悔之，遣人追使者不及……宣之叙梦，凡此类也。十中八九，世以比建平之相矣"。① 周宣为魏文帝曹丕相梦十分准确，而操、丕为父子，据此推测，周宣对曹操的占梦亦不无影响。

有关"三马同食一槽"依据何在？迄今并无直接史料可以推测，甚至连现存的诸家旧晋书一鳞半爪的佚文中亦难以寻觅其史源。所谓司马懿的"雄豪志"，也就是其代魏之心何时产生？何时被时人察觉？历来众说纷纭，颇有争议。令人费解的是《晋书·景怀夏侯皇后传》中，居然有司马氏父子在青龙二年(234)之前谋划代魏的记载。《传》云："后雅有识度，(景)帝每有所为，必豫筹划。魏明帝世，宣帝居上将之重，诸子并有雄才大略。后知帝非魏之纯臣，而后既魏氏之甥，帝深忌之。青龙二年，遂以鸩崩，时年二十四，葬峻平陵。"此段史料可能涉及夏侯徽因发现司马父子谋反的计划而遭鸩毒，其事若属实，那就说明司马懿在策动高平陵之变的十五年前就在预谋代魏了。然而，其事疑点颇多：其一，太和、青龙年间，曹叡在位，魏明帝沉毅果断，大权独揽，从容驾驭群臣，政由己出，曹魏名臣刘晔评曰："秦始皇、汉武帝之俦，才具微不及耳。"② 可见，其不失为一代明君。司马懿此时刚获兵柄，在魏朝本未固，基未稳，若谋逆，岂非是自取倾家覆族之祸。其二，青龙二年，诸葛亮率十万大军攻魏，司马懿在五丈原与诸葛亮苦苦相持，前线军情十万火急，胜负难以逆料，司马懿自顾不暇，岂有心思筹

---

① 《三国志》卷29《方技传》。
② 《三国志》卷3《明帝纪》注引《世语》。

划代魏之阴谋。因此事疑点重重，故《资治通鉴》未载之于册。司马光在《考异》中云："按是时司马懿方信任于明帝，未有不臣之迹，况其诸子乎？徒以魏甥之故，猥鸩其妻，都非事实，盖甚之之辞。不然，(司马)师自以他故鸩之也，今不取。"①可见，司马光史识之高。

除司马师因谋逆泄漏鸩杀其妻纯系捏造外，《晋书》中还有诸多记载将司马氏的"不臣之迹"昭示于魏明帝太和、青龙年间。如《晋书·五行志》多次以天人感应之象喻指司马代魏之兆：

> 明帝太和三年，曹休部曲丘吴农女死复生。时又有开周世冢，得殉葬女子，数日而有气，数月而能言，郭太后爱养之。又，太原人发冢破棺，棺中有一生妇人，问其本事，不知也，视其墓木，可三十岁。案京房《易传》曰："至阴为阳，下人为上。"宣帝起之象也。汉平帝、献帝并有此异，占以为王莽、曹操之征。②

> 魏明帝青龙三年正月乙亥，陨石于寿光。按《左氏传》"陨石，星也"，刘歆说曰："庶众惟星陨于宋者，象宋襄公将得诸侯而不终。"秦始皇时有陨石，班固以为："石，阴类也。又白祥，臣将危君。"是后宣帝得政云。③

对上述史料如何审读？是需要仔细掂量，甚至是要考订的。历代史书中大都有《五行志》，但《五行志》大多荒诞不经。吕宗力在《汉代的谣言》一书中指出："民间流传的传奇'俗说'，有些已著录文本。这些言论通常被视为虚妄、谬误、无稽、迷信，没有事实根据的传闻，捏造的消息，怪诞不经的邪说，易为有心人利用来误导、愚民，颇类现代汉语所说的'谣言'。"这些谣言或谣言类言论，或散

---

① 《资治通鉴》卷72，青龙二年考异，上海古籍出版社1987年。
② 《晋书》卷29《五行志下》。
③ 《晋书》卷29《五行志下》。案：《晋书·五行志》中司马代魏天人感应迹象的时间节点是在魏明帝太和、青龙年间，疑为好事者附会而成。

见于史籍纪、传，或与朝野间流行的诗谶、民谣一起，由传统历史编纂者编入《五行志》诗妖类，成为诠释历史时的小小注脚。我们今天如果要研究古代历史上的谣言，历代的《五行志》可以说是一个宝库。"①《五行志》中的天象必须与人事对应，所以后世史官常常以时人的先见之明诠释历史，穿凿附会，无中生有。

其实汉魏之际有"狼顾相"的不仅仅是司马懿，连后世被誉为"鞠躬尽瘁，死而后已"的忠臣圭臬诸葛亮亦被蜀安汉将军李邈指斥有"狼顾虎视"相。李邈曾上书后主刘禅曰："吕禄、霍禹未必怀反叛之心，孝宣不好为杀臣之君，直以臣惧其逼，主畏其威，故奸萌生。（诸葛）亮身杖强兵，狼顾虎视，五大不在边，臣常危之。"②李邈请求刘后主尽快亲政治国，摆脱权臣控制。可是《三国志·诸葛亮传》中却记载诸葛亮是"身长八尺，容貌甚伟"，这与"狼顾相"风马牛不相及，存在巨大的悖离。为何诸葛亮的"狼顾相"世人很少知道？我认为这和《五行志》有很大关联。二十四史中很多史册都将《五行志》作为志书的一个重要部分予以编纂。《五行志》的主旨是弘扬董仲舒"天人感应"的理论，即天象必须与人事对应，而且《五行志》只记载已经"应验"的事，没有"应验"的就会被《五行志》所忽略，诸葛亮没有取代刘禅称帝，③故《五行志》就不会有相应的记载。

五、谶语与童谣：开基之主的政治神话

司马懿何时萌生代魏之心，史家一般都将时间节点定在他发

①　吕宗力：《汉代的谣言》，浙江大学出版社 2011 年，第 6 页。

②　《华阳国志》卷 10 中《先贤士女总赞·广汉士女》，巴蜀书社 1984 年。

③　《三国志》卷 35《诸葛亮传》载："章武三年春，先主于永安病笃，召亮于成都，属以后事，谓亮曰：'君才十倍曹丕，必能安国，终定大事，若嗣子可辅，辅之；如其不才，君可自取。'"

动高平陵之变的正始十年(249),因为司马懿通过高平陵之变,全面掌控了曹魏的中枢机构,开启了亡魏成晋的历史进程。然而司马懿在淡出权力中枢数年之后,为何突然发动此次政变,宋人叶适仍然茫然不解:

> 嘉平之役,极是异事。曹氏造基立业,虽无两汉本根之固,然自操至此已五六十年,民志久定;司马懿再世受遗,信非忠贞,何遽盗夺!而况虚位无权,势同单庶,一旦因人主在外,闭门截桥,劫取事柄,与反何殊?此至愚者所不敢为,懿号有智,而披猖妄作,自取族灭,然竟以胜,一异也。[①]

笔者之所以引用叶氏的这段论述,是藉此说明,高平陵之变亦并非是历史的必然,其仍有一定的偶然性。换而言之,即使在正始十年,司马懿已是曹魏位高权重的四世老臣,其是否萌发夺权代魏之意,尚有不确定的因素,何况其刚步入曹操幕府之时,仅是一个微不足道的文学掾(文学秘书)。曹操怎能穿越时空,早在数十年前就能察觉司马懿"有雄豪志""狼顾相",并梦"三马同槽",还煞有介事地叮咛曹丕:"司马懿非人臣也,必预汝家事。"既然"狼顾相"与"三马同槽"纯属子虚,哪为何其事会在历史上广为流传,几乎成了妇孺皆知之事呢?我以为这与汉代颇为盛行的阴阳五行、谶纬神学以及受其影响的史书有极大关联。

汉武帝之后,以董仲舒为代表的天人感应的阴阳五行说成为官方哲学,它笼罩、统治着汉代数百年,弥漫在几乎全部意识形态领域。东汉以降,阴阳五行及谶纬学更为盛行,卜筮、谶语、谣言、讹言、流言、相术充斥朝野,在民间广为流布。而且谶语、异象、异梦、骨相在所谓的"受命之君"身上表现的尤为突出。如《史记·高祖本纪》开篇就叙述刘邦母息大泽之陂,梦与神(龙)遇而感生。刘邦骨相"隆准而龙颜,美须髯,左股有七十二黑子"。刘邦于丰

---

① (宋)叶适:《习学记言序目》卷29《魏志》,第377页。

西泽中醉斩大蛇,时人传说为赤帝子斩白帝子。秦汉之际,"东南有天子气",秦始皇"于是因东游以厌之,高祖即自疑,亡匿,隐于芒、砀山泽岩石之间",吕氏却能找到刘邦,是因"季所居上常有云气"。① 对这类赋予开国之君的政治神话,后世不少学者持怀疑态度,认为或属刻意伪造,或属神化。② 为何史学巨著《史记》会将此类"荒诞无稽"的神话、谶言采入《高祖本纪》呢? 一种解释是司马迁"好怪","不能裁之以义"。③ 另一种解释是这些神话并非是司马迁原文,疑为后人伪窜。④

　　笔者无意对《史记·高祖本纪》中的这类神话再作考订,只是觉得连"史界太祖"⑤司马迁抑或不免将此类"荒诞不经"之说引之于史,以后的史家又何能幸免呢! 治魏晋史者悉知,唐初修撰的《晋书》只用臧荣绪《晋书》作蓝本,并兼采笔记小说的记载,稍加增饰。对于其他各家的晋史和有关史料,虽然也曾参考过,却没有充分利用和认真加以选择辨析。因此成书之后,即受到当代人的指责,认为它"好采诡谬碎事,以广异闻,又所评论,竞为绮艳,不求笃实,由是颇为学者所讥"。⑥ 刘知几对《晋书》也提出了严厉的

① 《史记》卷8《高祖本纪》。
② (清)邵泰衢:《史记疑问·高祖纪》云:"白帝赤帝之讹,盖如白鱼赤乌之伪而已。"转引自杨燕起等编《历代名家评史记》,北京师范大学出版社1986年,第358页。《续古今考》言斩蛇事是伪为神奇,史公好奇载之,(清)梁玉绳:《史记志疑》卷6,中华书局1981年,第215页。
③ (清)徐经:《雅歌堂文集》卷4《书高帝本纪》,转引自杨燕起等编《历代名家评史记》,第358页。
④ 顾颉刚指出:"司马迁时不能有此事,必出伪窜。"见氏著《五德终始说下的政治与历史》,《古史辨》第五册,上海古籍出版社1982年,第492页。吕思勉亦持此说:"由所杀蛇白帝子,杀者赤帝子,疑为后人增窜,非谈、迁原文也。"参见氏著《秦汉史》,上海古籍出版社1983年,第817页。
⑤ 梁启超:《中国历史研究法》,中华书局2009年,第27页。
⑥ 《旧唐书》卷66《房玄龄传》,中华书局1975年。

批评,认为它不重视史料的甄别取舍,多语怪力乱神,①损害了作为正史的客观性、权威性,所以他对《晋书》评价甚低。"其所采择,忽正典而取小说",是诸多学者对于《晋书》最主要的批评。②而《晋书·宣帝纪》中的"狼顾相"与"三马同食一槽"不正是小说家言吗! 故后来就为罗贯中写入小说《三国演义》之中。③

如果我们将狼顾相、三马同槽同传言、谶语结合起来进行考察,抑或就容易得多,其种种疑团也就不难迎刃而解。检索史书,我们发现汉晋之际的诸多童谣、民谣、传言、神仙说与权臣、帝王、王朝气数命运及天下大势皆紧密关联,它们在一定程度上反映了朝野与士庶民众的看法。在此不妨举汉晋之际在民间流行最广、影响最大的数例谶谣:

> 献帝践祚之初,京都童谣曰:"千里草,何青青,十日卜,不得生。"案千里草为董,十日卜为卓。④

> 仙人李意其,蜀人也。传世见之,云是汉文帝时人。先主欲伐吴,遣人迎意其。意其到,先主礼敬之,问以吉凶。意其不答而求纸笔,画作兵马器仗数十纸已,便一一以手裂坏之,又画作一大人,掘地埋之,便径去。先主大不喜。而自出军征吴,大败还,忿耻发病死,众人乃知其意。其画作大人而埋之

① (清)刘知幾:《史通通识》卷5《采撰》载:"晋世杂书,谅非一族,若《语林》《世说》《幽明录》《搜神记》之徒,其所载或诙谐小辩,或神鬼怪物。其事非圣,扬雄所不观;其言乱神,宣尼所不语。皇朝新撰晋史,多采以为书……务多为美,聚博为功,虽取说于小人,终见嗤于君子矣。"上海古籍出版社1978年,第116—117页。
② (清)李慈铭:《越缦堂读书记》,上海书店2000年,第257—258页;吕思勉:《论晋书七》,《吕思勉读书札记(增订本)》,上海古籍出版社2005年,第1017—1019页;李培栋:《晋书研究》,《魏晋南北朝史缘》,学林出版社1996年,第108—139页。
③ 参阅(明)罗贯中:《三国演义》,人民文学出版社1972年,第626—627页。
④ (晋)司马彪:《续汉书》志13《五行志一》。

者,即是言先主死意。①

（黄初）七年春正月,将幸许昌,许昌城南门无故自崩,（魏文）帝心恶之,遂不入……丁巳,帝崩于嘉福殿。②

兴平中,吴中童谣曰:"黄金车,班兰耳,闿昌门,出天子。"③

有星赤而芒角,自东北西南流,投于亮营,三投再还,往大还小,俄而（诸葛）亮卒。④

魏咸熙元年六月,镇西将军卫瓘至於成都,得璧玉印各一枚,文似"成信"字,魏人宣示百官,藏于相国府。（向）充闻之曰:"吾闻谯周之言,先帝讳'备',其训'具'也,后主讳'禅',其训'授'也,如言刘已具矣,当授与人也。今中抚军名炎,而汉年极於炎兴,瑞出成都,而藏之於相国府,此殆天意也。"是岁,拜充为梓潼太守,明年十二月而晋武帝即尊位,炎兴于是乎征焉。⑤

孙休永安二年,将守质子群聚嬉戏,有异小儿忽来言曰:"三公锄,司马如。"又曰:"我非人,荧惑星也。"言毕上升,仰视若曳一匹练,有顷没。⑥

天玺元年,吴郡言临平湖自汉末草秽壅塞,今更开通。长老相传,此湖塞,天下乱,此湖开,天下平。⑦

---

① 《三国志》卷32《先主传》注引葛洪《神仙传》。
② 《三国志》卷2《文帝纪》。
③ 《三国志》卷47《吴主传》。
④ 《三国志》卷35《诸葛亮传》注引《晋阳秋》。
⑤ 《三国志》卷41《向朗传附向充传》注引《襄阳记》。案:向充所说的"先帝讳'备',其训'具'也,后主讳'禅',其训'授'也,如言刘已具矣,当授与人也"之谶,并非是谯周所造,而是谯周受之于杜琼。蜀汉景耀五年(262),谯周见蜀宫中大树无故自折,以为不祥,遂依杜琼所言而推曰:"众而大,期之会,具而授,若何复?"陈寿解释道:"言曹者众也,魏者大也,众而大,天下其当会也。具而授,如何复有立者乎?"《三国志》卷42《杜琼传》。
⑥ 《晋书》卷28《五行志中》。
⑦ 《三国志》卷48《孙皓传》。

从上述记载中可知,汉晋之际凡重要人物死亡及王朝兴废都有星变或谣谶的出现,而狼顾相、三马同槽即预示司马氏最终将取代曹魏,和上述童谣、谶语的兆示毫无二致。然而给读史者设置的层层迷雾是"狼顾相"与"三马同槽"记载于《晋书·宣帝纪》中,而非出自《五行志》《搜神记》《神仙传》及稗官野乘内,否则一眼就能识破这是谶纬神学,何用后世学者发微抉隐,恢复本相。

当然,这里还有个问题,即狼顾相与三马同槽为何会出自曹操之口?我以为作为官修的《晋书》最终完成于唐代,故《晋书》亦或多或少地反映了唐人的观念。曹操形象的贬损是在宋代以降,唐人对曹操的文韬武略、卓著功勋还是十分敬佩的。如唐太宗就对曹操作出了很高的评价,他说:"帝以雄武之姿,当艰难之运,栋梁之任,同乎曩时,匡正之功,异于往代。"①并认为魏武帝"若无多疑猜人之性,几为完人也"。②《晋书》的编纂深受唐初意识形态的影响,特别是《晋书·宣帝纪》的"制曰"是太宗御撰,故不排除史官在《晋书·宣帝纪》中美化、神化曹操的可能。而神化曹操的最好方式,就是杜撰曹操具有雄才大略,慧眼识人,早就洞察到司马懿"有狼顾相"。

需要进一步思考的是,司马懿的"狼顾相"以及"三马同食一槽"的谶语为何在历史上流布如此之广,以至于后来成为妇孺皆知的史实。对此问题吕宗力作了侧面,但很精辟的解读:"谣言(包括以民谣、童谣形式出现的谣言)应该是无处不在的。编入两汉《五行志》的童谣,应该是经过选择、编辑之后剩下来的很小一部分。史家之所以选择这些童谣,一是因为它们与重大历史事件或人物的关联性,二是它们'预言'的'灵验性'。未曾应验的童

---

①　《全唐文》卷10《太宗》(7)。中华书局1983年影印嘉庆本。
②　转引自宋战利:《魏文帝曹丕传论》,河南大学出版社2009年,第217页。

谣,①只是讹言、妖言,不能算谶谣。"②笔者按吕氏观点演绎推理,司马懿的"狼顾相"以及"三马同食一槽"即是应验了的谶谣,只不过是史家为了使此谶谣更具威权性,故将其移花接木到曹操身上。曹操与司马懿是魏晋时期的重量级人物,也是魏晋王朝的肇基之君,故发生在他们身上的谶谣也就不胫而走,传之后世了。

同样是开基之主的政治神话,或许司马懿的"狼顾相"与"三马同槽"远不如刘邦的"隆准而龙颜""赤帝子斩白帝子"来的那么正统、权威和具有说服力,但可能也是另一种皇权神授的表现形式。西方学者曾指出:就算是篡位者,在攫取权力之后,也常常试图为其政权提供一种正当的形式,以加强其统治地位。这些对篡夺权力进行正当性遮掩的努力,无论成功与否,常常揭示了特定社会、文化中对正当性(认受性)的判断标准。③ 我认为"狼顾相"的制造者,主观上有可能是为论证司马氏君权神授,得天下的合理性,但事与愿违,客观上却导致司马氏得天下不正的污名。④

---

① 《三国志》卷8《公孙瓒传》注引裴松之曰:"童谣之言,无不皆验。"
② 吕宗力:《汉代的谣言》,浙江大学出版社2011年,第163页。案:汉魏时期,民间流传的讹言、妖言不少,但有的并未应验。如《三国志》卷48《孙皓传》注引《江表传》曰:"初,丹杨刁玄使吴,得司马徽与刘廙论命历数事。玄诈增其文以诳国人曰:'黄旗紫盖见于东南,终有天下者,荆、扬之君乎!'又得中国降人,言寿春下有童谣曰'吴天子当上'。皓闻之,喜曰:'此天命也。'即载其母妻子及后宫数千人。从牛渚陆道西上,云青盖入洛阳,以顺天命,行遇大雪,道涂陷坏,兵士被甲持仗,百人共引一车,寒冻殆死。兵人不堪,皆曰:'若遇敌便当倒戈耳。'皓闻之,乃还。"
③ 参见 Dolf Steinberger, "Legitimacy" (*International Encyclopedia of Social Sciences*, 9:244—248)。
④ 本章第三、四、五节参阅拙文《司马懿拒辟与狼顾相考辨——兼论司马篡魏观念的滥觞与形成》,《社会科学战线》2019年第2期。

第三章　运筹帷幄,决胜千里

曹操霸府中,人才济济,谋士如雨,如荀彧、荀攸、郭嘉、程昱、钟繇、毛玠、崔琰、贾诩、戏志才等都堪称第一流谋臣。然而到了曹操晚年,上述诸人或被曹操废杀,或病逝,或年事已高。故随曹操出征的随军霸府中,第一代谋臣基本上已退出政治舞台。由于曹操多次发布求才令,十分注意对人才的培养,故其霸府的人才资源并不匮乏,新的智谋之士仍然不断涌现出来。以司马懿为代表的,包括刘晔、桓阶、满宠、蒋济、陈群、董昭等人就成了曹操晚年身边的重要谋臣,他们在曹操晚年发动的诸多战役中发挥了重要作用。

一、力劝曹操平巴蜀

曹操晚年消灭了汉末两大割据势力:张鲁和马超。马超神勇,武功非凡,曹操打他很费力,只是先离间了马超的盟友韩遂,才取得胜利。张鲁虽然武勇不及马超,但其割据汉中近三十年,也形成了一股不小的割据势力,故曹操平张鲁也颇为不易。

张鲁字公祺,是五斗米道教祖张道陵之孙。张道陵死后,张鲁父张衡继行其道。张衡死,张鲁继为首领。张鲁母略有姿色,亦精通五斗米道,她常同益州牧刘焉家来往。张鲁通过其母与刘焉家的关系,得到刘焉的信任。

初平二年(191),刘焉任命张鲁为督义司马,与别部司马张修带兵攻打汉中太守苏固。张修攻克汉中后,杀苏固,张鲁又袭杀张修,夺其兵众,于是不再听从刘焉的调遣。兴平元年(194),刘焉死,其子刘璋代立。刘璋以张鲁不服从他的调遣为由,尽杀张鲁母及其家室,又遣其将庞羲等人攻张鲁,但多次为张鲁所击败。张鲁的部曲多在巴地,刘璋于是以庞羲为巴郡太守。张鲁袭取巴郡,由此割据汉中,以五斗米道教化百姓,建立了政教合一的政权。

董卓被王允诛杀后,李傕、郭汜攻占两京,天下大乱,关陇地区民众为躲避战火,不少人逃往相对安定的汉中地区。张鲁"雄据巴、汉垂三十年",信徒众多,东汉末年,由于"朝廷力不能征,遂就宠鲁为镇民中郎将,领汉宁太守,通贡献而已"。① 张鲁遂成为汉末一支颇有实力的割据势力。

建安二十年(215),曹操为加快代汉步骤,亲率十万大军西征汉中,曹军抵达阳平关后,张鲁想要投降曹操。但张鲁弟张卫不听,率数万人马坚守阳平关,为曹操所破。张鲁闻讯,恐惧欲降。阎圃说:"如今您被迫归降,肯定得不到曹公的重用,不如先到杜濩、朴胡那里去避难,然后再向他委质称臣,这样才会得到曹公的重用。"张鲁于是率军前往巴中。临行前,左右的人想将仓库里的库藏、宝物全部焚毁,张鲁说:"本欲归命国家,而意未达。今之走,避锐锋,非有恶意。宝货仓库,国家之有。"②于是将宝物、库藏都妥善保存,封闭后才离去。

曹操到达南郑后,对张鲁的行为深加赞许,又因张鲁早有归顺之意,所以派人前去慰问。张鲁带着全家谒见曹操,曹操任命他为镇南将军,以客礼相待,封张鲁为阆中侯、食邑一万户,又封张鲁的五个儿子及阎圃等人为列侯。

在曹操平定张鲁的这场战役中,司马懿作为曹操丞相府的主要谋臣,随军出征,在曹操身边划策献计。曹操占领汉中之后,下一步该如何走? 曹操犹豫不决,征求谋臣们的意见。司马懿、刘晔

---

① 《三国志》卷8《张鲁传》。
② 《三国志》卷8《张鲁传》。

建议应乘胜进兵,一举消灭刘备,占领蜀地。司马懿认为:

> 刘备以诈力虏刘璋,蜀人未附而远征江陵,此机不可失也,今若曜威汉中,益州震动,进兵临之,势必瓦解。因此之势,易为功力。圣人不能违时,亦不失时也。①

对司马懿的建策如何看?他力谏曹操于平定汉中之后,一鼓作气,拿下益州,是否符合用兵之道,我们需要仔细分析。首先,司马懿指出刘备新建立的巴蜀政权在当时并不稳固,这是因为"刘备以诈力虏刘璋,蜀人未附而远征江陵"。司马懿对敌情的分析虽然只有短短两句话,但包含的内容甚多,涉及刘备攻占益州以后所面临的形势,以及孙刘两家为争夺荆州而产生的矛盾。

司马懿认为"刘备以诈力虏刘璋",这句话的潜台词是刘备以欺诈的手段夺取刘璋的基业,必然导致益州人心不服。司马懿的这个判断有无道理呢?笔者认为,司马懿此语是依据刘备如何攻占益州的史实而来,确有所据。

刘备向来以奉行儒家仁义而自居,自诩自己的政治和军事实力虽不如曹操,但在道义上却占领了制高点。他曾对庞统言道:"今指与吾为水火者,曹操也。操以急,吾以宽;操以暴,吾以仁;操以谲,吾以忠。每与操反,事乃可成耳。今以小故而失信义于天下,吾所不取也。"②此话冠冕堂皇,说得十分动听,但刘备言不由衷,一旦行事却大相径庭。益州牧刘璋庸懦,又与汉中太守张鲁有隙,因畏鲁强,故请刘备入川,欲借刘备之力为他抵御张鲁。对刘璋请刘备入蜀之举,益州士人大都持反对意见,认为请刘备进川等于引狼入室。如巴郡太守严颜获悉刘备入川,痛心疾首地说:"此所谓独坐穷山,放虎自卫也!"③刘璋主簿黄权谏曰:"左将军(刘备)有骁名,今请到,欲以部曲遇之,则不满其心,欲以宾客礼待,

---

① 《晋书》卷1《宣帝纪》。
② 《三国志》卷37《庞统传》注引《九州春秋》。
③ 《三国志》卷36《张飞传》注引《华阳国志》。

则一国不容二君。若客有泰山之安,则主有累卵之危。可但闭境,以待河清。"①益州从事王累倒悬于城门,死谏刘璋不要迎刘备入蜀,然而刘璋不听,于是王累自断绳索,自城楼上摔下而死。

刘备入蜀后的所作所为,完全被严颜、黄权、王累等人所言中。在刘璋相邀下,刘备留诸葛亮、关羽、张飞等人守荆州,自己率领庞统、黄忠、魏延等人进川。刘备从江陵率军赶到涪城,刘璋率领步、骑兵三万多人,车驾幔帐,光耀夺目,前往与刘备相会;刘备所率将士依次前迎,二刘欢聚宴饮百余日。刘璋以大批物资供助刘备,让他去讨伐张鲁。刘备率军到达葭萌关(今四川广元)就停了下来,不再前进,而是"厚树恩德,以收众心",②积极扩充自己的实力,随时准备反攻刘璋。建安十七年(212),曹操南征,讨伐孙权,孙权向刘备求救。刘备以此为借口,写信给刘璋,信中说:"曹公征吴,吴忧危急。孙氏与孤本为唇齿,又乐进在青泥与关羽相拒,今不往救羽,进必大克,转侵州界,其忧有甚于鲁。鲁自守之贼,不足虑也。"③接着他又向刘璋提出要求,请刘璋再给他补充一万军队,以及相当数量的军需粮草。刘璋见刘备进川以后,毫无作为,自己已经给他补充了不少的军队以及大批的财宝、辎重、粮草。刘备现在寸功未建,又来索取,刘璋当然很不高兴,尽管如此,他还是再送四千兵给刘备,至于刘备所要的军需,只给他一半。刘备见刘璋没有满足他的要求,大怒,于是乘机激怒手下将士:"吾为益州(指刘璋)征强敌,师徒勤瘁,不遑宁居;今积帑藏之财而吝于赏功,望士大夫为出死力战,其可得乎!"④

刘备的这一番表演惟妙惟肖,不仅欺骗了刘璋,连张松也上了当,张松以为刘备真的要返回荆州,赶紧写信给刘备,信中说:"今

---

① 《三国志》卷42《黄权传》。
② 《三国志》卷32《先主传》。
③ 《三国志》卷32《先主传》。
④ 《三国志》卷32《先主传》注引《魏书》。

大事垂可立,如何释此去乎?"①不料,这封信还未寄出去,就给张松兄张肃看到了。张肃为了不牵连自己,就去告发。刘璋得知张松充当内奸,怒火中烧,于是诛杀张松,并下令各处关隘牢牢把守,不许同刘备来往。

对刘备而言,张松被杀,虽然少了内应,但也有收获。因为刘璋将其请入益州,又不断馈赠厚礼、补充兵员、粮草、军饷,刘备很难找到同刘璋反目的借口。张松被杀,刘备大怒,他"召刘璋白水军督杨怀,责以无礼,斩之。乃使黄忠、卓膺勒兵向璋",②正式向刘璋宣战,攻打益州。建安十九年(214),刘备的军队包围了成都。此时,成都城内还有精兵三万多人,而且粮草充足,足够使用一年,刘璋部队士气仍然高涨,史书记载:"吏民咸欲死战",③不肯投降。然而此时,刘璋的精神和意志却崩溃了。他说:"父子在州二十余年,无恩德加以百姓。百姓攻战三年,肌膏草野者,以璋故也,何心能安!"于是他下令"开城出降,群下莫不流涕"。④ 刘备把刘璋安置在公安,归还他的全部财物,让他佩带振威将军印绶。

刘备攻占益州后,刘璋所任命的牛鞞长李邈在一次酒宴上痛斥刘备。据《华阳国志》所载:正旦期间,刘备命令下属官员斟酒庆贺,因此李邈得以和刘备见面。李邈谴责刘备说:"振威(指刘璋)以将军宗室肺腑,委以讨贼,元功未效,先寇而灭;邈以将军之取鄜州,甚为不宜也。"刘备问:"知其不宜,何以不助之?"李邈回答说:"匪不敢也,力不足耳。"⑤执法官员要杀李邈,诸葛亮为李邈求情,因此李邈得免一死。

对刘备自我标榜的仁义,连庞统都不以为然。刘备攻克涪城

---

① 《三国志》卷 32《先主传》。
② 《三国志》卷 32《先主传》。
③ 《三国志》卷 31《刘二牧传》。
④ 《三国志》卷 31《刘二牧传》。
⑤ 《三国志》卷 45 杨戏《季汉辅臣赞》注引《华阳国志》。

后,置酒作乐,他对庞统说:"今日之会,可谓乐矣。"庞统反唇相讥道:"伐人之国而以为欢,非仁者之兵也。"习凿齿对此事评价曰:"夫霸王者,必体仁义以为本,仗信顺以为宗,一物不具,则其道乖矣。今刘备袭夺璋土,权以济业,负信违情,德义俱愆,虽功由是隆,宜大伤其败,譬断手全躯,何乐之有?"①由此可见,司马懿所言不虚,刘备确实是"以诈力虏刘璋"。

司马懿所言的第二句是"蜀人未附而远征江陵"。此事指的是刘备攻下蜀地后,还来不及安抚蜀人,就为了同孙权争夺荆州而几乎刀兵相向。

建安十九年(214),刘备定益州,孙权认为,既然刘备已得巴蜀,就应当将荆州归还给孙吴,故遣诸葛瑾索讨荆州之长沙、零陵、桂阳三郡。刘备不许,说:"我正要进兵夺取凉州,待凉州平定后,我就把荆州全部还给江东。"孙权愤愤地说:"这分明是赖账,用空话拖延时间。"由于谈判不成,孙权决定诉诸武力。他为了师出有名,先派出接收江南三郡的地方长官。关羽不承认,将他们全部驱赶出境。孙权遂命吕蒙为都督,领兵二万,夺取三郡。孙权进驻陆口亲自指挥,又命鲁肃领兵一万敌住关羽。刘备闻讯,引兵五万,从益州火速赶往公安、江陵,并下令关羽引兵至益阳,双方剑拔弩张,眼看就要火并。曹操却趁刘备主力东下之机,率兵攻克汉中。刘备初定蜀地,唯恐有失,被迫与孙权求和。结果吴、蜀中分荆州,以湘水为界,"长沙、江夏、桂阳以东属权;南郡、零陵、武陵以西属备"。②

孙刘两家为了各自的利益,虽然中分荆州,重归于好,但矛盾并未消除,对刘备而言,由于刚刚占领巴蜀,根基尚未稳固,蜀人亦并未完全归附,这些问题都被司马懿洞察得一清二楚,所以他才极

---

① 《三国志》卷37《庞统传》注引习凿齿曰。
② 《三国志》卷47《吴主传》。

力主张曹操抓住这个难得的时机,攻占蜀地。

主簿刘晔与司马懿所见略同,亦劝谏曹操迅速进兵巴蜀,他说:

> 明公以步卒五千,将诛董卓,北破袁绍,南征刘表,九州百郡,十并其八,威震天下,势慑海外。今举汉中,蜀人望风,破胆失守,推此而前,蜀可传檄而定。刘备,人杰也,有度而迟,得蜀日浅,蜀人未恃也。今破汉中,蜀人震恐,其势自倾。以公之神明,因其倾而压之,无不克也。若小缓之,诸葛亮明於治而为相,关羽、张飞勇冠三军而为将,蜀民既定,据险守要,则不可犯矣。今不取,必为后忧。①

对于司马懿和刘晔的建策,曹操都未采纳,他对司马懿说:"人苦无足,既得陇右,复欲得蜀。"②在这里,曹操引用了"得陇望蜀"的历史典故,据《后汉书·岑彭传》载:东汉初年,隗嚣和公孙述分别割据于陇、蜀两地,光武帝刘秀使吴汉、岑彭等率军攻打隗嚣所占的西城、上邽。刘秀作书对岑彭说:"两城若下,便可将兵南击蜀虏。人苦不知足,既平陇,复望蜀。"刘秀之意是,一旦攻克西城和上邽,即可乘胜进攻蜀地,击灭公孙述。曹操此处虽借用光武帝刘秀之语,但其意正好相反,即人应该知足,不要得寸进尺,贪得无厌,得了汉中,还想得到巴蜀。

曹操虽然嘴上说不要贪心不足,"得陇望蜀",但心里还是有些迟疑不决,所以仍在汉中观望形势。七天之后,有从蜀地投降过来的人向曹操报告说:"蜀中一日数十惊,(刘)备虽斩之而不能安也。"曹操就问刘晔:"今尚可击不?"刘晔回答道:"今已小定,未可击也。"③这时,刘晔也改变了主意,认为机会稍纵即逝,已经错过,再进攻蜀地已不能取胜。曹操遂留下夏侯渊、张郃守汉中,自己率

① 《三国志》卷14《刘晔传》。
② 《晋书》卷1《宣帝纪》。
③ 《三国志》卷14《刘晔传》注引《傅子》。

领大军返回邺城。

这里,我们需要讨论的问题是,曹操在平定汉中后,为何不采纳司马懿、刘晔的建议,迅速进兵,攻取巴蜀?我以为,可从三个方面进行分析:

第一,曹操有"内忧"。曹操为何不敢向巴蜀进兵,诸人皆不解其意,唯有蜀汉谋士法正看出了其中的玄机。他对刘备说:"曹操一举而降张鲁,定汉中,不因此势以图巴蜀,此非其智不逮而力不足也。必将内有忧逼故耳。"①法正所说的"内忧"是指曹操征汉中之前发生了震惊朝野的"伏皇后案"。

建安十九年(214),伏皇后写信给其父伏完,让他待机诛杀曹操之事泄露,曹操大为震怒,决心彻底清除伏氏势力。尽管伏皇后贵为国母,曹操也决不宽容。他令御史大夫郗虑和尚书令华歆率领御林军持节入宫,先收皇后玺绶。伏后得知东窗事发,赶紧跑到椒房的夹壁层中躲藏起来。尚书令华歆打破墙壁,将伏后拖出。"时帝在外殿",郗虑坐在他的身旁,伏后披散着头发,赤着脚被武士押了出来,她哭着对汉献帝说:"不能复相活邪!"汉献帝也曰:"我亦不知命在何时?"华歆等人片刻也不肯停留,押着伏后就去见曹操。献帝和伏后伉俪情深,看到伏后即将被曹操处死,遂"顾谓(郗)虑曰:'郗公,天下宁有是邪。'"此话的意思是,天下哪有臣子捉拿皇后的道理。曹操遂将伏后关在"暴室"之中,所谓暴室就是皇宫中的监狱,汉代专门囚禁后宫之中有罪的后妃,宫人。② 不久,伏后就被幽禁而死,"后所生二皇子,皆酖杀之。后在位二十年,兄弟及宗族死者百余人,母盈等十九人徙涿郡。"③

早在建安五年(200),许昌就发生过"衣带诏事件"。车骑将

① 《三国志》卷37《法正传》。
② 《后汉书》卷10下《皇后纪·桓帝邓皇后》李贤注引《汉官仪》曰:"暴室在掖庭内,丞一人,主宫中妇人疾病者。其皇后、贵人有罪,亦就此室也。"
③ 《后汉书》卷10下《伏皇后纪》。

军董承等人密谋诛杀曹操的事情泄露,董承、种辑、吴子兰、王子服以及董承之女董贵人皆为曹操所杀。建安十九年,伏皇后等人再次图谋发动政变,剪除曹操。毫无疑问,这两次事件的背后主使人都是汉献帝。曹操挟天子以令诸侯,使他与汉献帝的矛盾日益加剧。曹操的战功越大,汉献帝对曹操愈是嫉恨。曹操诛杀董贵人、伏皇后及皇子,手段极其凶残,汉献帝失妻又失子,可谓痛心疾首。因此他们两人已到了水火不能相容的程度。

以董承和伏完为首的这两股外戚势力虽然被曹操消灭,但是,朝廷中的其他各种反曹力量仍然聚集起来,准备和曹操殊死一搏。[①] 曹操虽然杀了伏后,但内心甚为忧虑,甚至是胆战心惊,心有余悸,他担心汉献帝与反曹势力又会制造新的动乱。曹操觉得如果此时贸然进兵巴蜀,若不能取胜,反而会给汉献帝和反曹势力藉以口实,增加他代汉的难度。故权衡再三之后,曹操还是见好就收,在攻克汉中之后,迅速班师回朝。

第二,曹操觉得要从汉中攻取巴蜀并非易事。蜀地古称天险,唐代诗人李白有诗云:"噫吁嚱,危乎高哉! 蜀道难,难于上青天!蚕丛及鱼凫,开国何茫然! 尔来四万八千岁,不与秦塞通人烟。西当太白有鸟道,可以横绝峨眉巅。"西晋张华所撰的《博物志》记载:"蜀汉之土与秦同域,南跨邛筰,北阻褒斜,西即隈碍,隔以剑阁,穷险极峻,独守之国也。"不光蜀地险阻,难以通行,即使汉中也是四周群山环绕,峡谷纵横,地形相当复杂。曹操征汉中张鲁时,张鲁之弟张卫据守阳平关,"横山筑城十余里"。曾经有凉州地区的降将告诉曹操,张鲁是很容易攻打的,汉中的第一要塞阳平

---

① 曹操平定汉中后的第二年,即建安二十一年,许昌就发生了由少府耿纪、司直韦晃、太医令吉本及京兆人金祎等人发动的兵变,此次兵变的目标是"挟天子以攻魏,南引关羽为援"(《后汉纪·孝献帝纪》),兵变虽然很快被镇压,但杀死了曹操的心腹丞相长史王必。可见,曹操的身边始终藏有"炸弹",随时都会爆炸,其"内忧"绝不是杞人忧天。

关南北相距遥远,根本无法防守。可是,等到曹操来到阳平关下,不由发出感叹:"他人商度,少如人意。"曹操指挥魏军"攻阳平山上诸屯,既不能拔,士卒伤夷者多"。① 曹操声称:"我带兵三十年,如果一朝断送在敌手,那么会是一种什么情景呢?"故他心情沮丧地说:"此妖妄之国耳,何能为有无? 吾军少食,不如速还。"②准备撤军放弃攻打张鲁。正巧"夜有野麋数千突坏(张)卫营,军大惊。夜,高祚等误与卫众遇,祚等多鸣鼓角会众。卫惧,以为大军见掩"。③ 曹操得知消息,立刻下令进击张卫,才侥幸攻克了天险阳平关。故曹操谋臣杨暨说:"天祚大魏,(张)鲁守白坏,因以定之。"④

曹操有一句名言:"为将当有怯弱时,不可但恃勇也。将当以勇为本,行之以智计,但知任勇,一匹夫敌耳。"⑤ 在侥幸拿下汉中后,曹操再也不愿冒险向比汉中更为艰险的巴蜀进军,故此时就表现出他的"怯弱"的一面。

第三,曹操这时已年过花甲,其虽作过《龟虽寿》之诗,表示自己是"烈士暮年,壮心未已",但豪情壮志也挡不住其身体的每况愈下,长期的戎马生涯,以及处理日益繁重的军国政务,加重了他的病情。华佗是当时的名医,他云游四海,为天下百姓布医施药。曹操闻悉华佗医术高超,竟强迫华佗不离自己左右。曹操"苦头风,每发,心乱目眩,佗针鬲,随手而差"。但华佗不愿长期为曹操一人服务,故借口妻子有病,返回家乡,曹操派人"往检",结果发现华佗欺骗自己,操大怒,遂将华佗处死。"佗死后,太祖头风未

① 《三国志》卷8《张鲁传》注引《魏名臣奏载董昭表》。
② 《三国志》卷14《刘晔传》。
③ 《三国志》卷8《张鲁传》注引《世语》。
④ 《三国志》卷8《张鲁传》注引《魏名臣奏载杨暨表》。
⑤ 《三国志》卷9《夏侯渊传》。

除"，①曹操晚年病情进一步加重。其攻下汉中后，鞍马劳顿，头风病可能再次发作，故急于返回邺城，寻医就诊。

总之，曹操不进攻巴蜀确实有他的道理。但是司马懿、刘晔的建议，战略眼光远大，立足点高。司马懿善于从曹、孙、刘三方斗争的互动中考虑军事问题，司马懿指出刘备靠欺诈手段取蜀，在蜀人还没有归附时，又远去益阳同东吴争夺荆州，这个机会万万不可丧失。他认为曹操攻取汉中后，应该立即乘胜进军，以攻为守，即使不能完全攻克巴蜀，也可以趁刘备刚得蜀地，立足未稳，重创刘备势力，以确保军事重镇汉中不失。从这一角度来看，司马懿、刘晔是极具战略眼光的。曹操没有采纳司马懿的建议，不久，汉中得而复失，折损军卒之外，还损失了心腹大将夏侯渊。

二、襄樊之役献良策

建安二十四年（219）七月，关羽挥师北上，打响了三国历史上著名的襄樊战役。战争开始后，关羽以迅雷不及掩耳之势，亲率大军围曹仁于樊城。曹操先派汝南太守满宠援助曹仁，又遣于禁等七军前往樊城，与关羽军对垒。八月，天降暴雨，樊城平地积水五六丈之深，于禁七军和曹仁别部庞德军被水淹没，庞德与诸将避水上堤。关羽利用强大的舟兵，乘船攻击，战斗异常激烈，从早晨战至日中，于禁势穷投降。然后关羽乘势攻击庞德军，以大船四面放箭射向堤上。庞德被甲持弓，箭不虚发。部将董衡、董超等欲降关羽，尽被庞德收斩。庞德自平旦力战至日中，关羽攻势愈急，箭如雨下，双方短兵接战。庞德对督将成何说："吾闻良将不怯死以苟免，烈士不毁节以求生。今日，我死日也。"于是拼死恶战，然而

---

① 《三国志》卷29《方技传》。

水势太盛,魏军吏士都投降了。庞德乘小船欲还曹仁营。"水盛船覆",①为关羽所擒。庞德被俘后,大骂关羽而宁死不降,逐为关羽所杀。

此战关羽共俘曹军三万余人,声威大振,关羽乘胜对樊城发起猛攻,樊城进水,城墙崩塌,而曹仁的守军也因为多次战败而只剩下数千人,樊城被围数重,外内断绝,粮食也所剩无几,众将都惶恐不安。曹仁在满宠的劝说下,与将士们盟誓,誓死守城。关羽又派兵将魏将吕常包围在襄阳,以阻止其救援樊城。

就在曹仁、满宠死守襄樊时,曹操仁命的荆州刺史胡修、南乡太守傅方被关羽的声威吓破了胆,都投降了关羽。在此之前,司马懿曾提醒曹操:

> 荆州刺史胡修粗暴,南乡太守傅方骄奢,并不可居边。②

司马懿所言,反映出他十分重视审将料敌。他认为荆州是曹孙刘三方都要争夺的要地,故向曹操指出,荆州刺史胡修性格粗暴,南乡太守傅方骄奢,二人在能力、性格上都有缺陷。为防不测,不可让他们担当重任,驻屯在边境城市,但曹操未加深察。二人果然在关羽围襄樊时投降关羽,被司马懿所言中。

曹操得知襄樊前线战事紧急,于十月间来到洛阳,以便就近指挥保卫襄阳与樊城。作为军司马的司马懿随同曹操前往洛阳。这时,关羽进一步加强了对襄樊的进攻。他派游军北上颍川郡郏县(今河南郏县),此地离曹魏首都许昌约 75 公里,轻骑兵一日便可到达。于是,北方震动,"梁郏、陆浑群盗或遥受(关)羽印号,为之支党,羽威震华夏"。③"自许(昌)以南,百姓扰扰。"弘农郡陆浑县平民孙狼趁机率众杀死县主簿,"南附关羽",关羽得知,十分兴

---

① 《三国志》卷18《庞德传》。
② 《晋书》卷1《宣帝纪》。
③ 《三国志》卷36《关羽传》。

奋,于是"羽授(孙)狼印,给兵,还为寇贼,自许以南,往往遥应羽,羽威震华夏"。①由此可见,关羽擒于禁、斩庞德,水淹七军之后,对曹魏震动很大,许昌、南阳一带人心不稳,内乱频频发生。《魏横海将军吕君碑文》叙述了当时的形势:"关羽猖獗为寇,荡摇边鄙,虏刘民人,而洪水播溢,泛没樊城,平原十刃,外渎潜通,猛将骁骑,载沉载浮。于是不逞作慝,群孽凶鼎沸,或保城而叛,或率众负旌,自叩敌门,中人以下,并生异心。"②曹操虽然戎马一生,屡逢危难而处变不惊,但面对如此的形势也有点坐立不安了。史载:"关羽围樊、襄阳,太祖(曹操)以汉帝在许,近贼,欲徙都。"③曹操考虑想把都城迁往河北。因兹事关系重大,所以曹操也不急于立即作出决定,他召集手下众谋臣进行商讨。司马懿和丞相主簿蒋济都反对迁都,并提出了应对的措施。《晋书·宣帝纪》《三国志·蒋济传》分别记载了此事,虽大致相同,亦略有差异,兹不妨录之。

《三国志·蒋济传》载:

> 司马宣王及(蒋)济说太祖曰:"于禁等为水所没,非战攻之失,于国家大计未足有损。刘备、孙权,外亲内疏,关羽得志,权必不愿也。可遣人劝权蹑其后,许割江南以封权,则樊围自解。"太祖如其言。

《晋书·宣帝纪》载:

> 帝(司马懿)谏曰:"禁等为水所没,非战守之所失,于国家大计未有所损,而便迁都,既示敌以弱,又淮沔之人大不安矣。孙权、刘备,外亲内疏,羽之得意,权所不愿也。可喻权所,令掎其后,则樊围自解。"魏武从之。

司马懿和蒋济的意思是:关羽水淹七军并非是他神机妙算而取得的胜利,只不过是他利用了当时天降大雨,山洪暴发的气候特征而

① 《资治通鉴》卷68,"建安二十四年十月"条。
② 卢弼:《三国志集解》卷36《关羽传》注引。
③ 《三国志》卷14《蒋济传》。

侥幸取胜,故对魏国并无太大的损失。如果迁都,就会造成"示敌以弱",对襄樊守军造成极大的影响;同时还会对魏国带来巨大的震动,导致淮沔地区民心不安、人心浮动、政权不稳,所以绝不能迁都。司马懿、蒋济认为孙权、刘备明和暗不和,表面上亲密合作,实际上貌合神离,各有打算。关羽打胜仗,孙权并不高兴,所以我们应该利用他们之间的矛盾,与孙权秘密联合,让孙权在后面牵制关羽,曹孙联手,前后夹击,打败关羽,以解救樊城之围。

曹操认为司马懿、蒋济的建议非常正确,遂派遣使者去见孙权,以"许割江南"地为诱饵,请孙权派兵夹击关羽。魏吴经过密谋达成了联合进攻关羽的计划。从日后关羽败亡的事实证明,司马懿对"孙权、刘备,外亲内疏"的分析极其准确,是完全符合客观实际的。

孙权、刘备之所以"外亲内疏",归根结底是由于荆州的归属问题。赤壁之战时,孙刘两家结成联盟,但不久就因争夺荆州而引发冲突。因为荆州不仅是军事要冲,蜀国北伐的战略基地,而且还是孙吴的长江上流门户、屏障。孙权占据荆州,就可全据长江与曹操抗衡,故东吴必然用全力来争夺荆州。吴蜀之间表面结盟,实质上"外亲内疏",彼此间矛盾很深。只不过,孙权颇具战略眼光,赤壁之战后,孙权为了树操之敌,审时度势,把南郡借给刘备,以便自己腾出手来巩固江东。建安十六年(211),孙权曾向刘备提出东吴欲取益州,刘备不允,声称:"备与(刘)璋托为宗室,冀凭英灵,以匡汉朝。今璋得罪左右,备独辣惧,非所敢闻,愿加宽贷。若不获请,备当放发归于山林。"但不久刘备单独入川攻取益州,孙权闻之,大骂刘备:"猾虏乃敢挟诈。"①一气之下,召回其妹孙夫人。刘备本来就担心"孙夫人生变于肘腋之下",②遂放妻归吴,而派张

---

① 《三国志》卷54《鲁肃传》。
② 《三国志》卷37《法正传》中引诸葛亮曰:"主公之在公安也,北畏曹公之强,东惮孙权之逼,近则惧孙夫人生变于肘腋之下。"

飞、赵云截江夺回其子刘禅。这就表明,孙权已不再相信"枭雄"刘备,刘备为了自身的利益,也顾不上秦晋之好了。

其实,在曹操"许割江南"地与孙权之前,孙权已经打算用武力夺回荆州。史载:"关羽围曹仁于襄阳,曹公遣左将军于禁救之。会汉水暴起,羽以舟兵尽虏禁等步骑三万送江陵,惟城未拔。权内惮羽,外欲以为己功,笺与曹公,乞以讨羽自效。"①恰巧,曹操此时采纳了司马懿的建议,派遣使者至江东,约会孙权夹击关羽,于是双方一拍即合,孙权调整外交策略,从以往的孙刘联盟改为孙曹结盟,共同对付刘备和关羽。

为何孙权会"内惮羽"呢?因为关羽刚愎自用,既不懂政治,也不懂外交。刘备西入川蜀,留下关羽镇守荆州,后来事实证明,关羽根本没有执行诸葛亮"外结好孙权"的战略方针,而依恃自己有"绝伦逸群"的武力而目空一切。

关羽对东吴是骄横无礼,擅启衅端。关羽镇守的江陵与东吴鲁肃屯兵的陆口为"邻界","疆场纷错",关羽不但不能与近邻鲁肃搞好关系,反而"数生狐疑",在边界制造摩擦,幸赖鲁肃能识大体,顾大局,"尝劝孙权,以曹操尚存,宜且抚辑关羽,与之同仇,不可失也"。②他对关羽"常以欢好抚之",③事态才未进一步恶化。建安二十年(215),孙权因索讨荆州之南三郡不成,"遂置南三郡长吏",但不料"关羽尽逐之",④这就激起了东吴将士的愤怒,时鲁肃屯兵益阳,和关羽对峙,在约关羽"单刀俱会"中,气愤地呵责关羽:"国家区区本以土地借卿家者,卿家军败远来,无以为资故也。今已得益州,既无奉还之意,但求三郡,又不从命。"⑤紧接着,鲁肃

① 《三国志》卷47《吴主传》。
② 《资治通鉴》卷68,"建安二十四年"条。
③ 《三国志》卷54《鲁肃传》。
④ 《三国志》卷47《吴主传》。
⑤ 《三国志》卷54《鲁肃传》。

又说:"主上矜愍豫州之身,无有处所,不爱土地士人之力,使有所庇荫以济其患,而豫州私独饰情,愆德隳好。今已藉手于西州矣,又欲翦并荆州之土,斯盖凡夫所不忍行,而况整领人物之主乎!"① 可见力主孙刘联盟的鲁肃到这时也无法容忍了。吴主孙权曾遣使为媒,欲求关羽之女为儿媳,这无疑是带有政治目的的联姻活动,无论于公于私,关羽都应允诺,至少也应以礼婉言谢绝。可他不但不允婚,还"骂辱其使",这就等于示东吴以断交。

另据《三国志·关羽传》注引《典略》载,关羽围曹仁于樊城时,孙权曾遣主簿见关羽,表示愿意出兵相助,但"羽忿其淹迟,又自已得于禁等,乃骂曰:'狢子敢尔,如使樊城拔,吾不能灭汝邪。'权闻之,知其轻己。伪手书以谢羽,许以自往"。② 所谓"狢子",这是中原人轻视江东人的侮辱性的语言。《魏书·僭晋司马睿传》说:"中原冠带呼江东之人皆为'狢子',若狐狢类云。"即是说,在中原士人的眼里,江东人是不齿于人类的。关羽不但辱骂孙权为"狢子",还露骨地表示,一旦攻取襄樊,将移师灭吴。

关羽如此狂妄无礼,这当然刺伤了东吴君臣的自尊心。无怪乎吕蒙说:"关羽君臣,矜其诈力,所在反覆,不可以腹心待也。今羽所以未便东向者,以至尊圣明,蒙等尚存也。今不於强壮时图之,一旦僵仆,欲复陈力,其可得邪?"③ 力谏孙权攻取荆州。孙权也因此下了决心,与曹操联合,出奇兵偷袭江陵。关羽虽然神勇,但面对孙曹前后夹击,腹背受敌,形势遂急转直下,面临全军覆没的危险。

关羽率兵攻襄樊,然他对吕蒙心存忌惮,故离开荆州时留下重兵镇守江陵、公安,以防吕蒙偷袭。吕蒙见"关羽讨樊而多留备兵",一时难以下手,故上书给孙权:"羽讨樊而多留备兵,必恐蒙

① 《三国志》卷54《鲁肃传》注引《吴书》。
② 《三国志》卷36《关羽传》注引《典略》。
③ 《三国志》卷54《吕蒙传》。

图其后故也。蒙常有病,乞分士众还建业,以治疾为名。羽闻之,必撤备兵,尽赴襄阳。大军浮江,昼夜驰上,袭其空虚,则南郡可下,而羽可擒也。"①孙权遂将吕蒙召还建业。吕蒙称疾养病是他与孙权密商之策,不仅关羽不知其中之诈,甚至连东吴诸将也蒙在鼓中。唯有陆逊看出了其中的奥妙。他亲自来到建业,拜见吕蒙,对其言道:"关羽同我们边境邻接,您怎么大老远地回到京都,不值得忧虑吗?"吕蒙道:"诚如你所说的,不过我病很重。"陆逊认为吕蒙装病正可麻痹关羽,引蛇出洞。他说:"关羽矜其骁气,陵轹于人,始有大功,意骄志逸,但务北进,未嫌于我,有相闻病,必益无备。今出其不意,自可禽制。下见至尊,宜好为计。"②吕蒙见陆逊才干出众,用兵之道与己不谋而合,遂认为他是代理自己的最佳人选。

吕蒙回到建业,孙权问吕蒙:"谁可代卿者?"吕蒙回答:"陆逊思虑深远,才能足以担负重任,从他的谋虑来看,将来定可以大用。而现在他还不太出名,不是关羽所畏忌的,要找接替我的人,没有比他更恰当了。"孙权于是拜陆逊为偏将军,右部督,代替吕蒙领军。吕蒙离任后,关羽仍迟迟不肯调江陵守军增援前线,吴军无机可乘。陆逊再施妙策,他写信给关羽,信中态度极其谦卑,对关羽恭维备至,称赞关羽用兵如神,小举大克,功业何等伟大。又自我贬损是"书生疏迟,忝所不堪。喜邻威德,乐自倾尽"。③

关羽览信后,洋洋自得,遂将留守后方之军尽数调至襄樊。陆逊见偷袭荆州的时机已经成熟,即上报孙权,"陈其可禽之要"。建安二十四年十一月,孙权任命吕蒙为前部,率军隐蔽前进。军至寻阳(今湖北黄冈市黄梅县一带),吕蒙将精锐士卒埋伏在伪装的商船中,令将士身穿白衣,化装成商人,募百姓摇橹划桨,昼夜兼

---

① 《三国志》卷54《吕蒙传》。

② 《三国志》卷58《陆逊传》。

③ 《三国志》卷58《陆逊传》。

程,溯江急驶,直向江陵进袭。驻守江防的荆州军士兵被伪装的吴军所骗,猝不及防,全部被俘,江陵城内空虚,陷入混乱。吕蒙先让原骑都尉虞翻写信诱降驻守公安的蜀将士仁,又使士仁引吴军迫降守江陵的南郡太守糜芳。糜芳献城出迎,吕蒙遂率大军进据江陵。吕蒙将关羽部下的家属全部俘获,厚加抚慰。

初战告捷后,吕蒙与陆逊又作了分工。吕蒙在江陵张网以待,准备围歼关羽军。而陆逊则乘胜扩大战果,他率兵进攻宜都,刘备所置的宜都太守樊友弃城而走。接着陆逊又攻克了枝江、夷道、秭归等长江上游之城镇,并以重兵扼守峡口,这就切断了荆州同益州的交通联系。关羽之所以最后被吕蒙擒杀,其中很重要的原因是关羽从江陵至峡口、秭归等通往蜀地的道路全被陆逊封死。这就使关羽既不能从那里突围,同时也使刘备无法从蜀中派出援军及时营救。

曹操采纳了司马懿利用孙刘矛盾破坏吴蜀联盟,以坐收渔翁之利的策略,除派使者去见孙权外,同时指令徐晃率军增援曹仁。徐晃所部多为新兵,难以与关羽争锋,于是进至阳陵坡驻扎(樊城北),曹操派将军徐商、吕建传令:"要等到兵马集结后,一起出击。"当时关羽前部屯偃城,徐晃佯筑长堑,示以将切断关羽军后路。荆州军惧被围,烧营撤走,徐晃军进据偃城,两面连营,逐渐向围城的关羽军逼近,徐晃军营距关羽所围仅三丈。

曹操为了解救樊城、襄阳,还亲"自洛阳南征(关)羽"。[①] 曹操率主力进抵摩陂(今河南郏县东南),并先后派殷署、朱盖等十二营兵进至偃城,悉归徐晃指挥。

关羽军主力屯围头,一部屯四冢。徐晃以声东击西的战术,扬言欲攻围头,却出其不意突袭四冢。关羽恐四冢有失,自率步骑五千出战。战前,关羽和徐晃两人对话,"但说平生,不及军事",不

---

① 《三国志》卷1《武帝纪》。

久,徐晃下马宣军令:"得关云长头,赏金千斤。"关羽惊怖,说:"大兄,是何言邪!"徐晃回答:"此国之事耳。"①随后两军交战,关羽被徐晃击败,当时关羽营寨,外围深壕及鹿角十重,障碍设施极为严密,若从营外强攻极为困难。徐晃乘关羽军陷入混乱之机,由内突袭,大破之,杀降蜀之胡修、傅方。关羽遂撤围退走,樊城围解。

关羽在退往江陵途中,派使节前往吕蒙处,责其背盟。"吕蒙旦暮使亲近存恤耆老,问所不足,疾病者给医药,饥寒者赐衣粮。"②又厚待关羽的使者,使者返回后,将士们纷纷向他询问家中情况。当得知家中平安时,关羽军不战而溃散。是年十二月,关羽率少数骑兵从麦城突围,西逃至临沮(今湖北远安、南漳县),为潘璋司马马忠擒获,被孙权斩首。

襄樊之役,对曹孙刘三方的影响都很大。作为刘备来说,关羽被杀,荆州丢失,就失去了两路北伐的机会,从此只能局限在三峡之内的川蜀地区,兴复汉室就此成了泡影。孙权虽然夺取了荆州,但失去了盟友,为了抵御刘备发动的夷陵之战,其一度只能向曹魏称臣,以后虽然建号称帝,但综合国力与北方曹魏相比,仍有不小的差距,无力统一天下。

从战略上看,襄樊之役最大的赢家是曹操。此役之后,曹魏政权得到了进一步的巩固,而且成为三国鼎立局面中最强大的一方。从战功上看,曹魏一方的首席功臣自然非徐晃莫属,襄樊之役结束后,曹操在摩陂举行庆功酒宴,他亲自给徐晃敬酒,说:"全樊、襄阳,将军之功也。"③徐晃等人能打败当时实力强大的关羽诚属不易,但司马懿、蒋济、董昭等谋士在襄樊之役中发挥的作用也不可低估,概而言之,其运筹划策之功有三:

其一,劝阻迁都。关羽水淹七军之后,曹操一度惊慌失措,欲

---

① 《三国志》卷36《关羽传》注引《蜀记》。

② 《三国志》卷54《吕蒙传》。

③ 《三国志》卷17《徐晃传》。

迁都避难。幸赖司马懿、蒋济等人极力劝阻,曹操才取消了迁都的计划。反之,若迁都计划一旦实施,不仅将动摇前方将士的军心,甚至宛城、洛阳、许昌一带也会出现政治动乱。曹操三年前虽然平定了耿纪、韦晃、吉本等人发动的政变,但并不等于将异己势力全部剪除,一有风吹草动,反曹势力就会东山再起,卷土重来。另外,南阳地区官吏和百姓因不堪徭役之苦,在宛城守将侯音、卫开的带领下,"顺民心,举大事,远近莫不望风",①侯音准备"与关羽连和",里应外合反叛曹魏政权。幸亏曹仁率领军队从樊城赶来,攻破宛城,才将叛乱镇压。若曹操贸然迁都,政变或民变之事难免将不再发生。

其二,分析孙刘"外亲内疏"的敌情,促成孙曹结盟。孙权为夺取荆州,虽欲与曹操联盟,但毕竟是一厢情愿,若非司马懿等人积极建言,从中穿针引线,孙曹联盟也不可能在此时出现。若孙权不出兵袭夺荆州,单凭徐晃等人,也很难击败关羽,解除樊城之围。司马懿指出:孙权、刘备外亲内疏,关羽得志,是孙权所不愿意看到的,我方可以挑动孙权袭击关羽后方,则襄樊之围自然解除。曹操采纳其言,魏吴联合,促成孙权袭荆州、杀关羽,孙、刘联盟走向破裂,由此出现了蜀弱吴孤,曹操坐收渔利的局面。

其三,孙曹结盟后,极大地鼓舞了魏方将士,重挫了关羽军的士气。关羽围困襄樊有数月之久,城外汉水暴涨,曹仁只有"数千人守城,城不没者数板。羽乘船临城,围数重,内外断绝,粮食欲尽,救兵不至"。②樊城、襄阳危急万分。此时,董昭献计,要曹操将孙权偷袭荆州的计划告知围城之内的曹魏将士。他对曹操说:"军事尚权,期于合宜。宜应(孙)权以密,而内露之。羽闻权上,若还自护,围则速解,便获其利。可使两贼相对衔持,坐待其敝。

①　《三国志》卷1《武帝纪》注引《曹瞒传》。
②　《三国志》卷9《曹仁传》。

秘而不露,使权得志,非计之上。"另外,"围中将吏不知有救,计粮怖惧,傥有他意,为难不小。露之为便,且羽为人强梁,自恃二城守固,必不速退"。曹操听取了他的建议,"即敕救将徐晃以权书射著围里及关羽屯中,围里闻之,志气百倍"。[1] 此计果然奏效。关羽犹豫不能去,因此延误了回师驰援江陵的时间。关羽后来得知孙曹勾结,江陵、公安二座军事重镇失守,大为惊慌,手足无措。其不就近将军队西撤至上庸,与刘封、孟达部会合,反而不顾一切,冀图夺回南郡。吕蒙兵不血刃而得二城,吴军未损一兵一卒,士气正旺,且据城为守,关羽以人心惶惶,疲惫不堪之师进击吴军,岂有不败之理。

总之,关羽一系列政治与军事上的失误,未尝不是司马懿、蒋济、董昭等人献计,促成孙权偷袭荆州,从而导致关羽军败身亡的结果。

三、阻止移民,倡导军屯

襄樊之役之后,曹操感到荆州的民众及在汉川一带的屯田者离孙吴太近,想把他们迁徙至内地,司马懿认为不妥,建议道:

> 荆楚轻脱,易动难安。关羽新破,诸为恶者藏窜观望。今徙其善者,既伤其意,将令去者不敢复还。[2]

司马懿深知农民习惯于安土重迁,不到万不得已,不愿离乡背井,远离自己的家乡。汉魏时期,民户人口是争霸战争最为宝贵的资源。在此之前,曹操因移民之策的失误,已造成魏国人户的严重损失。建安十八年(213),曹操因担心长江北岸的郡县被孙权夺取,遂下令百姓往内地迁徙,百姓反而因此恐惧,从庐江、九江、蕲春、

---

① 《三国志》卷14《董昭传》。

② 《晋书》卷1《宣帝纪》。

广陵东渡长江至吴国境内的有十多万民户,因此长江以西人口稀少,合肥以南,只有皖城才有人烟。① 司马懿虽未提及往事,但曹操是个聪明人,所以他立即接受了司马懿的建议。曹操不迁荆襄民户的措施使当地百姓能够安居乐业,积极从事农业生产。以后那些已经逃往异乡客地的农民,也都返回家乡"复业"。这对稳定当地的社会秩序和恢复发展农业生产是十分有利的。

司马懿不仅精通兵法,而且还十分重视经济,尤其是重视和当时农业生产关系最为密切的屯田。众所周知,军粮是古代社会军队最重要的物质基础,正所谓"三军未动,粮草先行"。东汉末年,社会动乱,农民流散,土地荒芜,军队粮食奇缺。曹操军队断炊,程昱供他三天伙食,餐餐混有人肉;袁绍的部队在河北吃桑葚;袁术的部队在江淮,靠蚌螺水草过日子。刘备被袁术打败后,"备军在广陵,饥饿困踧,吏士大小自相啖食"。② 与军队相比,民众的生活更为痛苦。董卓之乱,民不聊生,长安城内"人相食啖,白骨委积,臭秽满路";"人民饥困,二年间相啖食略尽";"自李傕、郭汜相攻,天子东归后,长安城空四十余日,强者四散,赢者相食,二三年间,关中无复人迹"。③ 以至于曹操不得不实行屯田制度,曹操为解决军粮问题,于起兵初期,就采纳枣祗的建议。

建安元年(196),曹操击败了汝南的黄巾军,缴获了一大批耕牛和农具。枣祗建议曹操利用这些农具、耕牛和投降的黄巾军,在许昌附近开垦荒田,兴修水利,以解决军粮问题。曹操欣然接受,任命枣祗为屯田都尉,全权负责此事。枣祗把流散的农民组织起来,以管理军队的方式组织生产,屯田当年就大见成效,"得谷百

---

① 《三国志》卷47《吴主传》载:"初,曹公恐江滨郡县为权所略,征令内移。民转相惊,自庐江、九江、蕲春、广陵户十余万皆东渡江,江西遂虚,合肥以南惟有皖城。"
② 《三国志》卷32《先主传》注引《英雄记》。
③ 《后汉书》卷72《董卓列传》。

115

万斛"，于是曹操就下令，郡国都置田官，招募流亡百姓屯田。枣祗首倡屯田制的实施，使长期遭受战争破坏的北方农业生产，在短期内得以恢复。许多失去土地的农民又重新回到土地上来，许多荒芜的农田被开垦，政府也积存了大量的粮食。"数年中所在积粟，仓廪皆满。"①使曹操"征伐四方，无运粮之劳"。但枣祗所倡导的是民屯。建安末年，战争减少，司马懿又向曹操提出既养兵、又增粮，利用军队屯田的建议。他说：

> 昔箕子陈谋，以食为首。今天下不耕者盖二十余万（指曹魏的军队），非经国远筹也。虽戎甲未卷，自宜且耕且守。②

军屯与民屯是有区别的：民屯每五十人为一屯，屯置司马，其上置典农都尉、典农校尉、典农中郎将，不隶郡县。收成与国家分成：使用官牛者，官六民四；使用私牛者，官民对分。屯田农民不得随便离开屯田。军屯的特点首先是使用在较为偏远、运输条件差、后勤保障困难以及荒芜的地区。军屯以士兵屯田，基层组织为营，以六十人为一营，一边戍守，一边屯田。军屯要求士兵能够自耕自足且生产行军所需的粮食。士卒还需向国家缴纳分成地租。军屯又可分为两种类型：一种类型是现役军人屯田，不准携带家属，这是沿袭汉代的做法，屯垦戍边，且耕且守。另一种类型是士家屯田，用于屯田生产的士家包括从征将士的家属和尚未抽调的后备役兵士。

建议实行军屯是司马懿对曹魏政权的一大贡献，它限制了豪强地主夺取土地和对无地流民的控制权，减轻了政府的负担。军屯的发展与推广以及与之配套的水利工程的兴建，提高了粮食产量，既保障了战争所需，有利于国富兵强，也减轻了民众的负担。曹操对司马懿的建议非常重视，于是决定在发展民屯的同时推广

---

① 《三国志》卷16《任峻传》。
② 《晋书》卷1《宣帝纪》。

军屯。曹操命令军队不打仗时种地，从事生产，"于是务农积谷，国用丰赡"。① 这为以后魏灭蜀、晋平吴奠定了坚实的物质基础，而且也为后世开创了一种大规模的寓兵于农、兵农合一的先例。军屯为魏晋以降的统治者所不同程度地仿效，在中国经济、军事发展史上，都占有重要的地位。

清初思想家王夫之对曹魏的屯田制作出了很高的评价：

> 曹孟德始屯田许昌，而北制袁绍，南折刘表；邓艾再屯田陈、项、寿春，而终以吞吴；此魏、晋平定天下之本图也。屯田之利有六，而广储刍粮不与焉。战不废耕，则耕不废守，守不废战，一也；屯田之吏士，据所屯以为己之乐土，探伺密而死守之心固，二也；兵无室家，则情不固，有室家，则为行伍之累，以屯安其室家，出而战，归而息，三也；兵从事于耕，则乐与民亲，而残民之心息，即境外之民，亦不欲凌轹而噬龁之，故境之民，且亲附而为我用，四也；兵可久屯，聚于边徼，束伍部分，不离其素，甲胄器仗，以暇而修，卒有调发，符旦下而夕就道，故莫能测其动静之机，五也；胜则进，不胜则退有所止，不至骇散而内讧，六也。有此六利者，而粟米刍槀之取给，以不重困编氓之输运，屯田之利溥矣哉！诸葛公之于祁山也，亦是道也；姜维不能踵之，是以亡焉。②

司马懿追随曹操大约有十二年时间，起初是担任曹操丞相府文学掾（建安十三年），后来迁为丞相府军司马（建安二十四年）。他从一介书生，步入政坛，目睹了曹操卓越的治国、治军、理政的才能。司马懿在曹操身边工作，曹操的雄才大略，司马懿耳濡目染，必然为曹操的才能深深地折服。在这期间，司马懿自己也得到了充分的历练。他逐步将自己所学的书本知识运用到治国理政及用

---

① 《晋书》卷 1《宣帝纪》。
② 王夫之：《读通鉴论》卷 10 之 27。

兵作战的实践之中，也就是后世学者所倡导的格物致知，知行合一、经世致用。

司马懿作为曹操后期的谋谟帷幄之臣，在诸多关键战役中，为曹操运筹划策，颇为不易。因为曹操前期的谋臣，如荀彧、荀攸、郭嘉、程昱、贾诩、戏志才等人都是算无遗策、计无不中的智谋之士。所以曹操对谋士要求极高。例如，杨修虽然有才，曹操起初对他也颇为器重。但杨修却无自知之明，他恃才傲物，时常卖弄诸如"一人一口酥""门内添活""黄绢幼妇，外孙齑臼""鸡肋"之类的小聪明，甚至还干预曹操的立嗣大计，结果聪明反被聪明误，最终被曹操所诛杀。司马懿汲取了杨修的教训，从不在小事上揣摩主公之意，从不卖弄小聪明。司马懿在军国之事上替曹操建言划策，虽未必称得上算无遗策，但也要言不烦，切中题义，起到了补缺拾遗的作用，故逐步得到了曹操的信任。

第四章　每与大谋,辄有奇策

如果将司马懿一生功业分成若干阶段的话,我们可以将其进入曹操霸府(东汉建安十三年,公元208年)到曹丕继位(魏黄初元年,公元220年)称之为初入仕途阶段。对于司马懿而言,这一阶段虽然有将近十三年之久,但由于其官职不显,不被曹操所重用,故无论在政治与军事上,均无重大建树。司马懿初入仕途,虽事功不著,但细细考察,发隐抉微,仍然可以发现,司马懿虽韬光养晦,但"每与大谋,辄有奇策",[①]这为他日后在曹丕、曹叡、曹芳时期大展经纶奠定了坚实的基础。

司马懿入仕之初,不仅未得到重用,还受到曹操的猜忌。虽然经笔者考辨,所谓的司马懿有"狼顾相"纯属子虚乌有,但司马懿拒绝征辟,故曹操怀疑其"心怀汉室",不忠于己。在此情况下,如果司马懿在言行举止上稍有不慎,就有可能招致杀身之祸。那么司马懿是如何应对这个局面呢?《晋书·宣帝纪》云:司马懿"勤于吏职,夜以忘寝,至于刍牧之间,悉皆临履"。其意是司马懿为了取得曹操的信任,每天废寝忘食,夜以继日的工作,且事无大小,连割草牧马这类小事,都要亲力亲为。那么,司马懿是否因此就能摆脱困境,不被曹操疑忌呢? 笔者以为,事情恐非如此简单。

从曹操个人的性格、品质来看,其气度恢宏、赏罚分明、用人不究小过之例固然不少。但同时他又是一个雄猜多疑之人。如弘农杨氏四世三公,门第烜赫。杨彪时任太尉,"四世清德,海内所

---

① 《晋书》卷1《宣帝纪》。

瞻"，声望极高。建安元年，曹操迁都于许昌，汉献帝在新建的宫殿中大会群臣，"兖州刺史曹操上殿，见彪色不悦"。生性多疑的曹操竟然主观臆断杨彪要谋害自己，遂"托疾如厕，因出还营"。随即曹操就借口杨彪与袁术有姻亲关系，图谋废立皇帝，准备以谋逆罪将杨彪处死，幸赖孔融不避斧钺，与曹操理论，声称："杨公四世清德，海内所瞻，周书父子兄弟罪不相及，况以袁氏归罪杨公。"如曹操"横杀无辜……孔融鲁国男子，明日便当拂衣而去，不复朝矣"。曹操不得已，才放杨彪出狱，然彪出狱后即被免官，还殃及宗族子孙，"诸以恩泽为侯者皆夺封"，"后子杨修为曹操所杀"。①

又如娄圭，字子伯。年轻时就与曹操有交情，曾经随曹操平定冀州，南征刘表，击破马超，立有大功，连曹操都赞叹他的计谋精妙。曹操常叹曰："子伯之计，孤不及也。"但后来娄圭只因跟随曹操父子出游时，看到曹操车马仪仗甚隆，故讲了一句"此家父子，如今日为乐也"的戏言，曹操大怒，"以为有腹诽意，遂收治之"。②许攸本为袁绍谋士，官渡之役，弃袁归曹，并献上袭击袁绍乌巢粮仓之奇策，助操破绍，"得冀州"。但因"许攸自恃勋劳"，不拘小节。"时与太祖相戏"，曹操就"内嫌之"，③遂将许攸处死。曹操生性多疑，甚至对自己的爱妾也不放心，如"有幸姬常从昼寝，枕之卧，告之曰：'须臾觉我。'姬见太祖卧安。未即瘳，及自觉，棒杀之。"④由此可见，曹操的性格酷虐诡诈，雄猜多忌。

那么司马懿为何能消除曹操对他的怀疑，并成为曹操后期的重要谋臣呢？笔者认为，除了司马懿谨言慎行，兢兢业业履职之外，最主要的是他为曹丕夺嗣筹谋划策及积极拥戴曹操代汉这两个方面取得了操、丕父子对他的信任，以下我们展开具体分析与讨论。

---

① 以上皆见《后汉书》卷54《杨震列传附杨彪列传》。

② 《三国志》卷12《崔琰传》注引《魏略》。

③ 《三国志》卷12《崔琰传》注引《魏略》。

④ 《三国志》卷1《武帝纪》注引《曹瞒传》。

一、为曹丕夺嗣筹谋划策

曹操晚年面临的最大难题是立谁为嗣。曹操共有二十五子，但具备继承人资格，先后出现在曹操视野里的储嗣候选人只有四人，即曹昂、曹冲、曹丕和曹植。长子曹昂在宛城之战中，为掩护曹操脱险而战死。其时为建安二年（197），曹操的事业正在起步阶段。幼子曹冲死于建安十三年，时年十三岁。其时曹操基本上已统一北方，霸业渐成，遂开始在诸子中物色储嗣人选。曹冲为曹操的小妾环夫人所生，少年时就敏于观察，十分聪慧。曹冲五六岁时，就有"成人之智"。"曹冲称象"的典故，世人皆知，故有神童之称。所以曹操"数对群臣称述"，想让曹冲继承大业。曹冲十三岁时，得了重病，曹操亲自乞求苍天保全曹冲的生命。曹冲死去时，曹操极为哀痛。曹丕宽解安慰曹操，曹操略带讥讽地对曹丕说："此我之不幸，而汝曹之幸也。"后又为曹冲"聘甄氏亡女与合葬"，①为其举行亡婚，足见曹操对曹冲的宠爱之甚。多年后，已经做了皇帝的曹丕经常将一句话挂在嘴边："家兄孝廉（曹昂），自其分也。若使仓舒（曹冲字）在，我亦无天下。"②

建安十八年，曹操进爵为公，正式在东汉帝国内部分茅裂土，建立魏国。和历史上众多因为君主昏庸而导致储嗣之争不同，曹操之所以精心选择储贰是因为在当时有太多的历史教训。例如，袁绍死后，诸子争位，曹操乘机攻克冀青幽并四州，平定河北；刘表死后，刘琮继位，曹操率大军南下，刘琮在蔡瑁等人的劝说下举荆州而降；孙坚死后，江东事业蒸蒸日上，赤壁之战，年轻的孙权居然打败了不可一世的沙场老将曹操。故曹操发出："生子当如孙仲

---

① 《三国志》卷20《邓哀王冲传》。

② 《三国志》卷20《邓哀王冲传》注引《魏略》。

谋,若刘景升儿子,若豚犬耳"①的感叹。儿子们的拙劣固然是件悲哀无奈之事,但诸子们太优秀也成问题,容易"乱花渐欲迷人眼",无从抉择。曹操的诸子们就给曹操出了一道难题。

曹昂养母丁夫人因为曹昂之死和曹操感情破裂,倡门出身的卞夫人继为嫡室,其子丕、彰、植、熊遂成为嫡子。在崇尚"立嫡以长不以贤"的汉代,集嫡、长、贤三者于一身的曹丕理应成为继承曹操霸业的不二人选。但事实却并非如此。曹操出身寒族,思想开放,在用人任士上勇于打破儒家治术中尚德为先的传统,崇尚"唯才是举"。操曾大胆放言:"若必廉士而后可用,则齐桓其何以霸世! 今天下得无有被褐怀玉而钓于渭滨者乎? 又得无盗嫂受金而未遇无知者乎? 二三子其佐我明扬仄陋,唯才是举,吾得而用之。"②曹操用人不拘一格的人才观也体现在对自己储嗣的选择上面。"立嫡以长不以贤"的春秋之义约束不了曹操,恰恰相反,曹操在对储嗣各方面的素质要求中,最为看重的是"贤",也就是才能。

曹操的立嗣标准,是"儿中最可定大事者"。③ 所谓的"大事",不外乎两件:一是统一天下;二是代汉称帝。正是怀着这样的心思和标准,曹操开始了对曹丕、曹植二人的全面考察。第一次考察来得很快。在曹操尚未做出决断之前,他希望先倾听心腹幕僚的意见。"时未立太子,临菑侯(曹)植有才而爱。太祖狐疑,以函令密访于外。"④建安十八年(213),魏国初建,曹操第一时间就将考察储嗣人选提上议事日程,可见曹操对立嗣问题的迫切心情。这种迫切当然是曹操自己的年事已高所导致的。迫切之余,曹操也深知历代储嗣之争带来的教训和危害,轻则骨肉相残,兄弟父子

---

① 《三国志》卷47《吴主传》注引《吴历》。

② 《三国志》卷1《武帝纪》。

③ 《三国志》卷19《陈思王植传》注引《魏武故事》。

④ 《三国志》卷12《崔琰传》。

反目,如汉武帝;重则身死国灭,为他人笑,如袁绍、刘表父子。所以曹操希望的是在当事人曹丕和曹植不知情的情况下秘密察访此事,故而以"密函"相访于外。

曹操所访的,都是自己的心腹智谋之士,知趣之人接到曹操的"密函",理当领会曹操以"密函"相访的良苦用心。同样也用"密函"的形式予以回复。如此即可保证事不外泄。丕、植二人若蒙在鼓中,自然也就不会有日后豆萁相煎的储嗣之争了。但是,不知趣者仍有其人。"(崔)琰露板答曰:'盖闻《春秋》之义,立子以长,加五官将(曹丕)仁孝聪明,宜承正统。琰以死守之。'"①所谓"露板",就是指崔琰的回复毫无遮掩、全不避忌,直接在大庭广众之下,和曹操讨论储嗣问题。崔琰的这种行为是死读书的汉儒们的一种通病。君子于私无隐,于公亦无隐,是很多儒者的人生理想。在崔琰看来,自己支持曹丕的立场完全符合《春秋》中的储贰之义。然而,崔琰这种"无隐"的行为却将曹操竭力掩藏的秘密立储计划完全暴露了。崔琰兄长之女是曹植之妻,然而崔琰却转而依据《春秋》之义来支持曹丕,所以曹操十分愤怒和无奈,只能"贵其公亮,喟然叹息"。但是,沉浸在个人道德修养中的崔琰显然没有听出曹操赞叹声中的弦外之音。建安二十一年(216),也就是曹丕最终被册立为魏王太子的前夕,崔琰在和杨训通书信时,写了一句"时乎时乎,会当有变时"。其本意是说,不要在乎那些批评你的人,等事情过去了就没事了,对曹操并无不恭之意。然而曹操却大发雷霆,认为"会当有变时,意指不逊,于是罚琰为徒隶,使人视之,辞色不挠"。曹操遂下令赐死崔琰,理由是:"琰虽见刑,而通宾客,门若市人,对宾客虬须直视,若有所瞋。"为何曹操要以这种莫须有的罪名处死崔琰呢?时人不解其意,皆为之"痛惜,至今

---

① 《三国志》卷12《崔琰传》。

冤之"。① 其实就是崔琰在无形之中卷入了曹家世子之争的泥潭。② 与崔琰同在东曹用事的徐奕,也在同一时期因被丁仪诋毁而失位。《傅子》就直接点出:"丁仪间之,徐奕失位而崔琰被诛。"③同一时期被罢黜的还有东曹掾毛玠,而且毛玠也对曹操立曹植表达过反对意见。丁仪时任西曹掾,是曹操极为赏识的青年才俊,④曹植的心腹党羽。可见,正是由于丁仪进谗言,才导致崔琰被害。

在立嗣过程中,曹操对曹丕、曹植两人的才能高低,孰优孰劣,一直难以判断,所以进行了多次考察。但曹操希望的是曹丕、曹植两人的公平竞争,而决不愿外人参与其中,特别是曹操严密防范诸子们在争夺嗣子过程中结成朋党。

弘农大族出身的杨彪之子杨修,是曹操的仓曹主簿。仓曹主簿的职责是主管钱谷财帛,这个职务相当于曹操的财政部长。虽然此官秩仅六百石,但十分重要,一般都由丞相的心腹担任。曹操当时独揽朝廷大权,汉献帝和整个东汉朝廷都在曹操的掌控之中。尽管杨修仅是区区主簿,但他的实际权力并不亚于朝廷重臣,起初曹操对杨修还是相当信任的。史载:"是时,军国多事,杨修总知

---

① 《三国志》卷 12《崔琰传》。
② 但也有持不同见解者,如卢弼认为崔琰的死因是其反对曹操代汉。"或曰:'魏武之除孔北海,势固宜尔,若崔季珪本为操之心膂,徒以口语猜嫌杀之,残恶极矣。'弼按:魏武有篡夺之心,而又欲避篡夺之名,琰与训书不审窥见其隐衷,发泄其诡谋,故深恶之而置诸死地也。"《三国志集解》卷 12《崔琰传》。
③ 《三国志》卷 12《徐奕传》注引《傅子》。
④ 丁仪,字正礼,沛国人。建安中期,丁仪与曹操的长女清河公主曾有婚约,但曹丕却以丁仪有眼疾为理由,向曹操提出将清河公主适夏侯楙,结果丁仪不能娶公主为妻。后来曹操任命丁仪为西曹掾,一番谈话之后,曹操极为欣赏丁仪的才能,叹息说:"丁掾,好士也,即使其两目盲,尚当与女,何况但眇? 是吾儿误我。"(《三国志》卷 19《陈思王植传》注引《魏略》)建安二十一年,崔琰被诛,徐奕、毛玠获罪,丁仪在其中起了很大作用。

外内,事皆称意。"①从中我们可以看出,曹操将许多军国大事都交给杨修来办理,而杨修的工作也非常称职。所以曹操对杨修是相当满意的。那么曹操和杨修的关系为何不能善始善终?两人之间的矛盾又因何而产生,并最终导致杨修惨遭杀身之祸呢?

原因是杨修公开参与曹魏的嗣子之争。曹魏的嗣子之争,虽然自始至终未公开化,但却暗流涌动,时时刻刻潜伏着杀机。对此不少大臣奉行明哲保身之道,谨言慎行。盖因此事敏感至极,稍一不慎就可能大祸临身。但杨修却毫不顾忌,他对嗣子之争深度参与。杨修积极支持曹植夺嫡,为曹植出谋划策。曹操要想考察一下两子的才能,下令曹丕、曹植出城去办事,但是又命令守城的官员不要放他们出城。曹丕要想出城,城门官阻拦,不让他通行,曹丕无奈,只得回去。曹植出城,城门官也不放他通行,杨修在旁边出主意,说:"若门不出侯,侯受王命,可斩守者。"②意思是曹植奉魏王之令出城,城门官竟敢阻拦,可以斩杀。曹植按照杨修的主张,把城门官杀了。

曹操常拿一些军国大事来征求曹丕、曹植的意见,杨修根据自己多年在曹操身边做主簿的经验,"忖度太祖意,预作答教十余条,敕门下,教出以次答"。③ 杨修判断出曹操会问什么问题,预先写下了十余条曹操可能会问到的问题和答案,让曹植事先记住、背熟,结果曹操向曹植提问时,曹植居然能够对答如流。曹操非常器重曹植的才干,但是因曹植的对答过于机敏,被曹操看出了破绽,经过"推问",终于知道事情的原委,曹操大为恼怒。

曹操欲立曹植为嗣子,曹丕知道后,颇为忧愁,遂秘密地把吴质请来,和他讨论此事该如何应对。因为怕有人知道吴质到曹丕

①　《三国志》卷19《陈思王植传》注引《典略》。
②　《三国志》卷19《陈思王植传》注引《世语》。
③　《三国志》卷19《陈思王植传》注引《世语》。

府中,所以曹丕把吴质藏在一个放绢的大竹筐之中,抬进曹丕府中。但此事被杨修刺探到了,杨修即刻报告曹操,说曹丕和吴质密谋,结朋聚党。曹操对官员结党素来痛恨。建安十年(205),曹操在攻克冀州之后,针对当地"阿党比周"的陋习,下决心"整齐风俗",①严禁官员拉帮结党。所以,杨修控告曹丕和吴质结为朋党,是很厉害的一招。曹丕十分紧张,顿时茫然不知所措,吴质却说,"何患?"明日你让人继续用竹筐把绢抬到府中来。第二天,曹丕依计而行,当竹筐抬进门时,曹操派人搜查,一看,里面除了绢,什么都没有。搜查的人回去汇报,曹操非常愤怒,认为杨修是在陷害曹丕。

曹丕、吴质长于权术,后发制人,反告杨修诬陷。最后,曹操"以修前后漏泄言教,交关诸侯,乃收杀之"。②《三国志·陈思王植传》注引《世语》亦曰:"修遂以交构赐死。"可见,杨修被杀的罪名乃是结朋聚党。

从中国历史上看,帝王立嗣,确立自己的接班人是件大事,帝王在处理这一类家事时,有时也免不了要征求大臣们的意见。作为臣下如何来应对,确实十分棘手。俗语云:一朝天子一朝臣。如果看准了谁能当未来的天子,为其效忠,就能成为新帝的功臣,反之,就是新天子的罪臣。这实际上是一种政治投机,或者说是政治赌博。另外,如果大臣过多地干预帝王的立嗣,就会遭到君主的猜忌,甚至招来杀身之祸。

在这场曹操立嗣的政治博弈中,司马懿扮演了什么角色? 或者说他在曹丕最终被立为太子的过程中发挥了怎样的作用? 由于史料的阙失,我们无由知悉详情。但仍可以作些揣测。司马懿入曹操相府后的首个职务是文学掾。汉武帝为选拔人才特设"贤良

---

① 《三国志》卷1《武帝纪》。
② 《三国志》卷19《陈思王植传》注引《典略》。

文学"科目,由各郡举荐人才上京考试,被举荐者便叫"贤良文学"。"贤良"是指品德端正、道德高尚的人;"文学"则指精通儒家经典的人。汉代公卿及二千石官员皆可辟除掾佐府史。其中精通儒家经典的人,即被辟为"文学掾",或称"文学史",为后世教官所由来。司马懿被辟为"文学掾"后,即奉曹操之命"与太子游处",也就是陪伴后来当上太子的曹丕一起活动,一起读书。曹丕文才虽不如其弟曹植,但毕竟与父曹操、弟曹植合称建安文学史上的"三曹",三曹与七子①共同开创了名盛一时的建安文学。司马懿熟读经史、学识渊博,两人"游处"之后,志趣契合,很快成为至交。与曹丕交游后,司马懿仕途十分顺畅,不久,曹操就迁升他为"黄门侍郎、转议郎、丞相东曹属,寻转主簿"。②《文献通考》卷63云:"盖古者官府皆有主簿一官,上自三公及御史府,下至九寺五监以至郡县皆有之。"魏晋时期统兵开府大臣的幕府中,主簿常参机要,总领府事。习凿齿曾为东晋权臣桓温的主簿,时人曰:"三十年看儒书,不如一诣习主簿。"可见,主簿权势之盛。司马懿从文学掾快速被拔擢为主簿,其中未尝没有曹丕为其美言之可能。曹操被汉献帝封藩建魏国之后,司马懿又官升一级,"迁太子中庶子",中庶子,名正言顺是太子的侍从和顾问,可与太子入则同室,出则同车,朝夕相处,彼此无话不谈,外人不得有丝毫非议。

　　司马懿何以能成为太子中庶子,其中颇有玄妙,极有可能他是参与了曹丕与曹植的嗣子之争。史载,司马懿进入曹丕幕府之后,很快就与曹丕的另外三个心腹陈群、吴质、朱铄结成莫逆之交。陈群,时任魏国侍中,是魏王曹操的心腹重臣;吴质,时任朝歌县(今河南省淇县)县长;朱铄,时为曹丕僚属。这四人在当时称之为太

---

① 建安七子,是汉建安年间(196—220)七位文学家的合称,包括孔融、陈琳、王粲、徐幹、阮瑀、应场、刘桢。这七人大体上代表了建安时期除曹氏父子(即曹操、曹丕、曹植)外的文学成就,所以"七子"之说,得到后世的普遍承认。

② 《晋书》卷1《宣帝纪》。

子"四友",即曹丕的智囊团。建安二十二年（217）十月，曹丕虽被立为太子，但地位并不稳固，曹操仍钟情于曹植，故太子之位仍有变数，储君之位仍有被曹植取代的可能。立嗣之争始于曹操肇建魏国的建安十八年，迄于曹植醉酒不能带兵解救曹仁的建安二十四年，可谓旷日持久，中间有一度还呈现白热化状态，曹丕的太子之位几乎不保。

所谓"一荣俱荣，一损俱损"的道理古今概莫能外。在此状况下，曹丕的"四友"作为他的心腹智囊们怎么可能袖手旁观，置身于事外呢？然而曹丕的"四友"皆长于权术，懂得韬光养晦，他们深知若明目张胆地干预曹操"家事"，必将惹火烧身，落得与杨修同样的下场。吴质虽在密室之中为曹丕划策，但很快就被杨修等人获悉，并向曹操告密，幸亏吴质设计应变，才躲过了一劫。在曹丕的"四友"之中，司马懿更是权诈机变，足智多谋，他深谙道家之术，深藏不露，决不会做出头鸟，公开向曹操建议立曹丕为太子。然而，如何才能保住曹丕的太子之位呢？《宣帝纪》神秘兮兮地记载道：司马懿"每与大谋，辄有奇策，为太子所信重"。司马懿参与什么样的"大谋"？又献出什么样的"奇策"呢？虽然《宣帝纪》讳莫如深，不肯言明，但按当时的形势演绎推理，不外乎立嗣之"大谋"，因为这关系到曹丕的政治生命。至于司马懿在曹丕的立嗣问题上献出什么样的"奇策"？笔者认为最大的可能就是让曹丕暗中笼络朝中重臣。兹不妨试举数例：

荀攸、贾诩、钟繇、辛毗是曹操甚为倚重的谋臣。曹操曾经如此称赞荀攸："公达（荀攸）外愚内智，外怯内勇，外弱内强，不伐善，无施劳，智可及，愚不可及。虽颜子、宁武不能过也。"有一次荀攸生病，曹丕专程前去探视，"独拜床下"，[①]深见尊异。"是时，文帝为五官将，而临菑侯植才名方盛，各有党与，有夺宗之议。"曹

---

① 《三国志》卷10《荀攸传》。

丕遂刻意结纳贾诩,向他询问"自固之术"。贾诩献计:"愿将军恢崇德度,躬素士之业,朝夕孜孜,不违子道。如此而已。"曹丕认为贾诩言之有理,遂"深自砥砺"。① 曹丕对魏相国钟繇更为崇敬。"文帝在东宫,赐繇五熟釜,为之铭曰:'於赫有魏,作汉藩辅。厥相惟钟,实干心膂。靖恭夙夜,匪遑安处。百寮师师,楷兹度矩。'"②肉麻地盛赞钟繇的藩辅之功。辛毗原是袁绍部属,袁绍死后,弃袁谭而投奔曹操。他和曹丕交好,在曹丕与曹植争夺太子的斗争中,辛毗也替曹丕出了不少主意,故曹丕立为太子后,"抱毗颈而喜曰:'辛君知我喜不?'毗以告宪英(辛毗之女),宪英叹曰:'太子代君主宗庙社稷者也。代君不可以不戚,主国不可以不惧,宜戚而喜,何以能久? 魏其不昌乎!'"③东曹掾毛玠深得曹操信重,曹丕亦不惜降尊纡贵,亲自前往毛玠家中拜谒,其中含义也不言自明。

曹丕在这些重臣中间不遗余力的活动,收到明显的效果。史载:"时太子未定,而临菑侯曹植有宠。桓阶数陈文帝德优齿长,宜为储副,公规密谏,前后恳至。④桓阶还盛赞曹丕"仁冠群子,名昭海内,仁圣达节,天下莫不闻",并表示"而大王(指曹操)甫以(曹)植而问臣,臣诚惑之"。⑤ 对曹操犹豫不决,欲重新更换储嗣,桓阶明确表示反对。毛玠则密谏曹操:"近者袁绍以嫡庶不分,覆宗灭国。废立大事,非所宜闻。"⑥贾诩更是以幽默风趣的妙语劝谏曹操不要破坏嫡长子制度。史载:"太祖尝屏除左右问(贾)诩。诩嘿然不对。太祖曰:'与卿言而不答,何也?'诩曰:'属适有所

① 《三国志》卷10《贾诩传》。
② 《三国志》卷13《钟繇传》。
③ 《三国志》卷25《辛毗传》注引《世语》。
④ 《三国志》卷22《桓阶传》。
⑤ 《三国志》卷22《桓阶传》注引《魏书》。
⑥ 《三国志》卷12《毛玠传》。

思,故不即对耳。'太祖曰:'何思?'诩曰:'思袁本初、刘景升父子也。'太祖大笑,于是太子遂定。"①由此可见,这些重臣们的意见在曹操择嗣天平上的砝码是很有分量的。

曹丕亦同乃父曹操,其弟曹植一样,以文学见长。其所撰《典论》是中国第一篇文学批评的专门论文。但是,我们不得不说,曹丕致力于文学恐怕是醉翁之意,别有一番用心。对此我们只要看曹丕在《典论》中所写的《自叙》,就可以得到切实的感受。在这篇仅千余字的《自叙》中,曹丕自我吹嘘,达到了无以复加的程度。例如,说自己"六岁而知射";"八岁而能骑射矣";十岁时,随从曹操南征张绣,张绣降而复叛,曹操贴身侍卫猛将典韦战死,长子曹昂及侄子曹安民双双阵亡,而曹丕却凭着自己的骑射之功,"乘马得脱"。所以他十分自豪地声称:"夫文武之道,各随时而用,生于中平之季,长于戎旅之间,是以少好弓马,于今不衰;逐禽辄十里,驰射常百步,日多体健,心每不厌。"除了自夸武勇之外,曹丕还不忘吹嘘自己的文化造诣:"余是以少诵诗、论,及长而备历五经、四部,史、汉、诸子百家之言,靡不毕览。"俨然一番博学鸿儒的气派。《典论》的传播范围很广,据胡冲《吴历》记载,连远在江东的孙权和张昭也收到了曹丕寄给他们的《典论》及诗赋。据此可以想象,在曹丕的运作之下,《典论》在汉魏之际流播之广。曹丕苦心孤诣,他化文学为政治,旨在借《典论》来塑造自己文武全才的形象,以增强自己在曹魏政权内的影响力,为自己和曹植的储嗣之争增加砝码。曹丕代汉后,又命臣工编撰《皇览》,此书的编撰也用心良苦。② 顾名思义,这部书是提供给统治者阅览的。这正好迎合了曹操希望自己的继任者深谙治国安民之术,继往开来,建立一个

①　《三国志》卷19《陈思王植传》。
②　《皇览》是魏文帝时期由桓范、刘劭、王象、韦诞、缪袭等人奉敕所撰的经传,分门别类,共四十余部,约八百余万字。供皇帝阅读,故称为"皇览"。原书在隋唐后已失佚。

繁荣鼎盛的新帝国的愿望。

曹丕为争当嗣子,可谓不遗余力,他还走内线,经常在宫内活动。就连心机深重的司马懿都评价曹丕是"潜龙勿用",可知其城府之深。史载:"文帝御之以术,矫情自饰,宫人左右,并为之说。"①"(曹)幹母有宠于太祖。及文帝为嗣,幹母有力。"②曹幹年五岁时曹操去世,故曹幹生年为建安二十年,是年曹操六十一岁,可见曹幹之母是曹操晚年极为宠爱的夫人。加上曹操老来得子,更添欢喜。曹丕买通曹幹之母替曹丕吹的枕边风十分奏效。为报答曹幹之母吹风之功,曹丕临终之际,立下遗诏,令魏明帝曹叡对曹幹善加恩护。

曹丕宠妾郭氏"有智数,时时有献纳,文帝定为嗣,后有谋焉"。③郭氏具体如何为曹丕出谋划策,已不得而知。但她作为一个妇人,替曹丕在"宫人左右"中做工作,自然是便利的。后宫之中,许多曹丕不适宜出面之事,郭氏都可以代劳,譬如结交曹操晚年的宠妾王昭仪;做母亲卞氏的工作等。

曹植为人比较洒脱,缺少心计,也不拘小节。史载其"任性而行,不自彫励,饮酒不节"。④建安二十四年,"曹仁为关羽所围"。曹操"以曹植为南中郎将,行征虏将军",带兵解救被关羽围困的曹仁,想让他去战场历练一番。曹丕知道曹植嗜酒如命,故于其临行前,设下圈套,他摆下酒席宴,亲自把盏劝弟畅饮,结果曹植喝得酩酊大醉而不能受命,曹操深感失望,"于是悔而罢之"。⑤

曹丕的这些活动虽然不能断定皆是司马懿的"奇谋",但至少可以看出曹丕的背后有高人在出谋划策。而且可以肯定,出主意、

①　《三国志》卷 19《陈思王植传》。
②　《三国志》卷 20《武文世王公传》。
③　《三国志》卷 5《文德郭皇后传》。
④　《三国志》卷 19《陈思王植传》。
⑤　《三国志》卷 19《陈思王植传》及同传注引《魏氏春秋》。

摇鹅毛扇的就是他的"四友",而且"四友"中数司马懿的计谋最多,招数最高,否则《宣帝纪》绝不会写上司马懿"每与大谋,辄有奇策,为太子所信重"之语。

在曹操立嗣过程中,司马懿之弟司马孚也弃曹植而投奔曹丕,从而进一步增强了曹丕集团的实力。《晋书·安平献王孚传》载:"魏陈思王曹植有俊才,清选官属,以孚为文学掾。植负才陵物,孚每切谏,初不合意,后乃谢之。迁太子中庶子。"司马孚出仕之初是任曹植的文学掾,但是司马孚性格比较耿直,喜欢"切谏",而且也没有为曹植争嗣而出谋划策。所以与曹植"不合意",当他发现自己无法纠正曹植性格上的弱点之后就选择了辞职。司马孚的去职,标志着司马氏兄弟确定曹丕才是自己唯一的选择。在曹丕当上魏国太子之后,司马孚与司马懿都出任太子中庶子,尽心帮助曹丕取得了立嗣斗争的最后胜利。

对司马兄弟的倾力相助,曹丕自然也是感激不尽,遂投桃报李,在自己尚未登上大位之前,尽力帮助司马懿,在曹操面前多加庇佑、美言。正如《宣帝纪》所言:曹操"谓太子曰:'司马懿非人臣也,必预汝家事。'太子素与帝善,每相全佑,故免。"曹操通过这场选拔嗣子的家事后,对曹植深感失望,其情感的天平终于倾向了曹丕。既然司马懿忠于曹丕,操、丕父子同为一体,就说明司马懿也忠于自己,所以"魏武意遂安",遂逐步打消了对司马懿的疑虑。

二、曹操挟天子之难与荀彧殉汉

曹操一生,除了四处征伐,攻灭各路割据诸侯之外,还面临着一个最棘手的难题,就是如何代汉?汉末政治环境中有一个极其奇怪的现象。那就是,一方面是"郡郡作帝,县县自王",[1]怀有天

---

① 《三国志》卷7《吕布传》注引《九州春秋》。

子梦者不乏其人。另一方面,所有欲称王称帝者,无论其最终是成就了帝业还是不旋踵而亡,都曾经遭到社会上拥汉力量的抵制和反抗。

袁术占有淮南后,即图谋做天子,他胁迫陈珪及其子陈应,以作为其左膀右臂。陈珪劝他"戮力同心,匡翼汉室",切勿"阴谋不轨,以身试祸"。袁术不以为然,公然声称:"今刘氏微弱,海内鼎沸,吾家四世公辅,百姓所归,欲应天顺民。"①袁术一意孤行,竟然在仅占有淮南一隅之地的情况下,冒天下之大不韪,"僭号于九江,下皆称臣,名门曰建号门,衣被皆为天子之制"。②原为袁术部将的孙策在术称帝前夕,便"以书责而绝之"。③为其自身的政治利益考虑,与袁术断绝关系。

建安四年(199),袁术称帝后不久即被曹操击败,在穷途末路之际,只得归帝号于袁绍。袁绍虽然早有不臣之心,然殷鉴不远,故不敢贸然接受帝号,只能"阴然之"。④后袁绍攻灭公孙瓒,地扩兵增,心益骄狂,对许昌汉廷的朝贡日渐简慢。主簿耿包趁机密白袁绍曰:"宜应天人,称尊号。"袁绍虽久蓄异志,亦不敢贸然行之,遂"以包白事示军府"。孰料,"僚属皆言包妖妄,宜诛"。袁绍见众意难违,若一意孤行,只能招致群僚反对,甚至有可能重蹈袁术覆辙。遂迫不得已,"杀耿包以自解"。⑤

荆州牧刘表在荆州"郊祀天地",其从事中郎韩嵩"正谏不从"。⑥后刘表遣别驾刘先出使许昌,曹操以此责难于刘先:"刘牧如何郊天地也?"⑦曹操虽亦有无君之心,但刘表以州牧身份行天

① 《三国志》卷6《袁术传》。
② 《三国志》卷1《武帝纪》注引《魏武故事》所载曹操"己亥令"。
③ 《三国志》卷46《讨逆传》。
④ 《三国志》卷6《袁术传》注引《魏书》。
⑤ 事见《资治通鉴》卷63,"汉献帝建安四年"条。
⑥ 《三国志》卷6《刘表传》注引《先贤行状》。
⑦ 《三国志》卷6《刘表传》注引《零陵先贤传》。

子之礼,毕竟是僭越不轨之举,结果只能授曹操以柄。建安十三年(208),曹操大军南下,刘表身死国亡。陇西宋建"自称河首平汉王,聚众枹罕,改元,置百官,三十余年",俨然是一个独立的小王国。建安十九年,曹操遣大将"夏侯渊自兴国讨之。冬十月,屠枹罕,斩建,凉州平"。① 魏晋之际的名臣傅玄指斥宋建狂妄越礼,自立为王,"终自焚灭",乃势所必然。②

并非仅仅袁绍、袁术、刘表、宋建的僭越行为遭时人非议,即使功业成就如刘备、孙权者,一旦有无君之心,越轨之行,亦遭致其臣下的反对。如孙权割据江东时,名士"沈友有所是非",孙权不悦,遂对其曰:"人言卿欲反。"沈友反唇讥刺孙权:"主上在许,有无君之心者,可谓非反乎?"孙权恼羞成怒,"遂杀之"。③ 建安二十五年,曹丕代汉,在汉朝皇统中断的情况下,"群臣议欲推汉中王(刘备)称尊号",但刘备欲继大统却遭到益州前部司马费诗的反对。费诗上疏谏止曰:"殿下以曹操父子偪主篡位,故乃羁旅万里,纠合士众,将以讨贼。今大敌未克,而先自立,恐人心疑惑。昔高祖与楚约,先破秦者王。及屠咸阳,获子婴,犹怀推让,况今殿下未出门庭,便欲自立邪! 愚臣诚不为殿下取也。"④

为何东汉政权会衰而不亡,代汉阻力会如此之大呢? 这是因为两汉国祚绵长(历 24 帝,绵延 426 年),儒学传统深植朝野,使得人心归汉得以长期积聚,伦纪纲常化入风俗,无形之中形成了一个深厚的忠汉思想基础,令士人群体在汉室将亡之时奋不顾身,效忠朝廷,从而形成了汉祚能在相当长的时期内危而不倾的局面。

曹、刘、孙等汉末群雄虽是三国时期的主角,但身受羁拘的汉献帝和行将就木的东汉王朝在某种意义上仍然是该时代的形象标

① 《三国志》卷 1《武帝纪》。
② 《三国志》卷 28《诸葛诞传附唐咨传》注引《傅子》。
③ 《三国志》卷 47《吴主传》注引《吴录》。
④ 《三国志》卷 41《费诗传》。

志。只要东汉皇室继续存在,皇帝的天下共主名分未被废除,就必然要对现实政治的运行产生巨大的影响力。汉献帝的背后是两汉四百余年积聚的社会基础和被笼络的人心。这种根植于人们思想深处的元素意味着当时社会上存在着大量的拥汉力量。在这样的背景下,谁若思谋不轨,就会冒巨大的政治风险。正是基于此因,在汉末四方兵起,军阀混战,天下局势尚不明朗的情况下,代汉称帝无疑于玩火,必然会成为众矢之的。哪怕是已把汉献帝牢牢握在掌心的曹操也不敢造次,而始终只能像翦伯赞所说的那样,"把黄袍当作衬衣穿在里面"。曹操把汉献帝控制在许昌获得了一定的政治优势,但他这样做也给自己造成了极大的掣肘。所以曹操挟天子是把双刃剑,利弊各得其半。其最大的弊端在于:一方面使曹操陷入了两线作战的处境——既要与各路诸侯征战于疆场,又要与诸多政敌在朝廷中博弈;另一方面也使曹魏集团代汉大大增加了难度。

建安后期,曹操建邦立国,由司空而丞相,由魏公而魏王,随着地位的提高,权势的扩张,曹操的不臣之心越来越强烈,意图逐步代汉。故而汉后妃外戚如董承、董贵人、伏皇后、伏完等;汉官如孔融、金祎、耿纪、韦晃、吉本等;曹操集团内部如荀彧、魏讽等,皆以扶助汉室为由,或密谋诛锄曹操,或冒死讥讽,或自杀殉汉,前仆后继,屡兴不绝。故民国学者李澄宇论曰:"三国时,不吃力而受实惠者,孙权也;虽吃力而名位两得者,刘备也;甚吃力而生称汉贼死号奸雄者,曹操也。操最智而效逊权、备,盖作伪心劳日拙耳。"①李氏此言诚非虚语,曹操挟天子旨在利用士民忠于汉室而招揽人才,并藉此扩大政治影响和社会基础。然而,当曹氏代汉之势日益彰显之时,挟天子则逆转为易代更祚的障碍与羁绊,且严重危及了

① 李澄宇:《读三国志蠡述》卷1《书明纪》,载《读二十五史蠡述》,北京图书馆出版社 2005 年。

曹操的人身安全和政权稳定,甚至妨碍了其统一大计和汉魏禅代的进程。

虽然曹操生前专权至极点,汉朝廷"百官备员而已",但并不代表曹操之威权能够覆盖到每一个空隙,汉廷任何官员都对他俯首帖耳。曹魏代汉前,许昌残存的汉朝廷百官中存在着相当规模的拥汉派,并与曹操进行了多次的殊死较量。如孔融"见操雄诈渐著,数不能堪,故发辞偏宕,多致乖忤",孔融以士林领袖的身份在舆论上攻击甚至戏侮曹操。而最能触动曹操敏感神经的是,孔融在建安九年(204),"尝奏宜准古王畿之制,千里寰内,不以封建诸侯",①即要仿照西周故事,为汉献帝划出直辖千里的"王畿",管理其中的子民,征收其中的赋税。平心而论,孔融的提议迂腐而荒谬,根本不可能实行,只能归于空谈。但其中却隐含着要加强汉献帝的皇权、限制曹操的相权,矛头直指曹操。"操疑其所论建渐广,益惮之。"②曹操起初拉拢孔融原不过是借其孔子嫡裔,文坛英冠的特殊身份来笼络世家大族,结果孔融反而成了他专权代汉道路上的一大障碍。

建安二十四年(219),邺城又爆发了魏讽潜结义士谋诛曹操事件。《三国志·武帝纪》注引《世语》曰:魏讽"有惑众才,倾动邺都"。《三国志·刘晔传》注引《傅子》曰:"初,太祖时,魏讽有重名,自卿相以下皆倾心交之。"由此可知,魏讽的交游圈之广泛,可用的人力资源之丰厚。史载,直接参与魏讽谋反案者有已故破羌将军张绣之子张泉,已故魏侍中王粲之二子,时任魏黄门侍郎刘廙之弟刘伟,③大儒宋衷之子等。关于魏讽事件牵连的人数,《资治通鉴》卷68"汉献帝建安二十四年九月"条书:"讽诛,连坐死者数千人。"可见,在曹操封国及魏官系统内,拥汉反曹力量颇具规模。

---

① 《后汉书》卷70《孔融列传》。
② 《后汉书》卷70《孔融列传》。
③ 《三国志》卷21《刘廙传》。

在曹操代汉的进程中，最令曹操寒心和吃惊的是汝颍集团的领袖人物荀彧与他分道扬镳，最后成为其政敌。"汝颍集团"这个名称是陈寅恪的学生万绳楠首先提出的。他在1964年发表的《曹魏政治派别及其升降》[①]一文中指出曹魏政权中存在着汝颍、谯沛两个政治集团，曹魏政权主要依靠汝南、颍川地区的世家大族和谯国、沛县的新官僚。汝颍集团标榜儒学，主要担任文职；谯沛集团则以武风著称，主要担任武职。万绳楠提出的这个概念，具有很大的影响，直至今日，汝颍集团、谯沛集团仍然是学界研究汉魏政治史广泛使用的概念。尽管万氏的这一见解时过境迁，当下研究汉魏晋史，学界有了不少新的创见，但笔者认为以政治集团来分析、归纳、演绎政权内部斗争仍是一种较好的研究范式，可以收到清晰明了、化繁为简的效果。诚如万氏所言，汝颍集团和谯沛集团是曹操政权的两大支柱，皆不可或缺。

由于曹操出身阉宦门第，向为士族所诟病，故亟须取得世家大族的有力支持，以改变"赘阉遗丑"[②]的不光彩身份。而汝颍士人的到来就使曹操如逢甘霖，如鱼得水。曹操十分佩服汝颍士人的杰出才能，他常言："汝颍固多奇士。"[③]可见，汝颍地区在魏晋时期英才辈出。曹操手下著名的谋臣荀彧、荀攸、钟繇、陈群、荀悦、杜袭、辛毗、赵俨、戏志才、郭嘉、枣祗等，均为颍川郡人；和洽、应场等为汝南郡人。其中，荀彧出身于颍川颍阴大族，"祖父淑，字季和，朗陵令，当汉顺、桓之间，知名当世。有子八人，号曰八龙"。[④] 荀氏家族对社会影响很大，荀彧是曹操最重要的心腹谋臣。在东汉

---

① 万绳楠：《曹魏政治派别及其升降》，《历史教学》，1964年第1期；后修订收入氏著：《魏晋南北朝史论稿》，安徽教育出版社1983年，第78—92页。

② 《三国志》卷6《袁绍传》注引《魏氏春秋》载绍檄州郡文。

③ 《三国志》卷14《郭嘉传》载："太祖与荀彧书曰：'自（戏）志才亡后，莫可与计事者。汝、颍固多奇士，谁可以继之。'彧荐嘉。"

④ 《三国志》卷10《荀彧传》。

许都政权初建时期,荀彧任尚书令,全面主持人才的网罗和行政事务,曹操外出征讨,时常以荀彧主持中枢大政,对其极为器重。荀攸继荀彧之后任魏国尚书令,也"推贤进士",其地位和作用与荀彧大致相同,因此曹操评价说:"二荀令之论人,久而益信,吾没世不忘。"①

汝颖士人大量进入曹操霸府,对于曹操巩固政权和扩大政治影响力,对于他在政治、军事,包括经济斗争中战胜对手,都具有极其重要的意义。川胜义雄认为:"曹操的势力发展成为一个政权,如果没有从191年起支持曹操的荀彧和以荀彧为中心的清流势力的合作,是不可能的事。这些士大夫,并不是在政权之外,向已建成的政权靠拢,寄生于其中,而是和曹操一起,积极主动地构筑政权。"②总之,在曹操统治时期,形成了一个以荀彧为首的强大的汝颖集团。在曹操的争霸战争中,汝颖集团在曹操政权中发挥了巨大的作用。③

在汝颖集团中,颖阴荀氏家族地位特别突出。荀彧既是曹操的"子房",又是曹操与颖川士人联系的纽带;其兄荀衍曾任监军校尉,受封列侯;荀悦、荀攸则分别是他的从兄和从子。荀彧又与曹氏联姻,长子荀恽娶曹操之女,荀彧之女又适陈群。这样一个家族,从任何意义上都堪称是汝颖集团的核心,故荀氏家族的政治取向,在很大程度上代表或左右着汝颖集团的整体政治倾向。

自建安十七年(212)以后,曹操进一步强化集权统治,他藐视儒家礼法,在权臣之路上再进一步,上朝"赞拜不名,入朝不趋,剑

---

① 《三国志》卷1《荀彧传》注引《彧别传》。

② [日]川胜义雄:《六朝贵族制社会研究》,徐谷梵、李济沧译,上海古籍出版社2007年,第57页。

③ 关于汝颖集团所起的作用,笔者已在拙著《中国朋党史》(东方出版中心2016年)第三章"汉魏晋鼎革与三国党争"中展开分析,这里不再赘述。

履上殿,如萧何故事",①作为人臣,曹操已全然不把汉献帝放在眼里。在这样的形势下,曹操与汝颍士人之间的政治关系就发生很大变化,彼此间的分歧和矛盾也随之扩大。

史载:"时政移曹氏,天子恭己而已。荀悦志在献替,而谋无所用,乃作《申鉴》五篇。其所论辩,通见政体,既成而奏之。"②荀悦作《申鉴》的意图很明确,就是针对当时曹操擅权、献帝虚位的政治格局,阐述自己的政治见解。荀悦强调为政之"道本"在于"仁义";执政的原则须去除"四患","一曰伪,二曰私,三曰放,四曰奢。伪乱俗,私坏法,放越轨,奢败制";执政的大臣应遵循"三顺","一曰心顺,二曰职顺,三曰道顺"。③ 荀悦的这些主张,处处切中曹操推行霸府政治的要害。荀彧尽管不像荀悦那样公开批评曹操,但他立论献策,无不以"乃心王室"为宗旨,与曹操推行霸府政治相背离。据史载:"献帝颇好文学,(荀)悦与(荀)彧及少府孔融侍讲禁中,旦夕谈论。"④荀彧、荀悦同以反对曹操著称的孔融掺和在一起,亲近汉献帝,并非偶然地巧合。从深层次的思想根源上说,荀彧、荀悦与曹操的分歧和矛盾,集中表现为是复兴汉朝的"王业",还是建立曹操的"霸业"?

汝颍集团与曹操的矛盾和冲突,终于在曹操与荀彧之间爆发。建安十七年十月,谏议大夫董昭揣度曹操意图,首倡曹操应晋爵受九锡,董昭对曹操言道:"自古以来,大臣辅佐天子,谁也没有建立过像您这样的功业。即使有您这样的功业,也没有长久居于臣子地位。……明公忠诚的节操已经显露出来,天子的威仪也显现在容颜上。当年耿弇在床下对光武帝说:'天下无比重要,不可被他姓之人得到',朱英对春申君说:'处在不可预期的时代,奉事不可

① 《三国志》卷1《武帝纪》。
② 《后汉书》卷26《荀淑列传附荀悦列传》。
③ 《申鉴》卷1《政体》,百子全书本,浙江古籍出版社1998年。
④ 《后汉书》卷26《荀淑列传附荀悦列传》。

139

期望的主人,怎么可以没有出乎意外之人'的话,却无法听到。董昭受您的恩惠非比寻常,所以不敢不如实讲出来。"①

董昭的建言,道出了曹操心中思虑但又不便明言的想法。曹操欣然接受董昭要他逐步取代汉室的建议。在曹操的授意下:董昭与列侯诸将商议,认为丞相应该进爵国公、赐予九锡,以表彰其特殊的功勋。出乎意料的是,董昭的这个提议却遭到了被曹操视为首席谋臣、第一心腹荀彧的反对。荀彧说:"曹公本兴义兵,以匡振汉朝,虽勋庸崇著,犹秉忠贞之节,君子爱人以德,不宜如此。"由于荀彧的反对,导致曹操封国公、加九锡之"事遂寝"。②

荀彧出身于一个累世事奉汉室,崇尚仁义礼治的世家大族,怀有儒家的忠君报国思想。当初,荀彧弃袁绍而投曹操?就是因为他"度绍终不能成大事。"荀彧的"大事"和诸葛亮一样,也是"兴复汉室"。可惜,参加讨伐董卓的关东联军诸侯,几乎没有一个是胸怀"大事"的。最有条件辅佐汉室的军阀是袁绍,但袁绍有不臣之心,欲篡汉自立。所以,荀彧宁可选择当时尚名微势寡的曹操。因为曹操的胆识才略,早已表现出来。荀彧认为,在汉末乱世之际,只有像曹操这样雄才大略的人,才有能力匡复汉室。他对曹操的评价是"乃心无不在王室",有"匡天下之素志"。荀彧投奔曹操后,他为曹操设计的政治纲领是"奉主上以从民望;秉至公以服雄杰;扶弘义以致英俊"。③ 这就是荀彧对曹操的期许,冀图藉曹操力量挽救汉家江山。④ 但是到了建安十七年,情况就发生变化,曹操已不是"乃心无不在王室",而是"挟天子以令诸侯",要自己封

---

① 参阅《三国志》卷14《董昭传》。
② 《后汉书》卷70《荀彧列传》。
③ 《三国志》卷10《荀彧传》。
④ 《三国志》卷10《荀彧传》裴松之言:"彧岂不知魏武之志气,非衰汉之贞臣哉?良以于时王道既微,横流已极,雄豪虎视,人怀异心,不有拨乱之志,仗顺之略,则汉室之亡忽诸,黔首之类殄矣。夫欲翼赞时英,一匡屯运,非斯人(指曹操)之与而谁与哉?"

公建国、加九锡了。下一步的发展,必将背离荀彧的理想和初衷。所以,荀彧就不能不阻拦。此时的荀彧陷入了无比尴尬的两难处境:一边是曹氏代汉之志已十分明显,其势不可阻挡;另一边是自己保汉匡君的夙愿未能如愿,汉朝灭亡已难以逆转。陈寿对荀彧的评价十分中肯,他说:"荀彧清秀通雅,有王佐之风,然机鉴先识,未能充其志也。"①即荀彧固然才干优长、见识非凡,但处于汉末乱世,很难实现自己的政治理想。

其实,曹操此人的心胸并不狭隘,他有时也能不计前嫌,忘人小过。但曹操在代汉这件大事上决不肯含糊,谁要在这个问题上设置障碍,那就是政敌,即使是至亲骨肉也不肯放过。

荀彧反对曹操受九锡,曹操"心不能平",于是顿起杀心。但荀彧毕竟是朝廷重臣,又有大功于天下,所以他不能明目张胆地将其杀害。曹操心生一计。他率领大军征讨孙权,在行军途中,他表奏汉献帝:"臣今当济江,奉辞伐罪,宜有大使肃将王命。文武并用,自古有之。"②请汉献帝封荀彧为侍中、光禄大夫,持节、参丞相军事,让他到前线去慰劳军队。荀彧遂来到濡须口。不久,因病留在寿春。曹操"馈之食",以表示慰问。荀彧"发视,乃空器也"。荀彧知道曹操的用意,"于是饮药而卒,时年五十。帝哀惜之,祖日为之废谯乐,谥曰敬侯。明年操遂称魏公云"。③ 由此可知,荀

---

① 《三国志》卷 10《荀彧传》。
② 《后汉书》卷 70《荀彧列传》。
③ 《后汉书》卷 70《荀彧列传》。另据《三国志・荀彧传》注引《献帝春秋》记载,荀彧之死似乎还另有他因:"董承之诛,伏后与父完书,言司空杀董承,帝方为报怨。完得书以示彧,彧恶之,久隐而不言。完以示妻弟樊普,普封以呈太祖,太祖阴为之备。彧后恐事觉,欲自发之,因求使至邺,劝太祖以女配帝。太祖曰:'今朝廷有伏后,吾女何得以配上,吾以微功见录,位为宰相,岂复赖女宠乎!'彧曰:'伏后无子,性又凶邪,往常与父书,言辞丑恶,可因此废也。'太祖曰:'卿昔何不道之?'彧阳惊曰:'昔已尝为公言也。'太祖曰:'此岂小事而吾忘之!'彧又惊曰:'诚未语公邪! 昔公在官渡与袁绍相持,恐增内顾之念,故不言尔。'太祖曰:'官渡事后何以不言?'彧无对,谢阙而已,太祖以此恨彧。"

141

彧的政治立场其实是站在汉献帝这一边的。当然,荀彧为了自保,有时也不得不违心地和曹操保持一致。但是,一旦曹操要封魏公,加九锡,准备代汉,荀彧终于与曹操对立起来,其后果当然也是可想而知的。正如明末大思想家王夫之所言:"夫九锡之议兴,而刘氏之宗社已沦。彧亦天良之未泯,发之不禁耳,故虽知死亡之在眉睫,而不能自已。"①

魏正始四年(243)、五年(244),魏主曹芳曾下诏祭祀佐命功臣二十一人于太祖庙庭,②程昱、荀攸、钟繇、华歆等谋士均列其中。郭嘉亦于景元三年(262)被追祀"于太祖庙庭"。③ 而被曹操誉为"吾之子房"的荀彧,却始终未被提及。可见,这绝非是后世淡忘了荀彧的功勋,而是曹魏忌恨其反对曹操封公建国、受九锡所致。曹魏对此事的耿耿于怀,更进一步说明了荀彧生前反对曹操代汉态度的坚决。

三、全力支持曹操代汉

荀彧死后,汝颍集团和曹操的矛盾是否能够化解和消除?他们之间合作是否能继续进行下去?这关系到曹魏政权是否能最终建立。曹操为建立自己的王霸之业,对自己的首席谋士、士族领袖荀彧开刀的霹雳手段无疑起到了震慑作用,汝颍集团中的大部分人已从荀彧事件中汲取教训,转变立场,开始支持或默许曹操建立"王业"。随着时势的变化,"汉室不可复兴"已愈来愈成为一种共识,因此,他们可以接受或支持曹操超越人臣名分的种种僭越之举,包括代汉自立。

建安十八年(213)五月,曹操进爵为魏公,魏国建立,标志着

<hr />

① (清)王夫之:《读通鉴论》卷9之31。
② 《三国志》卷4《齐王芳纪》。
③ 《三国志》卷4《常道乡公奂纪》。

曹操在通向以魏代汉的道路上迈出了关键性的一步。在此之前，曹操授意文武群僚发动了大规模的劝进运动，荀攸、钟繇、杜袭等汝颍士人，包括司马懿在内的太子四友均在劝进群僚之列。值得我们关注的是司马懿在曹操父子代汉进程中的政治表态以及他发挥的作用。

司马懿虽非汝南、颍川人，但从其先祖司马儁开始就同颍川士人有密切的来往。至司马懿时，司马家族与汝颍士人的关系非同一般，司马懿与荀彧、陈群、钟繇等人已成为通家之好，四大家族之间还相互联姻成亲。荀彧对司马懿有知遇之恩，司马懿亦时时念兹在兹，故汝颍集团的士人如荀攸、陈群、钟繇等早就把司马懿看作是"自己人"。太子曹丕身边也大都是汝颍集团中人，司马懿作为曹丕四友之一，实际上已成为汝颍集团的核心成员。

荀彧反对曹操代汉，曹操将其诛杀是震动当时政坛的一件大事，此事对曹操刺激颇深，给他的心理留下了极大的阴影，即他与汝颍士人能否继续合作下去。所以，司马懿越是向汝颍士人靠拢，越是成为汝颍集团新的核心人物，曹操就越不放心。

在曹操政权中，拥汉还是拥曹已成了士人的试金石，在曹操心目中，任何人对这个问题都必须明确表态，决不能有半点含糊。建安二十四年(219)，曹操对汝颍集团终于可以放心释然了。因为是年十月，孙权"遣使乞降，上表称臣，陈说天命"。① 完全出乎曹操意料的是，汝颍集团的代表人物司马懿和陈群、桓阶一反荀彧等拥汉派所为，他们改弦更张，向曹操表达忠心，全力支持曹操黄袍加身，登上九五之尊。但曹操还是顾虑重重，他苦笑地对群臣说："此儿(指孙权)欲踞吾著炉炭上邪！"②

为何曹操在三分天下有其二的情况下仍然迟疑不决，不敢贸

---

① 《三国志》卷1《武帝纪》注引《魏略》。
② 《晋书》卷1《宣帝纪》。

然登极？千百年来，人们对这一历史现象始终困惑不解，试图探寻其中的奥秘。司马光认为曹操"蓄无君之心久矣，乃至没身不敢废汉而自立，岂其志之不欲哉？犹畏名义而自抑也"。[①] 也就是说曹操为传统的儒家忠君理念所束缚，故不敢代汉称帝。对此笔者不敢认同。曹操的"不逊之志"早在他撰写《让县自明本志令》时就已暴露无遗。诛荀彧更是杀鸡儆猴，借此告诉诸臣，谁反对我代汉就是荀彧的下场。那么曹操为何始终不敢穿上龙袍呢？说到底，曹操还是顾虑自己没有能够征服吴、蜀，统一天下。一旦代汉称帝，终究是底气不足！

夏侯惇虽然是曹操亲如手足的心腹大将，但他认为曹操这时登极，时机仍未成熟。当孙权送来表章，劝曹操称帝时，司马懿、陈群、桓阶的政治立场要比曹氏宗亲夏侯惇更坚定，他们主张魏王曹操应该不失时机，立刻受禅。我们且看司马懿、陈群、桓阶的表态。司马懿说：

> 汉运垂终，殿下十分天下而有其九，以服事之。（孙）权之称臣，天人之意也。虞（舜）、夏、殷、周不以谦让者，畏天知命也。[②]

司马懿揣摩曹操心意，阿谀奉迎，可谓极力投其所好。虽然曹操最终没有称帝，但司马懿却赢得了曹操对他极大的好感。周一良在司马懿这番话后加注说："十分之九云云，显系阿谀夸大之词，此即司马懿善自保护，以骗取信任之一端也。"[③]周氏之语可谓一语中的，尽管曹魏要比吴蜀强大，但最多也仅占领汉帝国一半的疆域，史书云曹魏三分天下有其二，已是夸大之辞，司马懿则云"十分天下而有其九"，更是无稽之谈，可见司马懿为了骗取曹操对他

---

① 《资治通鉴》卷68，建安二十四年十二月条。

② 《晋书》卷1《宣帝纪》。

③ 周一良：《曹氏司马氏之斗争》，《魏晋南北朝史札记》，中华书局1985年，第26页。

的信任,煞费苦心,他全力支持曹操称帝,已彻底背叛了荀彧拥汉的初心。

紧接在司马懿之后,侍中陈群、尚书桓阶亦奏曰:

> 汉自安帝已来,政去公室,国统数绝,至于今者,唯有名号,尺土一民,皆非汉有,期运久已尽,历数久已终,非适今日也。是以桓、灵之间,诸明图纬者皆言"汉行气尽,黄家当兴"。殿下应期,十分天下而有其九,以服事汉,群生注望,遐迩怨叹。是故孙权在远称臣,此天人之应,异气齐声。臣愚以为虞、夏不以谦辞,殷、周不吝诛放,畏天知命,无所与让也。[1]

由此可见,此时汝颍集团代表人物的政治立场已来了个一百八十度的大转弯,他们反汉拥曹的态度比曹操的子弟兵——谯沛集团的首领夏侯惇还要坚定,以至于曹操死后,夏侯惇追悔莫及,羞愧而死。裴松之注曰:"《曹瞒传》及《世语》并云桓阶劝王正位,夏侯惇以为宜先灭蜀,蜀亡则吴服,二方既定。然后遵舜、禹之轨。王从之。及至王薨。惇追恨前言。发病卒。"[2]这条史料虽然不长,但绝非无足轻重,因为它从一个侧面反映出拥曹代汉的这面大旗已落到汝颍集团手里,而且由司马懿、陈群、桓阶等人高高举起。从拒不与曹操合作到全力支持曹操代汉,司马懿等人的政治表现前后判若两人,这只能说明他们精通权术,随机应变。

曹操临死前,留下一句耐人寻味的话:"施于有政,是亦为政。若天命在吾,吾为周文王矣。"[3]曹操自比周文王,那么其子就是周武王了。周文王在世时并未称王,而是其子周武王灭商以后,才正式登上天子之位。可见,曹操已把更祚受禅之事交给了太子曹丕。对于司马懿等人而言,拥曹代汉之事已不能仅仅停留在口号上,而必须付诸行动。

---

① 《三国志》卷1《武帝纪》注引《魏略》。
② 《三国志》卷1《武帝纪》注引《曹瞒传》及《世语》。
③ 《三国志》卷1《武帝纪》注引《魏略》。

曹操死后,谏议大夫贾逵负责办理丧事,司马懿以丞相府军司马的身份协助贾逵治丧。然而,此时发生了意外的情况。青州兵听到曹操死讯,敲着鼓一批批地走散了。大臣们认为应当马上禁止青州兵这种无视军纪的行为,不服从的就要治罪。贾逵认为魏王已殡,继嗣的新王还未拥立,此时最好还是对动乱进行安抚。于是说服了众大臣,并发给青州兵公文,让他们凭着公文可以在回家的路上得到当地官员提供的粮食。在贾逵的妥善处理下,一场骚动才被平息下去。

由于贾逵忙于安抚青州军的动乱,所以曹操的治丧工作实际上已移交给司马懿。司马懿将曹操灵柩扶送运回到邺城(今河南安阳市),安葬于邺城西南的高陵。司马懿办事效率极高,曹操是汉献帝延康元年(220)正月庚子(3月15日)薨逝,到二月丁卯(4月15日)安葬完毕,前后不过一个月时间,司马懿将整个丧事办得井井有条,故《晋书·宣帝纪》称赞说:"及魏武薨于洛阳,朝野危惧。帝纲纪丧事,内外肃然。乃奉梓宫还邺。"

曹操死后,魏国局势立刻发生动荡。曹彰从长安赶回洛阳,他对曹植说:"先王召我者,欲立汝也。"曹植此时已放弃争夺王位之念,遂回答道:"不可,不见袁氏兄弟乎!"①但曹彰仍不死心,他带着兵马问贾逵:"先王的玺绶在哪里?"贾逵很严厉地回答说:"太子在邺,国有储副。先王的玺绶不是君侯你该问的!"说得曹彰无言以对,不敢再争。

曹操刚刚病死,就有人向曹丕提出更换各地守城官吏,用谯沛人取而代之,结果遭到魏郡太守徐宣反对。"太祖崩洛阳,群臣入殿中发哀,或言可易诸城守,用谯沛人。宣厉声曰:'今者远近一统,人怀效节,何必谯沛,而沮宿卫者心。'文帝(曹丕)闻曰:'所谓

---

① 《三国志》卷19《任城威王彰传》注引《魏略》。

社稷之臣也。'"①用谯沛人来更换各地的州牧郡守,说明当时局势动荡,很不稳定,而曹丕对徐宣的褒扬,则说明他对谯沛人是心存芥蒂的。既然曹丕对谯沛人心存疑忌,那么,他将依靠自己的太子班底来稳定局面,并尽快填补曹操死后留下的政坛真空。这就给了司马氏兄弟攀登权力高层的机遇。

曹操亡故时,太子曹丕的地位并不是稳如泰山。当年支持他而反对曹植继位的崔琰、毛玠二人已经被曹操逼死。曹操去世前又特意召见了黄须儿曹彰,据说是为了让他帮助曹植继位。一时间人心混乱,在洛阳,青州兵和臧霸别军两支部队竟然擅自击鼓离去;在魏国的首都邺城,太子曹丕与群臣只顾痛哭流涕,还不知道曹彰已经从长安赶到了洛阳,正在向贾逵逼问魏王玺绶所在。这时身在邺城的司马孚发挥了重要作用,他首先对"号哭过甚"的曹丕说:"大行晏驾,天下恃殿下为命,当上为宗庙,下为万国,奈何效匹夫之孝乎!"曹丕听了此话就停止了哭泣,惭愧地说:"卿言是也。"此时,群臣也在朝堂上"相聚号哭,无复行列"。司马孚厉声训斥道:"今大行晏驾,天下震动,当早拜嗣君,以镇海内。"②于是他与尚书和洽设置警备、制订丧礼,并准备奉曹丕继魏王位。

从法理上来讲,曹丕即位应由汉献帝来册封,其母后卞氏没有这样的职权。其时,群臣中不少人拘泥于古制,都认为应该等待许都汉献帝的诏命再确定魏国的继承人。为避免发生祸乱,尚书陈矫说:"王薨于外,天下惶惧。太子宜割哀即位,以系远近之望。且又爱子在侧,彼此生变,则社稷危矣。"司马孚赞成陈矫的建议,于是"以王后(卞氏)令,策太子即位"。③ 并派快骑到许昌,请命于汉献帝。其时,汉献帝虽有帝号,但早已大权旁落,形同傀儡,所

① 《三国志》卷 22《徐宣传》。
② 《晋书》卷 37《安平献王孚传》。
③ 《三国志》卷 22《陈矫传》。

以也只得承认既成事实,于是派遣御史大夫华歆奉策诏拜曹丕为丞相、魏王,领冀州牧,曹丕如愿以偿地继承了父王曹操生前的所有官爵。

曹操死后,曹丕能够顺利即位,司马懿、司马孚兄弟功不可没,起了相当关键的作用。特别是司马孚临危不乱,处变不惊,其所作所为,犹如孙策去世时张昭劝孙权止啼,并为其更衣,扶其上马,巡视诸军,以定君臣名分。对此,曹丕颇为感激,将其看成是第二个司马懿。曹丕对司马孚的赏识与看重,还影响到曹魏的第二代君主,即魏明帝曹叡。史载:"及明帝嗣位,欲用(司马)孚,问左右曰:'有兄风否?'答云:'似兄。'天子曰:'吾得司马懿二人,复何忧哉!'"①

曹丕即王位后,论功行赏,除将元老重臣贾诩、华歆、王朗封为三公外,又封东宫旧臣司马懿为河津亭侯,转丞相长史。② 丞相长史是曹丕霸府中的核心幕僚,权位颇重,曹丕将司马懿安插于此,是为了尽快调整丞相府的人事布局,为自己全面掌握政权铺平道路。不久,曹丕又加封司马懿为督军、御史中丞,直接向魏王负责。督军是曹丕授给司马懿的军职,司马懿从此可以参与指挥军队。司马懿家族原本就是将门出身,从司马儁开始才由武入文,数世为郡守。由于门风的转型,故司马懿初入仕途仅担任文学掾、主簿等文职,并未染指过军事,然而从司马懿任督军开始,他就文武兼职,这就为他日后出将入相奠定了基础。

曹丕当魏王后,要选拔一些人任侍中、常侍,太子府的旧人纷纷托关系,走后门,欲捷足先登。司马孚对曹丕说:"虽有尧舜,必

---

① 《晋书》卷 37《安平献王孚传》。
② 《汉官仪》:"长史,众史之长。"《通典》卷 21 曰:长史"众史之长,职无不监"。长史官秩随主官官职高低而不同。《汉书·百官公卿表》云:丞相府有两长史,秩千石;郡守有丞,边郡又有长史,掌兵马,秩皆六百石。但不管在中央三公府,还是在郡级地方政权中,长史都掌握实权。

有稽契。今嗣君新立，当进用海内英贤，犹患不得，如何欲因际会自相荐举邪！官失其任，得者亦不足贵。"①曹丕觉得司马孚的话很有道理，联系到司马孚之前的拥戴之功，曹丕转封司马孚为中书郎、给事常侍，宿省内，除黄门侍郎，加骑都尉。这一连串官职的主要职能就是备魏王顾问应对，讨论政事，不离曹丕左右。由此可见，新君嗣位后，司马氏兄弟皆得到重用，已成为曹丕的心腹。

---

① 《晋书》卷 37《安平献王孚传》。

第五章　汉魏禅代与东宫旧臣的
输诚劝进

一、禅代与禅让的区别

曹丕王位稳固后,接下来的目标就是倾移汉祚,登上九五大位。但是以何种方式完成易代鼎革,就成了曹丕必须思考的重大问题。纵观中国古代史,夏商以来,易代更祚的方式基本上不外乎二种。即清人赵翼所云:"古来只有征诛、禅让二局。"[①]所谓的"征诛",就是凭借武力夺取政权,从先秦社会的汤武革命到明清鼎革,莫不如是。而"禅让"则是先秦社会部落联盟之间非暴力的和平过渡。

上古时期有关于尧、舜禅让的传说,但在很大程度上属于子虚乌有。尧舜之时国家还未形成,属于公有制前提下的部落联盟,实行军事民主制。即使尧舜之间真的存在"禅让"制,也是部落联盟酋长之间的更替。顾颉刚认为:"自从墨家倡导了尚贤之说,主张君位应为禅让制,托之于尧、舜,这学说一时很风行,连主张贵族政治的儒家也接受了。"[②]至汉代,经过汉儒的大力弘扬,尧舜禅让说大为盛行,成了儒学推崇服膺的故事。然而,文献中关于尧、舜的记载存在诸多问题。比如《史记·五帝本纪》所载,尧舜作为上古

---

① (清)赵翼:《廿二史札记》卷7"禅代"条,中华书局1984年。
② 顾颉刚:《秦汉的方士与儒生》,上海古籍出版社1998年,第72页。

圣君的在位时间漫长到令人怀疑。而且据《竹书纪年》《韩非子》等文献记载，上古时期并无禅让制，舜、禹即位也是采用暴力手段。舜囚尧而夺其位。舜晚年又被禹流放，最后死于苍梧（今广西梧州）。自顾颉刚"疑古说"创立后，连尧舜禹是否真有其人都成了问题。总之，由于年代久远及史料匮乏，上古社会究竟有无禅让已无从考证。然而，后世的汉儒对上古时期的禅让制度心向往之，将"禅让制"推崇为王朝更替的最佳方式。实际上，是因为儒家从"五德终始说"理论出发，希望政权更迭的形式更符合公天下、道德化的准则，故致力于将尧舜禅让模式神圣化。

自从《尚书·尧典》记载了尧舜禅让的传说之后，以"尚贤"理论为基础的禅让制就成了中国古代政权转移的可选方式之一，且在历史上不乏实践者。在汉魏禅代之前，就已经有过燕王哙禅位于其相子之与王莽受汉禅称帝的先例。

春秋战国时期，私有制产生，"国家"作为政权形式已经形成，如果此时想"尊礼复古"，履行禅让制，很难行得通。燕王哙将王位禅让给其相子之，但在齐国武力干涉下很快失败。商鞅变法之后，秦孝公也曾想禅位于商鞅，但商鞅大概有自知之明，没有接受。秦孝公虽然出于"公"心，但他的这个举动实质上害了商鞅，加上商鞅变法的过程中，太子驷的两位老师都受到了极其严厉的惩罚，故太子即位成为秦惠王后，就将商鞅车裂。商鞅之死，并不完全是变法所致，恐怕和之前秦孝公所表现的"禅让"意愿有很大关系。[①]

西汉末年，王莽利用"禅让"与"五德相生""谶纬说"践位称帝，这是一次在大一统王朝内的尝试，是一次对上古社会禅让制全

---

① 《战国策·秦一》载："秦孝公行之（商鞅法）八年，疾且不起，欲传商君，辞不受。孝公已死，惠王代后。"

方位的实践。受九锡与禅让的全套礼数、流程在王莽代汉时基本成型。①

禅让制度后来愈发公式化，礼数周全之后再行禅让，受过九锡的人就成了准皇帝，九锡赏赐的器物都大大超越了人臣的范畴，基本上都是皇帝专有专用。② 王莽虽受九锡、行禅代，但当时西汉刘姓皇族复辟势力强大，刘玄、刘秀等人打出中兴汉室旗号，加之王莽改制失当，导致民怨沸腾，王莽就很快失败。新莽政权被后世定义为"僭伪"，即王莽是独夫民贼，僭窃天号。

赵翼说："其权臣夺国则名篡弑，常相戒而不敢犯。王莽不得已，托于周公辅成王，以摄政践祚，然周公未尝有天下也。"③赵翼这段话的意思是王莽搞的这一套并非是禅让，而是禅代。那么如何理解禅让与禅代的性质及其在古代政治史上的意义呢？

总结一下禅让与禅代之间的区别，至少有三点：第一，禅让发生在上古时代"公天下"的前提下，是人与人之间的相禅；如尧、舜、禹之间的禅让；而禅代发生在中古时代"家天下"的制度下，是王朝与王朝之间的相禅。第二，上古禅让，以天下为公，选贤与能；而中古禅代，是以"禅"而代，即假禅让之名，完成从此姓到彼姓的君臣易位。第三，"禅让"是禅君主动将君位让与受禅者，前者主动，后者被动；而"禅代"是后者强迫前者禅位，后者主动，前者被动，如曹丕逼汉献帝禅位。④

---

① 王莽时期，禅代制度还未真正确立起来。禅代制始作俑者为曹操。操加九锡，封公建国，曹丕因之而终于完成代汉。因此可以把受命禅代制的最终确立定在曹操封公建国及曹丕受禅时期。
② 九锡礼是一种君主专制制度下权臣逾越人臣名分，向准君主迈进的一种非常手段，因为它从礼仪的角度把人臣与君主放在一个大致相同的位置上。九锡礼的授予是新旧王朝即将鼎革的昭示，是易代更祚的宣言书。
③ （清）赵翼：《廿二史札记》卷7"禅代"条。
④ （清）赵翼：《廿二史札记》卷7有"禅代""魏晋禅代之不同""九锡文"条。他将"禅代"与"禅让"作了区分。

曹操在许昌重建汉室后给自己留下了一个十分棘手的难题，即以何种方式来完成易代鼎革。曹操"挟天子以令诸侯"，实际上就等于向世人宣告，他承认了汉献帝的合法性、正统性。魏武虽为"马上天子"，但他却不能用汤武革命的方法来革除汉命。对于曹操而言，要取代汉朝，唯一的方法就是禅代。然而禅代并不容易，尧舜传说不可靠，历史上有记载的几次禅代也都以失败而告终。

汉魏之际想取代东汉王朝的力量虽然不可胜数，但代汉之阻力非常大。诚如田余庆所言："东汉一朝儒学以仁义圣法为教，风气弥笃，也影响着世家大族代表人物士大夫阶层的心态和行为。他们以支撑不绝如线的东汉政权为己任，使改朝换代成为一种十分艰难的事。魏、蜀、吴三国的出现，都不是权臣乘时就势，草草自加尊号而已，而是经历了较长的孕育过程。这就是为什么建安之政得以延续至二十余年之久的原因。"①东汉末年，汉家虽然式微，却依然具有神圣性与正统性，想要彻底摧毁，取而代之，绝非易事，这就是曹操不敢代汉的原因。曹操难道真的不想称帝？非也。曹操对移运汉鼎是十分谨慎的，对拥汉力量的强大有着清醒的认识。操曾有言："夫废立之事，天下之至不祥也。"②殷鉴董卓、袁绍、袁术、刘表等人的教训，他认定如果贸然称帝就等于把自己放在炉火上烤，故决不上孙权的当。

到了曹丕这一代，代汉时机已经成熟。汉献帝这时已成了一具政治僵尸，摆弄他自然不成问题，问题是如何才能使曹魏政权被天下所认同，也就是儒家所说的"受天命"。王朝的正僭问题，即国家最高政治权力的合法性，历来是统治者最为关注的问题。在"天命论"根深蒂固的中国古代社会，人们普遍接受"君权神授"的观念。这种观念认为：某家某姓"王天下"并不是民意的结果，而

---

① 田余庆：《孙吴建国的道路》，载《秦汉魏晋史探微》，中华书局 1993 年，第270—271 页。

② 《三国志》卷 1《武帝纪》注引《魏氏春秋》。

153

是天意的安排。因此判断一个王朝是正是僭,不能仅看其政治势力的大小或军事武装的强弱,而要看其是否获得了绍续古圣治统的天授资格。在古代文献中,常有"天之历数在尔躬"①、"天命靡常,惟德是亲"②、"受命之君,天意之所予也"③、"天命不可违"一类的表述,它们都是对皇权合法性的宣示;而曾对古代政治历史产生过深刻影响的五德终始说与三统说,也是为了迎合统治者的正统、合法需要而炮制出来的理论工具。德国社会学家马克斯·韦伯曾说人类历史上存在过传统型、神授型、法理型三种不同的政治权威,中国古代的一切政治权威都可归类为神授型,这种说法并不是没有道理的。在中国古代,政权转移的方式归根结底只有两种:不是武力征诛(如汤武革命),便是和平授受(如尧舜禅让)。但不管政权以何种形式转移,新崛起的政治权威都必须直面这样一个问题——如何向世人证明自己"王天下"是出自于上天的安排,通过受汉禅的方式践祚的曹魏政权自然也不会例外。

二、曹丕受禅与司马懿上《劝进表》

从时间上看,曹丕于延康元年(220)元月嗣位魏王,至十月代汉称帝,整个受禅过程从准备到完成有九个多月,汉献帝前后下达四次禅位诏,群臣十数次上表劝进,曹丕一而再,再而三的推托。揖让虚文,繁复之极。宋人叶适对此颇为不解,他说:"魏文(帝)之所欲者,禅代耳。而符瑞章奏,劝进辞让,前后节目,连篇累牍,存之极无谓。然可以见其辞烦而理寡也。"④清人李慈铭对《三国志》中的裴松之注颇不以为然:"《三国志》注引《献帝传》载禅代

---

① 《论语·尧曰》。
② 《十三经注疏·孟子注疏·离娄上》孙奭疏。
③ (汉)董仲舒:《春秋繁露·深察名号》。
④ (宋)叶适:《习学记言》卷27《魏志》。

众事书表诏令,往复至万余言,鄙陋诡伪,辞费而言呐,文卑而气苶,承祚尽削之是也。然裴氏载之,亦足著当日之丑。"①诚如叶、李两人所论,这些文字的存在的确有碍于史书编写的简洁。当代不少论者对曹丕禅代之时群臣的劝进与曹丕的"揖让"过程中的种种繁文缛礼亦不得其解,贬之为这是他上演的一场政治闹剧。笔者认为,这并非是一场闹剧,而是曹丕精心策划的政治谋略。因为通过往复揖让,一来可以粉饰自己并无代汉之心,之所以称帝,是因为汉献帝的主动禅让和群臣的一致拥戴,曹丕完全是不得已而受之;二来是借机察看魏国文武官员是否效忠于己,以及天下士人的人心向背。

事实证明,曹丕的担心并非多余。曹魏心腹重臣中亦有人对曹魏代汉表现异常。在曹丕受禅仪式上,相国华歆、尚书令陈群面有不怡之色,使曹丕心中久久不悦。仪式结束后,"朝臣三公已下。并受爵位,华歆以形色忤时,徙为司徒,而不进爵"。后来曹丕问陈群:"我应天受禅,百辟群后,莫不人人悦喜,形于声色,而相国及公独有不怡者,何也?"陈群闻听此言,慌忙离席长跪曰:"臣与相国曾臣汉朝,心虽悦喜,义形其色,亦惧陛下实应且憎。"②幸亏陈群的机智应对才使曹丕转怒为喜。

为何华歆、陈群在曹丕受禅时有不悦之色呢?因为汉魏易代之际,策名新朝固然荣光,眷恋旧朝亦为君子之风、高蹈之举。东汉清议最盛,士风激浊扬清,极重名节,若士人一味取媚新主,丧失气节,将为阀阅门第所不齿,为清流士人所鄙视。华歆、邴原、管宁三人号为一龙,而华歆为龙首,乃海内享有盛誉的大名士;陈群出自颍川陈氏家族,其祖父陈寔是汉末最具声望的士人之一。华歆、陈群虽然支持曹丕代汉,但作为士人家族的首望,前朝旧臣,迫于

① (清)李慈铭:《越缦堂读书记》,中华书局 2006 年,第 198 页。
② 《三国志》卷13《华歆传》注引华峤《谱序》。

时论,也必须对曹丕的篡位之举保持距离,以维护士人名节、道德和家族声望。故华歆、陈群等人不得不在易代之际加以掩饰,[①]这说明曹魏代汉后,社会上的眷汉思潮仍然存在,甚至可以左右时人与士风的是非标准。

更能说明问题的是刘晔的所言所为。刘晔系汉光武帝子阜陵王刘延后裔,兼为曹氏重臣,身份特殊。他在汉魏禅代完成之后,惟恐遭主上猜忌或被人利用,故深居简出,很少同朝臣交往。有人问其何以如此,刘晔答曰:"魏室即阼尚新,智者知命,俗或未咸。仆在汉为支叶,于魏备腹心,寡偶少徒,于宜未失也。"[②]刘晔所说的"魏室即阼尚新,智者知命,俗或未咸"一语,透露出一条极其重要的信息,即曹魏代汉的合法性虽然得到了少数"智者"的首肯,但并未被广大士民所认同。刘晔之论洞若观火,汉代遗民中对曹魏代汉存有抵触情绪者,并不鲜见。如隐士焦先"见汉室衰,乃自绝不言。及魏受禅",[③]他结草为庐,冬夏不穿衣,坐不设席,晚上卧睡在土上,因为从不漱洗,结果弄得满身都是泥浆垢污。焦先以自身的怪异行为表达了对曹魏代汉的反对和愤懑。

更为明显的是,曹魏代汉后,刘备的臣僚太傅许靖、安汉将军麋竺、军师将军诸葛亮等上书怒斥曹丕。书曰:"曹丕篡弑,湮灭汉室,窃据神器,劫迫忠良,酷烈无道。"[④]蜀章武六年(226),诸葛亮首次北伐,"南安、天水、安定三郡叛魏应亮,关中响震"。[⑤] 其实,诸葛亮的大军还在北伐的路途之中,南安、天水、安定的军民就望风归降,蜀军兵不血刃便得三郡,可见其"兴复汉室"的政治宣

---

① 《世说新语》将"陈群有戚容"条归入"方正篇";朱东润曾对华歆、陈群等名士在曹魏政权中的心态、作用做过分析,参见氏著:《八代传叙文学述论》,复旦大学出版社 2006 年,第 81 页。
② 《三国志》卷 14《刘晔传》。
③ 《三国志》卷 11《管宁传附胡昭传》注引《高士传》。
④ 《三国志》卷 32《先主传》。
⑤ 《三国志》卷 35《诸葛亮传》。

传具有强大的号召力。虽然曹魏后来对降蜀吏民进行了严酷的报复,"诸葛亮破走,南安、天水(吏民)皆坐应亮破灭,两郡守各获重刑"。① 但是出现这种"人心思汉"的政治局面,就清楚地表明曹魏代汉受到的阻力之大。

从表象上看,曹丕受禅似乎标志着汉魏鼎革业已完成,但实际上事情远非如此简单。一方面,曹丕受禅时,三国鼎立的局面已经初步定型,魏虽然比吴、蜀强大,却无压倒性优势。另一方面,汉献帝虽然被赶下了政治舞台,但其影响犹在,曹氏宗亲、曹魏大臣及普通民众中仍有相当一部分人眷恋汉室。曹丕登受禅台完成"禅让"之礼,本以为大魏受命乃是尧舜盛世再现,理应普天同庆,万众归心。但出乎其意料的是,金城太守"(苏)则及临菑侯(曹)植闻魏氏代汉,皆发服悲哭"。曹丕闻之,极为恼怒,"顾谓左右曰:'人心不同,当我登大位之时,天下有哭者。'"②

曹丕受禅时,对公卿诸将的政治表态显得极为敏感。曹丕践祚后,征羌护军郭淮奉命来贺,因其途中患疾,未能及时赶到,曹丕却认为郭淮眷恋汉朝,心怀反侧,遂厉声斥责郭淮:"昔禹会诸侯于涂山,防风后至,便行大戮,今溥天同庆,而卿最留迟,何也?"郭淮对曰:"臣闻五帝先教导民以德,夏后政衰,始用刑辟,今臣遭唐虞之世,是以自知免于防风之诛也。"③郭淮能言善辩,应对机敏,才躲过了一劫。

曹丕代汉甚至还遭到了其妹的坚决抵制。据《后汉书·献穆曹皇后纪》载:曹丕受禅之前,曾派使者去汉献帝那里索要传国玉

① 《三国志》卷15《张既传》注引《魏略》。
② 《三国志》卷16《苏则传》,及注引《魏略》。(清)顾炎武《日知录》卷13"陈思王植"条云:"陈思王植初封临淄侯,闻魏氏代汉,发服悲哭。文帝恨之。……夫人革命,而中心弗愿者,乃在于兴代之懿亲,其贤于裸将之士,劝进之臣远矣。"显然,顾炎武认为曹植是反对曹丕代汉的。
③ 《三国志》卷26《郭淮传》。

玺。此时,汉献帝倒显得无所谓,帝位不保,留存玉玺也无用,既然曹丕要,拿去就是了。出乎意料的是,"后怒不与"。曹丕没有想到其妹会助汉家朝廷,于是派人频频催促。"后乃呼使者入,亲数让之。"遂把玉玺掷在栏板上,"因涕泣横流曰:'天不祚尔!'左右皆不能仰视"。可见,曹皇后是坚决反对其兄代汉的。

是否支持曹丕代汉成了公卿大臣是否忠于曹魏的试金石。应该看到,大多数朝臣还是顺应潮流,他们纷纷劝进,大表忠心。太史令单飏、中郎将李伏、太史丞许芝等人不是发现黄龙、凤凰、麒麟、白虎、甘露、醴泉、奇兽等种种祥瑞,就是解释《春秋玉版谶》《易运期谶》《孝经中黄谶》等记载的各种谶纬。其时各种谶纬多得不胜枚举。为免烦琐,笔者仅举一谶。《孝经中黄谶》曰:"日载东,绝火光,不横一,圣聪明,四百之外,易姓而王"。[①] 按照汉代隶书的写法,曹字的上半部正是两个"東"字,缺下半部分(火字),下半部分是"日"字,所以日载东,就是"曹"字。绝火光,就是灭绝汉代的火德。"不"字加一横正是"丕",说明继承汉朝的只能是曹丕。汉朝的天下已经四百余年,气数已尽,该换天子了,所以是"四百之外,易姓而王"。

其时,相国华歆、侍中辛毗、尚书令桓阶、尚书陈矫、御史中丞司马懿等众多臣僚纷纷上表劝进。《三国志·文帝纪》注引《献帝传》禅代众事中有大量的劝进表,繁复之极,本不拟将其罗列,因考虑到司马懿是本书的传主,必须看清他在汉魏禅代中的政治态度,故将其以督军、御史中丞兼东宫旧臣的身份率领属下侍御史郑浑、羊秘、鲍勋、武周的《劝进表》录之如下:

> 癸丑,宣告群寮。督军御史中丞司马懿、侍御史郑浑、羊秘、鲍勋、武周等言:"令如左。伏读太史丞许芝上符命事,臣等闻有唐世衰,天命在虞,虞氏世衰,天命在夏;然则天地之

---

① 《三国志》卷2《文帝纪》注引《献帝传》。

灵,历数之运,去就之符,惟德所在。故孔子曰:'凤鸟不至,河不出图,吾已矣夫!'今汉室衰,自安、和、冲、质以来,国统屡绝,桓、灵荒淫,禄去公室,此乃天命去就,非一朝一夕,其所由来久矣。殿下践阼,至德广被,格于上下,天人感应,符瑞并臻,考之旧史,未有若今日之盛。夫大人者,先天而天弗违,后天而奉天时,天时已至而犹谦让者,舜、禹所不为也,故生民蒙救济之惠,群类受育长之施。今八方颙颙,大小注望,皇天乃眷,神人同谋,十分而九以委质,义过周文,所谓过恭也。臣妾上下,伏所不安。"①

曹魏代汉并不容易。虽然经曹操、曹丕父子两代人数十年的苦心经营,革除汉朝天命的条件在当时已完全具备。然而即使在曹丕受禅时刻,仍有人消极抵制,甚至反对。在此关键时刻,司马懿不仅参与劝进行列之中,而且其中的一次还由他领衔,看来司马懿并非仅仅是顺应所谓的历史潮流,而且是在曹丕代汉的关键时刻投了一张举足轻重的赞成票。

司马懿在《劝进表》中反复论证汉室衰败,天命已去,"非一朝一夕,其所由来久矣"。他肉麻地吹捧曹丕的功绩与道德已覆天盖地,因此"天人感应,符瑞并臻,考之旧史,未有若今日之盛"。并且说:"现在四面八方,全国上下都在殷切期待着您作天子,上天在保佑您,神仙、百姓都在为您尽力,天下十分之九的土地和人民都已归顺于您,您再谦恭,就会使天下之人感到惶惑不安。"从司马懿全力支持曹丕受禅的表现来看,进一步证明了《晋书·宣帝纪》中所谓的司马懿"不欲屈节曹氏"的记载绝不可信。司马懿《劝进表》所表达的忠心不仅在百官群僚,甚至在"太子四友"中也是相当突出的,其对曹丕的输诚效忠超过了陈群、吴质和朱铄。

①　《三国志》卷2《文帝纪》注引《献帝传》。

从内心而言,曹丕对司马懿等人所上的《劝进表》十分受用,但为了将尧舜禅让模式神圣化,使汉魏政权更迭的形式更符合公天下、道德化的准则,他还必须惺惺作态地推辞一番。于是他亲自作《答司马懿等再陈符命令》,令曰:

> 世之所不足者道义也,所有余者苟妄也;常人之性,贱所不足,贵所有余,故曰:"不患无位,患所以立。"孤虽寡德,庶自免于常人之贵。夫石可破而不可夺坚,丹可磨而不可夺赤。丹石微物,尚保斯质,况吾托士人之末列,曾受教于君子哉?且于陵仲子以仁为富,柏成子高以义为贵,鲍焦感子贡之言,弃其蔬而槁死,薪者讥季札失辞,皆委重而弗视。吾独何人?昔周武,大圣也,使叔旦盟胶鬲于四内,使召公约微子于共头,故伯夷、叔齐相与笑之曰:"昔神农氏之有天下,不以人之坏自成,不以人之卑自高。以为周之伐殷以暴也。"吾德非周武而义惭夷、齐,庶欲远苟妄之失道,立丹石之不夺,迈于陵之所富,蹈柏成之所贵,执鲍焦之贞至,遵薪者之清节。故曰:"三军可夺帅,匹夫不可夺志。"吾之斯志,岂可夺哉?①

曹丕说人世间所不足的是"道义",故"不患无位,患所以立"。言下之意自己是高风亮节的君子。他自谦为"寡德"之人,道德不及周武王,而仁义比不上伯夷和叔齐。他用"石可破而不可夺坚,丹可磨而不可夺赤""三军可夺帅,匹夫不可夺志"来表示自己不愿当皇帝的决心。当然,所有这一切都是他的政治表演,也是禅代进程中所必须实施履行的程序。

经过九个多月的精心准备,大臣们十数次的上表劝进,汉献帝前后四次下达禅位诏书,延康元年(220)十月二十八日,曹丕终于在司马懿、桓阶等人所上的"登坛受命表"上,批下了"可"字。翌

---

① 《三国志》卷2《文帝纪》注引《献帝传》。

日,曹丕踌躇满志地登上了受禅台,①参加受禅大典的有文武百官和匈奴等四夷使者共数万人。自此,东汉的统治宣告结束,曹魏代汉,建立了新的王朝。

曹丕称帝的过程是对尧舜禅让的一次精妙模仿,他在即位后感叹道:"舜禹之事,吾知之矣!"②此话的意思是,上古尧舜之事虚无缥缈,其禅位仪式并不清楚,如今自己模仿尧舜故事,尧舜禅让才变为现实。曹丕对尧、舜禅让是全方位的模仿。传说中,舜即位后,娶了尧的两个女儿——娥皇和女英;曹丕称帝后,也娶了汉献帝的两个女儿。在这个问题上,后世史家颇多非议,认为曹丕以舅娶甥乃越礼之行、好色之性。笔者认为,曹丕为把汉魏禅代演得更逼真、更圆满,故悖逆传统的伦理道德,以舅娶甥是汉魏禅代的政治需要,和个人品质并无多大关系,不能以世俗之礼度之。

曹魏虽居中原,禅代后一直标榜己为正统,而以吴蜀为僭伪。但其对自己是否是天下正统之所在,以及日后能否统一天下,并无十分把握。如孙权曾以郎中令陈化出使曹魏,曹丕设宴款待。席间,"魏文帝因酒酣,嘲问曰:'吴、魏峙立,谁将平一海内者乎?'化对曰:'《易》称帝出乎震,加闻先哲知命,旧说紫盖黄旗,运在东南。'帝曰:'昔文王以西伯王天下,岂复在东乎?'化曰:'周之初基,太伯在东,是以文王能兴于西。'帝笑,无以难。"③又如,蜀将黄权降魏,魏明帝问黄权:"天下鼎立,当以何地为正?"黄权用当时

① 今河南省临颍县繁城镇存有汉魏受禅台、许昌曹魏故城汉献帝庙《受禅碑》与《上尊号碑》等历史遗址。《受禅碑》与《上尊号碑》又称"三绝碑",内容为魏文武大臣奏请曹丕代汉称帝事。奏章云"汉帝奉天命以固禅,群臣敬天命以固请"。表明汉献帝让位,曹丕代汉乃天命所归。奏章前列公侯卿相将军等四十六人职名。两碑系王朗文、梁鹄书、钟繇镌字,谓之三绝,即文表绝、书法绝、镌刻绝。此碑在历史上被称之为汉魏鼎革的里程碑,有很高的史料价值和艺术价值,现为国家级重点文物,存于许昌市西南十七公里处的繁城镇汉献帝庙内。
② 《三国志》卷2《文帝纪》注引《魏氏春秋》。
③ 《三国志》卷47《吴主传》注引《吴书》。

的天文现象巧妙地回答:"当以天文为正。往者荧惑守心而文皇帝崩,吴、蜀二主平安,此其徵也。"①

曹丕受禅后,不仅吴蜀侧目,声讨曹丕篡汉的罪行,甚至一些地方割据势力,亦不认同曹魏是天下正朔之所在。如刘备新丧,南中地方豪族雍闿即在永昌反叛,"李严与闿书六纸,解喻利害,闿但答一纸曰:'盖闻天无二日,土无二王,今天下鼎立,正朔有三,是以远人惶惑,不知所归也。'"②雍闿桀骜不驯,既不认同蜀汉是正统,亦不承认曹魏是天下唯一的正朔,公然降吴。辽东公孙渊叛魏联吴,在其上孙权的表章中,称自己"犹知符命未有攸归",言外之意竟然是贬魏尊吴,并祝孙权能够"蚤定洪业,奋六师之势,收河、洛之地,为圣代宗"。③

对此状况,曹魏当然不会熟视无睹,为了收拾人心,使汉魏禅代更显真实,并在三国鼎立的格局中建立天朝上国的宗主地位,曹魏代汉后仍有强烈的合法化、正统化诉求,要求曹丕及其后继者魏明帝曹叡去积极地运作。④

三、假戏为何要真演

汉魏禅代明明是一场假戏,但为何曹丕和他手下的大臣们却要演得如此逼真呢? 这似乎成了一个谜。我认为,只要仔细分析,这个谜团并不难解开。

---

① 《三国志》卷 43《黄权传》注引《蜀记》。
② 《三国志》卷 43《吕凯传》。
③ 《三国志》卷 8《公孙度传附公孙渊传》注引《吴书》。
④ 虽然汉魏禅代的主角是曹丕,但是整个事件却是曹操奠基、曹丕受禅与曹叡完善三个阶段的组合,它们前后照应、相辅相成,三曹在不同阶段的举措,对禅代的发生、发展、完成都发挥了重要作用。有关曹魏禅代后的合法化、正统化运作可参阅笔者所撰的《王朝鼎革的主流形态:以汉魏禅代为中心》一文,载《汉魏禅代与三国政治》,东方出版中心 2013 年。

首先,自春秋以降,凡废主弑君者皆被视为国贼巨奸,在历史上要留下千古骂名。所以禅代就是一种可以正名的方法。逼迫汉献帝自己主动让位,曹丕再假惺惺地推揖一番,这样篡位就成了禅代,无论是傀儡天子汉献帝还是魏王曹丕都成了尧、舜一样的圣君。当然,这种禅让毕竟不是真禅让,因为对于汉献帝而言,是被逼无奈的,如果不是曹操父子以武力威逼他,他哪里肯心甘情愿地放弃历经四百多年的汉家社稷。对于这一点,清代乾嘉学派的代表人物赵翼就看得很清楚,他把汉魏之际的易代鼎革称之为"禅代",禅代同禅让是不同的(之前已作了分析),一字之差反映出汉魏禅代完全不同于上古社会的尧舜禅让。

其次,曹操虽然统一了北方,但终因顾虑没有平定四海,统一天下而不敢称帝。曹操死后,曹丕继位,三分天下的局面已经形成。曹丕的文韬武略远不如乃父,不可能在短时间内完成统一大业,对于曹丕来说,国内的形势已经基本稳定,代汉称帝也已水到渠成,但代汉的形式却要考虑,如果不行禅代,直接废君弑主,就会给刘备①、孙权以借口。一旦吴、蜀二国打着"兴复汉室"的旗号,共同伐魏,就会给曹丕造成很大的威胁。

汉魏禅代是中国古代帝制时代禅代政治的开端,至于其后南北朝之禅代,虽然血腥大于礼让,②其模式和仪制亦间有损益,但

---

① 当刘备听说曹丕受禅,又"传闻汉帝见害,先主乃发丧制服,追谥曰孝愍皇帝"(《三国志》卷32《先主传》),后来得知汉献帝被封为山阳公且受到优待,显然也无言以对。

② 刘裕代晋不久,就将禅位于他的晋恭帝司马德文杀死。刘裕之后,凡受禅者,必定将禅位者全族诛灭。为何刘裕要开弑禅君之先河?笔者认为可从时代背景及刘裕出身来剖析。东晋南北朝门阀士族势力强大,垄断政权,寒门庶族即使凭借军功进入统治集团高层,甚至成为九五之尊,仍不得不与士族共天下。刘裕起于寒微,因出身行伍,而遭到以王、谢为代表的士族们的蔑视。刘裕之子亦未必能做到如曹丕、司马师、司马昭那样掌控全局,所以迫使他不得不在有生之年禅代。由于他政治基础薄弱,得不到高门士族的有力支持,为防止晋帝复辟,故将其杀死,以绝众望。

主体仍是因循汉魏故事。可见,曹氏代汉的一系列手段和措施具有划时代的意义。若简单地将其斥为"假禅让为攘夺",实有"一叶障目,不见泰山"之嫌。我们可以把曹魏代汉看成为中国古代禅让政治的分界岭,之前是传说中的原始禅让政治,之后是帝制社会的禅代政治。原始禅让制与帝制时代的禅代制具有完全不同的性质。前者是部落联盟时代的原始民主选举制度,后者是皇权专制体制内的易代更祚。因此汉魏禅代绝不是古典式的禅让,而是被温情脉脉的"让贤"外衣包裹起来的向旧王朝君主的冷酷逼宫,带有暴力的倾向,但最后使政权在易姓之间和平过渡,平稳交接。

从禅代的性质来看,禅代更像是"禅让"和"征诛"的混合体,只是"征诛"的对象是诸侯割据势力,不是旧王朝罢了。其实,曹魏代汉亦并非完全是和平过渡,曹操兴兵灭袁绍、袁术、吕布、刘表、陶谦、张绣、张鲁等众多诸侯,武功赫赫,代汉仍有"征诛"的意味。但曹氏始终认为"征诛"虽可获得实际权力,但在儒学传统浸淫深厚的汉代,很难获得合法性,故用"禅代"的方式来规避世人将其视为"篡位"的风险。事实证明,只有将征诛、禅让这两种手段结合起来才是禅代。没有显赫的军功,禅代将缺乏社会影响力与认同度,在朝廷之上也缺乏威望;反之,若只有"征诛"而无"禅让",亦占领不了儒学伦理道德上的制高点,容易被贬为"篡位"。

汉魏禅代极具示范典型意义,中古禅代政治成功的圭臬不仅自它而始,且其中诸多政治策略亦为后继者所效仿与趋步。以效法尧舜授受、君位让贤的形式进行礼仪化、正统化包装的曹魏代汉,最终解决了在封建皇权专制时代,权臣如何易代鼎革的一大难题。

四、魏晋登基典仪比照

笔者为何要以较大的篇幅来论述汉魏禅代呢? 因为仅仅过了

四十五年,司马懿的孙子司马炎也如法炮制,进行了魏晋禅代。从史书的记载中可知,魏晋禅代从过程到形式、内容几乎就是汉魏禅代的复制与克隆。我们不妨将曹丕与司马炎的登基典仪进行比照:

(一)汉魏禅代。延康元年(220)冬十月,汉献帝以众望在魏,于是下诏书,使兼御史大夫张音持节奉玺绶禅位。魏王却之再三,终于接收。史载:

> 辛未,魏王登坛受禅,公卿、列侯、诸将、匈奴单于、四夷朝者数万人陪位,燎祭天地、五岳、四渎。曰:"皇帝臣(曹)丕敢用玄牡昭告于皇皇后帝:汉历世二十有四,践年四百二十有六,四海困穷,三纲不立,五纬错行,灵祥并见,推术数者,虑之古道,咸以为天之历数,运终兹世,凡诸嘉祥民神之意,比昭有汉数终之极,魏家受命之符。汉主以神器宜授於臣,宪章有虞,致位于丕。丕震畏天命,虽休勿休。群公庶尹六事之人,外及将士,洎于蛮夷君长,佥曰:'天命不可以辞拒,神器不可久旷,群臣不可以无主,万机不可以无统。'丕祗承皇象,敢不钦承。"①

曹丕即位后,即改延康元年为黄初元年,立国号为魏,封汉献帝为山阳公,允许他在封地行汉正朔,建汉宗庙以奉汉祀。以天子之礼郊祭,上书不称臣,受诏不答拜。曹丕还对刘协说:"天下之珍,当与山阳共之。"②青龙二年(234)三月庚寅,汉献帝去世,享年五十四岁,魏明帝曹叡率群臣亲自哭祭。八月壬申,以汉天子礼仪葬刘协于禅陵,谥号为孝献皇帝。

王朗之子王肃于青龙年间上表魏明帝曰:"魏之待公,优崇而不臣。既至其薨,棺敛之制,舆徒之饰,皆同之于王者,是故远近归

---

① 《三国志》卷2《文帝纪》注引《献帝传》。
② 《三国志》卷22《卫臻传》。

仁,以为盛美。"①明人方孝孺在《武王伐纣》一文中论道:"汉高祖、魏文帝皆中才之主,非有圣智之度,高祖犹能不杀子婴,文帝犹能奉山阳终其身。曾谓武王圣人而忍其君至此乎?吾决知其不然矣。"②从优待汉献帝一事来说,方孝孺认为曹丕做得比周武王这样的圣君还要好。

(二)魏晋禅代。咸熙二年(265)冬十二月壬戌,魏元帝曹奂见天禄永终,历数在晋,遂遣使持节侍中太保郑冲、兼太尉司隶校尉李憙奉皇帝玺绶策书,禅位于司马炎。《晋书·武帝纪》载:

> 设坛于南郊,百僚在位及匈奴南单于四夷会者数万人,柴燎告类于上帝曰:"皇帝臣(司马)炎敢用玄牡明告于皇皇后帝:'魏帝稽协皇运,绍天明命以命炎。昔者唐尧,熙隆大道,禅位虞舜,舜又以禅禹,迈德垂训,多历年载。暨汉德既衰,太祖武皇帝拨乱济时,扶翼刘氏,又用受命于汉。粤在魏室,仍世多故,几于颠坠,实赖有晋匡拯之德,用获保厥肆祀,弘济于艰难,此则晋之有大造于魏也。诞惟四方,罔不祗顺,廓清梁岷,包怀扬越,八纮同轨,祥瑞屡臻,天人协应,无思不服。肆予宪章三后,用集大命于兹。炎维德不嗣,辞不获命。于是群公卿士,百辟庶僚,黎献陪隶,暨于百蛮君长,佥曰:'皇天鉴下,求人之瘼,既有成命,固非克让所得距违。天序不可以无统,人神不可以旷主。'炎虔奉皇运,寅畏天威,敬简元辰,升坛受禅,告类上帝,永答众望。"

司马炎登上帝位后,改年号为泰始,立国号为晋,封逊位的曹奂"为陈留王,邑万户,居于邺宫"。旋"诏陈留王载天子旌旗,备五时副车,行魏正朔,郊祀天地,礼乐制度皆如魏旧,上书不称臣"。③

---

① 《三国志》卷13《王朗传附王肃传》。
② (明)方孝孺:《逊志斋集》卷4。
③ 《晋书》卷3《武帝纪》。

对陈留王曹奂禅位于晋，《三国志》作者陈寿作出如是评论："陈留王恭己南面，宰辅统政，仰遵前式，揖让而禅，遂飨封大国，作宾于晋，比之山阳（刘协），班宠有加焉。"[①]

晋武帝司马炎对待曹奂完全按照汉魏禅代模式，不仅封他为陈留王，食邑万户，将宫室安设在曹魏故都邺城，曹操所建铜雀台之侧，而且还准许他使用天子旌旗，备五时副车，行魏国正朔，郊祀天地、礼乐制度都仿效魏朝制度，上书不称臣，受诏不拜。其各种丰厚地位、待遇、结局几乎是历代亡国之君之最。曹奂退位后，在封国又存活了37年，于晋惠帝太安元年（302）去世，终年五十八岁。曹奂薨逝后，晋朝特令予以厚葬，并为他上谥号为"元"，后世遂称其为魏元帝。曹奂死后，陈留王的爵位一直由其子嗣或宗亲传承，甚至晋室南迁、南朝建立后，依然得以保留，直至南朝萧齐立国后才被废除。

由此可见，魏晋两个王朝的禅代范式毫无二致。司马炎为何完全照搬前朝，甚至连即位诏书的用词也十分相似，笔者揣测这可能同其祖司马懿有关。数十年前，司马懿亲身经历和参与了这场史无前例、盛况空前的汉魏禅代，必然给他留下了极其深刻的印象。极有可能，司马懿将其感同身受语之其子孙。不知其心中当时是否亦有刘邦与项羽见秦始皇巡游时发出的"大丈夫当如此也"[②]或"彼可取而代之也"[③]的感慨，假如司马懿有此思此念，死后亦了无遗憾，因为其生前已为司马代魏奠定了坚实的基础，司马昭去世不久，晋武帝即受魏禅，亡魏成晋，完成了司马懿的夙愿。

探讨中国古代的"禅代"问题，需考虑阶段性划分。"曹魏代汉"虽是始作俑者，但真正将"禅代"作为王朝更迭的形式继承并

①　《三国志》卷4《三少帝纪》评曰。
②　《史记》卷8《高祖本纪》。
③　《史记》卷7《项羽本纪》。

固定下来的是"司马代魏",之后中国进入了南北朝时期,王朝更迭都概莫能外地采用"禅代",包括南朝宋齐梁陈;北朝东魏北齐;西魏北周,再到隋唐,"甚至唐高祖本以征诛起,而亦假代王之禅,朱温更以盗贼起,而亦假哀帝之禅"。[①] 世人完全接受了这种权力交接的范式,成为约定俗成的易代方式。

从"曹魏代汉"到"司马代魏",新朝天子对于前朝皇帝都以虞宾相待,按上古故事,禅让双方是尧、舜之君,所以新君对禅位者以国宾的礼遇来对待:禅君上书不称臣,受诏不拜,备五时副车,郊天祀祖可行天子之礼,在封国里仍可使用自己的年号等。禅君虽有人监视,但最终都能寿终正寝。

五、汉魏晋禅代检讨

对汉魏晋禅代如何评价?这是一个很复杂的问题。笔者认为,曹魏代汉是中古历史上第一次成功的"禅让",具有里程碑及划时代的意义。然而,传统的儒学纲纪伦理将中古禅代视为"假禅让为攘夺"。所谓的"攘夺",在世俗观念看来即是篡位的代名词。而"篡位"名称的本身即带有严重的贬斥。《尔雅·释古》对"篡"的解释是"盗位曰篡","盗位"即是对帝位的非法据有。史家对于权臣禅代所用的都是奸雄、篡逆、窃权、窃国、挟天子以售其奸之类带有强烈道德判断的用词。如此一来,中国帝制社会这一易代鼎革的重要范式——禅代政治,长期以来就未受到足够的关注和重视。

据统计,继汉魏禅代之后,西晋至北宋共有十三个王朝是以禅

---

① (清)赵翼:《廿二史札记》卷7"禅代"条。

代方式完成易代更祚的。① 加上之前的王莽代汉,禅代政治时间跨度近千年,②已成为王朝更迭的重要范式。禅代政治甚至对近代历史亦造成重大影响。由"武昌起义"发端的"辛亥革命",最终也是仿效汉魏故事、以禅代方式结束清朝统治。③

　　禅代这一更祚鼎革的范式有值得肯定的一面,这是因为禅代利用相对和平的方式实现了政权在异姓之间的转移,避免了政变的刀光剑影与战争导致的伏尸百万、流血漂橹。在汉、魏失其鹿、易代鼎革已成定局的情况下,汉魏、魏晋禅代仅仅以前朝帝王一姓一族权力的终结来实现政权的平稳交接。它将"征诛"所导致的无差别血腥杀戮及生产力受损、黎民死伤等易代更祚的社会成本大为降低,这些都是值得我们肯定的。更何况,在儒家语境下,"禅代"也更加契合中国古代的仁政精神与礼制原则。

　　有宋以来,将防范裁抑武将作为国策,"守内虚外","重文轻武",最终导致少数民族以"征诛"的形式多次入主中原,这对正在试图走出中世纪的宋元明清社会造成了极大破坏,宋元更祚,明清鼎革导致的直接后果就是对当时社会的大破坏:人口大量死亡,生产力大幅度倒退,如此一来,王朝周期必然反复循环,很难跳出周期律。反之,元明清易代若采取汉魏晋更祚或赵匡胤的陈桥故事,是否有利于中国早日走出中世纪? 走向全球化? 是否有利于中国早日由农耕社会向工业化社会转型? 这是笔者研究汉魏晋禅代政

---

① 赵翼曾有言:"自此例一开,而晋、宋、齐、梁、北齐、后周以及陈、隋皆效之。此外尚有司马伦、桓玄之徒,亦援以为例。甚至唐高祖本以征诛起,而亦假代王之禅,朱温更以盗贼起,而假哀帝之禅。至曹魏创此一局,而奉为成式者,且十数代,历七八百年,真所谓奸人之雄,能建非常之原者也。"载《廿二史札记》卷7"禅代"条。

② 公元8年,王莽代汉,宣布即天子位,国号新。公元960年,赵匡胤发动陈桥兵变,受后周恭帝禅位,建立北宋。

③ 清末隆裕太后颁布禅位诏书,以和平方式将政权移交给民国政府,这是禅代政治在近代历史上的复活,其原因可另作讨论。

治时,时常考量的问题。

由于禅代是以和平过渡的方式来更迭政权,故社会的元气和民众的正常生活就不会受到太大的影响,而且容易复苏。如曹魏代汉后,中原地区的经济得到了迅速的恢复和发展,人口也有了显著的增长,这为西晋统一奠定了基础。西晋代魏后,不久即出现了太康之治。西晋初年的社会经济得到了较快的恢复和发展,家给人足,牛马遍野,余粮委田,出现了民生富庶、天下康宁的升平景象。

当然,也可能有人会质疑是否因禅代政治而导致西晋国祚短暂。晋武帝去世后不久就发生"永嘉之乱",五胡乱华,衣冠南渡。然而笔者认为那是武帝晚年昏聩,立嗣不当,贾后乱政的结果,与禅代毫无关系。若禅代导致社会动乱,王朝短暂,那么后周禅宋后,两宋国祚何以长达三百余年,其经济发展水平在当时的世界范围内都处于领先地位。正如邓广铭所云:"宋代是我国封建社会发展的最高阶段。两宋时期的物质文明和精神文明所达到的高度,在中国封建社会历史时期之内,可以说是空前绝后的。"①

清代学者钱大昕十分关注"禅代"这个重要历史命题。钱大昕的卓识在于,以仁爱民本之心考察"禅让"与"征诛"两种更迭方式的社会成本。钱大昕云:

> 易姓改物,变态非一端,圣人故不能预知,要亦不外此两种窠臼。圣人虽恶曹马之妄学舜禹,断不喜张献忠、李自成之妄学汤武也。儒者立言,当为万世生民虑,吾恐征诛之惨,更甚于禅让,故不可以不辨……其起于编户者,则托"征诛"之名,其托权臣者,则托"禅让"之名,要其初皆因利乘便,尚诈力而远仁义,非有除暴安民之心也。其传世短促者姑置勿论,若汉唐宋明,开国以后,规模整肃,粲然可观,虽无濬哲钦明之

---

① 《邓广铭学术论著自选集》,首都师范大学出版社1994年。

德,实有安民和众之功,则推之为三代之下之贤君可也,奚必较量其起事之正否而上下其手乎?①

钱大昕认为"易姓改物,变态非一端",采用何种方式易朝换代,是很难让世人做出选择的。所谓"曹马"称帝不正,实乃纲常伦纪之言。圣人虽然厌恶曹丕、司马炎打着舜禹的招牌,施行禅让,但亦"断不喜张献忠、李自成之妄学汤武也"。钱大昕所云的"张献忠、李自成妄学汤武",是指张、李的军队在明清易代之际大肆杀戮,特别是张献忠屠蜀更是惨绝人寰,以致"征诛之惨,更甚于禅让"。钱氏通过抨击张、李安学汤武革命,在一定程度上则是对汉魏、魏晋禅代给予肯定。钱氏认为得天下者无论是起于底层的"编户"庶民,采用"征诛"的方式,还是权臣"托禅让之名",攘夺政权,只要统治者在"开国以后","规模整肃,粲然可观",有"安民和众之功",便是"贤君",何必斤斤计较"量其起事之正否而上下其手乎"?自曹操被后人视为"汉贼","司马昭之心,路人皆知"成为形容野心家的代名词后,禅代即被世人目为篡位。宋代出现的程朱理学将忠君观念提到了前所未有的高度。理学家鼓吹"忠君"才是"天下之定理"。在忠君观念衍化为"天理"的明清社会,人臣觊觎神器,欲图大位,已被视作天理难容。钱大昕能为"禅代"和"曹马"正名,是颇为不易的。

最后需要指出的是,由于曹魏统治者出身寒族,未能全力推行儒学、崇尚礼法,故始终无法得到世家大族的真心拥戴。东汉以治经起家的高门世宦自诩为"清流",视阉宦、外戚或寒门子弟为"浊流"。因曹操祖父曹腾是东汉桓帝的中常侍,故曹操属于浊流,被以袁绍为代表的世宦大族斥之为"赘阉遗丑"。尽管曹操、曹丕、曹叡祖孙三代孜孜经营曹魏政权,但曹氏家族的宦官出身仍是他们无法摆脱的阴影。在重门第、讲血统的汉魏时代,他们虽贵为皇

① (清)钱大昕:《潜研堂集》卷36《与邱草心书》。

族,却为衣冠望族所不齿。陈寅恪在分析魏晋禅代时说:"魏晋统治者的社会阶级是不同的,不同处是河内司马氏为地方上的豪族,儒家的信徒,魏皇室谯县曹氏则出身非儒家的寒族,魏、晋的兴亡递嬗,不是司马、曹氏两姓的胜败问题,而是儒家豪族与非儒家的寒族的胜败问题。"[①]其次,曹魏国祚短促,代汉后的两代帝王曹丕与曹叡,虽不失为雄略之主,但皆享国短浅,寿不永年,继统的三少帝皆为幼主,不仅不能理政,反而成为权臣掌控的傀儡,故很难将曹魏的正统化运作深入下去。再者,曹魏虽统一了北方,却始终难以打破与吴蜀的鼎立局面,无法结束自汉末以来近百年的分裂割据状况,如此亦就很难论证天命所归,结果其统一四海之使命不得不由司马氏来完成。所谓"除三国之大害,静汉末之交争,廓九域之蒙晦,定千载之盛功者,皆司马氏也"。[②] 所以,尽管曹氏对其政权的合法化、正统化运作煞费苦心、不遗余力,但其成效始终有限,不能像"汉家君天下四百许年,恩泽深渥,兆民戴之来久"[③]那样深入人心。正是由于上述种种原因,曹魏政权的正统化最终事倍功半,其社稷亦轻易地被司马氏所取代。纵然如此,曹魏代汉仍然是中国历史上第一次成功的禅代,是一次了不起的创举,为后世所踵袭和完善。

---

①　陈寅恪:《魏晋统治者的社会阶级》,见《魏晋南北朝史讲演录》,黄山书社1999年,第1页。

②　《汉晋春秋辑本》卷1,商务印书馆1937年。

③　《三国志》卷6《袁绍传》注引《献帝春秋》。

第六章　辅政大臣是怎样炼成的

一、反对放弃襄阳与击败诸葛瑾

曹丕称帝,正式建立曹魏王朝,作为魏文帝的从龙功臣,司马懿开始了自己仕途的第二阶段。曹丕即位之初,就封司马懿为尚书,晋爵安国乡侯。尚书是尚书台官员,尚书台为中枢机构,替皇帝处理群臣奏章及制敕批答等朝廷日常事务。司马懿任尚书,乃是皇帝近臣,自然可以备君主顾问,就朝廷军国大事发表自己的见解。曹丕受禅前,孙权曾率大军"西过",似乎有进攻襄阳、樊城的迹象。由于不久前,关羽攻打襄樊,水淹七军,造成曹魏举国震惊,曹操几欲迁都避其军锋。后来虽经孙权偷袭荆州成功,解了襄樊之围,但曹魏群臣仍然心有余悸,几乎成了惊弓之鸟。曹丕对襄阳弃守问题犹像不决,于是召集文武官员廷议,群臣们都认为:襄阳、樊城没有粮食,不能坚守,主张主动放弃襄阳,并将车骑将军曹仁召回宛城。唯独司马懿持反对意见,他说:

> 孙权新破关羽,此其欲自结之时也,必不敢为患。襄阳水陆之冲,御寇要害,不可弃也。[①]

司马懿认为,孙权不久前打败了关羽,正冀图同我们结好,必定不敢进犯襄樊。襄阳是水陆交通的冲要,兵家必争之地,绝不能放弃。司马懿的这一见解是完全正确的。因为襄阳自春秋以来就是

---

① 《晋书》卷1《宣帝纪》。

连接江汉平原和南阳盆地的重要交通要冲,几条水陆路都在此交汇,使其成为沟通南北,承东启西的一个重要枢纽,因而是战略要地,在军事上具有极高的价值。

曹丕之子魏明帝曹叡似比其父见识要高,他对襄阳在军事上的作用极为重视,曹叡说:"先帝(曹操)东置合肥,南守襄阳,西固祁山,贼来辄破于三城之下者,地有所必争也。"①曹叡认为对于魏国而言,祁山、合肥、襄阳这三座城市极为重要,是绝不可放弃的。东晋大将庾翼也说:"计襄阳,荆楚之旧,西接益、梁,与关陇咫尺,北去洛河,不盈千里,土沃田粮,方城险峻,水路流通,转运无滞,进可以扫荡秦赵,退可以保据上流。"②清人顾祖禹则对三国时期的襄阳之战作了全面的回顾和总结:

> 襄阳府跨连荆豫,控扼南北,三国以来,尝为天下重地。曹公赤壁之败,既失江陵,而襄阳置戍,屹为藩捍。关壮缪在荆州,尝力争之,攻没于禁等七军,兵势甚盛。徐晃赴救,襄阳不下,曹公劳晃曰:"全襄阳,子之力也。"盖襄阳失,则沔、汉以北危。当操之失南郡而归也,周瑜说权曰:"据襄阳以蹙操,北方可图。"及壮缪围襄、樊,操惮其锋,议迁都以避之矣。吴人惧蜀之逼,遽起而议其后,魏终得以固襄阳,而吴之势遂屈于魏。自后诸葛瑾、陆逊之师屡向襄阳,而终无尺寸之利,盖势有所不得逞也。③

建安二十四年,曹操为保卫襄阳,几乎倾全国之力;曹仁在兵微将寡,粮草将尽的情况下,仍然誓死坚守襄阳。但曹丕的政治见解明显不如其父,甚至也不如其子,他不听司马懿的良言相劝,竟然下

① 《三国志》卷3《明帝纪》。
② 《晋书》卷73《庾翼传》。
③ (清)顾祖禹:《读史方舆纪要》卷79《湖广五·襄阳府》,上海书店出版社1998年。

令让曹仁将襄樊二城"焚弃"。①

关于孙权是否乘机派兵占领襄阳的问题，《晋书》与《三国志》的记载存在歧异。《晋书·宣帝纪》说："孙权果不为寇，魏文悔之。"似乎吴军没有占领已是一座空城的襄阳。但《三国志·曹仁传》的记载却完全不同："孙权遣将陈邵据襄阳，诏曹仁讨之。仁与徐晃攻破邵，遂入襄阳，使将军高迁等徙汉南附化民于汉北。"两相比较，《曹仁传》的记载更为可靠。幸亏孙权轻敌，仅派了一个名不见经传的三流将军陈邵去攻占襄阳，邵岂是曹魏一流名将曹仁、徐晃的对手，陈邵被击败，襄阳失而复得，又重新回到了曹魏手中。曹丕作出的错误决策也得以弥补。

孙权不甘心襄阳得而复失。黄初七年（226），孙权在得知魏文帝去世后，于八月出兵攻魏。命诸葛瑾、张霸兵分两路进攻襄阳，并亲自率军进攻江夏郡。司马懿这时已升任抚军大将军，魏明帝命司马懿为主帅，率兵出征，迎战诸葛瑾、张霸。对司马懿而言，初次带兵作战是个严峻的考验。因为以往他都是作为随军参谋，于帷幄之中替主将出谋划策，对战争胜负不负主要责任。而这一次是司马懿作为主将单独领兵出征，且对手也是颇具声望的吴国重臣诸葛瑾。

汉魏时期，诸葛氏兄弟分别出仕三国，诸葛瑾后在吴国担任大将军，诸葛亮在蜀汉担任丞相，诸葛诞在魏国任征东大将军。史书称诸葛氏"一门三方为冠盖，天下荣之。瑾才略虽不及其弟，而德行尤纯"。② 刘义庆《世说新语·品藻》云："诸葛瑾弟亮及从弟诞，并有盛名，各在一国。于时以为'蜀得其龙，吴得其虎，魏得其狗'。（诸葛）诞在魏，与夏侯玄齐名；瑾在吴，吴朝服其弘量。"早年，诸葛瑾为避战乱迁往江东，经鲁肃推荐，为东吴效力，其胸怀宽

---

① 《晋书》卷1《宣帝纪》。
② 《三国志》卷52《诸葛瑾传》注引《吴书》。

广,温厚诚信,深得孙权信任。公元219年,他跟随孙权讨伐关羽。吴蜀夷陵之战前,他被派往蜀汉前去求和,在缓和蜀汉与东吴的关系上起到了很大的作用。吕蒙病逝后,诸葛瑾代吕蒙领南郡太守,驻守公安。

诸葛瑾虽被时人称为"虎",但其军事才能远不及乃弟诸葛亮。诸葛瑾闻悉司马懿率军前来,就慌了手脚。司马懿轻松击败诸葛瑾,并斩杀诸葛瑾部将张霸,歼灭吴军千余人,[①]算是初战告捷,大获全胜。是年十二月,司马懿以此军功由抚军大将军晋升为骠骑将军。在汉魏时期将军的位次名号上,骠骑将军位比三公,禄秩万石,其职权仅次于大将军,而高于车骑将军和卫将军。

二、吴魏质子之争与外交博弈

尽管战略重地襄阳失而复得,但亦可看出曹魏的开国之君曹丕的治国治军才能有限,远不能同乃父曹操相比。事实上,曹丕对司马懿的信任也是有限的,完全做不到言听计从。由于曹丕刚愎自用,不肯善纳良谋,故司马懿在曹丕一朝也极少进谏,甚至在吴蜀爆发夷陵之战,曹魏可乘此绝佳良机统一天下的关键时刻,也不见司马懿有何良谋奇策的献纳。

曹魏统一天下的良机出现在曹丕即位之初。建安二十四年(219),孙权袭取荆州,擒杀关羽。刘备既损上将,又失去战略要地荆州,愤恨不已,遂于称帝后,亲率大军伐吴。刘备东进,东吴并非没有能力御敌,但就怕曹魏趁机南下,腹背受敌,那就是东吴的危急存亡之秋了。孙权审时度势,针对初受禅即祚的曹丕渴望得到认同曹魏"受天命"的心理,决计投其所好,"使命称藩,及遣于

---

① 《三国志》卷52《诸葛瑾传》注引《吴录》曰:"(诸葛)瑾性弘缓,推道理,任计划,无应卒倚伏之术。"

禁等还"。① 对于孙权的称臣，侍中刘晔告诫曹丕切不可为孙权的外交手腕所惑。刘晔向曹丕建言："今天下三分，中国十有其八。吴、蜀各保一州，阻山依水，有急相救，此小国之利也。今还自相攻，天亡之也。宜大兴师，径渡江袭其内。蜀攻其外，我袭其内，吴之亡不出旬月矣。吴亡则蜀孤。若割吴半，蜀固不能久存，况蜀得其外，我得其内乎！"平心而论，刘晔对时势的分析是十分准确的。天下三分，吴、蜀二个小国相互攻伐，形势对曹魏极为有利。孙吴实力有限，无同时应付魏、蜀两个国家前后夹击的能力。如能把握战机，魏可一鼓破吴灭蜀，统一天下。但曹丕却不以为然，他反驳刘晔道："人称臣降而伐之，疑天下欲来者心，必以为惧，其殆不可！孤何不且受吴降，而袭蜀之后乎？"刘晔说："蜀远吴近，又闻中国伐之，便还军，不能止也。今（刘）备已怒，故兴兵击吴，闻我伐吴，知吴必亡，必喜而进与我争割吴地，必不改计抑怒救吴，必然之势也。"②然而，刘晔徒费唇舌，曹丕就是不听。

曹丕之所以不纳刘晔的良策，除了他是文士出身，缺少政治家的气质外，更重要的是孙权的伪装相当巧妙，完全骗过了曹丕。当然，要骗取曹丕的信任，也是颇为不易的，因为曹丕不仅向孙权索取江南的奇珍异宝，③而且还"遣侍中辛毗、尚书桓阶往与盟誓，并征任子"。④ 对孙权而言，曹丕"征任子"（任子即"质子"），是严峻

① 《三国志》卷47《吴主传》。
② 《三国志》卷14《刘晔传》注引《傅子》。
③ 孙权称藩后，曹丕即遣使，索"求雀头香、大贝、明珠、象牙、犀角、瑇瑁、孔雀、翡翠、斗鸭、长鸣鸡。群臣奏曰：'荆、扬二州，贡有常典，魏所求珍玩之物非礼也，宜勿与。'"孙权洞若观火，看出曹丕明为索贡，实为质子。故借用惠施之语道："惠子曰：'有人于此，欲击其爱子之头，而石可以代之，子头所重而石所轻也，以轻代重，何为不可乎？'方有事于西北，江表元元，恃主为命，非我爱子邪？彼所求者，于我瓦石耳，孤何惜焉……皆具以与之。"《三国志》卷47《吴主传》注引《江表传》。
④ 《三国志》卷47《吴主传》。

的考验。孙权如何应对,关乎江东政权的安危存亡。孙权可以委曲求全,向曹魏纳贡、称臣,但曹丕的"质子"对孙权的潜在威胁实在太大,一旦入彀,将受其制约。然而,孙权若拒不送质,后果比之建安七年曹操征质子的形势还要严重。① 当时,曹操虽取得官渡之战的胜利,但袁绍势力犹强,操全力攻取袁绍所据之冀、青、幽、并之地,根本腾不出手来对付江东。而此时刘备"帅诸军伐吴,孙权遣书请和,先主盛怒不许"。② 曹丕若与刘备南北呼应,出兵攻取孙吴下游扬州腹地,孙吴两面受敌,将顾此失彼,难以抵挡③故是否向曹魏纳质子,确实使孙权进退维谷。但是孙权自有他的妙计。于禁手下有一个重要的将领,名叫浩周。《三国志·吴主传》注引《魏略》曰:"浩周字孔异,上党人。建安中仕为萧令,至徐州刺史。后领护于禁军,军没,为关羽所得。权袭羽,并得周,其礼之。及文帝即王位,权乃遣周,为牋魏王。"自此,浩周就作为孙权与曹丕的外交使节,来往于魏吴两国,传递信息。孙权降尊纡贵,厚遇浩周,故浩周心存感激,每每在曹丕面前为孙权美言。

公元 222 年元月,吴蜀夷陵之战正在相持阶段,曹丕派邢贞到吴国,浩周作为随行的重要成员。曹丕赐九锡,册封孙权为吴王。并让浩周带口信给孙权,封孙权之子孙登为万户侯,要孙权立即将孙登送至洛阳。公事毕,孙权设宴款待,浩周对孙权说:"陛下未信王(指孙权)遣子入侍也,周以阖门百口明之。"孙权"感动",用字称呼浩周:"浩孔异,卿乃以举家百口保我,我当何言邪?"说完,

---

① 事见《三国志》卷 54《周瑜传》注引《江表传》。

② 《三国志》卷 32《先主传》。

③ 夷陵之战时,孙权顾虑曹魏也有可能出兵攻吴,若两线作战,威胁极大。故对反对受魏册封的群臣曰:"孤以玄德方向西鄙,故先命陆逊选众以待之。闻北部分,欲以助孤,孤内嫌其有挟,若不受其拜,是相折辱而趣其速发,便当与西俱至,二处受敌,于孤为剧,故自抑按,就其封王。低屈之趣,诸君似未之尽。"《三国志》卷 47《吴主传》注引《江表传》。

孙权居然"流涕沾襟。及与周别，又指天为誓"，①表示他绝不会辜负浩周的苦心孤诣，定会将己子送往洛阳为质。并请浩周在魏文帝面前多多溢美，又说孙登年幼无知，不懂礼节，没有资格享受这么高的爵位，并托浩周为媒，为子择妇。

赤壁之战后，孙权与刘备联姻，共抗曹魏，曹操为此而计穷。此番，孙权同意孙曹结亲，为孙登在曹魏宗室中择妇，并表示将遣丞相孙长绪、重臣张昭与孙登一同前来，"奉礼成聘"。孙曹结成秦晋之好，共同对付刘备，正是曹丕梦寐以求的，故其下诏曰："（孙权）请以十二月遣子，复欲遣孙长绪、张子布随了俱来，彼二人皆权股肱心腹也。又欲为子于京师求妇，此权无异心之明效也。"②

孙权的表演惟妙惟肖，浩周深信不疑。回去对魏文帝又是一番赞美，曹丕完全被孙权所蒙蔽。数月之后，孙权突然宣布以孙登为太子，其意是不能以太子为人质。但曹丕也不肯善罢甘休，遣使连连催促孙权赶快把孙登送来。然而，孙权却是置之不理。曹丕与孙权结盟不成，征质不至，深感耻辱，遂恼羞成怒，决定对孙权诉诸武力。但此时已是黄初三年九月，曹魏对孙吴动武的最佳时机早已过去。

黄初三年闰六月，陆逊在猇亭大破蜀军，吴军取得了全胜。曹丕此时出兵伐吴，绝非上策，侍中刘晔提出反对意见，他说："彼新得志，上下齐心，而阻带江湖，必难仓卒。"③谏劝曹丕暂缓出兵。曹丕不听，调动三路大军攻吴。面对来势汹汹的魏军，加之孙吴境内"扬、越蛮夷多未平集，内难未弭"，孙权遂故技重演，再次向魏文帝"卑辞上书，求自改厉"。孙权曰："若罪在难除，必不见置，当

---

① 《三国志》卷47《吴主传》注引《魏略》。
② 《三国志》卷47《吴主传》注引《魏略》。
③ 《三国志》卷14《刘晔传》。

奉还土地民人,乞寄命交州,以终余年。"①孙权的装腔作势,居然得到了曹丕的怜悯,他亲自写信给孙权,信中云:"今省上事,款诚深至,心用慨然,凄怆动容。即日下诏,敕诸军但深沟高垒,不得妄进。若君必效忠节,以解疑议,登身朝到,夕召兵还,此言之诚,有如大江。"②

在曹魏大军武力威胁的前提下,曹丕旨在通过此函迫使孙权向其质子,以取得不战而屈人之兵。然而,此时的孙权毕竟已取得了夷陵之战的全胜,对魏态度日趋强硬,他随即改年号为黄武,并发兵"临江拒守"。至此,吴魏的质子之争,以孙权完胜,曹丕完败而告终。曹丕征质失败表明,其政治和外交才能远逊其父。曹丕登基时,形势已不同于东汉末年的军阀割据,其时三国鼎立的局面已经形成,三国间的强弱仅是相对的。曹丕不能审时度势,不采取任何辅助手段,单凭"征质"就欲迫使孙权俯首称臣,岂非缘木求鱼?

黄初三年九月,孙权拒绝质子,曹魏出动三路大军攻吴。孙权亦组织三路军抵抗。据《三国志·文帝纪》注引《魏书》载丙午诏曰:"孙权残害民物,朕以寇不可长,故分命猛将三道并征,今征东诸军与权党吕范等水战,则斩首四万,获船万艘。大司马据守濡须,其所禽获亦以万数。中军、征南,攻围江陵,左将军张郃等舳舻直渡,击其南渚,贼赴水溺死者数千人。又为地道攻城,城中外雀鼠不得出入,此几上肉耳!"③曹丕所言其实是一种虚报战功的宣传。④

魏军三路并征的结果是:曹真、夏侯尚、张郃率军攻打吴国军

---

① 《三国志》卷47《吴主传》。

② 《三国志》卷47《吴主传》。

③ 《三国志》卷2《文帝纪》注引《魏书》。

④ 《三国志》卷11《国渊传》解释曹魏虚报战功的原因曰:"夫征讨外寇,多其斩获之数者,欲以大武功,且示民听也。"又曰:"破贼文书,旧以一为十。"

事重镇江陵达半年之久,吴将朱然智勇兼备,坚守城池,魏军猛攻,终不能得手,只得撤军;大司马曹仁及其部将曹泰、常雕、王双等进攻吴国军事重镇濡须坞、中洲,被吴将朱桓击败;只有曹休督张辽等二十余军从西线攻打洞浦,击败吴将吕范,取得小胜。吴魏二军交战的结果是难分胜负,基本上打了个平手。

曹丕于夷陵之战结束,吴军大获全胜之时,向吴国发动进攻,完全是选错了时间,故事倍功半,难以奏效。事实上,曹丕只要在夷陵之战期间,出军配合蜀汉向吴发起攻击,其结果就可能如刘晔所言:"吴之亡不出旬月矣。吴亡则蜀孤,若割吴半,蜀固不能久存,况蜀得其外,我得其内乎!"[1]所以,孙权在夷陵之战中的外交策略,特别是在质子之争中取得的胜利,不仅为孙吴赢得了生存和发展的空间,甚至在一定程度上延缓了三国统一的时间。

夷陵之战及吴魏的质子之争是三国时期的重大事件,给了曹丕一个各个击破的绝佳机会,若曹丕能把握住良机,极有可能统一天下。可惜曹丕拒绝实施刘晔为其谋划一统天下的战略部署,最终导致三国争霸战争的延续。

三、大智若愚,深谙为臣之道

在吴魏质子之争时,司马懿扮演了什么角色? 他是支持刘晔的谋划,还是反对? 抑或还是有自己独特的见解?《三国志》《晋书》等史书均无只字记载,故笔者很难判断。但我们如果迂回一下,不妨尝试从另一角度来分析,司马懿本人虽对质子事件没有表态,但其弟司马孚对吴魏的外交斗争却有自己的看法。《晋书·安平献王孚》载:"时孙权称藩,请送任子,当遣前将军于禁还,久而不至。天子以问孚。"司马孚答曰:

---

① 《三国志》卷14《刘晔传》注引《傅子》。

先王所以设立九服制度,目的是要用德行来感化荒远地区,而不是用中原华夏的礼节来责难他们。陛下继承大业,边远地区的人都来纳贡。孙权虽然没有送子来做人质,于禁也未有送来,但我们仍然要以宽厚待之,同时训练士卒战马,以观其变。若因为嫌疑而责备他们,恐怕就会有违怀柔远方的初衷了。从孙策到孙权,吴已世代相继,国家之间惟有强与弱的差别才重要,不在于一个于禁,于禁还未送到,恐怕有其他原因。①

从司马孚的回答中可以看出,司马孚主张以怀柔之策来对待孙权,魏国应"畜养士马,以观其变",并不赞成曹魏对孙吴动用武力。当然司马孚的主张并不等于司马懿的看法,兄弟在政治舞台上持异见在历史上并不鲜见。但笔者以为,司马懿在此事件中确实态度暧昧,甚至有可能是刘晔之策的反对者。我们不妨对《三国志·刘晔传》中的史料作仔细分析。

黄初元年,曹丕就刘备是否会为关羽复仇出兵伐吴而召集群臣廷议。廷议时,

众议咸云:"蜀,小国耳,名将唯羽。羽死军破,国内忧惧,无缘复出。"刘晔独曰:"蜀虽狭弱,而备之谋欲以威武自强,势必用众以示其有余。且关羽与刘备义为君臣,恩犹父子,羽死不能为兴军报敌,于终始之分不足。"

刘晔断定刘备将举兵伐吴。夷陵之战爆发后,

(孙权)遣使称藩,朝臣皆贺,晔独曰:"吴绝在江、汉之表,无内臣之心久矣。陛下虽齐德有虞,然丑虏之性,未有所感。因难求臣,必难信也。彼必外迫内困,然后发此使耳,可

---

①　参阅《晋书》卷37《司马孚传》。案:不出司马孚所料,不久孙权即将于禁送还,于禁推迟返回的原因是他因生病而迟缓淹留,但是作为人质的孙权之子终究未送来。

因其穷,袭而取之。夫一日纵敌,数世之患,不可不察也。"①

我们从这些史料中可以清晰地看出,在曹魏诸臣中,只有刘晔对形势的判断最为准确,包括司马懿在内的朝臣都未看清形势,从"众议咸云"四字就可以看出在曹魏朝廷讨论时出现了一边倒的局面,朝臣们一致认为刘备"无缘复出",不会攻吴。在当时的"廷议"中只有刘晔"独曰",成了孤家寡人,正因为刘晔的建策和者盖寡,抑或根本无人唱和,曹丕才断然否定了刘晔的良策奇谋。

黄初二年(221),刘备从蜀中出兵大举伐吴,魏朝为此再次举行廷议,廷议的主题是"当兴师与吴并取蜀不?"司空王朗认为:"天子之军,重于华、岱,诚宜坐曜天威,不动若山。假使(孙)权亲与蜀贼相持,搏战旷日,智均力敌,兵不速决,当须军兴以成其势者,然后宜选持重之将,承寇贼之要,相时而后动,择地而后行,一举更无余事。今权之师未动,则助吴之军无为先征。且雨水方盛,非行军动众之时。"②实际上就是委婉地表示反对用兵。这种意见可以说是书生之见,属于典型的"内不能办,外为大言耳"。结果曹丕认为王朗的话很有道理,遂按兵不动,坐山观虎斗。

抑或有人会提出,司马懿多谋善断,略不世出,为何不驳斥王朗的迂腐之见,未能和刘晔持相同见解? 我以为这个问题并不难解答,和诸葛亮相似,司马懿是人而非神,所谓智者千虑,也有失误之时。当然我们也并不排斥另一种可能,即司马懿大智若愚,知而不言。唐代史学家刘知几评论曹丕曰:"忍害贤良,疏忌骨肉。"③此说不无道理,曹丕即位后,逼弟曹植七步成诗,曹彰索玺不成,暴薨而亡,即反映出他的刻薄寡恩。曹丕虽为魏朝开国之君,但性格狭隘,并无容人之量,御史中丞鲍勋以劝谏忤逆,南阳太守杨俊以

---

① 《三国志》卷14《刘晔传》。

② 《三国志》卷13《王朗传》。

③ (唐)刘知几著,浦起龙通释:《史通通释·探颐第二十七》,上海古籍出版社2009年。

称赞曹植获罪，皆为曹丕所杀。① 于禁降关羽后，被孙权释放返魏，曹丕鄙视其为人，故意在曹操高陵壁上画于禁下跪乞命像，使于禁羞愧愤懑发病而亡。曹丕年轻时曾向曹洪借钱而不获，故怀恨在心。曹丕即位后，欲处死曹洪，因卞太后求情，才得幸免，但被贬为庶民。

司马懿作为曹丕的"四友"之一，长期在他身边，故对主上的性格十分了解。司马懿是才华横溢之人，但他又很清楚曹丕的性格。所以他尽量做到既展示才华，又不过分张扬，更不会与曹丕发生冲突，凡事点到为止，不温不火。孙权向曹丕称藩，曹丕满心欢喜，朝臣们都十分知趣地向皇帝致贺，唯独刘晔持异议，曹丕当然不悦。司马懿何其"聪明"，此时绝不会站在刘晔这一边，扫主上之兴。何况，司马懿此前不主张放弃襄樊，已拂上意，虽然后来的事实证明司马懿是正确的，但作为君主的曹丕岂肯认错。若彰显上过，将犹如袁绍之谋士田丰一般，②必遭杀身之祸。

司马懿深谙为臣之道，在是否进谏献策的问题上时时拿捏掂量，唯恐引起曹丕反感。③ 实际上，孙权拖延"质子"时，曹魏的三公钟繇、华歆、王朗联名上疏，要求曹丕"免（孙）权官，鸿胪削爵

① 黄初三年，曹丕驾临宛县，"因市不丰乐，发怒收（杨）俊，尚书仆射司马宣王、常侍王象、荀纬请俊，叩头流血，帝不许，俊曰：'吾知罪矣。'遂自杀。众冤痛之。"《三国志》卷23《杨俊传》。

② 田丰是袁绍谋士，常为绍献奇策妙计，袁绍不纳。官渡之战惨败后，袁绍颇为后悔地说："冀州人闻吾军败，皆当念吾，惟田别驾前谏止吾，与众不同，吾亦惭见之。"逢纪乘机进谗言："田丰闻将军之退，拊手大笑，喜其言之中也。"（《三国志》卷6《袁绍传》注引《先贤行状》）袁绍大怒，于是杀了田丰。

③ 凡切谏、死谏之臣都易引起帝王反感，此类情况在蜀汉也发生过。关羽败亡后，刘备愤怒，欲兴兵伐吴，蜀众臣皆谏，刘备一概不听，从事祭酒"秦宓陈天时必无其利，坐下狱幽闭"。（《三国志》卷38《秦宓传》）又赵云进谏，"先主不听，遂东征，留云督江州"。（《三国志》卷36《赵云传》注引《云别传》）见刘备盛怒，诸葛亮亦沉默不语，只是在刘备伐吴大败而归后，"（诸葛）亮叹曰，法孝直若在，则能制主上，令不东行，就复东行，必不倾危矣"。（《三国志》卷36《法正传》）

土,捕治罪。敢有不从,移兵进讨,以明国典好恶之常,以静三州元元之苦"。① 尽管曹丕曾对左右言道:"此三公者,乃一代之伟人也,后世殆难继也。"②但曹丕仍然一意孤行,对"一代伟人"之言置若罔闻。

司马懿能够得到曹丕的信任,除了他是太子四友之外,也因他很懂得揣摩上意。每当他的意见与主上不一致时,他从来不会直言切谏,而是察言观色,见机行事。据史书记载,从曹丕登基的黄初元年,到曹丕驾崩的黄初七年,司马懿没有一次史有明文的精彩献策。但到曹丕临终时,托孤重臣的名单中有司马懿,而屡屡献奇策良谋而屡屡不被采纳的侍中刘晔却不在其中。③

四、"内镇百姓,外供军资"

司马懿越是做事低调,越是沉默寡言,官升得越是快。黄初二年,司马懿不再担任督军,而迁升侍中,尚书右仆射。曹魏的三公名义上都是宰相,但已无实权,仅食万石俸禄而已。秦及汉初,尚书是少府的属官,是在皇帝身边任事的小臣,与尚冠、尚衣、尚食、尚浴、尚席合称六尚,因其在殿中主管收发(或启发)文书并保管图籍,故称尚书。曹魏的尚书台由汉代皇帝的秘书机关尚书发展而来,为中央政府最高权力机构之一。尚书台处理国家日常行政事务,事权颇重。尚书台设尚书令一人,尚书左、右仆射各一人,俱为第三品。此时的尚书令是陈群,司马懿任右仆射,是陈群的

---

① 《三国志》卷47《吴主传》注引《魏略》载魏三公奏曰。

② 《三国志》卷13《钟繇传》。

③ 刘晔在朝中以善谏而著称,且算无遗策,计无不中,遂引起朝中多人嫉妒。有人在明帝面前诋毁刘晔,建议明帝召见刘晔时,"皆反意而问之,若皆与所问反者,是晔常与圣意合也。复每问皆同者,晔之情必无所逃矣"。后来曹叡一试,果然如此,遂因此疏远刘晔。刘晔因而发狂。参阅《三国志》卷14《刘晔传》注引《傅子》。

助手。

黄初五年七月,曹丕准备伐吴,留司马懿镇守许昌。曹丕改封司马懿为向乡侯,以其为抚军大将军、假节,领兵五千,加给事中、录尚书事。以将军名号而言,抚军大将军为重号将军,在征、镇、安、平将军之上,为第二品。司马懿由文入武,而且任重号将军,掌握军队,这在其人生的仕途上是一大重要转折点,从此司马懿进入曹魏军界,有兵权了。

录尚书事并不是独立的官职,常以他官兼领。是朝廷权臣或重臣对尚书台事务的干涉。汉昭帝初立,大将军霍光柄政,与金日磾、上官桀共领尚书事,是为此官之始。东汉永平十八年(75),汉章帝初即位,以太傅赵熹、太尉牟融并录尚书事,"尚书有录名,盖自熹、融始,亦西京领尚书之任,犹唐虞大麓之职也"。① 录为总领之意。录、领职事相近,而"录"权位更重。东汉诸帝即位,常以三公、大将军、太傅录尚书事。魏晋后,掌大权之大臣每带录尚书事名号,职无不总。民国学者刘体仁说:"盖英主之意,不难以一手揽天下之大权,及其将死,为身后之计,欲授诸卑贱者,以防后患。孰知事权所在,则卑者仍尊,而贱者立贵,然尚书其名而丞相其实也。"②可见,录尚书事即类似宰相也。

给事中,秦始置,西汉因之,为加官,位次中常侍,无定员。所加之官或为大夫、博士或议郎,御史大夫、三公、将军、九卿等亦有加者。加此号得给事宫禁中,常侍皇帝左右,备顾问应对,每日上朝谒见,分平尚书奏事,负责实际政务,为中朝要职,多以名儒国戚充任。司马懿虽任抚军大将军,但其原来尚书台的官职仍然保存,给事中之职虽然不高,但在皇帝左右,为天子近臣;录尚书事为全面负责尚书台事务。司马懿兼资文武,出将入卿,说明曹丕对他更

---

① 《晋书》卷24《职官志》。
② (清)刘体仁:《通鉴札记》卷3"不任三公事归台阁非始于光武"条。

信任了。

司马懿觉得魏文帝对自己恩宠太厚,固辞不受。曹丕不允,说:"吾于庶事,以夜继昼,无须臾宁息。此非以为荣,乃分(吾)忧耳。"①司马懿感激涕零,只得接受曹丕的诏命。

黄初五年(224),曹丕再次伐吴,其决心似乎比以往更大。大军出发前,曹丕大会群臣,问群臣孙权是否会亲率军前来,群臣咸曰:"陛下亲征,权恐怖,必举国而应。又不敢以大众委之臣下,必自将而来。"刘晔却认为:"彼谓陛下欲以万乘之重牵己,而超越江湖者在於别将,必勒兵待事,未有进退也。"结果不出刘晔所料,孙权并不前来,"帝乃旋师",伐吴之役再次无功而返。曹丕不仅不自责,反而对刘晔说:"卿策之是也。当念为吾灭二贼(指吴、蜀),不可但知其情而已。"②行军师辛毗亦反对伐吴,他说:"方今天下新定,土广民稀。夫庙算而后出军,犹临事而惧,况今庙算有阙而欲用之,臣诚未见其利也。先帝屡起锐师,临江而旋。今六军不增於故,而复循之,此未易也。今日之计,莫若修范蠡之养民,法管仲之寄政,则充国之屯田,明仲尼之怀远;十年之中,强壮未老,童龀胜战,兆民知义,将士思奋,然后用之,则役不再举矣。"但他的建议仍被魏文帝拒绝,并反唇相讥曰:"如卿意,更当以虏遗子孙邪?"辛毗也不服气,回答道:"昔周文王以纣遗武王,唯知时也。苟时未可,容得已乎!"③但曹丕决心已下,任何人都不能劝阻。

司马懿为人圆滑,自然不会去碰钉子。曹丕见陈群、司马懿都未劝阻,以为他们都支持自己伐吴,故十分高兴,出师前,他专门下诏给陈群与司马懿,对他们在魏军伐吴时的职责作了分工。由于陈群担任镇军大将军、司马懿担任抚军大将军,所以此诏书称之为《伐吴设镇军、抚军大将军诏》,今将此诏录之如下:

---

① 《晋书》卷1《宣帝纪》。
② 《三国志》卷14《刘晔传》。
③ 《三国志》卷25《辛毗传》。

诏曰:昔轩辕建四面之号,周武称"予有乱臣十人",斯盖先圣所以体国君民,亮成天工,多贤为贵也。今内有公卿以镇京师,外设牧伯以监四方,至于元戎出征,则军中宜有柱石之贤帅,辎重所在,又宜有镇守之重臣,然后车驾可以周行天下,无内外之虑。吾今当征贼,欲守之积年。其以尚书令颍乡侯陈群为镇军大将军,尚书仆射西乡侯司马懿为抚军大将军。若吾临江授诸将方略,则抚军当留许昌,督后诸军,录后台文书事;镇军随车驾,当董督众军,录行尚书事;皆假节鼓吹,给中军兵骑六百人。吾欲去江数里,筑宫室,往来其中,见贼可击之形,便出奇兵击之。若或未可,则当舒六军以游猎,飨赐军士。①

这次伐吴,曹丕命镇军大将军陈群跟随自己,总督大军,录行尚书事。为何不称"录尚书事",而改为"录行尚书事"呢?这是因为皇帝出巡所在地称之为"行在"或"行宫",所以负责处理皇帝行在之所尚书省事务的官员就加上"行"字。曹丕令司马懿留守许昌,"录后台文书事",即总领后方的尚书台,其任务是"内镇百姓,外供军资"。实际上,后台的政务大大重于前台,与未分之前的尚书台相比差不了多少,因此也置有尚书令、仆射。而录后台文书事,则是在令、仆之上总领后台政务,无所不统,就是尚书令、仆射,也要受其指挥。曹丕临行时,又下《征吴临行诏司马懿》,诏曰:

吾深以后事为念,故以委卿。曹参虽有战功,而萧何为重,使吾无西顾之忧,不亦可乎!②

曹丕之意是让司马懿像汉初萧何那样助刘邦镇守后方。供应兵员、军需、粮草于伐吴前线,使伐吴大军足食足兵。这一任务相当艰巨,比之于攻城拔寨,斩将夺旗,有野战大功的曹参一类的将领

---

① 《三国志》卷2《文帝纪》注引《魏略》。
② (清)严可均辑:《全上古三代秦汉三国六朝文》卷6,中华书局1958年。

更为重要。在汉初封赏功臣时,刘邦手下的诸将争吵不休,都想当第一功臣,结果出乎意料,刘邦将萧何定为第一功臣。诸将不服,刘邦说:萧何是发踪指示的"功人",而你们则是捕捉野兽的"功狗"。刘邦在总结自己之所以战胜项羽,得天下时说:"夫运筹策帷帐之中,决胜于千里之外,吾不如子房。镇国家,抚百姓,给馈饷,不绝粮道,吾不如萧何。连百万之军,战必胜,攻必取,吾不如韩信。此三者,皆人杰也,吾能用之,此吾所以取天下也。"①曹丕将司马懿比作汉初第一功臣萧何,可见对其何等器重。可以想象,司马懿在获得如此褒奖之后,内心也是激动不已。曹丕所言的"使吾无西顾之忧",是要司马懿防范吴军对襄樊的进攻。

黄初六年(225),曹丕第三次率水师征吴,八月进入淮河,十月到达广陵(今江苏扬州),"临江观兵,戎卒十余万,旌旗弥数百里",声势浩大。曹丕"虽有渡江"之志,但此时,天气严寒,战船不便行动。对曹丕屡次来犯,孙权胸有成竹,早有准备,吴军在长江上设防,重兵严加固守,魏军战船无法进入长江。曹丕望着"波涛汹涌"的长江,无计可施,一筹莫展,于是他望江兴叹道:"嗟乎!固天所以隔南北也!"②曹丕武略虽然不行,但毕竟是建安才子,在长江边上,他于马上赋诗曰:

> 观兵临江水,水流何汤汤!戈矛成山林,玄甲耀日光,
> 猛将怀暴怒,胆气正纵横。谁云江水广,一苇可以航。
> 不战屈敌虏,戢兵称贤良。古公宅岐邑,实始翦殷商。
> 孟献营虎牢,郑人惧稽颡。充国务耕植,先零自破亡。
> 兴农淮泗间,筑室都徐方。量宜运权略,六军咸悦康。
> 岂如东山诗,悠悠多忧伤。③

然而,正在曹丕诗兴大发之时,吴国宗室扬威将军孙韶派遣部将高

---

① 《史记》卷8《高祖本纪》。
② 《三国志》卷47《吴主传》注引《吴录》。
③ 《三国志》卷2《文帝纪》注引《魏书》。

寿等人率领五百敢死士兵,从小路夜袭魏军。曹丕大惊,在御林军的保护下,慌忙逃避,高寿等人夺得其副车、羽盖而回。曹丕第三次伐吴,不仅没有取得任何战果,反而遭到吴军的袭击,虽然军队没有大的损失,但皇帝的副车、羽盖都成了吴军的战利品,曹丕颜面尽失,只得下令退军。

黄初七年(226)正月,曹丕来到许昌,正要进城时,许昌南门突然崩塌,曹丕"心恶之",认为这是不祥之兆,所以就不再进入许昌,而直接返回洛阳。

曹丕征吴期间,司马懿独自处理魏国所有的行政事务,可谓是日理万机,但因过于劳累而病倒,其发妻张春华前往探视。然而此时,司马懿正宠幸爱妾柏氏,张夫人年老色衰,故司马懿同她早已夫妻分居,久不见面。司马懿见张夫人前来,很不高兴,居然对张氏说:"老东西面目可憎,何必出来烦人!"张氏因此羞惭怨恨,于是拒绝进食,想要自杀。司马懿娶有妻妾四人,嫡妻张氏生司马师、司马昭、司马榦。侧室伏氏,生司马亮、司马伷、司马京、司马骏。侧室张氏,生司马肜。侧室柏氏,生司马伦。九子之中,最具才能者当数司马师、司马昭兄弟。此时,司马师十八岁,司马昭十五岁。兄弟二人见母亲悲伤到如此程度,也都陪同绝食,水米不进。司马懿知悉后,惊恐万分,急忙向张氏赔礼道歉,张氏这才停止绝食。司马懿出来后对别人说:"老物不足惜,虑困我好儿耳。"[1]

按照写帝王传记的惯例,反映帝王的家庭生活也是不可或缺的,甚至要辟专章专节叙述,但是司马懿生前毕竟没有登上皇帝宝座,故《晋书·后妃传》中有关宣穆张皇后的履历语焉未详。本书不是文学类小说体裁,不可能对张春华生平作情节上的虚构或艺术上的渲染和夸张。笔者只能依照《晋书·宣穆张皇后传》记载,

---

① 《晋书》卷31《宣穆张皇后传》。

将其生平简述如下（前文所述的张氏杀婢不再重复）：

宣穆皇后张春华，生于东汉中平六年（189），河内平皋（今河南温县赵堡镇）人，曹魏粟邑令张汪之女。其母河内山氏，司徒山涛之从祖姑。张春华年少时就有德行，智慧见识超过常人。适司马懿后为司马懿生下三子一女，即司马师、司马昭、司马榦（西晋建立后封平原王）和南阳公主。正始八年（247）四月，张春华去世，时年五十九岁，葬于洛阳的高原陵，追赠为广平县君。数年之后，司马懿和长子司马师先后去世，咸熙元年（264）三月，魏元帝曹奂进封张春华次子司马昭为晋王。五月，魏帝曹奂追谥司马懿为晋宣王，司马师为晋景王，张春华为宣穆妃。泰始元年（265）十二月，张春华之孙晋武帝司马炎受禅登基，建立西晋，追谥张春华为宣穆皇后。

曹丕回到洛阳后，得知司马懿"录后台文书事"时，因劳累而病倒，十分感动，于是下诏慰劳司马懿："吾东，抚军当总西事，吾西，抚军当总东事。"①这反映了曹丕与司马懿这时的君臣关系是相当的融洽，他对司马懿是何等的倚重。我以为，比之于刘备和诸葛亮的鱼水之情也不为过。然而，就在曹丕与司马懿君臣契合，相得益彰之时，曹丕突然得了重病，而且一病不起，黄初七年五月，曹丕当皇帝还不到七年，就撒手人寰，辞世而去，时年四十岁。

令人惊讶的是，早就有相术家朱建平精确地预测到曹丕只能活到四十岁（前文已述）。汉魏时期，卜筮、相术、占梦之术极为盛行，大凡帝王生死都有天象示警或术士的预言。曹丕死前，"许昌城南门无故自崩"，②大概就是所谓的天象与人事的感应吧！其实术士朱建平之言及许昌城门坍塌与曹丕之死的感应都是穿凿附会之言、附会之事，不足为据。

---

① 《晋书》卷1《宣帝纪》。
② 《三国志》卷2《文帝纪》。

是何原因导致曹丕寿不永年，也很难讲清。汉魏时期人之寿算都不长，大破曹操于赤壁的周瑜亦英年早逝，仅活了三十六岁；鲁肃享年四十六岁；吕蒙享年四十二岁。以此推论，曹丕四十而亡也属正常。但值得注意的是曹丕寿算不永可能同他淫欲过度有关。据《世说新语·贤媛第十九》记载：曹操死后，文帝曹丕把曹操的姬妾、宫女全都留下来侍奉自己。到文帝病重之时，他母亲卞太后前去探望。卞太后一进内室，看见值班、侍奉的都是以往曹操所宠幸之人。太后就问她们："何时过来的？"她们说："正在招魂时过来的。"太后叹息道："狗鼠不食汝余，死故应尔！"一直到文帝去世，太后竟也不去哭吊。

五、进入曹魏王朝的权力中心

曹丕病重，自然要安排后事。首先考虑的是由谁来继承大统。丕共有十子，依次为曹叡、曹喈、曹协、曹蕤、曹鉴、曹霖、曹礼、曹邕、曹贡、曹俨。曹蕤生卒年不知，曹喈早夭，曹协、曹鉴、曹贡、曹俨均死于曹丕之前。曹霖、曹礼、曹邕为庶出。因此可以考虑的太子人选唯有曹丕的原配甄氏之子曹叡。甄氏原为袁绍之子袁熙之妻，建安九年（204），曹操率军攻下邺城，甄氏因为姿貌绝伦，被曹丕所纳，甚得宠爱，生下儿子曹叡和女儿东乡公主。延康元年（220），曹丕继位魏王，六月率军南征，甄氏被留在邺城。黄初元年（220），曹丕称帝，山阳公刘协进献二女为曹丕妃嫔。后宫中郭夫人（黄初三年立为皇后）、李贵人和阴贵人都得到宠幸，甄氏失意，流露出一些怨恨之语，曹丕大怒，黄初二年六月，遣使赐死甄氏，葬于邺城。甄氏被赐死时，其状甚惨，史载："初，甄后之诛，由郭后之宠，及殡，令被发覆面，以糠塞口。"①

---

① 《三国志》卷5《文德郭皇后传》注引《魏晋春秋》。

曹叡字元仲，年幼聪慧，博闻强识，过目不忘，祖父曹操对此十分惊异而倍加喜爱，常令他伴随左右。在朝会宴席上，也经常叫他与侍中近臣并列。曹操曾经评价道："吾家基业有了你就可以继承三代了。"①曹叡好学多识，尤其留意研究律法。建安二十一年，曹操被封为魏王，同年东征孙权，曹叡与其妹离开母亲甄氏与祖母卞王后，随父亲曹丕一起出征。

延康元年，十五岁的曹叡被封为武德侯，曹丕作《以侍中郑称为武德侯傅令》，亲自诏令时任侍中的经学大儒郑称为曹叡的师傅，教授他经学。黄初二年，曹叡被封为齐公，同年八月，其母甄氏被曹丕赐死，曹叡因为母亲获罪，也被贬为平原侯。此时曹丕想立徐姬所生的京兆王曹礼为嗣，但还是犹豫不决，因此久不立太子。曹叡在东宫时，与卫臻私交甚好，经常一起讨论朝事和书籍，曹丕也曾旁敲侧击地询问卫臻关于曹叡的情况，卫臻只是称赞他明理而有德行，闭口不言其他。

据《魏末传》记载，曹叡一次随曹丕狩猎，看见母子两鹿。曹丕射杀了母鹿，命令曹叡射杀子鹿，曹叡不从，说："陛下已杀其母，臣不忍复杀其子。"说完哭泣不已。"文帝即放弓箭，以此深奇之，而树立之意定。"②黄初三年三月，曹叡被晋封为平原王，曹丕下诏将其过继给郭皇后为子，进一步确定了他嫡长子的地位。曹叡起初因其母被赐死而非善终，内心愤愤不平，③后来恭敬地侍奉

① 原文为"我基于尔三世矣"。《三国志》卷3《明帝纪》注引《魏书》。

② 《三国志》卷3《明帝纪》注引《魏末传》。

③ 《三国志》卷5《文德郭皇后传》注引《魏略》曰："明帝既嗣立，追痛甄后之薨，故太后以忧暴崩。甄后临没，以帝属李夫人。及太后崩，夫人乃说甄后见谮之祸，不获大敛，被发覆面，帝哀恨流涕，命殡葬太后，皆如甄后故事。"又《汉晋春秋》载："甄后之诛，由郭后之宠，及殡，令被发覆面，以糠塞口，遂立郭后，使养明帝。帝知之，心常怀忿，数泣问甄后死状。郭后曰：'先帝自杀，何以责问我？且汝为人子，可追雠死父，为前母枉杀后母邪？'明帝怒，遂逼杀之，敕殡者使如甄后故事。"

郭皇后,每日都往郭皇后宫中晨昏定省,郭皇后也因自己无子,而对曹叡慈爱有加。曹丕还为平原王府配置掾属官员。除以侍中郑称为平原王师傅外,还以高堂隆为平原王傅,毌丘俭、何曾、吉茂等为文学属官。黄初四年,曹丕为曹叡聘河内世家大族虞氏为平原王妃,又选河内人毛氏入东宫。黄初七年(226)五月十六日,曹丕病笃,立曹叡为皇太子。

曹丕临终前,除立皇太子外,还要确立辅弼大臣。此时曹叡年已二十三岁,并非孺子,曹丕为何还要为其安排辅政大臣?可能是曹丕对其不放心,担忧曹叡是否堪当帝王大任!细思之,曹丕忧虑也是事出有因,曹叡因母获罪,故父子之间有了隔阂,不常接触,曹丕又怎能了解其子?为曹魏社稷计,曹丕经过深思熟虑之后,决意为成年的儿子安排四位顾命大臣。他们是"中军大将军曹真、镇军大将军陈群、征东大将军曹休、抚军大将军司马宣王,并受遗诏辅嗣主"。① 四人之中,因征东大将军曹休兼任扬州牧,在淮南前线防御东吴,故未能返京。史载:"及天子疾笃,帝(司马懿)与曹真、陈群等见于崇华殿之南堂,并受顾命辅政。诏太子曰:'有间此三公者,慎勿疑之。'"②曹丕在对曹真、陈群、司马懿等三人赋予重任的同时,也以耳提面命的方式,要曹叡对他们绝对信任。曹丕确立的辅政班子颇有深意,四人之中,曹真、曹休是宗室重臣,陈群、司马懿虽是自己心腹,但终究是异姓,曹丕的意图是,以宗室为主,异姓为次,两两相对,以起到权力平衡,相互制约的作用。

在四名顾命大臣中,曹真、曹休权势最重,也因宗室之故,最为文帝所倚重。但撇开宗室出身,从资历、能力而言,曹真、曹休也确实有资格出任辅政大臣。以下简述魏文帝安排的辅政大臣(司马

---

① 《三国志》卷2《文帝纪》。
② 《晋书》卷1《宣帝纪》。

懿除外）曹真、曹休、陈群的主要事功。①

曹真字子丹，曹操的族子。据《三国志·曹真传》记载，曹操起兵讨伐董卓时，曹真之父曹邵为曹操招募兵马，后为豫州牧黄琬所杀，曹操于是收养曹真。但另据裴松之注引《魏略》记载，曹真本姓秦，其父秦邵素与曹操相善。兴平末年，袁术与曹操在豫州交战，曹操外出侦察时，遭遇袁术部曲追杀，幸得秦邵冒名顶替，袁术部曲误以为他就是曹操，遂杀之，使曹操躲过一劫。曹操感激秦邵恩德，遂收养曹真，变易其姓，才转姓曹。

曹操收养曹真后，让他与曹丕等一起生活。曹真力大勇猛，有一次射猎时被虎在后面追逐，曹真回马射虎，虎应声而倒。曹操"壮其骜勇，使将虎豹骑"，②讨伐灵丘黄巾军后被封为灵寿亭侯。

建安二十三年（218），刘备率领诸将起兵攻汉中。曹真以偏将军率领所部，与都护将军曹洪、骑都尉曹休、雍州刺史张既等击破刘备别将吴兰于下辨，被拜为中坚将军。九月，随曹操亲征至长安，被授予中领军一职。

延康元年，曹丕即位魏王，以曹真为镇西将军，假节都督雍州及凉州诸军事，追录其前后功勋，进封东乡侯。张掖人张进挟持太守在酒泉反叛，曹真遣费曜进军讨平张进的叛乱，返回洛阳，升至上军大将军，都督中外诸军事，假节钺，成为曹魏军队的主帅之一。黄初二年十一月，治元多、卢水、封赏等诸胡组成联军在河西作乱，曹真率领众将进讨诸胡联军，大获全胜，平定河西。据《魏书》记载，此战"斩首五万余级，获生口十万，羊一百一十一万口，牛八万，河西遂平"。告捷檄文传到洛阳后，曹丕非常高兴，大笑说："吾策之于帷幕之内，诸将奋击于万里之外，其相应若合符节。前

---

① 因后文还要论述曹真、曹休、陈群，故此处叙述他们的事功到黄初七年，魏文帝崩逝前止。

② 《三国志》卷9《曹真传》。

后战克获虏,未有如此也。"①西域之路自汉末以来断绝数十年,至此得以复通,凉州商贸大兴,日益繁荣。翌年二月,鄯善、龟兹、于阗王各遣使奉献,曹魏恢复了汉朝在西域的统治。②

曹休是曹操的族子。曹休的祖父曹鼎历任河间相、吴郡太守、尚书令。汉末天下大乱,曹休十余岁时丧父,他与其母渡江到吴地避难,被吴郡太守收留。中平六年(189),曹操在兖州举兵讨伐董卓,曹休于是变易姓名从千里之外的吴地途经荆州北归中原,乃见到曹操。曹操高兴地说:"此吾家千里驹也。"于是让他与曹丕共同食住,待若亲子。

曹休经常跟随曹操四处征伐,曾在"天下骁锐"的虎豹骑中担任宿卫之职。建安二十三年,刘备率领诸将攻汉中,另遣将军吴兰攻击下辨。曹休遂被任命为骑都尉,与议郎辛毗一起担任主帅曹洪的参军。曹操在出征前对曹休说:"汝虽参军,其实帅也。"③曹洪得知此令后,也将军中事务委托给曹休负责。刘备见曹军进至下辨,遂遣张飞屯驻于固山一带,声称欲切断曹军的后路。诸将商议后都对是否继续进军犹豫不决,曹休说:"贼实断道者,当伏兵潜行。今乃先张声势,此其不能也。宜及其未集,促击(吴)兰,兰破则(张)飞自走矣。"④曹洪听从了他的建议,进兵击破吴兰,张飞果然退走。

黄初元年,曹休升任领军将军,追录前后功勋,封东阳亭侯。大将军夏侯惇薨后,曹丕任命曹休为镇南将军,假节都督诸军事,接替夏侯惇屯驻汝南郡召陵县,负责抵御孙权。曹休赴任前,曹丕车驾亲临,还下了銮舆与曹休执手送别。当时孙权派遣将领屯驻历阳,曹休到任后,立即率军将之击破,又另遣兵渡江偷袭,烧掉了吴军设在芜湖的军营数千家。于是迁为征东将军,兼领扬州刺史,进封安阳乡侯。

黄初三年,曹魏出动三路大军征伐吴国。曹丕任命曹休为征东大将军,假黄钺,督前将军张辽、镇东将军臧霸、豫州刺史贾逵等从西线出击洞浦。东吴派遣建威将军吕范指挥五路大军,以水军的优势抗击曹休。曹休盼望建立功勋,于是上表说:"愿将锐卒虎步江南,因敌取资,事必克捷;若其无臣,不须为念。"①但臧霸等人不愿孤军犯险,曹丕也没有准许,②因此计划搁置。

曹休攻打洞浦时,暴风正好吹断了吕范船队的所有缆绳,被吹散的吴军船只纷纷漂到曹休等人的营垒前,曹休趁机下令出战,斩杀吴军数千,取得大捷。曹丕于是下令曹休的军队立即渡江,但东吴的救援船队很快开至,收拢了散卒后退还江南。曹休命臧霸率领万余人乘轻船五百追击,攻袭徐陵,俘杀吴军数千人。当时三路大军中除曹休取得大捷外,曹仁在濡须口失利,曹真攻江陵,亦未取得实际战果,因此曹丕下令撤军。曹休被拜为扬州牧,屯驻东南边境,防范东吴进犯。

排位第三的顾命大臣是陈群。陈群既是魏文帝的"四友"之一,也是司马懿的老友,陈群家族与司马氏家族有通家之谊,他们是曹丕太子班底的核心成员,在辅佐曹丕的过程中,关系融洽,建立了深厚的友情。笔者虽在前文中论述过陈群,但尚欠具体,这里不妨再追溯其在黄初七年前的主要事功。

陈群祖父陈寔,字仲躬(《陈寔碑》误作仲弓),颍川许县(今河南许昌长葛县)人。陈寔出身单微,起家任都亭佐,转为督邮,迁西门亭长。司空黄琼辟选人才,补闻喜县长,治理闻喜半岁;复除太丘长。其子陈纪、陈谌并著高名,时号"三君"。陈寔以清高有

---

① 《三国志》卷 22《陈群传》。

② 《三国志》卷 14《董昭传》载:"帝恐(曹)休便渡江,驿马诏止。"

德行,闻名于世。当陈群尚是幼儿时,祖父陈寔就认为此子奇异,对宗亲父老说:"此儿必兴吾宗。"孔融有高才而性格倨傲,他先与陈纪为友,后又与陈群结交,由是显名。陈群曾经与孔融谈论汝、颍之间人物的优劣,陈群对荀氏极为推崇,说:"荀文若(彧)、公达(攸)、休若(衍)、友若(谌)、仲豫(悦),当今并无对。"[1]陈寔率子侄拜访荀淑时,檀道鸾《续晋阳秋》里竟记载:"于时德星聚,太史奏:'五百里内有贤人聚。'"此句的解释是,陈氏和荀氏两家聚会,竟然引起了天象的变化。

兴平元年(194),刘备为豫州刺史,辟陈群为别驾。其时陶谦病死,徐州官员迎刘备为徐州牧,刘备欲前往,陈群对刘备说:"袁术尚强,今东,必与之争。吕布若袭将军之后,将军虽得徐州,事必无成。"[2]刘备不听,还是东去徐州,与袁术争战。结果吕布果然兵袭下邳,又遣兵往助袁术,最终大破刘备军,刘备这才悔恨当初未听陈群的劝告。

陈群后被举为茂才,除柘县令,不到任,于是随父亲陈纪往徐州避难。建安三年(198),吕布为曹操所破,陈群父子亦在吕布军中,见曹操皆出拜。曹操久闻其名,便征陈群为司空西曹掾属。当时有人向曹操引荐乐安人王模、下邳人周逵,曹操均召而用之。陈群向操进言,以为王模、周逵两人德秽行劣,曹操不听。结果王、周两人果然犯事被诛,曹操方信陈群有先见之明。陈群便推荐广陵人陈矫、丹阳人戴干,后来戴干因忠义而死;陈矫则成为一代名臣,时人皆认为陈群有知人之明。建安四年,陈纪去世,陈群辞官守制。后以司徒掾举高第,为治书侍御史,转参丞相军事。魏国建立后,陈群又迁为御史中丞。不久就转为侍中,领丞相东西曹掾。曹丕在东宫,对陈群深表敬器,待以交友之礼,常叹道:"自吾有(颜)

---

① 《三国志》卷10《荀彧传》注引《荀氏家传》。
② 《三国志》卷22《陈群传》。

回,门人日以亲。"①

延康元年,曹丕即王位后,封陈群为昌武亭侯,任吏部尚书。其间,陈群与司马懿共同创建了著名的九品官人法,也就是九品中正制。九品中正制是在汉代察举制度被破坏后建立起来的一种新的选官制度。东汉末年,清议盛行,汝南郡曾出现名噪一时的月旦评。② 但月旦评只是民间的清议,是"私评"。陈群是让"私评"转为"官评",③即由朝廷任命中正官来品评士人。中正将士人分为九品,然后朝廷按品第高低授官。这不仅使世家大族的利益得到了充分的保障,而且也为曹丕代汉扫除了最后的障碍。

司马懿在陈群的基础上,对九品中正制进一步完善,原先只是设立郡中正,司马懿辅政时,加设州中正。州设大中正是在曹魏正始年间,即在司马懿与曹爽辅政之时。④ 可见,九品中正制是由陈群创建,而由司马懿完善,以后成为整个魏晋南北朝选官制度的基础。

---

① 《三国志》卷14《董昭传》。

② "月旦评"对九品中正制的形成有着重大的影响。魏晋时期选举的主导形式已演变为九品官人法,这是一种将乡评与官吏举荐相结合的制度。中正评议实施伊始虽有"家世""状""品"三项内容,但评议的重点更多地在于"人才优劣",而不完全是"世族高卑"。《晋书·卫瓘传》载:"九品中正制造也,乡邑清议,不拘爵位,褒贬所加,足为劝勉,犹有乡论余风。"王鸣盛亦云:"州郡中正据乡党评议。"(《十七史商榷》卷40《州郡中正》)可见,中正评议渊源于东汉末年的乡里评论。参阅朱子彦:《论东汉末年汝南郡的月旦评》,载《学术月刊》2002年第9期。

③ 《晋书·石季龙载记》云:"魏始建九品之制,三年一清定之,虽未尽弘美,亦缙绅之清律,人伦之明镜,从尔以来,遵用无改。"可见,汝南月旦评在东汉时闻名遐迩,为世人所重,并由此发展成九品中正评议"三年一清定之"的"官法"。虽然月旦评每月一评的"私法"在东晋初颇遭人非议,但"官法"由"私法"发展而来却是毋庸置疑的。正如胡三省在《资治通鉴》卷58中所言:"后置州郡中正本于此(指月旦评)。"可谓一语中的。

④ 曹爽之弟曹羲极力反对设立州一级的大中正。高平陵之变时,曹爽、曹羲兄弟皆为司马懿所杀,故大中正之职得以最终确立。对这一问题,本书后文再详加论述。

曹丕称帝,陈群迁尚书仆射,加侍中,徙尚书令,进爵颍乡侯。黄初中,曹丕意欲追封卞太后的父母,陈群奏道:"陛下以圣德应运受命,创业革制,应当永为后世所循之式。按照典籍上的文献,从无妇人可以分土命爵之制。按周礼,妇因夫爵。嬴秦违反古法,而刘汉则沿承古例,这可不是先王的令典啊。"曹丕省悟,便道:"此议甚是",遂不追封后族。以后曹丕又下诏:"夫妇人与政,乱之本也。自今以后,群臣不得奏事太后,后族之家不得当辅政之任,又不得横受茅土之爵,以此诏传后世,若有背违,天下共诛之。"①魏文帝严禁后妃干政,实与陈群进谏有关。

黄初四年,陈群与司徒华歆、司空王朗、太史令许芝、谒者仆射诸葛璋分别致书与蜀相诸葛亮,向其陈说天命人事,希望蜀汉能举国称藩,但徒劳无功。

黄初六年(225),曹丕亲征孙权,军至广陵,使陈群领中领军。黄初七年,曹丕师还寿春,以陈群假节都督水军。曹丕回到许昌后,拜陈群为镇军大将军,领中护军,录尚书事。

从名望、资历、事功来看,司马懿当时确实不如排在他之上的三位辅政大臣,曹丕将他排在顾命之臣的最后也在情理之中。尽管如此,对司马懿而言,这是他一生中最重要的转折点。黄初七年,曹丕崩逝后,司马懿进入了曹魏政权的权力中心,从此他将大展经纶。

---

① 《三国志》卷2《文帝纪》。

第七章 克日擒孟达

一、司马懿"由文入武"

魏黄初七年(226)五月,魏文帝曹丕病故,魏明帝曹叡即位。曹叡即位后,追谥其母甄夫人曰文昭皇后,封其弟曹蕤为阳平王。曹叡初即位时,曾被孙权看轻。孙权对诸葛瑾说:

> (曹)操之所行,其惟杀伐小为过差,及离间人骨肉,以为酷耳。至于御将,自古少有,丕之于操,万不及也。今叡之不如丕,犹丕不如操也。其所以务崇小惠,必以为其父新死,自度衰微,恐困苦之民一朝崩沮,故强屈曲以求民心,欲以自安住耳,宁是兴隆之渐邪!闻任陈长文、曹子丹辈,或文人诸生,或宗室戚臣,宁能御雄才虎将以制天下乎? ……今叡幼弱,随人东西,此曹等辈,必当因此弄巧行态,阿党比周,各助所附。[①]

孙权不冷静观察,自以为是地做出判断,认为曹魏的三代国君是一代不如一代。而实际情况和孙权估计的完全相反。魏明帝曹叡是一位很有作为的雄略之主,他"沉毅断识,任心而行,盖有君人之至概焉"。[②] 曹叡即位伊始,群臣对这位新君并不了解。《三国志·明帝纪》注引《世语》云:"帝与朝士素不接,即位之后,群下想闻风采。居数日,独见侍中刘晔,语尽日。众人侧听,晔既出,问:

---

① 《三国志》卷52《诸葛瑾传》。
② 《三国志》卷3《明帝纪》。

'何如?'晔曰:'秦始皇、汉孝武之俦,才具微不及耳。'"在曹魏众臣中,刘晔以多谋善断、才智超群而著称,他将曹叡比作秦皇、汉武,绝非无稽之论。

同年八月,孙权进攻江夏,江夏太守文聘坚守。朝臣商议发兵救援,曹叡则认为孙权的军队擅长水战,这次之所以转到陆上攻城,不过趁文聘防守不严而突然袭击。时下文聘已和他们抗衡,吴军并不占明显的优势,所以无须担忧。此前,曹叡曾派治书侍御史荀禹慰劳戍边将士,当荀禹得知吴军进犯的消息,便在去江夏的途中召集各县兵马,加上自己身边的卫士共计步骑兵千余人。当荀禹抵达江夏城外,立即率兵举火向吴军发起攻击,吴军猝不及防,慌忙撤退。曹叡庙算如神,给了孙权一个下马威。

曹丕临终前,给曹叡安排了四位辅政大臣,然而魏明帝并不想过多地倚赖他们。他大权独揽,"政由己出",只让陈群留守京师,以司空录尚书事,辅助自己处理国事,而将其他三位辅臣安排在位于吴蜀边境之地的一线战区。

太和元年(227)六月,魏明帝命司马懿驻守宛城,都督荆、豫二州诸军事,与已都督扬州诸军事的大司马曹休东西策应,共同对付吴国的进犯。司马懿就任的新职事权颇重,这表明他已完全"由文入武",成为曹魏都督一方的重要将领。

这里笔者需要简单介绍一下曹魏政权的国防体系:曹魏实行的是中外军制,即中央在洛阳、长安、邺城三个都城级别的地区屯驻中央常备军,其中以洛阳为核心,长安负责经略西北、邺城则负责安定河北,三都处在整个国家的心腹之地中。守在边境的四方之督是"四征将军"。元人胡三省曰:"魏置征东将军屯淮南,征南将军屯襄、沔以备吴,征西将军屯关、陇以备蜀,征北将军屯幽、并以备鲜卑,皆授以重兵。"[1]因而"四征将军"构成了曹魏军事防御

---

① 《资治通鉴》卷77,"甘露二年四月"条胡三省注。

体系的核心。《宋书·百官志上》引鱼豢曰："四征,魏武帝置,秩二千石。黄初中,位次三公、汉旧诸征与偏裨杂号同。"①鱼豢所观察到的"四征将军"自汉末以降地位逐渐提高,直至魏文帝曹丕时成为位次三公、节制一方的大将。魏明帝时期,由于吴、蜀不断地进犯,"孙权、诸葛亮号称剧贼,无岁不有军征"。② 故曹魏的四方之督责任重大,中央往往派比四征将军地位更高的重号将军,如位比三公的车骑将军、骠骑将军,甚至是大将军、大司马亲自担任。

四方都督都有自己的辖区,但辖区不是特别固定。黄初元年,曹丕正式确立"都督制",将全国划分为七个战区,并且派出都督管理,具体战区如下所示:

夏侯楙,安西将军,持节,都督关中诸军事;曹真,镇西将军,假节,都督雍、凉诸军事;臧霸,镇东将军,假节,都督青州诸军事;吴质,北中郎将,使持节,督幽、并诸军事;曹仁,车骑将军,假节,都督荆、扬、益州诸军事;曹休,镇南将军,假节,都督扬州诸军事;夏侯尚,征南将军,领荆州刺史,假节,都督南方诸军事。上述几人之中除了臧霸,余下的都是曹氏宗亲以及曹丕的心腹。都督制的创立进一步加强了中央对地方的控制,同时也提高了作战效率,确保了曹魏边境的安全。

此时北方少数民族势力弱小,真正的威胁是吴、蜀,所以曹魏的四方之督中北方配备的兵力最少。其余的战区至少配备兵力两三万。自曹仁毁弃襄樊之后,南方都督退屯宛城,其后虽然曹魏和孙吴围绕江陵爆发过几场规模较大的攻防战,但总体来说,南方边境较为平静。由于诸葛亮、姜维和孙权、诸葛恪的多次北伐,故曹魏东、西方战事吃紧,都督扬州和都督雍、凉州的曹魏将军一直手握重兵,最多时达近十万大军。

---

① 《宋书》卷39《百官志上》。
② 《三国志》卷14《刘放传》注引《资别传》。

为了防止都督拥兵自重,尾大不掉。曹丕采取了三条措施:其一,都督只有统兵之权,没有中央之诏令,禁止擅自出兵。为防止都督长期都督一个地区形成将帅专权的局面,都督都会定期调动。其二,派遣监军监视都督的举动,监军可随时向朝廷奏报。其三,都督出任地方时,其眷属必须留在京师作为人质。这样就形成了一套都督统领军队,而军司监察都督的军事体制。

作为文臣的司马懿,从中央转入地方,并担任都督一方的军事将领,这是其人生历程的一次重大转型。在龙争虎斗、战争频仍的汉魏时期,非用武治戎不能立国。正所谓"天下安,注意相,天下危,注意将"。① 曹操、诸葛亮、周瑜、陆逊等人皆有文治武功,但主要以其杰出的军事才能而威震诸侯,闻名天下。故司马懿若要于日后掌握朝政,则必须要在魏国朝廷中树立崇高的声望,而要达到这一目的,必须要建立显赫的军功。曹丕去世后,司马懿虽然成为辅政大臣,但在曹魏政权内并没有建立起真正的权威。司马懿多谋善断以及其治国理民的政治才能虽已崭露头角,然而,其军事才能究竟如何?曹操、曹丕在世时,司马懿担任的都是文职官员,即使后来任抚军大将军,也仅是虚衔,从未单独领兵作战。

司马懿军事才能初露锋芒是魏明帝初即位时。孙权得知魏文帝去世后,即出兵攻魏。曹叡命司马懿率军驰援襄阳。《晋书·宣帝纪》记载:"帝督诸军讨(孙)权,走之。进击,败瑾,斩霸,并首级千余。"司马懿击败诸葛瑾,虽然显示出他有一定的军事才能,但尚不令人完全折服。因为他面临的对手并非是东吴能征惯战的沙场老将,而是一介书生的诸葛瑾。

司马懿初临宛城,就要面对一件极为棘手之事。太和元年(227)十二月曹魏新城太守孟达起兵叛魏投蜀。孟达在司马懿都督的荆州战区内谋反,震动魏国朝野,如何应对这起突发事件,对

① 《史记》卷97《陆贾列传》。

司马懿而言是个严峻的考验。

二、孟达叛蜀降魏

孟达是何许人？又因何事叛蜀降魏呢？欲明其事，我们必须先将孟达其人其事作一介绍。孟达，字子度，[①]系凉州扶风郡郿县（今陕西省郿县东北）人。其父孟他（亦称孟佗），字伯朗。东汉桓帝、灵帝之时，朝政大权皆操于宦官之手，一些欲谋求做官的无行士人，常以行贿手段投靠宦官。孟他即通过贿赂权宦张让的家奴而获得凉州刺史之职。[②]

孟他之子孟达在凉州事迹无闻，他于建安初年与同郡人法正入蜀投奔刘璋，但一直未得到重用。建安十六年（211），曹操遣钟繇率军进驻长安，准备进攻汉中的张鲁，刘璋获悉，十分恐惧。于是派遣法正率军四千人迎接刘备，欲请刘备替他保卫益州。法正却乘机对刘备献上攻取益州之策。根据《三国志·刘封传》记载，孟达也于此时弃刘璋而转投刘备。"刘璋遣扶风孟达副法正，各将兵二千人，使迎先主，先主因令达并领其众，留屯江陵。蜀平后，以达为宜都太守。"宜都郡地处荆、益二州之要冲，为军事重镇。汉魏之际宜都太守一职颇为重要，蜀汉猛将张飞、东吴都督陆逊都曾担任过宜都太守。史载："先主既定江南，以（张）飞为宜都太守、征虏将军"；[③]孙权夺取荆州后，命陆逊"领宜都太守"。[④] 孟达

---

① 孟达原字子敬，因避蜀先主刘备叔父刘敬讳，改为字子度。

② 据《后汉书》卷78《张让列传》记载：孟他结交张让家奴，某日去谒见张让，见张让门前求官者已排成长龙，孟他来得太晚，根本就进不了门。张让的家奴就率领诸苍头大礼参拜孟他，并抬起孟他的车子走进张让的府第，张让门前的大批求官者见此情形，以为孟他是张让的好朋友，"皆争以珍玩赂之，孟佗分以遗张让，让大喜，遂以（孟）佗为凉州刺史"。

③ 《三国志》卷36《张飞传》。

④ 《三国志》卷58《陆逊传》。

刚投靠刘备不久,即被任命管辖宜都这一连接荆、益二州的军事要地,可见此时刘备对孟达是相当器重的。

刘备占领益州后,其政权内除了起兵之初追随他的心腹旧部外,主要存在三个政治派别:即荆州集团、东州集团和益州土著集团。刘备寄寓荆州多年,网罗了一大批荆州士人致其麾下,除诸葛亮之外,著名者还有庞统、马良、马谡、廖立、霍峻、刘巴、陈震、蒋琬等人。刘备入蜀时,除张飞、赵云等不多的几个宿将之外,其幕府的主要谋臣几乎皆为荆楚士人。刘备从刘璋手中夺得益州,荆楚士人反客为主,成为统治益州的核心力量。史称:"豫州(刘备曾任豫州牧)入蜀,荆楚人贵。"①即是对荆州集团在刘备政权中显赫地位的最好诠释。

东州集团以法正、孟达、李严为首,拥有较强的军事力量,是刘焉、刘璋父子在益州维持统治的政治基础和军事保障。益州土著集团主要由益州本地的豪族构成,以黄权、彭羕、谯周为代表。由于益州地处偏远,交通不便,政治、经济、文化等各方面与中原、荆州、江东地区相比,均相对落后,故益州土著集团始终未能形成独立的、自成体系的政治势力,在政治、军事上均处于弱势,无法与荆州集团、东州集团相抗衡。

刘备取益州,东州集团主要人物法正、孟达、李严等人先后归附刘备,对刘备攻占益州帮助极大,其中法正更是起到了决定性的作用,因此得到了刘备的极大信任和器重。攻占成都后,刘备"以(法)正为蜀郡太守、扬武将军,外统都畿,内为谋主",对其信任程度甚至超过了诸葛亮。法正之外,东州集团的主要人物也都得到刘备的重用,孟达仍居宜都太守重任,镇守荆、益要冲,李严"为犍为太守、兴业将军"。② 东州集团另一重要成员董和"为掌军中郎

① (晋)常璩著,刘琳校注:《华阳国志校注》卷9《李寿志》,巴蜀书社1984年。
② 《三国志》卷40《李严传》。

将,与军师将军诸葛亮并署左将军大司马府事,献可替否,共为欢交"。① 在名义上甚至可以同诸葛亮平起平坐。东州集团的地位骤然提升,严重威胁到了荆州集团在刘备政权内部的主导地位,双方矛盾开始激化。②

以诸葛亮为首的荆州集团不愿放任东州集团坐大,他们在等待机会削弱东州集团的力量。建安二十四年(219),刘备攻占汉中之后,为了扩大战果,旋即"命孟达从秭归北攻房陵,房陵太守蒯祺为(孟)达兵所害。达将进攻上庸,先主阴恐达难独任,乃遣(刘)封自汉中乘沔水下统达军,与达会上庸。上庸太守申耽举众降,遣妻子及宗族诣成都。先主加耽征北将军,领上庸太守员乡侯如故,以耽弟为建信将军、西城太守,迁封为副军将军"。③ 原本孟达是单独领兵攻打房陵,在房陵太守蒯祺遇害后,刘备首先剥夺了孟达的军事指挥权,让他成了刘封的部下;其次是在平定东三郡以后,连降将申耽、申仪都有封赏,偏偏孟达有功而不得赏。攻克房陵后,刘备对待孟达的态度与之前有霄壤之别,其因何在? 仔细分析上文所引史料,不难看出,刘备对孟达态度发生变化的关键点在于:"蒯祺为(孟)达兵所害。"

房陵太守蒯祺并非是等闲之辈,其出身于荆州南郡中庐大族蒯氏。汉魏之际,是门阀士族形成与发展并逐渐垄断政权的时代。正如唐长孺所说:"东汉末年,大姓名士处于左右政局的重要地

---

① 《三国志》卷39《董和传》。

② 法正任蜀郡太守后,"一餐之德,睚眦之怨,无不报复,擅杀毁伤己者数人。或谓诸葛亮曰:'法正於蜀郡太纵横,将军宜启主公,抑其威福。'亮答曰:'主公之在公安也,北畏曹公之强,东惮孙权之逼,近则惧孙夫人生变於肘腋之下;当斯之时,进退狼跋,法孝直为之辅翼,令翻然翱翔,不可复制,如何禁止法正使不得行其意邪!'"(《三国志》卷37《法正传》)从诸葛亮之语中可以看出其对法正的行为虽有不满,但也无可奈何,同时也真实地反映了当时荆州集团对待东州集团的态度。

③ 《三国志》卷40《刘封传》。

位,他们在经济上、政治上广泛地控制农村,文化上几乎处于垄断地位。"①曹操平定荆州后,即对荆襄名士予以重用。在众多荆襄名士中,最为曹操赏识者乃是蒯氏家族。曹操以东汉朝廷的名义,册封"蒯越等侯者十五人。越为光禄勋"。②"荆州平,太祖与荀彧书曰:'不喜得荆州,喜得蒯异度(蒯越之字)耳。'"③中庐蒯氏至魏晋时期已成为著名的大族。孙盛《晋阳秋》云:"蒯氏,襄阳人,祖良,吏部尚书。"④吏部尚书掌管全国官吏的任免、考课、升降、调动、封勋等事务,曹魏名士陈群、何晏均曾任此官,应为朝廷要职,非地方州郡所能任命。故蒯良为吏部尚书,为曹操所授无疑。又据《世说新语》卷35《惑溺篇》载:"孙秀(吴宗室)降晋,晋武帝厚存宠之,妻以姨妹蒯氏,室家甚笃。"可见,蒯氏家族在魏晋时期具有显赫的地位。

《三国志集解》卷40《刘封传》注引胡三省曰:"房陵县本属汉中郡。此郡疑刘表所置,使蒯祺守之,否则祺自立也。"田余庆认为:"案蒯氏为荆州南郡中庐大姓,刘表在襄阳时,联络蒯氏,蒯氏家族得势,蒯祺当以家族势力之故,受刘表之命治理相邻的原益州汉中郡房陵县地,并受刘表私署为太守。"⑤由此可见,蒯氏家族同荆州牧刘表的关系极为密切,⑥而刘表又与刘备为同宗,故蒯祺完全是刘备可以争取的政治力量。同曹操相似,刘备亦极为重视大族名士,刘备称帝时,拜身无寸功,仅以臧否人伦、崇尚清谈而著称

① 唐长孺:《东汉末期的大姓名士》,载《魏晋南北朝史论拾遗》,中华书局1983年。
② 《三国志》卷6《刘表传》。
③ 《三国志》卷6《刘表传》注引《傅子》。
④ (晋)习凿齿著,舒焚、张林川校注:《襄阳耆旧记校注》卷2"蒯钦"条,荆楚书社1986年。
⑤ 田余庆:《东三郡与蜀魏历史》,载《秦汉魏晋史探微》,中华书局1993年,第227—243页。
⑥ 刘表为了巩固自己在荆州的统治,联络、倚靠蒯氏家族,蒯良、蒯越兄弟是刘表的心腹,为刘表平定荆州出谋划策,功业甚著。

的大名士许靖为司徒,即是著例。

蒯祺之妻并非寻常之女,乃是诸葛亮大姐。① 亮之大姐何时适蒯祺?未见史籍记载,推测当在诸葛亮隐居隆中之时。在此其间,亮之小姐适襄阳名士庞德公之子庞山民。诸葛亮则娶沔南名士黄承彦之女。荆州另一大族为襄阳蔡氏。荆州牧刘表与诸葛亮岳父黄承彦为连襟。② 有显赫家族背景的蒯祺不仅同荆州集团有千丝万缕的联系,而且同诸葛亮又有郎舅之亲。所以,刘备命孟达率兵攻取房陵之前,极有可能授意孟达不得加害蒯祺。而孟达竟然对刘备之命置若罔闻,在攻取房陵的战役中,蒯祺竟被孟达杀害。陈寿撰《三国志》,有良史之称,其于关节紧要之处,必然字斟句酌,推敲下笔。此处陈寿书:"蒯祺为达兵所害"而不书:"蒯祺为达兵所杀。"必有其深意。"害"应释为伤害、杀害。《孟子·梁惠王下》:"君子不以其所以养人者害人。"陈寿书"蒯祺为达兵所害"似有二层用意,一是为蒯祺惋惜,二是暗示杀害蒯祺绝非刘备本意,相反,乃是孟达违背刘备的意旨。

关于孟达杀蒯祺后诸葛亮的反应,我们可以从《三国志·费诗传》所载降人李鸿的一段话中窥知:"降人李鸿来诣(诸葛)亮,亮见鸿,时蒋琬与费祎在座。鸿曰:'间过孟达许,适见王冲从南来,言往者(孟)达之去就,明公切齿,欲诛达妻子,赖先主不听耳。'达曰:'诸葛亮见顾有本末,终不尔也。'尽不信冲言,委仰明公,无复已已。"这里的"明公"是指诸葛亮。虽然王冲所说的诸葛亮"欲诛(孟)达妻子",并非是事实,孟达也认为这肯定是谣言,他坚信以诸葛亮的为人绝不会做出这样的事来,但诸葛亮对孟达"切齿"痛恨应该是符合事实的。

---

① 《襄阳耆旧记校注》卷2《蒯钦》载:"(蒯)钦从祖祺妇,即诸葛孔明之大姊也。"
② 《襄阳耆旧记》卷1《蔡瑁》条载:"汉末,诸蔡最盛。蔡讽,妹适太尉张温,长女为黄承彦妻,小女为刘景升后妇,(蔡)瑁之妹也。"诸葛亮娶黄承彦女为妻,他同荆州的四大家族蒯、蔡、庞、黄以及北来的刘表家族都有亲戚或联姻关系。

诸葛亮对孟达"切齿"的原因是什么呢？难道是孟达降魏的叛国行为？但诸葛亮《与孟达书》中有"呜呼孟子，斯实刘封侵陵足下，以伤先主待士之义"①之语，将孟达降魏的责任全部归之于刘封"侵陵"，故诸葛亮应该不会为此事对孟达恨到"切齿"的程度。毫无疑问，令诸葛亮"切齿"的最主要原因就是孟达杀害其姐夫蒯祺。

蒯祺虽未与诸葛亮有太多的私交，但由于诸葛亮幼年父母双亡，兄长诸葛瑾早年离家避乱江东，故亮自幼便与其两位姐姐相依为命，姐弟之间自然是情深意笃。孟达不考虑这层关系，贸然杀害蒯祺，虽未必是存心为之，却造成了颇为严重的后果。蒯祺被杀时，诸葛亮大姐是否同时遇害，因史书中并无记载，故不得而知。若亮姐亦为孟达所害，则诸葛亮痛彻心扉，对孟达必然恨之入骨。若其幸免于难，亮姐中年丧夫守寡，也是伤心之事，诸葛亮自然不会不受到其姐的影响。

另外，蒯氏家族与庞、黄、习、马、蔡、诸葛等荆襄大族有着千丝万缕的家族及婚姻关系。② 孟达攻房陵，虽说是刘备的命令，但杀害蒯祺却是荆襄大族所不能容忍的。作为刘备最主要谋臣的诸葛亮，是荆州集团的首领，以他为代表的荆州集团对此事的反应必然十分强烈，亦必然会影响刘备的决定。由于曹操杀陈留名士边让的前车之鉴，③以及考虑到荆州集团与诸葛亮在蜀汉政权中的重

---

① 《三国志》卷41《费诗传》。

② 参阅（晋）习凿齿：《襄阳耆旧记》卷1人物"庞德公""庞统""庞林妇习""蔡瑁""习珍""黄承彦""习祯"；卷2"马良""蒯钦"条。

③ 兴平元年（194），曹操杀陈留名士边让，导致陈宫、张邈叛迎吕布，几乎使曹操丢掉了整个兖州。田余庆在《曹袁之争与世家大族》一文中指出："兔死狐悲，物伤其类，兖州士大夫从边让事件中深感悲哀和恐惧，于是'士林愤痛，人怨天怒，一夫奋臂，举州同声'，以致使曹操'躬破于徐方，地夺于吕布'。显然，这不是个别人兴风作浪，而是站在边让一起的兖州世家大族向曹操发动了突然袭击。"载氏著《秦汉魏晋史探微》，第141页。

要地位,刘备必须对孟达采取断然措施,即剥夺其军事指挥权。通过打击孟达来削弱东州集团实力,以抚慰诸葛亮以及以他为代表的荆州集团。这应该就是孟达攻克房陵、上庸后,刘备不予封赏他的真实原因。

孟达杀害蒯祺后,刘备派副军将军刘封统率孟达。"刘封者,本罗侯寇氏之子,长沙刘氏之甥也。先主至荆州,以未有继嗣,养封为子。及先主入蜀,自葭萌还攻刘璋,时封年二十余,有武艺,气力过人,将兵俱与诸葛亮、张飞等泝流西上,所在战克。"①可见,刘封虽为刘备义子,但实际上属于荆州集团,具有刘备养子与荆州集团骨干的双重身份,而且是以文官为主的荆州集团中难得的勇将,由其接替孟达,既符合荆州集团的利益,也有利于刘备加强对东三郡的统治。

刘封接替孟达平定东三郡后,"与孟达忿争不和,封寻夺达鼓吹"。②"鼓吹"是古代军中的仪仗乐队,也是郡守权力、地位的某种象征,刘封此举明显是对孟达的一种侮辱,实际上更是荆州集团对东州集团的打击。法正卒于孟达降魏同年(220),此时法正或已病故,或已重病,无法在政治上对孟达提供帮助。而李严、董和等人在刘备政权中的实际地位皆不能与诸葛亮相比,故亦无法对孟达提供有力的政治支持。如此一来,孟达实际上是独自面对整个荆州集团。在这种情况下,孟达为自保,叛刘降曹亦在情理之中。

三、孟达再次反复

孟达降魏之后,受到了魏主曹丕的重用。《三国志·明帝纪》注引《魏略》有如下记载:

---

① 《三国志》卷40《刘封传》。
② 《三国志》卷40《刘封传》。

孟达以延康元年率部曲四千余家归魏。文帝时初即王位，既宿知有达，闻其来，甚悦，令贵臣有识察者往观之，还曰："将帅之才也"，或曰："卿相之器也"，王益钦达。……达既至谯，进见闲雅，才辩过人，众莫不属目。又王近出，乘小辇，执达手，抚其背戏之曰："卿得无为刘备刺客邪?"遂与同载。又加拜散骑常侍，领新城太守，委以西南之任。时众臣或以为待之太猥，又不宜委以方任。王闻之曰："吾保其无他，亦譬以蒿箭射蒿中耳。"达既为文帝所宠，又与桓阶、夏侯尚亲善。

从这一段记载中可以看出几个细节：一是孟达虽然在蜀汉政权中的地位不高，但是在曹魏方面的评价却是极高，"将帅之才"和"卿相之器"的评语虽属溢美之词，但从后来孟达与曹丕见面时"进见闲雅，才辩过人，众莫不属目"的情况来看，孟达可以称得上"资兼文武"，难怪和孟达见面后曹丕高兴地和他开起了玩笑并且恩宠有加，立即委以重任。同时，曹丕委派孟达和征南将军夏侯尚、右将军徐晃一起讨伐刘封。这既可以看作是曹丕对孟达的欣赏和信任，也可以理解为是曹丕对孟达的考察。《资治通鉴》卷六十九也说："达有容止才观，王(曹丕)甚器爱之，引与同辇，以达为散骑常侍、建武将军，封平阳亭侯，合房陵、上庸、西城三郡为新城，以达领新城太守，委以西南之任。遣征南将军夏侯尚、右将军徐晃与达共袭刘封。"

面对曹丕的充分理解和信任，孟达自然不敢怠慢，立即随同夏侯尚、徐晃一起向刘封发起了进攻。他还给刘封写了一封劝降信，挑拨刘封与刘备的关系。信中有这样几段话：

今足下与汉中王，道路之人耳，亲非骨血而据势权，义非君臣而处上位，征则有偏任之威，居则有副军之号，远近所闻也。自立阿斗为太子已来，有识之人相为寒心。如使申生从子舆之言，必为太伯；卫汲听其弟之谋，无彰父之讥也。且小白出奔，入而为霸；重耳逾垣，卒以克复。自古有之，非独今也。

　　夫智贵免祸，明尚凤达，仆揆汉中王虑定于内，疑生于外矣；虑定则心固，疑生则心惧，乱祸之兴作，未曾不由废立之间也。私怨人情，不能不见，恐左右必有以间于汉中王矣。然则疑成怨闻，其发若践机耳。今足下在远，尚可假息一时；若大军遂进，足下失据而还，窃相为危之。昔微子去殷，智果别族，违难背祸，犹皆如斯。今足下弃父母而为人后，非礼也；知祸将至而留之，非智也；见正不从而疑之，非义也。自号为丈夫，为此三者，何所贵乎？

　　以足下之才，弃身来东，继嗣罗侯，不为背亲也；北面事君，以正纲纪，不为弃旧也；怒不致乱，以免危亡，不为徒行也。加陛下新受禅命，虚心侧席，以德怀远，若足下翻然内向，非但与仆为伦，受三百户封，继统罗国而已，当更剖符大邦，为始封之君。陛下大军，金鼓以震，当转都宛、邓；若二敌不平，军无还期。足下宜因此时早定良计。①

虽然这封信摆明是挑拨刘备、刘封父子的关系，但是事情的发展偏偏就像信中所写的一样，刘封兵败回成都之后，果然被杀，"刘封既至，先主责封之侵陵达，又不救羽。诸葛亮虑封刚猛，易世之后终难制御，劝先主因此除之。於是赐封死，使自裁"。② 值得注意的是，刘备对刘封的指责有两点：侵陵孟达与不救关羽，并且将侵陵孟达之罪置于不救关羽之前。刘备虽因孟达杀害蒯祺而采取了一定的惩罚措施，但是作为蜀汉政权的统治者，刘备更无法容忍刘封因与孟达内讧而导致孟达被逼降魏，致使东三郡丢失这一重大损失。诛杀刘封，虽然是诸葛亮的意见，但刘备显然也考虑到了协调两大集团利益这一点。对其来说，杀刘封有利于平息东州集团

　　① 《三国志》卷40《刘封传》。

　　② 《三国志》卷40《刘封传》。

因孟达被逼叛乱而产生的疑虑与不安。刘封临死时才想到孟达的信,不禁长叹:"恨不用孟子度之言!"这也足见孟达判断的准确性。

孟达降魏后,蜀汉的两位辅政大臣诸葛亮和李严均与孟达有书信往来。《三国志·李严传》载李严与孟达书云:"吾与孔明俱受寄托,忧深责重,思得良伴。""思得良伴"四字的背后,大有文章,这就是李严对自己命运的忧虑。李严与诸葛亮不睦,刘备薨逝后,李严留镇永安,"政事无巨细,咸决于(诸葛)亮"。① 在权力空间被诸葛亮挤压殆尽时,李严十分期盼孟达归来,与自己共辅蜀政,以壮大东州集团在蜀汉政权中的势力。

诸葛亮北伐曹魏之前,亦写书信与孟达:

> 往年南征,岁(未及)〔末乃〕还,适与李鸿会于汉阳,承知消息,慨然永叹,以存足下平素之志,岂徒空托名荣,贵为乖离乎!呜呼孟子,斯实刘封侵陵足下,以伤先主待士之义。又(李)鸿道王冲造作虚语,云足下量度吾心,不受冲说。寻表明之言,追平生之好,依依东望,故遣有书。②

诸葛亮信中提到的王冲,和孟达一样,也是背蜀投魏的叛将。《三国志·费诗传》载:"王冲者,广汉人也,为牙门将,统属江州督李严。为严所疾,惧罪降魏。魏以冲为乐陵太守。"耐人寻味的是,诸葛亮在信中丝毫没有责备孟达之意,认为孟达投奔曹魏完全是刘封的过失,是被逼无奈,情非得已。诸葛亮信中所用的"追平生之好,依依东望"之句的寓意特别深刻,似乎已不像朋友之间的相互思念而好像情侣之间的依依不舍。此话奇妙就奇妙在似乎什么都说了,又好像什么都没有说。既可以看作诸葛亮是在引诱孟达背叛曹魏;又可以看成是诸葛亮在期待孟达的回复。

---

① 《三国志》卷35《诸葛亮传》。
② 《三国志》卷41《费诗传》。

孟达接到诸葛亮的信犹豫不决，他写信给诸葛亮，希望诸葛亮给予明确的答复。诸葛亮回信说："处理政务像流水一样迅速而有条理，进退取舍人物毫不犹豫含糊，这就是正方（李严之字）的性格。"意思是我和李严的讲话是算数的，对你既往不咎，绝不会秋后算账。对孟达而言，其虽已数次朝秦暮楚，反复无常，但叛魏归蜀毕竟是件大事，所以他也一时拿不定主意，尚在犹豫观望之中。

魏文帝曹丕死后，孟达的境遇发生急剧的变化。加之原来与孟达"亲善"的曹魏尚书令桓阶、征南大将军夏侯尚也先后病故，孟达在朝中失去靠山，不免"心不自安"。此时诸葛亮频频以书信招诱，故孟达又生异心，决定重新返蜀。《三国志·明帝纪》注引《魏略》有关于孟达叛魏的记载："达既为文帝所宠，又与桓阶、夏侯尚亲善，及文帝崩，时桓、尚皆卒，达自以羁旅久在疆场，心不自安。诸葛亮闻之，阴欲诱达，数书招之，达与相报答。魏兴太守申仪与达有隙，密表达与蜀潜通，帝未之信也。司马宣王遣参军梁幾察之，又劝其入朝。达惊惧，遂反。"

从《魏略》的记载中，我们可以知晓孟达叛魏的消息是魏兴太守申仪告的密。孟达叛魏，此事极其机密，申仪何以会知道呢？原来孟达收到诸葛亮信函后，多次与诸葛亮书信来往，并送给诸葛亮纶帽，又送了玉玦、织成、障汗、苏合香等礼物。不料诸葛亮突然变卦，他派间谍郭模去魏国诈降，郭模先到与孟达有矛盾的魏兴太守申仪处，把孟达与诸葛亮来往、送礼物之事告诉了申仪，并说："玉玦者，事已决；织成者，言谋已成；苏合香者，言事已合。"①言下之意是孟达对叛魏投蜀之事已经拍板，并下了最后的决心。申仪和孟达素来不和，获悉此事后，立刻就派人快马飞报给荆州都督司马懿。《晋书·宣帝纪》也记载了此事："蜀相诸葛亮恶孟达反覆，又

---

① （晋）司马彪：《战略》，见（清）张澍：《诸葛亮集》故事《遗事篇》，中华书局1960年，第177页。

虑其为患。达与魏兴太守申仪有隙,亮欲促其事,乃遣郭模诈降,过申仪,因漏泄其谋。达闻其谋漏泄,将举兵。"

四、神兵天降克上庸

虽然孟达谋反是魏兴太守申仪告的密,但司马懿早就对反复无常的孟达有防范之心。孟达叛蜀投魏时,"魏朝遇之甚厚",曹丕"甚悦","甚器爱之",甚至不顾自己的天子之尊,降尊纡贵,与降将孟达同舆而行,并委以西南方面之任。司马懿对此颇为不满。他认为兹事体大,事关魏朝安危,因此一反过去谨慎进谏的作风,屡次向曹丕"骤谏"。"帝以(孟)达言行倾巧,不可任。"①意思是孟达善于阿谀逢迎,不可授予边疆之任。对于曹丕重用孟达,不仅司马懿反对,刘晔也持同样见解,他提醒文帝说:"孟达有苟得之心,而恃才好术,必不能感恩怀义。新城与吴、蜀接连,若有变态,为国生患。"②所谓的"恃才好术",指的是孟达自恃才能,喜好权术,但曹丕固执己见,③就是不纳司马懿和刘晔的劝谏。他仍"以

---

① 《晋书》卷 1《宣帝纪》。

② 《三国志》卷 14《刘晔传》。

③ 曹丕如此宠信孟达,实际上是他施展的政治手腕。为了笼络孟达和加强宣传的效果,曹丕还亲笔撰文:"(吾)〔日〕前遣使宣国威灵,而达即来。吾惟《春秋》褒《仪父》,即封拜达,使还领新城太守。近复有扶老携幼首向王化者。吾闻凤沙之民自缚其君以归神农,豳国之众襁负其子而入丰、镐,斯岂驱略迫胁之所致哉?乃风化动其情而仁义感其衷,欢心内发使之然也。以此而推,西南将万里无外,权、备将与谁守死乎?"(载《三国志》卷 2《文帝纪》注引《魏略》)一方面,他要把孟达打造成蜀汉降将的标杆;另一方面,他要利用孟达在蜀的特殊地位搞"统战",把东州集团、益州集团那些不满刘备和荆州集团的人,"统战"过来。据田余庆在《黄权降魏索隐》(载《秦汉魏晋史探微》)一文中考证,夷陵战败后黄权降魏,孟达出力颇多;华歆、王朗、陈群派去给诸葛亮、许靖送招降信的信使,所走的"上庸—永安"小路要经过孟达的防区。一时间,东三郡成为魏国招降纳叛、瓦解刘备集团的重器。而孟达也逐渐找到了挟蜀人以自重的生存之道。

216

孟达为新城太守,封侯,假节"。①

魏兴太守申仪将孟达"与蜀潜通"的消息密表朝廷,明帝曹叡认为有可能是申仪诬告,故并不太相信。司马懿素疑孟达有不轨之心,在得到申仪的密报后,就完全证实了自己当初对孟达"言行倾巧,不可任"的判断。司马懿统辖的荆、豫二州防区,虽然主要针对孙吴,但也兼及防范蜀汉。特别是诸葛亮这时已率大军进驻汉中,有入寇关陇地区的动向。司马懿认为孟达所据的新城郡连接吴、蜀,一旦其与诸葛亮或孙权联合,为祸不小。

司马懿得知孟达欲反的情报后,当即采取二项措施:其一火速奏报朝廷,使明帝曹叡有所准备;其二派遣心腹幕僚——参军梁幾到新城郡察看孟达动静。梁幾的使命有二:一是观察新城郡军事布防,特别是孟达所在地上庸县的城防状况,以供司马懿用兵参考;二是麻痹孟达,使之放松戒备。司马懿担心孟达获悉自己叛魏之事已经泄漏,必将提前举兵,若孟达叛乱得到诸葛亮配合,对曹魏很不利。此刻,孟达也得到了申仪、郭模出卖自己的情报,担心谋划泄露,情急之下,准备即刻起兵。宛城相距上庸有千里之遥,司马懿此时还来不及迅速调兵遣将。为了麻痹孟达,司马懿便修书一封,让梁幾带给孟达。书中云:

> 将军昔弃刘备,托身国家,国家委将军以疆场之任,任将军以图蜀之事,可谓心贯白日。蜀人愚智,莫不切齿于将军。诸葛亮欲相破,惟苦无路耳。模之所言,非小事也,亮岂轻之而令宣露,此殆易知耳。②

司马懿在信中,对孟达好言抚慰,表示自己对他深信不疑。并说魏国对你有大恩,蜀国于你有切齿之恨,诸葛亮处心积虑地想要消灭你,唯苦无路,故绝不会轻易泄漏郭模的密报。孟达收到司马懿书

---

① 《晋书》卷1《宣帝纪》。
② 《晋书》卷1《宣帝纪》。

信后,觉得司马懿讲得合情合理,但自己究竟是铤而走险,还是静观其变,孟达仍然举棋不定。在此期间,司马懿已调集了数万精兵,准备秘密地征讨孟达。

司马懿部将们却认为,孟达虽然暗中与吴蜀二国有交往,但是并未公开举兵反抗朝廷,故还是应该观望一下形势再作决定。司马懿不同意,他说:"(孟)达无信义。此其相疑之时也,当及其未定促决之。"①于是司马懿亲率大军向上庸进发。魏明帝太和元年(227)十二月底,司马懿率军出征,时值隆冬,天气严寒,彤云密布,朔风凛冽,并非是行军用兵的好时间,但司马懿却反其道而行之,因为这可以起到攻其不备、出其不意的效果。

这时,孟达也觉察到司马懿可能要对他动手,故一边调集兵马,加固上庸的城防工事,一边派人送信给诸葛亮,请求他发兵支援。孟达在书信中说:

> 宛去洛八百里,去吾一千二百里,闻吾举事,当表上天子,比相反复,一月间也,则吾城已固,诸军足办。则吾所在深险,司马公必不自来;诸将来,吾无患矣。②

孟达以为自己叛魏的消息传到宛城,司马懿必不敢擅自发兵,而会遣使上表给魏明帝,等到明帝下诏,司马懿再发兵至上庸,一来一去至少得一个月时间。事实上,孟达完全低估了司马懿的谋略。战场形势瞬息万变,作为都督一方的将帅历来有"将在外,君命有所不受"的权力。更何况孟达所在的新城郡正是在司马懿所管辖的荆州防区,司马懿多谋善断,临机应变,怎么会耽搁时间呢?出乎孟达意料,司马懿不仅不等待朝廷诏书,而且命令部队"倍道兼行"。所谓"倍道兼行"即是一日行两日之路,结果司马懿八天就赶到上庸城下。按孟达所说,上庸距司马懿所在地宛城有一千二

---

① 《晋书》卷1《宣帝纪》。
② 《晋书》卷1《宣帝纪》。

百里,也就是说司马懿的部队每天得行军一百五十里,才能到达。司马懿所率之军大部分是步卒,还必须携带粮草、辎重及攻城器械,如此的行军速度,应该是相当惊人的。从中可以看出,司马懿驭军之严,可谓一声令下,三军用命。

孟达万万没有料到司马懿会神兵天降,在这么短的时间内来到上庸,除了仓促应战之外,孟达再次去信向诸葛亮告急,信中云:"吾举事八日,而兵至城下,何其神速也!"①孟达在惊恐之余,请求诸葛亮火速派兵来救援。诸葛亮本来就厌恶孟达反复无常,欲借司马懿之刀除去孟达。但孟达若以东三郡归蜀,对己亦甚为有利,故诸葛亮对此事如何处理也在两难之间,此刻诸葛亮见孟达大势已去,遂虚应故事,派了一支人数不多的小部队来救,结果被司马懿派兵阻挡在西城安桥;吴国孙权也派了一支偏师去营救,结果也被司马懿分兵挡在木兰寨外。②

上庸城三面环水,易守难攻,地势是相当险要的。据《三国志·明帝纪》注引《干宝晋纪》记载:"(孟)达初入新城,登白马塞,叹曰:'刘封、申耽,据金城千里而失之乎!'"孟达当初还嘲笑刘封、申耽,有这么好的地形,还守不住上庸。在司马懿攻城之前,孟达已作了防御部署,他在城外树立木栅,加固城防。司马懿亲自指挥,率军渡过环绕城池的河水,烧毁其木栅,直逼城下。太和二年(228)正月,司马懿兵分八路,从八个方向对上庸城展开猛烈的进攻。魏军攻城至第十六天,孟达就坚持不住了,在魏军的猛攻下,孟达的外甥邓贤、部将李辅开城投降。魏军入城,司马懿生擒孟达,立即将其斩首。并将孟达首级传送至京师洛阳,魏明帝十分

---

① 《晋书》卷1《宣帝纪》。
② 《晋书》卷1《宣帝纪》中说当孟达被围时,"吴蜀各遣其将向西城安桥、木兰塞以救达,帝分诸将以距之"。木兰塞又称木兰寨,在上庸之南。《水经注·沔水注》云:"吴朝遣军助孟达于此。"

高兴,下令"焚其首于洛阳四达之衢",①同时厚赏有功将士。此战司马懿大获全胜,"俘获万余人,振旅还于宛"。②

司马懿此次出征,不仅消灭了新城太守孟达的反叛势力,而且还铲除了长期盘踞于上庸地区的土著势力——申氏集团。申耽、申仪是西平、上庸地区的世家豪族。初平年间,申氏兄弟聚众数千家,依附汉中太守张鲁,后又派遣使臣拜诣曹操,曹操于是赐申耽将军称号,拜为上庸都尉,后又迁升上庸太守,封员乡侯。建安二十四年,刘封、孟达攻上庸,申耽归降,将妻儿以及宗族都迁往成都为人质。刘备遂任命申耽为征北将军,其他官爵照旧,又任命申耽之弟申仪为建信将军、西城太守。

孟达叛蜀时,申耽迫不得已,也降了曹魏。曹丕因申耽不是自愿归附,遂剥夺其权,仅赐予怀集将军的虚号,迁往南阳居住,又剥夺了他的爵位,转封其弟申仪为员乡侯,拜魏兴太守。据《三国志·刘封传》注引《魏略》记载,明帝"太和中,(申)仪与孟达不和,数上言达有贰心於蜀,及达反,仪绝蜀道,使救不到。达死后,仪诣宛见司马宣王,宣王劝使来朝。仪至京师,诏转拜仪楼船将军,在礼请中"。但《晋书·宣帝纪》的记载与《魏略》稍有不同。《晋书·宣帝纪》云:"初,申仪久在魏兴,专威疆场,辄承制刻印,多所假授。达既诛,有自疑心。时诸郡守以帝(司马懿)新克捷,奉礼求贺,皆听之。帝使人讽仪,仪至,问承制状,执之,归于京师。"两相比较,似乎《宣帝纪》的记载更接近历史真相,即申仪是被司马懿诱骗擒获之后,押送京师的。

从申氏兄弟的身世看,他们在当地名望及势力无出其右,可以说申氏就是一个土皇帝。申耽兄弟盘踞上庸、西城二郡三十年,是汉末割据时间较久的诸侯之一。申耽被迁徙南阳后,申仪仍在魏

① 《三国志》卷3《明帝纪》注引《魏略》。
② 《晋书》卷1《宣帝纪》。

兴,他不仅在当地生杀予夺,还假借曹魏朝廷名义,随心所欲地"承制刻印,多所假授",以扩充自己的势力。可见,申氏势力犹存,这对曹魏政权而言,不啻是个隐患。司马懿凭借平定孟达的余威,趁机迫使申仪离开其盘根错节的西城、上庸地区。与此同时,司马懿"又徙孟达余众七千余家于幽州"。接着,司马懿又上奏朝廷,将新城郡一分为二,"分新城之上庸、武陵、巫县为上庸郡,锡县为锡郡。"①东三郡位于魏蜀边境交界处,自建安二十四年至太和二年,迭经战乱,生灵涂炭,社会经济遭到严重破坏,司马懿采取了恢复发展经济的措施,史书称赞他:"劝农桑,禁浮费,南土悦附焉。"②

在平定孟达的叛乱中,司马懿表现了卓越的军事才能和智慧,正如唐太宗在《晋书·宣帝纪》制书中所说:"观其雄略内断,英猷外决,殄公孙于百日,擒孟达于盈旬,自以兵动若神,谋无再计矣。"李世民赞扬司马懿"兵动若神,谋无再计",并无夸饰。通过分析,我们可以将其用兵谋略归纳为以下几点:

第一,司马懿洞若观火,有知人之明。他早就看出"孟达言行倾巧,不可任",也就是洞察到孟达反复无常,极有可能再次反叛,故司马懿在宛城操练军马,预作准备。

第二,用书信迷惑孟达。孟达欲反,但一直犹豫不决。为了稳住孟达,为自己调动军马争取时间,司马懿亲自写信给孟达,给孟达灌迷魂汤。这一招取得奇效,使孟达放松了警惕,打了他一个措手不及。

第三,司马懿深知兵贵神速的用兵之道。一旦得知孟达谋反,司马懿当机立断,不去请示魏明帝曹叡,而是星夜起兵,日夜兼程,以最快的速度赶赴上庸。结果只花了八天时间就到达。司马懿以

---

① 《三国志》卷3《明帝纪》。
② 《晋书》卷1《宣帝纪》。

迅雷不及掩耳之势包围了上庸,仅用了十六天就攻克上庸,斩了孟达,取得了完胜。司马懿的用兵方略可以称之为"静如处子,动如脱兔"。

第四,随机应变,以己之长克敌之短。司马懿从宛城出发,千里奔袭上庸,因兵贵神速,故所带军粮不足,必须以最短的时间攻克上庸,绝不给孟达有任何喘息的机会。多年之后,司马懿率大军征讨辽东公孙渊,其采取的用兵之法却与攻孟达截然不同。①《孙子兵法·虚实篇》云:"水因地而制流,兵因敌而制胜,故兵无常势,水无常形,能因敌变化而取胜者,谓之神。"司马懿不仅熟读兵书,且能根据敌我双方实际情况、战场形势、气象地理等进行综合分析、判断。知己知彼,扬长避短,处变不乱,故在诛灭孟达与公孙渊之战中克敌制胜。与之相反,蜀汉的马谡等辈只会死背兵书,而不知临机应变,正好与司马懿的用兵之道形成巨大的反差。

第五,思虑缜密,部署周到。司马懿用兵,有全局观念,他估计到吴蜀可能派兵来支援孟达。故早有准备,在围攻上庸城之前,就派出部队驻守木兰寨和西城安桥,结果堵住了吴蜀的援军,为全歼上庸孟达军创造了最有利的条件。

第六,在擒斩孟达的同时,司马懿为不留隐患,将申仪逮至洛阳,司马懿此举不仅彻底铲除了上庸、西城地区的割据势力,而且进一步巩固了曹魏在东三郡地区的统治,使得诸葛亮兵分两路北伐曹魏的图谋成为泡影(此问题后文还将具体分析)。

司马懿从后半生才开始亲历戎机,指挥魏军征战南北。其面临的对手虽然不少,但主要军事对手只有三人:即孟达、诸葛亮、公孙渊。司马懿对阵诸葛亮,常落下风,毫无胜算。但是其对阵孟达和公孙渊却取得了完胜。司马懿平定孟达之战,堪称其军旅生涯的杰作,此战的胜利,奠定了司马懿在曹魏军界中的地位,使其在

---

① 详见本书第十一章"军旅生涯的得意之笔:平定辽东"。

曹魏军界中树立起一定的威望，日后将和曹真并立，同为曹魏后期最善于用兵的军事将领之一。①

五、诸葛亮借刀除孟达

孟达之乱中还有个问题，值得我们关注，即司马懿能够顺利地平定孟达之乱，还少不了诸葛亮提供的情报。如果不是诸葛亮故意把孟达叛魏的内情泄漏出去，司马懿又怎么能在第一时间就知道孟达叛乱呢？以往，有的学者对此事采取回避态度，或"疑此事不可信，未加采用"，②或语焉不详，不展开分析。笔者认为，学者对此事或回避，或视而不见，无非是为尊者、贤者诸葛亮讳。其实这样的顾虑大可不必。说明历史真相，还原历史真实，皆无损于诸葛亮、司马懿的形象。

从《晋书·宣帝纪》中可知，在孟达叛魏直至败亡的过程中，诸葛亮起了极为重要的作用。他先是策反孟达归蜀，接着因"恶其反覆，又虑其为患"，遂遣郭模诈降曹魏。郭模在经过魏兴太守申仪处时，故意泄漏孟达叛魏之谋，司马懿因此而有了充分的准备。在司马懿大军兵临城下之际，孟达频频"与亮书"，至死亦未省悟其为诸葛亮所卖。关于诸葛亮遣郭模诈降之事，陈寿的《三国志》只字未提，但《晋书·宣帝纪》有明确记载，除此之外，西晋司马彪所著《战略》对此事也有补充（前文已引），另据《太平御览》卷692引孟达与诸葛亮书曰："今送纶帽、玉玦各一，以征意焉。"可知孟达赠诸葛亮玉玦，决意叛魏确有其事，郭模诈降则是

---

① 曹叡时期的四大辅臣，除陈群为文官外，曹真、曹休、司马懿都是都督一方的高级军事将领。曹真统兵挫败了诸葛亮第一次北伐，获得了极高的声誉。曹休以往战绩尚可，但在石亭之战中惨败于孙吴大都督陆逊，声望一落千丈，不能列为名将。故只有曹真才能与司马懿并列。

② 柳春藩：《正说司马懿》，中国青年出版社2014年，第81页注释。

223

诸葛亮欲剪除孟达之计。

值得注意的一点是,孟达"反覆"之名在当时已为时人所不齿,在诸葛亮欲与孟达书信时,费诗就曾表示过异议,他对诸葛亮说:"孟达小子,昔事振威(刘璋)不忠,后又背叛先主,反覆之人,何足与书邪!"①诸葛亮对费诗异议的反应是"默然不答"。从后来司马懿率重兵攻孟达,孟达日夜企盼诸葛亮出兵相救,但诸葛亮却"以达无款诚之心,故不救助"②的态度来看,说明诸葛亮对费诗的观点是赞同的。既然如此,为何诸葛亮还要频频与孟达书信,策反一个与自己有家仇的"反覆"之人呢? 陈寿所谓"亮欲诱达以为外援"的看法显然并不符合实情,因为在孟达"得亮书,数相交通,辞欲叛魏"③之时,诸葛亮已经出尔反尔,采取了与之前迫切希望其返归故国截然相反的做法,故最终导致了孟达的败亡。

结合《晋书·宣帝纪》所载来看,在孟达命悬一线之时,诸葛亮对待孟达已不仅仅是陈寿所言的"不救助"了,而是欲借司马懿之刀而除去心腹之患。卢弼在《三国志集解·费诗传》引诸葛亮与孟达书"追平生之好,依依东望,故遣有书"之下注曰:"亮书词动人,诸葛亦谲矣,其默然不答,非费诗所能知也。"说明诸葛亮在对待孟达之事上,确实另有目的,诡谲异常,超过了通常的兵家权谋。陈寿与司马彪④属于同时代人,二人所见史料应大致相同,为何却在记载此事上差别如此之大呢? 这大概只能采取田余庆的说法,解释为蜀汉旧臣陈寿为本朝贤者讳了。⑤

---

① 《三国志》卷41《费诗传》。
② 《三国志》卷41《费诗传》。案:司马懿兵临上庸之际,诸葛亮虽派出一支小部队前往支援,但仅是象征性的,因为蜀军在西城安桥稍一受阻,就放弃营救了。
③ 《三国志》卷41《费诗传》。
④ 司马彪(? —306),字绍统,司马懿六弟中郎司马进之孙,高阳王司马睦长子,史学家,著有《续汉书》。
⑤ 参阅田余庆:《蜀史四题》,载《秦汉魏晋史探微》,中华书局1993年,第210页。

孟达败亡于蜀汉建兴六年（228）正月，此时，诸葛亮已率十万大军屯驻于汉中，正欲大举北伐。诸葛亮即将北伐之时，为何要舍弃东三郡而置孟达于死地呢？笔者认为，除了孟达攻杀蒯祺与诸葛亮结下私怨家仇之外，荆州与东州两大政治集团的利益之争亦是重要原因。《晋书·宣帝纪》在记载诸葛亮对孟达归蜀之事时，除了"恶其反覆"之外，还有"虑其为患"之语。既然孟达已经叛魏归蜀，诸葛亮又为何会"虑其为患"呢？很显然，这里所谓的"为患"，并非指孟达对蜀汉政权的威胁，而是指其归蜀后将增强东州集团的政治军事实力，这就会构成对荆州集团的威胁。

上文已经提到，李严与孟达书中有"忧深责重，思得良伴"之语，李严思得的是什么样的"良伴"？他得了"良伴"想做什么！必须注意的是，一旦孟达以东三郡叛魏归蜀，势必增强以李严为首的东州集团的实力。以诸葛亮之智术，他对蜀汉政权内部二大集团因实力对比发生变化而可能产生的影响，绝不可能预料不到。作为荆州集团首领的诸葛亮，让东州集团控制蜀汉政权，是其无法容忍的。因此，劝诱孟达归蜀，同时又派间谍泄漏其谋，假曹魏之手除掉孟达便成了诸葛亮解决东州集团威胁的策略。孟达败亡之后，东州集团实力无法恢复，已无力与荆州集团相颉颃。三年之后，即蜀汉建兴九年（231），诸葛亮"假借了一个难于置信的口实"，[①]废黜李严这位东州集团中的核心人物，荆州集团取得了对东州集团斗争的彻底胜利。

东汉末年，由于汉中为五斗米教首领张鲁所占领，加之山川环绕，房陵、上庸与西城遂与益州本部分离，同时，其战略地位也逐渐凸现出来。汉魏之际，此三县均升格为郡，史称东三郡。从地理位置上看，东三郡位于沔水上游。西城在沔水边，上庸与房陵则均在沔水南。境内崇山环抱，四塞险固，号为奥区，在地理上自成一体。

---

① 　田余庆：《李严兴废与诸葛用人》，载《秦汉魏晋史探微》，第185页。

对于蜀汉,东三郡战略地位极为重要。三郡处于蜀汉的东北边陲,东临襄阳,北靠长安,是汉中的门户。由西城东去,陆路走"旬关道",可入南阳盆地,抵达宛城(今河南南阳市)。从郿关(今湖北郿县)东南顺流而下,则可到达江汉平原的北方门户——曹魏军事重镇襄阳。蜀汉占据东三郡,无论是对曹魏,还是对孙吴,都有一种威慑作用。蜀汉在荆州丢失以后,这个地区可以作为蜀汉进攻曹魏的桥头堡和防守的前沿。由于沔水水量水势无常,舟行下水易而上水难。蜀汉由汉中攻东三郡须逆水而行,若无孟达配合,殊为不易。① 诸葛亮遣郭模诈降,致使孟达败亡,虽确保了荆州集团的利益,却失去了重夺东三郡的大好时机。东三郡的丢失意味着蜀汉在战略上失掉了由汉中东出,沿沔水而下东击曹魏,威胁孙吴的地理优势。使得以后诸葛亮进攻曹魏的道路只有北出汉中一途,这就在战略上失去了选择。

诸葛亮在《隆中对》中曾提出由荆、益两路同时出兵伐魏的战略方针,②但由于关羽失荆州而无法实现。蜀汉此时如在孟达配合下,重夺东三郡,并占领襄樊,则诸葛亮一向宛、洛,一出秦川的两路伐魏的战略计划便有可能重新实现,③东吴也可能会从江陵或合肥等地出兵配合,使曹魏陷入首尾难顾、腹背受敌的境地。诸葛亮虽未必能一举克复中原,但至少不会出现蜀汉前后十余次由

---

① 《三国志》卷44《蒋琬传》载,延熙中蒋琬屯驻汉中,"多作舟船,欲由汉沔袭魏兴、上庸,……而众论咸谓如不克捷,还路甚难,非长策也"。
② 田余庆认为:"刘备据汉中以慑秦川,关羽攻樊以震宛洛,刘封、孟达居东三郡一线以为策应,这不正是为东西两路北伐战略作铺垫吗?"载《秦汉魏晋史探微》,中华书局 1993 年,第 235 页。
③ 田余庆指出:"在研究了东三郡的地理历史状况以后,应当获得新的理解。当年高祖因之以成帝业之地是汉中,刘备欲得汉中以步刘邦后尘,按草庐三顾之时的设想,只有道出东三郡最为现实可行;出东三郡而得汉中,就具有当时所谓'跨有荆益'地理历史含义。"载《秦汉魏晋史探微》,中华书局 1993 年,第 234 页。

汉中北伐均无功而返的尴尬局面。可惜诸葛亮虑不及此,他将解决个人私怨与蜀汉政权内部矛盾置于北伐曹魏之上,诚非明智之举。总之,诸葛亮在第一次北伐的关键时刻,不懂得利用一切可以利用的力量,争取一切可以争取的人,在孟达自愿归蜀,并有可能从东三郡出兵,以偏师配合诸葛亮北伐的情况下,不仅不资助孟达,反置其于死地。诸葛亮不顾大局、自断膀臂的做法,不免使人扼腕叹息。

另据《宣帝纪》记载,孟达败亡后,"蜀将姚静、郑他等帅其属七千余人来降"。这支蜀军是怎么过来的?为何会投降司马懿?有关史书均无记载,似乎成了一个疑案。从地理的方位来看,上庸的孟达与诸葛亮之间还隔着申仪所据的魏兴郡(即原来的西城郡,申仪降魏后易名),故这支部队绝无可能是诸葛亮所派遣。那么他们就只能是李严通过永安到达上庸的小道,派往孟达处的。自刘备白帝托孤后,李严地位迅速上升,几乎和诸葛亮相垺。李严想从益州分出五郡建立巴州,自为巴州刺史,与诸葛亮分陕而治。诸葛亮当然不会容忍以李严为首的东州集团坐大,故坚决不允。李严无奈,遂决定直接插手东三郡事务。他命姚静、郑他等率军支持孟达。孟达被司马懿诛灭后,姚静等人孤立无援,只得投降司马懿。

孟达被杀以及姚静等人投降事件的背后,反映出蜀汉统治集团内部的矛盾和斗争,而这就从一个侧面昭示着诸葛亮北伐不可能取得成功,司马懿将是不久后展开的魏蜀战争的最终赢家。

第八章　制定伐吴新战略

公元220年,三国鼎立的局面正式形成,但魏蜀吴三国都不甘天下分裂,割据一方。兴复汉室是刘备、诸葛亮早已确定的目标,刘备死后,诸葛亮不改初心,他一再表示:"汉贼不两立,王业不偏安。"①"今南方已定,兵甲已足,当奖率三军,北定中原,庶竭驽钝,攘除奸凶,兴复汉室,还于旧都。"②故在其执政时,先后发动了五次北伐。孙权也不甘偏安江南,其称帝后,群臣奏请他举行祭天的郊祀大典,以承天意。孙权不同意,他说:"郊祀当于土中,今非其所,于何施此?"③言下之意是要等到灭魏之后,在中土洛阳才能举行郊祀大典。可见吴蜀二国都有统一天下的强烈愿望。

作为三国之中最强大的曹魏更是迫不及待地图谋吞蜀灭吴,扫平六合。魏文帝初即位,就询问贾诩:"吾欲伐不从命以一天下,吴、蜀何先?"贾诩回答说:"吴、蜀虽蕞尔小国,依阻山水,刘备有雄才,诸葛亮善治国,孙权识虚实,陆议见兵势,据险守要,汎舟江湖,皆难卒谋也。用兵之道,先胜后战,量敌论将,故举无遗策。臣窃料群臣,无备、权对,虽以天威临之,未见万全之势也。昔舜舞干戚而有苗服,臣以为当今宜先文后武。"④魏文帝听了很扫兴,他并没有采纳贾诩的建议,先后几次发动攻吴战役,但都无功而返。

---

① 《三国志》卷35《诸葛亮传》注引《汉晋春秋》。
② 《三国志》卷35《诸葛亮传》。
③ 《三国志》卷47《吴主传》注引《江表传》。
④ 《三国志》卷10《贾诩传》。

一、君臣共商征伐大计

魏明帝也有囊括四海、并吞八荒之心。诸葛亮第一次北伐时，曹叡为了鼓舞士气，除派大将军曹真、右将军张郃分头御蜀外，他还亲自到长安坐镇。诸葛亮街亭失利，仓皇撤退之后，曹叡雄心顿起，欲改变被动挨打的局面，主动出击。太和二年（228）四月，曹叡从长安回到洛阳，立即派使者请司马懿进京，商讨军国大计。司马懿从宛城赶到洛阳后，魏明帝立即召见司马懿，向他咨询征讨吴蜀方略：

> （魏明帝）又问二虏宜讨，何者为先？（司马懿）对曰："吴以中国不习水战，故敢散居东关。凡攻敌，必扼其喉而捣其心。夏口、东关，贼之心喉。若为陆军以向皖城，引（孙）权东下，为水战军向夏口，乘其虚而击之，此神兵从天而坠，破之必矣。"天子并然之，复命帝屯于宛。[1]

曹叡和司马懿这一段对话虽然不长，但其中包含的内容极为丰富。第一，涉及对三国形势的研判；第二，涉及攻吴的军事方针；第三，涉及汉魏之际的历史地理。因司马懿用兵方略中有夏口、东关、皖城等地名，所以，若不解读历史地理，并回顾汉魏之际和这些城市相关的战役及夏口、东关等城市的战略地位，必然对司马懿这段话理解不透，笔者不揣浅陋，试作如下分析。

魏明帝首先问司马懿，如欲征伐吴蜀，应该先讨伐哪一国？司马懿并没有直接回答，他讲的是征讨吴国的方略。这就清楚地表明了司马懿的主张——先攻吴国。从常理上来讲，兵家用兵总是先打较弱的一方。若将吴蜀两国的综合国力进行比较，吴之国力当在蜀之上。那么为何司马懿要舍弱攻强呢？我认为，这是司马

---

① 《晋书》卷1《宣帝纪》。

懿考察吴蜀两国地理,反复比较,经过深思熟虑后才决定的。

魏蜀两国边境是在秦岭汉中地区。魏军若要攻蜀,首先必须翻越秦岭,才能进入汉中郡。从关中进入汉中,主要有三条谷道:褒斜道、傥骆道、子午道。这三条谷道全都是崎岖险阻的山路,尤其是秦岭诸道的河谷两侧,多有悬崖峭壁,人马难以立足通行,因此自古以来常在沿途凿山架木,修建栈道。汉中西陲的阳平关,东端的黄金戍,也是著名的天险。守御的一方可以烧绝栈道,凭借山险设置要塞来阻挡敌寇。若不用奇计,任你雄兵十万,也将陷入进退两难的险境。建安二十年,曹操攻张鲁时,就身临险境。此情此景,曹魏君臣都记忆犹新。曹丕曾说:"汉中地形实为险固,四岳三涂皆不及也。张鲁有精甲数万,临高塞要,一夫挥戟,千人不得过。"①太和三年(229),诸葛亮率军进驻南郑,准备第三次北伐,魏国朝臣建议可调集重兵,先发制人,攻打蜀汉。魏明帝就此事征求散骑常侍孙资意见。孙资说:"昔武皇帝征南郑,取张鲁,阳平之役,危而后济。又自往拔出夏侯渊军,数言'南郑直为天狱,中斜谷道为五百里石穴耳',言其深险,喜出渊军之辞也。"②

以上这些虽然是曹丕、孙资等人的看法,但是司马懿熟读兵书,善察地形,加之其作为曹操身边的谋臣亲自参加了征讨张鲁的战役,对汉中一带地形了如指掌,焉能不考虑到这一点。既然攻蜀不可取,那么伐吴就势在必行了。然而,曹魏伐吴从何处进兵,是

---

① 《太平御览》卷352《兵部・戟》引《魏文帝书》。
② 《三国志》卷14《刘放传》注引《资别传》。案:蜀以区区一州之地对抗强大的曹魏,在很大程度上得益于川蜀的地理条件。《舆地纪胜》卷183称汉中为"秦之坤、蜀之艮。连高夹深。九州之险也。阴溪穷谷,万仞直下,奔崖峭壁,千里无土"。其北边的秦岭雄峙于渭水之南,西起嘉陵江,东至丹水河谷,海拔多在二千米左右,给关中入蜀的各条通道带来处处险阻。汉中南边的巴山,自嘉陵江向东,绵延千余里,耸立于川、陕、鄂三省之间,又是四川盆地北部的天然屏障。曹魏军队入蜀,必须穿行于深峡穷谷,或攀越峭壁悬崖,人马均难以立足通行。

必须慎重考量的。曹操、曹丕时期，魏军伐吴的地点主要选在长江中游的江陵和合肥以南的濡须口及广陵等地。但效果都不理想，兵力占优的魏军每每被吴军击退，丝毫也占不了上风。故司马懿考虑，必须调整战略，选择新的攻击点。

然而新的攻击点的定位颇为不易，这是因为魏吴两国有很长的国境线。吴军虽在长江沿线处处设防，但最重要的军事战略要地大概有四处。吴甘露元年（265），吴国派遣光禄大夫纪陟出使曹魏，司马昭问他："吴之戍备几何？"纪陟回答道："自西陵以至江都，五千七百里。"司马昭又问口："道里甚远，难为坚固？"纪陟回答说："疆界虽远，而其险要必争之地，不过数四，犹人虽有八尺之躯靡不受患，其护风寒亦数处耳。"①司马昭点头称是。

魏吴的国境线虽长达数千里，但两国必争之地主要有四处：其一是西线的襄樊、江陵和夷陵；其二是江夏郡的武昌、夏口；其三是淮南的濡须口、合肥；其四是徐州的广陵。襄樊、江陵、濡须口、合肥是魏吴多次交锋之地，两军在此处反复厮杀，形成了拉锯战的局面，但结果是谁也占不了上风。这一次，司马懿改变作战思路，认为"夏口、东关，贼之心喉"。司马懿为何说夏口、东关是吴国的"心喉"之地呢？我们先来分析夏口的战略地位。

江夏郡的郡治夏口，亦称沔口，即今武汉三镇之汉口。夏口，既为夏水（今已不存）入长江之水口，也是汉水入长江之水口，地处沔水与长江交汇之处。夏口在军事上的地理位置极为重要，其"分荆襄之胜而压荆襄之口"，既是连接荆、扬二州的重要军事枢纽，又是长江中游的军事重镇，自古为兵家必争之地。从夏口的地理环境来看，由于此处有龟、蛇两山雄踞长江两岸，并向江心突出，以至江面受到约束而变窄，从而在其上下游泥沙堆积形成沙洲，即鹦鹉洲。从军事方面来说，由于江面变窄和鹦鹉洲的天然码头，使

---

① 《三国志》卷48《孙皓传》注引干宝《晋纪》。

得夏口成为截断上下流往来联络的绝佳地点。夏口东距吴国陪都武昌(今鄂州市)仅二百余里。一旦被曹魏攻占,不仅可以割断孙吴荆扬二州的水路交通联系,而且直接威胁到孙权称帝及驻跸之地——武昌。从夏口出兵西可以逆夏水而攻打江陵,南可以溯长江而取巴丘(今湖南岳阳),东可以顺长江而攻柴桑(今江西九江),并直取江东腹地——吴会,故后世萧衍曾云:"汉口路通荆、雍,控引秦、梁,粮运资储,听此气息;所以兵压汉口,连络数州。"①

关于夏口建城的记载,《读史方舆纪要》云:"汉水始欲出大江,为夏口,又为沔口。夏口实在江北。孙权于江南筑城,依山傍江,对岸则入沔津,故名以夏口,亦为沙羡县治。"②"(建安)十四年,孙权筑夏口城,以程普领江夏太守,治沙羡。"③

东汉末年,夏口为刘表所据。汉献帝兴平二年(195),孙策打败刘繇。建安四年(199),孙策击败庐江太守刘勋,与占据荆州的刘表的矛盾日益尖锐。因夏口与孙吴所占据的江东接壤,刘表遂遣其心腹大将黄祖镇守。建安八年、十二年、十三年,孙权三次出兵夏口进攻黄祖,并于最后一次攻破夏口,"虏其男女数万口"。④

孙权在攻灭黄祖后便匆匆撤兵,并未占据夏口,这也使人误以为孙氏屡次进攻黄祖只是为了报父孙坚被杀之仇。但实际上,孙权及江东将领对夏口的战略地位皆有深刻认识。鲁肃在向孙权进立国之策时就提出,应"剿除黄祖,进伐刘表,竟长江所极,据而有之,然后建号帝王以图天下,此高帝之业也";⑤甘宁分析形势时,也建议:"南荆之地,山陵形便,江川流通,诚是国之西势也。……图之之计,宜先取黄祖。至尊今往,其破可必。一破祖军,鼓西而

①　《梁书》卷1《武帝纪上》。
②　(清)顾祖禹:《读史方舆纪要》卷75《湖广方舆纪要一》。
③　(清)顾祖禹:《读史方舆纪要》卷75《湖广方舆纪要二》。
④　《三国志》卷47《吴主传》。
⑤　《三国志》卷54《鲁肃传》。

行,西据楚关,大势弥广,即可渐规巴蜀。"①在鲁肃、甘宁看来,剿灭黄祖、占据夏口是成就孙氏王霸之业的第一步。对鲁肃、甘宁的这一战略思想,孙权十分赞许,并坚决执行。其所以在攻灭黄祖后未立即占领夏口,是出于对荆州刘表势力较为强大,夏口失守后,刘表必全力反扑,孤城难守的考虑。且当时东吴内部尚未完全安定,不能部署足够的兵力驻守,所以孙权弃城不守。

荆州方面,继黄祖之后任江夏太守的是刘表长子刘琦,这其中虽然有刘琦为自保而自荐的缘故,②但刘表以刘琦为镇将,亦非同寻常,刘表必深知夏口对于荆州的重要意义,出于对整个战局的考虑,必须以己子戍守夏口,以确保万无一失,由此也说明了夏口战略地位之重要,在当时已受到刘表、孙权的足够重视。

二、灭吴当先取夏口

赤壁之战,曹操之所以在兵力占绝对优势的情况下不敌孙刘联军,抑或有诸多因素,但曹操忽视夏口的战略地位,可能也是其中的原因之一。司马懿为何如此重视夏口,认为夏口是孙吴的"心喉"之一,我以为他很有可能是汲取了曹操赤壁之战失利的经验教训。这里我们不妨从夏口的视角来分析总结曹操赤壁之战惨败的原因。

建安十三年(208)七月,曹操南征刘表,一举而攻占襄阳。刘备兵败长坂之后,与刘琦退守夏口。备虽占据战略要地,但毕竟势

---

① 《三国志》卷55《甘宁传》。
② 《三国志》卷35《诸葛亮传》载:"表受后妻之言,爱少子琮,不悦於琦。琦每欲与亮谋自安之术,亮辄拒塞,未与处画。琦乃将亮游观后园,共上高楼,饮宴之间,令人去梯,因谓亮曰:'今日上不至天,下不至地,言出子口,入於吾耳,可以言未?'亮答曰:'君不见申生在内而危,重耳在外而安乎?'琦意感悟,阴规出计。会黄祖死,得出,遂为江夏太守。"

单力薄，"今战士还者及关羽水军精甲万人，刘琦合江夏战士亦不下万人"，[1]以不足两万之卒守一孤城，与曹操的二十余万大军抗衡，无异于以卵击石。对刘备来说，此时最有效的对策无疑是与孙权结盟共抗曹操。但联盟并非朝夕之间便可成功，且孙权对联刘或者降曹尚犹豫不决。刘备自然担心曹操会在联盟结成之前出兵进攻，故刘备除了冀望同孙权结盟外，还不得不另作打算，因刘备"与苍梧太守吴巨有旧，欲往投之"。[2] 在此情况下，曹操若趁孙刘尚未结成联盟，孙权尚在犹豫、徬徨，不愿冒险同曹军决战的时机，以北方步骑兵，荆州水师及文聘驻扎在江夏的人马从水陆二路同时进攻夏口，刘备势必难以抵挡。必弃夏口，南奔苍梧，投奔吴巨。如此一来，孙刘联盟则胎死腹中矣。

然而，在如此大好的形势下，曹操并未及时出兵夏口进攻刘备，而是按兵不动。建安十三年（208）九月，刘备奔夏口，曹操进驻江陵，同年十二月，赤壁之战爆发。在这三个多月的时间里，曹操忙于着手安定荆州地方势力，并未主动采取任何军事行动。更为下策的是，曹操还致书孙权："近者奉辞伐罪，旄麾南指，刘琮束手。今治水军八十万众，方与将军会猎於吴。"[3]对于曹操此举，谋士程昱曾表示："孙权新在位，未为海内所惮。曹公无敌於天下，初举荆州，威震江表，权虽有谋，不能独当也。刘备有英名，关羽、张飞皆万人敌也，权必资之以御我。难解势分，备资以成，又不可得而杀也。"[4]程昱的分析道出了孙刘联盟的必然性及其后果，但曹操却不以为然。其中的一个重要原因，就是他在几乎兵不血刃地占领襄阳之后，志得意满，以为刘备已是釜中之鱼，其处境与当年投奔辽东公孙康的袁尚、袁熙兄弟相似。孙权小儿绝非是自己

---

① 《三国志》卷35《诸葛亮传》。
② 《三国志》卷32《先主传》注引《江表传》。
③ 《三国志》卷47《吴主传》注引《江表传》。
④ 《三国志》卷14《程昱传》。

对手,只要大兵压境,再恫吓一下,就会俯首听命。

曹操之所以对程昱"权必资之以御我"的看法不以为然,主要在于其并不担心孙刘联盟会对自己构成威胁。曹操依恃自己强大的兵力,又占据长江上游的有利地形,故并未将孙刘可能联盟的数万兵力放在眼里。因此,曹操致书孙权不无先礼后兵、武力恫吓的味道,但曹操如此做法,只能使孙权因感到严重威胁,从而加速与占据夏口的刘备的联合;另一方面,也是最为关键的一点,曹操因受兵家习惯性思维的影响,过于重视江陵,而忽略了夏口的战略地位。

江陵属南郡,为荆州的政治经济中心。其是昔日楚国都城所在地,①又是荆州战略物资的储藏地。赤壁战前,刘备在闻听刘琮降曹之后,首先率军到襄阳,在无法入襄阳的情况下,又向江陵进军。曹操"以江陵有军实,恐先主据之,乃释辎重,轻军到襄阳。闻先主已过,曹公将精骑五千急追之"。② 刘备与曹操皆欲抢先占据江陵,可见其战略地位之重要。赤壁之战后,曹操引军北还,留征南将军曹仁驻守江陵,拒周瑜,足见其对江陵的重视。

江陵固然重要,但荆州要地绝不止一处。从后来爆发赤壁之战的地理位置来看,夏口的重要性已不亚于江陵。曹操没有乘胜追击,使刘备在夏口获得了休整部队、调整部署的喘息之机,并使其得以从容地与孙权结盟,③诚为莫大之失策。对于夏口的战略

①　《汉书》卷28上《地理志上》载:"江陵,故楚郢都,楚文王自丹阳徙此。"

②　《三国志》卷32《先主传》。

③　《三国志》卷54《鲁肃传》载,刘表死,鲁肃主张江东与刘备结盟,共抗曹操。"肃进说(孙权)曰:'肃请得奉命吊表二子,并慰劳其军中用事者,及说备使抚表众,同心一意,共治曹操,备必喜而从命。如其克谐,天下可定也。今不速往,恐为操所先。'权即遣肃行。到夏口,闻曹公已向荆州,晨夜兼道。比至南郡,而表子琮已降曹公,备惶遽奔走,欲南渡江。肃径迎之,到当阳长坂,与备会,宣腾权旨,及陈江东强固,劝备与权并力。备甚欢悦。时诸葛亮与备相随,肃谓亮曰:'我子瑜友也。'即共定交。备遂到夏口,遣亮使权,肃亦反命。"可见,孙刘联盟就是在夏口确立的。

地位,曹操由于对荆、扬一带情况不甚了解而有所忽视。反之,江东君臣却有着深刻的认识。鲁肃、甘宁在与孙权论及建国方略时都将占据夏口作为夺取荆州、徐图天下的第一步。周瑜在向孙权请战时曾说:"瑜请得精兵数万人,进住夏口,保为将军破之。"①可见,"进住夏口"既是破曹的前提,又可以保证江东水军与刘备军队会合。这样,一方面可以从水路切断曹军的进军路线,发挥江东水师的优势;另一方面,以夏口为据点,孙刘联军可以将战线推进到夏口以西,以减缓曹军对江东政权的压力。即使战事不利,退保夏口,与孙权的后援部队会合,仍有一决胜负的机会。结果不出周瑜所料,孙刘联军与曹军遭遇于赤壁、乌林一带,联军使用诈降、火攻,大败曹军。孙刘联军以夏口为据点继续西进,刘备"遂有荆州、江南诸郡",周瑜则击败曹仁,夺得南郡。

总之,夏口为荆、扬二州战略要地,既是江汉平原顺流东出的大门,又是东南扬州溯江西攻必夺之要塞。赤壁之战,曹操若于孙刘联盟之前占据夏口,便可沿江直下,直接威胁江东政权;即使在夏口以东为东吴水师击败,亦可退守夏口,转攻为守,仍然可以保全整个荆州。荆州"北据汉、沔,利尽南海,东连吴会,西通巴蜀,此用武之国"。② 若占有荆州,则可以西攻刘璋,东胁孙权,曹操仍有统一全国的资本。可见,曹操在赤壁之役中错失攻占夏口要地,由此就失去了统一全国的时机。

曹魏诸臣中,首先意识到夏口战略地位重要性的是司马懿。司马懿之所以善于用兵,除了其胸怀韬略之外,和其注重三国时期的实战之例有关。而且在这方面,司马氏父子一脉相承。例如,魏正元二年(255),曹魏镇东将军毌丘俭、扬州刺史文钦在淮南起兵,讨伐司马师。司马师求计于太常王肃。王肃提醒司马师,当年

<hr>

① 《三国志》卷54《周瑜传》。
② 《三国志》卷35《诸葛亮传》。

孙权、吕蒙之所以能夺取荆州是因为俘获了关羽将士的家属,导致关羽的军队即刻溃败。如今淮南将士的父母妻儿都在内地各州,只要派军队急速前往守卫,使敌人不能靠近,那么他们的军队一定会像关羽的军队那样土崩瓦解。结果王肃之策被司马师采纳,于是很快就平定了毌丘俭的叛乱。可见司马懿父子对古今战争的成败得失是善于总结、了如指掌的。以此推测,司马懿对曹操赤壁之战失利的原因也必然作了深刻的反思和总结。

司马懿之后,越来越多的才智之士都认识到夏口是江东的门户,欲灭吴必先取夏口。晋初太傅羊祜陈伐吴之策时称:"今若引梁益之兵水陆俱下,荆楚之众进临江陵,平南、豫州,直指夏口,徐、扬、青、兖并向秣陵。……一处倾坏,则上下震荡。"①接替羊祜的荆州都督杜预在陈计伐吴时也提出:"以理势推之,贼之穷计,力不两完,必先护上流,勤保夏口以东,以延视息,无缘多兵西上,空其国都。"并担心东吴如果预先有准备,"积大船于夏口,则明年之计或无所及"。② 也就是说,孙吴如在夏口屯驻重兵,特别是有乘大船的水军,将给灭吴带来极大的困难,所以杜预主张即刻伐吴,不让孙皓有所准备。

晋武帝采纳了杜预、张华等人的建策,咸宁五年(279)十一月,西晋大举伐吴。晋武帝"遣镇军将军、琅邪王(司马)伷出涂中,安东将军王浑出江西,建威将军王戎出武昌,平南将军胡奋出夏口,镇南大将军杜预出江陵,龙骧将军王濬、广武将军唐彬率巴蜀之卒浮江而下,东西凡二十余万"。武帝又下诏曰:"濬、彬东下,扫除巴丘,与胡奋、王戎共平夏口、武昌,顺流长鹜,直造秣陵,与奋、戎审量其宜。杜预当镇静零、桂,怀辑衡阳。……"其中除前两路外,其余诸路大军都兵临夏口。太康元年(280)二月,王濬

---

① 《晋书》卷34《羊祜传》。

② 《晋书》卷34《杜预传》。

"进破夏口、武昌,遂泛舟东下,所至皆平"。① 吴国战略要地夏口失守,孙皓势穷力竭,只得投降,西晋统一全国。司马懿早先谋划的"夏口、东关,贼之心喉。……为水战军向夏口,乘其虚而击之,此神兵从天而坠,破之必矣"的预言终于成为现实。

三、"东关"究竟在何处

司马懿所说的"东关"在哪里? 史学界是有争议的。一部分学者认为东关是孙吴在东兴(今安徽含山县西南)附近设立的边境要塞——濡须坞(今安徽巢湖东南、濡须水的北口)。早在建安十七年(212),孙权为抵御曹操进攻,作濡须坞。据《三国志·吕蒙传》注引《吴历》所言,当时孙吴众将习于乘船水战和登陆游击,多不赞成在濡须筑坞,吕蒙力陈其便,才获得了孙权的首肯。② 史家通常所云的"东关"是依据《资治通鉴》卷71"贾逵向东关"条:"东关,即濡须口,亦谓之栅江口,有东、西关;东关之南岸,吴筑城;西关之北岸,魏置栅。后诸葛恪于东关作堤以遏巢湖,谓之东兴堤,即其地也。"

将司马懿所说的东关当作濡须坞是错误的。吴太傅诸葛恪为了进攻曹魏的合肥、寿春,在濡须水北口筑隄阻水,建立东关。此事在《三国志·诸葛恪传》中有记载:"初,(孙)权黄龙元年迁都建业,二年筑东兴堤遏湖水。后征淮南,败以内船,由是废不复修。(诸葛)恪以建兴元年十月会众于东兴,更作大堤,左右结山侠筑两城,各留千人,使全端、留略守之,引军而还。魏以吴军入其疆土,耻于受侮,命大将胡遵、诸葛诞等率众七万,欲攻围两

---

① 《晋书》卷3《武帝纪》。

② 《三国志》卷54《吕蒙传》注引《吴录》曰:"(孙)权欲作坞,诸将皆曰:'上岸击贼,洗足入船,何用坞为?'吕蒙曰:'兵有利钝,战无百胜,如有邂逅,敌步骑蹙人,不暇及水,其得入船乎?'权曰:'善。'遂作之。"

坞,图坏堤遏。……丹杨太守聂友素与恪善。书谏恪曰:'大行皇帝本有遏东关之计,计未施行。今公辅赞大业,成先帝之志。'"然而,诸葛恪在"东兴大隄"旁建立"东关"的时间是在孙吴建兴元年,即公元252年,司马懿向魏明帝进言时所提的"东关",时间是在太和二年(228),此时吴国的濡须水北口的东关尚未建立,该地既不存在吴国的军事要塞,当然就更不存在"东关"这个名称。

司马懿所说的东关既然不在濡须坞一带,那么,它又在哪里呢?《三国志·贾逵传》记载:

> 时孙权在东关,当豫州南,去江四百余里。每出兵为寇,辄西从江夏,东从庐江。国家征伐,亦由淮、沔。是时州军在项、汝南、弋阳诸郡,守境而已。权无北方之虞,东西有急,并军相救,故常少败。(贾)逵以为宜开直道临江,若权自守,则二方无救;若二方无救,则东关可取。

这条记载两次提到了东关,此东关实际上就是孙吴前期的国都——武昌。魏黄初二年(221),孙权将其驻跸之地由公安徙至鄂城,并将鄂城改名为武昌,以武昌、下雉、寻阳、阳新、柴桑、沙羡六县为武昌郡。太和四年(229),孙权在武昌正式称帝。在此期间,吴国军队的主力也部署在武昌附近地区。《元和郡县图志》卷27江南道三"鄂州"条说:"三国争衡,(鄂州)为吴之要害,吴常以重兵镇之。"《贾逵传》中所说的"东关"在曹魏豫州的正南方,同时也是在魏国的江夏郡之东,庐江郡之西,与吴都武昌的地理方位完全相符。贾逵在石亭之战的前一年上奏魏明帝,请求开辟一条南下临江的"直道",遣兵进驻江北,逼迫武昌之敌,使其不敢向东西两个作战方向分兵。贾逵认为,若能达到这一战略目的,"则东关可取"。

需要特别指出的是:司马懿征吴方略中所提到的东关,与贾逵讲的东关完全是同一地名。司马懿云:"吴以中国不习水战,故敢散居东关。"应该是指武昌城临江依山,地域狭隘。① 吴国军队主力并不在城内,而是分散在武昌及附近几处沿江军事要镇,如邻近武昌的夏口、沙羡及对岸的鲁山等地,故司马懿称之为"故敢散居东关"。②

武昌在当时为何被称为"东关"呢? 其原因大致有三:其一,武昌、夏口在先秦时曾称为"鄂",因为鄂城位于鄂地之东,故又称为"东鄂"。《晋书·地理志下》武昌郡武昌县注曰:"故东鄂也,楚子熊渠封中子红于此。"孙权迁都武昌后,在当地筑城,使其成为鄂地东部的一座军事重镇,这或许就是它被称为"东关"的原因之一。其二,孙权筑武昌城后,武昌和夏口并峙于长江上,成为相邻的两座雄关。苏轼曾在《前赤壁赋》中曰:"西望夏口,东望武昌,山川相缪,郁乎苍苍。"正是因为武昌在夏口之东,故魏人将其称为"东关"。其三,孙权改鄂为"武昌",其目的是要使孙吴政权"以武而昌"。魏乃吴之敌国,双方兵戎相见,互为仇敌,魏人岂能长吴人之志气,灭自己威风,故绝不可能认同孙吴"以武而昌"的地名,故变通地称武昌为"东关"。③

司马懿为何不在濡须口攻吴,而改变策略,进攻武昌呢? 这是因为濡须口在安徽巢湖,诸葛亮《后出师表》中说:曹操"四越巢湖不成",指的就是他四次攻打濡须口,都被吴军挫败。顾祖禹《读史方舆纪要》卷25记载:"孙氏既夹濡须而立坞,又堤东兴以遏巢

---

① 《三国志》卷61《陆凯传》载陆凯所言:"又武昌土地,实危险而塙确,非王都安国养民之处,船泊则沉漂,陵居则峻危。"

② 吴军分散驻扎于武昌附近的黄军浦、鲁山城与沙羡。《水经注·江水三》载夏口有黄军浦:"昔吴将黄盖军师所屯,故浦得其名,亦商舟之所会也";"(黄)鹄山东北对夏口城,魏黄初二年,孙权所筑也";鲁山城在今汉阳龟山上。《水经注·江水三》载:"山上有吴江夏太守陆涣所治城也";沙羡城在今武昌西之金口镇,赤壁之战后,程普领江夏太守,治沙羡,后又筑城。

③ 参阅宋杰:《孙吴武昌又称"东关"考》,载《中国古代战争的地理枢纽》,中国社会科学出版社2009年,第251—263页。

湖,又堰涂塘以塞北道,然总不过于合肥、巢湖之左右,遏魏人之东而已。魏不能过濡须一步,则建邺可以奠枕,故孙氏之为守易。"濡须口是东吴军事重镇,曹操率十余万军数次攻打濡须口,但孙吴戍守甚严,曹操均无功而返,始终未能越雷池半步。基于曹操数次攻打濡须口均难奏效的前车之鉴,司马懿才改变思路,声东击西,欲出敌不意地直捣孙吴军事中心区——夏口与武昌。其实,司马懿提出的征吴之策,与贾逵之谋暗合。司马懿主张以陆军佯攻江北的皖城,吸引武昌孙权的吴军主力东下救援,然后集中水军的精锐战舰,沿汉江顺流突袭夏口,若攻夏口得手,便直取东关(武昌),直捣吴国的心脏。

司马懿的这一战法颇有新意,因为以往曹魏攻吴的主力兵种,一直是陆军。魏在中原,骑兵一直是魏军的优势所在,吴人对此有深刻的认识。刘备攻取益州后,孙权曾和吕蒙讨论用兵方向,究竟是攻取徐州还是荆州? 吕蒙回答说:"今(曹)操远在河北,新破诸袁,抚集幽、冀,未暇东顾。徐土守兵,闻不足言,往自可克。然地势陆通,骁骑所骋,至尊今日得徐州,操后旬必来争,虽以七八万人守之,犹当怀忧。不如取(关)羽,全据长江,形势益张。"[1]由此可见,吴军对曹魏的"骁骑",也就是骑兵颇为畏惧。但吴国的优势是有一支强悍善战的水师。吴凭长江之险,以水师立国,艨艟战舰数以万计,从不把魏国水军放在眼里。司马懿正是利用吴人轻视魏国水师的心态,一反魏国以往用兵的惯例。此次攻吴,司马懿欲以陆军作佯攻,以水军为主力,这不仅可以取得攻其不备、出其不意的效果,而且也不让孙吴独占长江水战舟楫之利。司马懿此计完全符合《孙子兵法》中"凡战者,以正合,以奇胜"的战略战术。

然而,司马懿这一作战方略,也不是寻常之辈所能理解的。如从未带兵作战的曹植居然在一旁指手画脚,指挥起司马懿来了。

---

① 《三国志》卷54《吕蒙传》。

241

他在《与司马仲达书》中曰："今贼徒欲保江表之城,守区区之吴尔!无有争雄于宇内,角胜于平原之志也。故其俗盖以洲渚为营壁,江淮为城堑而已。若可得挑致,则吾一旅之卒足以敌之矣。盖弋鸟者矫其矢,钓鱼者理其纶。此皆度彼为虑,因象设宜者也。今足下曾无矫矢理纶之谋,徒欲候其离舟,伺其登陆,乃图并吴会之地,牧东野之民,恐非主上授节将军之心也。"①曹植认为司马懿仅仅考虑到吴军只善于水战,如果能把他们引诱到陆地上来作战,那么曹魏只要用一旅之师就可以打败吴军了。言下之意是司马懿缺少良策奇谋,甚至是怯战。其实这位虽则才高八斗,但只会舞文弄墨、吟诗作词的书生那里能懂得司马懿用兵方略的奇妙之处。

四、破坏司马懿战略规划的石亭之战

然而,司马懿的战略建策完全落空。不久之后爆发的魏吴石亭之战,魏国非但未能夺取夏口、武昌,反而严重受挫,魏大司马曹休统率的大军几乎全军覆没。那么,是否是司马懿决策有误?答案是否定的。曹魏太和二年(228)的征吴行动,在兵力部署上最初完全采纳了司马懿和贾逵的建议。魏明帝先派遣曹休率军入皖,贾逵率领的豫州军和司马懿指挥的荆州军随即开拔,进逼武昌、夏口与江陵。但是由于曹休的轻敌冒进,在司马懿和贾逵分别率领的另外两路兵马尚未到达攻击目标时,曹休已被吴军击溃,致使司马懿精心谋划的整个作战计划全都付诸东流。

清代学者赵一清评论司马懿伐吴方略时说："盖时怵于夹石之败,故魏君臣谋吴甚急,仲达之言,极中切要,然亦以孔明尚在,未敢议蜀。兵家所谓知彼知己也。"《三国志集注》作者卢弼驳斥曰:"魏之攻吴,三道并进,本用(司马)懿策,曹休统率无方,遂有

<hr />

① (唐)欧阳询等编:《艺文类聚》卷59,上海古籍出版社1982年。

夹石之败。赵氏言魏君臣怵于夹石之役,谋吴甚急,则前后事实颠倒矣。仲达此策盖在攻破孟达之后,街亭战胜之前,若马谡已败,三郡皆平,魏明必不询二虏宜讨,何者为先矣。"①尽管赵一清颠倒了魏吴夹石之役和魏蜀街亭之战的时间顺序,但对司马懿的评判是剀切的,即"仲达之言,极中切要"。卢弼认为司马懿的伐吴方略本身并无问题,只是由于"曹休统率无方",才导致了石亭之战(又称夹石之役)的失利。为了解"曹休统率无方"的真相,我们不妨叙述石亭之战的整个过程并进行具体分析。

石亭之战的魏军主帅是曹休。曹休字文烈,是曹魏的宗室。曹操在世时,"常从征伐,使领虎豹骑宿卫"。魏文帝时,曹休被拜为征东大将军,扬州牧,率重兵驻守在淮南地区,防范东吴入寇。魏明帝即位后,"吴将审德屯皖,休击破之,斩德首,吴将韩综、翟丹等前后率众诣休降"。②曹休以此功迁大司马,成为曹魏军队的最高统帅,仍旧都督扬州。魏太和二年(228),孙权派遣鄱阳太守周鲂秘密求助已为北方所知名的山越宗帅,欲使他们去诱骗曹休。周鲂对孙权说:"恐民帅小丑不足仗任,事或漏泄,不能致(曹)休,乞遣亲人赍笺七条以诱休。"③孙权同意,于是周鲂接连写了七封信给曹休。在信中,周鲂先将曹休与魏国吹捧了一番,说自己十分仰慕大魏,早就希望归顺。又说自己在鄱阳太守任上因剿匪不力而受到孙权谴责,想到前任太守王靖的下场,惶惶不可终日。为了活命只能选择降魏。周鲂对曹休说,魏国如果现在攻打东吴的皖城是千载难逢的良机。接着,他还煞有介事地向曹休索要将军、侯爵、郎将、校尉、都尉印玺数百枚,让他赏赐给降曹的将士,"使山兵吏民,目瞻见之,知去就之分已决"。同时声称等曹休的大军一

①　卢弼:《三国志集释》卷3《明帝纪》。
②　《三国志》卷9《曹休传》。
③　《三国志》卷60《周鲂传》。

到,这些受到赏赐的将士就会"大小欢喜、并思立效"。① 周鲂又透露大量的军事情报给曹休,说东吴主要将领皆在襄阳、合肥等地。"东主(孙权)中营自掩石阳,别遣从弟孙奂治安乐城,修立邸阁,辇赍运粮,以为军储,又命诸葛亮进指关西,江边诸将无复在者,才留三千所兵守武昌耳,若明使君(曹休)以万兵从皖南首江渚,鲂便从此率厉吏民,以为内应。"②

曹休此人好大喜功,早在魏文帝时,就欲进兵江南。此时他收到周鲂的七封降书,欣喜万分,认为这是打败东吴、建立奇勋的良机。但他毕竟带兵多年,知道"兵不厌诈"的道理,所以对周鲂的投降将信将疑。他不断派出密探、使者去刺探周鲂,但始终未发现周鲂诈降的破绽。周鲂知道自己被怀疑,因而和孙权唱双簧诱骗曹休。孙权派使者前往鄱阳郡来责问周鲂,说周鲂涉嫌严重违法乱纪。周鲂为了自证清白,遂来到鄱阳郡府门前割发谢罪。周鲂断发后,曹休遂"不复疑虑"。为何周鲂断发能获得曹休的信任呢? 因为东汉统治者大力弘扬孝道,以仁义孝悌为家风。《孝经·开宗明义章》云:"身体发肤,受之父母,不敢损伤。"秦汉时期的刑律中还有髡刑,所谓髡刑就是剃去四周的头发。凡受髡刑,被认为是奇耻大辱。③

曹休受周鲂断发的诱惑,率全部主力十万大军向皖城进发。其战略目标是先接应周鲂,然后占领长江南岸的鄱阳郡,并以此为基地扫荡东吴。曹休这一行动,完全破坏了司马懿制定的攻吴战略,即不攻夏口、东关,仍然回到以往攻打皖城、濡须口的老路上来。魏明帝对宗室曹休的信任超过司马懿。他不仅支持曹休的计划,还下令司马懿率军五万进攻江陵;又命建威将军贾逵督前将军

---

① 《三国志》卷60《周鲂传》。
② 《三国志》卷60《周鲂传》。
③ 益州牧刘璋幕府的书佐彭羕就受过髡刑。彭羕因受髡刑而对刘璋怀恨,气愤之余,投奔了刘备。

满宠、东莞太守胡质等，率兵二万余人从西阳向东关（武昌）进攻，司马懿和贾逵两路军队，一左一右，护卫着主力部队曹休军的侧翼。

魏三路大军来攻，气势汹汹。但孙权、陆逊早有准备。是年八月，孙权进驻皖口（今安徽安庆市附近），拜陆逊为大都督、统率吴军对付曹休。陆逊所部至少有三万，孙权又派奋武将军朱桓、绥南将军全琮为左、右督，各统兵三万夹击曹休。吴军总兵力亦近十万，与曹休军兵力大体相当。曹休的对手是三国时期杰出的军事家陆逊。陆逊智勇兼备，曾助吕蒙擒关羽，又大破刘备于夷陵。其精通谋略，善于用兵。他为伏击曹休作了精心安排，加之吴军在本土作战，以逸待劳，有地利之便，故形势对曹休极为不利。曹休向皖城进军途中已经发觉吴军有所准备，但耻于被骗，曹休自恃兵马精多，存侥幸心理，遂不顾一切，继续进军，企图与吴军决一死战。

石亭之战前，孙吴召开军事会议，奋武将军朱桓对孙权说："（曹）休本以亲戚见用，非智勇名将也。今战必败，败必走，走当由夹石、挂车，此两道皆险陋，若以万兵柴路，则彼众可尽，而休可生虏，臣请将所部以断之。若蒙天威，得以休自效，便可乘胜长驱，进取寿春，割有淮南，以规许、洛，此万世一时，不可失也。"①朱桓立功心切，不仅要切断曹休归路，一战生擒曹休，而且又提出更为大胆的设想，欲趁魏国防线脆弱长驱北上，进取寿春，占有淮南，进而向曹魏心脏地区许昌和洛阳进军。然而，此前的孙吴屡次北伐，连合肥都不曾逾越，这个直捣黄龙的方案显然比较冒险，孙权拿不定主意，以此询问陆逊，陆逊向来谨慎稳重，认为风险太大，故最终没有采纳朱桓的建议。

早在曹休攻吴前，魏廷诸臣就对此次用兵发表不同意见。尚书蒋济上书说："（曹休）深入虏地，与（孙）权精兵对，而朱然等在

---

① 《三国志》卷56《朱桓传》。

上流,乘休后,臣未见其利也。"等到魏军到达皖城,吴国已从安陆出兵,蒋济眼见形势不利,又上疏曰:"今贼示形于西,必欲并兵图东,宜急诏诸军往救之。"①前将军满宠也上书说:"曹休虽明果而希用兵,今所从道,背湖旁江,易进难退,此兵之洼地也。若入无强口,宜深为之备。"②琅邪太守孙礼也劝谏曹休不可孤军深入,但此时曹休立功心切,根本听不进不同意见。遂率大军进至石亭。

　　石亭在今安徽舒城与桐城县之间,被大别山、长江、巢湖三面包夹。而且要到达石亭,就必须经舒城与桐城之间的夹石关、挂车岭,这两处都是山险路窄之地,所以石亭确实如满宠所言:"易进难退",是容易中埋伏的地点。当曹休接近石亭时,已经发现了吴军的异动,曹休行军时也做了一些准备,比如设置伏兵、把守退路等,但这些都被陆逊察觉。因吴军已占据了有利地形,战斗一开始,吴大都督陆逊自己统率中路大军,命朱桓、全琮分别为左、右翼,三路并进,冲击曹休埋伏的部队,把曹魏的伏兵击溃。魏军远道而来,遭到吴军猛烈攻击,交战不利后,曹休慌忙退兵。吴军紧追不舍,曹休逃到夹石后,吴军又"从无强口断夹石",截断曹军退路。原来陆逊虽未采纳朱桓截断曹休军退路的建议,但还是派出一支小部队封住无强口。当曹休退到夹石时,前有埋伏,后有追兵,几乎已经绝望,幸亏贾逵判断出吴军的动向,前来营救曹休。

　　原来,曹休上书请求深入吴地以接应周鲂时,贾逵已经判断出吴人有诈。"逵度贼无东关之备,必并军于皖,(曹)休深入与贼战,必败。"于是他命部下将领水陆两路同时并进,部队前进二百里时,擒获了几个吴国士兵。贾逵从吴兵口中得知,曹休军战败,吴国正派遣部队阻断夹石通路。贾逵手下将领惊慌,不知所措,想等待后续部队前来增援。贾逵说:"曹休兵败于外,路绝于内,进

---

① 《三国志》卷14《蒋济传》。
② 《三国志》卷26《满宠传》。

不能战,退不得还,安危之机,不及终日。贼以军无后继,故至此;今疾进,出其不意,此所谓先人以夺其心也,贼见吾兵必走。若待后军,贼已断险,兵虽多何益!"①于是贾逵以加倍的速度行军,沿途还设下许多旌旗战鼓以作为疑兵。

吴军追到夹石后,以为魏国救援大军已经到来,因恐中埋伏,于是迅速撤离战场。贾逵据守夹石后,又拿出粮食和军资供应曹休的军队,才使曹休免于全军覆没。贾逵与曹休素来不睦,但贾逵顾全大局,不计前嫌,仍奋力相救。《三国志·贾逵传》云:"夹石之败,微(贾)逵,(曹)休军几无救也。"但曹休得到救援后,反而埋怨贾逵来援太迟,不仅当场斥责贾逵,还命令贾逵去捡拾败军一路丢弃的旌帜节杖。贾逵气愤地说:"本为国家任豫州刺史,不来相为拾捡弃仗也。"②乃独自引军退还。随后贾逵与曹休互相上表弹劾对方,魏明帝虽知道贾逵为人正直,但仍然偏袒宗室将领,于是判定二人都没有过错。但此事,可能成为日后贾逵子贾充对曹氏失望而转投司马氏阵营的导火索。

石亭之战,东吴擒斩魏军一万余人,缴获牛马驴骡、车辆上万,军资器械无数。这一吴魏之间的经典之战,东吴本可以继续扩大战果,至少可以全歼曹休十万大军,全面改变吴魏之间的战略格局,但由于陆逊的战略思想较为保守,没有提早派重兵切断曹休退往夹石之路,所以取得的战果较为有限。尽管如此,石亭之战还是让东吴摆脱了以往被动挨打的局面。战后,"(孙)权大会诸将欢宴,酒酣,谓(周)鲂曰:'君下发载义,成孤大事。君之功名,当书之竹帛。'加裨将军,赐爵关内侯"。③对孙权而言,石亭之战胜利的意义是很大的,因为自孙吴夺取荆州以后,一直向曹魏称臣。夷陵之战,孙权虽然打败了刘备,但仍不敢称帝。石亭之战胜利之后

① 《三国志》卷15《贾逵传》。
② 《三国志》卷15《贾逵传》注引《魏略》。
③ 《三国志》卷60《周鲂传》。

的翌年(229),孙权无所顾忌地登上了吴国皇帝的宝座。

五、大将军、大都督与"假黄钺"

曹休回到寿春后,羞愧难当,上书向曹叡谢罪,魏明帝因其宗室身份,不予追究,并遣屯骑校尉杨暨宣旨抚慰,礼节赏赐更加隆重。曹休虽被免予责罚,但惭恨不已,是年九月因痈发于背而去世。曹休亡故,对魏国宗室而言,是一个沉重的打击。魏文帝托孤之臣有四人,其中曹真、曹休是宗室;陈群、司马懿是异姓,正好起到平衡制约作用。曹休一死,魏宗室人才凋零,统兵的高级将领只有曹真一人。从此,只有魏国宗室才能为帅的先例就被打破。一年多后,即太和四年(230),司马懿由骠骑将军晋为大将军、大都督,假黄钺。

为何司马懿能在曹魏石亭之战失利后晋升官职呢? 我以为不外乎二点原因:其一,司马懿对石亭之战的失利是不负任何责任的。因为司马懿制定的攻吴战略是:攻击皖城的只是一支偏师,目的是引诱吴军主力东下去救皖城,然后出其不意地以精锐水师攻取吴国的战略要地夏口与武昌。但曹休却置魏军水师于不顾,而以陆军主力攻打皖城,这就完全颠倒了战略次序,与司马懿原先的战略构想南辕北辙;其二,在司马懿奉命进攻江陵的过程中,他突然接到魏明帝诏书,令其观察形势变化,相机行事。司马懿持重,减缓行军速度,很快,曹休失利的消息传来,司马懿此时进攻江陵已毫无意义,起不到任何战略牵制配合作用,故他当机立断,即刻率军返回宛城。

魏三路大军伐吴,曹休完败,贾逵营救虽然及时,但仍被曹休弹劾,故只能算功过相抵。唯有司马懿毫发无损地把全军带回宛城。不难想象,曹叡对支持曹休用兵皖城,导致魏军大败颇生悔意,追忆司马懿先前的奇谋良策,不无愧疚,故晋升司马懿为大将军,以作回报。

司马懿任大将军的同时还兼任大都督。《晋书·职官志》载:"魏明帝太和四年秋,宣帝征蜀,加号大都督。""都督"名号在汉末三国时期才开始大量出现。曹操在统一北方的过程中,陆续在重要地区建立军镇,后来逐渐形成都督区。建安初年,曹操以钟繇为侍中守司隶校尉持节督关中诸军,驻长安;建安十七年又以夏侯渊督诸军驻长安;建安二十一年曹操征孙权还,以伏波将军夏侯惇都督二十六军屯居巢;建安末,曹操以曹仁为征南将军,假节,屯樊城。这是后来曹魏关中、扬州、荆州三个都督区的前身。都督区的正式建立是在魏文帝曹丕称帝前夕。延康元年(220),曹丕即魏王位,将统治区内的沿边诸州分为五个都督区,分别以曹真都督雍、凉,曹仁都督荆、扬、益,曹休都督扬州,臧霸都督青州,吴质都督幽、并,各自负责一个方面的军事。大都督为"都督中外诸军事"的简称。魏文帝即位后,以"上军大将军曹真都督中外诸军事,假黄钺,则总统内外诸军事"。① 比都督职权更重,是统率诸军的主帅。魏明帝时创立大都督职衔,第一品,不常置,属加官。加此官者,可代表天子节制持节、假节等高级将领。

司马懿不仅封大将军、大都督,还被赐以"假黄钺"。黄钺,乃是以黄金为饰的斧。古代为帝王所专用,周武王伐纣时曾用黄钺。《尚书·牧誓》云:"王左杖黄钺,右秉白旄以麾。""假"古意借代也,"假黄钺"就是以黄钺借给大臣,即代表皇帝行使征伐之权。魏晋时期,地位最高的大臣出征时,常加此称号。崔豹所撰《古今注》卷上云:"大将军出征,特假黄钺者,以铜为之,黄金涂刃及柄,不得纯金也。得赐黄钺,则斩持节将也。"除曹真外,曹休亦被赐予黄钺。《三国志·曹休传》曰:"帝征孙权,以休为征东大将军,假黄钺。"石亭之战时,孙权拜陆逊为大都督,假黄钺,赋予统率吴

---

① 《晋书》卷24《职官志》。

军主力击败曹休之重任。陆逊此时享受超越人臣的礼遇,其孙陆机日后不无得意地为祖父刻石勒铭:"魏大司马曹休侵我北鄙,乃假公黄钺,统御六师及中军而摄行王事。主上(孙权)执鞭,百司屈膝。"①《三国志·陆逊传》注引《吴录》曰:"假陆逊黄钺,吴王亲执鞭以见之。"诸葛亮在北伐曹魏前也被赐予黄钺。后主刘禅"诏赐(诸葛)亮金铁钺一具,曲盖一,前后羽葆鼓吹各一部,虎贲六十人"。② 金铁钺即黄钺也。司马懿此时获得黄钺,足以表明他和曹真、曹休、诸葛亮、陆逊一样在朝廷中威权甚高,备极荣宠,这为他日后成为权臣,其子孙代魏成晋奠定了基础。

---

① 《三国志》卷58《陆逊传》注引陆机为逊铭。
② 《三国志》卷35《诸葛亮传》注引《诸葛亮集》。

第九章 双雄斗智的历史活剧

三国鼎立后,蜀汉虽然相对处于弱势,但诸葛亮厉兵秣马,以攻为守,他在平定南中后,挥师北伐,连续向曹魏发动进攻,已成为曹魏政权最大的劲敌。毫无疑问,诸葛亮连年北伐,极大地震撼了曹魏政权。对魏国而言,谁能抵御诸葛亮,谁就是略不世出的头号功臣。司马懿自入仕以来,可谓一帆风顺。虽然他军职步步高升,已由辅政之初的抚军大将军、骠骑将军,晋升为最高军衔——大将军,但此时司马懿的主要军功是攻克上庸,擒斩孟达。然而,孟达毕竟仅是蜀汉的降臣,名望不高。① 司马懿以优势兵力,出其不意,打败孟达,虽然取得了一定的声望,但尚不能令群臣折服。对司马懿而言,能获取的最大威望与军功,就是对抗,甚至打败诸葛亮。诸葛亮北伐前,两人从未谋过面,更未交过手,直至诸葛亮第四次北伐,两人才在战场上正面交锋。司马懿对垒诸葛亮,乃是三国时期的双雄博弈。千载以降,每逢人们议论起诸葛亮与司马懿斗智斗勇,在历史大舞台上,演出的这一场精彩绝伦的历史活剧,仍然津津乐道,乐此不疲。其人其事千古流传,千秋评述。

一、"空城计"的由来与诸葛亮前三次北伐

诸葛亮共发动五次北伐,时间是在公元 227—234 年,历时八

---

① 汉魏之际,品评人物成为时代风气,曹魏处于中原地区,人才济济。品评当时
　　人物,孟达不可能属于上乘。

年。诸葛亮第一次北伐,曹魏方面应战的主要将领是大将军曹真、右将军张郃。司马懿此时都督荆豫二州诸军事,驻军于宛城,防范东吴,根本就没有参与对蜀汉的战争。后人为了美化、神化诸葛亮,于诸葛亮失街亭之后,编出一出"空城计"的故事,以图贬低司马懿。"空城计"故事最早的版本见诸于《三国志·诸葛亮传》裴松之所引注的《蜀记》中,内容是司马懿之子扶风王司马骏镇守关中时,与其部属司马刘宝、长史桓隰等人一起议论诸葛亮的才能,当时议论者"多讥亮讬身非所,劳困蜀民,力小谋大,不能度德量力。金城郭冲以为亮权智英略,有逾管(仲)、晏(婴),功业未济,论者惑焉,条亮五事隐没不闻于世者,(刘)宝等亦不能复难。扶风王慨然善冲之言"。郭冲所言的"隐没不闻于世者"的共有五件事,其中第三事就是所谓的"空城计"。兹将郭冲之言录之如下:

> (诸葛)亮屯于阳平,遣魏延诸军并兵东下,亮惟留万人守城。晋宣帝率二十万众拒亮,而与延军错道,径至前,当亮六十里所,侦候白宣帝说亮在城中兵少力弱。亮亦知宣帝垂至,已与相逼,欲前赴延军,相去又远,回迹反追,势不相及,将士失色,莫知其计。亮意气自若,敕军中皆卧旗息鼓,不得妄出庵幔,又令大开四城门,扫地却洒。宣帝常谓亮持重,而猥见势弱,疑其有伏兵,于是引军北趣山。明日食时,亮谓参佐拊手大笑曰:"司马懿必谓吾怯,将有强伏,循山走矣。"候逻还白,如亮所言。宣帝后知,深以为恨。[①]

裴松之认为这一记载不可信,他提出了四点理由进行反驳:第一,阳平关在汉中。诸葛亮屯兵阳平关时,司马懿尚为荆州都督,镇守宛城,至曹真死后,才开始与诸葛亮于关中相抗衡。曹魏曾派遣司马懿从宛城由西城伐蜀,碰到天降大雨,无功而返。在此前后,并无在阳平关交兵之事。第二,就如郭冲所言,司马懿既率二十万大

① 《三国志》卷35《诸葛亮传》注引郭冲三事。

252

军,已知诸葛亮兵少力弱,若怀疑其有伏兵,完全可以设防持重,何至于将大军撤走呢? 第三,《三国志·魏延传》云:"(魏)延每随(诸葛)亮出,辄欲请兵万人,与亮异道会于潼关,如韩信故事,亮制而不许。延常谓亮怯,叹恨己才用之不尽。"诸葛亮尚不许魏延单独统率一万人的军队,岂能如郭冲之言,使其他将领率重兵在前,而自己率领轻弱之军呢? 第四,郭冲对扶风王司马骏讲话,彰显他父亲司马懿的短处,这是对子毁父,在道理上是讲不通的。

裴松之的责难是有道理的,事实上,诸葛亮并没有摆过"空城计"。街亭之役,魏军主帅是张郃,而非司马懿,那么司马懿此时在哪里呢?《资治通鉴》卷71言之甚明,街亭之战爆发于"太和二年春,正月,司马懿攻新城,旬有六日,拔之,斩孟达。申仪久在魏兴,擅承制刻印,多所假授,懿召而执之,归于洛阳"。原来,当诸葛亮率众与张郃激战于街亭之时,司马懿远在数千里以外的洛阳。所以,孔明吓退司马懿是"关公战秦琼"的喜剧。郭冲五事,陈寿著《三国志》不采,孙盛、习凿齿等史家皆不予理会,裴松之引而辨其非,所以它的可信度是不高的,至于其中的空城计更是子虚乌有。

司马懿第一次统领大军伐蜀,是在魏太和四年(230)。在这之前,诸葛亮已进行了三次北伐。兹简述如下:

魏太和元年(227)三月,诸葛亮率军进驻汉中,顿兵沔阳(今陕西勉县)。翌年春,诸葛亮扬声走斜谷道取郿城,令赵云、邓芝设疑兵吸引曹真重兵,自己率大军攻祁山(今甘肃礼县)。蜀军所向披靡,凉州的南安、天水、安定三郡相继叛魏,响应诸葛亮,魏天水郡参军姜维也投降蜀汉。魏明帝闻之震惊,他迅速从洛阳赶赴长安,坐镇后方。遣大将军曹真都督关右诸军,驰援郿城;又命右将军张郃率军五万前往祁山。张郃大破蜀先锋马谡于街亭(今甘肃庄浪),诸葛亮进无所据,乃拔西县千余家退还汉中,第一次北伐失败。诸葛亮退还汉中后杀马谡,上疏请自贬三级,以右将军行丞相事,所总统如前。曹真击败镇守箕谷的蜀将赵云、邓芝,乘机收复天水等三郡。

曹真预测诸葛亮再出兵将攻打陈仓,故派将军郝昭守陈仓(今陕西宝鸡市东),以防蜀军。吴鄱阳郡太守周鲂伪降于魏,魏大司马曹休率十万兵攻吴,至石亭,被东吴大都督陆逊所败。是年冬,诸葛亮趁魏兵东下,关中虚弱之机北伐。诸葛亮兵出散关(今陕西省宝鸡市西南)围攻陈仓,为魏将郝昭所拒,诸葛亮劝降不成,而又粮草不继,不得已退还汉中。魏将王双来追,被斩。是为诸葛亮第二次伐魏。

魏太和三年(229),诸葛亮第三次北伐,诸葛亮遣将军陈式进攻武都(今甘肃成县)、阴平(今甘肃文县)。曹魏大将郭淮领兵来救,诸葛亮率军至建威。郭淮见诸葛亮突然来到,惧后路被切断,便紧急撤退,蜀军顺利占领二郡。诸葛亮安抚了当地的氐人、羌人,然后留兵据守,自己率军回汉中。这是诸葛亮北伐以来所取得的一次较大胜利。因成功夺取武都、阴平二郡,刘禅下诏恢复诸葛亮的丞相职务。

诸葛亮三次北伐,对曹魏朝野震动很大,完全出乎曹魏的意料。其缘由是曹魏对蜀汉国力的轻视与军事实力的低估。早在蜀汉建国之初,魏人已不把蜀汉放在眼里,当关羽被杀之后,曹魏举行过一次廷议,讨论刘备是否会出兵,讨伐东吴,“众议咸云:‘蜀,小国耳,名将唯羽。羽死军破,国内忧惧,无缘复出。’”①在曹魏臣僚的心目中,蜀乃是个小国,名将只有关羽一人。关羽一死,蜀汉就没有力量对外用兵了。

刘备死后,魏人更不把蜀国放在心上,魏将重兵调至东线淮南、扬州一带,防范东吴。关陇地区一时兵力异常空虚。《魏略》曰:“始,国家(指曹魏)以蜀中惟有刘备,备既死,数岁寂然无声,

---

① 《三国志》卷14《刘晔传》。

是以略无备预;而卒闻亮出,朝野恐惧,陇右、祁山尤甚,故三郡同时应亮。"①诸葛亮第一次北伐,确实打了曹魏一个措手不及,其因乃是曹魏认为蜀国唯有刘备能够统兵打仗,刘备死后,蜀国数岁没有动静,足以证明蜀国只能自守,而没有实力主动向曹魏发起进攻。

在诸葛亮北伐前,曹魏君臣也未把诸葛亮视为劲敌。诸葛亮高卧隆中时,虽得到徐庶、司马徽、庞德公等名士的推重,②但有许多人不以为然。③ 至于北方中原地区的士人对诸葛亮并不了解,诸葛亮未出山时,只不过是一个默默无闻的"乡邑士"。④ 诸葛亮进入刘备集团后,长期担任的是军师之职,从未单独率军队征战。赤壁之战后,刘备收取荆州江南四郡,并没有委诸葛亮以军政重任,而仅使其"督零陵、桂阳、长沙三郡,调其赋税,以充军实"。⑤田余庆指出:"刘备死前,诸葛亮长时间内并不在刘备身边,戎机大政,并无诸葛亮参赞其间的事实,决计入蜀和叛攻刘璋,是法正、庞统之谋。他在荆不得预入蜀之谋,在蜀不得参出峡之议,这些关

---

① 《三国志》卷35《诸葛亮传》注引《魏略》。

② 《三国志》卷35《诸葛亮传》注引《襄阳记》载:"刘备访世事于司马德操。德操曰:'儒生俗士,岂识时务? 识时务者在乎俊杰。此间自有伏龙、凤雏。'备问为谁,曰:'诸葛孔明、庞士元也。'"《三国志》卷37《庞统传》注引《襄阳记》载:"诸葛孔明为卧龙、庞士元为凤雏、司马德操为水镜,皆庞德公语也。"

③ 诸葛亮"每自比于管仲、乐毅,时人莫之许也"。只有其交游圈内的几个好友,"博陵崔州平、颍川徐庶元直与亮友善,谓为信然"。(《三国志》卷35《诸葛亮传》)

④ 徐庶、司马徽、庞德公推重诸葛亮之语实为乡论。日本学者川胜义雄十分重视乡论的作用,认为乡论具有重层结构,可分为县、郡、全国三个等级。载《六朝贵族制社会研究》,上海古籍出版社2007年,第45—47页。笔者以为,由于史料的阙失,我们很难厘定县、郡、全国乡论之间的界限。但汉末乡论至少有"天下"与"州郡"两级,若要从"乡邑士"上升为"天下士",则须得到在士林中享有极高声望的领袖人物,如李膺、郭泰、许劭、许靖等人的赞许赏识,才能名重海内。而徐庶、司马徽、庞德公并非是当时一流名士,故其推重诸葛氏之语只能在"乡邑"——即襄樊一带造成影响。

⑤ 《三国志》卷35《诸葛亮传》。

255

键之事不论正确与否,都与他无干系。"①田氏的分析道出了刘备当政时,诸葛亮并未参与戎机大政领兵作战的事实。

在魏国君臣看来,蜀汉地狭兵弱,偏处西南一隅之地,根本无力抗衡曹魏这样的大国。蜀汉章武三年(223),刘备新丧,太子刘禅即位。曹丕认为此乃天赐良机,冀望能不动干戈平定巴蜀。诸葛亮辅政之初,曹丕派鲜于辅到蜀汉劝刘禅、诸葛亮投降。②曹丕还授意华歆、王朗、陈群、许芝、诸葛璋等名士各自致书诸葛亮,"陈天命人事,欲使举国称藩"。这自然是想入非非、如同痴人说梦。魏蜀素为针锋相对之敌国,诸葛亮又常以"汉贼不两立,王业不偏安"为号召,对于曹魏欲使蜀汉"举国称藩"的书信,诸葛亮并未回复,而是作《正议》,③严词驳斥华歆等人的谬论,露布天下。

上述史实充分表明,在诸葛亮对曹魏大规模北伐前,曹魏对蜀汉是掉以轻心的。然而诸葛亮第一次北伐时,蜀军"戎阵整齐,赏罚肃而号令明,南安、天水、安定三郡叛魏应亮,关中响震"的声势,给了曹魏当头一棒。据《三国志·明帝纪》注引《魏书》记载,当"蜀大将诸葛亮寇边,天水、南安、安定三郡叛应亮"时,曹魏朝臣惊慌失措,"未知计所出",简直被诸葛亮吓破了胆。虽然魏明帝故作镇静,宽慰群臣曰:"亮阻山为固,今者自来,既合兵书致人之术;且亮贪三郡,知进而不知退,今因此时,破亮必矣。"④话虽说得气壮如牛,但曹叡心中并无把握,故亲自坐镇长安,并调动魏军精锐部队,命曹真、张郃等曹魏一流大将率重兵抵抗诸葛亮。

魏军在街亭之役侥幸获胜后,曹叡颁"露布天下并告益州

---

① 田余庆:《隆中对再认识》,《历史研究》1989 年第 5 期。
② 《三国志》卷 33《后主传》载:"惟黄初中,文皇帝命虎牙将军鲜于辅,宣温密之诏,申三好之恩,开示门户,大义炳然,而否德暗弱,窃贪遗绪,俯仰累纪,未率大教。"
③ 《三国志》卷 35《诸葛亮传》注引《诸葛亮集》。
④ 《三国志》卷 3《明帝纪》注引《魏书》。

诏"。在全国范围内作了声讨诸葛亮"罪行"的舆论宣传。诏书要点有四:其一,斥责"诸葛亮弃父母之国,阿残贼之党,神人被毒,恶积身灭。亮外慕立孤之名,而内贪专擅之实。刘升之(将刘禅误称之为刘升之)兄弟守空城而已"。其二,攻击"(诸葛)亮又侮易益土,虐用其民,是以利狼、宕渠、高定、青羌,莫不瓦解,为亮仇敌。而亮反裘负薪,里尽毛殚,刖趾适屦,刻肌伤骨,反更称说,自以为能。行兵于井底,游步于牛蹄"。其三,吹嘘魏军英勇善战,"王师方振,胆破气夺,马谡、高祥、望旗奔败。虎臣逐北,蹈尸涉血"。其四,号召"巴蜀将吏士民诸为诸葛亮所劫迫,公卿已下皆听束手"。[①] 虽然诏书对诸葛亮肆意攻击、污蔑、丑化,但也反映了曹魏君臣对诸葛亮北伐的畏惧。否则,曹叡何至于以九五之尊的皇帝身份,对敌国丞相进行声讨。

二、曹真、司马懿、张郃分道伐蜀

魏明帝曹叡在诸葛亮初入汉中之际,就图谋发兵进攻汉中,但被孙资等大臣劝阻,只得暂时作罢。诸葛亮连续发动三次北伐,虽未能割据陇右,占领陈仓,但是也取得了斩王双、破追兵的战果,并攻占了曹魏的武都、阴平二郡。这使曹魏感到诸葛亮不好对付,犹如骨鲠在喉,芒刺在背。而且从诸葛亮欲"北定中原,攘除奸凶,兴复汉室,还于旧都"[②]的政治态度来看,觉得蜀汉比孙吴更具有攻击性。事实证明,蜀魏两个政权已势不两立,魏明帝认为,诸葛亮已成为魏国的头号强敌。为了解除危机,曹魏决定对蜀汉发动一次大规模的进攻。

曹魏出兵攻蜀的动议是曹真提出的。太和四年(230),曹真

---

① 《三国志》卷3《明帝纪》注引《魏略》。
② 《三国志》卷35《诸葛亮传》。

入朝,接替曹休,由大将军晋升为大司马,魏明帝赐曹真剑履上殿,入朝不趋。诸葛亮第一次北伐时,曹真于箕谷击败赵云,又收复南安、天水、安定三郡。接着他预判到诸葛亮再次出兵的方向,推荐郝昭、王升担任陈仓守将,挫败了诸葛亮第二次北伐。故此时的曹真颇有点洋洋得意,他向魏明帝建议:"蜀连出侵边境,宜遂伐之,数道并入,可大克也。"①曹真之意是说要改变过去被动挨打的局面,在军事上主动对蜀国发动攻势,而且要数路进兵,即可取得成功。曹真的建策正合魏明帝之意,故当即批准。但司空陈群反对从斜谷进军的计划。陈群认为:"太祖昔到阳平攻张鲁,多收豆麦以益军粮,鲁未下而食犹乏。今既无所因,且斜谷阻险,难以进退,转运必见钞截,多留兵守要,则损战士,不可不熟虑也。"②散骑常侍、中书令孙资也反对对蜀用兵。他说:"武皇帝(曹操)圣于用兵,察蜀贼栖於山岩,视吴虏窜於江湖,皆挠而避之,不责将士之力,不争一朝之忿,诚所谓见胜而战,知难而退也。……夫守战之力,力役参倍。但以今日见兵,分命大将据诸要险,威足以震慑强寇,镇静疆场,将士虎睡,百姓无事。数年之间,中国日盛,吴蜀二虏必自罢弊。"③

曹叡见陈群、孙资上表反对,颇有些犹豫。可是曹真又接着上表请求从子午道进兵伐蜀,陈群再次陈述了出兵的种种不利因素,并且谈了自己对军事调度等方面的看法。曹叡下诏把陈群、孙资的建议批转给曹真,本意是将陈群等人的意见提供给曹真作参考,但曹真却根本不予考虑,紧接着就点兵出发了。于是魏国兵分三路,进攻蜀之战略要地汉中。

第一路军由大司马曹真亲自率领,从北面入子午谷径取南郑。

第二路军由大将军司马懿率领,自宛城溯汉水出西城,向南郑

① 《三国志》卷9《曹真传》。

② 《三国志》卷22《陈群传》。

③ 《三国志》卷14《刘放传》注引《资别传》。

挺进。

第三路军由征西车骑将军张郃率领,由斜谷直趋汉中,攻取南郑。三路大军相约最后会师于南郑。

值得注意的是,这是司马懿首次直接参与对蜀作战。之前,司马懿的职务是都督荆豫二州诸军事,驻军于宛城,主要防范东吴。为何曹魏朝廷要将司马懿从东线战场调入西线战场,协助曹真伐蜀?我以为,归根结底还是曹叡底气不足,缺乏战胜诸葛亮的信心。曹魏这次攻蜀基本上使用了国内可以动员的全部力量。此时,曹魏善于用兵打仗的本宗族优秀将领曹仁、曹休、曹洪、夏侯惇、夏侯尚等已在黄初至太和初年相继辞世;被称为曹魏"五子良将",也硕果仅存,仅剩张郃一人。除此之外,善于用兵且能独当一面的将领还有贾逵、满宠。但曹休死后,贾逵旋即病死,只剩征东将军满宠代替曹休都督扬州诸军事,全面负责东南战事,抵御随时可能入侵的东吴大军。因此除曹真、司马懿、张郃分别统率三路大军之外,其余能征惯战的随军将领如郭淮、费曜、夏侯霸等人也悉数出动,全部投入伐蜀的西部战场。

曹魏此番伐蜀,动用多少兵力,不见史书记载,但亦可以作一推测。诸葛亮屯兵于汉中时,魏明帝"欲大发兵就攻之",散骑常侍孙资认为:"今若进军就南郑讨(诸葛)亮,道既险阻,计用精兵及转运镇守南方四州(指荆、徐、扬、豫)遏御水贼,凡用十五六万人。必当复更有所发兴。天下骚动,费力广大,此诚陛下所宜深虑。"[①]从"必当复更有所发兴"之语可见,曹魏此次动用的兵力已不止十五六万,估计三路大军总数约达十七八万,约占曹魏总兵力的一半左右。[②]

① 《资治通鉴》卷70,"魏太和元年"条。
② 曹魏后期,农业经济发展,人口有所增加,故司马昭言:"今诸军可五十万。"(《晋书》卷2《文帝纪》)魏明帝时期,估计曹魏总兵力最多不会超过四十万,以近二十万兵力对付孙吴,十五六万攻蜀汉,四五万兵驻守各地。

曹真、司马懿此次伐蜀的第一个战略目标就是夺取汉中郡。汉代的汉中郡地域辽阔，它西起沔阳的阳平关（今陕西勉县武侯镇），东至郧关（今湖北郧县）和荆山，绵延千里。西汉时其郡治在西城（今陕西安康市），辖有西城、锡、安阳、旬阳、长利、上庸、武陵、房陵、南郑、成固、褒中、沔阳12县；东汉时裁减至9县，郡治移至南郑（今汉中市）。曹操收降张鲁后，从汉中郡分割出魏兴、房陵、上庸三郡（后称为"东三郡"）。至此，汉中郡仅剩下南郑、褒中、沔阳、成固四县。刘备在建安二十四年夺取汉中后，又增设了若干县级辖区。据洪亮吉《三国疆域志补注》考订，蜀汉汉中郡共有南郑、褒中、沔阳、城固、蒲池、南乡、西乡七县。

　　三国时期，地域分布的态势是南北对峙，由南方的吴蜀联盟与占据北方中原的曹魏相抗衡。关中平原是魏国西部的经济、政治重心区域。自曹操击败马超、韩遂，占有关中后，即招抚流亡，兴修水利，大兴屯田，又多次从邻近地区向那里迁徙人口，使当地的农业生产迅速恢复，军事力量逐步增强，成为对蜀作战的强大基地。蜀汉的基本统治区域则是以成都平原为中心的四川盆地。汉中郡坐落在关中和巴蜀之间，属于两大区域的中间地带，蜀魏两国为了保卫自己根据地的安全，都将重兵部署在两国接壤之处，以便阻止敌军入境践踏劫掠，同时也可确保自己的军队随时可以发起进攻。所以汉中已成为三国时期最著名的军事重镇之一。

　　相比较曹魏而言，汉中郡对于蜀汉更为重要，建安二十四年，刘备攻打汉中，因兵力不足，急令诸葛亮发兵增援。诸葛亮就此事征求益州从事杨洪意见，杨洪说："汉中则益州咽喉，存亡之机会，若无汉中则无蜀矣，此家门之祸。方今之事，男子当战，女子当运，发兵何疑！"[1]乐史则云："汉中实为巴蜀捍蔽，故刘先主初得汉中，

---

① 　《三国志》卷41《杨洪传》。

260

曰曹公虽来,无能为也。是以巴蜀有难,汉中辄没。"①"若无汉中则无蜀",于此足见,汉中对蜀汉政权的重要性。

为了应对曹魏大军的来犯,诸葛亮早就在汉中作了充分的准备。刘禅即位后,诸葛亮以丞相身份主持国事,随即建立府署,设置官吏来处理政务。蜀汉建兴五年(227),他率军北驻汉中,相府机构遂一分为二,一部留在成都,处理国内日常事务和北伐军的后勤供应;另一部分官员则随他前往汉中。诸葛亮在汉中的相府所在地称之为"府营"。"府营"驻扎于沔阳县境汉水北岸的阳平、石马。《读史方舆纪要》卷56"陕西勉县"条载:"石马城在县东二十里,蜀汉建兴五年,武侯伐魏至汉中,屯于沔北阳平、石马,此即石马城。"阳平、石马是蜀军主力分驻之所。另据郦道元《水经注》的记载,诸葛亮的相府设置在两地之间,沔阳故城以西,后人称为"武侯垒"。沔阳的位置在武兴东南,褒谷南口的西南,蜀军主力屯集于此,距离两处要道都不很远,无论魏军从哪条路线来攻,主动出击均很方便。

诸葛亮北伐之后,估计会引来魏国的报复性反击,故在建兴七年"冬,诸葛亮徙府营于南山下原上",②即将其相府所在的中军大营由汉水北岸迁移到南岸的定军山麓。并建筑汉、乐二城,以加强汉中防守。谢钟英《三国疆域表》蜀国汉中郡沔阳县条云:"南山,今沔县直南,南江县北。"汉、乐二城分别在沔阳和成固两地。史载:"蜀时以沔阳为汉城,成固为乐城。"③为何诸葛亮要将"府营"移徙至汉水南岸?其原因史籍并未记载。笔者以为,这和加强汉中防守,准备抵御魏军入侵有密切关联。府营是诸葛亮指挥中枢,设在汉水北岸有一定的危险。如果魏军依仗兵力雄厚,突破汉中

① (宋)乐史:《太平寰宇记》,中华书局 2000 年。
② 《三国志》卷33《后主传》。
③ (晋)常璩:《华阳国志》卷2《汉中志》。

的外围防御进入盆地,府营即面临背水迎敌的不利局面。若是迁徙到汉水南岸的定军山麓,魏军来攻时必须先涉汉水。蜀军可以乘其半渡而击之,使对方陷入背水作战的窘境。汉城在汉中首府南郑之西,乐城则在南郑之东,两城的位置均极其险要,派兵戍守,既可以同南郑形成掎角之势,互相策应;又有利于安置移民进行屯垦,逐步解决北伐大军的粮食供应。诸葛亮此次移府营及修筑汉、乐两城,在军事上具有十分重要的意义。宋人郭允蹈在《蜀鉴》中曰:"蜀之门户,汉中而已。汉中之险,在汉魏则阳平而已。武侯之用蜀也,因阳平之围守,而分二城以严前后之防。其守也,使之不可窥,而后其攻也,使之莫能御,此敌之所以畏之如虎也。"

诸葛亮得知曹真、司马懿等率大军来攻,由于事前就未雨绸缪,预先做好防御的准备,故他毫不惊慌,从容应对。诸葛亮亲率主力军由沔阳东移至成固县境的赤阪,迎击魏军。成固(今陕西洋县)位于汉中盆地的东端,曹魏由东方、东北方向进攻汉中的三条道路(即傥骆道、子午道和褒斜道),须在盆地边缘的成固县境汇合,越过山险之后,才能进入平川,抵达南郑。赤阪在成固县东的龙亭山,正处在交通要冲。屯兵于此,能够以逸待劳,就近支援兴势、黄金围守,阻击敌人进入盆地。元人胡三省和清人顾祖禹对赤阪和龙亭山分别作了介绍。胡三省说:"赤坂在今洋州东二十里龙亭山,坂色正赤。魏兵泝汉水及子午道入者,皆会于成固,故于此待之。"[1]顾祖禹说:"龙亭山,县东二十里,《志》云龙亭山乃入子午谷之口,其山阪赭色,亦名赤阪。蜀汉建兴八年,魏曹真繇子午谷,司马懿繇西城汉水侵汉,武侯次于城固赤阪以待之。盖两道并进,此为总会之地也。"[2]

因获悉魏军势大,兵力雄厚,诸葛亮担心己方兵力不足,遂命

---

① 《资治通鉴》卷71,"太和四年八月"条胡三省注。
② (清)顾祖禹:《读史方舆纪要》卷56《陕西·汉中府·洋县》。

令江州都督李严率兵北上,以增强汉中的兵力。《蜀书·李严传》记载此事:"(建兴)八年,……以曹真欲三道入汉川,(诸葛)亮命(李)严将二万人赴汉中,亮表严子(李)丰为江州都督督军,典严后事。"

诸葛亮在初次北伐失利后,有人曾建议他从蜀中征兵补充军队,被他拒绝。诸葛亮认为街亭之役失败的原因并非是蜀军兵力不足,而是他指挥失误造成。他说:"大军在祁山、箕谷,皆多于贼,而不能破贼为贼所破者,则此病不在兵少也,在一人耳。今欲减兵省将,明罚思过,权变通之道于将来;若不能然者,虽兵多何益。"①诸葛亮考虑应该裁减兵员,提高蜀军将帅的指挥艺术。后来他对汉中军队采取了轮换休整制度,"十二更下,在者八万"。②即从原有的十万大军中每次遣返二万人回乡休息,期满依次更替,使前线兵力减少到八万。而此时因魏军大举而来,局面紧张,故让李严从后方调兵二万增援。与此同时,诸葛亮还派魏延、吴懿率领一部分兵力西入羌中,袭扰魏军侧后方。

诸葛亮一切安排就绪,就等待曹真、司马懿前来,进行决战。然而是年秋天,秋雨连绵,一直不停,前后一共下了三十多天。曹真于八月从长安出发,南趋子午谷,因连降大雨,导致山洪暴发,山径更加湿滑,山路崎岖难行,魏军粮运艰难,军食不继,且栈道又多毁坏,③故曹真军行走了一个多月还未走出谷口。好不容易,由夏侯霸率领的前锋部队刚走出谷口,就立即遭到蜀军的阻击。"子午之役,(夏侯)霸召为前锋,进至兴势围,安营在曲谷中。蜀人望知其是霸也,指下兵攻之。霸手战鹿角间,赖救至,然后解。"④亏

---

① 《三国志》卷35《诸葛亮传》注引《汉晋春秋》。

② 《三国志》卷35《诸葛亮传》注引《郭冲五事》。

③ 《三国志》卷37《王基传》注引司马彪《战略》云:"昔子午之役,兵行数百里而值霖雨,桥阁破坏,后粮腐败,前军悬乏。"

④ 《三国志》卷9《夏侯渊传》注引《魏略》。

得魏军后援部队奋力相救,否则夏侯霸又要重蹈其父夏侯渊覆辙了。张郃之军由斜谷南下,情况同曹真军相似,亦是道路艰难,寸步难行。

司马懿行军的速度更为迟缓。其出兵时间是在是年的七月。《晋书·宣帝纪》说:"帝自西城斫山开道,水陆并进,泝沔而上。"但是,细加考究,发现其中颇有疑点:第一,位于沔水的西城县(今陕西安康市西)是曹魏荆州魏兴郡的郡治,由此西进汉中,有一条现成的水路——汉水可通,又何需兴师动众去"斫山开道"?当然,这也可能是司马懿军中船只不够,故全军不能完全从水路进兵。第二,从西城沿汉水上溯,西行不到三百里,即与子午道的南端相汇,再西行三百里便是赤阪。诸葛亮大军当时正驻扎于赤阪,等候与魏军交锋。但是,从司马懿出兵的七月起,到他奉命撤军的九月止,将近两个月的时间里,司马懿军队根本就未曾抵达赤阪,更未曾和诸葛亮交锋。由此可见,在近两个月的时间里,司马懿向西行军还不到六百里,平均每天才行军十里左右。这与他当年进攻上庸时,八天行军一千二百里相比,不啻是霄壤之别。

《宣帝纪》说:司马懿军最后抵达"朐䏰,拔其新丰县,军次丹口,遇雨,班师"。笔者查阅有关史志,"朐䏰"约在今重庆云阳县,当时隶属蜀汉巴东郡,这和原先确定的曹魏三路大军的会合地点——南郑完全是南辕北辙。至于新丰县在何处?史志未载,据钱大昕考订:"太和四年,(司马懿)泝沔而上,至于朐䏰,拔其新丰县,此非京兆之新丰,在巴东郡,而晋宋二志皆无此县。《太平寰宇记·开州开江县》:'本汉朐䏰县地,蜀汉先主建安二十一年,于今县南二里置汉丰县,以汉土丰盛为名。'当即此新丰也。魏虽拔之而不能守。"[①]司马懿不去南郑,而往朐䏰、新丰,只能有一种解释,就是他还是惧怕同诸葛亮直接交锋,故率其军攻克李严戍守的

---

① (清)钱大昕:《廿二史考异》,上海古籍出版社 2004 年。

巴东郡内的新丰县,以炫耀其此次出兵亦有收获。但随着司马懿撤军返魏,朐䏰、新丰很快就被蜀军收复了。

此次伐蜀,曹魏共出动三路大军,曹真为主帅,司马懿为副帅,那么,为何司马懿不积极配合曹真呢?笔者以为,司马懿对此次战役并不以为然。伐蜀途中又逢秋雨连绵,道路难行,所以就更不愿步曹真后尘。至于曹真本人,能够全身而退已是万幸,更遑论攻城略地,平定蜀汉了。问题是司马懿为何不将自己的看法诉之于朝廷?笔者在前文中已经指出:司马懿性格是深藏不露,时常引而不发。并且他熟谙为臣之道,在是否进谏献策的问题上向来十分谨慎。曹真是曹魏的宗室大臣,多有战功,新近又击败诸葛亮,在朝中一言九鼎,正得皇上眷宠。若对曹真伐蜀之举妄加议论,得罪曹真自不待言,明帝又岂能采纳!故司马懿缄口不言,但在伐蜀的军事行动中表现得十分消极。对司马懿的消极态度,《宣帝纪》为尊者讳,自然不便言明,但仍可从司马懿的进军速度及方向中窥见一二。

由于曹魏大军在前往汉中的路途之中,大雨不止,道路不通,进军非常困难。华歆、陈群、杨阜、王肃等大臣纷纷上疏,认为天时不利,魏军应该知难而退。

太尉华歆上疏说:“千里运粮,非用兵之利,越险深入,无独克之功。如闻今年征役,颇失农桑之业。为国者以民为基,民以衣食为本。使中国无饥寒之患,百姓无离土之心,则天下幸甚。二贼之衅,可坐而待也。臣备位宰相,老病日笃,犬马之命将尽,恐不复奉望銮盖,不敢不竭臣子之怀,唯陛下裁察!”①

少府杨阜上疏说:“今吴、蜀未平,而天屡降变,陛下宜深有以专精应答,侧席而坐,思示远以德,绥迩以俭。间者诸军始进,便有天雨之患,稽阁山险,以积日矣。转运之劳,担负之苦,所费以多,

① 《三国志》卷13《华歆传》。

若有不继,必违本图。传曰:'见可而进,知难而退,军之善政也。'徒使六军困於山谷之间,进无所略,退又不得,非主兵之道也。武王还师,殷卒以亡,知天期也。"①

王朗之子散骑常侍王肃也上疏劝魏明帝下诏撤军。他说:"前志有之,'千里馈粮,士有饥色,樵苏后爨,师不宿饱'。此谓平涂之行军者也。又况于深入阻险,凿路而前,则其为劳必相百也。今加之以霖雨,山坂峻滑,众逼而不展,粮县而难继,实行军者之大忌也。闻曹真发已逾月而行裁半谷,治道功夫,战士悉作。是贼偏得以逸待劳,乃兵家之所惮也。言之前代,则武王伐纣,出关而复还;论之近事,则武、文征权。临江而不济。岂非所谓顺天知时,通于权变者哉!兆民知圣上以水雨艰剧之故,休而息之,后日有衅,乘而用之,则所谓'悦以犯难,民忘其死者矣'。"②

在大臣们的不断反对及前方传来不利消息的情况下,魏明帝无奈,只得诏令班师,三路魏军遂狼狈撤退。诸葛亮本想在赤阪、成固一带以逸待劳,利用有利的地形,发挥蜀军善于山地作战的特点,重创魏军。但魏军未能到达汉中,使诸葛亮未免扫兴,且心有不甘。乃命丞相司马、凉州刺史魏延、关中都督吴懿率兵西入羌中,与魏国后将军费曜、雍州刺史郭淮激战于阳溪(在陇西南安郡内),大破之。诸葛亮表奏他们的战功,擢魏延为前军师,征西大将军,进封为南郑侯;吴懿为左将军,高阳乡侯。这虽然仅是小胜,但却打击了魏军的士气,诸葛亮的威望也得到了进一步提高。

三、子丹去世,仲达挂帅

魏军大举伐蜀因天降大雨无功而返,诸葛亮可谓不战而

---

① 《三国志》卷25《杨阜传》。

② 《三国志》卷13《王朗传附王肃传》。

胜,但诸葛亮并不兴奋,因为他的目的是"兴复汉室,还于旧都"。所以诸葛亮在蜀中"治戎讲武",屯草积粮,积极准备第四次北伐。曹魏君臣对诸葛亮也保持高度警惕,故在陇右地区部署重兵,时刻防范诸葛亮卷土重来。不出曹魏所料,公元231年,诸葛亮第四次率军伐魏。魏明帝对蜀军大举来犯,因早有心理准备,故并不畏惧,但不幸的是魏军统帅大司马曹真不早不晚,恰巧在此时病故。曹真病逝,是曹魏的重大损失。实事求是地讲,诸葛亮北伐的头号劲敌一开始并非是司马懿,而是曹真。

在曹操的栽培下,曹真久历戎马,屡建战功。建安二十三年(218),刘备率倾国之兵攻打汉中,一面与夏侯渊在阳平关对峙,一面派马超、张飞走祁山道,招降氐、羌,进而图谋陇右。曹操以曹洪为帅,率曹氏第二代英才曹真、曹休击败马超、张飞。在夏侯渊战死,曹操援军到达之前,曹真以征蜀护军的职务,一度担任汉中战场的前敌总指挥,率徐晃等击败蜀将高翔,稳住汉中阵线,避免在曹操到来之前魏军全线崩溃。

黄初三年(222),曹真从西线回京后,又马不停蹄地参加伐吴之战,他与夏侯尚一起统率中路军攻打江陵。曹真绕道江陵城南,派张郃击破吴将孙盛的一万兵马,占据江陵中洲,将江陵城团团包围。此后,夏侯尚负责打援,击退诸葛瑾的援军,曹真则率军挖土山、凿地道、建楼橹,日夜攻城,若非吴将朱然守御有方,毅力非凡,江陵城几乎易手,东吴的荆州也将不保。可见在与诸葛亮交战之前,曹真已然是曹魏宗室的新一代名将,就其综合表现来看,其用兵治军水平当在曹休、夏侯尚之上,是曹魏第二代宗室将领中的翘楚。

曹魏王朝肇建之后,曹氏、夏侯氏族人已贵为宗室子弟,从此就不太有人愿凭借战功来获取功名,因此曹真等人就成了曹家在军中的精英。当夏侯尚因为爱妾被曹丕"遣人绞杀之","发病恍惚"而死后,①曹休、曹真就担当抵御与进攻吴蜀的重任,分担了曹魏东西两条战线的防务。然而为时不久,曹休就因石亭之战惨败,惭恨而死。这样曹真就成了曹魏宗室硕果仅存的名将,曹叡把他当成定海神针,用来对抗曹魏最大的敌人诸葛亮。

诸葛亮前两次北伐失利,其实都是败给了曹真。特别是曹真预判诸葛亮第一次北伐失败后,再次出兵的进攻目标是陈仓,于是命将军郝昭、王生守陈仓,修筑城池。公元228年冬诸葛亮果然攻打陈仓,而郝昭等人早已有备而战,故诸葛亮数万大军不能攻克只有千余人戍守的陈仓城。《三国志·明帝纪》注引《魏略》载:诸葛亮"起云梯冲车以临城。(郝)昭于是以火箭逆射其云梯,梯然,梯上人皆烧死。昭又以绳连石磨压其冲车,冲车折。亮乃更为井阑百尺以射城中,以土丸填堑,欲直攀城,昭又于内筑重墙。亮又为地突,欲踊出于城里,昭又于城内穿地横截之。昼夜相攻拒二十余日,亮无计,救至,引退"。诸葛亮最终无功而还。可见,曹真料事如神,是魏文帝、魏明帝时期最杰出的军事统帅。曹真死后,魏明帝深感悲痛,他下诏褒奖其功曰:"大司马蹈履忠节,佐命二祖,内不恃亲戚之宠,外不骄白屋之士,可谓能持盈守位,劳谦其德者也。"②

曹真的去世与司马懿地位的上升关系最为密切。曹真官位本在司马懿之上,早在黄初三年(222),就出任上军大将军,假节钺,都督中外诸军事,是曹魏宗室中的干才,也是文帝、明帝时代控制军权的核心人物。明帝时,曹真又以大将军的身份,都督关右,对抗蜀汉,但随着曹真病重无法任事,关中留下了一个关键的人事空缺,魏明帝需要寻找一个足以稳定关中局势、对抗诸葛亮军事威胁

---

① 夏侯尚有个爱妾,对她的宠爱程度超过了正妻。而正妻是曹真之妹德阳乡主,德阳乡主向曹丕告状,曹丕一怒之下,派人绞杀了这个小妾。夏侯尚哀伤过度,忧郁而终。

② 《三国志》卷9《曹真传》。

的人物。曹真病重时，魏明帝亲自到曹真府第"省疾"，此时魏明帝已预感到曹真将一病不起，以何人替代曹真，魏明帝已经了然于胸，因曹魏宗室精英皆已亡故，故司马懿此时已成了挂帅出征、对抗诸葛亮的不二人选。

《三国志·诸葛亮传》记载："（建兴）九年，亮复出祁山，以木牛运。"诸葛亮此时已发明了木牛流马，部分地解决了前几次北伐因粮草不足，运输困难，只得撤军的困难。《汉晋春秋》又记载："亮围祁山，招鲜卑轲比能，比能等至北地石城以应亮。"①可见，诸葛亮此次北伐，还招来了鲜卑族轲比能的军队，蜀军有了胡人的资助，声势更为浩大。魏明帝知道前线军情紧急，颇有些坐立不安，恰巧"司马宣王自荆州入朝"。魏明帝紧急召见司马懿，他握着司马懿的手说："西方事重，非君莫可付者。"②于是，曹叡将分陕之任授予司马懿。明帝下诏，将驻守在宛城的司马懿调往长安，代替曹真都督雍凉二州诸军事，率领车骑将军张郃、后将军费曜、征蜀护军戴凌、雍州刺史郭淮抵御蜀军。

司马懿取代曹真，执掌兵权，这是司马懿人生的一个重要节点。虽然他并未由大将军晋为大司马，但在曹魏军界已无人能出其右，司马懿已俨然成为曹魏军队的最高统帅。必须注意的是，自曹魏政权肇建以来，除曹氏、夏侯氏之外，还从未有异姓挂帅，全面执掌魏国兵权。曹操用人，虽然一再强调："治平尚德行，有事赏功能。"提倡不拘一格，唯才是举，但实际上他对异姓将领并不完全放心。即使是曹操时代最擅长用兵打仗的张辽、于禁、乐进、徐晃、张郃等"五子良将"，也从未全面执掌兵权，他们的最高官职是左、右、前将军。张郃从军时间最长，他弃袁绍投曹操，效命疆场数十载，征战于曹操、曹丕、曹叡三朝，最后也只做到征西车骑将军。

---

① 《三国志》卷35《诸葛亮传》注引《汉晋春秋》。
② 《晋书》卷1《宣帝纪》。

而且五子良将带兵作战时,总是受制听命于曹氏、夏侯氏等宗室重臣,很少有单独指挥领军的经历。

曹魏不用异姓为帅,似已成了祖宗家法,此次魏明帝以司马懿为帅,统率大军对抗诸葛亮,显然是打破了祖宗的成规。曹叡为何会破例,以异姓为主帅,统率大军呢?是他特别信任司马懿吗?恐也未必。笔者认为,最主要的原因是魏国宗室皇族中已无人可以任用。刘备死后,诸葛亮数次大举攻魏,已成为曹魏的头号劲敌,除司马懿、张郃等大将尚可使用之外,魏国此时也出现人才匮乏的局面,故曹叡不得不将兵权交给司马懿等人。除此以外,曹叡也比较自信,认为自己完全可以驾驭司马懿。东晋史家孙盛曾言:"魏明帝天姿秀出,立发垂地,口吃少言,而沉毅好断。初,诸公受遗命辅导,帝皆以方任处之,政自己出。"①历史事实也证明,魏明帝确实是一代雄主。他在位期间,牢牢掌控大权,谁也不敢有图谋不轨之心。

对司马懿而言,统率魏国大军对抗诸葛亮,是对他军事能力的巨大考验。此番作战,若能取胜,必将在朝廷中赢得更大的声望;若战败,司马懿不仅声望大损,且仕途堪忧。司马懿出仕虽早,但前期担任的是文学掾、黄门侍郎、议郎、丞相东曹属、丞相主簿等职。曹丕时期任太子中庶子、尚书、御史中丞、侍中、尚书右仆射。虽然官阶步步升迁,但都是文职。以后虽曾任抚军大将军、骠骑将军等职,但真正统军作战的次数并不多,以军事作战经验而言,远不能同曹氏、夏侯氏等宗室重臣中的良将相比,甚至也不如五子良将。在同诸葛亮交锋对阵之前,司马懿唯一打过的大仗,就是平定上庸的孟达。但诸葛亮绝非孟达可比,诸葛亮三次北伐虽未取得重大战果,但对魏国造成了严重的威胁,在魏人中引起了极大的震撼。

① 《三国志》卷3《明帝纪》注引孙盛曰。

以何种策略对付诸葛亮,这是司马懿出兵之前反复思考的问题。司马懿用兵最大的特点,就是能够知己知彼,量敌论将,通权达变。对阵孟达,司马懿无论是自己的军事才能还是手中的兵力都占有绝对的优势,故他敢于大胆进攻,速战速决。因诸葛亮才智超群,故司马懿对诸葛亮确实心存忌惮。如同诸葛亮用兵谨慎,不肯弄险一样,司马懿与诸葛亮交兵,也同样十分持重,不敢轻敌。

四、卤城之战

蜀汉建兴九年(231),诸葛亮率领重新训练整编后的蜀军,对曹魏发起了第四次北伐。和第一次北伐不同,这次诸葛亮没有分散自己的兵力,而是将部队集中在一起,攻击的目标直接选择了祁山。担任曹魏雍州刺史的是建威将军郭淮,他曾在曹魏西线统帅夏侯渊、曹真等人的统领下长期和蜀军交锋,对陇右一带地形十分熟悉,对蜀军的作战风格也比较了解。但此次蜀军来势汹汹,慑于诸葛亮的声威,郭淮不敢轻举妄动。所以在祁山方向遇到诸葛亮大军之后,郭淮不敢应战。于是他赶紧后撤,等待司马懿大军的到来。

诸葛亮抵达祁山后,沿渭水按八阵图布营扎寨,并立即指挥蜀军将魏将贾嗣、魏平的部队围困起来。司马懿到达前线后,也迅速作出应对部署,他一方面命费曜、戴凌领兵四千据守上邽,一方面同张郃亲率大军西救祁山。车骑将军张郃对司马懿的用兵策略颇不以为然,他建议司马懿"分军往雍、郿"。这里的雍指的是扶风郡的雍县,郿指的是扶风郡的郿县,这两处正是陈仓道和斜谷道的出口。张郃为何提出这个建议呢?因为可以"为后镇"。[①]张郃的意思是司马懿应该将全军分为前后二部分,这样就可以互为犄角,

---

① 《晋书》卷1《宣帝纪》。

相互声援。司马懿不同意,他对张郃说:"料前军独能当之者,将军言是也。若不能当,而分为前后,此楚之三军所以为黥布禽也。"①司马懿这段话是运用了一个历史典故:汉初,刘邦诛杀韩信、彭越之后,英布恐惧,遂起兵反叛,英布首先攻击刘邦所封的楚国。楚国欲采用相互救援的策略,故兵分三路。有人劝楚王说:"英布擅长用兵打仗,将士们素来畏惧他。如今兵分三路,他们只要打败我们其中的一路军队,其余二路军队就都逃跑了,怎么还可能互相救援呢!"楚王不听忠告,结果被英布各个击破。司马懿认为,现在我们的兵力已经分为二路,即费曜、戴陵、郭淮和司马懿、张郃,如果再分一路到雍、郿,就变成了三路,每一路的兵力都敌不过诸葛亮,反而会被蜀军各个击破。

为何司马懿不同意张郃的分兵计划?我以为,最根本的原因是司马懿手中的兵力不足。诸葛亮第四次北伐时,魏蜀两军的兵力各自有多少,未见寿志记载。裴松之注引郭冲五事曰:

> 魏明帝自征蜀,幸长安,遣宣王督张郃诸军,雍、凉劲卒三十余万,潜军密进,规向剑阁。亮时在祁山,旌旗利器,守在险要,十二更下,在者八万。时魏军始陈,幡兵适交,参佐咸以贼众强盛,非力不制,宜权停下兵一月,以并声势。②

对郭冲的记载,我们若不详细审察,很容易造成一个误区,即司马懿的兵力要超过诸葛亮数倍。司马懿所率的魏军真的数倍于诸葛亮的北伐军吗?恐怕未必。诚然,魏军的总兵力远远多于蜀军,但在陇右、祁山与诸葛亮对峙的魏军未必比蜀军多。魏军的总兵力在司马昭时期大约是五十万,这是曹魏人口及兵力最多的时期。魏明帝时,北方经济尚未复苏,人口也较为稀少,估计总兵力不会超过四十万。魏军虽有四十万,但戍守于淮南、荆扬、青徐等地与

---

① 《晋书》卷1《宣帝纪》。
② 《三国志》卷35《诸葛亮传》注引"郭冲五事"。

吴军对峙的魏军不会少于十七八万。用于防范辽东、高句丽、鲜卑及据守兖豫司隶冀幽并等州郡的亦有数万之众。余下的不过十几万,最多不会超过十八万。[①] 即使魏军在雍凉地区有近十八万兵力,可以用来对付蜀军,魏明帝亦未必会放心地全部交给司马懿来统率。

战国末年秦国大将王翦伐楚须动用六十万大军,就引起秦王政的种种猜忌,及至李信率二十万军伐楚大败后,秦王政才无可奈何地请出王翦,率六十万军伐楚。王翦为了解除秦王对他的疑忌,于伐楚路途中连续五次求赐美田,表明自己除了金钱以外别无他求,这才消除秦王怕他拥兵自立的疑惧。刘晔曾言:魏明帝乃"秦始皇、汉孝武之俦",可见曹叡生性多疑,绝不会毫无顾忌地把曹魏在关陇地区的全部兵力只交给司马懿一人。诸葛亮第五次北伐兵力最为雄厚,约有十万之众。第四次北伐,以"十二更下,在者八万"计算,不会超过八万,估计司马懿军与诸葛亮军大体相当,即使略多些,也不会超过十万。与诸葛亮相比,司马懿兵力并不占优势,司马懿所率张郃、费曜、戴凌、郭淮等将领与诸葛亮所部魏延、王平、高翔、吴班、姜维等将领的勇略相比,亦可谓旗鼓相当,难分伯仲。张郃的分兵计划,带有很大的冒险性,稍有不慎,就会被诸葛亮各个击破。司马懿为持重谨慎起见,才否定了张郃的分兵策略。于是,司马懿率主力西进,到达隃麋(今陕西千阳县)。

诸葛亮侦悉到司马懿已率大军向西扑来,遂作出部署,除留下王平屯兵南围,继续进攻祁山外,自己则率领魏延、高翔、吴班等部迎战魏军。司马懿行军自东向西,诸葛亮行军自西向东,两支大部队居然擦肩而过。蜀军远来,所带粮草不多,诸葛亮为了补充军粮的不足,立即挥师攻打上邽。汉代的上邽即今甘肃省天水市,此处

① 公元 263 年,司马昭发动灭蜀之战,总兵力达十八万。魏军兵分三路:其中钟会率领的关中主力军是十二万,邓艾和诸葛绪各率三万陇右军。这是曹魏伐蜀所动用的最大兵力。

地处渭水南岸,土地平坦肥沃,灌溉便利,可谓是陇上的鱼米之乡。就在诸葛亮大军前往上邽途中,郭淮奉司马懿之命,率军自狄道(今甘肃临洮)赶赴祁山参战。当他在途中得知诸葛亮正北进上邽时,即派人与上邽守将费曜联络,约定前后夹击蜀军。当时正值陇上小麦的丰收时节,郭淮希望把蜀军拖住,为自己收割小麦赢得时间。

《三国志·诸葛亮传》注引《汉晋春秋》载:"郭淮、费曜等徼亮,亮破之,因大芟刈其麦。"费曜、郭淮等人虽然勇猛善战,但兵力太少,蜀军在质量和数量上都占优势,加上蜀军使用的是诸葛连弩等超越时代的先进兵器,魏军不敌是可以预见的。费曜、郭淮被诸葛亮击败后,只得退守上邽,不敢复出。时值麦熟,蜀军在打败郭淮后,遂乘机收割上邽之麦,以补充军粮。

司马懿兵至祁山后,诸葛亮率主力已北去上邽。当魏军诸将得知郭淮、费曜等人已被诸葛亮击败的消息后,情绪有些低落,司马懿为了鼓舞士气,对诸将说:"诸葛亮虑多决少,必安营自固,然后芟麦。吾得二日兼行足矣。"[1]于是司马懿率军日夜兼程赶赴上邽。然而还是慢了半拍,司马懿大军尚在途中,上邽已被蜀军攻占。司马懿见蜀军兵锋甚锐,不敢与其正面交战,遂屯兵于上邽东面的险要山地,进行防守。司马懿深知蜀军军粮有限,且运输困难,不利于持久作战,于是决定采取"敛军依险,军不得交"[2]的策略,凭险坚守,拒不出战,不给诸葛亮以可乘之机。

诸葛亮多次率军向司马懿挑战,司马懿均按兵不动。蜀军缺粮,诸葛亮命士卒收割上邽附近的麦子,以充军食,司马懿便派轻骑兵下山去袭击骚扰。两军相峙将近一月,诸葛亮见求战不成,只得引军南退,企图在运动战中调动魏军,与其决战。

---

① 《晋书》卷1《宣帝纪》。
② 《三国志》卷35《诸葛亮传》注引《汉晋春秋》。

司马懿见蜀军转移,便率军小心谨慎地尾随。蜀军退,他便前进,蜀军安营扎寨,他也跟着停下来。诸葛亮率军来到卤城。在谭其骧主编的《中国历史地图集》中并无"卤城"这个地名,估计"卤城"是诸葛亮临时修筑的城池防御工事,用来囤积粮食,因为"卤"字在古汉语中有大盾牌和掠获物的意思。

司马懿尾随蜀军来到卤城,张郃再次献计说:"彼远来逆我,请战不得,谓我利在不战,欲以长计制之也。且祁山知大军以在近,人情自固。可止屯於此,分为奇兵,示出其后,不宜进前而不敢逼,坐失民望也。今亮悬军食少,亦行去矣!"①这段话里面最重要的一句是"不宜进前而不敢逼",意思是你司马懿想固守不战不是不可以,但是你驻营的地点应该离开诸葛亮大营远一点,而现在你到了诸葛亮跟前,仍然不敢一战,这就太挫伤士气了。对张郃的建议,司马懿置之不理,仍然率兵尾随诸葛亮大军。每至一地,就依山结寨,掘壕固守,始终不与蜀军交锋。将军贾栩、魏平一再请战,司马懿皆制而不许,贾栩、魏平等众将愤愤不平地说:"公畏蜀如虎,奈天下笑何!"②司马懿听到这些冷嘲热讽的议论,十分难堪。因诸将纷纷请战,司马懿难违众议,乃于是年五月向诸葛亮军发动进攻。他兵分二路,令张郃攻打祁山之南的蜀军营垒,自己则率主力攻击诸葛亮大营。

车骑将军张郃奉司马懿之命,攻打祁山南围的蜀军,碰到的蜀国大将是他的老对手——王平。王平字子均,益州巴西郡宕渠(今四川渠县)人,他年幼时曾寄养于外祖父何氏之家,故又称何平。建安二十年,巴西郡七姓夷王朴胡、賨邑侯杜濩举巴夷、賨民依附曹操,王平随杜濩、朴胡等被迁往洛阳,后被任命为代理校尉。建安二十四年,魏蜀在汉中激战,夏侯渊被黄忠所杀,王平随曹操

① 《三国志》卷35《诸葛亮传》注引《汉晋春秋》。
② 《三国志》卷35《诸葛亮传》注引《汉晋春秋》。

来争夺汉中,却被刘备击败。王平随即投降刘备,被刘备任命为牙门将、裨将军。建兴六年,王平随诸葛亮北伐,诸葛亮派遣马谡守街亭,王平时为马谡军先锋,马谡舍水上山,举动失宜,王平连连规劝,马谡不听,被张郃切断了水源,结果马谡军惨遭大败,士卒溃散。唯有王平所领的千余名士兵鸣鼓自持,张郃怀疑王平有伏兵,不敢进攻。于是王平从容不迫地将被打散的诸营军士集中起来,率领他们平安归还。街亭之战幸赖王平,马谡军才未全军覆没,王平因功被诸葛亮拜为参军,统领无当飞军,进位讨寇将军。

王平不仅骁勇善战,足智多谋,而且他率领的无当飞军是蜀军中的精锐。《华阳国志·卷四·南中志》记载:诸葛亮平定南中后,"移南中劲卒青羌万余家于蜀,为五部,所当无前,号为飞军"。《汉晋春秋》云:诸葛亮军中有"突将、无前、賨、叟、青羌散骑、武骑一千余人,此皆数十年之内所纠合四方之精锐"。[①] 据《心书》记载:突将,盖为"突阵之士";无前,为"争锋之士"。"无前军"为骑兵的先锋部队,善骑射。诸葛亮设南中劲卒青羌五部都尉,分无前、无当两军。五部号称飞军,《心书》所载有"飞驰之士",乃是精锐弓箭手,能够百射百中,一箭毙敌。这些"飞驰之士"应当就是所谓的飞军。无当军应该是由这些神箭手组成的。胡三省曰:"无当,盖蜀军部之号,言其军精勇,敌人无能当者。"[②]这支由南中少数民族组成的"无当飞军"皆身披铁甲,翻山越岭如履平地,善于使用弓弩和毒箭。他们擅长夜袭,尤其精于防守作战。无当飞军是诸葛亮北伐时的核心精锐,在《华阳国志》中更是给予"所向无前"的极高评价,由于蜀汉不置史官,所以正史中连诸葛亮北伐都记载不详,对于这支飞军部队的记载也就更加简略了。

《汉晋春秋》记载蜀国设有"无当监"一职,王平时任无当监。

---

① 《三国志》卷35《诸葛亮传》注引《汉晋春秋》。
② 《资治通鉴》卷72,"太和五年五月"条胡三省曰。

王平是蜀汉后期智勇兼备的大将，其率领的又是蜀汉最精锐的无当飞军，张郃虽为曹魏的一流大将，但碰到王平这个老对手，却也无可奈何。在王平及其无当飞军的坚守下，张郃屡攻不克，不能取胜。①

比起无功而返的张郃来，司马懿亲自指挥的主力部队的战绩更为糟糕。本来魏军骑兵强悍善战，但司马懿没有看懂诸葛亮八阵图的部署，误以为对手阵型的弱点在中央，冀图利用铁甲骑兵冲破蜀军中央，将蜀军一分为二加以歼灭。结果诸葛亮利用操练娴熟的八阵图的变化，将中央军队徐徐往后撤退，然后张开两翼向魏军包抄，同时发动两翼连弩和侧后的弓箭，从左中右三个方向向魏军骑兵进行交叉射击。蜀军连弩的射速既快，威力又强，冲锋中的魏军骑兵死伤遍野，损失惨重，司马懿打了平生最惨的一场败仗。据《汉晋春秋》记载："五月辛巳，乃使张郃攻无当监何平于南围，（司马懿）自案中道向（诸葛）亮。亮使魏延、高翔、吴班赴拒，大破之，获甲首三千级，玄铠五千领，角弩三千一百张，宣王还保营。"

这段史料中"甲首"二字颇为费解，有学者解释为"士卒首级"。我以为并不确切。学界悉知，以史证史，是考据学的一个很重要的方法。《三国志·袁绍传》注引《英雄记》也有关于"甲首"的记载："（袁）绍自往征（公孙）瓒，合战于界桥南二十里。瓒步兵三万余人为方阵，骑为两翼，左右各五千余匹，白马义从为中坚，亦分作两校，左射右，右射左，旌旗铠甲，光照天地。绍令麹义以八百兵为先登，强弩千张夹承之，绍自以步兵数万结阵于后……麹义兵皆伏楯下不动，未至数十步，乃同时俱起，扬尘大叫，直前冲突，强弩雷发，所中必倒，临阵斩瓒所署冀州刺史严纲甲首千余级。瓒军败绩，步骑奔走，不复还营。"公孙瓒与袁绍的界桥之战，十分激

---

① 《三国志》卷43《王平传》载："亮围祁山，平别守南围。魏大将军司马宣王攻亮，张郃攻平，平坚守不动，郃不能克。"

烈,公孙瓒军在"甲首千余级"被斩杀的情况下,慌乱奔逃,甚至弃本阵而不顾。可见"甲首"是军中的精锐,否则不至于全军溃败。

《尉缭子·兵教上》:"左行者,左行教之;右行者,右行教之。教举五人,其甲首有赏。"此处的甲首是指伍长。《左传·桓公六年》:"六月,大败戎师,获其二帅大良、少良,甲首三百,以献于齐。"杜预注:"甲首,被甲者首。"可见甲首绝非一般的士卒,而是伍长级别的小头目。崔豹所撰《古今注》卷上云:"伍伯,一伍之伯也。五人曰伍,五长为伯,故称伍伯。一曰户伯。汉制兵吏五人一户置一伯,故户伯亦曰火伯,以为一灶之主也。"

至于"玄铠",指的是重型铠甲。汉魏时期并不是所有的士兵都能配备铁甲的,只有最精锐的士卒才能身穿铁甲。角弩乃远程射击弩箭。《古今注》卷上载:"两汉京兆尹及执金吾、司隶校尉。皆使导引传呼,使行者止,坐者起。两人皆持角弓,违者则射之。有乘高窥阚者,亦射之,魏晋设角弩而不用。"可见,角弩更多的是象征意义,而能够用上角弩的部队,只能是司马懿的主力部队。连这么多的"角弩"都被诸葛亮夺取了,可见司马懿此战损失不小。总之,此战以诸葛亮大胜、魏军大败而告终。东汉末年连年战乱,人口已经非常稀少。关羽俘获于禁军三万已经是威震华夏。诸葛亮斩杀魏甲首三千、获取大批的玄铠、角弩等武器装备,也算是不小的战绩。

然而,卤城之战的胜负,各家史书叙述颇不相同。《晋书·宣帝纪》云:司马懿"进次汉阳,与(诸葛)亮相遇,帝列阵以待之。使将牛金轻骑饵之,兵才接而(诸葛)亮退,追至祁山。(诸葛)亮屯卤城,据南北二山,断水为重围。帝攻拔其围,(诸葛)亮宵遁,追击破之,俘斩万计"。《汉晋春秋》与《晋书·宣帝纪》两书的记载南辕北辙,大相径庭,两书究竟孰是孰非? 我们作一辨析:

首先,北宋史学家司马光撰《资治通鉴》,叙述此战时引用了《汉晋春秋》的史料,毫无疑问,司马光否定了《宣帝纪》的记载。

而陈寿所著《三国志》里,两种说法均无记载,陈寿为晋臣,司马懿是本朝高祖宣皇帝,陈寿夸胜讳败,为司马懿隐瞒败绩,不敢直书之。此等春秋笔法,在《三国志》中比比皆是,不可尽数。赵翼在《廿二史札记》中列"《三国志》多回护"条,已经清楚地点明了《三国志》的避讳之处。从上邽之战来看,司马懿率军前往祁山,非但没有击败蜀军主力,反而被诸葛亮偷袭上邽成功,故此战绝不是如《晋书·宣帝纪》上写的,司马懿在此战中打败了诸葛亮,否则为何被打败的诸葛亮却能在上邽畅通无阻地收割麦子。所以《宣帝纪》为尊者讳是不争的事实。

其次,考虑到蜀汉国力弱小,灭亡时全国兵力也不过十万二千。诸葛亮此次北伐若真的遭受了被俘斩万人的重大损失,蜀汉朝廷必然对失败将帅问责。以马谡失街亭为例,蜀汉所有的败军之将都受到了处罚,马谡、张休、李盛等人被处斩,又夺了将军黄袭兵权,赵云也从镇东将军贬为镇军将军。甚至连诸葛亮本人也由丞相降为右将军。然而祁山之战后蜀汉并无任何将领被问责。

后人多对《晋书》提出质疑:如清人王鸣盛曰:"彼时亮正大举北伐。虽马谡小挫于街亭,而斩王双,走郭淮,遂平武都、阴平二郡。安得被魏俘斩万计邪!懿从不敢与亮交锋,屡次相持,总以案兵不动为长策。遗之巾帼犹不知耻,假托辛毗杖节止战,制中论之甚明。此纪特晋人夸词,在当日为国史固应尔尔。今《晋书》成于唐人,而犹仍其曲笔,不加删改,何也。"[1]《三国志·裴注述二》曰:"案司马懿畏蜀如虎,甘受恶辱。武侯前后五出,惟街亭失利外,未尝败衂。习凿齿以晋人撰《汉晋春秋》,略不为(司马)懿回护,诚所谓公道在人心者,其说当可信也。如《晋书》说,则与习氏说正相反,且陈《志》犹载射杀张郃事,彼则一字不及也。"[2]胡三省

① (清)王鸣盛:《十七史商榷》卷44《晋书二·曲笔未删》,上海古籍出版社2005年。
② (清)林国赞:《三国志裴注述》二卷,清光绪学海堂刻学海堂丛刻本。

云:"懿实畏亮,又以张郃尝再拒亮,名著关右,不欲从其计。及进而不敢战,情见势屈,为诸将所笑。"①

司马懿原本就不欲出战,在诸将再三"请战",并嘲笑他"畏蜀如虎"的情况下,才冒险与诸葛亮交兵。此次出兵,无论是军器物资,还是精兵甲士,魏军都损失不小,司马懿深感蜀兵勇猛,诸葛亮难以对付,于是他还是故伎重演,采用老办法,深沟高垒,紧闭营寨,不再出战。

五、木门道曹魏损大将

是年六月,秦岭山区又开始出现持续的霖雨,汉中山路崎岖,运粮更为困难,诸葛亮因军粮将尽,心中烦闷。正在此时,蜀汉骠骑将军、中都护李平(原名严)派参军狐忠、督军成藩来到前线,传达后主旨意:运粮不继,即速退兵。诸葛亮迫于情势,只得下令班师。② 司马懿得知诸葛亮退兵,乃命张郃率领精兵追击。张郃大感意外,他立即对司马懿说:"军法,围城必开出路,归军勿追。"③张郃一生跟随曹操南征北战,精通兵法,作战经验极为丰富,他十分清楚"归军勿追"的道理。据史料记载:"(张)郃识变数,善处营阵,料战势地形。"④此时,若轻率地追击蜀汉大军,必然会被沿途复杂的地形所限制,所以善察地形的张郃,已经估计到蜀军虽然撤退,但诸葛亮必然在要道处设有埋伏。但司马懿固执己见,拒不接受张郃的建议,张郃无奈只得奉命追击。不出张郃意料,诸葛亮在

---

① 《资治通鉴》卷72,"太和五年"条胡三省曰。
② 《三国志》卷35《诸葛亮传》曰:建兴"九年春,亮复出祁山,以木牛运,粮尽退军"。又据《三国志》卷40《李严传》的记载,诸葛亮之所以粮尽退军,其中还有李严运粮不继的原因在内。
③ 《三国志》卷17《张郃传》注引《魏略》。
④ 《三国志》卷17《张郃传》。

木门道(今天水市西南)高山上预设伏兵,张郃刚进入埋伏圈,蜀军强弓劲弩,万箭齐发,张郃猝不及防,被乱箭射中,因年老伤重,很快去世。

《三国志·张郃传》说:张郃"与亮军交战,飞矢中郃右膝,薨",即张郃被射中的部位是右膝盖,并非胸膛或咽喉等要害之处,为何会迅速导致其死亡呢?原来射中张郃的是诸葛亮发明的连弩箭。诸葛亮的连弩可以连续发射十支箭,形成密集的攻击面积,加上弓箭手的箭雨射击,对魏军的骑兵形成了巨大威胁。这种新型武器改变了蜀汉和曹魏双方作战的态势,之前都是魏军一直想找蜀军决战,现在是蜀军要找魏军决战。

《三国志·诸葛亮传》注引《魏氏春秋》云:诸葛亮长于巧思,"损益连弩,谓之元戎,以铁为矢,矢长八寸,一弩十矢俱发。"连弩箭又称之为"催山弩",是当时威力最大的弓箭,晋人李兴曾称其为"神弩",他说:"神弩之功,一何微妙。"[1]当时曹魏军中也有连发的弓弩,但是它的威力不大,达不到一次连发十矢。《北堂书钞》里有魏明帝曹叡写的一首诗,里面有"长戟十万队,幽冀百石弩,发机若雷讯,一发连四五"的诗句,诗中所说的"百石弩",明显系文学夸张,但只能一次同时射出四五支箭,却是实情,可见它的发射效率只有诸葛弩的一半。

二十世纪六十年代,诸葛弩已在四川成都郫县太平公社的一座晋墓中出土,今人有幸看到了这一实物,证实了上述史书的记载不虚。这部铜弩机是蜀汉后主景耀四年(261)制造的,弩机的郭上刻有铭文:景耀四年二月卅日,中作部左兴业、刘纪业,吏陈深,工杨安作十石机,重三斤十二两。从铭文拓片上看,"中作部左兴业、刘纪业"似应为"中作部左典业、刘纯业",为政府兵器制作部门中主管连弩制造的官员,"陈深"是这件或这批弩机的督造官,

---

① 李兴:《祭诸葛丞相文》,见《诸葛亮集·附录》。

"杨安"是具体的制造者。

方北辰对诸葛弩作了具体介绍,他说:"1964 年,这种弓中元帅曾在四川省成都市的郫县出土,上有铭文,说明开弓拉力强至'十石',约合今五百余斤。汉代常用之强弩,拉力最多不过'六石',射程亦可达二百六十米左右,这十石元戎的射程,必在四百米之外,且为十矢齐发,足令敌人心惊胆寒,数百张十石元戎在木门道两旁候驾,就是十个张郃也难逃一死了。"①

张郃生年未见史载,他于公元 184 年黄巾之乱时,应征入伍,卒于公元 231 年。军旅生涯长达四十七年,估计张郃卒时已年近古稀。以如此高龄而被"矢长八寸"的连弩箭射中右膝盖,必然伤口崩裂,流血不止,其身受重伤后不治身亡当在情理之中。

张郃是曹魏的开国功臣,是魏明帝时期硕果仅存的"五子良将"之一,在军中威望颇高。而张郃的威望是建立在其卓著战功的基础之上的。张郃原为袁绍部将,官渡之战时,因袁绍不纳其策,故弃袁绍而投曹操。曹操得张郃甚喜,将其比之于"微子去殷,韩信归汉"。② 从此开始了他为曹氏祖孙征战四方的军旅生涯。他先是追随曹操,征讨袁谭、袁尚兄弟,平定冀幽等地州郡;后于渭南击溃马超、韩遂。又和夏侯渊一起消灭了割据于陇西枹罕的宋建政权。建安二十年,张郃率军攻打巴西郡,与张飞大战于宕渠。建安二十四年,夏侯渊迎战刘备军于定军山,当夏侯渊战死,曹魏"三军皆失色"的危急之际,张郃代夏侯渊为帅,率部安全撤退。刘备对张郃的军事才能极为推崇。《三国志·张郃传》注引《魏略》说:"(夏侯)渊虽为都督,刘备惮(张)郃而易渊。及杀渊,备曰:'当得其魁,用此何为邪!'"

曹丕称帝后,升张郃为左将军,封鄚侯,奉命从曹真打败安定

① 方北辰:《谁结束了三国? 司马懿》,北京大学出版社 2013 年,第 78 页。
② 《三国志》卷 17《张郃传》。

羌胡,后与夏侯尚围攻江陵。他攻破江陵中洲,切断了吴军的退路和补给。太和二年,率步骑五万,在街亭大败蜀军,迫使诸葛亮退回汉中。太和三年,诸葛亮再次出祁山,对陈仓发动猛攻。魏明帝派驿马召张郃到京师,还亲自到河南城,设置酒宴为张郃送行。曹叡派遣三万士兵以及武卫、虎贲两营的勇士护卫张郃,还问张郃:"等将军到了前线,诸葛亮会不会已经占领了陈仓?"张郃知道诸葛亮孤军深入,不会携带太多的粮草,不能久攻,就回答说:"估计臣还没到前线,诸葛亮就已经撤走了。臣屈指计算,诸葛亮的粮草支撑不了十天。"张郃昼夜行军到达南郑,诸葛亮果然撤退了。曹叡诏令张郃回师京城,任命他为征西车骑将军。陈寿对张郃的评价很高,说张郃"识变数,善处营陈,料战势地形,无不如计,自诸葛亮皆惮之";"太祖建兹武功,而时之良将,五子为先……张郃以巧变为称"。① 明朝开国之君朱元璋对张郃也作出了很高的评价,他对明玉珍说:"王保保以铁骑劲兵,虎踞中原,其志殆不在曹操下,使有谋臣如荀攸、荀彧,猛将如张辽、张郃,予两人能高枕无忧乎。"②

张郃足智多谋,身经百战,对关陇地理十分熟悉,多年来一直是蜀军的劲敌,连诸葛亮都十分忌惮他。接到张郃的死讯,魏廷上下震恐,魏明帝临朝悲叹道:"蜀地还没有平定张郃却死了,该怎么办呢!"陈群说:"张郃的确是良将,是国家的依靠。"卫尉辛毗则以为张郃既死,不能复生,不应示弱于外。于是向陈群说:"陈公,这是什么话! 当建安之末,天下不可一日无武皇帝,及后委以国祚,而文皇帝受命,黄初之世,亦说天下不可无文皇帝,至其委弃天下,而陛下亦自龙兴。难道少了张郃,国家就不振了?"陈群便道:"确实如同辛毗说的那样。"曹叡笑说:"陈公可称得上善变啊。"③

---

① 《三国志》卷17《张郃传》。
② 《明史》卷125《明玉珍传》。
③ 参阅《三国志》卷25《辛毗传》注引《魏略》。

283

由此可见,张郃被明帝和大臣们视为魏国之支柱,他的死,竟然有人将其比之为武皇帝曹操、文皇帝曹丕之崩殂,可见,张郃之死确实是曹魏的重大损失,引起了曹魏朝廷极大的震撼。

对于张郃的死,司马懿负有不可推卸的责任! 为何要司马懿承担主要责任呢? 我们可从三个方面来分析:

第一,兵法云:"归师勿遏,围师必阙,穷寇勿追。"诸葛亮退兵时的布置向来周密。在这之前,诸葛亮从陈仓退兵之后,就斩杀过追击的魏将王双。"前事不忘,后事之师",司马懿又岂能不知。此次,诸葛亮并非因战败而退兵,而是井然有序地撤退,故预设伏兵的几率极高。张郃并非是一勇之夫,其用兵素来谨慎,故劝说司马懿不要追击,但司马懿一意孤行,就是不听。俗语云,军令如山,张郃职务虽高,明知追击的风险极大,但也不敢违抗主帅的军令。更何况,司马懿此时已被授予了"假黄钺"的大权,即可以代替天子行使生杀之权。显然,如果张郃执意抗命的话,司马懿完全可以将张郃先斩后奏。

第二,张郃、司马懿二人,原本一为武将,一为文臣,一在边关,一在中枢,似不应有太多的冲突与矛盾。然而,曹真死后,关陇战场,官阶最高的就是张郃,理论上张郃可直接接替曹真。不过魏明帝却将司马懿从荆州调来,迁升为曹魏西线战场的最高指挥官。论资历、论功劳,论声望,张郃绝不低于司马懿,但司马懿却因为和皇帝的亲密关系而空降下来,这就种下两人不睦的芥蒂。司马懿走马上任后,两人的用兵谋略也不同,张郃提议分兵驻守雍、郿,司马懿不同意;司马懿尾随蜀军来到卤城,张郃献策,派出一支奇兵,袭击诸葛亮的后方,司马懿又不同意。司马懿对张郃的建策不仅不同意,而且很反感,认为张郃倚恃战功、资望,不把他放在眼里。司马懿明知诸葛亮有伏兵,却派遣张郃率军追击,不排斥有挟私报复之嫌。

第三,张郃身为车骑将军,官品仅在大将军之下,故他实质上是曹魏关陇战区的副帅,其地位仅次于司马懿本人。理应坐镇中枢,协助司马懿指挥全军。若遇重大战事,与司马懿分兵进攻或御敌即可。至于追击敌军,司马懿可派军中偏裨将领,何况张郃此时已年近七旬,按理不宜作为前锋。此时,曹营中有勇略的年轻将领并不少,如郭淮、戴凌、费曜、魏平、贾栩、牛金等人皆可使用。但司马懿却弃之而一概不用,而独遣张郃,其是何居心?恐不言自明。

近年来,已有学者提出司马懿为了独揽兵权,派张郃追击诸葛亮,实为铲除异己的观点。笔者认为不无道理,但此说毕竟没有充分的史料依据,姑且存之以为一说,或以为疑。

卤城之战的失利和张郃的被杀,使魏军遭受不小的损失,但魏明帝并没有追究司马懿的责任。这是因为诸葛亮毕竟是三国后期世人公认的最杰出的军事家之一,面对这样强大的对手,司马懿并无迅速打退诸葛亮的能力,只能用和后世曾国藩"结硬寨,打呆仗"一样的战法,任你千条计,我就守阵地。虽然看起来猥琐,但也能确保司马懿不会大败。另外,曹魏近年来曹休、曹真等高级将领相继去世,随着张郃被诸葛亮射杀,五子良将都离开了人世。如今的曹魏虽然兵多,但将并不广,且元老级的高级将领只剩司马懿一人,而第二代优秀将才的崛起,还须假以时日,所以不能不倚赖他。曹叡虽然年轻,但政治上很成熟,考虑到司马懿毕竟打退了诸葛亮的进攻,魏国未失寸土,司马懿未负所托,还是有战功的。于是曹叡派遣使者到前线去慰问劳军,并增加司马懿的封邑。

六、渭滨大战前的准备

诸葛亮虽然退兵了,但司马懿断定诸葛亮绝不会善罢甘休,肯定会再次北伐,因此必须未雨绸缪,预作准备。杜袭本为曹真军师,曹真死后,由司马懿接替其职,杜袭就转为司马懿军师,他与督军薛悌向司马懿进言道:"明年麦熟,(诸葛)亮必为寇,陇右无谷,宜及冬豫运。"司马懿不同意他们的判断,他说:"(诸葛)亮再出祁山,一攻陈仓,挫衄而反。纵其后出,不复攻城,当求野战,必在陇东,不在西也。亮每以粮少为恨,归必积谷,以吾料之,非三稔不能动矣。"[①]听了司马懿这番话,众将将信将疑,司马懿也不多做解释。

正如司马懿所估计的,诸葛亮经过连续几年的征战,蜀中已消耗了大量的人力和物力。由于军需物资不是一年半载就能补充得了的,故必须休养生息较长一段时间,待时机成熟后再次伐魏。街亭之败以后,诸葛亮整军治戎,严明军纪,在他亲自训练下,蜀军的作战能力有了大幅度的提高,故使司马懿"畏蜀如虎"。在这种情况下,诸葛亮考虑放弃实施多年的陇右作战计划,准备改变进攻方向和路线,从褒斜道直出秦川,进兵关中。诸葛亮鉴于前几次北伐未能成功,主要原因是粮运困难。孙子曾说:"千里馈粮,日费千金,然后十万之师举矣。"[②]何况蜀道艰难,栈道萦回,加上褒斜道的险阻,粮运倍加艰辛。为此,诸葛亮在进军关中之前,针对给养的困难,作出了以下部署:

1.屯田黄沙。"(建兴)十年,亮休士劝农于黄沙,作流马木牛毕,教兵讲武。"[③]黄沙在沔阳东境,是诸葛亮驻军屯田的地方。《读史方舆纪要》卷56宁羌州沔县曰:

> 黄沙水,在县东四十里,有天分堰,引水溉田。《志》云:黄沙水源在县东北四十里之云濛山下,流入于汉。又有养家河,在县南二十里,或曰漾水之支流也。今县南三十里为白崖堰,又南五里为马家堰,县东南三十里又有石燕子堰,俱引以

---

① 《晋书》卷1《宣帝纪》。
② 《孙子兵法·讲武篇》。
③ 《三国志》卷33《后主传》。

> 溉田。又旧州河在县北二十五里,引为石刺塔堰,又罗村河在
> 县西南百九十里,引为罗村堰,俱有灌溉之利。

可见黄沙附近多为汉水支流交汇之处,利于修筑塘堰,灌溉农田。诸葛亮将北伐大军主力由沔阳西部东迁,是为了利用当地的自然条件屯垦积粮,同时这里距离褒斜道南口也比较近,运输及出兵相当方便。同时,诸葛亮又在此处建造木牛和流马,以便更方便地运输粮草。

2. 制造木牛流马。稗史、小说常将木牛、流马说得神乎其神,说它能翻山越岭,行走如飞,又不用饮水喂料,而且有机关控制,动止自如。那么木牛流马的事实真相到底又如何呢?

清人张澍在他所编纂的《诸葛武侯故事》引《后山丛谭》中说:"蜀中有小车独推,载八石,前如牛头;又有大车,用四人推,载十石,盖木牛流马也。"显然独推的小车是木牛,四川人称之为"鸡公车"。用四人推的大车是流马。英国著名学者李约瑟也认同这一观点。范文澜认为木牛是一种人力的独轮车,有一脚四足,所谓脚,就是一个车轮,所谓四足,就是车旁前后装上四条木柱,这样行车、停车时就不容易倾倒。而流马是一种改良的木牛,前后左右有四个轮——以前的手推车有两个轮,诸葛亮改为四轮。

其实,早在诸葛亮之前,已有人推的独轮小车问世了。在成都地区汉墓出土的"骈车"画像砖上,就有人推独轮小车的生动形象。这种独轮车在汉代称之为鹿车。诸葛亮就是在此基础上改进成"一脚四足"的木牛,再进而改进为"前后两脚""形制如象"的流马。据说,诸葛亮制作木牛流马,最初是从其妻黄氏"运磨如飞"的机械装置中受到启发,后来又得到为他铸造钢刀的名匠蒲元的帮助。

木牛的特点是载重量大,但行走的速度比较慢。据记载,木牛每天能走二十里,一次能装一个人一年半的粮食。古代成年人一年的口粮约为550斤左右,战士行军打仗粮食吃得更多些。木牛

行走速度慢的原因是因为车轮比较小，"人行六尺，牛行四步"，就是人走六尺，车轮转四次。流马的特点是行走的速度比较快，但是装载的粮食比较少，大约是每次装载粮食 140 斤左右。流马的创新之处是设计了可与车身分离的装米箱，可以自由装卸。遇到陡坡时，若车子上不去，就可以把粮食箱卸下来，用人力来扛，把车推上去后，再把粮食箱装进车中。

从运粮的路线来看，木牛主要在汉中到陇右这条道路上使用。此路路途比较远，中间没有大型的转运仓库，需要载重比较大的车辆随军移动，即使速度慢一些也无所谓。流马主要使用于褒斜道，褒斜道的局部地段比较平坦宽阔，适用于速度较快的车辆。由于诸葛亮在斜谷口建造了大型的粮食仓库，所以对运输工具的要求是速度快，而不一定要求运量大。用木牛流马运输军粮取得了一定的效果。诸葛亮一共进行了五次北伐，前三次北伐都没有超过一个月；第四、五次使用了木牛流马运送粮食，情况有了一定的改观。第四次北伐时间达到了四个月，第五次则从二月份到八月份，长达半年之久，如果不是诸葛亮病死，说不定这次北伐时间还会更长。

众所周知，在冷兵器时代，骑兵纵横驰骋，可以发挥比步兵更大的作用，因此军马是重要的战略资源。但蜀中马匹稀少，诸葛亮绝不愿将有限的战马当作运输工具来使用，所以必须使用替代品，而木牛流马就成了较为理想的山地运输工具。使用木牛流马运粮虽有一定效果，但也不能夸大其辞，因为诸葛亮第五次北伐虽然使用了木牛流马，但军粮还是难以为继，所以诸葛亮又采取了新的方法，就是屯田。史载，蜀汉建兴"十二年春，亮悉大众由斜谷出，以流马运，据武功五丈原，与司马宣王对于渭南。亮每患粮不继，使己志不申，是以分兵屯田，为久驻之基"。①

---

① 《三国志》卷 35《诸葛亮传》。

3. 建造斜谷邸阁，使诸军运米。《三国志·后主传》载："（建兴）十一年冬，亮使诸军运米，集于斜谷口，治斜谷邸阁。""诸军"即诸葛亮率领的驻戍汉中的蜀军主力。"邸阁"是三国时军队储粮的大仓，通常设置在前线附近，平时积贮，战时可就近取食。[①]斜谷邸阁的地址，不在斜谷北口，而在褒谷之口，因为斜谷北口在曹魏的势力范围之内，诸葛亮不可能把粮仓设在敌境。邸阁不仅是蜀军的屯粮之所，诸葛亮还在此地设置了一座大型的武器制造作坊，由名匠蒲元主持。史载："亮尝欲铸刀而未得，会蒲元为西曹掾，性多巧思，因委之于斜谷口，熔金造器，特异常法，为诸葛铸刀三千口。……刀成，以竹筒密纳铁珠满中，举刀断之，应手虚落，若剃水刍，称绝当世，因曰神刀。"[②]诸葛亮还用优质钢铁来制造将士的盔甲，以减少军士的伤亡。诸葛亮制造的盔甲极其坚固，例如，南朝刘宋大将殷孝祖出征时，皇帝将御仗"诸葛亮筒袖铠、铁帽，二十五石弩射之不能入，悉以赐孝祖"。[③]

诸葛亮安排蜀军主力往斜谷邸阁运粮，所运粟米除了汉中屯田所产之外，大部分从后方调来。待大军出征后，再由此运往秦川。从诸葛亮第五次北伐的情况来看，蜀汉十万大军在五丈原与魏军对峙达半年之久，而未发生军粮匮乏状况，基本上解决了困扰蜀军多年的后勤供给问题。

司马懿已经预判到诸葛亮三年之后又将兴师伐魏，所以他不敢懈怠，三年之中，他秣马厉兵，在关陇地区屯积粮草，整军备战。司马懿备战的关键也是储备粮食。在魏蜀交兵的过程中，粮食是个非常突出的问题，谁的粮食多又能解决交通运输问题谁就能在战场中占有主动权。在司马懿和诸葛亮交锋时，人们常认为诸葛亮为军粮不继而劳神苦思，而以为魏军粮草充足。其实也不尽然，

---

① 王国维：《观堂集林·邸阁考》，河北教育出版社 2003 年。
② 《诸葛亮集·故事》卷 4《制作篇》引《诸葛亮别传》。
③ 《南史》卷 39《殷孝祖传》。

司马懿也常为粮食不足而发愁。上邽之战时,诸葛亮军抢割了陇上的小麦,获得了军粮,而司马懿因为缺粮而陷入困境。有人建议从较远的关中运粮接济,但远水难解近渴。此时,郭淮积极动员并招抚羌胡,让西北少数民族家家户户紧急供应军粮,故暂时缓解了军粮紧缺的状态。

当然,仅靠这些军粮还是远远不够的。《三国志·明帝纪》注引《魏书》曰:"初,亮出。议者以为亮军无辎重,粮必不继,不击自破,无为劳兵;或欲自芟上邽左右生麦以夺贼食,帝皆不从。(明帝)前后遣兵增宣王军,又敕使护麦。宣王与亮相持,赖得此麦以为军粮。"不久,魏明帝又将关中粮秣火速送往前线,才解决了司马懿军粮不足的燃眉之急。

关中地区,八百里秦川,被誉为"金池汤城,沃野千里,天府之国"。然而自董卓之乱后,民不聊生,"李傕、郭汜相攻,天子东归后,长安城空四十余日,强者四散,羸者相食,二三年间,关中无复人迹"。[①] 以至于曹操占领关中后不得不实行屯田制,欲使流民返回故乡,开垦荒地,但效果并不理想。正如卫觊所言:"关中膏腴之地,顷遭荒乱,人民流入荆州者十余万家,闻本土安宁,皆企望思归,而归者无以自业。"[②]"无以自业"就是指关中待耕土地虽多,但无耕牛耕具。建安后期,割据于陇右地区的马超、韩遂等军阀与曹操反复厮杀,关陇地区战火连年不断,人口损失很大,陇右一带的经济也遭到严重破坏。关陇地区是魏蜀交兵的主战场,因此如何恢复关陇地区的农业生产,发展经济、储备军粮就成了司马懿迫切要解决的主要问题

司马懿族兄司马芝十分注重农业生产的恢复与发展。他任大司农时,上奏朝廷说:"王者的治国方法,崇本抑末,发展农业,重

---

① 《后汉书》卷72《董卓列传》。
② 《三国志》卷21《卫觊传》。

视粮食。《王制》记载：'没有三年的粮食储备，国家就不成为国家了。'《管子·区言》中说要把积存粮食作为首要事务。现在吴、蜀还没有被消灭，战争不断，国家最重要的事务就是储备粮食和布帛。武皇帝特地创设了屯田的官员，专门从事农桑事业。建安后期，天下的仓库都装满了，老百姓也殷实富足。自从黄初以来，允许各典农官自己发展经济，他们纷纷给自己的部下打算，这实在不是创立国家大业所应有的做法。王者把四海之内作为自己的家。所以《论语》说：'百姓不足，君谁与足！'富足的原因，在于不误天时而且能克尽地力。如今商贾们经商谋利，虽然能得到成倍的利润，但对于统一天下的大计造成了无法估量的损失，还不如去多开垦一亩田地，增加收益。臣的愚见是，不应该再用商贩的杂事来扰乱农业，应专门把农耕蚕桑当作要事，从国家大业考虑，这样才是方便有利的。"①

对族兄司马芝的建议，司马懿十分赞同，并且付诸实际行动。为储备陇西地区军粮，司马懿采取了诸多措施：首先，他在陇右地区招抚流民，实行屯垦。在得到魏明帝的批准后，他将许多河北冀州的农民迁到上邽来从事屯田，扩大产麦区的农业生产。其次，司马懿又在京兆、天水、南安设立"监冶谒者"。监冶谒者是掌管冶铁的官员，秩为比六百石。司马懿在这三地兴建官办的冶铁工场，他准备了充足的原材料，由监冶谒者掌管金属冶炼，锻造精良兵器和其他军事器械，以保证战争的需要。

除此以外，司马懿又花了一年时间扩建及兴修了两项大型的水利工程：一项是成国渠，一项是临晋陂。

关中平原亦称渭河平原，西起宝鸡，东到潼关，北抵北山，南界秦岭，面积有三万四千平方公里。这里土质肥沃，利于耕作。但年降雨量较少，一般只有六百毫米左右，且雨量分布极不平衡。从地

① 参阅《三国志》卷12《司马芝传》。

区来说,西部雨量多于东部。季节分布也相差悬殊,雨量多集中于夏秋之交,冬春干旱,以致旱灾频仍。为了克服这些自然条件的不利因素,汉武帝在关中大力兴修水利,利用流贯关中平原的渭河及其支流泾水、洛河等丰富的水源,大规模兴建引水灌溉工程,进行抗旱洗盐,形成了关中农田水利网。其中主要的引渭人工灌渠是惠泽关中一千多年的成国渠。成国渠在今陕西省渭北平原上,是古代著名的灌溉工程。汉武帝时期(前141—前87)始建,渠首位于郿县(今陕西眉县东北)东北,引渭水,东北流,下经武功(今陕西眉县东)、槐里(今陕西兴平县东南),至上林苑(今陕西咸阳及户县、周至一带)入蒙茏渠。成国渠全长约240余公里,至三国时有些水道已经淤塞不通。青龙元年(233),司马懿与卫臻组织民工疏浚成国渠。为了扩大成国渠的灌溉面积,又从陈仓(今陕西宝鸡东)到槐里开辟出一条新渠与成国渠相接,又自今宝鸡以东之千水开渠引水,从而把汉代的成国渠向西延伸了近百里地。灌溉面积亦大大增加,这是成国渠历史上的第一次大规模扩建。

除了修复扩建成国渠外,司马懿还主持修建了新的临晋陂。成国渠引的是渭水,临晋陂用的是洛水。"陂"是一种蓄水灌溉工程。即在洛水边上挖开一个大池塘,建成水库,引洛水浇灌岸边的土地。临晋陂有水门,涝时关门,旱时开门,可以蓄水防洪,以免旱涝之灾。临晋陂的兴建,使得数千顷盐碱地变成了良田,是一件造福关中百姓的大工程。《晋书·食货志》载:"青龙元年,开成国渠自陈仓至槐里;筑临晋陂。引汧洛溉舄卤之地三千余顷,国以充实焉。"可见,司马懿修筑了两个水利工程,一是扩建成国渠,引汧水自陈仓到槐里;二是兴筑临晋陂,引洛水灌田。两渠灌田三千余顷,既使农田增产丰收,也使关中这个抗击蜀汉的基地的经济实力迅速提高。

七、两雄对峙，坦然受巾帼

经过三年的精心准备，蜀汉建兴十二年（234）春，诸葛亮开始了第五次，也是他人生最后一次北伐。蜀汉出动兵力有多少？据《蜀书·诸葛亮传》记载："亮悉大众由斜谷出"，未知其确切人数。《晋书·宣帝纪》云："（青龙）二年，亮又率众十余万出斜谷。"司马懿与弟司马孚的书信中云："（诸葛亮）虽提卒十万，已堕吾画中。"可见，诸葛亮这次出动了十万大军，这是蜀汉这个只有不到一百万人口的小国所能动用的最大兵力，①诸葛亮为了这次北伐，可谓是举倾国之力了。为了确保这次北伐能够成功，诸葛亮又使用了他一贯主张的联吴抗曹的外交手段，他派使臣去东吴，期望孙权能够配合蜀汉，共同出兵，由东西二面一起夹攻曹魏。诸葛亮在给孙权的信中说：

> 汉室不幸，王纲失纪，曹贼篡逆，蔓延及今，皆思剿灭，未遂同盟。亮受昭烈皇帝寄托之重，敢不竭力尽忠。今大兵已会于祁山，狂寇将亡於渭水。伏望执事以同盟之义，命将北征，共靖中原，同匡汉室。书不尽言，万希昭鉴。②

孙权接到书信后，欣然接受诸葛亮的建议。于是孙吴兵分三路，向曹魏大举进攻。第一路，由孙权亲自率精兵十万攻打合肥新城（今安徽合肥西北）；第二路，遣上大将军陆逊及大将军诸葛瑾领兵一万余人攻击曹魏军事重镇襄阳；第三路，派镇北将军孙韶与奋威将军张承等率军乘船入淮水，向广陵（今江苏扬州）、淮阳进攻，以为掎角之势。

---

① 王隐《蜀记》中对蜀汉人口有明确记载。后主刘禅降魏时，"遣尚书郎李虎送士民簿，领户二十八万，男女口九十四万"。《三国志》卷33《后主传》注引《蜀记》。

② 《诸葛亮集·文集》卷1《与孙权书》，引自《艺文类聚》。

魏明帝见吴、蜀二国同时出兵攻魏,深感形势十分严重。但他并不慌乱,而是从容不迫地居中调度。为了应对两线作战的局势,他决定采取西守东攻的策略。除严令司马懿坚守不战外,又御驾亲征,亲自率大军征讨孙吴。大军出发前,他命征东将军满宠抵御孙权,满宠打算放弃合肥,退守寿春。明帝不同意,他对满宠说:"昔汉光武遣兵县据略阳,终以破隗嚣,先帝东置合肥,南守襄阳,西固祁山,贼来辄破于三城之下者,地有所必争也。纵权攻新城,必不能拔。敕诸将坚守,吾将自往征之,比至,恐权走也。"①在布置了对孙吴的作战方略后,明帝令司马懿率军抵御蜀军,并下诏书曰:"但坚壁据守,以挫其锋,彼(诸葛亮)进不得志,退无与战,久停则粮尽,虏略无所获,则必走矣。走而追之,以逸待劳,全胜之道也!"②

诸葛亮此次北伐规模空前,共动用十万大军,估计司马懿兵力与诸葛亮大体相当。但魏明帝不甚放心,故再派骁骑将军、征蜀护军秦朗率领步骑兵二万到关中支援司马懿。秦朗有一定的军事才能。青龙元年,鲜卑首领步度根与轲比能勾结,并州刺史毕轨发现后上表讨伐,曹叡认为讨伐只会使两部鲜卑团结起来,难以对付,即遣使下旨不许进军。诏书未到,毕轨军已战败,步度根与轲比能合力侵袭曹魏边郡。曹叡于是派秦朗率领中央禁军征讨。最终秦朗击败鲜卑,轲比能和步度根败走漠北,不久,步度根部落大人戴胡阿狼泥到并州投降,秦朗凯旋而归。

秦朗率兵来援,使司马懿兵力更为雄厚,魏军总数估计已达十一、二万左右,数量上已超过诸葛亮大军。但司马懿也深感肩上的担子之重,因为魏明帝已把曹魏能够动员的机动兵力都交给了他。

司马懿率领魏军前来渭水迎战,诸将欲前往渭水北岸扎营,以

---

① 《三国志》卷3《明帝纪》。
② 《三国志》卷3《明帝纪》。

渭水为天然防线。司马懿考虑了一下，认为不妥。他对部将说："百姓积聚皆在渭南，此必争之地也。"于是，他引军渡过渭水，在渭南背水之处，深沟高垒，扎下营寨。这时，蜀军还未到达渭水，司马懿欲预判诸葛亮的立营之地。他对诸将说："（诸葛）亮若勇者，当出武功（今陕西武功县东），依山而东。若西上五丈原，则诸军无事矣。"①不出司马懿所料，诸葛亮大军到达渭南后，果然在渭水南岸的五丈原扎下大营。这样，魏蜀二军的大营正面相对，蜀军的背后有褒斜道作为粮食辎重的运输线；而魏军的背后，则依仗渭水来往交通。

五丈原，位于今陕西省宝鸡市岐山县棋盘山北麓，为秦岭北麓黄土台原的一部分，海拔约 750 米，原上地势平坦，面积约十二平方公里。其南北长约 2.5 公里，东西宽约 1.8 公里。沿山宽 0.5 公里，南靠秦岭，北临渭水，东、西、北三面均为悬崖陡坡，原面呈"琵琶"形，向北倾斜，形势十分险要。据说，五丈原之名是因为该原高出平地五十丈，故最初称作"五十丈原"，后来讹传为"五丈原"。诸葛亮将大军屯驻于此，乃是守正之道。但兵法云："凡战者，以正合，以奇胜。"看来，诸葛亮屯兵五丈原最多只能以正取胜，而休想出奇制胜了。

诸葛亮之所以屯兵于五丈原，自有其道理。他后来写信给吴国大臣步骘说："仆前军在五丈原。原在武功西十里。马冢在武功东十余里，有高势，攻之不便，是以留耳。"②原来，诸葛亮此次北伐，根本就不打算用奇制胜的方式来攻取长安。若要出奇兵攻取长安，当在其第一次北伐时，当时，魏延献计，由他率精兵五千，出子午谷，乘曹魏无备，出其不意，一举攻克长安。但诸葛亮认为魏延之计过于"悬危，不如安从坦道，可以平取陇右，十全必克而

---

① 《晋书》卷 1《宣帝纪》。
② 《诸葛亮集·文集》卷 1《与步骘书》，引自《水经注》卷 18《渭水注》。

无虞,故不用延计"。① 时过境迁,诸葛亮第一次北伐之后,已经把魏人惊醒,曹魏对诸葛亮已保持高度警惕,长安作为魏国西部重镇,国都之一,当有重兵戍守,魏延偷袭之计若要实施,已绝无可行性了。诸葛亮用兵向来谨慎,此番以倾国之师来攻魏国,首先必须使自己立于不败之地,五丈原地形险要,"有高势",魏军"攻之不便",正是自己十万大军最理想的屯兵之所。

五丈原的北边,成国渠与渭水之间有个地方,叫北原(今陕西宝鸡与眉县之间的渭水北岸)。诸葛亮若能占领北原,就能与五丈原形成掎角之势,从西、北两个方向合击司马懿的大营。诸葛亮对渭南一带的地形了如指掌,他正准备分兵攻占北原,却不料被曹魏扬武将军、雍州刺史郭淮所预判到。

在曹魏第二代将领中,郭淮的才能是非常突出的。郭淮出身于东汉太原郡名门。其祖父郭全是东汉大司农,父亲郭缊是东汉的雁门郡太守。建安中期,郭淮被举为孝廉,起家任平原府丞。曹丕为五官中郎将时,召郭淮署为门下贼曹,转为丞相兵曹议令史,后转为夏侯渊军司马。刘备攻汉中时,郭淮就显现出杰出的军事才能,当夏侯渊被杀,魏军沮丧,士气低落时,郭淮力主以张郃为帅,从而迅速稳定了军心。此后,郭淮驻守西北十余年,用恩威并举的方式招抚西北少数民族,多立战功。张郃死后,郭淮已成为司马懿的主要助手。此时,诸葛亮驻兵五丈原,魏将皆喜,唯郭淮深以为忧,他认为诸葛亮一定会占领北原,魏军应当抢先一步占领它。诸将多不以为然。郭淮说:"若(诸葛)亮跨渭登原,连兵北山,隔绝陇道,摇荡民、夷,此非国之利也。"②司马懿这才意识到北原的重要性,立即命郭淮迅速率兵移屯北原。郭淮堑垒尚未完全建成,蜀军蜂拥而至,一场恶战之后,蜀军未能攻占北原,两军遂成

① 《三国志》卷40《魏延传》注引《魏略》。
② 《三国志》卷26《郭淮传》。

对峙状态。

几天后,诸葛亮率军西行,诸将皆认为诸葛亮欲攻西围,唯郭淮认为这是诸葛亮的声东击西之策,攻西围是假,攻阳遂(今陕西眉县或扶风县境之渭河北岸)是真。司马懿同意郭淮的看法,遂"遣将军胡遵、雍州刺史郭淮共备阳遂"。当晚,蜀军果然攻打阳遂,因魏军早有防备,遂与蜀军在积石激战,最终打退了蜀军,"诸葛亮不得进,还于五丈原"。① 诸葛亮第五次北伐,虽然开局不利,进攻北原与阳遂之计皆被郭淮识破,而未得手,但很快又觅得战机。

渭水有一条支流,名武功水,在五丈原之东。诸葛亮大营扎在武功水之西。诸葛亮为了加强大营的护卫,另派一支小部队,驻扎于武功水东面,以抵御司马懿的进攻。所派的这支部队是蜀军的特种兵——虎步军。其与白毦军、无当军并称为蜀汉三大劲旅。白毦军早在刘备时期就建立了。无当军和虎步军创建于诸葛亮平定南中时期,其兵源都是南中悍勇好斗的蛮夷青壮年,无当军擅长山地战,虎步军擅长平原厮杀。虎步军分左、中、右三军。姜维投效诸葛亮之后,次年就被委任率领"中虎步兵五六千人。"②虎步军的总数量大约在两万人左右,是蜀汉王朝的主力部队。担任虎步监的将领还有孟获的同族孟琰。孟琰原是南中朱提郡渠帅,诸葛亮南征时归降,后任辅汉将军,虎步监。以姜维、孟琰来统领虎步军,也显示出诸葛亮为了拉拢南中和凉州人士的殚精竭虑。

春夏之交,大雨连日,武功水突然泛滥,把横跨两岸的桥梁冲垮,孟琰和虎步军与五丈原大营失去联系,俨然成了一支孤军。司马懿得悉后,便出动一万多骑兵前来攻击孟琰的虎步军。孟琰拼死抵御,诸葛亮岂能坐视虎步军被消灭,遂率军前来营救,并立即

---

① 《晋书》卷1《宣帝纪》。
② 《三国志》卷44《姜维传》。

命工程兵搭建竹桥。司马懿见竹桥即将搭成,即令骑兵破坏竹桥,诸葛亮派弩兵向司马懿的部队射箭,连弩箭威力巨大,连大将张郃都死于连弩箭下,魏军惊惧,眼见竹桥已经连接成功,便迅速撤退。[①] 魏蜀两军交战,互有胜负,都不能置对方于死地,战争进入了相持阶段。

诸葛亮率十万大军北伐,耗费军粮甚巨。他汲取了过去"每患粮道不继,使己志不伸"的教训,除了继续使用木牛流马运输粮秣外,又抽出一部分军队在关中渭水地区"分兵屯田,为久驻之基"。"屯田"是汉魏时期割据政权解决部队军粮不足的有效方式。早在建安元年,曹操采纳枣祗、韩浩的建议,召募百姓,在许下实施民屯,当年就得谷百斛。以后民屯推广于曹魏全境。建安二十四年,曹操又接受司马懿"且耕且守"的建议,实施军屯。诸葛亮屯田实质上是采用了曹操、司马懿的老办法,当然,这是用其人之道还治其人之身。

由于蜀军都经过严格的训练,军纪严明,所以对关中百姓秋毫无犯,史称:"耕者杂于渭滨居民之间,而百姓安堵,军无私焉。"[②]可见,诸葛亮率领的蜀军与曹魏百姓的关系是和平相处,十分融洽,这在古代社会是极为罕见的。另外,我们还可参照一下东吴北伐与诸葛亮北伐之后裴松之的评价:"(陆逊)何为复潜遣诸将奄袭小县,致令市人骇奔,自相伤害? 俘馘千人,未足损魏,徒使无辜之民横罹荼酷,与诸葛渭滨之师,何其殊哉!"[③]这里的"殊"应当是悬殊的意思。东吴北伐兵败后,陆逊偷袭魏国边境小县,殃及无辜百姓,与诸葛亮北伐大军,纪律严明,对关中百姓秋毫无犯大相径庭。在裴松之看来,诸葛亮北伐军是仁义之师,否则裴松之又岂会说出这样的话。

①　参阅《诸葛亮集·文集》卷1《上事表》,引自《太平御览》卷73。
②　《三国志》卷35《诸葛亮传》。
③　《三国志》卷58《陆逊传》注引裴松之曰。

诸葛亮屯田的地点,并不限于一处。《三国志·郭淮传》云:"诸葛亮出斜谷,并田于兰坑。"兰坑在五丈原不远处。诸葛亮率军深入魏境,与强大的魏军作殊死战斗之际,犹分兵屯田,以支持其持久作战,说明他对屯田极为重视。而且屯田的种子和使用的农具等都是诸葛亮从蜀中携带而来,如果强征当地的农民,就会扰民,就不会出现"百姓安堵,军无私焉"的状况。从诸葛亮第五次北伐能持续半年之久,直至其病故才退军,说明蜀军的粮食供应是很充足的,比起北伐的前期已经有了很大的改善。《魏书》云"诸葛亮粮尽势穷,忧恚呕血,一夕烧营遁走"①的记载纯粹是无稽之谈。诸葛亮屯田三个月,粮秣充足,百姓安堵,没有任何退兵的迹象,不可能因为"粮尽势穷"而呕血。孔明死后,蜀军撤退,司马懿"乃行其营垒,观其遗事,获其图书、粮谷甚众"。② 总之,诸葛亮为了北伐精心准备了好几年,在汉中囤积了大量的粮食,并发明木牛流马作为运输工具,其屯田积谷的部署甚见成效,蜀军给养充足,基本上解决了困扰多年的后勤供给问题。《魏书》以曹魏史料为蓝本,夸胜讳败是其习惯,不足为信。

诸葛亮虽然在五丈原与司马懿对峙,但他密切关注着孙吴伐魏的动态,但等来的结果却让他失望。孙权率十万大军进攻合肥新城,他以为,诸葛亮兵出武功,曹魏西北战场吃紧,魏明帝不敢远征,这是他攻取合肥的好时机。然而,魏明帝把西北战事托付给司马懿,自己"亲御龙舟东征"。③ 明帝的行动,完全出乎孙权的意料。吴军猛攻合肥不克,孙权之侄长水校尉孙泰战死,吴军将士多生疾病。孙权审时度势,在曹叡大军尚未到达寿春时,便迅速将吴军撤回江东。作为主力军的孙权撤兵后,由陆逊、孙韶率领的两路军队也就孤掌难鸣,陆逊不愧为一代名将,用"催人种葑豆,与诸

---

① 《三国志》卷35《诸葛亮传》注引《魏书》。
② 《晋书》卷1《宣帝纪》。
③ 《三国志》卷3《明帝纪》。

将弈棋射戏如常"①之计瞒过魏军,毫发无损地率军而退。孙韶也罢军而返。

三路吴军撤退的消息传到渭水前线,司马懿十分高兴,为了夸大魏军的战果,动摇蜀汉的军心士气,司马懿故意派兵士二千余人在魏营东南角大声呼喊"万岁",一时山鸣谷应,震动蜀营。诸葛亮派人打探消息,魏军兵士说:"吴朝派人前来投降,因而群情振奋,欢呼雀跃。"诸葛亮知道后,笑着说:"吴朝是不会投降的,即使投降也不会派使者到渭河之滨。司马懿已是六十老翁,还在要骗人的诡计。"②当即把司马懿这一欺骗的伎俩戳穿了。

魏明帝见东吴三路大军全线撤退,遂进驻寿春,犒劳三军将士。群臣乘机向魏明帝进言:"大将军(司马懿)方与诸葛亮相持未解,车驾可西幸长安。"坐镇关中,统一指挥抗蜀的第一线战斗。魏明帝一口拒绝,他说:"孙权走,诸葛亮胆破。大将军以制之,吾无忧矣。"③其实,曹叡此言带有虚张声势的成分,诸葛亮虽然期望孙权能在东线发动进攻,以配合自己的北伐,但也从未对孙权寄予太大的希望。早在孙权称帝,蜀汉群臣主张与孙吴断绝外交关系时,诸葛亮就分析道:"若就其不动而睦於我,我之北伐,无东顾之忧,河南之众不得尽西,此之为利,亦已深矣。"④可见,诸葛亮仅希望东吴能牵制一部分魏军的兵力,迫使曹魏不敢把全部兵力投入到关陇战场。曹叡驻跸于寿春,而不去长安,说穿了,就是担心孙权会卷土重来,再次发动进攻。曹叡此言,一来可以鼓舞士气,给司马懿壮胆;二来也表示自己对司马懿的高度信任。

魏蜀两军在渭滨相持期间,虽然没有爆发大规模的战争,但双

---

① 《三国志》卷58《陆逊传》。
② 参阅(唐)杜佑:《通典·兵三》卷165,中华书局1988年。
③ 《三国志》卷3《明帝纪》。
④ 《三国志》卷35《诸葛亮传》注引《汉晋春秋》。

方巡逻部队的斥堠战以及小部队调动的遭遇战也时有发生。诸葛亮一直严格训练士卒，保持高度临战状态。在好奇心的驱使下，司马懿秘密派人窥视他练兵状况，只见诸葛亮"乘素舆、著葛巾、持白羽扇，指挥三军，众军皆随其进止。懿闻而叹曰：'诸葛君可谓名士矣。'"①

魏蜀二国水火不容，司马懿与诸葛亮互为对手，两人各为其主，在战场上当然是刀兵相向的敌人，但彼此间却相互敬重，而且二人私下间都有书信往来。蜀将黄权投降曹魏后，深受司马懿器重。他问黄权："蜀中像您这样的人有多少？"黄权笑着回答："想不到明公如此看重我。"司马懿后来写信给诸葛亮："黄公衡，快士也，每坐起叹述足下，不去口实。"②意思是黄权是个豪爽痛快之人，经常从座位上起身，赞叹着谈论您，且这种谈论总不离口。诸葛亮在渭滨时，获悉其在隆中时期的好友孟建（字公威）担任曹魏凉州刺史，便写信给司马懿，信中说："使杜子绪（杜袭）宣意于公威。"杜袭其时正担任司马懿的军师，杜袭是孟公威的好友，故诸葛亮请司马懿让杜袭转达他对孟公威的问候。

在魏蜀两军对峙期间，司马懿仍然采取坚守不战的策略。他严格恪守魏明帝"坚壁拒守""以逸待劳"的敕令，使"利在急战"的诸葛亮无可奈何。情急之下，诸葛亮采用了激将法的计谋，他派人将妇女穿戴的衣服、首饰赠送给司马懿，将魏国主帅比作女流之辈。司马懿却坦然受之。魏营将士见此无不义愤填膺，所谓"士可杀而不可辱"，诸葛亮赠送女子服饰，不仅羞辱了司马懿，也同样羞辱了魏军将士。所以曹魏将领纷纷要求出战。司马懿虽然愤怒，但仍然神色自若，非常冷静，为了安抚将士们的心情，他决定上表朝廷，要求同蜀军决战。

---

① 《诸葛亮集·故事》卷2《遗事篇》注引裴启《语林》。
② 《三国志》卷43《黄权传》。

曹叡深悉司马懿的良苦用心,又恐诸将求战心切,于是派卫尉辛毗为大将军军师,手持魏明帝所赐旄节,制止魏将出战,魏营将士无可奈何,只得俯首听令。《世说新语》记载了这件事:"诸葛亮之次渭滨也,关中震动,魏明帝深惧晋宣王战,乃遣辛毗为军司马。宣王既与亮对渭而阵,亮设诱诡谲万方,宣王果大忿愤,将应以重兵。亮遣间谍觇之,还曰:'有一老夫,毅然杖黄钺,当军门立,军不得出。'亮曰:'此必辛佐治也。'"①蜀汉征西将军姜维获悉辛毗到来,对诸葛亮说:"辛佐治仗节而到,贼不复出矣。"诸葛亮回答道:"彼本无战情,所以固请战者,以示武于其众耳。将在军,君命有所不受,苟能制吾,岂千里而请战邪!"②

司马懿弟司马孚虽然不在渭水前线,但却成为其兄的得力助手。明帝时,司马孚任度支尚书,主管财政。他认为,若要克敌制胜,应该先有准备,每次诸葛亮入侵关中地区,边境的士兵不能抵挡,需要调集中央军队奔赴战场,仓促间总是来不及准备,所以应该预先选出步骑兵二万,分为两部,以作交战之用。他又建议,关中地区连年交战,粮食物资储备不足,应该从冀州调集农夫五千人屯于上邽,秋冬训练,春夏屯田。这些建议都被魏明帝和司马懿采纳,于是关中物资充实,对待蜀国的进攻也能应对自如。司马孚十分关心渭水前线的战事,他写信给司马懿,打听前线的战况。司马懿回信说:"(诸葛)亮志大而不见机,多谋而少决,好兵而无权,虽提卒十万,已堕吾画中,破之必矣。"③司马懿此话虽不无夸大,但反映了他此时信心十足,很有底气。他坚信,只要深沟高垒,坚守不战,就能拖垮诸葛亮。

① 《诸葛亮集·故事》卷2《遗事篇》注引《世说》。
② 《三国志》卷35《诸葛亮传》注引《汉晋春秋》。
③ 《晋书》卷1《宣帝纪》。

八、星落秋风五丈原

诸葛亮在渭滨与司马懿相持了一百多天,双方难分胜负,战场形势十分胶着。时年八月,诸葛亮身体出现了问题,健康状况逐渐恶化。刘备死后,蜀汉朝廷,事无巨细,诸葛亮皆事必躬亲,终日操劳,甚自"自校薄书,流汗竟日"。丞相主簿杨颙直言规劝诸葛亮:"为治有体,上下不可相侵,请为明公以作家譬之。今有人使奴执耕稼,婢典炊爨,鸡主司晨,犬主吠盗,牛负重载,马涉远路,私业无旷。所求皆足,雍容高枕,饮食而已,忽一旦尽欲以身亲其役,不复付任,劳其体力,为此碎务,形疲神困,终无一成。岂其智之不如奴婢鸡狗哉?失为家主之法也。是故古人称坐而论道谓之三公,作而行之谓之士大夫。故丙吉不问横道死人而忧牛喘,陈平不肯知钱谷之数,云自有主者,彼诚达于位分之体也。今明公为治,乃躬自校薄书,流汗终日,不亦劳乎!"①诸葛亮对杨颙的关心表示感谢,但他依然如故,特别在蜀军北伐时期,诸葛亮几乎日理万机,更为辛劳。由于战事不顺,诸葛亮心力交瘁。

诸葛亮不断派人向司马懿下战书,司马懿很客气地接待了使者,他避开军事不谈,却问起诸葛亮的"寝食及其事之烦简",使者回答说:"诸葛公夙兴夜寐,罚二十以上,皆亲览焉。"②司马懿又"问曰,诸葛公起居何如,对曰:三四升。"③汉魏时期的一升米,约合今之三两,三四升米仅一斤左右。古代社会,食品远不如今日之丰富,故人们对稻米的需求量较多。一般而言,每人每天需五升米以上。《三国志·管宁传》注引《魏略》记载:流亡士人焦先,被官府"注其籍,给廪,日五升"。又载,孤老人扈累无生活来源,"县官

---

① 《三国志》卷45《季汉辅臣赞》注引《襄阳记》。
② 《三国志》卷35《诸葛亮传》注引《魏氏春秋》。
③ 《晋书》卷1《宣帝纪》。

以其孤老,给廪日五升。五升不足食,颇行佣作以裨粮"。官府因虑累是孤鳏老人,所以每天发放五升救济粮给他,可是他却不够吃,还要出去当佣工。诸葛亮每天只食三四升米,比孤鳏老人吃得还少,而且每天的工作量又是如此繁重。司马懿打发使者回去后,便对左右人说:"诸葛孔明其能久乎!"[1]司马懿对诸葛亮有畏惧之心,正因为在战场上无法取胜,他就寄希望于诸葛亮多病或早死,所以他才向使者详细打探了解诸葛亮的生活细节,并据此来判断诸葛亮的健康状况。

不幸而被司马懿所言中,不久,诸葛亮的病情日益加重。于是,他不得不安排自己的后事。诸葛亮病重的消息传到成都,刘禅派尚书仆射李福去探望诸葛亮,并询问此后国家大计。《三国志·杨戏传》注引《益部耆旧杂记》记载曰:

> 诸葛亮于武功病笃,后主遣(李)福省事,遂因咨以国家大计。福往具宣圣旨,听亮所言。至别去数日,忽驰思未尽其意,遂却骑驰还见亮,亮谓福曰:"孤知君还意,近日言语,虽弥日有所不尽,更来一决耳。君所问者,公琰其宜也。"福谢:"前实失不咨请公,如公百年后,谁可任大事者?故辄还耳。乞复请,蒋琬之后,谁可任者?"亮曰:"文伟可以继之。"又问其次,亮不答。

诸葛亮临终前,推荐了两位继任者:蒋琬和费祎,李福又问,费祎之后,谁可接替,诸葛亮不回答,众人近前看时,诸葛亮已经溘然长逝,终年五十四岁。

汉魏时期盛行谶纬、卜筮、占星之术,凡重要人物生死,皆有星象示警。诸葛亮去世时,也有星象示警的记载,史载:"有星赤而芒角,自东北西南流,投于亮营,三投再还,往大还小,俄而亮

---

[1] 《晋书》卷1《宣帝纪》。

卒。"①其意是说,有一颗星显现出红色的光芒,从东北向西南方向落下,投落在诸葛亮营地附近,落下来又反弹上去,来回三次,落下来时形状较大,反弹上去时形状较小,最终落于地下,不久诸葛亮便去世了。这段记载生动地描绘了诸葛亮将星陨落时的情景。《晋书·宣帝纪》也有相关记载:"会有长星坠亮之垒,帝知其必败。"这些带有神秘色彩的传说,可能是因为时值夏秋之交,天上偶有流星陨落,就附会在诸葛亮身上,由此说明他是天上星宿下凡,非同寻常之人。诸葛亮受到官方和民间如此的附会,可能和西晋王朝的开创者司马懿、司马昭及晋武帝的大力推崇不无关系。诸葛亮死后,司马懿称他是天下奇才,表示他同诸葛亮是惺惺相惜,英雄识英雄。蜀亡后,司马昭还特地命殿中典兵中郎将陈勰学习"诸葛亮围阵用兵倚伏之法,又甲乙校标帜之制"。② 晋武帝向原蜀汉侍中樊建请教诸葛亮如何治国理政? 樊建说:诸葛亮"闻恶必改,而不矜过,赏罚之信,足感神明"。司马炎听后,感慨道:"善哉! 使我得此人以自辅,岂有今日之劳乎!"③

九、魏延被冤杀

诸葛亮临终前,不仅需向后主刘禅推荐自己的继承人,还需妥善地安排全军的撤退。诸葛亮病重期间,由于不能亲理军务,司马懿趁机"遣奇兵掎诸葛亮之后,斩五百余级,获生口千余,降者六百余人"。④ 蜀汉军遭受到一次不小的挫折。由此可见,不仅国不可一日无君,三军也不可一日无帅。蜀汉国力军力都有限,在诸葛亮亲自训练下,蜀汉建立了一支训练有素,很有战斗力的军队。为

---

① 《三国志》卷35《诸葛亮传》注引《晋阳秋》。
② 《晋书》卷24《职官志》。
③ 《三国志》卷35《诸葛亮传》注引《汉晋春秋》。
④ 《晋书》卷1《宣帝纪》。

了使这支十万精锐之师能够安全地撤回汉中,诸葛亮煞费苦心,布置了一套撤军方案,但由于他对大将魏延存在偏见,结果导致这次撤军过程中发生了严重的内讧事件。蜀汉十万大军虽然没有损失,但诸葛亮的左膀右臂魏延和杨仪却死于非命,这使本来人才就不足的蜀汉在这次内讧中遭到重大损失。为明真相,我们不妨对蜀汉的这次撤军作一综述:

《三国志·魏延传》载,建兴十二年,"秋,(诸葛)亮病困,密与长史杨仪、司马费祎、护军姜维等作身殁之后退军节度,令魏延断后,姜维次之。若延或不从命,军便自发。"在这次会议上,诸葛亮密令,在撤军时,如果魏延不听从命令,就不要管他,大军自己返回蜀中。这是诸葛亮临死前召开的最后一次高级军事会议。但这次会议的召开却导致了严重的后果。

诸葛亮病危,为了不引起军心动摇,只与少数人商定后事,是可以理解的。但是与会者,除自己亲信之外,至少也应包括军中最重要的高级将领。魏延时为前军师,征西大将军,假节,领汉中太守,南郑侯,在蜀汉的地位仅次于诸葛亮。而杨仪时任丞相府长史,费祎为丞相司马,姜维任中监军征西将军。以官位论,杨、费、姜三人之官职均不能与魏延相比。而诸葛亮召开如此重要的军事会议,却偏偏将魏延排斥在外,这完全不符合常理!

诸葛亮虽作"身殁之后退军节度",但并没有安排谁为全军主帅。只是"令魏延断后",姜维"次之",在前后军中间起衔接辅助作用。安排杨仪任何职事?不甚明了。看以后事态发展,似乎全军上下都认定了诸葛亮让杨仪暂摄全军主帅之职。而事实上,杨仪并无蜀汉朝廷或诸葛亮临终前的正式任命。杨仪统率全军名不正,言不顺,这就为魏、杨内讧伏下了祸根。

诸葛亮密令:"若延或不从命,军便自发。"这似乎已经内定魏延日后将抗命为"叛逆"。诸葛亮为何要作如此安排,史无明文记载。笔者认为,原因有三。

其一，诸葛亮一生用兵唯谨慎，其原因是实战经验不足，故陈寿评价他"于治戎为长，奇谋为短，理民之干优于将略"。[①] 魏延用兵一向主张出奇制胜，诸葛亮最大的顾虑在于，如若将军事指挥权交给魏延，魏延就会违背他既定的军事路线，而按自己的作战方略行事，这是诸葛亮不能容忍的。

其二，诸葛亮在选择官员、使用人才上，以"奉职循理"为标准，请看他的《出师表》，再分析他所表彰、推荐和重用的官吏，如郭攸之、费祎、董允、蒋琬、姜维、向宠等人，无一不是符合"循吏"标准的人物。而魏延是一个"性矜高""不唯上"的大将，他以韩信自诩，"常谓（诸葛）亮为怯，叹恨己才用之不尽"。[②] 刘备死后，诸葛亮独揽朝中大权，"政事无巨细，咸决于亮"，[③]连后主刘禅都声称："政由葛氏，祭则寡人。"[④]而魏延却时常不假以辞色，这当然招致诸葛亮的不满。

其三，诸葛亮排斥魏延是为他的接班人蒋琬、费祎、姜维扫除障碍。《三国志·蒋琬传》载："亮每言：'公琰（蒋琬字）托志忠雅，当与吾共赞王业者也。'密表后主曰：'臣若不幸，后事宜以付琬。'"诸葛亮临终之时，又留下遗嘱："蒋琬之后，文伟（费祎字）可以继之。"[⑤]姜维是诸葛亮第一次北伐时归附蜀汉的曹魏将领，诸葛亮对姜维是一见如故，称赞他"忠勤时事，思虑精密，考其所有，永南（李邵）、季常（马良）诸人不如也。其人，凉州上士也。……姜伯约甚敏于军事，既有胆义，深解兵意，此人心存汉室，而才兼于人"。[⑥] 并很快就提拔他为中监军征西将军。

① 《三国志》卷35《诸葛亮传》。
② 《三国志》卷40《魏延传》。
③ 《三国志》卷35《诸葛亮传》。
④ 《三国志》卷33《后主传》注引《魏略》。
⑤ 《三国志》卷45《杨戏传》注引《益州耆旧杂记》。
⑥ 《三国志》卷44《姜维传》。

诸葛亮深知如若要使蒋琬、费祎、姜维顺利地执掌朝政、军政，魏延是一大障碍，因为自关羽、张飞等大将死后，蜀汉一流的武将已寥若晨星。魏延文武兼备，勇猛过人，在蜀汉享有很高的威望，诸葛亮死后，当时的舆论都认为魏延可以代诸葛亮为帅。为了排斥异己，诸葛亮故意不让魏延参加由他召开的高级军事会议，将其彻底边缘化。

　　魏延被害虽同诸葛亮有密切关系，但毕竟不是诸葛亮的临终遗命，杀害魏延的罪魁祸首是长史杨仪，当然费祎、蒋琬、董允等人也负有一定的责任。魏延与杨仪的矛盾由来已久，魏延骄狂，杨仪自负，两人关系势同水火。史载："军师魏延与长史杨仪相憎恶，每至并坐争论，延或举刀拟仪，仪泣涕横集。"①两人已闹到水火不能相容，冰炭不能同器的程度。对魏、杨冲突，诸葛亮是如何表态的呢？史载："亮深惜仪之才干，凭魏延之骁勇，常恨二人之不平，不忍有所偏废也。"②从表象上看，诸葛亮装出一副不偏不倚的样子，"不忍有所偏废"，但其在五丈原病重时，却已经将权力和情感的天平倾斜到了杨仪这一边。魏延未能参与诸葛亮的临终决策，又被安排为断后将军，这就等于授予杨仪全军的最高指挥权。

　　诸葛亮死后，杨仪"秘不发丧"，又命费祎试探魏延的意图和打算。魏延对费祎说："丞相虽亡，吾自见在。府亲官属便可将丧还葬，吾自当率诸军击贼，云何以一人死废天下之事邪？且魏延何人，当为杨仪所部勒，作断后将乎！"③魏延此话，若以官阶而论则不为犯上作乱，若以公私而论则不为不当。对于蜀汉而言，"汉、贼不两立，王业不偏安"，④伐魏乃蜀汉最重要之事。在魏延看来，诸葛亮一人身死，便将兵临渭水、逼近长安的十万大军撤回，弃北

----

① 《三国志》卷44《费祎传》。
② 《三国志》卷40《杨仪传》。
③ 《三国志》卷40《魏延传》。
④ 《三国志》卷35《诸葛亮传》注引《汉晋春秋》。

伐之大业,岂不是以私废公。再则,诸葛亮死后,姜维也曾十一次北伐,魏延的军事才干超过姜维,为何不能继武侯之志,担当伐魏重任呢?

另外,魏延官爵在杨仪之上,也根本没有必要服从杨仪的指挥。正因为如此,魏延才与费祎重新商量了治丧的步骤:谁护送诸葛亮灵柩回蜀,谁带兵继续北伐,两人共同签名,准备向部队传达。可费祎却口是心非,寻求脱身之策,他骗魏延说:"当为君还解杨长史,长史文吏,稀更军事,必不违命也。"①以此为借口,费祎一出魏延营门就飞马而去,并随即背信弃义,助杨仪整军退回蜀中。等到魏延派人去观察杨仪等人的动静,才知道他们已按照诸葛亮生前安排好的计划,各营依次引兵撤退。

魏延得到消息十分震怒,趁着杨仪行军迟缓,抢先一步,自己率先带领手下的部队直接南归,并烧毁所过之地所有的栈道。魏延、杨仪各自上表弹劾对方叛变。魏延的意图很明确,因杨仪掌握了全军的统帅大权,故无法与之颉颃,只能上表,向后主奏告事情原委。杨仪也不甘落后,于是二人都向刘禅上表,皆称对方"叛逆",一日之内,文书都传递到蜀汉朝廷。毫无主见的刘禅判断不出孰是孰非,就此事询问"侍中董允、留府长史蒋琬"。蒋琬、董允都是诸葛亮的心腹,加之魏延与同僚关系一向不睦,"当时皆避下之",故而蒋琬、董允都力保杨仪而怀疑魏延谋反。于是刘禅命"蒋琬率宿卫诸营赴难北行",准备讨伐魏延。但不等蒋琬兵至,魏延已被杨仪所杀,原因是他"拒南谷口,遣兵逆击仪等,仪等令何平在前御延"。②

魏延为何不赶赴成都,而要在南谷口以弱势兵力对抗杨仪呢?揣度原因,大概是刘禅派蒋琬讨伐魏延的消息他已经获悉,他已没

---

① 《三国志》卷40《魏延传》。
② 何平即王平,《三国志》卷43《王平传》云:"本养外家何氏,后复姓王。"

有机会入成都,向后主辨明事实真相了。在此情况下,形势对魏延极为不利。两军对垒后,被王平临阵叫骂:"公亡,身尚未寒,汝辈何敢乃尔!"魏延所部立刻军心动摇,"士众知曲在延,莫为用命,军皆散"。[1]其实,所谓的"曲在延"也是表象,士卒怎会知道上层斗争的内幕? 他们只知服从刘禅和诸葛亮的命令,既然皇帝和丞相都站在杨仪这一边,认为魏延是反叛,"士众"不愿再追随他,也是情理之中事。可见,魏延部下这样做和整个事件的是非曲直是无关的。

在"军皆散"的情况下,魏延无奈,只得与其子等几个人逃往汉中。杨仪派马岱追杀魏延,马岱砍下魏延的脑袋交给杨仪,杨仪起身用脚踏踩魏延的头说:"庸奴! 复能作恶不?"[2]于是诛杀魏延三族。一代名将魏延就这样身死族灭,不能不说是一个悲剧。

魏、杨内讧以魏延彻底失败而告终。魏延的失败有主客观的原因:从客观上分析,魏延遭到诸葛亮多年的打压和排斥,加上杨仪、费祎等人的忌恨,处境艰难,势单力薄。从主观上分析,魏延本人在这场突发事件中头脑发昏,处置失宜,他不该轻信费祎,也不该在退军途中烧毁主力部队回归的"阁道",授人以"谋反"之柄,更不该"据南谷口",以所部数千之众去对抗杨仪的十万大军。这完全是以卵击石,自不量力。魏延的性格才能同汉初的韩信非常相似,即他善于用兵,是军事上的奇才,但在政治上却显得幼稚,缺智少谋,是一个低能。魏延死后七年,蜀人杨戏著《季汉辅臣赞》,给魏延写了这样几句评语:"文长刚粗,临难受命,折冲外御,镇保国境,不协不和,忘节言乱,疾终惜始,实惟厥性。"杨戏肯定了魏延"临难受命,折冲外御,镇保国境"的功劳,叹息他不能善始善终,指出根源在于他那"不协不和"、桀骜不驯的性格,这个评价是

---

① 《三国志》卷40《魏延传》。
② 《三国志》卷40《魏延传》。

比较公允的。

最后需要指出的是,所谓魏延"谋反"说,那完全是《三国演义》的作者罗贯中捏造的罪名。陈寿在其本传中已经下了结论:"原延意不北降魏而南还者,但欲除杀仪等。平日诸将素不同,冀时论必当以代亮。本指如此,不便背叛。"具有讽刺意味的是,魏延的政敌杨仪倒似乎是"脑后长有反骨"。杨仪诛杀魏延后,自以为"功勋至大",代亮秉政非己莫属。岂知诸葛亮生前早已有安排,认为杨仪性情急躁狭隘,有意让蒋琬担当重任,蒋琬于是被任命为尚书令、益州刺史,迁大将军。杨仪到成都后,后主仅给杨仪一个虚衔,被任命为中军师,没有部属,只是自己便宜行事而已。于是杨仪口出怨言:"往者丞相亡没之际,吾若举军以就魏氏,处世宁当落度如此邪!令人追悔不可复及。"此等"大逆不道"之言被费祎密报给后主,其后果是可想而知的,于是后主将杨仪废为庶民,杨仪"复上书诽谤",遂下狱治罪,"仪自杀"。①

杨仪之死固然有其咎由自取的成分,但毕竟也甚为可惜,因为他也是一个不可多得的人才。诸葛亮北伐时,杨仪负责全军后勤粮草辎重的供给,史称他"常规画分部,筹度粮谷,不稽思虑,斯须便了。军戎节度,取办于仪"。② 可见他是诸葛亮的左膀右臂。蜀汉国小,人才较之魏、吴要少得多,诸葛亮生前用人有偏颇,又不能协调好部属的关系,死后导致蜀汉政权内的这场内讧,这对人才资源匮乏的蜀汉来说更是雪上加霜,势必加快蜀汉的衰落趋势。对此,诸葛亮负有不可推卸的责任。

十、"死诸葛走生仲达"

诸葛亮死后,蜀军按照诸葛亮临终前的部署,秘不发丧,整顿

---

① 《三国志》卷40《杨仪传》。
② 《三国志》卷40《杨仪传》。

兵马,向汉中撤退。百姓奔告司马懿,懿率军追击。姜维告知杨仪,蜀军大队人马立即反旗鸣鼓,摆出一副要和魏军决战的样子。司马懿怀疑是孔明用计诈死,急忙退军,不敢再追。

数日之后,司马懿来到诸葛亮撤退后留下的残营废垒中察看,只见五丈原蜀军军营,堑壕密布,营垒攻防设施,兵种安排以及食宿处等各种布置,无不严密周到,井然有序。史载,"所至营垒、井灶、圊溷、藩篱、障塞,皆应绳墨,一月之行,去之如始至"。① 虽然如今蜀军已撤离,大营中空无一人,但仍然有令人震慑的威严。司马懿从内心佩服诸葛亮的胆识和才能,不禁深深赞叹道:诸葛亮真不愧是"天下奇才也"!

当司马懿发现蜀军营垒中丢弃了不少文件、图书、粮食、军器时,立刻意识到诸葛亮已经去世,蜀军真的撤退了。于是他立即同军师辛毗商议,速派大军追击。辛毗仍然有些迟疑,司马懿此时不再犹豫,他对辛毗说:"军家事重,军书密计、兵马粮谷,今皆弃之,岂有人捐其五脏而可以生乎!宜急追之。"②

于是,魏军全军出动,循斜谷向南追击。然而,蜀军早有防范,在撤退的路上抛下了大量的"铁蒺藜"。所谓"铁蒺藜",后世又称其为扎马钉。扎马钉以铁制成,为三国时诸葛亮所发明的一种对付骑兵的武器。类似于现在的地雷一般,是一种防御性的武器。主要原因是蜀汉不产马匹,所以缺骑兵,因此对付魏国的骑兵很困难。有鉴于此,诸葛亮就发明了扎马钉,扎马钉有四个锋锐的尖瓜,其尖呈三角锥形,亦有圆锥形,尖瓜间每个夹角一百三十度,大的重约十五克,尖长 2.7—3 厘米,小的重 8 克,尖长 1.5 厘米。不管扎马钉呈何角度抛在地上,都是三尖撑地,一尖直立向上,马踩在上面就负痛倒地,无法冲锋陷阵。扎马钉在军队退守和临时布

① 《三国志》卷35《诸葛亮传》注引《袁子》。
② 《晋书》卷1《宣帝纪》。

防时作用非常大,在当时就成了对付骑兵的撒手锏。由于扎马钉在军事上有一定实用价值,一直被历代沿用。在陕西汉中勉县的汉江河与定军山武侯坪一带,经常有出土的铜、铁箭镞和扎马钉、铁刀等兵器文物。所以,在勉县一带,一直认为扎马钉是"武侯所遗",且妇孺皆识而珍藏,它被看成是诸葛亮智慧的结晶而被民众传颂。

司马懿对诸葛亮的"铁蒺藜"早有防范。他挑选二千名军士,穿上软材平底的木屐,在前面行走,木屐踩上铁蒺藜后,便将其清除,"然后马步俱进"。蜀军布置的铁蒺藜虽然失去作用,但司马懿大军的行军速度也大为减慢,要想追上蜀军是毫无希望了。尽管如此,司马懿仍不死心,他紧追数百里,奋力追赶到赤岸。赤岸又称"赤崖"。据《读史方舆纪要》卷56《陕西五·汉中府南郑县》记载:"赤崖,在府城西北,亦曰赤岸。武侯屯汉中,置赤岸府库以储军资。"赤岸是蜀汉在褒斜道上的前哨阵地,诸葛亮北伐时,在赤岸建立军事据点,储备物资给养。《诸葛亮与兄瑾书》云:"前赵子龙退军,烧坏赤崖以北阁道,缘谷一百余里,其阁梁一头入山腹,其一头立柱于水中。今水大而急,不得安柱,此其穷极,不可强也。"又云:"顷大水暴出,赤崖以南桥阁悉坏。时赵子龙与邓伯苗,一戍赤崖屯田,一戍赤崖口,但得缘崖与伯苗相闻而已。"[1]可见,其地极其险峻。赤岸以北属于隙地——蜀魏两国的中间地带,魏军来侵时不会遇到顽强的阻挡,但是到了赤岸便是蜀国的势力范围,有重兵驻守,不会让司马懿轻易通过。因此《宣帝纪》曰:司马懿"追及赤岸,不及而还"。据当代考古学者调查,赤岸在今陕西留坝县柘梨乡北15里处,山石皆呈红色,人们称为"红崖"或"赤崖"。[2]

司马懿虽未追上蜀军,但却得到了诸葛亮已死的确切消息,对

①　《诸葛亮集·文集》卷1《与兄瑾言赵云烧赤崖阁道书》《与兄瑾言大水赤崖桥阁悉坏书》,中华书局1960年。
②　参阅王开主编:《陕西公路交通史》,陕西人民出版社1989年。

自己这一强劲对手的死亡,司马懿顿时感到如释重负,满怀喜悦。当地百姓见司马懿如此惧怕诸葛亮,就编了一句类似顺口溜的谚语:"死诸葛走生仲达。""走"在古汉语中是"跑"的意思,意谓死了的诸葛亮吓跑了活着的司马懿。司马懿听到后,并不生气,他莞尔一笑,自我解嘲道:"吾便料生,不便料死故也!"①

十一、诸葛、司马才智高下论

五丈原诸葛亮与司马懿的较量,至此已经完全结束了。司马懿抗蜀,虽然没有击败诸葛亮,取得全局性的胜利,但却消耗了蜀汉的国力、财力、军力,并导致一代人杰诸葛亮积劳成疾,病死于五丈原。诸葛亮病故是蜀汉政权无法弥补的巨大损失。诸葛亮之后,虽有姜维的小规模北伐,但已构不成对曹魏的威胁。从这个意义上看,司马懿是最终的胜利者。诸葛亮死后,蜀汉开始休养生息,恢复经济。吴以长江之险立国,虽然水师比较强大,但缺少战马,步战、骑战皆非其所长,故吴军不敢深入平原,与曹魏精骑交锋。吴主孙权称帝后,志满意得,他采取"限江自保"的策略,只是偶尔发兵攻打曹魏的边境城市,但皆被曹魏边镇大将击退。总之,诸葛亮病逝,使三国鼎立的局势开始发生变化,自此,吴蜀二国的国力都有所衰退,曹魏解除了警报。在司马懿等人的主持和倡导下,全力兴修水利,发展经济,曹魏国力不断增强。司马懿不战而屈人之兵,完全达到了战略目的。

为何司马懿能最终战胜诸葛亮呢?笔者试作如下分析:

其一,司马懿高度重视粮食与战争的关系。他提出"灭贼之要,在于积谷",②主张大力开展屯田,发展经济,为战胜蜀汉奠定

① 《晋书》卷1《宣帝纪》。
② 《晋书》卷1《宣帝纪》。

物质基础。诸葛亮第四次北伐时,陇右无谷,司马懿难以抵御诸葛亮进攻。诸葛亮退兵之后,司马懿抓紧诸葛亮不来进攻的三年时间,从冀州迁徙农夫到战区上邽一带屯田。在他的推动下,陇右通过屯田,储备了较多的军粮。司马懿把积谷之地看作是必争之地。诸葛亮第五次北伐时,出武功,屯兵渭南。魏国众将企图防御于渭北,但司马懿鉴于百姓、粮食积聚在渭南,遂不听众将意见,渡过渭水,在渭南背水屯营,认为积谷所在之处,就是同敌人争夺之处,不可轻易放弃,不能让粮食落入对方之手。

诸葛亮屯兵五丈原,魏明帝认为诸葛亮军远道而来,利在急战,每令司马懿持重,静观蜀军之变。司马懿坚决维护并执行这一持久方针。他认识到,自己野战不是诸葛亮的对手,但可利用蜀军粮食困难、需长途运输的弱点,坚壁不战,迫使其粮尽退兵。他甚至可以接受诸葛亮赠给他的巾帼服饰,忍受敌人暗示他不是男子汉的嘲笑。

其二,《孙子兵法》强调,用兵打仗,必须"知己知彼"。相对而言,"知己"是比较容易做到的。关键在于"知彼",也就是要熟悉敌方将帅,以便掌握其情况,摸清其意图。司马懿对诸葛亮了解得很透彻,他指出:"诸葛亮多谋而少决,志大而不见机,好兵而无权。"又预料诸葛亮第四次攻魏退兵后,下次攻魏不会再攻城,将改为野战,出兵必在陇东,不在陇西。诸葛亮每以粮少为恨,回去后一定积谷,非三熟不能再有行动。这些判断,都很准确。他向蜀军使者询问诸葛亮生活起居和公事繁简,不问军事,从了解到的情况中,他预测诸葛亮活不长久,结果也被言中,说明他遇事注意抓住敌方将帅的要害问题展开调查。

诸葛亮第五次北伐退兵后,司马懿巡行了诸葛亮的遗垒。军师辛毗认为,诸葛亮是否已死,尚未可知。司马懿判断,军家所重视的,是军书密计,兵马粮谷,现在都抛弃了,难道有人丢了五脏可以生存吗?认为诸葛亮必死无疑。魏军追到赤岸,便得到诸葛亮已死的确切消息。从辛毗、司马懿两人作出的不同判断中可以看出，司马懿正是熟谙兵机，善于根据敌人行动的规律作出判断，才摸透了敌方将帅的真实情况和意图。

不管后世之人站在何种角度、何种立场，都不可否认这样一个事实：即司马懿与诸葛亮都是天纵英才、略不世出的政治家、军事家。他们俩人均精通兵法，足智多谋。五丈原之战也就成了与官渡之战、赤壁之战、夷陵之战大体相当的经典战役。从战争的过程与结局来看，孔明、仲达俩人的才智谋略大体相当，可谓是棋逢对手，将遇良才。然而后世好事者，还是欲将俩人比一高低。孙吴大鸿胪张俨撰《默记》一书，其中有《述佐篇》，专论诸葛亮和司马懿才能的优劣高下。其云：

> 汉朝倾覆，天下崩坏，豪杰之士，竞希神器。魏氏跨中土，刘氏据益州，并称兵海内，为世霸主。诸葛、司马二相，遭值际会，讬身明主，或收功於蜀汉，或册名於伊、洛。丕、备既没，后嗣继统，各受保阿之任，辅翼幼主，不负然诺之诚，亦一国之宗臣，霸王之贤佐也。历前世以观近事，二相优劣，可得而详也。孔明起巴蜀之土，蹈一州之土，方之大国，其战士人民，盖有九分之一也，而以贡赋大吴，抗对北敌，至使耕战有伍，刑法整齐，提步卒数万，长驱祁山，慨然有饮马河、洛之志。仲达据天下十倍之地，仗兼并之众，据牢城，拥精锐，无擒敌之意，务自保全而已。使彼孔明自来自去，若此人不亡，终其志意，连年运思，刻日兴谋，则凉、雍不解甲，中国不释鞍，胜负之势，亦已决矣。昔子产治郑，诸侯不敢加兵，蜀相其近之矣。方之司马，不亦优乎！[1]

张俨认为，诸葛亮凭巴蜀一州之地，就能在综合国力比自己大数倍的曹魏境内杀进杀出，如入无人之境，司马懿只能"务自保全而

---

[1] 《三国志》卷35《诸葛亮传》注引张俨《默记》。

已",完全奈何不了对手。所以诸葛亮的才智要高出司马懿一筹，如果不是诸葛亮早逝，其北伐大业就能够成功。张俨的看法，有一定的代表性，对后世有相当大的影响，然而，唐太宗李世民的看法却和张俨并不相同，唐太宗曾亲自为《晋书·宣帝纪》作制书，制云：

> 观其雄略内断，英猷外决，珍公孙于百日，擒孟达于盈旬，自以兵动若神，谋无再计矣。既尔拥众西举，与诸葛相持。抑其甲兵，本无斗志，遗其巾帼，方发愤心。杖节当门，雄图顿屈，请战千里，诈欲示威。且秦蜀之人，勇懦非敌，夷险之路，劳逸不同，以此争功，其利可见。而返闭军固垒，莫敢争锋，生怯实而未前，死疑虚而犹遁，良将之道，失在斯乎！

李世民认为司马懿十日克孟达，计日平公孙渊等战斗简直用兵如神，犹如战国时期的著名军事家孙武、吴起一样。但是在对抗诸葛亮的时候，尽管占有优势却不敢出寨与诸葛亮交战，害怕诸葛亮而不能寻找战机打败诸葛亮，所以司马懿虽有军事才能，但过分的谨慎和胆怯也注定他不能够成为一流的军事家。很显然，在李世民的心目中，司马懿的军事素养和军事实力，是高于诸葛亮的。诸葛亮仅仅是治军严谨的统帅而已，军事实力和军事才能均不如司马懿。司马懿的问题是对诸葛亮过于忌惮，也就是魏军将领耻笑他"畏蜀如虎"。

不管张俨和李世民对诸葛亮、司马懿评价有多大的不同和偏颇，但有一个问题是我们无论如何也绕不开的：即司马懿在和诸葛亮对垒中，为何自始至终，只采取防御而不主动进攻。其中玄机究竟在哪里，这是我们必须认真思考的问题。笔者尝试作如下解答。

第一，在军事实力上司马懿未必占有优势。曹魏虽地大兵多，但是国境线实在太长，所防御的战线有北、东、西三面，故兵力分散。对于曹魏而言，还有比蜀汉更为强大、虎视眈眈的东吴大军随时入侵的后顾之忧。诸葛亮进兵渭南时，与东吴联盟，吴主孙权出兵十万,攻打淮南、合肥等地。吴蜀首尾相连,东西同时进攻,曹魏两面受敌,一时形势十分严重。《三国志·吴主传》记载:"夏五月,权遣陆逊、诸葛瑾等屯江夏、沔口,孙韶、张承等向广陵、淮阳,权率大众围合肥新城。是时蜀相诸葛亮出武功,权谓魏明帝不能远出,而帝遣兵助司马宣王拒亮,自率水军东征。未至寿春,权退还。"这条史料说明诸葛亮北伐对于魏国的巨大压力。以至于孙权认为"魏明帝不能远出",吴军可以趁机攻取淮南。从这里可以看出一点,那就是整个战局对司马懿不利。否则孙权不会认为"魏明帝不能远出",曹叡也不会派秦朗率兵增援司马懿。参考诸葛亮第一次北伐,正是因陇西三郡投降,魏明帝才派出张郃作为援军帮助曹真。时隔数年,诸葛亮再次北伐,倘若司马懿也占上风,魏明帝又何须亲自带兵出征。可见在战云密布的关中五丈原战场上,魏蜀双方相持不下,魏军没有占到丝毫的便宜。

曹魏朝野对于诸葛亮的第五次北伐忧心忡忡,十分紧张。魏明帝居然给司马懿发出了这样的指令:"时朝廷以诸葛亮侨军远寇,利在急战,每命帝持重,以候其变。亮数挑战,帝不出。"[1]可见,魏明帝对诸葛亮十分忌惮,甚至畏惧。对诸葛亮采取防御,而不主动出击的策略,实际上是曹叡亲自制定的,司马懿不过是坚决执行而已。而且,对诸葛亮采取"以逸待劳""以候其变"的战略战术是曹魏君臣从实战中总结出来的经验教训,这在曹叡和司马懿、辛毗之间达成了思想上高度的默契和共识。能胜则战,不能战则守,不能守则退,这是兵家用兵的基本要略。对于这么重要的一场战役,司马懿的用兵自然是不容有失,来不得半点疏忽。

第二,司马懿和诸葛亮所处的政治环境不同。刘备托孤后,诸葛亮在蜀汉地位显赫,蜀汉"政事无巨细,咸决于亮"。诸葛亮"以

---

① 《晋书》卷1《宣帝纪》。

刘禅未闲于政"为借口，"遂总内外"，①即无论内政还是外交、军事，诸葛亮都完全撇开刘禅，而由自己乾纲独断。而且诸葛亮还和东吴联盟，几乎没有后顾之忧。

由于诸葛亮大权独揽，没有掣肘，故蜀汉数次北伐，所动用的兵力几乎是倾巢而出，少则七八万，多则十万。曹操时期，司马懿不过是个相府掾吏，曹丕时期，其地位有所上升，但也未能执掌兵柄。曹叡登基后，因曹魏宗室凋零，领兵大将先后去世，曹叡无奈，才让司马懿出任大将军，领兵对抗诸葛亮。但曹叡乾纲独断，对司马懿并不完全放心，所以交给他的兵力十分有限。笔者在前文中已经指出，司马懿所率之兵，与诸葛亮军大体相当，绝没有如张俨所夸大的，所谓"据天下十倍之地，仗兼并之众，据牢城，拥精锐"的巨大优势。由于当时的司马懿并没有类似诸葛亮在蜀汉"政由葛氏"，一言九鼎的地位，他所率领的魏军的兵力和诸葛亮军也在伯仲之间。而且曹魏对蜀汉历来偏重防守，很少主动进攻，所以在军事实力不占优势的情况下，司马懿采取防御战术，不失为明智之举。

第三，司马懿虽然熟读兵书战策，但终究不像曹魏的五子良将，是纯粹的行伍出身，实战经验十分丰富。司马懿原是曹操丞相府舞文弄墨的文学掾，一介书生而已。至曹丕、曹叡时代，才因缘际会，涉足军旅，并逐渐成为统兵作战的大帅，可见他是半路出家的儒将。文人带兵最大的缺陷是实战经验不足，和司马懿同时代的马谡就是纸上谈兵的典型例子。马谡"才器过人，好论军计，丞相诸葛亮深加器异"。② 在诸葛亮平南中时，马谡献上了"攻心为上，攻城为下，心战为上，兵战为下"③的良策，为诸葛亮迅速平定

① 《三国志》卷33《后主传》注引《魏略》。
② 《三国志》卷39《马良传附马谡传》。
③ 《三国志》卷39《马良传附马谡传》注引《襄阳记》。

南中作出了卓越的贡献。但诸葛亮用马谡守街亭却抱恨终天。马谡之所以失街亭，不是他不懂兵法，而是实战经验不足，不能随机应变，这才导致全军溃败。不仅马谡如此，连诸葛亮本人也是儒将，毛泽东评诸葛亮错用马谡时指出："初战，亮宜自临阵。"认为街亭之战诸葛亮应大军挺进，临阵调度，不应分散兵力、委责于人。这也反映了诸葛亮用兵的不足之处。诸葛亮一生用兵谨慎，从不肯冒险。为何诸葛亮不肯弄险，归根结底，就是实战经验不足。

同诸葛亮相似，司马懿亦并非是久经沙场的老将。他长期在曹魏中枢机构处理政事，所缺少的就是行军作战、戎机战阵的历练。在同诸葛亮交手之前，他带兵征战的主要胜绩就是平定孟达叛乱。然而，诸葛亮绝非孟达可比，刘备、关羽死后，诸葛亮已成为曹魏的头号劲敌。魏谋臣贾诩曾言："刘备有雄才，诸葛亮善治国，孙权识虚实，陆议（逊）见兵势，据险守要，汎舟江湖，皆难卒谋也。"①司马懿的过人之处，就是他能够审时度势，知己知彼，料敌先机。他知道诸葛亮是天下奇才，不好对付。碰到诸葛亮这样的对手，他岂敢轻敌，在没有十足把握的情况下，司马懿只能凭险据守，以防御战拖垮诸葛亮，以达到不战而屈人之兵的目的。

尉缭子曰："故兵者，凶器也，争者，逆德也，将者，死官也，故不得已而用之。"战争一旦失利，主将皆不能辞其咎。春秋时期，楚国城濮之战失利，楚令尹子玉自杀谢罪。街亭之战后，诸葛亮引咎辞去丞相之职，自贬三级。同理，司马懿若战败，不仅在朝中威望一落千丈，且大将军之职亦难保。公元228年，魏大司马曹休在石亭之战中惨败而归，虽然曹叡因其宗室之故，不予追究，但曹休本人却羞愧万分，最终抑郁而亡，殷鉴前事，恐亦是司马懿不愿同诸葛亮决一胜负的原因之一。

第四，虽然诸葛亮不是用兵如神的军事家，但是他治军严谨，

---

① 《三国志》卷10《贾诩传》。

赏罚有度,蜀军训练有素,作战勇猛,这使司马懿视诸葛亮为劲敌,绝不敢掉以轻心。诸葛亮对于军士的训练极为重视,陈寿称他"治戎为长";袁准说他的军队"止如山,进退如风,兵出之日,天下震动,而人心不忧"。① 这说明蜀军是训练有素的。诸葛亮初次北伐时,未听魏延的建议,不肯直接攻击关中。其原因之一是自知蜀军的战斗力还不够强大,和魏军正面交锋没有必胜的把握。

街亭之败后,蜀军经过诸葛亮悉心的艰苦训练,作战能力大为提高。诸葛亮为了改变蜀汉兵力不足的劣势,就对古代兵法中的"八阵"潜心研究,推陈出新加以改进,其中既有继承又有创新,这就是诸葛亮"八阵图"之所以见重于当时并享誉于后世的主要原因。陈寿称诸葛亮"推演兵法,作八阵图,咸得其要"。晋将刘弘也说:"推子八阵,不在孙、吴。"② 八阵图练成之后,诸葛亮信心满满地说:"八阵既成,自今行师,庶不覆败矣。"③ 其实,这并非是诸葛亮自我吹嘘之辞。自陈仓之役设伏斩杀魏国大将王双以来,蜀军"自来自去",还未曾在野战中输给对手。晋人袁准分析蜀军能征惯战的原因时说:"亮法令明,赏罚信,士卒用命,赴险而不顾,此所以能斗也。"④ 由于蜀军拥有极强的战斗力,诸葛亮又足智多谋,行军布阵极其周密,这才使司马懿无计可施。

然而,魏国众将领对诸葛亮并不服气,仍坚持要与蜀军决一雌雄。司马懿虽然始终保持清醒的头脑,但也担心若过于保守,退避不战,将挫伤魏军将士们的士气。故在诸葛亮第四次北伐时,派大将张郃率军攻打蜀将王平,而亲率主力猛攻诸葛亮大营,结果两战均告失利,损失精兵数千及大量的军械物资。实践证明,司马懿不与蜀军决战,毕其功于一役的策略是正确的,而且经过此战,也教

---

① 《三国志》卷35《诸葛亮传》注引袁子曰。
② 《三国志》卷35《诸葛亮传》注引《蜀记》。
③ 《诸葛亮集·文集》卷2《八阵图法》注引《水经注》。
④ 《三国志》卷35《诸葛亮传》注引袁子曰。

训了魏军将士,堵住了悠悠之口。

不管陈寿如何评价诸葛亮的军事才能,说他"治戎为长,奇谋为短"也好,"理民之干,优于将略"也罢。笔者认为在三国时代,诸葛亮的军事才能仍然是第一流的。面对综合国力数倍于己的强大的魏国,诸葛亮以攻为守,主动向曹魏发动大规模的进攻,而且能做到"退若山移,进如风雨,击崩若摧,合战如虎",①是很不容易的,可谓创造了古今战争史上的奇迹。

司马懿精通兵法,深晓韬略,也是三国时期第一流的军事家。考察他生平所指挥的几次重要战役:如太和元年,击败吴国诸葛瑾进犯襄阳之师;太和二年,倍道兼行击破固守上庸的孟达;景初二年,悬军万里深入辽东,攻灭公孙渊,都是与敌军摆开阵势,决胜于战场,从无畏惧。可是对于诸葛亮的北伐,司马懿虽然拥有"雍凉劲卒",却持重不战,徒贻"畏蜀如虎""巾帼妇人"之讥。其实,司马懿并非不想一战而尽歼蜀军,立不世之功于关陇,无奈诸葛亮足智多谋,蜀军是久经训练的劲旅,他审时度势后感到并无取胜的把握,遂采取固守不战以老蜀师的战略。因此,诸葛亮对姜维说:"将在军,君命有所不受。(司马懿)苟能制吾,岂千里而请战邪!"②这确实是诸葛亮窥透敌帅隐衷,鞭辟入里之言。

总之,诸葛亮和司马懿都是那个时代的天下奇才,他们的军事谋略,用兵才能旗鼓相当,难分伯仲。两人联袂在三国战争史上演奏了一幕波澜壮阔、惊心动魄的历史活剧,其精彩程度足以彪炳千秋,垂范后世。唐代大诗人杜甫咏颂诸葛亮云:"诸葛大名垂宇宙,宗臣遗像肃清高。三分割据纡筹策,万古云霄一羽毛。伯仲之间见伊吕,指挥若定失萧曹。运移汉祚终难复,志决身歼军务劳。"③我以为诗中"伯仲之间见伊吕,指挥若定失萧曹"之句可以

---

① 《诸葛亮集·文集》卷4《将诫》。
② 《三国志》卷35《诸葛亮传》注引《汉晋春秋》。
③ (唐)杜甫:《咏怀古迹五首·其五》

为诸葛亮、司马懿两人共享，因为他们都是三国时代杰出的政治家、军事家。

　　司马懿挫败诸葛亮的北伐，最终使诸葛武侯星落五丈原，病殁于渭水军营之中。随着蜀汉最后一根擎天之柱诸葛亮的病故，蜀汉再也不能对曹魏构成实质性的威胁。凭借这一军功，司马懿威望如日中天。《晋书·乐志下》中的《天命篇》不无得意地颂扬司马懿的武功："诸葛不知命，肆逆乱天常。拥徒十余万，数来寇边疆。我皇迈神武，执钺镇雍凉。亮乃畏天威，未战先仆僵。"虽然这是晋人的吹捧，但自从司马懿建此功业后，无论是声望、资历、能力，还是军功，曹魏军政两界已无人再出其右了。

第十章　开府治事与转任太尉

一、汉魏时期的开府制度

司马懿成为曹魏辅政大臣后就获得了开府治事的权力。所谓开府是指官员建立自己独立的官署机构，并且独立任命官员，自辟僚属掾史。西汉初年首先是丞相开府，①丞相的官署是独立于皇帝管理系统之外的官僚机构，除了一些重大国事，例如祭祀、战争等，日常事务皆由丞相处理。西汉初年，除高祖刘邦之外，如惠文景时期的皇帝仅是名义上的君主，实际权力都操纵于丞相之手，渐渐形成权力二元制。汉武帝时，设立了中外朝制度，武帝建立了自己的决策机构——中朝，自此丞相的权力被严重削弱，决策职能渐渐被弱化，君权大为加强。西汉昭宣时期，霍光以大司马身份开府，朝廷事务的决策先经过霍光过问，再禀报皇帝。东汉前期尚书令、御史中丞、司隶校尉权力较重，上朝或商议朝政时，专席独坐，地位崇高，但是都不开府。东汉中后期，皇帝年幼，外戚专权，为加强自己的权力，这些外戚大多以大将军的身份开府。而东汉的三公，更大意义上是摆设，虽地位崇高，但没有实际权力。正所谓"虽置三公，事归台阁"。东汉三公虽然无多大权力，但还是有象征意义上的开府征辟之权。明代学者于慎行指出："东京三公，本

---

① 汉武帝前丞相权力很大，拥有行政、司法、人事、立法以及部分兵权。

自无权,徒以辟召之柄,能收士心。"①将军开府之制始于西汉。《后汉书·班固传》曰:"窃见幕府新开,广延新俊。"东汉最重要的是四府,《后汉书·赵典列传》有"四府表荐",注云:"四府:太尉、司徒、司空、大将军府也。"东汉大将军、骠骑将军、车骑将军、卫将军及前后左右将军皆称为重号将军。除重号将军以外,还有众多的杂号将军。东汉杂号将军较多,一般皆不予开府。

东汉末年朝纲解纽,将军等武臣执权柄,开始掌控政局。董卓被杀后,工允以汉献帝的名义,"以吕布为奋武将军,假节、仪比三司,进封温侯,共秉朝政。"②这是东汉末年武将开府之始。③ 之后李傕等率兵攻入长安,杀司徒王允等,献帝被迫以李傕为"车骑将军,开府,领司隶校尉,假节。(郭)汜后将军,(樊)稠右将军,张济为镇东将军,并封列侯。傕、汜、稠共秉朝政。济出屯弘农。……犹加樊稠及郭汜开府,与三公合为六府,皆参选举"。④ 吕布、李傕、郭汜等人开府,是为特例,乃汉献帝无奈之举,并不具有普遍性。

曹操重建东汉许昌政权之后,能够开府的大臣仅曹操一人。曹操挟天子以令诸侯,将汉献帝掌控于股掌之中,然后以天子名义让自己开府。曹操任司空、丞相后,大量征辟名士,把他们罗致于自己的相府之中,他把司空、丞相府建设为规模庞大,事无不统的

① 于慎行:《读史漫录》,齐鲁书社1996年。

② 《三国志》卷7《吕布传》。

③ 张欣在《汉魏开府制度考》一文中指出:"汉魏时期的开府制度,应始于初平三年四月吕布任奋武将军之开府,而非李傕等之开府。李傕等开府乃继承、扩展吕布开府之制。开府者取得与三公相近似地位,在政局中枢中处于重要地位,而非仅实施一般将军之职责。开府之制,使一般将军这类非常设机构制度化、常态化,此或即开府之意义所在。开府之制在初期是执政地位与辟除掾史并重,开府者为握有实权者,并非虚号,亦非如后世所理解的开府即为辟召。魏蜀吴三国开府各具特色,但在开府者具有执政地位上并无不同。"《人文杂志》2017年第12期。

④ 《后汉书》卷72《董卓列传》。

霸府。所谓的"霸府",包括两方面的含义,一是丞相和相府实际上掌握国家最高权力,相权取代皇权,相府是权侔朝廷的"霸府";二是相府的规模和组织系统特别庞大,有别于通常建制下的相府规模和组织系统,在外观上更类似与朝廷并立的"小朝廷"。曹操晋封魏公、魏王后,事无大小皆在魏公、魏王府讨论、决定,东汉朝廷已完全被架空,成为一种摆设,实权完全归于曹操的丞相魏王府。

刘备建立蜀汉政权,"(诸葛)亮以丞相录尚书事,假节。张飞卒后,领司隶校尉"。诸葛亮此时虽为百官之长的丞相,但刘备独揽大权,故诸葛亮尚不能开府。然而开府与否,事关重大。开府,就有相对独立于皇权的相权,不开府就没有。刘备死后,后主刘禅嗣位,"建兴元年,封亮武乡侯,开府治事"。至此诸葛亮掌握了蜀汉全部的军政大权,蜀汉"政事无巨细,咸决于亮"。[①] 诸葛亮在《出师表》说:"宫中府中俱为一体,陟罚臧否,不宜异同。若有作奸犯科及为忠善者,宜付有司论其刑赏,以昭陛下平明之理,不宜偏私,使内外异法也。"诸葛亮所说的"宫中府中"即是指蜀汉朝廷和以他为首的丞相府。"俱为一体"是把自己的丞相府同后主的皇宫并列等同,这样的措辞,在中国皇帝制度已经确立四百多年,君臣名分不可逾越的中古时代是难以想象的。诸葛亮开府治事后,后主只能垂拱而治,刘禅虽然对诸葛亮不满,但也无可奈何,只得自嘲道:"政由葛氏,祭则寡人。"[②]

虽然《宣帝纪》并未言及司马懿开府之事,但《魏书·陈群传》清晰地记载了司马懿早在魏黄初七年(226)就已获开府之权。《陈群传》曰:"明帝即位,进封(陈群)颍阴侯,增邑五百,并前千三百户,与征东大将军曹休、中军大将军曹真、抚军大将军司马宣王

① 《三国志》卷35《诸葛亮传》。
② 《三国志》卷33《后主传》注引《魏略》。

并开府。"司马懿获得开府权力的消息还传到了蜀汉，引起了蜀汉大臣李严的羡慕，并以此作为他也可以开府的依据。

原来，刘备白帝城托孤并非是一人，而是二人。章武三年（213），"先主疾病，严与诸葛亮并受遗诏辅少主，以严为中都护，统内外军事"。可见，李严地位相当显赫，执掌蜀汉的军事大权。按刘备的遗诏，由诸葛亮主政，李严主军，一文一武，共同辅佐刘禅。然而诸葛亮不愿李严与他分享中枢大权，故刘备去世后，诸葛亮以防范东吴为名，命李严"留镇永安"，将其排斥于中枢机构之外。建兴元年，李严晋"封都乡侯，假节，加光禄勋……八年，迁骠骑将军"。此时，李严写信给诸葛亮，"求以五郡为巴州刺史，……说司马懿等开府辟召"。① 要求诸葛亮同意他仿效司马懿，在巴州开府辟召。但却遭到诸葛亮的一口拒绝，诸葛亮对后主刘禅说："去年臣准备西征，欲使李平（李严已更名为李平）主管汉中，李平说司马懿等人开设府署征召僚属。我知道李平庸俗鄙贱的想法，是趁我西征之际逼迫我，以获取好处，因此我上表推荐李平之子李丰主管江州，抬高他的待遇，以应一时之急。"② 诸葛亮宁可表李严之子李丰为江州都督，也不让李严"开府"，因为一旦李严开府，就将分割诸葛亮的大权，成为名副其实的辅政大臣。可见大臣能否开府，关系到其是否有用人之权，以形成个人的权势网络。

二、司马懿构筑权势网络

魏文帝曹丕为曹魏开国之君，他在位时期，大权独揽，对大臣开府控制甚严，其时，能获开府资格的大臣仅有四人：即曹休、曹真、陈群、司马懿。其中二人是宗室；二人是曹丕为太子时的"四

---

① 《三国志》卷40《李严传》。
② 参阅《三国志》卷40《李严传》。

友"。曹休与曹真分别于太和二年(228)、太和五年(231)薨逝。陈群则卒于青龙四年(237)。三大臣去世后,仅有司马懿一人拥有开府辟召之权。魏晋鼎革之际,再次出现三公开府,除与酬褒功劳外,亦与此时皇权相对低落有关。甘露二年(257),东吴镇军将军孙壹降魏,魏"以壹为侍中车骑将军、假节、交州牧、吴侯、开府辟召仪同三司"。① 孙壹能够开府是曹魏对孙吴宗室降将之优待,仅具政治象征意义。

司马懿在曹魏政权建立之初就获得开府的权力实在是非同寻常之事。在两汉极为重视门生故吏的情况下,开府征辟是朝廷重臣构筑政治网络,扩大权势极为重要的有效途径。大臣通过开府征辟僚属掾吏,府主与僚属之间即可形成一种变相的君臣关系。宋人徐天麟说:"名公巨卿,以能致贤才为高;而英才俊士,以得所依秉为重。"②清人赵翼云:"汉时长官得自置吏之制,而为所置者辄有君臣之分。"③于是,公府的幕僚掾属与其主官就形成属吏与府主的关系。而属吏与府主的关系就是变相的君臣关系。

东汉普通士人要进入仕途颇为不易,故对拔擢他们的举主、府主怀有知遇之恩,心存感激,终生不忘,他们不仅执弟子之礼,甚至"怀丈夫之容,而袭婢妾之态"。④ 举主、府主死后,如同父母亡故一样,常以儿子的身份治丧服孝。例如,汉安帝时,缪肜为太守梁湛的决曹史。梁湛死后,缪肜亲送其灵柩至家乡陇西,下葬时,适逢羌人叛乱,梁湛妻子皆外逃他郡,独缪肜留下为之起坟。他在井旁挖一窟室,白日隐蔽,夜晚负土,待羌乱平息后,坟已筑成。缪肜

---

① 《三国志》卷4《高贵乡公髦纪》。
② 《东汉会要》卷27《选举下》。
③ (清)赵翼:《陔余丛考》卷16"郡国守相得自置吏"条,河北人民出版社1990年。
④ (汉)徐幹:《中论·谴交》。

的忠孝之行受到时人的交口称赞。① 而这样的事例几乎不胜枚举。汉灵帝时，太傅胡广病死，其"故吏自公卿、大夫、博士、议郎以下数百人，皆缞绖殡位，自终及葬"。②

被公府所推荐的士人即使日后做了高官，对其昔日的举主也还自称"故吏"，把举主视为"旧主"。这样，荐主与被荐人在私人感情上就产生了师生甚至父子般的关系，在政治上就产生了君臣关系。正如赵翼所言："吏归部选，则朝廷之权不下移，若听长官辟置，即其中号为贤智者，亦多以意气微恩致其私感。观史策所载，属吏之于长官已有君臣分谊。"③被荐人如果对举主不表现出臣子情感，就是忘恩负义，将为士林所不齿。在这种世风习俗的影响下，士人的忠君观念也在不断扩大，已经衍化为对举主、府主也要尽忠。例如，董卓因爱慕名士蔡邕才学，遂辟其为僚属，曾在三日之中，三迁其官，直至封蔡邕为侯，蔡邕也因此感恩投靠董卓。由于董卓暴虐无道，被司徒王允所杀，天下士人和百姓闻之无不拍手称快。蔡邕明知董卓为国贼，死有余辜，但他竟不分是非曲直，反而认为董卓对自己有知遇之恩，故对董卓之死叹息不已，悲伤之情溢于言表。王允据此认为他是董卓的心腹党羽，故将其处死。门生故吏为举主、府主尽忠殉死之事亦颇为常见，他们并无是非观念，只要故主有难，就不惜冒死相救。如袁绍部将臧洪曾是太守张超的故吏，当曹操大军包围张超时，臧洪再三恳请袁绍发兵营救张超，"绍不许，超竟破灭"。张超死后，臧洪便对袁绍恨之入骨，叛逃后，公开宣布与袁绍势不两立。"袁绍兴兵围之，（臧洪）至城破被执不悔，卒以死殉。"④

吕思勉说："秦汉去封建之世近，故其民犹有各忠其君之心，

① 《后汉书》卷81《独行列传》。
② 《后汉书》卷44《胡广列传》。
③ （清）赵翼：《陔余丛考》卷16"郡国守相得自置吏"条。
④ （清）赵翼：《陔余丛考》卷16"郡国守相得自置吏"条。

为三公九卿郡国守相所辟置,即同家臣,故其风义尤笃。"①钱穆指出:"当时的士大夫,似乎有两重的君主观念,依然摆不脱封建观念之遗影,国家观念之淡薄,逐次代之以家庭;君臣观念之淡薄,逐次代之以朋友。"②余英时指出:"东汉之门生故吏与其师长、故主之关系极深,而末流有君臣之名分。"③

从上述之事可见,司马懿虽为魏臣,但其一旦获得开府之权,就可自辟僚佐,司马懿与其僚属掾史之间就有了变相的君臣名分,就可构筑个人的政治权势网络,形成曹魏政权内的政治集团,也就是司马氏集团。一旦时机成熟,司马氏集团即可与曹氏政权分庭抗礼,直至最终取而代之。司马懿开府后,可以辟召哪些僚属掾史呢? 我们将依据汉代开府制度来进行叙述:

司马懿于黄初五年(224)抚军大将军任上即开府,以后他历任骠骑将军、大将军、太尉,开府依旧。曹芳继位后,司马懿虽然受到曹爽排挤,由太尉迁为太傅,但他仍然可以利用太傅名义,征辟僚属,一直到他去世时的魏嘉平三年(251),司马懿开府时间竟长达27年。

撇开司马懿所任的抚军大将军的幕僚不去计算,按照汉制,骠骑将军幕府的高级幕僚有:骠骑将军校尉、司马、鹰击司马、票姚校尉、骠骑将军史。

大将军幕府的高级僚属有:大将军长史、校尉、军司马、军司空、从事中郎、军监、大将军史、武库令等。大将军幕府的主要任务是协助大将军参赞军事,在战争时期就成为一个指挥机构。平时,幕府的僚属们既处理军务,也协助大将军处理军机。

太尉府有长史一人,黄阁主簿数人。共有西、东等十二曹:西

① 吕思勉:《秦汉史》,开明书店1946年,第524页。
② 钱穆:《国史大纲》第12章,商务印书馆1996年,第218页。
③ 余英时:《士与中国文化》,上海人民出版社1987年,第298页。

曹掾、东曹掾、户曹掾、奏曹掾、辞曹掾、法曹掾、尉曹掾、贼曹掾、决曹掾、兵曹掾、金曹掾、仓曹掾,以及门下、记室等各种令史。

司马懿开府几近三十年,在此期间,他征召辟除了一大批士人,在曹魏政权内,形成了与东汉汝南袁氏、弘农杨氏相似的"门生故吏遍天下"的局面。据不完整统计,司马懿开府后,征召拔擢的主要掾属有州泰、郑袤、鲁芝、杜袭、王基、王观、王昶、邓艾、石苞、孙礼、胡遵、胡奋、陈泰、虞松、荀颛、傅嘏、卢毓、卢钦等人。他们中的绝大部分人日后成为司马懿、司马师、司马昭、司马炎祖孙三代人的谋臣、部将与心腹僚属。他们作为司马氏集团的重要成员,经历了由昔日"魏臣"向后来"晋臣"的转型。他们在司马氏祖孙扩大权势、操纵朝纲,直至代魏成晋的历史进程中,①发挥了极其重要的作用。

兹将司马懿征辟所形成的政治网络及其所举荐人物的主要事功,叙述如下。

州泰,南阳郡人。史书称其好立功业,善用兵,深受司马懿赏识。其任荆州刺史裴潜从事时,数度为使者前往宛城,联络司马懿。在司马懿征讨孟达时,州泰担任先头部队向导,后被司马懿征辟。州泰父母及祖父相继去世,按照规定,要守九年之丧,但司马懿却留缺官职等他。州泰出仕后,36天后即擢升为新城太守。

《三国志·邓艾传》注引《世语》有一个故事:"宣王为(州)泰会,使尚书钟繇调(侃)泰:'君释褐登宰府(宰府即司马懿),三十六日拥麾盖,守兵马郡,乞儿乘小车,一何驶乎?'泰曰:'诚有此。君,名公之子,少有文采,故守吏职;猕猴骑土牛,又何迟也!'众宾咸悦。"《世语》中的"乞儿乘车"及"猕猴骑土牛",竟成为后世的成语。可见,司马懿与钟繇、州泰等人的关系是何等亲密。州泰日

---

① 代魏成晋的历史进程应包括司马氏父子治国理政、指挥的征伐战争;高平陵之变;司马师废齐王曹芳;司马昭弑高贵乡公曹髦;平淮南三叛;灭蜀平吴;司马代魏、建立西晋王朝等一系列重大历史事件。

后历任兖州、豫州刺史,官至征虏将军,假节都督江南诸军事。景元二年(261)逝世,追赠卫将军,谥壮侯。

郑袤,字林叔,荥阳郡开封人。东汉大司农郑众玄孙、扬州刺史郑泰之子,曹魏将作大匠郑浑之侄。郑袤幼年早孤,后随叔父郑浑避难江东,年轻时就有识人之明。历任临淄侯曹植文学掾、济阴太守、大将军从事中郎等职。当时广平太守一职空缺,司马懿推荐郑袤担任,并勉励他:"贤叔大匠垂称于阳平、魏郡,百姓蒙惠化。且卢子家(卢毓)、王子雍(王肃)继踵此郡,使世不乏贤。故复相屈。"郑袤在广平,将教化放在首位,善于用法规管理人。后来被征召为侍中,百姓敬仰他,舍不得他走,在路旁哭泣着相送,又迁少府。正元二年(255),毌丘俭作乱,司马师亲自征讨,百官在城东相送,郑袤因有病无法到达。司马师对中领军王肃说:"唯不见郑光禄为恨。"王肃告诉了郑袤,郑袤亲自驾车追赶司马师,很快就追上了。司马师笑着说:"故知侯生必来也。"于是和郑袤一同乘车,问他有何良策,可以破毌丘俭?郑袤答曰:"昔与(毌丘)俭同为台郎,特所知悉。其人好谋而不达事情,自昔建勋幽州,志望无限。文钦勇而无算。今大军出其不意,江淮之卒锐而不能固,深沟高垒以挫其气,此周亚夫之长也!"[1]司马师很赞同他的意见。西晋建立后,进封密陵侯。又被拜为司空,他推辞不就。泰始九年(273),郑袤去世,年八十五,谥号"元"。

杜袭,字子绪。颍川郡定陵县(今河南省襄城县)人。建安元年(196),曹操迎接汉献帝至许昌,任命杜袭为西鄂县长。建安六年(202),荆州牧刘表派步骑万人攻西鄂,杜袭召集守城的官吏百姓五十余人,临阵杀刘表军数百人。建安二十年(215),杜袭随同曹操征伐汉中张鲁。次年曹操回邺城,任命杜袭为驸马都尉,留督汉中军事。期间成功劝导汉中地区的八万多人移居洛阳、邺城地

---

① 《晋书》卷44《郑袤传》。

区。建安二十四年,征西将军夏侯渊在定军山战死,将士们十分惊恐,杜袭与郭淮决定以张郃接替夏侯渊为帅,成功安定军心。曹操撤出汉中时,要选留府长史,曹操说:"放着千里马不去乘坐,何必向别处寻求呢?"于是任命杜袭为留府长史,驻守关中。太和二年(228),诸葛亮北伐,大将军曹真领兵抵抗,迁杜袭为大将军军师。太和五年(231),杜袭转任司马懿军师。不久,杜袭回朝,改任太中大夫。逝世后,追赠少府,谥曰定侯。

王基,字伯舆,东莱郡曲城人,起家任东莱郡府史,后辞职。黄初年间,各地举荐孝廉,王基被任命为郎中。青州刺史王凌上表推荐王基出任别驾。大将军司马懿也征辟王基,尚未到任,被提升为中书侍郎。王基文武兼备,深得司马懿、司马师、司马昭父子的器重。尤其在征讨毌丘俭、文钦、诸葛诞叛乱时,王基出谋划策,功勋卓著,与司马师、司马昭兄弟结下了深厚的情谊。司马昭称赞王基说:"将军深算利害,独秉固志,上违诏命,下拒众议,终至制敌禽贼,虽古人所述,不是过也。"王基官至征南将军、都督荆州诸军事,封东武侯。景元二年(261),王基去世,追赠司空,晋武帝司马炎下诏曰:"故司空王基既著德立勋,又治身清素,不营产业,久在重任,家无私积,可谓身没行显,足用励俗者也。"[1]谥曰景侯。

王观,字伟台,东郡廪丘(今河南范县东南)人。王观幼年孤贫,被曹操召为丞相文学掾,先后出任高唐、阳泉、酂县、任县县令,在当地有治绩。黄初年间,王观任涿郡太守。

王观洁身自好,清静素朴,堪称下属官吏表率。太尉司马懿闻知,征辟王观为从事中郎,后转职尚书、河南尹和少府。魏明帝死后,大将军曹爽专权,生活奢侈,曾命材官张达削减国家建筑房屋的材料,挪来作为己用,王观听说后,全部造册并将财物没收入官。少府属下三个尚方御府内有很多珍奇玩物,曹爽多次想索取,但惧

① 《三国志》卷 27《王基传》。

怕王观守法严正,于是将王观的少府之职调为太仆。正始十年(249),司马懿发动高平陵之变,王观被司马懿任命为行中领军,占领中领军曹羲的军营并接管其军队。曹爽被杀后,王观因功赐爵关内侯,复任尚书,加驸马都尉。常道乡公曹奂继位,进封阳乡侯,迁任司空。死后谥肃侯。

王昶,字文舒。太原郡晋阳县(今山西太原)人。东汉代郡太守王泽之子。王昶少时知名。曾为太子曹丕的文学掾。曹丕即位后,历任散骑侍郎、兖州刺史等职,王昶虽身在外任,而心在朝廷。其间曾撰《治论》《兵书》等书为朝廷提供治国治军的参考。明帝曹叡即位后,升任扬烈将军,封关内侯。青龙四年(236),魏明帝下诏求贤,卿校以上,各举一人。太尉司马懿举荐王昶应选。王昶深得司马懿信任,正始年间,被封为武观亭侯,迁征南将军、持节,都督荆州、豫州诸军事。

司马懿发动高平陵之变后,向大臣询问政治得失。王昶陈述了五条治国方略:第一,崇尚道统,鼓励学业,抑制浮华,修建学校让士子们入学;第二,"考试犹准绳也",没有考试制度而黜陟官员,是没有根据的,因此必须设立考试制度;第三,让官吏任职的时间长一些,有政绩的迁官赐爵;第四,省减官员的实际收入,让他们知道廉洁羞耻,不要和百姓争利;第五,杜绝奢侈,倡导节俭,使各级官员服饰有别,上下有序,储备粮棉,让百姓返璞归真。对王昶的建策,司马懿深以为是,于是以皇帝的名义,下"诏书褒赞",并令王昶修撰百官考试的程序。司马懿掌权后,王昶向朝廷奏请伐吴,在江陵之战中取得胜利,因功升任征南大将军、仪同三司,晋爵京陵侯。正元二年(255),王昶因助司马师平淮南毌丘俭、文钦之功,升任骠骑将军。甘露三年(258)年,助司马昭平诸葛诞叛乱,因牵制吴军之功升任司空。翌年,王昶去世,谥曰穆侯。

邓艾,字士载,义阳郡棘阳(今河南新野)人。其自幼丧父,建安十三年(208),曹操攻下荆州后,曾强行将当地人民北迁,邓艾及其族人便在这时被强迁到汝南(今河南上蔡)作屯田民。邓艾幼时替人放牛,但他有大志。十二岁时,随母至颍川,读到已故太丘长陈寔碑文中的两句:"文为世范,行为士则",欣然向慕,于是自己命名为邓范,字士则。后来,宗族中有人与他名字相同,遂改名为艾。邓艾凭其才学被推荐为典农都尉学士。但因为口吃,遭典农都尉轻视,仅让他做看守稻田的小吏。邓艾喜欢军事,独自研究兵法。每见高山大川,都要在那里勘察地形,指划军营处所,遭别人讥笑也不介意。邓艾后为典农功曹,去洛阳上计时,见到太尉司马懿。经过交谈后,司马懿很赏识他的才能,遂辟为太尉府的掾属,不久就提拔他为尚书郎。

邓艾具有卓越的军事才能,其深谙兵法,是三国后期杰出的军事将领。邓艾多年在陇右战场与蜀将姜维对峙,屡建奇功。公元263年,他与钟会分别率军攻打蜀汉,由于姜维据剑门关而守,魏军久攻不克,寸步难进,钟会已萌生退意。然而邓艾绕过蜀军的正面防御,偷渡阴平,直插蜀国心脏。连克涪县、绵竹、广汉,出奇制胜,直捣成都,迫使蜀主刘禅投降。魏灭蜀之战从公元263年八月开始至十月,整个战争过程只持续了三个月左右的时间。曹魏能这么快的灭亡蜀汉,邓艾起到了至关重要的作用,他的奇兵大纵深穿插迂回战术,已作为中国古代军事史上的杰作而载入史册。邓艾亡蜀后,因遭到钟会的诬陷,被司马昭猜忌而被收押,与其子邓忠一起被卫瓘派遣的武将田续所杀害。邓艾后被唐代推崇为古代六十四名将之一。

邓艾能功成名就,全在于司马懿父子独具慧眼,不拘一格拔擢人才。与大多数曹魏大臣出自名门不同,邓艾的出身非常低微,他本是襄城典农属下的部民,是司马懿发现了他的才能,辟其为掾,邓艾才得以步入仕途。其后无论是淮南兴修水利,还是在关陇抗衡姜维,以及最后灭亡蜀国,邓艾都表现出卓越的政治军事才能,总之,邓艾所取得的事功,离不开司马懿、司马师、司马昭父子三人对他的栽培和信任。西晋初年，议郎段灼对此评论说：

> （邓）艾本屯田掌犊人，宣皇帝拔之于农吏之中，显之于
> 宰府之职。处内外之官，据文武之任，所在辄有名绩，固足以
> 明宣皇帝之知人矣。会值洮西之役，官兵失利，刺史王经困于
> 围城之中。当尔之时，二州危惧，陇右懔懔，几非国家之有也。
> 先帝以为深忧重虑，思惟可以安边杀敌莫贤于艾，故授之以兵
> 马，解狄道之围。……落门、段谷之战，能以少击多，摧破强
> 贼，斩首万计。（文皇帝）遂委艾以庙胜成图，指授长策。艾
> 受命忘身，龙骧麟振，前无坚敌。蜀地阻险，山高谷深，而艾步
> 乘不满二万，束马悬车，自投死地，勇气陵云，将士乘势，故能
> 使刘禅震怖，君臣面缚。军不逾时，而巴、蜀荡定，此艾固足以
> 彰先帝之善任矣。①

虽然邓艾在伐蜀成功后，因钟会诬陷和他本人骄横跋扈而被司马
昭处死，但早先他与司马昭的关系还是相当融洽的。《世说新
语·言语篇》中有一则关于邓艾机敏的故事，说邓艾有口吃的毛
病，每次说话提到自己时总是"艾、艾"连呼，司马昭故意戏弄他，
便问："卿云艾艾，定是几艾？"邓艾回复也十分有趣："凤兮凤兮，
故是一凤。"他是借用《论语》的典故，意思是凤凰啊凤凰只有一
个。然而在魏晋玄学之风兴起，士人以清谈为时尚的年代，邓艾的
口吃无疑与当时崇尚谈辩的主流文化不相契合，也成为司马昭取
笑他的缘由。邓艾是司马懿所提拔的将领，而司马氏兄弟以平辈
相待，和他随便到了可以用戏谑调侃的方式来进行交谈，完全体现
了他们之间的亲密关系。

石苞，字仲容，渤海郡南皮（今河北南皮）人。魏晋之际重要
将领，西晋开国功臣。石苞儒雅豁达，明智有器量，仪容很美，不计
小节，时人说："石仲容，姣无双。"早年石苞在南皮县担任给农司

---

① 《晋书》卷48《段灼传》。

马。青龙年间，石苞在长安卖铁，遇到司马懿，得到司马懿赏识，让他出任中护军司马师的司马。司马懿曾因为石苞"好色薄行"而感到不满。司马师为石苞辩解。他说："石苞虽细行不足，而有经国才略。夫贞廉之士，未必能经济世务。是以齐桓忘管仲之奢僭，而录其匡合之大谋；汉高舍陈平之污行，而取其六奇之妙算。苞虽未可以上侔二子，亦今日之选也。"[1]意思是说，石苞虽然小节方面有所不足，然做大事者不拘小节，并且将石苞与管仲和陈平相提并论，以此显示石苞的才能。司马懿感到司马师言之有理，遂继续重用石苞。在用人方针上，如果说司马懿倾向于"德才兼备"的话，司马师更侧重于"唯才是举"。不久，石苞迁任邺城典农中郎将。尚书丁谧因受曹爽重用而权倾一时，但石苞却敢于上奏丁谧的不法行为，因而受到很多人的赞许。

嘉平四年（252），司马昭统领胡遵、诸葛诞等领兵攻打东吴，石苞亦随同出战。东吴太傅诸葛恪在东兴迎击，大败魏军，曹魏各部队都溃败，不少人因践踏和遇溺而死，但石苞所领的部队却能全身而退。司马昭于是指着所持的符节说："恨不以此授卿，以究大事。"石苞不久即被任命为奋武将军、假节、监青州诸军事。

司马昭秉政时，石苞完全倒向了司马氏阵营，支持魏晋禅代。高贵乡公曹髦在位时，石苞因事入朝，与曹髦相谈一整天。出来后，石苞提醒司马昭，说曹髦乃是"非常主也"，要司马昭严加提防。不出石苞所料，数日后曹髦发难，亲自讨伐司马昭，司马昭早有准备，命贾充、成济将曹髦杀死。司马昭去世，石苞前来奔丧，大哭道："（主公）基业如此，而以人臣终乎！"[2]为司马昭生前未能登基称帝而深感惋惜。司马昭逝世，司马炎继位，石苞与陈骞多次声称曹魏历数已尽，劝司马炎受禅称帝。随即参与司马炎受魏元帝

---

① 《晋书》卷33《石苞传》。
② 《晋书》卷33《石苞传》。

曹奂禅让事。西晋建立后,石苞迁任大司马,进封乐陵郡公,加侍中。泰始八年(272),石苞逝世,武帝司马炎车驾送灵柩到东掖门外。谥号武公。

孙礼,子德达,涿郡容城(今河北容城)人。早年被曹操征为司空军谋掾。历任河间郡丞、荥阳都尉及山阳、平原、平昌、琅琊、阳平等地太守,后入朝任尚书。其为人刚毅而有勇略,曾为保护魏明帝而欲独身与虎搏斗。明帝死后,孙礼担任大将军曹爽长史。因其诚信磊落,刚直不阿,深为曹爽不喜,故不久就将其改任为扬州刺史。后出任荆州刺史,迁冀州牧。冀州的清河、平原两郡争夺地界多年,换了二任州牧,都不能解决。太傅司马懿要他公平断案,解决清河、平原二郡八年以来的"争界"问题。孙礼经过调查以后认为:应当凭借魏明帝当初受封平原王时的地图作为划分地界的依据,如今地图收藏在朝廷的内府之中,可以根据它来断案。此方案得到了司马懿的首肯,但曹爽却偏袒清河郡。孙礼不惧曹爽,上疏据理力争。曹爽认为孙礼故意和自己作对,于是劾奏孙礼怨谤重臣之罪,判孙礼刑期五年。后由于多人为孙礼求情,才左迁其为城门校尉。

不久,因匈奴、鲜卑屡次犯边,孙礼又出任并州刺史。孙礼临行前,去见司马懿,其面露愤色,不发一言。司马懿见状便问:"卿得并州,少邪?恚理分界失分乎?今当远别,何不懽也!"孙礼说:"何明公言之乖细也!礼虽不德,岂以官位往事为意邪?本谓明公齐踪伊(尹)、吕(望),匡辅魏室,上报明帝之讬,下建万世之勋。今社稷将危,天下凶凶,此礼之所以不悦也。"说罢涕泪横流。司马懿听到孙礼的剖白,便表示:"且止,忍不可忍。"[1]通过彼此交往,司马懿、孙礼两人从此成为政治上的盟友,结成莫逆之交。

高平陵之变后,曹爽被司马懿诛灭。在司马懿大力推荐下,孙

---

① 《三国志》卷24《孙礼传》。

礼又重返朝廷,任司隶校尉,成为司马懿集团中的重要成员。其后迁任司空,封大利亭侯,嘉平二年(250)薨,谥曰景侯。

胡遵,安定郡临泾(今甘肃镇原南)人。明帝时,司马懿都督雍凉二州诸军事,抗击诸葛亮,胡遵为其部将。司马懿率大军征讨辽东公孙渊时,胡遵击败公孙渊将领卑衍、杨祚,立下战功。司马懿诛戮曹爽后,以胡遵为征东将军。史称其"才兼文武,累居藩镇"。①

遵有六子,最著名者是胡奋。胡奋有谋略,早年随父效力军中。司马懿率军征讨公孙渊时,胡奋以布衣随军出征,甚见器重。后拜校尉,出任徐州刺史。甘露三年(258)二月,诸葛诞被司马昭大军围困于寿春城中,因外援不至,粮草殆尽,诸葛诞只得率领数十骑突围遁逃,结果被时任大将军(司马昭)司马的胡奋杀死。泰始七年(271),胡奋与骁骑将军路蕃联合,平定匈奴刘猛叛乱,因功升任征南将军、假节、都督荆州诸军事。咸宁五年(279)十一月,西晋出动二十余万大军,兵分六路,大举伐吴。胡奋为灭吴功臣之一。泰始末年,其女胡芳入选后宫,被晋武帝封为贵人。太康九年(288),胡奋去世,追赠车骑将军。胡氏家族世代将门,胡奋之兄胡广、弟胡烈皆当世名将,深得司马懿父子、祖孙信任。

陈泰,字玄伯,颍川郡许昌人,司空陈群之子。陈泰起家任散骑侍郎,其父陈群逝世后袭封颍阴侯,历任游击将军、并州刺史、振威将军等职,在地方颇著政绩。正始十年(249),曹爽为了独揽大权,不断打压各派势力,尤其与太傅司马懿针锋相对。陈泰与司马氏有通家之谊,自幼与司马懿之子司马师、司马昭为友。正始十年(249),司马懿趁曹爽等去洛阳南郊谒陵之际,发动政变,率军切断其归路。当时,陈泰作为尚书,也参加这次谒陵。当司马懿派人送书给曹爽欲使其放弃抵抗时,曹爽犹豫不决。陈泰与侍中许允

---

① 《三国志》卷28《钟会传》注引《晋诸公赞》。

劝说曹爽,使其接受了交权条件。曹爽即派许允与陈泰为代表去与司马懿协商交权事宜。故司马懿视陈泰为高平陵之变的有功之臣。

此后,司马氏控制朝廷。为了避开朝廷中的政争,陈泰要求外出任职。他被调任雍州刺史,并加奋武将军,处于对蜀作战的前线。正元二年(255),郭淮去世,司马师即任命陈泰为征西将军,假节都督雍、凉二州军事,为当时曹魏西部的最高军事长官。陈泰多次成功防御蜀将姜维的进攻,累建战功。甘露元年(256),陈泰入朝任尚书右仆射,典选举。后随司马昭两度抵御孙吴进攻,改授左仆射。甘露五年(260),魏帝曹髦遇弑。陈泰虽为司马氏心腹,但因受儒家忠君思想熏陶,仍不忘故主,他因曹髦之死而悲恸过度,吐血而死。获赠司空,谥号"穆"。司马懿父子十分器重陈泰,外委以方伯之任,内则引为腹心。司马昭曾对陈泰作出高度评价:"玄伯沈勇能断,荷方伯之重,救将陷之城,而不求益兵,又希简上事,必能办贼故也。都督大将,不当尔邪!"[1]

虞松,字叔茂,陈留郡(治今河南开封)人,汉九江太守边让外孙,弱冠有才。景初中跟随司马懿征讨辽东,司马懿命虞松作檄文,声讨公孙渊罪行。司马懿平定辽东后,虞松又作露布,向洛阳魏明帝告捷。虞松文才出众,办事干练,深得司马懿信任,故司马懿将其辟为太尉府掾吏,时年虞松二十四岁。正始中迁虞松为中书郎。

司马懿死后,司马师将虞松引为腹心,视为智囊。曹魏嘉平五年(253)吴太傅诸葛恪率军二十万,大举攻魏,围合肥新城。蜀将姜维亦出兵攻打狄道(今甘肃临洮)。司马师求计于虞松,虞松献上妙策,司马师连连称善。于是命郭淮、陈泰率领关中之军,去解救狄道之围;令毌丘俭按兵不动,坚守营地,而令合肥新城坚守,不

---

① 《三国志》卷 22《陈群传附陈泰传》。

派军队增援,让吴国去围攻。陈泰行军至洛门,蜀军粮尽,只好撤退。吴军久攻合肥新城不克,士卒疲惫不堪,多生疾病,诸葛恪无计可施,也只得撤退。魏将文钦乘势追击,俘斩万余人。魏军东西两个战场皆获胜利,一切都在虞松的运筹庙算之中。

荀颢,字景倩,颍川郡颍阴人,魏太尉荀彧第六子。荀颢学识广博,思维缜密。因为父亲的功勋被任命为中郎。司马懿辅佐朝政,"见荀颢奇之,曰:'荀令君之子也。'擢拜散骑侍郎,累迁侍中"。① 荀颢精通经学,曾为魏少帝讲授经典,同钟会辩《易》,与司马懿第七子司马骏辩论"仁孝孰为先",被世人称道。

正始年间,曹爽独揽大权,何晏等人想加害太常傅嘏,荀颢设法营救。高贵乡公曹髦即位,荀颢对司马师说:"今上践阼,权道非常,宜速遣使宣德四方,且察外志。"②毌丘俭、文钦果然对司马师擅自废立不服,发兵声讨司马氏。荀颢参与讨伐毌丘俭等人有功,进爵为万岁亭侯。司马昭辅佐朝政时,升任尚书。司马昭征讨诸葛诞,以他留守京师。陈泰(荀颢外甥)病死,荀颢代替陈泰任仆射,兼管吏部,他考核官员的名望与政绩,整肃风纪。咸熙年间,升任司空。西晋建立后,进爵为临淮郡公,加侍中,迁太尉。荀颢又与羊祜、任恺、庚峻、应贞、孔颢等人共同制定晋礼。泰始十年去世。荀氏与司马氏有通家之谊,荀颢为司马懿拔擢,历懿、师、昭、炎三世四主,为司马氏腹心谋臣,西晋开国元勋。

傅嘏,字兰石(一字昭先),北地郡泥阳(今甘肃宁县)人,西汉名臣傅介子之后裔,傅巽之侄。弱冠时便已知名于世,被司空陈群辟为掾属。为人才干练达,颇具见识。正始初年,为尚书郎,迁黄门侍郎,因得罪曹爽心腹吏部尚书何晏而被免职。司马懿很赏识傅嘏的才德,遂辟他到太傅府为从事中郎,成为自己的高级参谋。

① 《晋书》卷39《荀颢传》。
② 《晋书》卷39《荀颢传》。

司马懿诛曹爽后,以傅嘏为河南尹。河南尹"内掌帝都,外统京畿",职责重大。前任河南尹司马芝的规矩细则过于简陋,接任的刘靖的规矩又太过繁密,再后来的李胜,以经常破坏法规、制度来获得一时的名声。傅嘏汲取前几任河南尹的经验教训,将河南治理得很有成效。

司马懿死后,司马师、昭兄弟先后执政,傅嘏遂成为司马兄弟的心腹谋主。正元二年(255),毌丘俭、文钦在淮南起兵讨伐司马氏。有人认为只需派遣太尉司马孚前往即可,只有傅嘏和王肃劝司马师亲自前往。当时司马师新割目瘤,病躯尚未恢复,听到傅嘏的话,如醍醐灌顶,猛然惊醒,遂奋起而言:"我请舆疾而东。"①司马师遂以傅嘏守尚书仆射,一起前往东征。

司马师击破毌丘俭、文钦后,因目疾加重而去世。一时间,曹魏政权的最高权力出现了真空,不甘心当傀儡皇帝的曹髦认为,此乃天赐良机,可以从司马氏手中夺回权力。史载:"毌丘俭作乱,大将军司马(师)景王东征……卫将军司马(昭)文王为大军后继。景王薨于许昌,文王总统六军,钟会谋谟帷幄。时中诏敕尚书傅嘏,以东南新定,权留卫将军屯许昌为内外之援,令嘏率诸军还。会与嘏谋,使嘏表上,辄与卫将军俱发,还到洛水南屯住。于是朝廷拜文王为大将军,辅政。"②曹髦诏敕司马昭驻守许昌,不让其返回朝廷,其目的就是乘机剥夺司马氏的兵权,至少不让司马昭弟承兄位,入朝辅政,从而改变政权在司马氏家族内部传递的局面。曹髦又令傅嘏率领大军返回洛阳,其意在分化司马氏集团。然而,傅嘏不为所动,他与钟会一起劝说司马昭带兵,即刻从许昌返回洛阳,从而迅速地稳定了政局。司马师死后,傅嘏居中调度,使司马家族很快地渡过了危机,曹髦无奈,只得拜司马昭为大将军,司马

---

① 《三国志》卷21《傅嘏传》注引《汉晋春秋》。
② 《三国志》卷28《钟会传》。

昭顺利地掌握了朝廷大权。

然而,《三国志·傅嘏传》裴注所引的一段史料却冀图否定傅嘏在这场权力更迭中所起的作用:"《世语》曰:景王疾甚,以朝政授傅嘏,嘏不敢受。及薨,嘏秘不发丧,以景王命召文王于许昌,领公军焉。孙盛评曰:晋宣、景、文王之相魏也。权重相承,王业基矣。岂蕞尔傅嘏所宜间厕?《世语》所云,斯不然矣。"《世语》所载虽然被孙盛所否定,但所记应当有所依据,并非出于杜撰。反映了在司马师意外亡故后,当时的局面比较混乱,由谁来继承司马师之位,并无定论。傅嘏虽然不可能取代司马师,执掌朝政,但他挺身而出,力主由司马昭继承兄位,其临事而不乱,忠于司马氏总是不争的史实。钟会因有拥戴司马昭之功,而面有矜色,傅嘏劝曰:"子志大其量,而勋业难为也;可不慎哉!"[1]钟会不以为然,仍然骄横跋扈,终于在灭蜀后因谋反被诛,为傅嘏所言中,可见其有识人之明。

综合上述,我们可以清晰地看到,司马懿拔擢人才,基本上和曹操相似,也是唯才是举,不重虚名,而著重于事功。正如《晋书·孝愍帝纪》史臣干宝曰:

> (宣皇帝)性深阻有若城府,而能宽绰以容纳,行任数以御物,而知人善采拔。故贤愚咸怀,大小毕力。尔乃取邓艾于农琐,引州泰于行役,委以文武,各善其事。故能西禽孟达,东举公孙,内夷曹爽,外袭王凌。神略独断,征伐四克,维御群后,大权在己。于是百姓与能,大象始构。

司马懿通过开府网罗了一大批人才,构筑起个人的政治网络。司马懿征辟的这些士人,绝大部分都是资兼文武、安邦治国的才干之士。其中的不少人物都成了曹魏重臣,特别是王昶、王基、邓艾、陈泰等人后来都成为独当一面的大将。而王观追随司马懿发动了

---

[1] 《三国志》卷21《傅嘏传》。

高平陵之变，傅嘏、虞松则成为司马师秉政时的主要谋士，荀顗、郑袤、卢钦、胡奋、石苞等人皆成为西晋的开国功臣。

其实，司马懿构筑的政治网络还远远不止这些人。经过数十年宦海生涯的沉浮，司马懿积累了足够的政治资本和深厚的人望，也获得了广泛的人事资源。他通过血亲、姻亲、交游、同僚、僚属、乡里等多种关系构建了庞大而错综复杂的权势网络。据陶贤都研究，仅司马懿担任曹操丞相府文学掾时，可考的曹操相府僚佐的名单就有五十余人。①司马懿当然会与这些同僚来往。但姻亲、同僚、乡里同司马懿的关系往往出于私人情义。单凭私人情义结成的关系并不十分可靠，其获得的政治上的支持也是很有限的，一旦司马懿欲行"非常之举"，抑或试图代魏自立时，"公义"与"私情"就会发生冲突与矛盾，姻亲、同僚和乡里一般都不愿冒倾族灭宗的危险来追随司马氏完成代魏建晋之业。

必须强调的是，司马懿通过开府辟除而拔擢的士人同姻亲、同僚、乡里还是大有区别的。由于东汉实行公府辟召制度，君臣关系可以在汉室之外自行在府主与僚属之间建立，僚属需对府主履行尽忠的义务。因此，司马懿大量辟除僚属，在当时便具有非同寻常的政治意义。由于司马懿在三公（骠骑将军、大将军、太尉、太傅均为三公）职位上不断转换，故不断有新的僚属进入司马懿的幕府，幕府也得以保持旺盛的活力；又由于司马懿辟除的僚属经常出任为地方州牧郡守，幕府也进一步扩大了对地方的影响，以致司马懿父子能够将中央权力与相当一部分地方权力都掌控在己手。

僚属受司马懿征辟，得以进入仕途，他们将司马懿视为主公，对司马懿怀有知遇之恩，同他结成了府主、举主与门生故吏的关系，关键时刻两者之间甚至是君臣关系。以僚属为骨干力量的士人在日后形成了强大的司马氏集团，司马父子正是依靠他们来诛

---

① 陶贤都：《魏晋南北朝的霸府与霸府政治研究》，湖南人民出版社 2007 年。

灭曹爽集团，随后又平定淮南三叛，废弑曹魏君主，①最终逼迫魏主禅位于晋。

三、谁是"鹰扬之臣"

司马懿因功获得开府之权，紧接着在对蜀战争中又战胜了诸葛亮，正可谓是政绩卓著，战功累累。然而正如俗语所云："木秀于林，风必摧之。""（青龙）三年春正月戊子"，司马懿的官职有了微妙的变化。魏明帝诏令："以大将军司马宣王为太尉。"②司马懿的这次转职，颇耐人寻味，司马懿原为大将军，击退诸葛亮乃是不世之功，若论功行赏，可改任大司马更为符合常理。若考虑曹魏多由宗室担任此官，且曹真、曹休皆在大司马任上殉职，亦可不变动司马懿原职，但由大将军改任太尉，此中恐有玄机，颇耐人寻味。在此，我们不妨将大将军与太尉职衔高低与权力大小作一比较：

大将军名号始于战国，是将军的最高封号。汉之前，最高军事武官称为上将军，如秦之白起，燕之乐毅，秦末之宋义、项羽。西汉时，刘邦在汉中拜韩信为大将军，位在诸将上，总理军事。韩信被杀后即不常置。直到汉武帝时，卫青因击败匈奴，立有大功，才复置大将军。作为将军的最高称谓，大将军位比三公，甚至在三公之上。

西汉前期丞相权力很大，自汉武帝起，设置中朝，章奏的拆读

---

① 曹魏甘露五年（260）五月，魏主曹髦曰："司马昭之心，路人所知也。"于是拔剑登辇，率领殿中宿卫和奴仆们讨伐司马昭。司马昭第的甲士想要退却，"贾充呼帐下督成济谓曰：'司马家事若败，汝等岂复有种乎，何不出击？'倅兄弟二人乃帅帐下人出，顾曰：'当杀邪？执邪？'充曰：'杀之。'兵交，帝曰：'放仗！'大将军士皆放仗。济兄弟因前刺帝，帝倒车下。"（《三国志》卷4《高贵乡公髦纪》注引《魏末传》）从这次弑君事件中可知，贾充、成济完全效忠于司马氏，他们把司马昭看成是君主，至于真正的君主曹髦倒成了死敌。

② 《三国志》卷3《明帝纪》。

与审议,转归以大将军为首的中朝官。自此,丞相的权力被逐渐削弱,只是在礼仪上还是百官之长。汉武帝改置大司马大将军领兵征战,无征战时便成为事实上的执政。大将军成为内朝官领袖。内朝又称中朝,中朝是相对于外朝而言的。汉代的朝廷官员,自汉武帝之后,就有内外朝之分。以丞相为首的正规行政机构(包括九卿衙门)各职官,因为他们的办公官署,均在皇宫之外,所以属于外朝官。以大将军为首的皇帝近臣,包括侍中、常侍、给事中、尚书令、尚书仆射和尚书等,因为都在皇宫之内,直接服务于天子,所以属于中朝官。就实际作用而言,外朝只是执行和施政机构,而中朝才是决策机构。汉武帝设置中朝的意图是,以中朝来制约外朝,以避免丞相权力过大,架空皇帝。由于大将军外出统领天下兵马,掌握兵权;入内则辅佐天子,处理朝政,故权势极大。正如《汉官仪》所载:"汉兴,置大将军,位丞相上。"《文献通考》卷五十九亦云:"大将军内乘国政,外则仗钺专征,其权远出丞相之右。"汉武帝临终前,遗命霍光为大司马大将军辅政,"昭帝初即位,未任听政,政事一决大将军(霍)光。(车)千秋居丞相位,谨厚有重德。每公卿朝会,光谓千秋曰:'始与君侯俱受先帝遗诏,今光治内,君侯治外,宜有以教督,使光毋负天下。'千秋曰:'唯将军留意,即天下幸甚。'终不肯有所言"[1]由此可见,大将军权力之大,远在丞相之上。后王凤、王莽等皆以大司马、大将军掌握朝政。

东汉的大将军原先位比三公,到汉和帝时窦宪出任大将军,由于窦宪权势太大,朝廷震动,群臣联合奏请以大将军位列三公之上。东汉末年,大将军同样位在三公之上,如何皇后兄何进为大将军即是典型之例。三国继承了东汉的体制,大臣秉政,多加以"大将军"之号。魏晋之际,战争频仍,故特别重视军职,太傅、大将军、大司马位在三公上,是为上公。在司马懿之前,只有夏侯惇、曹

---

① 《汉书》卷 66《车千秋传》。

仁、曹真三人担任过大将军之职。但曹魏的大司马职权更重，为三军最高统帅，一般都由宗室担任。曹休病死，就由原先担任大将军的曹真接替大司马之职。

太尉名号始于秦。秦王嬴政称帝后，设三公九卿。三公即为丞相、御史大夫、太尉。《汉书·百官公卿表》云："太尉，秦官，金印紫绶，掌武事。"但秦朝并无人担任太尉，也就是说此职形同虚设。西汉中央政府的最高行政权力由丞相、太尉、御史大夫三人分掌，太尉虽然列为最高武官，但并不常置，且名称亦屡屡变更。因此太尉的权责时时不定，名义上是武将的最高荣誉性职位，但却是一个可设可不设的官员。

东汉以太尉、司徒、司空为三公，太尉管军事，司徒管民政，司空管工程，三公分别开府，置僚佐。但东汉"虽置三公，事归台阁"，相权已转移到尚书台。太尉虽然名义上"掌兵"，"掌武事"，但除了评定全国武将的功绩高下、以为升降的依据外，实际上只能作为皇帝的最高军事顾问。太尉本身并无领兵和发兵之权。军令之权全操在皇帝之手，如无符节，太尉就无权领兵和发兵。汉代军队由各将军、校尉统领，太尉不能直接指挥军队。例如周勃平定诸吕之乱时，虽身为太尉，但因没有兵符，就不能进入上将军吕产所指挥的北军营中，后赖尚符节的襄平侯纪通帮助，诈称帝命，才得以进入北军营地并取得指挥权，从而完成了诛杀诸吕的任务。汉献帝时，曹操自任丞相，丞相府变成真正的中央政府，太尉的属官又转归丞相，太尉的职权完全被架空了。曹魏政权建立后，因曹操曾任汉丞相之职，故相国、丞相已非寻常人臣之职，遂不再设置。魏三公是太尉、司徒、司空。文帝时由贾诩、钟繇、华歆、王朗等人担任，后又设置太傅。但魏三公大都是虚职，由元老大臣担任，备皇帝顾问而已，以示尊崇。

由于东汉末年的太尉仅是一个虚职，所以权臣都不愿担任是职。例如曹操挟天子，建立许昌朝廷后，以汉献帝名义，封自己为大将军,而以袁绍为太尉,但此事却触怒了袁绍,绍坚决不肯接受太尉之职。《三国志·武帝纪》记载:"(献帝)以太祖为大将军,封武平侯……以袁绍为太尉。绍耻班在公下,不肯受。公乃固辞,以大将军让绍。天子拜公司空,行车骑将军。"由于大将军职位居三公之上,拥有极大的决策行政之权,所以曹操孜孜以求大将军之职,但袁绍的军事实力远在曹操之上,袁绍也觊觎此位,曹操审时度势,知道此时的自己,还不是袁绍的对手,故只得委曲求全地将大将军让给了袁绍。尽管如此,曹操也不愿担任太尉,他将太尉之职让给文臣杨彪,自己任司空,录尚书事,兼行车骑将军,也取得了执政大臣的地位。

从大将军与太尉职权比较中,我们可以清晰地看到太尉的重要性和实际权力远不如大将军。那么,魏明帝为何要将刚刚建立显赫战功的大将军司马懿调任为仅具荣誉之职的太尉呢?答案只有一个,那就是曹叡对司马懿产生了疑忌。从曹操时代就形成的曹氏家法和潜规则是:为防范大权旁落于外姓大臣之手,军队统帅或总兵之权必须牢牢掌握在曹氏或夏侯氏之手。外姓将领职务一般不会超过左右前后及四征、四镇将军,至于张郃担任车骑将军已是破例。由于夏侯惇、夏侯尚、曹仁、曹休、曹真等宗室大将相继病逝,诸葛亮又不断北伐,对曹魏形成巨大的压力,在曹魏宗室已无人可用的状况下,曹叡迫不得已,才拔擢司马懿为大将军,统兵对抗诸葛亮,这其中多少有无可奈何的成分。诸葛亮病逝,蜀汉也停止了北伐,这让曹叡如释重负,大大松了一口气。既然吴蜀已构不成重大威胁,又何必将兵权交付给异姓大臣呢?所以魏蜀战事甫一结束,曹叡就免去司马懿大将军之职,改任太尉,这一调任,看来是平调,实际上是剥夺了司马懿的兵权。

司马懿自出仕之后,数十年来,兢兢业业,辅佐曹操、曹丕、曹叡三代帝王,此时已成为曹魏的三世老臣,加之他南平孟达,西拒诸葛,军功卓著,故声望日隆。青龙年间,曹魏老臣都相继离世,司马懿也成了硕果仅存的耆宿旧臣。但功高不免遭忌,随着司马懿功业渐隆,朝中亦有人用话语暗讽司马懿。太和四年(230),曹丕当太子时的四友之一吴质被征调入朝,担任侍中,成为辅弼大臣。他向明帝陈述安危大计,"盛称骠骑将军司马懿,忠智至公,社稷之臣也。陈群从容之士,非国相之才,处重任而不亲事"。[①] 吴质赞美司马懿是"社稷之臣",确非寻常赞誉之词。"社稷之臣"四字表明司马懿不仅才智超群,而且能鞠躬尽瘁,效忠于大魏王朝。这在一定程度上洗刷了当年司马懿有"狼顾相"的嫌疑。史书记载,魏明帝对吴质之语"其纳之"。[②] 但明帝对司马懿是否完全放心了吗?恐怕未必。晋人郭颁《世语》记载了明帝对"社稷之臣"的追问:

> (明)帝忧社稷,问(陈)矫:"司马公忠正,可谓社稷之臣乎?"矫曰:"朝廷之望;社稷,未知也。"[③]

陈矫是曹魏老臣,深得文帝、明帝信任,其时他担任尚书令,为魏朝重臣,他的话是颇有分量的。陈矫只认同司马懿是"朝廷之望",对"社稷之臣"却不置可否。[④] 但实际上,他的潜台词是不认同。言者既有意,听者岂能无心,刘晔曾将魏明帝比作秦始皇、汉武帝一类的君主。可见其胸中的城府也很深,故曹叡听了陈矫之语也不作任何表示。

青龙年间,魏明帝大兴宫室,开始建陵霄殿,恰好有喜鹊筑巢其上。明帝以此事询问原平原王傅(曹叡即位前封平原王),今为侍中的高堂隆,此为何故?高堂隆说:"《诗》云:'维鹊有巢,维鸠

---

① 《三国志》卷21《王粲传附吴质传》注引《质别传》。
② 《三国志》卷21《王粲传附吴质传》注引《质别传》。
③ 《三国志》卷22《陈矫传》注引《世语》。
④ 津田资久对这条史料提出了不同的见解。他认为此处"朝廷"指代的是明帝。即陈矫批评司马懿只是明帝个人的亲信,而非朝廷所能仰赖的社稷之臣。([日]津田资久:《符瑞"张掖郡玄石图"出现司马懿政治的立场》,载《九州大学东洋史论集》第35集)。津田显然将明帝与朝廷对立起来,此说恐欠妥当。

居之。'今兴宫室,起陵霄阙,而鹊巢之,此宫室未成身不得居之象也。天意若曰,宫室未成,将有他姓制御之,斯乃上天之戒也!"①

景初元年(237),高堂隆临死前再次上疏:

> 臣观黄初之际,天兆其戒,异类之鸟,育长燕巢,口爪胸赤,此魏室之大异也,宜防鹰扬之臣於萧墙之内。可选诸王,使君国典兵,往往棊跱,镇抚皇畿,翼亮帝室。②

高堂隆这段话实则上是对之前"维鹊有巢,维鸠居之"典故的补充,而且更明朗了。他直截了当地告诫明帝,我朝有"鹰扬之臣",宜防范"於萧墙之内"。他建议明帝,应该让诸王在各自的封地内直接指挥军队,并像棋子一样在全国星罗棋布,分布在全国重镇,唯有这样,才能真正拱卫朝廷的安全。

高堂隆虽未言明"鹰扬之臣"是谁?但自晋世以来,历代皆认为高堂隆所云的"鹰扬之臣"就是司马懿。日本学者津田资久对"鹰扬之臣"的指涉提出了不同的看法:认为"育长燕巢,口爪胸赤"者应当是出身燕地,汉广阳顷王后裔的刘放,而萧墙之内,指的是刘放所在中书办公地点位于禁中。③ 笔者认为津田此说虽有一定道理,但仍感牵强。主要是刘放此人虽位居中书监,执掌机密,但毕竟只是天子身边捉刀代笔,舞文弄墨的近臣,并无兵权,又岂能成为"鹰扬之臣"。

"鹰扬"二字出自《诗·大雅·大明》:"维师尚父,时维鹰扬。"毛传:"鹰扬,如鹰之飞扬也。"师尚父,即吕尚、姜尚也。元人萨都剌《威武曲》:"当年意气何鹰扬,手扶天子登龙床。"清人孙枝蔚《苦雨杂诗》之四:"吕尚钓磻溪,竟展鹰扬志。"可见,所谓的"鹰扬之臣"只能是出将入相的辅政大臣,抑或是有不臣之心的权臣。

---

① 《三国志》卷25《高堂隆传》。

② 《三国志》卷25《高堂隆传》。

③ [日]津田资久:《曹魏至親諸王考——『魏志』陳思王植伝の再検討として》,《史朋》第38期,第25页。

青龙、景初之际的曹魏朝廷中够得上"鹰扬之臣"条件的唯有一人，那就是司马懿，这基本上是毋庸置疑的事实。正如胡三省所言："司马氏之事，(高堂)隆固逆知之矣。"①

如果我们将这一问题进一步深入探讨的话，就要思考高堂隆为何不明言司马懿就是"鹰扬之臣"？很显然，高堂隆有难言之隐。清代思想家王夫之分析了当时士大夫的心态：

> 高堂隆因鹊巢之变，陈他姓制御之说；问陈矫以司马公为社稷之臣，而矫答以未知。

> 然则魏之且移於司马氏，祸在旦夕，魏廷之士或不知也，知而或不言也。隆与矫知之而不深也，言之而不力也。当其时，懿未有植根深固之党，未有荣人、辱人、生人、杀人之威福，而无能尽底蕴以为魏主告。无他，心不存乎社稷，浮沉之识因之不定，未能剖心刻骨为曹氏，徊徘四顾而求奠其宗祏也。②

事实很清楚，青龙、景初之际，"司马懿未有植根深固之党，未有荣人、辱人、生人、杀人之威福"。也就是说司马懿此时的权势并不大，更谈不上有不臣之迹，代魏之兆。高堂隆并未有司马懿擅政揽权的确凿根据，只是凭自己感觉，故只能含糊其词地虚指朝中有"鹰扬之臣"。另外，陈矫、高堂隆之所以"言之而不尽力"，是他们有后顾之忧，若言之凿凿，一来无依据，二来万一将来司马代魏成功，就有可能对自己家族进行报复，为身后宗族计，也就只能"徊徘四顾"，而"未能剖心刻骨为曹氏"了。

其实，早在高堂隆之前，东阿王曹植就可能察觉到司马懿将不利于曹氏。这位满腹经纶，才华横溢，但被其兄曹丕幽禁、郁郁不得其志的大才子于太和五年(231)上《陈审举表》给自己的侄子——魏明帝曹叡。曹植此疏洋洋洒洒近两千字，《资治通鉴》节

---

① 《资治通鉴》卷73，"景初元年"条胡三省注。
② (清)王夫之：《读通鉴论》卷10之20。

录了其中一部分。司马光目光敏锐，节录的四百余字正是全文的精华所在。笔者将《资治通鉴》节录的内容部分地加以引用：

> 昔汉文发代，疑朝有变，宋昌曰："内有朱虚、东牟之亲，外有齐、楚、淮南、琅邪，此则磐石之宗，愿王勿疑。"臣伏惟陛下远览姬文二虢之援，中虑周成召、毕之辅，下存宋昌磐石之固。臣闻羊质虎皮，见草则悦，见豺则战，忘其皮之虎也。今置将不良，有似于此。故语曰："患为之者不知，知之者不得为也。"昔管、蔡放诛，周、召作弼；叔鱼陷刑，叔向赞国。三监之衅，臣自当之；二南之辅，求必不远。华宗贵族籓王之中，必有应斯举者。夫能使天下倾耳注目者，当权者是也。故谋能移主，威能慑下。豪右执政，不在亲戚，权之所在，虽疏必重，势之所去，虽亲必轻。盖取齐者田族，非吕宗也；分晋者赵、魏，非姬姓也。惟陛下察之。苟吉专其位，凶离其患者，异姓之臣。欲国之安，祈家之贵，存共其荣，殁同其祸者，公族之臣也。今反公族疏而异姓亲，臣窃惑焉。①

这道表章文笔十分犀利，虽然表中并未点明谁是曹魏的隐患，但眼明人可以觉察到文中还是有所指的。例如，"置将不良"四字，充分点出当前曹魏最大的隐患。其时，夏侯尚、曹仁、曹休、曹真、张郃都已去世，这个"不良之将"是谁？不问可知。

表章例举西汉吕后之乱结束后，众臣迎接代王刘恒（后来的汉文帝）即位，刘恒犹豫不决。中尉宋昌劝其对内依靠朱虚侯刘章等人，对外依赖齐王刘肥、楚王刘交等宗室，藉以说明宗室、封国的力量是王朝的磐石，只有依靠"磐石之宗"，王朝的统治才能巩固。叙述了刘恒入继大统的事例后，曹植又写了周文王靠兄弟成事，周成王靠叔叔辅政的两个例子，来告诉魏明帝，你父亲的兄弟、你的叔叔才是辅政的良臣。

①　《资治通鉴》卷72，"太和五年"条。

表中又以"田氏代齐""三家分晋"的历史故事,告诫明帝,篡夺齐国者,不是吕氏的公族,而是田姓大臣;瓜分晋国的人,不是姬姓晋公的公族,而是赵、魏。言下之意,将来篡夺我大魏江山的人,也一定不是姓曹者。"惟陛下察之",察什么呢? 察那些执政的"豪右",也就是某些当权的世家大族。

接到曹植所上的表章,魏明帝不置可否,《资治通鉴》卷72记载云:"帝但以优文报答而已。"胡三省在此加注云:"植求自试,而但以优诏答之,终疑之也。"也就是说,昔日曹植与其父曹丕争夺王位之事不可能在曹叡心中消除影响,故曹植欲"自试",即出仕任曹魏辅臣的愿望终成泡影。虽然曹植的上书没有收到实际的效果,但书中所举之事,尤其是朝廷"置将不良"之语,已在曹叡心中留下了挥之不去的阴影。所谓"三人成虎",一旦再有对司马懿不利的言论,这个阴影就会扩大,直至危及司马懿的地位。陈矫不认可司马懿是"社稷之臣",高堂隆居然说朝中有"鹰扬之臣",都将矛头指向司马懿。作为类似秦皇、汉武型帝王的曹叡岂能不疑! 故于诸葛亮死后,立即解除其大将军职务,削去兵柄,调任太尉也就是顺理成章之事了。然而,时势难以逆料,不久,辽东公孙渊叛乱,因朝中无人可以委以平叛重任,曹叡无奈之下,只能重新启用司马懿,以致司马懿又再次染指兵权。这是后话,下文我们再讨论。

四、宠辱不惊,智谏明帝

魏明帝曹叡处事沉着、刚毅,明识善断,深谙御臣之道,即位不久就政由己出,使其父曹丕安排的四个辅政大臣形同虚设。他借口吴蜀战事频繁,多次将曹休、曹真与司马懿调往边境,令其停留京师的时间十分有限,有效降低了三人对中央朝政的影响力。而曹休与曹真也在频繁的战事调度中于太和二年(248)和太和五年

（251）相继去世。四位辅政大臣仅剩陈群一人未出洛阳，但陈群并未掌握军权，因而对明帝的权力影响有限。通过以上策略，明帝巧妙地将四位辅政大臣中实力最强的三人调离中央，成功地治国理政，独揽大权。

明帝在位期间，对外战事频频。他登基不久，就遇到内外敌人的夹击，黄初七年（226）八月孙权攻江夏、襄阳，太和元年（227）孟达反叛。太和二年，诸葛亮首次北伐，到青龙二年（234）为止，诸葛亮五次进攻曹魏。魏明帝成功地抵御了这些内外战争。他重用曹真、张郃、司马懿等名将与诸葛亮作战。诸葛亮死后，魏蜀边境上的紧张形势有所减缓。公元235年，称雄漠南，控弦十余万骑的鲜卑首领轲比能被魏国幽州刺史王雄派出的刺客韩龙所刺杀，鲜卑"种落离散，互相侵伐，强者远遁，弱者请服，由是边陲差安，漠南少事"，[1]北疆得以安定。

魏明帝治理国家十分注重刑法。曹操在世时，以法家之道治世，曹叡耳濡目染之下，对法家学说非常感兴趣。他采用卫觊的建议："刑法者，国家之所贵重，而私议之所轻贱；狱吏者，百姓之所悬命，而选用之所卑下，王政之弊，未必不由此也。请置律博士，转相教授。"[2]曹叡诏令设置律博士，改革汉法，重视狱讼审理，命司空陈群等人制定了《新律》《州均令》《尚书官令》《军中令》等有关法律法规一百八十多篇，使得曹魏的法律在三国之中最为完善，这是古代法典编纂史上的重大进步。曹叡又下令删简死刑条款，减少死刑罪名，要求各级官员对待死刑判决一定要慎重，"议狱缓死，务从宽简"。除死刑外，还可以用钱财赎罪；减鞭杖之刑，以免屈打成招。魏明帝处理政事旷达严谨，地方官吏和普通百姓的上书他皆一一过目，毫无倦意。

---

① 《三国志》卷30《乌丸鲜卑东夷传》。
② 《三国志》卷21《卫觊传》。

曹氏祖孙三代都通晓儒家精典,早在建安八年,曹操便在郡县设置学校,教授儒学;曹丕也设立过太学,置五经,倡导儒家学说。曹叡将儒家的"明贵贱,崇亲亲,礼贤良、顺少长"当作国之纲纪。在洛阳修建了魏国宗庙,迎四世祖先入庙,以曹操为太祖,曹丕为高祖,建立了儒家庙祧制度。[①] 在选拔人才上,继承曹操"唯才是举"的人才观,用重才尊文的政策笼络士人,建立了一套以法家为主,儒家为辅的政治制度,以资治国之需要。

明帝对文帝时期过分严苛的宗室政策亦有更改之意,太和五年(231),曹植上书陈述禁锢宗室过严之弊,明帝有所触动,回复中言明:"本无禁固诸国通问之诏也,矫枉过正,下吏惧谴,以至於此耳。已敕有司,如王所诉。"[②]之后,明帝允许诸侯王进京朝见。据记载,包括曹植在内的多名诸侯王都曾进京,燕王曹宇甚至两度应征入朝,参与朝政。大臣杨阜上书陈九族之义,明帝也下诏予以赞同。在太和六年下诏称:"古之帝王,封建诸侯,所以籓屏王室也。诗不云乎,'怀德维宁,宗子维城'。秦、汉继周,或强或弱,俱失厥中。大魏创业,诸王开国,随时之宜,未有定制,非所以永为后法也。其改封诸侯王,皆以郡为国。"[③]将诸侯王领地由郡改为国,透露出明帝欲以宗室来拱卫朝廷的想法,并为此做出了一些努力。

曹叡还稍稍改变父亲对曹植严加禁锢之法,给了叔叔一定程度的创作自由。曹叡将曹植的封地从雍丘改到东阿,还时常关心曹植的生活,曹植也深为感动,他在《谢明帝赐食表》中说:"近得赐御食,拜表谢恩。寻奉手诏,愍臣瘦弱。奉诏之日,涕泣横流。

---

① 曹魏后又对四庙之制进行了改革,景初元年,"有司奏,武皇帝拨乱反正,为魏太祖,乐用武始之舞。文皇帝应天受命,为魏高祖,乐用咸熙之舞。帝制作兴治,为魏烈祖,乐用章武之舞。三祖之庙,万世不毁。其余四庙,亲尽迭毁,如周后稷、文、武庙祧之制"。《三国志》卷3《明帝纪》。

② 《三国志》卷19《陈思王植传》。

③ 《三国志》卷3《明帝纪》。

虽文武二帝所以愍怜于臣,不复过于明诏。"所以曹植在曹叡在位时期创作了许多文章和诗歌,死后他的文章被曹叡命人收录,这对建安文学的传播起到了一定的作用。

曹叡本人也有一定的文学修养。曹叡能诗文,善乐府,他的作品大多具有浓郁的抒情,正如清人陈祚明所评:"明帝诗虽不多,当其一往情深,克肖乃父,如闲夜明月。长笛清亮,抑扬转咽,闻者自悲。"[①]他写的《甄皇后哀策文》,感情真挚,情致委婉,动人心扉,是一篇怀念母亲的佳作;他留下来的十八首诗歌,以《棹歌行》为代表,描写魏国征伐吴蜀的战争,将魏军出征时的威仪和军士的威猛刻画得栩栩如生,充满了亢奋的斗志。在一些抒发个人感情的作品中,曹叡也善于将眼中的景物与心理联系起来,他的《步出夏门行》,将秋蝉、弱水、孤禽、落叶等意象入诗,借以表达自己年轻时不被父亲信任和遭排挤的郁闷,以及对那些在父亲面前进谗者的痛恨,具有一定的忧患意识和情深意切的哀辞风格。所以很多学者将其列入为建安文学和正始文学的过渡人物,是有一定道理的。明帝还征召文士,将他们置于崇文观,鼓励他们进行文学创作。

魏明帝虽然在军事、政治和文化方面都颇有建树,但在其统治后期,大兴土木,广采众女,奢淫过度,因此也留下诸多负面影响。兹列举数端于下。

自董卓之乱后,洛阳迭经战火摧毁,几乎成为一片废墟,故曹操只能将汉献帝接到许昌,并将许昌暂定为魏国都城。经过建安时期二十多年的经营,洛阳又逐步恢复了生机,不少昔日离散、流亡的百姓又返回了故土,故曹丕称帝后还都于洛阳。但黄初年间的洛阳,百废待兴,曹丕只是把汉代宫殿北区加以修复,而汉宫的南区则暂时弃置。

---

① 《采菽堂古诗选》38卷,补遗4卷,清乾隆二十三年刻本。

青龙三年(235年),曹叡从各地征调民夫达四万人,在汉宫南区大兴土木,修筑宫殿,雕饰观阁,他命工匠凿取太行山的石英,开采谷城的文石,在芳林园建起景阳山,又筑总章观,高十余丈。并先后建起昭阳殿、太极殿等巍峨的宫殿群。"又于芳林园中起陂池,楫櫂越歌;又于列殿之北,立八坊,诸才人以次序处其中,贵人、夫人以上,转南附焉,其秩石拟百官之数,帝常游晏在内。"①景初元年,曹叡再度扩建装饰洛阳宫,把原设在长安的钟虡、橐佗、铜人、承露盘移到洛阳。承露盘折断,声闻数十里。铜人太重,无法运到洛阳,只好留在霸城。又广为征集黄铜,铸成铜人两个,称为翁仲,并排安放在皇宫司马门外。又熔铸黄龙、凤凰各一个,黄龙高四丈,凤凰高三丈多,安置在皇宫内殿前。在芳林园西北角堆起一座土山,命公卿等众官员都去搬运泥土,在土山上种植松树、竹子、树木和花草,捕来山禽野兽放到其中豢养。

如此大规模的土木工程,当然劳民伤财,导致百姓"力役不已,农桑失业",②"百姓失农时"。③ 他还在荥阳、宜阳等地圈禁民田,豢养麋鹿,并规定"杀禁地鹿者,身死,财产没官,有能觉告者,厚加赏赐"。④ 对于曹叡的大兴土木,奢靡无度,群臣纷纷上书进谏。其中,谏言最为激切的是高堂隆、杨阜与陈群,其奏疏长篇累牍,读来不免乏味,兹节录部分如下。

高堂隆上书曰:"今吴、蜀二贼,非徒白地小虏,聚邑之寇,乃据险乘流,跨有士众,借号称帝,欲与中国争衡。今若有人来告,权、【备】(禅)并修德政,复履清俭,轻省租赋,不治玩好,动咨耆贤,事遵礼度。陛下闻之,岂不惕然恶其如此,以为难卒讨灭,而为国忧乎? 若使告者曰,彼二贼并为无道,崇侈无度,役其士民,重其

① 《三国志》卷3《明帝纪》注引《魏略》。
② 《资治通鉴》卷73,"青龙三年"条。
③ 《三国志》卷3《明帝纪》。
④ 《资治通鉴》卷73,"青龙三年"条。

征赋,下不堪命,吁嗟日甚。陛下闻之,岂不勃然忿其困我无辜之民,而欲速加之诛,其次,岂不幸彼疲弊而取之不难乎?苟如此,则可易心而度,事义之数亦不远矣。……昔汉文帝称为贤主,躬行约俭,惠下养民,而贾谊方之,以为天下倒悬,可为痛哭者一,可为流涕者二,可为长叹息者三。况今天下彫弊,民无儋石之储,国无终年之畜,外有强敌,六军暴边,内兴土功,州郡骚动,若有寇警,则臣惧版筑之士不能投命虏庭矣。"①

杨阜上疏说:"夫不度万民之力,以从耳目之欲,未有不亡者也。陛下当以尧、舜、禹、汤、文、武为法则,夏桀、殷纣、楚灵、秦皇为深诫。高高在上,实监后德。慎守天位,以承祖考,巍巍大业,犹恐失之。不夙夜敬止,允恭恤民,而乃自暇自逸,惟宫台是侈是饰,必有颠覆危亡之祸。易曰:'丰其屋,蔀其家,窥其户,阒其无人。'王者以天下为家,言丰屋之祸,至於家无人也。方今二虏合从,谋危宗庙,十万之军,东西奔赴,边境无一日之娱;农夫废业,民有饥色。陛下不以是为忧,而营作宫室,无有已时。使国亡而臣可以独存,臣又不言也。……使臣身死有补万一,则死之日,犹生之年也。谨叩棺沐浴,伏俟重诛。"②

陈群上疏奏说:"禹承唐、虞之盛,犹卑宫室而恶衣服,况今丧乱之后,人民至少,比汉文、景之时,不过一大郡。加边境有事,将士劳苦,若有水旱之患,国家之深忧也。且吴、蜀未灭,社稷不安。宜及其未动,讲武劝农,有以待之。今舍此急而先宫室,臣惧百姓遂困,将何以应敌?昔刘备自成都至白水,多作传舍,兴费人役,太祖知其疲民也。今中国劳力,亦吴、蜀之所愿。此安危之机也。惟陛下虑之……"③

除了高堂隆、杨阜、陈群以外,其他进谏的还有卫觊、蒋济、王

① 《三国志》卷25《高堂隆传》。
② 《三国志》卷25《杨阜传》。
③ 《三国志》卷22《陈群传》。

肃、王基、孙礼等二十多位耿直之臣。面对群臣纷纷上奏劝谏的局面，作为位居三公之首的太尉司马懿当然不能熟视无睹，无动于衷。由于魏明帝"大修宫室，加之以军旅，百姓饥弊"，司马懿也上表云：

> 昔周公营洛邑，萧何造未央，今宫室未备，臣之责也。然自河以北，百姓困穷，外内有役，势不并兴，宜假绝内务，以救时急。①

和高堂隆、杨阜等人连篇累牍、直言切谏的数千言疏奏相比，司马懿的上书可谓言简意赅，要言不烦。为何司马懿不肯切谏呢？我认为，其一，司马懿对曹叡的性格颇为了解，明帝举措行事向来我行我素，刚愎自用，高堂隆、杨阜、陈群等人引经据典，反复苦谏。司徒军议掾董寻、太子舍人张茂甚至"不避丧亡之谤诅，至于叩棺待死以求伸"，但这又有何用？王夫之云："得直谏之士易，得忧国之臣难。"②司马懿以智谋见长，既非忧国之臣，更非直谏之士。他深谙道家保身之术，素来不肯向人主切谏。其二，曹叡革去司马懿大将军之职，调任太尉，已在某种程度上显示出他对司马懿有防范之心。见微知著，曹叡是何居心？司马懿不会不知道。曹叡对群臣所奏，虽不罪之，但内心甚感不悦。为自身安全计，司马懿行事处世，也更为谨慎。他身为三公，在群臣纷纷上书切谏的情况下，司马懿只能虚应故事，附和众议，上书进谏，但司马懿奏表仅寥寥数语，且措辞十分委婉，曹叡看了，也不会不悦。

渭滨之战后，司马懿又立新功。青龙三年（235），蜀将马岱有一次小规模的入寇，司马懿派宿将牛金领兵抵御，牛金打败马岱，斩杀蜀兵千余人。在这次胜利的威慑下，武都氐王苻双、强端率领其所属部众前来投降。这一年，由司马懿亲自主持的水利工

---

① 《晋书》卷1《宣帝纪》。
② （清）王夫之：《读通鉴论》卷10之20。

程——成国渠和临晋陂也开始发挥作用。在水利灌溉下,关中农业获得大丰收,而关东却粮食歉收,饥民遍野,司马懿下令将关中的五百万斛余粮送往京师洛阳。

司马懿宠辱不惊,他明知调任太尉是曹叡对他的猜忌和打压,但他沉得住气,喜怒不形于色。青龙四年,司马懿外出打猎,居然猎获了一头白鹿,白鹿是鹿中极为罕见的品种,时人将之视为祥瑞之兆。司马懿立即派人将白鹿送往洛阳,把它作为礼品献给魏明帝,以表自己的忠心。曹叡收到白鹿,异常兴奋,他写信给司马懿,信中言道:"昔周公旦辅成王,有素雉之贡。今君受陕西之任,有白鹿之献,岂非忠诚协符,千载同契,俾乂邦家,以永厥休邪!"①明明是曹叡对司马懿已经产生疑忌,但却把他比作周公。可见,这君臣二人都是打太极拳的高手。

司马懿远征辽东后,得胜回朝,看到京师服劳役的还有一万多人,雕玩之物动以千计,"百姓苦之",于是他"皆奏罢之"。实际上,并不是魏明帝肯轻易改变自己奢靡之风的习性,而是此时的他已病重将死,并准备托孤于司马懿,所以才停止了大兴徭役。司马懿也是看准了这个时机,以"节用务农"的名义向朝廷"奏罢之",不出司马懿预料,其果真博得了"天下欣赖焉"②的好名声,而且也逐渐摆脱了之前遭人猜忌的阴影。

---

① 《晋书》卷1《宣帝纪》。
② 《晋书》卷1《宣帝纪》。

第十一章　军旅生涯的得意之笔：
　　　　　　平定辽东

　　曹魏虽兵多将广,占领中原之地,但境内三面树敌,形势也并不容乐观。在魏人心目中,曹魏除了有孙吴和蜀汉两大劲敌外,[①]辽东公孙氏政权也是肘腋之患。辽东公孙氏政权名义上虽然隶属于曹魏,但其割地自守,父子相袭,自置官署,不纳赋税,俨然是个独立王国。曹操、曹丕、曹叡祖孙三代都对其采取羁縻政策,辽东遂成了曹魏政权悬而未定、长期都未能解决的历史遗留问题,成为曹魏的一大隐患。一直到魏景初二年(238),才由司马懿率兵灭公孙渊,从此辽东郡并入魏国版图,司马懿彻底解决了辽东问题。

　　西晋王朝建立后,晋人十分推崇司马氏统一天下的赫赫战功。淮南国相刘颂上疏朝廷曰:"魏氏虽正位居体,南面称帝,然三方未宾,正朔有所不加,实有战国相持之势。大晋之兴,宣帝定燕,太祖平蜀,陛下灭吴,可谓功格天地,土广三王,舟车所至,人迹所及,皆为臣妾,四海大同,始于今日。"[②]在刘颂心目中,"宣帝(司马懿)定燕"与"太祖(司马昭)平蜀""陛下(司马炎)灭吴"等同,是"大晋之兴"的三大战役。在刘颂看来,只是在司马氏发动了三大战役之后,西晋才完成了统一大业。

---

①　曹魏诸臣奏表中,频频出现"二虏""二贼"之词,皆是指吴蜀。如《三国志·蒋济传》记载:"今虽有十二州,至于民数,不过汉时一大郡。二贼未诛,宿兵边陲,且耕且战,怨旷积年。"《晋书·景帝纪》载,司马师上表明元郭太后:"方今宇宙未清,二虏争衡。"可见,吴、蜀确为曹魏之劲敌。

②　《晋书》卷46《刘颂传》。

一、辽东地理概况

"宣帝定燕"的"燕"乃属于汉代幽州的辽东地区,由于公孙氏政权割据于辽东,而辽东在春秋战国时期燕国的疆域之内,公孙渊又自称燕王,故刘颂云"宣帝定燕"。在论述司马懿平辽东之前,我们需要先明了辽东地区大致的地理概况:

辽东郡东通乐浪郡,北接玄菟郡,西连辽西郡,南临黄海和渤海,是连接中国大陆与朝鲜半岛的战略要地。范围约在今辽宁省,辖今辽宁大凌河以东,开原市以南,朝鲜清川江下游以北地区。根据《后汉书·郡国五》的记载:东汉永和五年(140)的辽东郡下辖18个县,有民户55972家、人口约27万,设有铁官、盐官、牧师官。襄平(今辽宁省辽阳市)是辽东郡的首县,为辽东郡的郡治。由于辽东郡疆域较大,故公孙度于献帝初平元年(190),"分辽东郡为辽西中辽郡,置太守"。① 然而,公孙氏政权败亡时已不闻该郡之名,估计已复归于辽东郡。

玄菟郡疆域因为战争及行政重组而屡有变更。汉武帝元封三年(前108)设立时疆域最为广阔,大约是今盖马高原及其周边平原、北朝鲜咸镜南道、咸镜北道以及辽宁省东部、吉林省东部一带,郡治原在沃沮城(约在咸镜南道境内盖马高原以东)。汉平帝元始元年(1),玄菟郡的郡治移往高句丽县,即今日吉林省集安市通沟乡(一说在辽宁省抚顺市新宾满族自治县),直辖上殷台县、西盖马县、高句丽县。江内之地划入玄菟郡,江外之地划入乐浪郡,此时的玄菟郡大约南达清川江和大同江上游北岸,与乐浪郡为邻;北达哈达岭、辉发河一带,与夫余为邻;其西为辽东郡;其东以长白山为界与沃沮城相接,居民以汉人与高句丽人为主。汉安帝永初

---

① 《三国志》卷8《公孙度传》。

元年(107),将长城内侯城、高显、辽阳三县划归玄菟,将玄菟迁到长城以内,辖今日沈阳、抚顺一带,人口四万余。东汉中平六年(189),公孙度割据辽东,玄菟为其属地,太守一直都由公孙氏委派的官员担任。

乐浪郡是汉武帝于公元前108年平定卫氏朝鲜后在今朝鲜半岛设置的汉四郡(乐浪、玄菟、临屯、真番)之一,当时直辖管理朝鲜北部。治所朝鲜城是故卫氏朝鲜都城王险城(一说在今朝鲜平壤市)。公元前82年,汉昭帝罢临屯、真番二郡入玄菟郡、乐浪郡。但是玄菟郡、乐浪郡的治所都未变。《汉书·地理志下》记载,乐浪郡辖境最为辽阔时期有"县二十五","户六万二千八百一十二,口四十万六千七百四十八"。后以境土广远,复分岭东七县,置乐浪东部都尉。东汉建武六年(30),省都尉官,遂弃岭东地。乐浪郡虽曾盈缩,但其中心地域是在平壤附近的大同江下游和载宁江流域。

公孙氏从乐浪郡中分出带方郡。"建安中,公孙康分屯有县以南荒地为带方郡,遣公孙模、张敞等收集遗民,兴兵伐韩濊,旧民稍出,是后倭韩遂属带方。"[1]公孙康于建安九年(204)将乐浪郡屯有县以南荒地划分为带方郡,他征讨当地部落势力,并以带方为基地节制朝鲜半岛南方的三韩地区。郡治在带方县。

汉安帝时分辽东、辽西两郡地又置辽东属国,辖境相当今辽宁省西部大凌河中下游一带。昌黎郡原为辽东属国,魏改辽东属国为昌黎,属幽州。治所在昌黎县(今锦州市义县境内),包括今天辽宁省锦州市、阜新市和朝阳市等地。

东汉末年,中原地区群雄并起,战乱纷争。辽东地处边陲,偏安一隅,"水则由海,陆则阻山"[2]的环境为公孙氏割据一方提供了

---

① 《三国志》卷30《东夷传》。
② 《三国志》卷14《刘晔传》。

条件。公孙氏家族前后历经公孙度、公孙康、公孙恭及公孙渊三代四位统治者,主政辽东几达半个世纪。其领地已扩至辽东、玄菟、乐浪、昌黎、带方五郡,约为东汉幽州之半。《晋书·地理志》"平州"条云:"后汉末,公孙度自号平州牧。及其子康,康子文懿并擅据辽东,东夷九种皆服事焉。"曹魏起初,并未认可平州的设置,司马懿平辽东后,平州才正式从幽州划分出来。《晋书·地理志》记载:"魏置东夷校尉,居襄平,而分辽东、昌黎、玄菟、带方、乐浪五郡置平州。"公孙氏政权控制了今辽宁省大部、朝鲜半岛北部、山东省一角。其势力范围大致东达日本海,北抵黑龙江流域,南包朝鲜半岛,西接辽东属国乌桓诸部,称雄东北。

二、公孙氏称雄辽东

辽东政权的创始人公孙度,字升济,生于襄平。幼年时,随父逃难到玄菟郡。他恰好与玄菟郡太守公孙琙已故之子同龄且同名,遂得到了公孙琙的赏识和栽培。公孙琙见公孙度"亲爱之",将其收养,"就师学,为娶妻"。[①] 公孙度先被举荐、征召为尚书郎,后迁冀州刺史,但不久便因谣言而被免官。董卓秉政后,公孙度利用同乡好友徐荣(董卓部将)的关系,获得辽东太守之职。公孙氏虽为辽东大姓,但公孙度由小吏发迹,故豪门大族对其十分蔑视。公孙度遂以血腥手段镇压反对者,他首先借故笞杀襄平县令公孙昭,随即又诛灭当地豪族田韶等一百余家,一时间辽东豪民莫不股栗。在以杀立威的同时,公孙度又授意亲信献上祥瑞,宣称公孙家族将永久拥有辽东。时值中原大乱,各地军阀互相混战,朝廷根本无暇顾及偏居一隅的公孙氏。不久,公孙度便自封为辽东侯、平州牧。

---

① 《三国志》卷8《公孙度传》。

公孙度自立后,对外东伐高句丽,西击乌桓,南取辽东半岛,越海袭取胶东半岛北部的东莱诸县,大力开疆拓土;对内招贤纳士,设馆开学,广招流民,恢复生产。东汉末年,中原迭遭兵燹,大批士民避乱来到辽东,辽东遂成了北方尤其是环渤海地区人民的避难之地。难民中还不乏名士,如管宁、邴原、王烈、太史慈等人,都受到公孙氏的善待。"公孙度厚礼之""太守公孙度接以昆弟之礼""公孙度威行海外,中国人士避乱者多归之,北海管宁、邴原、王烈皆往依焉。……宁、原俱以操尚称、(公孙)度虚馆以候之"[1]等记载,屡屡见诸史书,辽东遂成了汉末一块保护文化精英人士的乐土。诸多避乱贤士文人的到来,客观上促进了辽东地区经济文化的发展。

由于东汉朝廷的崩溃,边疆州郡已经无法从周边获得财物,"度初来临郡,承受荒残,开日月之光,建神武之略,聚乌合之民,扫地为业,威震耀于殊俗,德泽被于群生。辽土之不坏,实度是赖"。[2] 可见,公孙度成功地解决了财政问题,并带来了东北地区的进一步开发。公孙度势力强大时,曾欲自立为王。《三国志·公孙度传》记载:公孙度"越海收东莱诸县,置营州刺史。自立为辽东侯、平州牧,追封父(公孙)延为建义侯。立汉二祖庙,承制设坛墠于襄平城南,郊祀天地,藉田,治兵,乘鸾路,九旒,旄头羽骑"。曹操表公孙度为武威将军,封永宁乡侯。公孙度志得意满地说:"我王辽东,何永宁也!"将曹操所授印绶藏于武库,拒不接受。

东汉一朝,幽州民族问题其为复杂。朝廷设护匈奴中郎将、护乌桓校尉、护鲜卑校尉等武将分管不同民族的事务,还常以度辽将军、玄菟太守、辽东太守等长吏讨伐或安抚胡夷。但这些少数民族

① 《资治通鉴》卷60,"初平二年十月"条。
② 《三国志》卷8《公孙渊传》注引《魏书》。

的骑兵剽悍善战,反复无常,时而入寇掠劫,时而归顺朝廷,彼此之间也多有战事。对于公孙度而言,周边民族已构成强大的外部威胁。故其"东伐高句丽,西击乌丸,威行海外",①以缓和此种局势。公孙度还采取和亲的方式安抚夫余,"时句丽、鲜卑强,(公孙)度以夫余在二虏之间,妻以宗女"。② 公孙度恩威并施,积极改善同周边各族的关系,客观上为东汉以及后来的曹魏巩固和稳定了外部环境。建安九年(204),公孙度病死,其子公孙康嗣位。公孙康继承了其父的施政方针,以恩威并施的手段遏制了周边少数民族势力对中原地区的袭扰与掠夺。与此同时,公孙康还遏制日益崛起的高句丽。高句丽王位继承制度十分混乱,有兄终弟及,也有父死子继,并未确立嫡长子继承制度。高句丽王"伯固死,有二子,长子拔奇、小子伊夷模。拔奇不肖,国人便共立伊夷模为王"。公孙康乘高句丽王室兄弟争位,爆发内讧之机,发兵进讨,"破其国,焚烧邑落。拔奇怨为兄而不得立,与涓奴加各将下户三万余口诣(公孙)康降"。③ 高句丽被迫于建安十四年(209)移都于丸都(今吉林省集安市)。公孙氏将富尔江、浑江以西之地(辽宁东部的高句丽发源之地)收入囊中,遏制了高句丽的西扩势头。

公孙康嗣立后,又领有乐浪郡。汉武帝时代设立的乐浪郡到汉末,由于遭受高句丽、百济、新罗的蚕食,领地大为缩小,民多逃亡,屯有县(今朝鲜黄州)以南已夷为荒地。公孙康划出乐浪郡十八城的南半,屯有县以南地区设置带方郡,统县七。公孙康设立带方郡具有重要意义。曹魏时,倭国的势力已扩张到朝鲜半岛南端三韩之地,公孙康设置的带方郡,成为倭国通向中原的纽带,倭王常遣使至带方,以通中国。

公孙康继位后,开始对朝廷恃远不服,甚至还动过西侵中原的

---

① 《三国志》卷 8《公孙度传》。
② 《三国志》卷 30《夫余传》。
③ 《三国志》卷 30《高句丽传》。

念头。然而曹操派张辽收复东莱诸县,又接连击破袁谭、袁尚、乌桓等势力,兵锋逼近辽东,这才令公孙康大为惊惧。建安十二年(207),曹操亲征乌桓。于白狼山大破乌桓及袁尚军。辽东单于速仆丸(一作苏仆延)与袁尚、袁熙兄弟投奔公孙康。有人劝曹操乘势追击,曹操说:"吾方使(公孙)康斩送(袁)尚、(袁)熙首,不烦兵矣。"①便从柳城班师,返回邺城。

袁尚逃到辽东后,便同袁熙商量说:"今到(辽东),(公孙)康必相见,有辽东犹可以自广也。"公孙康早就知晓袁氏兄弟不怀好意,于是设下伏兵,然后出来邀请袁尚、袁熙。袁氏兄弟进去后,未及坐下,公孙康就喝令伏兵擒住他们,并让二人坐在结冰的地上。袁尚对公孙康说:"我们忍受不了寒冷,能给我们座席吗?"公孙康说:"头颅方行万里,何席之为!"②于是公孙康斩杀袁尚、袁熙,连同速仆丸的人头一起送给曹操。公孙康此时无论意欲讨好曹操,还是惧怕曹魏实力,其斩杀袁尚、袁熙及速仆丸的举动,显然并未将曹魏视为敌人。有人问曹操:"公还而(公孙)康斩送(袁)尚、(袁)熙,何也?"曹操说:"彼素畏袁尚等,吾急之则并力,缓之则自相图,其势然也。"③曹操遂封公孙康为襄平侯,拜左将军。

由上可知,公孙康同其父公孙度的强硬态度迥然有异。公孙康是否真心臣服曹魏,尚不可知,但至少与曹魏关系逐步缓和,与之相安无事。曹操也利用袁氏兄弟同公孙氏的矛盾,采用缓兵之计,最终使公孙康斩杀袁氏兄弟,从此辽东臣服于曹操。但曹操为了笼络公孙氏,仍让其自署掾吏,子弟世袭,辽东公孙氏遂成了曹魏的羁縻政权。史称:"武皇帝亦虚心接纳,待以不次,功无巨细,每不见忘。又命之曰:'海北土地,割以付君,世世子孙,实得有

---

① 《三国志》卷1《武帝纪》。
② 《三国志》卷6《袁绍传》注引《典略》。
③ 《三国志》卷1《武帝纪》。

之.'"①从此,曹魏不征调辽东境内赋役和兵丁,给予其充分的自治权。

黄初二年(221),公孙康卒,其"子晃、渊等皆小",于是众人推举其弟公孙恭为辽东太守。公孙恭为公孙度之次子,公孙康之弟。历史上关于公孙恭的记载并不多,《三国志·公孙度传》云:"初,恭病阴消为阉人,劣弱不能治国。"魏文帝继续对公孙家族进行安抚,"遣使即拜公孙恭为车骑将军、假节,封平郭侯;追赠康大司马"。② 这既表示了曹魏对公孙氏政权世袭的肯定,同时也充分尊重辽东的自治权。平郭县属辽东郡,从封公孙恭为平郭侯这一细节,也委婉地表示了对公孙度"我王辽东,何永宁"的让步。公孙恭对于魏文帝曹丕招纳的贤人隐士,亦以礼相待。《三国志·管宁传》载:"文帝即位,征宁,遂将家属浮海还郡,公孙恭送之南郊,加赠服物。"公孙恭对管宁等高士加之以礼,也可看作是对曹魏的尊奉。尽管公孙恭后来得了病,身体虚弱到不能处理辽东政务,但至少他在处理与曹魏的关系上,做到了双方相安无事。这时吴、蜀力量相当强盛,屡屡进犯中原,故曹魏不愿在辽东再树敌,所以公孙恭的懦弱无能正符合曹魏的政治需要。

然而,魏明帝即位后,辽东发生了政局的动荡。公孙康次子公孙渊(字文懿)已长大成人,他见叔父无能,遂于太和二年(228)发动政变,夺取叔父公孙恭之位。从此公孙恭被公孙渊软禁,直至景初二年(238),司马懿平定辽东后,才将被囚禁的公孙恭释放。

公孙渊夺叔父位后,"遣使表状",请求魏明帝批准他为辽东之主。这时魏朝内部已经有趁机消灭公孙氏政权的提议。侍中刘晔认为:"公孙氏汉时所用,遂世官相承,水则由海,陆则阻山,故胡夷绝远难制,而世权日久。今若不诛,后必生患。若怀贰阻兵,

---

① 《三国志》卷8《公孙度传附公孙渊传》注引《魏书》。
② 《三国志》卷8《公孙度传附公孙康传》。

然后致诛,於事为难。不如因其新立,有党有仇,先其不意,以兵临之,开设赏募,可不劳师而定也。"①刘晔认为应当趁着公孙渊新立、立足未稳之际,派大军兵临城下,以赏赐招降,可不战而屈人之兵,平定辽东。然而,魏明帝犹豫不决,他认为此时平辽东,时机尚不成熟。其实,曹叡有顾虑也属正常,因为此时的曹魏,西拒诸葛亮于关中,南与孙权争于江淮,虽然不落下风,但这时再动干戈,远袭辽东,亦非上策。于是魏明帝拜公孙渊为扬烈将军、辽东太守,虽然官职低于公孙恭,也算是承认公孙渊继位的合法性,示以安抚了。

公孙渊即位时,他所面临的政治格局是曹魏与蜀吴联盟形成了南北对峙。虽然中原的魏国是辽东名义上的宗主国,但辽东历经三朝后,前人积累的实力和南北对峙的局面为公孙渊的野心提供了施展的空间。他试图以平衡式外交在曹魏和东吴之间渔利。公孙渊掌权不久后便开始与吴国往来,"渊遣使南通孙权,往来赂遗",②企图联合孙权制衡曹魏,从而有朝一日摆脱曹魏的束缚,由"自治"走向"立国"。

东吴孙权也想在曹魏背后插上一刀,他欲利用北方的辽东势力与吴联盟,形成对魏南北夹击、战略包围的态势。因此孙权派校尉张刚、管笃去辽东,向公孙渊示好。魏太和六年(232),孙权遣将军周贺、校尉裴潜率军浮海去辽东,传达孙权旨意,"招降公孙渊"。同时,东吴为了获得辽东所产的名马,以增强吴军骑兵的实力,故频繁与辽东贸易往来。由于公孙渊"阴怀贰心,数与吴通",曹魏遂发出了一道《告辽东玄菟将校吏民敕》,警告公孙渊:

> 今忠臣烈将,咸忿辽东反覆携贰,皆欲乘桴浮海,期於肆
> 意。朕为天下父母,加念天下新定,既不欲劳动干戈,远涉大

① 《三国志》卷14《刘晔传》。
② 《三国志》卷8《公孙度传附公孙渊传》。

川，费役如彼，又悼边陲遗馀黎民，迷误如此，故遣郎中卫慎、邵瑁等且先奉诏示意。若股肱忠良，能效节立信以辅时君，反邪就正以建大功，福莫大焉。觊恐自嫌已为恶逆所见染汙，不敢倡言，永怀伊戚。其诸与贼使交通，皆赦除之，与之更始。①

公孙渊对曹魏的警告置若罔闻，根本不予理睬。他想借与东吴的结盟来提高与曹魏交往的资本。这就超出了魏明帝的忍耐底线，他决定兴师讨伐公孙渊。散骑常侍蒋济劝谏曰：

凡非相吞之国，不侵叛之臣，不宜轻伐。伐之而不制，是驱使为贼。故曰："虎狼当路，不治狐狸；先除大害，小害自已。"今海表之地，累世委质，岁选计考，不乏职贡。议者先之，正使一举便克，得其民不足益国，得其财不足为富；傥不如意，是为结怨失信也。②

魏明帝不听，使汝南太守田豫督青州诸军自海道，幽州刺史王雄自陆道讨伐公孙渊，但屡攻不克，结果魏军无功而返。公孙渊更加有恃无恐，胆大妄为，正好应了蒋济"伐之而不制，是驱使为贼"的预言。

是年十月，公孙渊遣校尉宿舒、郎中令孙综称藩于孙权，并献貂马。公孙渊在向孙权称臣的表文中，称孙权为"陛下"，并期望孙权"神谟衮定洪业，奋六师之势，收河、洛之地，为圣代宗。天下幸甚！"③公孙渊请求孙权对其册封。孙权大喜过望，遂下诏封公孙渊为燕王，并称这是"普天一统"的大喜事，于是遣太常张弥、执金吾许晏、将军贺达领兵万人，携带大批金银珍宝，赶赴辽东首府襄平，将王位与九锡授予公孙渊，并冀图与之合力夹击曹魏。对于孙权的决策，吴国群臣都不赞成，他们认为公孙渊首鼠两端，反复

① 《三国志》卷8《公孙度传附公孙渊传》注引《魏略》。
② 《三国志》卷14《蒋济传》注引司马彪《战略》。
③ 《三国志》卷8《公孙度传附公孙渊传》注引《吴书》。

无常，因此"自丞相顾雍以下皆谏，以为渊未可信，而宠待太厚"，①特别是吴国元老重臣张昭更是以死相谏，然而孙权固执己见，一概不听。

公孙渊没有料到孙权会如此大张旗鼓地对他行封加赏。当东吴使团抵辽后，公孙渊担心东吴海路遥远，鞭长莫及，而曹魏近在咫尺，一旦被曹魏发现自己通敌，就会兴师讨伐。于是他改变主意，趁吴军不备，派军队突然袭击，抢劫了货物，斩杀孙权派来封赏自己的使者张弥、许晏等人。并将东吴派到辽东的船队，共万余人的吴军大部歼灭，然后将张弥、许晏等人的首级和孙权赐予的印绶、九锡一并献给魏廷，向魏明帝表示自己"不敢背累世之恩"。

孙权对公孙渊的背叛行为，暴跳如雷，他怒气冲冲地说："朕年六十，世事难易，靡所不尝。近为鼠子所前却，令人气踊如山。不自截鼠子头以掷于海，无颜复临万国。就令颠沛，不以为恨。"②盛怒之下，孙权下令亲率大军征讨公孙渊。孙权此举是极为冒险的，因为，江东与辽东相隔万里之遥，孙吴征伐辽东，需耗费大量的军力、物力，且海路艰险，风波难测，加之，曹魏虎视眈眈，随时都有可能攻击孙吴。对于孙权一意孤行不计后果的跨海远征，上大将军陆逊、尚书仆射薛综等大臣极力上疏劝谏，孙权的头脑才冷静下来，最终放弃亲征辽东的计划。

公孙渊对曹魏的虚与委蛇，对东吴的背信弃义，使其信誉全失。中领军夏侯献上表，对公孙渊的处境做了如下推断："公孙渊昔年敢违王命，废绝计贡者，实挟两端。既恃阻险，又怙孙权，故敢跋扈，恣睢海外。宿舒亲见贼孙权军众府库，知其弱少不足凭恃，是以决计斩贼之使。又高句丽、濊貊与渊为仇，并为寇钞。今外失

---

① 《三国志》卷47《吴主传》。
② 《三国志》卷47《吴主传》注引《江表传》。

吴援,内有胡寇,心知国家能从陆道,势不得不怀惶惧之心。因斯之时,宜遣使示以祸福。"①其意是说,辽东已经完全失去了东吴的援助,加之又与高句丽、濊貊关系恶化,因此曹魏可以从陆路对其形成军事威胁。基于公孙渊内忧外患,朝廷应向他申明祸福,让他表明政治立场。

此时的魏国经过长期的经济恢复和发展,已经在军事上取得了对蜀汉和东吴的优势。曹魏已经有余力来解决辽东政权这个国中之国的问题了。当然能够不诉诸武力,以和平方式来解决仍为上策,于是魏明帝决定派使团前往辽东,"拜公孙渊为大司马,封乐浪公,持节,领郡如故",②继续实施安抚策略。然而志大才疏的公孙渊没有足够的智慧审时度势,明了自己的现实处境,虽然暂时依附于魏,但其伺机称王辽东之心却始终未变。

公孙渊与东吴的秘密交往毕竟"纸包不住火",当魏明帝册封公孙渊的使团到达辽东后,公孙渊却对魏使的到来疑虑重重,其计吏向他报告,魏国使臣都是孔武有力的猛士。其中有"使者左骏伯,使皆择勇力者,非凡人也"。③ 公孙渊恼怒之下,居然先以甲兵包围使臣驻地,然后才出来见使臣傅容、聂夔。公孙渊又对魏的使臣口出恶言秽语,惊恐万状的使臣"大怖",战战兢兢地返回洛阳,向魏明帝报告了公孙渊的嚣张无礼,曹叡心中不禁怒火中烧。

景初元年(237),魏明帝命度辽将军、幽州刺史毌丘俭率兵讨伐公孙渊。毌丘俭狂妄自大,不把公孙渊放在眼里,他认为不必动用朝廷大军,只要用镇守幽州的地方军就可一举荡平公孙渊。光禄大夫卫臻提出不同的看法,他说:"(公孙)渊生长海表,相承三世,外抚戎夷,内修战射,而(毌丘)俭欲以偏军长驱,朝至夕卷,知

---

① 《三国志》卷8《公孙度传附公孙渊传》注引《魏名臣奏》。
② 《三国志》卷8《公孙度传附公孙渊传》。
③ 《三国志》卷8《公孙度传附公孙渊传》注引《吴书》。

其安矣。"①魏明帝不听卫臻谏言,令毌丘俭率幽州军及鲜卑、乌桓等众,屯兵于辽东的南界。毌丘俭携魏明帝诏书,征召公孙渊入朝。公孙渊岂肯俯首就范,他自恃辽东险远,遂起兵反魏,迎战毌丘俭所部于辽隧(今辽宁海城市西)。辽隧是进入辽东的咽喉要道,在辽水与小辽水的汇合处。毌丘俭的军队到达辽隧,适逢天降大雨,辽河水大涨。毌丘俭不熟悉地形,再加上恶劣的天气,毌丘俭与辽东军交战不利,眼看取胜无望,就只得悻悻退军了。

击败魏军的公孙渊得意忘形,野心急剧膨胀。他于同年自立为燕王,置百官有司,改年号为"绍汉",意谓其要继承汉朝。公孙渊又遣使对鲜卑首领封赏,授鲜卑首领单于玺,封拜边民,并引诱鲜卑侵扰魏朝边界。公孙渊此举实际上是表明他的"燕国"已是独立的政权,而不是曹魏的附庸。在公孙渊的授意下,其长史郭昕、参军柳浦等七百多名僚属官员给魏明帝上书,书中盛赞公孙氏祖孙三代的功绩,并对毌丘俭征讨辽东表示愤慨。书中最后言道:

> (公孙)渊据金城之固,仗和睦之民,国殷兵强,可以横行。策名委质,守死善道,忠至义尽,为九州表。方今二敌窥窬,未知孰定,是之不戒,而渊是害。茹柔吐刚,非王者之道也。臣等虽鄙,诚窃耻之。若无天乎,臣一郡吉凶,尚未可知;若云有天,亦何惧焉!臣等闻仕於家者,二世则主之,三世则君之。臣等生於荒裔之土,出於圭窦之中,无大援於魏,世隶於公孙氏,报生与赐,在於死力。②

书中强调辽东地势险要,士马精强,不怕曹魏征讨,郭昕、柳浦等人将誓死效忠于公孙氏。这实际上并非是寻常的表章,而是燕国向大魏的宣战书。

① 《三国志》卷22《卫臻传》。
② 《三国志》卷8《公孙度传附公孙渊传》注引《魏书》。

三、司马懿的《庙堂对》

原本首鼠两端的公孙渊此时已自立为王,又以态度傲慢,绝不屈服的口吻向明帝上表。种种迹象表明,公孙渊已公开与曹魏为敌,这是魏明帝绝对无法容忍的。既然原有的羁縻安抚政策已彻底失效,剩下来的就只有军事武力镇压一途。然而辽东悬远,公孙渊兵精粮足,又接连战胜汝南太守田豫、幽州刺史王雄、毌丘俭等名将,故派遣何人统兵才能克敌制胜,就成了魏明帝反复思考的问题。在深思熟虑之后,曹叡认为,堪当此重任者,唯有久历戎机、晓畅军事、足智多谋的司马懿。

在东吴、蜀汉军事威胁减弱的情况下,此时的曹魏已具备了平定公孙渊的外部条件。以政治、军事才华而论,司马懿确实是担当这一重任的最佳人选,这也是魏明帝选择司马懿出征辽东的根本原因。当然,陈矫不认可司马懿是"社稷之臣";曹植指出朝廷"置将不良";高堂隆提醒他谨防朝中的"鹰扬之臣"的临终遗言,魏明帝并未忘却。自诸葛亮病殁五丈原后,司马懿获得专制一方的外部条件已经消失,为了"图万年后计,莫过使亲人广据职势,兵任又重",[①]魏明帝罢免了司马懿的大将军之职,可以说削弱司马懿的权势早在魏明帝的计划之中。但是田豫、王雄、毌丘俭都不是公孙渊的对手,如同当年秦始皇只有靠名将王翦才能灭楚一样,面对朝中其他将领无能力平定尾大不掉、羽翼渐丰的公孙渊的状况,曹叡权衡再三之后,还是不得不打出司马懿这张唯一的王牌。再则,司马懿居官恪尽职守,奉命唯谨,也是魏明帝对其较为信任的主要原因。

景初二年(238)正月,司马懿奉诏从长安赶往洛阳,曹叡立即

---

① 《三国志》卷14《刘放传》注引《资别传》。

召见了他,赐座以后,曹叡很客气地对司马懿说:"公孙渊反了,此事本不足以劳烦太尉,但朕欲永绝后患,所以只能烦劳你。太尉估计我军出征,公孙渊会怎样应对?"司马懿略加思索,回答道:"强弱悬殊,公孙渊不是我军的对手。他如果能事先弃城逃跑,此为上策;据守辽水,御敌于国门之外,是为中策;固守辽东首府襄平,那就是坐以待毙,必为我军所擒,这是下策。"曹叡又问:"以太尉之见,公孙渊会采用何策?"司马懿胸有成竹地回答道:"只有贤明智慧之人才能知己知彼,主动放弃襄平,而这不是公孙渊能达到的境界。我曹魏大军千里出征,公孙渊一定会认为我军不能持久,必然像对付毌丘俭那样,凭借辽河之险进行抗拒,然后退守襄平,也就是先用中策,后用下策。"听到司马懿的对答,曹叡知道,司马懿对于如何破公孙渊已是胸有成竹。他接着问:"太尉估计此战,往返需要多长时间。"司马懿回答:"往百日,还百日,攻百日,以六十日为休息,一年足矣。"①

曹叡完全同意司马懿的战略部署。接下来,朝中商议讨伐公孙渊需出动多少兵马,明帝准备调集四万兵马出征。朝中群臣都以为出动四万兵马过多,军费开支以及后勤粮草都难以供应。为何朝臣认为出兵四万太多呢?因为讨伐四千里之外的公孙渊,军队往返、进攻及休整需一年。保守估计,供给四万大军一年的军需开支,仅粮食,四万人每天约食四百石粮食(一石等于120斤),②一年就得十四万六千石(约1752万斤)。另外,还要准备驴骡牛马所食的草料。要准备这么多的军粮辎重,对于全国只有四百多万人口的曹魏乃是相当沉重的负担。但魏明帝决心已下,他坚持

---

① 《晋书》卷1《宣帝纪》。
② 古时每人一日耗粮约为5升。《三国志·管宁传》裴注有云:"给廪日五升。"又《后汉书》卷86《南蛮西南夷列传》载:"军行三十里为程,而去日南九千余里,三百日乃到,计人廪五升,用米六十万斛,不计将吏驴马之食,但负甲自致,费便若此。"

说:"辽东距洛阳四千里,虽说可以出其不意,以奇制胜,但毕竟还是要以强大的军事实力为后盾。如此大规模的战事出兵四万并不算多,不应过于计较军费开支的多少。"明帝力排众议,克服路途遥远,后勤难以为继,军事行动周期漫长等困难,任命司马懿为三军统帅,赋予平定辽东之重任。

曹叡除拨予四万步骑外,还下令驻扎在幽州的毌丘俭军也归司马懿指挥。《三国志·毌丘俭传》载:"正始中,俭以高句骊数侵叛,督诸军步骑万人出玄菟,从诸道讨之。"据此估计,听从司马懿调遣的毌丘俭所部大约与其征高句丽时相似,也是一万人左右,再加上若干归顺曹魏的鲜卑士卒,以及数千高丽士卒,①估计征讨辽东的魏军总兵力近六万。

公孙渊有多少兵力,具体数字史料记载语焉不详。《三国志·凉茂传》载:"(公孙)度谓(凉)茂及诸将曰:'闻曹公远征,邺无守备,今吾欲以步卒三万,骑万匹,直指邺,谁能御之?'诸将皆曰:'然。'又顾谓茂曰:'於君意何如?'茂答曰:'比者海内大乱,社稷将倾,将军拥十万之众,安坐而观成败,夫为人臣者,固若是邪!'"此处云公孙度"拥十万之众",恐是夸大之辞,因为辽东总人口不过三十多万,按照汉魏之际人口与兵员的比例,辽东总兵力估计约五万余人左右。司马懿军至辽东,"(公孙)渊遣将军卑衍、杨祚等步骑数万屯辽隧"。辽隧的"数万",再加之襄平及乐浪、玄菟地区的守军,基本上就是辽东的总兵力。据笔者估计,司马懿兵力与辽东军大体相当,但魏军是司马懿亲自指挥的关陇劲旅,这支部队与诸葛亮指挥的蜀军多次交战,历经战火淬炼,其战斗力应该远在辽东军之上。

司马懿出兵前,散骑常侍何曾上表给魏明帝。表曰:

---

① 《三国志》卷30《高句丽传》载:"太尉司马宣王率众讨公孙渊,(位)宫遣主簿大加将数千人助军。"

臣闻先王制法,必全于慎,故建官授任,则置辅佐,陈师命将,则立监贰;宣命遣使,则设介副;临敌交刃,又参御右,盖以尽思谋之功,防安危之变也。是以在险当难,则权足相济,陨缺不豫,则才足相代,其为国防,至深至远。及至汉氏,亦循旧章。韩信伐赵,张耳为贰;马援讨越,刘隆副军。前世之迹,著在篇志。今太尉奉辞诛罪,精甲锐锋,步骑数万,道路迥阻,且四千里,虽假天威,有征无战,寇或潜逃,消引日月,命无常期,人非金石,远虑详备,诚宜有副。今北军诸将及太尉所督,皆为僚属,名位不殊,素无定分统御之尊,卒有变急,不相镇摄。存不忘亡,圣达所裁。臣愚以为宜选大臣名将威重宿著者,成其礼秩,遣诣北军,进同谋略,退为副佐。虽有万一不虞之变,军主有储,则无患矣。①

此表的核心内容是提醒魏明帝,在任命司马懿为帅的同时,在军中需设立监军和副将。何曾是否怀疑司马懿有不臣之心?恐亦未必,因为曹操在建安十七年上表汉献帝时曾提到:"臣闻古之遣将,上设监督之重,下建副贰之任,所以尊严国命,谋而鲜过者也。"②可见设置监军及副贰是曹魏军中的成例,何曾只不过是因循故事罢了。

然而,何曾的建议并没有被魏明帝接受。为了使司马懿在军中拥有绝对的权威,明帝拒绝了何曾在军中设立副贰的建议。为何魏明帝会打破惯例呢?其一,明帝自即位以来,已表现出非凡的政治才能,他牢牢掌控朝廷大权,军政大计、杀伐决断皆操于己手,明帝敢于授司马懿专征之权,源于其自信,认为自己完全有能力驾驭司马懿。其二,司马懿久历戎机,多谋善断。在他与司马懿的庙堂运筹时,司马懿深入分析敌情,对辽东公孙渊了如指掌,魏军已

---

① 《晋书》卷33《何曾传》。
② 《后汉书》卷70《荀彧列传》。

经有了相当完善的战略部署和充分的战役准备,故曹叡对司马懿平定公孙渊抱有必胜的信心。为了表达自己对他的充分信任,故不设置监军副贰来掣肘司马懿。其三,曹魏政权自曹操时代就实行了质任制度,凡守边及出征将帅的妻女眷属及宗族子弟皆在内地作质任,作为出征主帅的司马懿当然不会例外,故朝廷并不担心将帅拥兵自重或谋反。①

四、奉诏归故里

"景初二年,(司马懿)帅牛金、胡遵等步骑四万,发自京都。车驾送出西明门。"②洛阳为东汉京师,有多座城门,以道路方便而言,从洛阳至辽东,本应出洛阳东门或北门,但因命将出征带有肃杀之气,古人信阴阳五行,认为不吉祥,故而大军改走西门出城。汉代洛阳城西有三座城门,《水经注》曰:"西面三门,正西一门曰雍门,魏晋以后曰西明门。晋永嘉三年,刘聪寇洛阳,屯西明门。"司马懿大军出师之日,礼仪十分隆重,魏明帝率公卿大臣,亲自为司马懿送行,可见其对司马懿平辽东寄托之深,礼仪之隆。因限于礼制,曹叡送司马懿出西明门后便返回,但他下"诏弟(司马)孚、子(司马)师送过温"。曹叡让司马懿出征前先返回故乡温县孝敬里,"见父老故旧"。另外,明帝还"赐以谷帛牛酒,敕郡守典农以下皆往会焉"。③

司马懿出征之前,不仅奉诏返回故里,而且在温县举行"乡饮酒礼"。中国古代自西周以来就有在乡里举行乡饮酒礼的传统。举行乡饮酒礼的主旨是为了凝聚同乡士大夫,进一步加强乡党、宗族之间的人际关系,并达到国家权力向地方延伸的目的。隋唐以

---

① 参阅朱子彦:《汉晋之际质任现象综论》,《历史研究》2015 年第 6 期。
② 《晋书》卷 1《宣帝纪》。
③ 《晋书》卷 1《宣帝纪》。

降的乡饮酒礼已演变为地方官设宴招待科举应试之士。

举行乡饮酒礼有一套规范的礼仪制度。《礼记正义·乡饮酒义》曰:"乡饮酒之礼:六十者坐,五十者立侍,以听政役,所以明尊长也。六十者三豆,七十者四豆,八十者五豆,九十者六豆,所以明养老也。民知尊长养老,而后乃能入孝弟。民入孝弟,出尊长养老,而后成教。成教而后国可安也。君子之所谓孝者,非家至而日见之也;合诸乡射,教之乡饮酒之礼,而孝弟之行立矣。"可见,乡饮酒礼的意义在于序长幼,别贵贱,以一种普及性的道德实践活动,成就孝悌、尊贤、敬长养老的道德风尚,以达到德治教化的目的。两汉王朝将组织乡饮酒礼、乡射礼作为地方官员的一项政治任务。史载:(汉)"明帝永平二年三月,上始帅群臣躬养三老、五更于辟雍。行大射之礼。郡、县、道行乡饮酒于学校,皆祀圣师周公、孔子,牲以犬。于是七郊礼乐三雍之义备矣。"①

此时的司马懿正值政治生涯的高峰,深受曹叡器重,赋予其征讨大权,以一年为限,平定叛贼公孙渊。司马懿责职之重、征伐时间之久,是曹魏立国以来不曾出现的。为了褒奖勉励司马懿,曹叡以皇帝的名义,下诏温县为司马懿举行乡饮酒礼。司马懿这次温县之行带有衣锦还乡的色彩,故这次乡饮酒礼的举行,规格之高、礼义之隆,颇有非同寻常之处。首先,这并非是地方政府自发举行的乡饮酒礼,而是奉皇帝诏令举办的。魏明帝特命其弟司马孚、其子司马师同往,并亲赐牛酒,表明了皇帝对这一活动的特别重视。其次,曹叡还敕令河内郡的郡守和典农中郎将及以下官员全部参加。按照汉代制度,郡守本应是乡饮酒礼的主持者,但这时却被降格为参与者。而司马懿却奉敕令,取代地方郡守,成为乡饮酒礼的主持者。

司马懿虽然荣归故里,但他十分重视乡里秩序,不敢以富贵骄

---

① 《后汉书》志第4《礼仪上》。

人。在受到了家乡父老热烈的欢迎后,他和大家一起畅叙别离之情,开怀"宴饮累日"。司马懿此次返乡,其意义实非寻常。汉献帝建安十三年(208),正届而立之年的司马懿离开家乡,出任曹操丞相府文学掾,至景初二年(238),司马懿官至三公之首的太尉,但他已是两鬓斑白的花甲老人了。司马懿自步入仕途后,离开家乡温县已整整三十年了,这是其被征召入仕后唯一一次返归故里。司马懿抚今追昔,不由感慨万千。于是,他写下了一生中唯一传世的一首四言诗,诗曰:

> 天地开辟,日月重光。
> 遭遇际会,毕力遐方。
> 将扫群秽,还过故乡。
> 肃清万里,总齐八荒。
> 告成归老,待罪舞阳。①

历史上富贵还乡的诗歌,有刘邦的《大风歌》最为著名:"大风起兮云飞扬,威加海内兮归故乡,安得猛士兮守四方。"司马懿的这首诗也卓尔不凡。诗的开篇两句,气势雄壮,大气磅礴,以开天辟地比喻曹魏代汉的重大历史事件。这其中既有肯定魏武扬鞭、平定群雄,魏文帝取代衰微汉室的一面,也抒发了自己出生入死,壮志得以寄托,平生抱负得以施展的豪情。其后四句,言自己受到朝廷的重用,在开创曹魏大业中承担重任、建功立业:击溃诸葛瑾、斩杀张霸、智擒孟达、拖垮诸葛亮。如今奉诏率军出征途中,路过家乡,以朝廷亲赐的谷帛美酒,宴请父老乡亲。"肃清万里,总齐八荒"两句可谓是虎视天下,气吞万里,应该是全诗的诗眼。这八个字意味深长。司马懿死后,其子孙继承他的遗志,扫清六合,混一宇内,只用了二十余年的时间,就"肃清万里,总齐八荒",完成了统一天下的大业。最后两句,其实是司马懿说给魏明帝听的,司马懿深知

---

① 《晋书》卷1《宣帝纪》。

功高不赏、权大震主的危险。高堂隆的临终遗嘱,影射司马懿是"鹰扬之臣",司马懿不会不知,但无论他作何种辩解都是徒劳的,甚至是愚蠢的。而在此处,司马懿巧妙地运用诗句:"告成归老,待罪舞阳",为自己作了辩护。待我有幸完成陛下交付的使命,我就告老回到封地——舞阳,①听候皇上您的处置。这话说得何等谨慎! 何等谦卑! 何等乖巧! 让魏明帝曹叡听了很受用。

五、临危制变,公孙授首

司马懿出兵前,公孙渊已知曹魏必来讨伐,故他已开始作准备。史载:"(公孙)渊知此变非独出(毌丘)俭,遂为备。遣使谢吴,自称燕王,求为与国。"②等到公孙渊获悉魏明帝派司马懿率大军前来征讨时,顿感形势十分严峻,于是放弃"求为与国"的计划,厚着脸皮,再次派使臣,"复称臣于吴,乞兵北伐以自救"。③ 吴国大臣深恨公孙渊反复无常,欲杀其使臣,以泄其恨。唯独太子中庶子羊衟认为"不可"。孙权问羊衟为何不可? 羊衟说:"斩杀逆贼公孙渊的使者固然能出恶气,可这样做仅是出了匹夫的怒气,而放弃了霸王之计,臣以为不如借此机会昭示陛下厚德,而出奇兵前往以观动静。如果魏国进攻公孙渊失败,那么我军远赴辽东解救,是恩结于远夷,义盖于万里;如果魏军和公孙渊相持不下,公孙渊首尾不能相顾,那我军正好进攻辽东,然后到处掳掠人口,满载而归,这样也足以让上天惩罚公孙逆贼,一雪往日之耻。"

孙权听了深以为是,他又问羊衟派谁领兵合适,羊衟毛遂自荐,愿意亲自带兵去辽东,又推荐了将军郑胄和孙怡。孙权当即批

① 司马懿被封为舞阳侯,舞阳县是其封地,该县位于今河南省中部,属漯河市辖县。
② 《三国志》卷8《公孙度传附公孙渊传》注引《魏书》。
③ 《三国志》卷8《公孙度传附公孙渊传》注引《汉晋春秋》。

准羊衙所请,并对公孙渊使者说:"请俟后问,当从简书,必与弟同休戚,共存亡,虽陨于中原,吾所甘心也。"[1]并装作十分关心地告诫公孙渊:"司马公善用兵,变化若神,所向无前,深为弟忧之。"[2]

对于孙权是否派兵救援公孙渊,明帝是十分担心的,他问护军将军蒋济:"孙权其救辽东乎?"蒋济说:"彼知官备以固,利不可得,深入则非力所能,浅入则劳而无获;权虽子弟在危,犹将不动,况异域之人,兼以往者之辱乎!今所以外扬此声者,谲其行人疑於我,我之不克,冀折后事已耳。然沓渚(今大连附近)之间,去渊尚远,若大军相持,事不速决,则权之浅规,或能轻兵掩袭,未可测也。"[3]

蒋济的分析是正确的。孙权对公孙渊是虚与委蛇、敷衍应付,辽东战事的发展进程及孙权所为,大致不出蒋济所料。直至赤乌二年(239)春三月,孙权派遣的督军使者羊衙、宣信校尉郑胄、将军孙怡统率的吴军才从海路赶到辽东。吴军到达后,辽东公孙渊已经被司马懿攻灭。司马懿在获知魏明帝病重的消息后率兵返回洛阳。此时的辽东防守薄弱,羊衙和郑胄、孙怡不甘无功返回,遂攻打魏海防城堡牧羊城(在今旅顺口铁山镇附近),击败魏国守将张持、高虑,然后分兵四处掳掠,俘获数千人口和各种战利品,从容回国。

司马懿统率的魏军经孤竹(今河北省卢龙县),越碣石(今河北省昌黎县),长途跋涉四千里,景初二年六月,来到辽水。辽水为我国古代六川之一,其名可查见于《山海经·海内东经》:"辽水出卫皋东,东南注渤海,入辽阳。"辽水是一条自北向南的大河,在其下游的东岸,有一自东向西的支流——大梁水。大梁水与辽水的交汇之处,是辽东的西部军事重镇辽隧城(故址在今辽宁省海

① 《三国志》卷8《公孙度传附公孙渊传》注引《汉晋春秋》。
② 《晋书》卷1《宣帝纪》。
③ 《三国志》卷14《蒋济传》注引《汉晋春秋》。

城市一带）。辽东郡首府襄平位于辽隧的东北方向一百里左右。从军事上看,辽隧西临辽水,控扼大河上下,据之则襄平可保,失之则襄平堪忧,可称得上是辽东郡的西门锁钥。

公孙渊得知司马懿大军来攻,急令将军卑衍、杨祚率步骑数万驻屯辽隧。卑衍、杨祚按照以往败丘俭的作战方式,加固工事,在辽水边作围堑(即战壕)二十余里,坚壁高垒,阻击魏军。魏军刚到辽东,士气正旺,胡遵、牛金等将领纷纷向司马懿请战,司马懿不同意,他对诸将说:"贼坚营高垒,欲以老吾兵也。攻之,正入其计,此王邑所以耻过昆阳也。"①所谓"王邑耻过昆阳"指的是西汉末年绿林军攻克昆阳后,王莽为扑灭以绿林军为主力的更始政权,征发天下精兵四十二万,以大司空王邑和大司马王寻为统帅,扑向昆阳。但是王邑骄狂轻敌,大军顿于坚城之下,久攻不克,士气大损。不久在刘秀所率领的援军攻击之下,王邑军被打败,全军覆没,此即是历史上著名的昆阳之战。司马懿对历史上的兵家掌故烂熟于胸,他引"王邑耻过昆阳"的典故,表明自己绝不会重蹈历史的覆辙,进攻敌军防守严密的围堑。

于是司马懿采用声东击西之计,先在南线多张旗帜,然后派遣一支小部队佯攻围堑,吸引敌军主力,司马懿却率领大军,以突袭的方式,迅速而隐蔽地渡过辽水。司马懿傍辽水作长围以自固,并作出直取公孙渊大本营襄平的态势,诸将不解,认为应该直接攻击辽隧之敌,司马懿说:"古人曰,敌虽高垒,不得不与我战者,攻其所必救也。贼大众在此,则巢窟虚矣。我直指襄平,则人怀内惧,惧而求战,破之必矣。"②

司马懿采取的是"攻其所必救"的战法,来调动辽东军,以便在运动战中消灭敌军。对司马懿变幻莫测的用兵之道,魏营将士

① 《晋书》卷1《宣帝纪》。
② 《晋书》卷1《宣帝纪》。

无不叹服。于是魏军大队人马离开辽隧,直奔襄平而去。卑衍等见魏军向襄平进军,顿时慌了手脚,于是率军紧紧追赶。在追赶途中,卑衍等人还指望与襄平城内守军里应外合,一举歼灭围攻襄平的魏军。

然而,司马懿用兵神出鬼没。他在进军襄平路上又突然杀了个回马枪。原来,司马懿虽然剑指襄平,其意却在辽隧。他深知,若不歼灭辽隧守军,魏军围困襄平必将腹背受敌,陷于被动。司马懿之所以抢渡辽水,袭击敌军的背部,并在辽隧后方毁船焚桥,"傍辽水作长围,弃贼而向襄平",①都是为了引蛇出洞。当得知辽隧守军倾巢出动,尾随魏军而来时,司马懿兴奋地对诸将说:"所以不攻其营,正欲致此,不可失也。"②于是司马懿指挥牛金、胡遵等将领对辽隧军迎头痛击。卑衍、杨祚等人猝不及防,被打得溃不成军,只得率领残部退回襄平。司马懿三战三捷,大获全胜,于是乘胜进军至首山(今辽阳市辽阳县首山镇),公孙渊不甘心失败,"复遣卑衍等迎军殊死战"。司马懿"复击,大破之,遂进军造(襄平)城下",③将襄平城团团围住,准备在此处全歼公孙渊军。

司马懿大军来到襄平城下已是初秋七月,雨季来临,辽东大雨不止,辽水暴涨,平地水深数尺。魏军运输粮草的船自辽口(辽河注入渤海处)一直抵达襄平城下,很是方便。但是大雨一连下了一个多月,给驻扎在平地上的魏军带来很大的困难。由于魏军都泡在雨水之中,行坐不安。将士们深感不便,纷纷要求迁徙营地,将营寨移至高处。司马懿严令:"军中敢有言移徙者斩!"都督令史张静置司马懿军令而不顾,竟然将自己的营帐移至高处。司马懿为严肃军纪,当即将其处斩,全军凛然,再也不敢违抗军令。

---

① 《晋书》卷1《宣帝纪》。
② 《晋书》卷1《宣帝纪》。
③ 《三国志》卷8《公孙度传附公孙渊传》。

由于连日大雨,魏军无法将襄平城团团围困,公孙渊乘机派兵出城樵采、放牧,魏军将领主张消灭出城的敌军,司马懿不同意。司马陈珪对司马懿说:"昔攻上庸,八部并进,昼夜不息,故能一旬之半,拔坚城,斩孟达。今者远来而更安缓,愚窃惑焉。"司马懿回答说:

> 孟达众少而食支一年,吾将士四倍于达而粮不淹月,以一月图一年,安可不速?以四击一,正令半解,犹当为之。是以不计死伤,与粮竞也。今贼众我寡,贼饥我饱,水雨乃尔,功力不设,虽当促之,亦何所为。自发京师,不忧贼攻,但恐贼走。今贼粮垂尽,而围落未合,掠其牛马,抄其樵采,此故驱之走也。夫兵者诡道,善因事变。贼凭众恃雨,故虽饥困,未肯束手,当示无能以安之。取小利以惊之,非计也。①

司马懿为何要采取缓兵之计?因为遇上连日的大雨,道路泥泞,魏军无法完成对襄平的四面合围。如果强攻,公孙渊为保存实力,就可能突围,放弃襄平。如果公孙渊主动撤退,给魏军留座空城,然后再利用地形之便不断骚扰魏军,司马懿就不可能在短时间内歼灭辽东军。一旦孙吴援兵到达,形势就会发生变化,司马懿平定辽东的战略计划就要落空。

司马懿的担心不是多余的,坐困襄平城中的公孙渊虽然没有逃跑,但辽东地区的连日大雨却引起曹魏大臣们的惶恐不安,他们援引曹真伐蜀的先例,纷纷奏请魏明帝召还司马懿。魏明帝遇事不乱,沉着冷静,对司马懿平定辽东充满信心。他对群臣说:"司马懿临危制变,擒(公孙)渊可计日待也。"②驳回了召还司马懿的动议。

到了八月,天开始放晴。雨停之后,魏军对襄平城的包围圈合

---

① 《晋书》卷1《宣帝纪》。
② 《三国志》卷3《明帝纪》。

拢,司马懿立即在城周围堆起土丘,挖地道,造望楼,准备了盾牌、钩刀、大量的石块,用冲车攻城。魏军昼夜不停地对襄平城发起猛烈攻击,弩箭、发石如雨一般射向城楼,公孙渊又怕又急。此时城中粮食将尽,公孙渊军心动摇,杨祚等将领出城投降。一天晚上,一颗长约数十丈的大流星,从首山的东北面坠入襄平城的东南面,城中愈发惊恐不安。

公孙渊派他的相国王建、御史大夫柳甫出城,请司马懿解围退兵,然后他自己出城"面缚"向司马懿请罪。这种拙劣的缓兵之计,对于司马懿而言如同痴人说梦,司马懿立即下令,将王建、柳甫斩首,并传檄文通告公孙渊:

> 昔楚郑列国,而郑伯犹肉袒牵羊而迎之,孤为王人,位则上公,而建等欲孤解围退舍,岂楚郑之谓邪?二人老耄,必传言失旨,已相为斩之。若意有未已,可更遣年少有明决者来。

公孙渊看了司马懿的檄文,又气又恼,但无计可施,只好派侍中卫演再到魏军营中。司马懿对他说:

> 军事大要有五,能战当战,不能战当守,不能守当走,余二事惟有降与死耳。汝不肯面缚,此为决就死也,不须送任。[①]

八月二十三日,司马懿攻破襄平城,公孙渊、公孙修父子率领数百名骑兵突围,往东南方向逃遁,司马懿亲率骑兵追杀,魏军在梁水(辽河支流)附近追上公孙渊父子,将其斩首。公孙渊被斩处恰好在数日前流星坠落的地点。司马懿立即将公孙渊首级送至洛阳,以向魏明帝和朝廷报喜。据《三国志·公孙渊传》记载:"初,(公孙)渊家数有怪,犬冠帻绛衣上屋,炊有小儿蒸死甑中。襄平北市生肉,长围各数尺,有头目口喙,无手足而动摇。占曰:'有形不成,有体无声,其国灭亡。'"这些记载虽然近似荒诞无稽,但也

---

① 《晋书》卷1《宣帝纪》。

从一个角度表明,公孙渊自称燕王,妄图建立三国之外的第四国,实在是自不量力,其灭亡乃是咎由自取。

魏明帝令司马懿征讨辽东的同时,又任命刘昕为带方郡太守、鲜于嗣为乐浪郡太守,形成三路合围辽东的态势。刘昕、鲜于嗣从青州出兵越海收乐浪、带方,以策应司马懿对襄平的进攻。刘昕、鲜于嗣军进展顺利,很快就平定二郡。另外,鲜卑首领莫护跋从北面攻入辽东腹地,高句丽军也从东面猛攻玄菟郡。八月底,辽东、带方、玄菟、乐浪四郡全被平定,盘踞辽东近五十年的公孙氏政权彻底覆灭,辽东所辖的四万民户,三十多万人口,全都纳入曹魏王朝户籍。

六、司马懿平辽东的历史功过

司马懿入城以后,大开杀戒。他"立两标以别新旧"。城中十五岁以上的男子七千余人全部被处死,公孙渊建立的燕国被曹魏视作伪燕,燕国"伪公卿已下皆伏诛,戮其将军毕盛等二千余人"。[1] 司马懿又"斩相国以下首级以千数"。[2] 一时间,襄平城中,尸积如山,血流漂杵,一片恐怖景象。司马懿将被斩杀者的尸首筑成一个高大的坟墓,名之曰"京观",以彰显其武功。

对于司马懿在辽东的"大行杀戮"如何看待?无外乎二种观点:一是认为司马懿凶残暴虐,二是认为司马懿若不将公孙渊党羽除掉,就很容易死灰复燃。笔者认为,此事无须溢言虚美,也不必隐恶。但必须要说明的是"京观"及"屠城"是汉魏时期较为普遍的社会现象。

张岱《夜航船》曰:"京观:京,谓高丘也;观,阙型也。古人杀

---

① 《晋书》卷1《宣帝纪》。
② 《三国志》卷8《公孙度传附公孙渊传》。

贼,战捷陈尸,必筑京观,以为藏尸之地。古之战场所在有之。"又据《左传》记载,春秋时,楚庄王的军队在邲(今河南武陟东南)战胜了强大的晋军。潘党对楚庄王说:"君盍筑武军,而收晋尸以为京观。臣闻克敌必示子孙,以无忘武功。"[①]这里所说的"京观"又叫"武军",就是将敌军的尸体堆在道路两旁,盖土夯实,形成金字塔形的土堆。古代又将残杀战俘称作"阬","阬"字的原义是高大的门楼,而"观"与"阙"相通,也有门楼的意思。"阬"与"坑"又可通用,也往往写作"坑"。史书上说的"坑"一般都是指这种残杀敌军战俘,堆在道路两旁,覆土以成小丘来显示军威、威慑敌人,而不一定是挖大坑活埋战俘。

汉魏史书中都有京观的记载,如《史记》中的长平之战白起坑杀赵卒四十万,项羽于新安(今河南义马市二十里铺一带)坑杀秦军二十万。东汉光和七年(184),中郎将皇甫嵩打败黄巾军,俘杀十余万人。皇甫嵩将十余万人的尸骨筑成了"京观"。魏景元四年(263),魏征西将军邓艾率军伐蜀,偷渡阴平后,在绵竹和蜀将诸葛瞻激战,大破蜀军。邓艾灭蜀后,让人在绵竹堆积蜀兵尸体建造京观,用来彰显自己的战功。

至于屠城则更是汉魏时期的常见现象。东汉开国功臣耿弇战功显赫,史书在总结耿弇的军事生涯时,用一句话进行了概括:"弇凡所平郡四十六,屠城三百,未尝挫折。"[②]陈寿对曹操作出了高度评价,称他是"非常之人,超世之杰",[③]但曹操的另一面却是杀人如麻,称其为"屠伯"也不为过。初平四年(193),曹操为报杀父之仇,攻打徐州,"过拔取虑、睢陵、夏丘,皆屠之。凡杀男女数十万人,鸡犬无余,泗水为之不流,自是五县城保,无复行迹。初,

① 《左传·宣公十二年》。
② 《后汉书》卷19《耿弇列传》。
③ 《三国志》卷1《武帝纪》陈寿评曰。

三辅遭李傕乱,百姓流移依(陶)谦者皆歼"。① 在曹操征战过程中,凡曹军攻破城邑,他就实施屠城,不仅全城丁壮被戮,即使妇孺亦不能幸免。建安十二年(207),曹操"征三郡乌丸,屠柳城"。②曹操又下令,"凡围而后降者不赦,以示威天下"。③ 即敌方必须在曹操大军包围城池前放弃抵抗,否则即使投降也照杀不误。曹操手下大将也多有屠城记载。如夏侯渊"督徐晃击太原贼,攻下二十余屯,斩贼帅商曜,屠其城"。④ 建安二十四年(219),宛城守将侯音与吏民共叛乱,曹操遣行征南将军曹仁率军征讨侯音,曹仁攻破宛城后,"屠宛,斩侯音"。东吴孙权也有屠城的记载,孙策死后,庐江太守李术不肯臣服孙权,孙权大怒,建安六年(201),"举兵攻李术於皖城。术闭门自守,求救於曹公。曹公不救。粮食乏尽,妇女或丸泥而吞之。遂屠其城,枭术首,徙其部曲三万余人"。⑤ 建安十三年(208),孙权征讨江夏太守黄祖,"都尉吕蒙破其前锋,而凌统、董袭等尽锐攻之,遂屠其城"。⑥

　　屠城和京观虽然是汉末三国时期战争中常有之事,但在三国后期已不多见,其原因是由于汉末战争频仍,以及灾荒、疾疫的不断爆发,已导致全国人口大幅度的减少。据《晋书》卷十四《地理志》载:东汉"桓帝永寿三年(157),户千六十七万七千九百六十,口五千六百四十八万六千八百五十六"。而到"三国鼎峙之时,天下通计户一百四十七万三千四百二十三,口七百六十七万二千八百八十一",其中"魏氏唯有户六十六万三千四百二十三,口有四百四十三万二千八百八十一"。⑦ 三国之中,魏国最为强大,占有

① 《后汉书》卷73《陶谦列传》。
② 《三国志》卷8《公孙度传附公孙康传》。
③ 《三国志》卷14《程昱传》注引《魏书》。
④ 《三国志》卷9《夏侯渊传》。
⑤ 《三国志》卷47《吴主传》注引《江表传》。
⑥ 《三国志》卷47《吴主传》。
⑦ 《通典》卷7《食货·历代盛衰户口·丁中》。

东汉十三州疆域的九州。如此广袤的面积,而人口不过只有区区443万,按陈群所言:"今丧乱之后,人民至少,比汉文、景之时,不过一大郡。"①人口减少到了令人吃惊的程度。残酷的历史教训使三国统治者深切地感受到人力资源的匮乏,若要发展经济、提高生产力、扩充军队,必须增加人口已成为时代的迫切要求。因此魏晋之际的统治者已经改变了以往的做法,大大减少了战争中的杀戮,屠城现象已明显减少。②

襄平虽是辽东郡的治所,但辽东共有十八个县,鼎盛时期辽东的总人口也只有二十七万,以此推算,一个县不过一万多人口。襄平作为辽东郡的首县,人口可能会多一些,但至多不会超过二万五千。司马懿攻克襄平之后,"男子年十五已上七千余人皆杀之,""戮其将军毕盛等二千余人",共计杀戮万余人,实际上除了妇女及童稚外,襄平城的成年男子已全部被司马懿所杀,这与屠城几无区别。毫无疑问,司马懿如此大规模的屠杀,是世人诟病他的主要原因之一。

司马懿入城后,除了血腥镇压公孙渊及其党羽外,对受公孙渊迫害者进行了安抚和平反。司马懿释放了当年被公孙渊囚禁的公孙恭。在古代一人谋逆,株连三族的情况下,司马懿对公孙氏家族

---

① 《三国志》卷22《陈群传》。同传裴松之案:"汉书地理志云:元始二年,天下户口最盛,汝南郡为大郡,有三十余万户。"

② 《三国志》卷14《程昱传》注引《魏书》载:"田银、苏伯等反河间,遣将军贾信讨之。贼有千余人请降,议者皆以为宜如旧法,昱曰:'诛降者,谓在扰攘之时,天下云起,故围而后降者不赦,以示威天下,开其利路,使不至於围也。今天下略定,且在邦域之中,此必降之贼,杀之无所威惧,非前日诛降之意。臣以为不可诛也;纵诛之,宜先启闻。'众议者曰:'军事有专,无请。'昱不答。文帝起入,特引见昱曰:'君有所不尽邪?'昱曰:'凡专命者,谓有临时之急,呼吸之间者耳。今此贼制在贾信之手,无朝夕之变,故老臣不愿将军行之也。'文帝曰:'君虑之善。'即白太祖,太祖果不诛。"

能区别对待,也算是网开一面了。① 公孙渊反叛时,其部将纶直、贾范苦苦劝谏,公孙渊不听,反将他们杀害。司马懿为纶直、贾范修建了坟墓,并表彰他们的后代。司马懿又下令说:"古之伐国,诛其鲸鲵而已,诸为(公孙)文懿所诖误者,皆原之。中国人欲还旧乡,恣听之。"②

这时,辽东的天气已经转凉,司马懿军中有的士卒衣单寒冷,请求司马懿发给短袄。此时仓库中存有许多短袄,有人建议将短袄发给军士。司马懿不同意,他说:"短袄是公家的物品,人臣不能私自动用。"但为了表示对士卒的关怀,司马懿上奏朝廷,免除一千多名六十岁以上老兵的兵役,并将战死在辽东战场上将士的灵柩送返家乡。

综观整个辽东之战,与司马懿战前的预判毫无二致。司马懿从朝堂庙算到挥师出洛阳,再到长途跋涉四千余里,然后与公孙渊军鏖战,最后围城、破城,斩杀公孙渊,整个过程一气呵成,一切皆在其运筹与庙算之中,堪称是一次教科式的用兵。

八月底,司马懿率大军凯旋班师,回到幽州的治所蓟县(今北京市西南),魏明帝派使者到蓟县去犒劳部队。增封司马懿食昆阳县(今河南叶县),连同之前所封的舞阳县,司马懿食邑有二县。在曹魏异姓侯中,有二县封邑者唯司马懿一人。司马懿之外,牛

---

① 汉魏时期,凡谋逆者,皆诛夷三族。作为"任子"的公孙晃于其弟公孙渊反叛前就"数自表闻,欲令国家讨渊"。可谓是大义灭亲。"及渊叛,遂以国法系晃……渊首到,晃自审必死,与其子相对啼哭。"(《三国志》卷8《公孙度传附公孙渊传》注引《魏略》)廷尉高柔上书魏明帝,为其求情:"臣窃闻(公孙)晃先数自归,陈(公孙)渊祸萌,虽为凶族,原心可恕。夫仲尼亮司马牛之忧,祁奚明叔向之过,在昔之美义也。臣以为晃信有言,宜贷其死",然而曹叡不肯赦免,"竟遣使赍金屑饮晃及其妻子,赐以棺、衣,殡敛于宅"。(《三国志》卷24《高柔传》)公孙晃与其妻孥仍难逃一死。司马懿平辽东后,释公孙恭而不诛,亦可谓是法外施恩了。

② 《晋书》卷1《宣帝纪》。

金、胡遵、毌丘俭等众将士也各有封赏。

平定辽东使司马懿在魏朝的声望如日中天，司马懿战功虽不能同曹操相提并论，但在魏晋之际也十分辉煌，至少在曹魏群臣中无人可望其项背。曹芳即位时，迁升太尉司马懿为太傅。曹芳下"丁丑诏曰：太尉体道正直，尽忠三世，南擒孟达，西破蜀虏，东灭公孙渊，功盖海内。"[1]司马懿凭借这三大战功，在曹魏朝廷中，已"功盖海内"。其中"东灭公孙渊"，是司马懿军事生涯中的得意之笔，与刘颂提到的"宣帝定燕"联系起来看，司马懿平辽东是西晋"龙兴"的关键战役之一。

司马懿平辽东也成为晋室夸耀先祖功业的事件之一。《晋书·乐志下》就收录了《征辽东》："征辽东，敌失据，威灵迈日域。公孙既授首，群逆破胆，咸震怖。朔北响应，海表景附。武功赫赫，德云布。"

魏晋时期文学家孙楚称颂此战说："昔公孙氏承藉父兄，世居东裔，拥带燕胡，凭陵险远，讲武游盘，不供职贡，内傲帝命，外通南国，乘桴沧海，交酬货贿，葛越布于朔土，貂马延于吴会；自以控弦十万，奔走之力，信能右折燕齐，左震扶桑，辁轹沙漠，南面称王。宣王薄伐，猛锐长驱，师次辽阳，而城池不守；枹鼓暂鸣，而元凶折首。于是远近疆场，列郡大荒，收离聚散，大安其居，众庶悦服，殊俗款附。自兹以降，九野清泰，东夷献其乐器，肃慎贡其楛矢，旷世不羁，应化而至，巍巍荡荡。"[2]

从整个战役的进程来看，辽东之战基本上皆在司马懿的掌控之中。为什么司马懿能取得完胜呢？我们不妨对司马懿辽东之战的用兵策略作一简单分析。

第一，知己知彼，料敌如神。司马懿未出兵前，与魏明帝的

① 《三国志》卷4《齐王芳纪》。
② 《晋书》卷56《孙楚传》。

《庙堂对》，虽然言简意赅，但对敌情判断得极为准确。司马懿临行前，魏明帝询问此战需用多少时间。司马懿计算后回答，去百天，回百天，攻百天，休息六十天，一年足够了，其精确算出平辽东作战的时间表，表明他已全局在胸，最终果如其言。这说明，司马懿用兵，十分重视数量上的计算，把数字同军事更紧密地结合起来。

司马懿又分析公孙渊应对魏军征伐有上中下三策。其所以判定公孙渊不敢实施上策，是因为他把公孙渊看透了。公孙渊志大才疏，狂妄自负，自信有能力割据称王，故他绝不会放弃公孙氏家族经营数十年的辽东郡首府——襄平。如此一来，公孙渊必然以辽水为屏障，和魏军对抗。司马懿对公孙渊的性格，辽东的兵力，辽东军的战斗力，辽东的地理环境，以及辽东储备的军粮等都已了如指掌。可见，他在出征辽东前早已做了充分的准备，采取了正确的战略战术，故能克敌制胜。

第二，声东击西，迂回穿插。当辽东军大将卑衍、杨祚依仗辽水的天然屏障，深沟高垒，"围堑二十余里"时，司马懿不采取正面强攻的策略，而是长途奔袭，绕道而行，突然出现在辽隧的后方，并作出直取公孙渊老巢襄平的态势，这就达到了引蛇出洞的目的。卑衍等人唯恐襄平有失，急忙追赶魏军，结果中了司马懿围魏救赵的调虎离山之计，司马懿在运动战中消灭了大部分敌军。司马懿的迂回战术在世界的战争史上也多次被运用。例如，第一次世界大战前，法国曾在法德、法意边境建造了一条坚不可摧的马其诺防线，自以为可以高枕无忧，未曾料到德国军队出其不意，攀越阿登山区，从北边取道比利时绕开马其诺防线，迅速攻占法国。德法这场经典战役与1700多年前的司马懿绕开固若金汤的辽隧防线直取襄平之战相比，何其相似乃尔。司马懿的奇兵大纵深迂回穿插战术，在中国古代战争史上留下了浓墨重彩的一笔。

第三，灵活多变、迟缓有度。司马懿把军粮多少，作为决定速决还是持久作战的重要根据。司马懿攻打上庸之所以采取速决战，是考虑到孟达兵少，但粮食可支持一年，自己将士虽然四倍于孟达，但粮食不足一月，认为以一月图一年，不可不速。所以不计将士的死伤，强攻上庸。司马懿攻打襄平时，情况正好与上庸之战相反。本着擒贼先擒王的目的，司马懿置辽东其他地区于不顾，全军宛若一把尖刀，直插辽东心脏——襄平。但不巧的是，辽东地区连降大雨，这是司马懿始料不及的。但司马懿并不照搬以往速战速决消灭孟达的旧教条，而是根据敌军兵多粮少、魏军兵少粮多、围城工事尚未合拢的实际情况，缓攻襄平。司马懿利用敌人凭恃兵多、城坚、雨大、不肯束手就擒的心理，暂不进攻，佯示无能，以防止公孙渊决策逃跑。等到雨停围合、城内粮尽，饥困交加之后，司马懿不失时机，发动猛攻。魏军将士在养精蓄锐后，士气旺盛，战斗力倍增，遂一鼓作气地攻克了襄平城。

司马懿平辽东之战，堪称经典战例，常被后世兵书所引用。明代著名军事家刘基所撰的《百战奇略》称此战曰："凡兴师深入敌境，若彼坚壁不与我战，欲老我师，当攻其君主，捣其巢穴，截其归路，断其粮草，彼必不得已而须战，我以锐卒击之，可败。法曰：'我欲战，敌虽深沟高垒，不得不与我战者，攻其所必救也。'"[①]王夫之说："魏伐辽东，蜀征南中，一也，皆用兵谋国之一道也……诸葛之略，司马之智，其密用也，非人之所能测也。"[②]明代军事家刘基、清代思想家王夫之对司马懿的用兵方略都作出了极高的评价。

---

① （明）刘基：《百战奇略》卷8《必战》，三秦出版社2008年。
② （清）王夫之：《读通鉴论》卷10之17。

第十二章　再任辅臣：与曹爽的
政治博弈

一、魏明帝的"寡人之疾"

对曹魏而言,景初二年(238)是个多事之秋。八月,司马懿经过长途跋涉,数次恶战,很不容易地平定了割据辽东近五十年的公孙氏政权。正在曹魏举国欢庆之时,不料仅仅隔了数月,到是年十二月,魏明帝曹叡竟然病重不起。对于人生而言,生老病死本不足为奇,问题是此时的曹叡春秋鼎盛,只有三十五岁。[①] 曹叡生了什么病? 为何年富力壮之时就病入膏肓呢? 史书并没有这方面的记载,只能作一简单的揣测。

导致曹叡英年早逝的原因,极有可能与他追求奢靡,贪恋女色,纵欲过度有关。据《三国志·后妃传》记载,曹操建魏国,在王后之下分五等:夫人、昭仪、婕妤、容华、美人。曹丕称帝,又增设贵嫔、淑媛、修容、顺成、良人五等。魏明帝曹叡继位,兴建宫室,广纳姬妾,他省去顺成,却增设淑妃、昭华、修仪三等。自此,魏明帝于皇后之下共设十二个等级,远远突破了周礼所规定的"三夫人、九嫔、二十七世妇、八十一御妻"的模式。除了有爵秩的妃嫔之外,曹叡后宫之中的女官、宫女竟然多达数千之众。其"耽于内宠,妇

---

① 《三国志》卷3《明帝纪》注引:"臣(裴)松之按:魏武以建安九年八月定邺,文帝始纳甄后。明帝应以十年生,计至此年正月,整三十四年耳。时改正朔,以故年十二月为今年正月,可强名三十五年,不得三十六也。"

官秩石拟百官之数";①"自贵人以下至尚保,及给掖庭洒扫,习伎歌者,各有千数。……又录夺士女前已嫁为吏民妻者,还以配士。既听以生口自赎,又简选其有姿色者内之掖庭"。② 明帝朝宫人数量几乎和朝廷的官员相当。曹叡还任命女尚书六人处理官员所上的奏章,认为妥当可行的,就"画可",代替皇帝批准。曹叡纵欲过度,引起了朝臣们的关注和不安。廷尉高柔上书规劝曹叡:"《周礼》,天子后妃以下百二十人,嫔嫱之仪,既以盛矣。窃闻后庭之数,或复过之,圣嗣不昌,殆能由此。臣愚以为可妙简淑媛,以备内官之数,其余尽遣还家。"③高柔的忠言,曹叡大觉逆耳,哪里听得进去,故还是我行我素。

曹叡病重时,宫中御医千方百计为他治疗,然而,药石无效,其病势日渐沉重,御医们都束手无策。无奈之下,堂堂一国之君竟然荒唐到请女巫来给自己治病。原来,早在青龙三年(235),寿春某农夫之妻自称自己是天神派遣,应居住在皇宫之中,为皇家祛灾辟邪,纳福增寿。她取水给犯病的人喝,饮者多能治愈。曹叡于是专门为她在后宫修筑了宫殿,又下诏褒扬她的才能,特别地宠信。等到曹叡病重,饮她的泉水却不见效,一怒之下,曹叡下旨将她处死。

由于纵欲过度,曹叡虽"广采众女,充盈后宫",但"后宫皇子连夭,继嗣未育"。④ 无奈之下,他秘密收养了两个养子——曹芳和曹询,封曹芳为齐王,曹询为秦王。曹叡崩逝时,曹芳只有八岁,曹询九岁,据说芳、询两人都是曹叡堂弟曹楷之子,而曹楷是曹丕之弟曹彰之子。但《魏氏春秋》曰:"或云任城王楷子。""或"是一个模棱两可之字,换而言之,就是有可能而已。所以曹芳、曹询血脉不详,身世扑朔迷离。故陈寿只能说:"宫省事秘,莫有知其所

---

① 《资治通鉴》卷73,"青龙三年"条。
② 《三国志》卷3《明帝纪》注引《魏略》。
③ 《三国志》24《高柔传》。
④ 《三国志》24《高柔传》。

由来者。"①经过再三思虑,曹叡决定由齐王曹芳继承大统。曹叡没有子嗣,按理说,他应从父祖后嗣中择立贤长者,但他却收养了两个婴儿。导致曹芳即位时年幼,如何能担负起外对吴、蜀,内驭权臣的艰巨重任呢? 陈寿在《三国志·三少帝纪》评论此事曰:

> 古者以天下为公,唯贤是与,后代世位,立子以适;若适嗣不继,则宜取旁亲明德,若汉之文、宣者,斯不易之常准也。明帝既不能然,情系私爱,抚养婴孩,传以大器,托付不专,必参枝族,终于曹爽诛夷,齐王替位。

陈寿首先指出曹叡应择立有为的长君,是极中肯的。他又指责曹叡对司马懿托付不专,一定要在司马懿头上加上一位曹氏宗族,致使两位辅臣争权内讧,其用意颇为深刻委婉。因陈寿为晋臣,不得不如此措辞。其实陈寿的真实意图是认为曹叡既已令曹爽辅政,就不宜再让异姓枭雄司马懿参与,以致造成后来"曹爽诛夷,齐王替位"的结局。

必须说明的是,在确定辅政大臣这件事上,曹叡是煞费苦心,内心非常纠结的。此事几经反复,多次博弈,才确定以曹爽和司马懿为辅政大臣。以下我们将对魏明帝如何安排辅臣的过程展开论述。

二、刘放、孙资左右辅政班子人选

曹叡考虑,当初自己登基时,已经是二十三岁的成年人了,但父皇曹丕仍不放心,给自己安排了四位辅政大臣。而今曹芳年幼,只有八岁,完全是个乳臭未干的孩子。若没有才能出众,又效忠于曹氏的大臣的辅佐,曹魏江山社稷就可能旁落于他人之手。景初二年十二月下旬,也就是曹叡病逝前夕,明帝正式公布了他思考了

---

① 《三国志》卷4《齐王芳纪》。

很久的辅政大臣名单:"帝以燕王曹宇为大将军,使与领军将军夏侯献、武卫将军曹爽、屯骑校尉曹肇、骁骑将军秦朗等对辅政。"①从中可见,最初的辅政大臣共有五人,以下我们对这五人作一简介:

曹宇,字彭祖,是曹操与环夫人之子,邓哀王曹冲同母兄弟。黄初二年(221),进为公爵。黄初三年,为下邳王。黄初五年,改封单父王。魏明帝曹叡年少时,颇与曹宇亲近。史载曹叡"与宇同止,常爱异之"。②明帝即位后,宠幸曹宇,晋其爵为燕王。景初二年冬十二月,曹叡病势沉重,拜曹宇为大将军,为首辅大臣,并嘱以后事。

夏侯献(夏侯惇族子,一说为夏侯霸之子),沛国谯县人,为曹操宗族中人,官至中领军、领军将军。曾与夏侯玄领兵伐蜀,进攻汉中,被蜀汉大将王平击败。

曹爽,字昭伯,沛国谯县人,大司马曹真长子。曹爽体态肥胖,自少以宗室身份出入宫廷,谨慎持重。曹叡即位后任其为散骑侍郎,累迁城门校尉,加散骑常侍,转任武卫将军,其父曹真逝世后,曹爽袭封邵陵侯。

曹肇,字长思,沛国谯县人。大司马曹休之子。容貌俊美,有才气,深得魏明帝宠信,官至散骑常侍、屯骑校尉。

秦朗,字元明,小字阿苏(一作阿鳜),新兴(治今山西忻州)云中人。秦朗为吕布部将秦宜禄之子。下邳城被曹操攻破后,其母杜氏被曹操纳为小妾,秦朗随母住在曹府。当时尹夫人所带来的孩子何晏也一同收养在曹府,与行事无所忌惮的何晏不同,秦朗言行谨慎低调。曹操很喜欢秦朗,"每坐席,谓宾客曰:世有人爱假子如孤者乎?"③秦朗长大后四处游历。但在曹操、曹丕时代没有

① 《三国志》卷3《明帝纪》注引《汉晋春秋》。
② 《三国志》卷20《燕王宇传》。
③ 《三国志》卷3《明帝纪》注引《魏氏春秋》。

担任官职。直至太和元年(227)曹叡即位后,秦朗才被任命为骁骑将军、给事中,并且经常伴随曹叡出行。每次询问、召见他,曹叡都呼他的小名"阿苏"。秦朗有一定的军事才能。明帝时,秦朗奉命征讨鲜卑轲比能和步度根,获得胜利。后来,又奉诏率二万魏军增援司马懿,抗击诸葛亮。

从这张辅政大臣的名单中,我们可以一目了然地看到,除秦朗之外,辅政大臣几乎是清一色的曹氏宗族中人。秦朗虽非曹氏宗室,但他自幼生活在曹府之中,是曹操最喜欢的养子,所以其身份和曹氏宗室差不多。事实上,这张辅政大臣名单非常出格,完全出乎人们的意料,可以说曹叡完全没有按照常规出牌。

其一,曹魏对宗室历来防范甚严。经历了曹操晚年储位之争的曹丕对自己的两位同母弟曹植、曹彰一直无法释怀。黄初元年,曹丕刚践祚,就下令诸宗室离开都城,前往封地。不久又将宗室诸郡王改封为县王。所封之王爵多为"虚封",诸王并无领民、征收赋税之权,领兵更是无所指望。① 陈寿曾言:"魏氏王公,既徒有国土之名,而无社稷之实,又禁防壅隔,同於囹圄;位号靡定,大小岁易;骨肉之恩乖,常棣之义废。"②朝廷还严禁宗室与士人有任何交往。魏文帝在世时,规定凡宗室亲王均不得担任辅政大臣。魏明帝时,对宗室管束稍有松弛,但"藩王不得朝觐。魏明帝时,有朝者皆由特恩,不得以为常"。③

---

① 曹植曾上《求自试表》,表曰:"伏见先武皇帝武臣宿将,年者即世者有闻矣。虽贤不乏世,宿将旧卒,犹习战陈,窃不自量,志在效命,庶立毛发之功,以报所受之恩。若使陛下出不世之诏,效臣锥刀之用,使得西属大将军,当一校之队,若东属大司马,统偏舟之任,必乘危蹈险,骋舟奋骊,突刃触锋,为士卒先。虽未能禽权馘亮,庶将虏其雄率,歼其丑类,必效须臾之捷,以灭终身之愧,使名挂史笔,事列朝策。虽身分蜀境,首县吴阙,犹生之年也。"(《三国志》卷19《陈思王植传》)曹植上书后,朝廷置之不理。
② 《三国志》卷20《武文世王公传》陈寿评曰。
③ 《晋书》卷21《礼志下》。

其二，曹操的用人政策向来是"唯才是举"，操曾言："治平尚德行，有事赏功能。"曹丕给曹叡安排的辅政大臣皆为才能卓绝之士。其中曹休、曹真虽为宗室，但也是久经沙场，多立战功的宿将老臣。曹叡所任命的五位辅臣，除了秦朗稍有战功外，其余四人均默默无闻。若赋予辅政大权，必不堪重任。曹叡不顾祖制，以曹宇为大将军，不仅表明他对曹宇的特殊宠信，而且也说明他已不再把"唯才是举"的用人政策放在心上，而将宗室藩王视作最可依赖的力量。

曹叡为何要破坏"先帝诏敕，藩王不得辅政"①的祖制，重用宗室呢？可以断定，曹叡所拟定的这张辅政大臣名单，并非是他病昏了头，心血来潮，而是经过他的内心挣扎和博弈而决定的。按照常规思路，首席辅臣非资历最老、功劳最大、声望最高的司马懿莫属。即便不是首席辅臣，最起码也应列入辅臣名单之中，何况司马懿早在十多年前，就已担任辅臣之职。但曹叡为何要将这位三世老臣排斥在外呢？笔者认为，其中的奥秘并不难理解。司马懿虽然韬光养晦，谦冲内敛，恪尽职守，但毕竟是异姓，他出仕曹魏已历三世，屡建奇勋，已有功高震主之嫌。当年曹植的上书、高堂隆的遗言、陈矫的暗示，都迫使曹叡不得不面对一个现实的问题，即如何对待司马懿这个功高不赏的老臣。曹叡的原计划是将司马懿调离他长期据守的关中，再逐渐削弱他的兵权。但是，自己的病情突然恶化，使得曹叡没有足够的时间来完成这个温水煮青蛙的计划。大限将至，逼迫曹叡必须当机立断。权衡再三之后，曹叡拟定了这份纯粹由曹氏宗亲以及曹氏养子所组成的辅政大臣名单，以干脆利落的手段，将司马懿的权力截断在曹叡时代，不留后患给子孙。

十二月辛巳，燕王曹宇被请进朝，担任大将军，开府治事。其他四位辅臣也都一齐上位。不可否认，由于曹叡的病来得太突然，

---

① 《三国志》卷3《明帝纪》注引《汉晋春秋》。

对于辅政班子的安排,曹叡也没有经过仔细推敲。所以在他内心深处,仍然有些犹豫和忐忑不安。正因为如此,以曹宇为首的辅政班子执政才数日,就被免除职务。史载,"帝寝疾不豫,辛巳……以燕王宇为大将军,甲申免,以武卫将军曹爽代之"。[①] 卢弼《三国志集解》在此下注云:"拜免仅四日。"曹宇等四位辅臣成为中国历史上最短命的辅政班子。令人困惑的是,为何四天之后会出现一百八十度的形势大逆转呢? 解开这个疑团就涉及两个关键人物——刘放和孙资。

刘放,字子弃,涿郡人。他在东汉末年举孝廉入仕。后投奔曹操,历任参司空军事、主簿记室。刘放才华横溢,写得一手好文章,是曹操的"文胆"。孙资,字彦龙。太原中都(今山西平遥)人。孙资三岁丧双亲,由兄嫂抚养成人。后来兄长为人所害,孙资为兄报仇,刺杀仇人后携家眷避居他乡,好友贾逵荐之于曹操帐下。先为操功曹,后任计吏,参丞相军事,受到尚书令荀彧称赞。魏国建立后,孙资为秘书郎。刘放文笔出众,孙资智计过人,两人都是曹魏中枢机构的笔杆子,合作默契,亲密无间。

建安二十一年(216),曹操进爵为魏王,孙资、刘放二人仍掌文书事务,后分别担任右、左丞,负责朝廷尚书省日常事务。曹丕继承父位后,谋划篡汉,孙资、刘放为其得力心腹。

黄初元年,曹丕称帝,即改秘书省为中书省。中书省职掌机要文书之草拟收发,处于权力核心,故而有"凤凰池"之美称。因孙资、刘放两人资历相当,遂以刘放为中书监,孙资为中书令。中书监居中书令前,但中书监、令地位相埒,两人共掌朝政,开中书省长官为宰相之先河。

自黄初元年(220)至景初二年(238),孙资与刘放掌中枢之权几近二十年,尤其是曹叡在位的十余年间,处理日常政务、出师用

---

① 《三国志》卷3《明帝纪》。

兵等大小事,都由他们二人掌管。《资治通鉴》卷74曰:"是时,帝亲览万机,数兴军旅,腹心之任,皆二人管之;每有大事,朝臣会议,常令决其是非,择而行之。"可见,朝廷诏令密命,多由其所为,参决大政,权倾一时。官员们一听"中书"之名,都奉行而不敢违背。中护军蒋济曾上书,认为二人的权力太重,且每日侍奉皇帝左右,应该加以提防,以避免出现"大臣太重者国危,左右太亲者身蔽,古之至戒也"①的弊端,但曹叡不听。

曹叡任命的五名辅政大臣,不仅没有司马懿,而且也没有刘放与孙资。这就引起了刘放与孙资的愤懑不平。在刘放、孙资看来,这五名辅政大臣的资历、声望与功绩不仅无法同司马懿相比,而且还不如自己。《三国志·刘放传》记载:"刘放善为书檄,三祖(曹操、曹丕、曹叡)诏命有所招喻,多放所为。"《(孙)资别传》说:"是时……帝总摄群下,内图御寇之计,外规庙胜之划,孙资皆管之。然自以受腹心,常让事於帝曰:'动大众,举大事,宜与群下共之;既以示明,且於探求为广。'既朝臣会议,资奏当其是非,择其善者推成之,终不显己之德也。"②可见,孙、刘二人乃是魏明帝的左膀右臂,出谋划策,多负辛劳,是曹魏事实上的宰相。与寸功未建的曹宇等人(秦朗除外)相比,刘、孙两人未能进入辅政班子,自然是充满失望,心不能平。曹叡在辅政大臣名单上将刘、孙二人排斥在外,已是不妥,更为刘、孙所不能容忍的是,因为自己"久专权宠,为(秦)朗等素所不善"。刘、孙位在中枢,身在帝侧,又岂能甘心权力旁落。故"惧有后害,阴图间之"。③ 他们决定瞅准机会向明帝进谏,重新更换辅政班子。

《世语》说:"(刘)放、(孙)资久典机任,夏侯献、曹肇心内不

---

① 《三国志》卷14《蒋济传》。
② 《三国志》卷14《刘放传》注引《资别传》。
③ 《三国志》卷14《刘放传》注引《汉晋春秋》。

平。"①明帝病重时,夏侯献、曹肇探望明帝之后走出宫门,看到宫殿旁有两只鸡栖息在一棵树上。此时,刘放、孙资也正好路过。夏侯献指桑骂槐地对曹肇说:"这二只鸡待在宫中已经很久了,看他们还能神气几天。"夏侯献所说的"鸡",指的就是刘放和孙资,刘、孙听了自然是怒不可遏。

　　因明帝病重,曹宇等辅政大臣轮流值班,在病榻旁侍候,不离左右,故刘放、孙资很难找到向明帝进谏的机会。十二月二十七日甲申,魏明帝"气微",病情进一步加重,当值的燕王曹宇赶紧出殿去找曹肇、夏侯献等人商量,殿内只剩下武卫将军曹爽一人(刘放、孙资和曹爽关系还不错)。刘放见机不可失,遂示意孙资一起去见明帝。孙资胆小,对刘放说:"不可动也。"刘放对孙资说:"再不行动,我们就等着一起下油锅吧!"孙资闻言惊悚,于是两人鼓起勇气,"突前见帝"。两人哭着对明帝说:"陛下气微,若有不讳,将以天下付谁?"曹叡虽然病重,但头脑很清醒,他对刘放、孙资说:"你们难道不知道我已将天下托付给燕王了吗?"刘放回答道:"燕王实自知不堪大任故耳。"②"陛下忘先帝诏敕,藩王不得辅政。且陛下方病,而曹肇、秦朗等便与才人侍疾者言戏。燕王拥兵南面,不听臣等入,此即竖刁、赵高也。今皇太子幼弱,未能统政,外有强暴之寇,内有劳怨之民,陛下不远虑存亡,而近系恩旧。委祖宗之业,付二三凡士,寝疾数日,外内壅隔,社稷危殆,而己不知,此臣等所以痛心也。"③

　　陈寿评价"刘放文翰,孙资勤慎,并管喉舌,权闻当时"④确是中的之论。刘放此人工于心计,他的进谏之言是切中要害的,作为魏明帝的近臣,他十分了解曹叡的脾气和性格。曹叡喜好女色,任

　　①　《三国志》卷14《刘放传》注引《世语》。
　　②　《三国志》卷14《刘放传》。
　　③　《三国志》卷3《明帝纪》注引《汉晋春秋》。
　　④　《三国志》卷14《刘放传》评曰。

何人胆敢染指他的姬妾,必定会使曹叡龙颜震怒。燕王曹宇虽然"性恭良",但一旦获得大权,谁能保证他不会滋长野心。魏明帝对于自己重用宗室,破坏祖宗家法,也心怀忐忑和不安,而今刘放、孙资将曹宇等人比作乱政的奸佞竖刁、赵高,就会引起曹叡对他们的疑忌。

　　不出刘放所料,曹叡顿时勃然大怒,问刘放道:"卿认为曹宇不行,那么,谁可以担当此大任!"刘放、孙资和司马懿关系甚为密切,景初二年,曹叡对是否派司马懿征讨辽东曾征询过刘放、孙资二人的意见。刘放、孙资力主遣司马懿出征,故辽东平定后,刘放、孙资"以参谋之功,各进爵,封本县,放方城侯,资中都侯"。① 由此可知,掌握中枢机要的刘放、孙资与统兵大帅司马懿关系甚好。但是,他们深知魏明帝有"图万年后计,莫过使亲人广据权势,兵任又重"②的想法,不愿用异姓大臣作首辅。正巧,武卫将军曹爽就在一旁,明帝就问刘放、孙资:"曹爽可代宇不?"③此话正中刘、孙下怀,遂顺水推舟地"举爽代宇"。④

　　对于曹爽,魏明帝一直是比较信任的,这不仅是因为曹爽之父曹真是魏王朝最可倚仗的宗室元勋,而且早在曹叡当太子时,就和曹爽过从甚密,私交最好。以他对曹爽的了解,曹爽对朝廷的忠诚是绝对没有问题的,曹叡唯一不放心的就是曹爽的能力如何? 所以,当刘放、孙资推荐曹爽时,曹叡略略迟疑了一下,带着质疑的神态问曹爽:"卿自度能担此重任否?"毫无思想准备的曹爽,此时紧张万分。寒冬腊月季节,曹爽竟然紧张得"流汗不能对"。刘放见状,暗地里踩了曹爽一脚,贴在他耳边教他应对之言。曹爽如梦初

---

① 《三国志》卷14《刘放传》。
② 《三国志》卷14《刘放传》注引《资别传》。
③ 《三国志》卷14《刘放传》。
④ 《三国志》卷3《明帝纪》注引《汉晋春秋》。

醒,赶紧跪在地上,磕头道:"臣以死奉社稷!"①曹叡听了,点点头,表示满意。刘放、孙资见初步目的已经达到,遂"深陈"进一步建议:"宜速召太尉司马宣王,以纲维皇室。"②魏明帝本来就担心曹爽执政能力不强,刘放建议由司马懿辅政,协助曹爽,正合其意。曹叡接受了他的意见,随即给刘放黄色专用纸让他书写诏书。

刘、孙二人见大事已定,立即外出代拟诏敕,准备公布新的辅政大臣名单。就在这时,曹肇来到嘉福殿。曹肇见明帝改变主意,赶紧跪在病榻之前痛哭流涕,请求明帝收回成命。曹叡此时已进入昏迷阶段,一时清醒,一时糊涂,全然没有了主见。明帝见曹肇哭得伤心,居然又答应了曹肇的要求,让曹肇出去宣布刚才所颁布的诏敕作废。曹肇喜出望外,立即出宫同曹宇等人商议如何废除新的辅政班子。

刘放、孙资并没有走远,听到形势又发生变化,遂心急火燎地赶往嘉福殿面见曹叡,再次苦苦劝说。魏明帝此时已没有了主见,只得抱歉地对刘放、孙资说:"我自召太尉,而曹肇等反使吾止之,几败吾事!"③随即下令免去曹宇、夏侯献、曹肇、秦朗的官职。"帝独召爽与放、资俱受诏命。"④刘放、孙资害怕夜长梦多,事情再起变卦,遂汲取上次教训,要求明帝亲自书写"手诏",以作凭证。明帝说:"我困笃,不能。"刘放、孙资灵机一动,把笔硬塞在曹叡手里,一人平端简册,一人把着曹叡的手,强行写下了手诏。诏书写毕,刘放手奉诏敕,在殿前高声宣读:"有诏免燕王(曹)宇等官,不得停省中。"⑤然后,刘放传令宫中守卫士卒,不得再让曹宇、曹肇、

---

① 《三国志》卷14《刘放传》注引《世语》。
② 《三国志》卷14《刘放传》;又《三国志》卷3《明帝纪》注引《汉晋春秋》云:"放、资乃举爽代宇,又白:'宜诏司马宣王使相参。'帝从之。"
③ 《三国志》卷14《刘放传》。
④ 《三国志》卷14《刘放传》。
⑤ 《三国志》卷3《明帝纪》注引《汉晋春秋》。

夏侯献、秦朗四人入宫，违令者斩。曹宇等四人见大势已去，只得流涕退出宫殿。

曹爽既然成为首席辅臣，其原来的武卫将军的职务显然是不相匹配了。故曹叡立即下诏晋升曹爽为大将军。自从司马懿从大将军职务卸任，转任太尉以来，曹魏的大将军一职一直虚悬，曹宇任大将军仅四天。此次曹爽晋升为大将军，执掌了朝中最高权力。

三、魏明帝忍死托孤

刘放担心曹宇等人不甘心失败，将会重新组织力量，反扑过来，若如此，此番政治博弈，鹿死谁手，还很难说。他觉得只要司马懿回到朝廷，凭司马懿在朝中和军界的威望，再加上他们二人的鼎力相助，即可完全战胜曹宇、夏侯献等人。于是他催促明帝写了一道征召司马懿即刻前来洛阳的诏书。《三国志·明帝纪》注引《魏略》说："帝既从刘放言，召司马宣王，自力为诏，既封，顾呼宫中常所给使者曰：'辟邪来！汝持我此诏授太尉也。'辟邪驰去。"宫中一位名叫辟邪的宦官作为明帝的信差，星夜驰往司马懿军营。

此时，司马懿已从辽东班师回到汲县（今河南新乡市东北）。为何司马懿不回洛阳呢？《魏略》是这样解释的："先是，燕王为帝画计，以为关中事重，宜便道遣宣王从河内西还，事以施行。"[1]由此看来，史书说燕王"（曹）宇性恭良，陈诚固辞"，[2]"受署四日，宇深固让"，[3]这些记载其实亦未必可信，恐怕多少带有虚假揖让的成分。若曹宇真的固辞大将军之职，那为何要为明帝"画计"，不让司马懿返回京师面君呢！若燕王真的愿意辞职，他为何因被免

---

① 《三国志》卷3《明帝纪》注引《魏略》。
② 《三国志》卷14《刘放传》。
③ 《三国志》卷20《燕王宇传》。

官而同"(曹)肇、(夏侯)献、(秦)朗相与泣而归第"?① 可见,他十分忌惮司马懿,一旦让战功赫赫、德高望重的司马懿回到朝廷,无疑将对新的辅政班子构成巨大威胁。所以燕王曹宇以明帝名义下诏,以"关中事重"为借口,命司马懿率军直接去长安,不必回洛阳,面君复命。

司马懿大军抵达汲县后,正要取道轵关(今河南济源市西),前往长安军营驻地,突然遇到明帝派来的朝廷特使辟邪,诏书命他直接去洛阳。司马懿感到十分惊奇,因为他前后收到二道诏书,但二次诏敕的内容都不一样。《魏略》云:"宣王得前诏,斯须复得后手笔,疑京师有变。"②《世语》曰:"宣王在汲,(夏侯)献等先诏令于轵关西还长安,辟邪又至,宣王疑有变,呼辟邪具问,乃乘追锋车驰至京师。"③二条史料内容基本相同,《世语》比《魏略》稍稍详尽些。总之,就是前诏让司马懿去长安,后诏又让司马懿去洛阳,所以司马懿怀疑朝廷发生重大变故。

正在司马懿犹豫不决之时,魏明帝的诏书接二连三,纷至沓来。据《晋书·宣帝纪》记载:"先是诏帝镇关中,次及白屋,有诏召帝,三日之间,诏书五至。"短短三天之中,司马懿居然收到了朝廷派专使送来的五道紧急密诏。最后一份是曹叡的手诏,手诏曰:"间侧息望到,到便直排阁入,视吾面。"其意是,朕一心盼望你快些赶路,到达之后可以免去一切宫廷礼节和规矩,推门入室,直接与我见面。司马懿这才如梦初醒,恍然大悟。原来,司马懿平定辽东之后,在襄平曾经做过一个梦,梦见魏明帝曹叡仰面躺在自己的膝盖上,司马懿正准备要行君臣之礼,只见明帝对自己说:"视吾面。"司马懿准备看个仔细,但"俛视有异于常"。司马懿惊醒之

① 《三国志》卷3《明帝纪》注引《汉晋春秋》。
② 《三国志》卷3《明帝纪》注引《魏略》。
③ 《三国志》卷14《刘放传》注引《世语》。

后，"心恶之"，①觉得这是一个不祥的征兆。司马懿万万没有想到，当初做的一个梦，现在竟然是一梦成谶。

司马懿收到密诏之后，便不再耽搁，坐上朝廷特地为他安排的"追锋车"，星夜兼程赶往洛阳。何谓追锋车？《晋书·舆服志》云："追锋车，去小平盖，加通幰，如轺车，驾二。追锋之名，盖取其迅速也，施于戎阵之间，是为传乘。"可见，追锋车是魏晋时期经过改装的轻便驿车，因车行疾速故名"追锋"。朝廷有急事常用此车征召大臣。亦称"锋车"。

司马懿行事风格向来是"静如处子，动如脱兔"。此番魏明帝病情危急，迫切要与自己见上最后一面，估计肯定是有要事托付，事关曹魏国运和自己的政治前途，司马懿岂敢怠慢，于是他以当年攻打上庸时"倍道兼行"的速度，"乘追锋车昼夜兼行"，从白屋至洛阳有四百余里，司马懿仅用了一天一夜就赶到了。

景初三年正月，司马懿赶到洛阳，立刻陛见魏明帝。内臣将其引入嘉福殿皇帝卧室内，司马懿跪拜在明帝龙床前。明帝握着司马懿的手说："吾以后事相托，死乃复可忍，吾忍死待君，得相见，无所复恨矣。"②司马懿听到明帝这一番肺腑之言，不免感动得热泪盈眶。

曹叡示意内侍领齐王曹芳、秦王曹询进入嘉福殿卧室内，他指着曹芳对司马懿说："此是（齐王）也，君谛视之，勿误也。"曹叡聚起最后的气力，"又教齐王令前抱宣王颈"。③曹芳遵照父皇旨意，伸出双手搂住了司马懿的脖子。司马懿也悲伤不已，他跪伏在地，连连顿首曰："陛下不见先帝属臣以陛下乎？"④曹叡听到司马懿的

---

① 《晋书》卷1《宣帝纪》。
② 《晋书》卷1《宣帝纪》；又《三国志》卷3《明帝纪》注引《魏氏春秋》曰："帝执宣王手，目太子曰：'死乃复可忍，朕忍死待君，君其与爽辅此。'"
③ 《三国志》卷3《明帝纪》注引《魏略》。
④ 《三国志》卷3《明帝纪》注引《魏氏春秋》。

郑重表态,点了点头,再无遗憾。"景初三年正月丁亥朔,帝病甚,乃立(齐王)为皇太子。"①确立皇太子的当天,即景初三年正月初一,曹叡驾崩,享年三十五岁。

魏明帝病危之际,手握曹魏阃外军事大权的司马懿与操纵曹魏中枢机要的中书监刘放、中书令孙资为"内主",迫使明帝于"气绝"之际废黜宗室顾命集团。正是他们的内外呼应,才确立了司马懿与曹爽共同辅政的格局,并完成了这次决定未来历史命运的政治走向。司马懿诸人的结党及其辅政大臣地位的确立,是世家大族对曹魏皇权的第一次挑战,也是当时统治阶级上层不同利益集团斗争的产物,这标志着以曹氏为代表的寒门与以司马氏为核心的儒家大族的斗争到了一个转折关头,预示着儒学世族已踏上了全面复兴之路。仅就曹氏、司马氏之争而言,这也是司马代魏的第一个回合的较量,此后政治斗争的格局亦已基本形成。

裴松之"案本传及诸书并云刘放、孙资称赞曹爽,劝召宣王,魏室之亡,祸基于此。资之别传,出自其家,欲以是言掩其大失,然恐负国之玷,终不能磨也"②之语,恐有事后诸葛亮之嫌。平心而论,魏明帝安排司马懿与曹爽同受顾命,夹辅幼主,还是贯彻曹魏原先一以贯之的平衡朝中宗室、功臣两股势力的政策,并无不妥。从实际情况来看,刘放、孙资推荐曹爽、司马懿同为辅政大臣也是较为合理,且各方政治势力都能接受的结果。因为当时的曹魏已没有更合适的人选。而且二位辅政大臣位次的排列也无可厚非,因为魏明帝对司马懿的功高权重已有所警惕,颇有猜忌。在这种情况下,若以司马懿为首席辅臣,魏明帝决不会认同,也决不会接受。事实上,司马代魏有着更为复杂的历史原因,高平陵之变也只不过是个导火线而已。诚然,"魏室之亡",曹爽是要承担一定的

---

① 《三国志》卷4《齐王芳纪》。
② 《三国志》卷14《刘放传》注引《资别传》裴松之曰。

责任,但如果以燕王曹宇等人来执政,"魏室之亡"就能幸免了吗?从曹宇等人短暂执政数日的表现来看,他们和曹爽的能力、智商也就在伯仲之间。

据《三国志·曹爽传》载:"(明)帝寝疾,乃引爽入卧内,拜大将军,假节钺,都督中外诸军事,录尚书事,与太尉司马懿并受遗诏辅少主。"陈寿在此虽未明言二人之主次,但从曹爽之职衔看,他实际上是魏明帝任命的首辅,总揽最高的军政大权,而司马懿仅以太尉的虚衔为次辅。魏明帝这样安排,其目的在于巩固曹魏政权,防范司马懿势力进一步扩大。陈寿不敢将曹爽为主辅、司马懿为次辅之事明白交待,但他在《齐王芳纪》叙述辅政大臣时,仍然把大将军曹爽排列在太尉司马懿之前。曹芳,字兰卿,是曹魏的第三代皇帝。其即位后,正式下诏:"大将军曹爽、太尉司马宣王辅政。"①这是陈寿特意留下的信息,用心可谓良苦。

曹芳又下诏曰:"朕以眇身,继承鸿业,茕茕在疚,靡所控告。大将军、太尉奉受末命,夹辅朕躬,司徒、司空、冢宰、元辅总率百寮,以宁社稷,其与群卿大夫勉勖乃心,称朕意焉。诸所兴作宫室之役,皆以遗诏罢之。官奴婢六十已上,免为良人。"②

为了显示对辅政大臣的褒奖和恩宠,曹芳下诏加曹爽、司马懿侍中、假节钺(司马懿为持节)、都督中外诸军事、录尚书事。司马懿权力骤然提升到与曹爽大致对等的地位。司马懿与曹爽各统精兵三千人,共执朝政。二人轮流值班,宿卫宫中。之所以出现这样的局面,很可能是刘放、孙资居中替司马懿谋划的结果。

因曹爽是首席辅臣,故曹芳赐他"剑履上殿,入朝不趋,赞拜不名"③的特权。这是超越人臣名分的殊礼,而曹爽竟然不知谦逊礼让,故何焯评论道:"曹爽名位素轻,忽膺重寄,不劳谦以先天

---

① 《三国志》卷4《齐王芳纪》。
② 《三国志》卷4《齐王芳纪》。
③ 《三国志》卷9《曹爽传》。

下,而偃然辄当殊礼,有以知其必败矣。"①司马懿年事已高,为了优遇耆宿老臣,所以皇帝准许他"乘舆入殿",也就是可以乘坐轿子进入宫殿。此时,尽管曹爽在宗室身份和权位上还占有一定的优势,如大将军在太尉之上,假节钺权力高于持节等,但已经强烈地感受到司马懿积久威势的重压。

四、晋升为太傅

由于曹魏限制宗室参政,故曹爽与诸多宗室子弟一样,无军功政绩可言,但他与明帝有私谊,明帝为太子时,对曹爽"甚亲爱之"。明帝继位后,以曹爽为散骑侍郎,累迁武卫将军,"宠待有殊"。明帝临终时,由于刘放、孙资的推荐,无功无德的曹爽竟然意外地成为首辅。曹爽虽为首辅,但社会声望却不高。而司马懿自魏文帝以来历任要职,声名卓著,成为士大夫公认的领袖,称之为"朝廷之望"。相较之下,曹爽不免自惭形秽。正始初年,曹爽"以宣王年德并高",一直像对待父亲那样对待司马懿,凡事都不敢独断专行,皆与司马懿一起商议之后再施行。司马懿亦以曹爽为国家肺腑,以礼让之。正始初年,曹爽在表面上对司马懿颇为恭敬,史载:"曹爽以宣王名重,亦引身卑下,当时称焉。"②这说明二人在正始初年有过一段短暂的合作,以致"当时称焉"。不过,他们的合作终究是权宜之计,实为"将欲取之,必先予之"之道。

过了一段时间,曹爽对朝廷军政等事务逐渐熟悉之后,便自以为是地不再把司马懿放在眼里。曹爽在谯沛集团势力衰落时出任首辅,他首先要做的就是培植亲信,拓展势力,建立权威。史书记载说:"南阳何晏、邓飏、李胜、沛国丁谧、东平毕轨咸有声名,进趣

---

① 《三国志集解》卷9《曹爽传》何焯曰。

② 《三国志》卷9《曹爽传》注引裴松之曰。

于时，明帝以其浮华，皆抑黜之。"①曹爽辅政后，迫不及待地恢复他们的职务，并"骤加引擢，以为心腹"，②组成了自己的帮派。曹爽集团核心成员除曹爽兄弟外，主要有何晏、邓飏、李胜、丁谧、毕轨、夏侯玄、桓范等人。下面我们对这些人分别作一简单介绍。

何晏字平叔，南阳郡宛县人，东汉大将军何进之孙（一说是何进弟何苗之孙）。何晏的父亲何咸死后，曹操娶其母尹氏，一并收养何晏。当时秦宜禄之子秦朗也随母在曹操家，与何晏都被曹操宠爱，待他们如同公子。秦朗性格谨慎，而何晏却无所顾忌，所穿的服饰与世子相类似，所以曹丕非常厌恶他，常呼之为"假子"。何晏少年时才能出众，娶曹操之女金乡公主为妻，但他又好色，所以在魏文帝时期没有任官。何晏与毕轨及邓飏、李胜、丁谧等都有才名，但热衷于富贵，趋炎附势。魏明帝继位后，厌恶他们浮华交会，从而加以抑制而不录用，故何晏只能担任冗官，很不得志。

何晏与夏侯玄、王弼等倡导玄学，竞事清谈，遂开一时风气，为魏晋玄学的创始人之一。何晏与王弼等祖述老庄，由此建立起"以无为本"的唯心主义本体论学说。何晏认为圣人无喜怒哀乐，圣人无累于物，主张"圣人无情"说。在思想上重"自然"而轻"名教"。何晏与王弼曾为《老子》《庄子》《周易》作注，提出"名教本于自然"。在世界本质上主张"贵无论"，即世间万物背后的本性之"道"，是绝对的"无"。这些思想为之后的竹林七贤与魏晋玄学打下了基础。但何晏的"贵无论"与其仗势专权的实际行为多相乖忤，故当时的名士傅嘏说他是"言远而情近，好辩而无诚，所谓利口覆邦国之人也"。③

邓飏，字玄茂，南阳郡新野（今河南新野）人，东汉开国名将邓

①　《三国志》卷9《曹爽传》。
②　《资治通鉴》卷74，"景初三年春正月"条。
③　《三国志》卷21《傅嘏传》注引《傅子》。

禹之后。邓飏年少时在洛阳已有令名。但其貌不扬,"行步弛纵,筋不束体,坐起倾倚,若无手足"。管辂谓之"鬼躁,鬼躁者,凶终之征"。① 魏明帝时任尚书郎,曾任洛阳县令,后任中郎,又兼中书郎。在中书省因与李胜等人作风浮华而被魏明帝免职。邓飏贪财好色,经常受赂,举荐之人都不以才,如曾许诺授臧艾官职,臧艾就将其父的侍妾送给邓飏作为报答,所以当时的洛阳人说:"以官易妇邓玄茂。"其"每所荐达,多如此比"。② 曹爽秉政时,任邓飏为颍川太守,后转任大将军长史,迁侍中、尚书。

李胜,字公昭,南阳郡人。议郎李休之子。李胜年轻时在洛阳游历,有才智,在京师专与贵公子交游,与曹爽关系密切。魏明帝禁绝浮华之风,因为李胜结交了很多人,也被列为浮华之徒,遭人检举而被逮,被囚数年。曹爽为辅政大臣时,任命李胜为洛阳县令。

丁谧,字彦靖,沛国谯(今安徽亳州)人。典军校尉丁斐之子,是曹爽的亲信之一。年轻时不肯出外游历,但博览群书,颇有才略。明帝在位初期,未能受到重用。时任武卫将军的曹爽与丁谧交好,之后受到曹爽引荐,拜度支郎中。曹爽执政时,升任散骑常侍,不久转任尚书。丁谧在尚书省,经常弹劾官员和驳斥奏书,尚书省因而不能正常运作。曹爽却对他十分敬重,对丁谧所言几乎言听计从。曹爽架空司马懿,将郭太后迁往永宁宫,"遣乐安王使北诣邺,又遣文钦令还淮南,皆丁谧之计。司马宣王由是特深恨之"。③

何晏、邓飏、丁谧在正始年间多行不法。"时人谓之谣曰:'何、邓、丁,乱京城。'"④ 又骂曰:"台中有三狗,二狗崖柴不可当,

① 《宋书》卷30《五行一》。
② 《三国志》卷9《曹爽传》注引《魏略》。
③ 《三国志》卷9《曹爽传》注引《魏略》。
④ 《晋书》卷1《宣帝纪》。

一狗凭默作疽囊。"意思是说尚书台有三只狗要咬人。"三狗,谓何、邓、丁也,默者,曹爽小字也。"其中丁谧依仗曹爽的权势最为凶恶:"三狗皆欲啮人,而丁谧尤甚也。"①

毕轨,字昭先,东平(今山东泰安市东平县)人,东汉典农校尉毕子礼之子。毕轨少有文才,曹叡为太子时,毕轨任文学掾,黄初末年到地方任长史。曹叡即位后,征召毕轨回京任黄门郎,并嫁公主与毕轨之子。之后,毕轨被任命为并州刺史,在任上,骄横跋扈。后因浮华而被魏明帝免职。正始年间,曹爽征命毕轨任中护军,后转侍中、尚书,再迁司隶校尉,以为腹心。毕轨为曹爽划策大多都被爽接纳。曹爽起初凡事皆与司马懿商议,不敢专行。毕轨与丁谧劝曹爽大权独揽,并倡导浮华奢侈,将曹爽一步步拉向深渊。

夏侯玄,字太初,是夏侯尚之子,曹真之甥。夏侯玄自幼出名,在当时的名士中声望很高,且文采飞扬,加之能言善辩、仪表出众,时人称许他"朗朗如日月之入怀"。十四岁袭爵昌陵乡侯,二十岁时当上了散骑黄门侍郎。正始初年,曹爽辅政。因为夏侯玄与曹爽是姑表亲,遂被重用,历任散骑常侍、中护军。夏侯玄博学多识,才华出众,尤其精通玄学,被誉为"四聪"②之一,与何晏等人开创了魏晋玄学的先河,是早期的玄学领袖。

桓范,沛国人,建安末入曹操丞相府,为"谯沛"旧人,明帝时任中领军、尚书,后迁征虏将军、东中郎将,使持节都督青、徐诸军

---

① 《三国志》卷9《曹爽传》注引《魏略》。
② 《三国志》卷28《诸葛诞传》云:"(诸葛诞)与夏侯玄、邓飏等相善,收名朝廷,京都翕然。言事者以诞、飏等修浮华,合虚誉,渐不可长。明帝恶之,免诞官。"裴松之注引晋郭颁《世语》:"是时,当世俊士散骑常侍夏侯玄、尚书诸葛诞、邓飏之徒,共相题表,以玄、畴四人为四聪,诞、备八人为八达……凡十五人。帝以构长'浮华',皆免官废锢。"显然,这种朋党活动是东汉末年"党锢"的延续。所谓"四聪""八达",即类似于东汉末年的"三君""八俊"等,"共相题表"即"共相标榜"。作为统治者,无论是东汉的桓帝,还是曹魏的明帝,都不允许这种朋党势力的存在。

事。正始年间，升任大司农，为曹爽出谋划策，号称"智囊"。

何晏、邓飏、李胜、丁谧、毕轨等人通过各种关系聚合在曹爽周围。《三国志·曹爽传》载："及（何）晏等进用，咸共推戴，说（曹）爽以权重不宜委之于人。乃以晏、飏、谧为尚书，晏典选举，轨司隶校尉，胜河南尹，诸事希复由宣王。"曹爽以何晏、邓飏、丁谧为尚书，何晏掌典选举，掌握了中央行政枢纽；毕轨为司隶校尉，李胜为河南尹，加强了对京师的控制。同时，又以二弟曹羲为中领军，曹训为武卫将军，夏侯玄为中护军，取得了对中军的控制权。

丁谧、毕轨数次对曹爽说："宣王有大志而甚得民心，不可以推诚委之。"曹爽深以为然。"由是爽恒猜防焉。礼貌虽存，而诸所兴造，皆不复由宣王。宣王力不能争，且惧其祸，故避之。"[1]为了能使曹爽独揽朝廷大权，"丁谧划策，使爽白天子，发诏转宣王为太傅，外以名号尊之，内欲令尚书奏事，先来由己，得制其轻重也"。[2]曹爽在丁谧的策划下奏请少主曹芳以司马懿为太傅。

曹爽由胞弟曹羲捉刀代笔向皇帝上了一道表章，表章声称自己无功无德，主要凭宗室之亲和亡父的功劳，得任辅政大臣，所以"且惭且惧"。接下来曹爽从各个方面，恭维司马懿。此文辞藻华丽，但言不由衷。兹不妨节录此文如下：

> 夫天下之达道者三，谓德、爵、齿也。懿本以高明中正，处上司之位，名足镇众，义足率下，一也。包怀大略，允文允武，仍立征伐之勋，退迩归功，二也。万里旋旆，亲受遗诏，翼亮皇家，内外所向，三也。加之耆艾，纪纲邦国，体练朝政；论德则过於吉甫、樊仲；课功则逾於方叔、召虎：凡此数者，懿实兼之。臣抱空名而处其右，天下之人将谓臣以宗室见私，知进而不知退。陛下岐嶷，克明克类，如有以察臣之言，臣以为宜以懿为

---

① 《三国志》卷9《曹爽传》裴注。
② 《三国志》卷9《曹爽传》。

太傅、大司马，上昭陛下进贤之明，中显懿身文武之实，下使愚臣免於谤诮。①

曹爽以上表章的方式向全天下表示自己谦虚谨慎，尊老爱贤的态度，来掌握道义上的制高点。在表章中他极力恭维吹捧司马懿，说司马懿本来官位就高于自己，又功勋卓著，更是万里凯旋后再受遗诏，对此群臣都是心悦诚服的。论年纪、资历、功劳、德行，自己都不如司马懿，如果自己心安理得，官位居于司马懿之上，天下的人就会指责我仅仅是凭藉宗室的身份而受到重用。故迫切期望陛下能够接受我的建议，晋升司马懿为太傅、大司马。如此，就可充分显示陛下重用贤才的英明，褒奖司马公的文治武功，还能使我免于众人的讥讽和耻笑。

曹爽的话说得如此冠冕堂皇，不由皇帝不允，曹芳当然准奏。经过廷议，大家认为"前后大司马累薨于位"，也就是凡担任曹魏大司马的如曹仁、曹休、曹真、公孙渊等人都寿不永年，甚至死于非命的教训，故任命司马懿为太傅。于是曹芳使中书监刘放、中书令孙资为诏曰：

昔吴汉佐光武，有征定四方之功，为大司马，名称于今。太尉体道（一作体履）正直，尽忠三世，南擒孟达，西破蜀虏，东灭公孙渊，功盖海内。先帝本以前后欲更其位者辄不弥久，是以迟迟不施行耳。今大将军荐太尉宜为大司马，既合先帝本旨，又放推让，进德尚勋，乃欲明贤良、辨等列、顺长少也。虽旦、奭之属，宗师吕望，念在引领以处其下，何以过哉！朕甚嘉焉。朕惟先帝固知君子乐天知命，纤芥细疑，不足为忌，当顾柏人彭亡之文，故用低徊，有意未遂耳！斯亦先帝敬重大臣，恩爱深厚之至也。昔周成王建保傅之官，近汉显宗以邓禹为太傅，皆所以优崇俊乂，必有尊也。其以太尉为太傅，持节

---

① 《三国志》卷9《曹爽传》注引《魏书》。

统兵都督诸军事如故。[1]

这里我们需要讨论一个问题,即司马懿由太尉晋为太傅之后,权力是否被完全架空了。东汉王朝以太师、太傅、太保为上公。《汉书·百官公卿表第七上》曰:"太傅,古官,高后元年初置,金印,紫绶,后省……哀帝元寿二年复置,位在三公上。"《续百官志》:"太傅,上公一人,掌以善导,无常职。洪饴孙曰:黄初七年始置,位在三司上,不常设,前后居是官者三人,钟繇、司马懿、司马孚。"[2]从表象上看,太傅只是一个虚职,并没有太多的实权,但实际上仍需要仔细分析。有些学者以为曹爽通过尊司马懿为太傅就架空了司马懿的权力。因为通过司马懿转任太傅,就可以剥夺他的二项权力。其一,可以"使尚书奏事先由己";其二,剥夺司马懿戍卫宫廷的权力。

笔者不完全同意上述观点,理由有五:其一,曹爽身为首辅,尚书所奏,本来就"先由己",无须通过尊司马懿为太傅而排挤之。其二,司马懿此时已是六十多岁的老人了,年老体衰,非年富力壮的曹爽可比。更值殿中,宿卫宫廷,十分辛苦,对司马懿而言,本来就力不从心。其正欲脱身,苦无机会,故剥夺这项苦差使,正合司马懿心意。其三,史书上明确记载司马懿担任辅政大臣后,还兼有侍中、持节、都督中外诸军、录尚书事等一系列官职和特权,[3]不可能因为晋升太傅而一起被剥夺了。其四,司马懿在与曹爽共同执政后的第八年才托病不参与朝政。难道司马懿的政治嗅觉如此迟钝,直到第八年才猛然醒悟,原来曹爽加我太傅是为了夺权?其五,曹芳的《晋升司马懿为太傅诏》乃刘放、孙资所撰,放、资乃司马懿党羽,若知曹爽要剥夺、架空司马懿权力,岂不事先和司马懿

---

① (清)严可均辑:《全三国文》卷32·魏32。

② 《三国志集解》卷9《曹爽传》注引。

③ 《晋书》卷1《宣帝纪》云:"及齐王即帝位,迁侍中,持节,都督中外诸军事,录尚书事,与曹爽各统兵三千人,共执朝政,更直殿中。"

通气,司马懿若得知曹爽用心,岂能使曹爽诡计得逞。故"架空说",很有可能是晋人修史有意给曹爽罗织的罪名,清人王懋竑一针见血地指出:"此特晋人之辞耳!"兹将王懋竑看法录之如下:

> 曹爽为大将军,司马懿为太尉,太尉在大将军之下,转为太傅则在大将军之上矣。陈志所云,以宣王年德俱高,恒父事之,不敢专行,此正其实而外以名号尊之。欲使尚事奏事由己,此特晋人之辞耳。何晏、邓飏素与司马师、昭互相称誉,其进用亦未必尽出爽意也。其后权势相轧始相疑贰,故陈志叙其事于五年后接于八年。宣王谢病不与政,《晋书·宣帝纪》八年,帝于是与爽有隙,则前此固未尝异也。何晏、邓飏为尚书,司马孚为尚书令,爽弟羲为中领军。懿子师亦为中领军。爽弟彦为散骑常侍,懿子昭亦为散骑常侍,固相参用,爽非能专制者。懿之忮狠,爽、晏辈自在其掌握之中。然使其转太傅时已有专制之意,懿岂不觉之,岂迟至十年而后发乎!又曰太傅、太尉官有尊卑,而职位不异,其答诏刘放、孙资为之,乃懿党也。故知所云,使尚书奏事由己者,恐未必然。[①]

从王懋竑论述中可知,司马懿虽然由太尉转为太傅,但其实际职务并没有被剥夺,仍然可与曹爽分庭抗礼,双方维持着互相制约的关系。不仅如此,而且二人子弟的权力也大体平衡,都控制着关键的要害部门。正如王懋竑所言:"何晏、邓飏为尚书,司马孚为尚书令,爽弟羲为中领军。懿子师亦为中领军。爽弟彦为散骑常侍,懿子昭亦为散骑常侍,固相参用,爽非能专制者。"这就告诉我们,不仅曹爽与司马懿权力大体相当,而且二人的亲信与子弟的职务也大体类似。

实际上,太傅、太尉等官职有无实权,皆不能一概而论,往往还需作具体分析,不能以官职而作定论。如东汉的太傅大多是"海

---

① 《三国志集解》卷9《曹爽传》注引王懋竑曰。

内归仁,为群贤首"的人物,其中有"元功之首"的邓禹,"元功之族"的邓彪,"为国元老"的赵熹,以及身兼太尉的张禹等人,因而他们有较大的权势。不仅有比三公更为优渥的待遇,而且有更高的政治地位,加上其中不少人"录尚书事",因而在国家政治生活中所起的作用往往超过三公。

三国时期,不仅曹魏设置太傅之职,孙吴也设置太傅。如果有人对司马懿任太傅后,权力未被架空尚有疑虑,我们不妨以孙吴太傅比较之。诸葛瑾之子诸葛恪,幼以神童著称,成人之后拜骑都尉,将军,深得孙权宠信。赤乌八年(245)吴丞相陆逊病逝,诸葛恪升任大将军并代领其兵。神凤元年(252),孙权病危,在孙峻的力荐下,任命诸葛恪为托孤大臣,辅弼幼主。吴少主孙亮拜诸葛恪为太傅,位在大司马吕岱之上。史称诸葛恪"辅赞大业","先帝(孙权)委以伊尹、周公之任,属以万机之事"。① 孙亮即位后,吴太傅诸葛恪全面执掌吴国军政大权,权侔人主,位冠群僚。

其实,官职高低与权力大小有时也不一定吻合。一般而言,太尉官职比太傅略低,但较有实权。但也因人因时而论。例如蒋济任太尉,无论官职与实权都在司马懿之下。仇鹿鸣指出:"正始三年(242)七月迁为太尉,与司马懿一样,蒋济也是曹魏的三朝元老,在朝中威望崇高,但在当时已无实权。"② 高平陵之变时,太傅司马懿"亲帅太尉蒋济等勒兵出迎天子,屯于洛水浮桥"。③ 于此可见,太傅司马懿的实际权力远在太尉蒋济之上,蒋济只能作为司马懿的助手参与高平陵之变。高平陵之变后,司马懿直到去世为止,官职未变,始终担任太傅,但已权侔人主。

需要特别指出的是,司马懿除了由三公太尉晋升为上公太傅

① 《三国志》卷64《诸葛恪传》。
② 仇鹿鸣:《魏晋之际的政治权力与家族网络》,上海古籍出版社2012年,第91页。
③ 《晋书》卷1《宣帝纪》。

之职外,还享受到超越一般人臣的特殊礼遇。司马懿上朝时可以"入殿不趋,赞拜不名,剑履上殿,如萧何故事"。① 这是朝廷赐给司马懿的三项特权:其一,古代臣子入朝陛见,按规矩必须要小步快走上前,以示对天子的恭敬,"入殿不趋"是皇帝对司马懿的一种殊遇,谓入殿不急步而行;其二,古人席地而坐,入室须脱鞋,贵族、大臣上殿不得佩剑,所谓剑履上殿,即司马懿可穿鞋、佩剑直入殿堂;其三,赞拜不名,司马懿拜谒皇帝时,司礼官不直呼其姓名,只称官职。享有此种殊礼者都非寻常之人:如西汉初年开国功臣萧何丞相、东汉外戚大将军梁冀、汉末乱政的董卓以及挟天子以令诸侯的曹操等极少数权臣。《三国志·武帝纪》云:"天子命公(曹操)赞拜不名,入朝不趋,剑履上殿,如萧何故事。"司马懿在这方面的待遇堪比魏武帝曹操了。

除给予司马懿超越人臣名分的殊礼外,少帝曹芳又下诏司马家族嫁娶丧葬费都由官家供给。并以司马懿世子司马师为散骑常侍,子弟三人为列侯,四人为骑都尉。司马懿表示谦逊,"固让子弟官不受"。②

曹爽利用首辅之便,在替司马懿加官请封的同时,也进一步扩张自己的权势,并加强对中央禁军权力的控制。司马懿虽然先后都督荆州与关中,握有边关方镇的领兵之权,但长期以来一直没有机会染指曹魏的中央禁卫军系统。东汉末年,曹操为丞相时,于建安十二年(207)在其丞相府中设置中领军,由亲信将领史涣担任,以统率亲兵卫士和禁军。另置中护军一职,由韩浩担任,与中领军共典禁卫之事。到曹魏政权正式建立时,曹魏禁卫军的军权就牢牢地控制在曹氏和夏侯氏的手中。曹爽任大将军不久,就以其弟曹羲为中领军、曹训为武卫将军,毕轨为中护军,不仅取得了对中

---

① 《晋书》卷1《宣帝纪》。
② 《晋书》卷1《宣帝纪》。

军的控制权,而且把宫廷的武装力量牢牢地抓在自己人的手里。他又任命其弟曹彦为散骑常侍、侍讲,试图通过对少帝曹芳潜移默化的影响来使其认可曹爽的一切做法。所谓"权重不宜委之于人""诸事希复由宣王",正是明帝安排曹爽作首辅的本意,至此才逐步得以实现。

综合上述,可以看清自魏明帝崩殂后,少帝曹芳形同傀儡,任人摆布。魏廷由曹爽、司马懿二人共同秉政。曹爽虽为首辅,但属新进,并无功德,故急于扩张权势。司马懿虽为次辅,但其积功积德数十年,在朝廷中有着深厚的人脉、威望和权势,故二人权力难分伯仲,大体相当。这就表明,两人围绕辅政权力进行的第一场较量,以双方各有所得且互有退让而暂时妥协。但曹爽、司马懿权力均衡的状态不可能持久,两个集团的均势很快就要被打破,一场你死我活,势不两立的斗争即将在魏廷中全方位的展开。

五、"督诸军南征"

曹爽虽"拜大将军,假节钺,都督中外诸军事",[①]名义上掌握曹魏全国的军队,但毕竟他自幼养尊处优,缺少治国理政的历练,特别在如何用兵作战等军事问题上,曹爽完全是个外行,故曹芳即位后,曹魏对吴蜀的战事仍然要仰仗已当上太傅的司马懿。司马懿虽然年过花甲,但他深知兵权的重要性,故为了应对曹爽对自己的排斥,仍然牢牢抓住军权不放。正始年间,司马懿再立新功,先后两次击退吴军的进犯。

正始初年,吴、蜀二国的形势也发生了变化。自诸葛亮卒后,蜀汉政权日渐衰落。蜀将姜维欲举兵攻魏,费祎对姜维说:"吾等不如丞相亦已远矣;丞相犹不能定中夏,况吾等乎!且不如保国治

① 《三国志》卷9《曹爽传》。

民,敬守社稷,如其功业,以俟能者,无以为希冀徼幸而决成败於一举。若不如志,悔之无及。"①姜维认为自己熟悉陇右的风俗,且颇负自己的才能武艺,欲联络羌人、胡人的部落为羽翼,认为这样就可以占领魏的陇西地区。姜维每欲大举兴兵,费祎常不听其谋而加以限制,拨给他的兵马不超过一万人。因蜀军人数不多,规模不大,已构不成对曹魏的威胁。

倒是孙吴雄心勃勃,一改以往"限江自保"的态势,欲大举进攻曹魏。魏明帝曹叡死后,孙吴零陵太守殷礼分析形势,上书为孙权划策。他说:"今天弃曹氏,丧诛累见,虎争之际而幼童莅事。陛下身自御戎,取乱侮亡,宜涤荆、扬之地,举强赢之数,使强者执戟,赢者转运,西命益州军于陇右,授诸葛瑾、朱然大众,指事襄阳,陆逊、朱桓别征寿春,大驾入淮阳,历青、徐。襄阳、寿春困於受敌,长安以西务对蜀军,许、洛之众势必分离;掎角瓦解,民必内应,将帅对向,或失便宜;一军败绩,则三军离心,便当秣马脂车,陵蹈城邑,乘胜逐北,以定华夏。"②殷礼认为,孙吴不应再搞小规模的军事行动,应该趁魏明帝刚死,幼童曹芳即位,曹魏人心浮动之时,举倾国之师,全力征伐曹魏,一统天下。孙权虽然没有完全听取殷礼的建议,但内心亦颇以为殷礼言之有理。赤乌四年(241,魏正始二年),孙权兵发四路,对曹魏进行了一次较大规模的战争。

第一路,派遣卫将军全琮攻淮南。全琮以数万之众与魏征东将军王凌和扬州刺史孙礼战于芍陂(今安徽寿县南)。芍陂是春秋时期楚国的孙叔敖在淮河流域修建的一项引水灌溉工程。曹操时代,曾经两次重修芍陂,对保证淮南地区粮食的充足和地方的稳定起到了很大的作用。吴军毁坏芍陂堤,放火烧安城邸阁(粮库),其意图是破坏魏军的粮食基地。魏征东将军王凌不敢懈怠,

---

① 《三国志》卷44《姜维传》注引《汉晋春秋》。
② 《三国志》卷47《吴主传》注引《汉晋春秋》。

急率伏波将军孙礼等人前来救援芍陂。全琮率领的吴军与王凌、孙礼等部激战,双方展开争夺塘坝高地的战斗,起初吴军获胜,导致孙礼军死伤过半。两军力战累日,魏军奋力拼杀,吴军最终不敌而退,吴中郎将秦晃等十余人战死。

第二路,孙权派遣威北将军诸葛恪攻六安。然而,诸葛恪见全琮这一路吴军败退,形势于己不利,遂迅速将军队撤回,诸葛恪无功而返。

第三路,孙权派遣车骑将军朱然率五万军围攻樊城。朱然字义封,丹杨郡故鄣县(今江苏安吉县)人,曾随吕蒙擒杀关羽,夷陵之战时,与陆逊合力大破刘备;曹真、夏侯尚、张郃等魏将围攻江陵达六个月之久,朱然坚守,魏军始终未能攻克江陵,朱然亦因此战威名大震。樊城与襄阳在汉水的北南两岸,其与襄阳互为犄角,互相支援,樊城若有失,则襄阳难保。此次朱然率重兵围攻樊城,志在必得。樊城城防坚固,一时难以攻破,朱然用部将朱异之计攻破樊城外围,魏军形势危急。魏荆州刺史胡质率本部人马从新野南下,增援樊城。胡质部将认为,吴军兵多,不宜率兵进逼。胡质说:"樊城地势低下,兵力又少,所以应当迅速进军给予外援,否则,樊城就危险了。"于是胡质率兵来到围困樊城吴兵的外围,稳定了樊城城内的人心。魏吴双方在樊城城外对峙,魏军兵少,樊城仍处于危急之中。

第四路,孙权派遣大将军诸葛瑾、骠骑将军步骘进攻柤中(今襄阳南),朱然进攻不利的消息传来,诸葛瑾无心恋战,也就迅速撤退了。

《三国志·齐王芳纪》注引干宝《晋纪》对樊城被围的情况作了比较详细的记载:"吴将全琮寇芍陂,朱然、孙伦五万人围樊城,诸葛瑾、步骘寇柤中;琮已破走而樊围急。"司马懿得知消息,便请求朝廷,让自己率兵前往,以解樊城之围。这里需要注意的是《晋书·宣帝纪》所云的"帝请自讨之"中的"请"的对象是谁? 此时少

423

主曹芳年仅十一岁,是个未谙世事的幼童,因此司马懿所"请"的对象只能是曹爽。曹爽自然是不愿让司马懿再次带兵出征,但是自己又不便直接出面反对,遂暗中授意"议者"进行劝阻。"议者"对司马懿说:"贼远来围樊,不可卒拔。挫于坚城之下,有自破之势,宜长策而御之。"司马懿听了,严厉驳斥道:"边城受敌而安坐庙堂,疆场骚动,众心疑惑,是社稷之大忧也。"①紧接着,司马懿又强调说:"柤中民夷十万,隔在水南,流离无主,樊城被攻,历月不解,此危事也,请自讨之。"②司马懿所说的"柤中",的确是魏吴边境上的"要害"之处。《三国志·朱然传》注引《襄阳记》曰:"柤音如租税之租。柤中在上黄界,去襄阳一百五十里。魏时夷王梅敷兄弟三人,部曲万余家屯此,分布在中庐宜城西山鄢、沔二谷中,土地平敞,宜桑麻,有水陆良田,沔南之膏腴沃壤,谓之柤中。"

既然樊城和柤中如此重要,司马懿又执意要亲征,曹爽和朝中群臣也就没有理由再加以反对和阻拦。曹爽和少主曹芳只能同意。正始二年(241)六月,司马懿"督诸军南征",曹芳效仿其父魏明帝曹叡,"车驾"将司马懿送出洛阳"津阳城门外"。③十余天后,司马懿率大军赶到樊城,朱然未料到司马懿会亲自带兵前来,虽然自己也是久经沙场,晓畅兵机,但慑于司马懿多年来积累的威望和战绩,朱然仍然感到一丝恐惧,故不敢轻易与司马懿交锋。

司马懿认为,在南方作战,不比关中、陇西,"南方暑湿",军队需克服水土不服和气候炎热、潮湿等不利因素。当年赤壁之战,曹军就是因水土不服,才被周瑜打败,故必须汲取这一前车之鉴,不能和吴军打持久战。司马懿首先要试探一下,吴军此次进攻究竟是大举北伐,还是小规模地攻城略地,于是他派出轻骑兵,进行挑战,朱然深沟高垒,不敢出营应战。于是,司马懿便让士卒就地休

① 《晋书》卷1《宣帝纪》。
② 《三国志》卷4《齐王芳纪》注引干宝《晋纪》。
③ 《晋书》卷1《宣帝纪》。

整。他检选精锐,招募勇士,发布号令,提升士气,摆出进攻的态势,好似魏军即将发起总攻。吴军见魏军士气高昂,大有前来决战的气势,故十分惊惧,于是连夜撤退。司马懿见计谋得逞,便率军穷追不舍,在三州口(荆、豫、扬三州交界处)追上吴军,歼敌数千人,①吴军狼狈溃逃,船舰物资损失甚多。樊城之围至此彻底解除。

少主曹芳得到司马懿大获全胜的消息,十分高兴,遂赶紧派侍中、常侍等官员到宛城去慰劳凯旋归来的司马懿大军。七月间,司马懿返回洛阳。曹芳下诏,增司马懿食郾、临颍二县,与之前所封的二县相加,共四县,食邑一万户,子弟十一人皆为列侯。司马懿功勋德望日渐盛大,然而却更加谦恭。他告诫子弟:"盛满者,道家之所忌,天地四时,犹有推移变化,何况人乎!吾何德何能而忝居高位,唯有慎之又慎之,损之又损之。望汝等自爱自重。庶几可以保全家门。"

征东将军王凌能击退东吴大将全琮,也是大功一件。曹爽对他刻意拉拢,将其由征东将军迁升为车骑将军,并授开府仪同三司,"开府仪同三司"就是蜀汉骠骑将军李严朝思暮想的"开府"之权。曹爽如此褒奖王凌,是冀图利用王凌来制约司马懿,以增强自己的实力。

随同王凌一起征战的孙礼,作战十分英勇,却得不到应有的嘉奖与赏赐。史载:"(孙)礼躬勒卫兵御之,战于芍陂,自旦及暮,将士死伤过半。礼犯蹈白刃,马被数创,手秉枹鼓,奋不顾身,贼众乃退。"②孙礼如此奋不顾身,朝廷仅是"诏书慰劳,赐绢七百匹"而已,孙礼很清楚自己功高赏薄的原因所在。当年明帝托孤时,明帝因担心曹爽才能不足,遂以孙礼为"大将军长史,加散骑常侍",让

① 《晋书》卷1《宣帝纪》云:"斩获万余人。"疑有夸大战果之嫌。
② 《三国志》卷24《孙礼传》。

孙礼来辅佐曹爽。但孙礼因性格耿介,"亮直不挠",[1]多次得罪曹爽。曹爽遂免去孙礼的大将军长史职务,将其外放,担任扬州刺史。芍陂之战后,曹爽利用自己掌握的人事任免赏罚之权,挟私报复了孙礼。孙礼本来就同司马懿关系不错,在与曹爽矛盾加深之后,遂进一步向司马懿靠拢。

为酬劳司马懿的战功,曹爽还惺惺作态地向朝廷请求,追封司马懿的父亲京兆尹司马防为舞阳成侯,少主曹芳照例批准。

六、开凿河渠,兴修水利

司马懿不仅重视军事,而且注重发展经济。司马懿强调:"灭贼之要,在于积谷",而要积谷,就必须加强水利建设,开塘筑陂,兴修水利。吴国进攻樊城、芍陂,其中的重要目标就是要破坏魏国的水利工程。虽然王凌、孙礼击退了全琮率领的吴军,但芍陂遭到了严重破坏,短时间很难修复。司马懿于正始三年(242)三月向朝廷上奏,兴修广漕渠,引河入汴,于淮河南北大规模屯田。曹爽欲借此机会让司马懿离开中央,以独揽大权,故很痛快地批准了司马懿的这个计划。

司马懿在关中时,曾经督办过若干个水利工程,也算是开漕通渠的老手了。但是,司马懿对淮南一带的情况不太熟悉,加之他此时的年事已高,作为一个年过花甲的老人已不方便再亲临实地,登山涉水,勘察地形了。恰巧,司马懿身傍有一个精通水利工程的掾佐僚属——邓艾。史载:"时欲广田畜谷,为灭贼资,使艾行陈、项已东至寿春。"司马懿即派邓艾前往河南、淮南一带考察。邓艾从陈县(今河南淮阳)、项县(今河南沈丘)一直巡视到寿春。经过考察,邓艾提出了两项重要建议:第一,开凿河渠,兴修水利,以便灌

---

① 《三国志》卷24《孙礼传》。

溉农田,提高土地单位面积产量和疏通漕运;第二,在淮北、淮南实行大规模的军屯。

邓艾在实地考察后,上书建议将淮南一线建立成为灭吴的粮食基地。艾以为两淮"田良水少,不足以尽地利,宜开河渠,可以引水浇溉,大积军粮,又通运漕之道"。① 接着,邓艾拿出了自己的考察报告和建议书——《济河论》,来阐明自己的观点。邓艾认为:"从前平定黄巾之乱,为此而屯兵垦田。在许都积蓄了许多粮食,目的在于控制天下。如今三隅已定,但淮河以南还有战事,每当大军南征,仅仅用于运输的兵力就占去一半,耗资很大,劳役繁重。陈、蔡之间,土地肥沃,可以减省许昌周围的稻田,引水东下。而今可以在淮河以北屯兵二万人,淮河以南屯兵三万人,按'十二分休'②的比例轮休,常有四万人,边种田边戍守。风调雨顺时,收成常常是西部的三倍多。扣除兵民的费用,每年用五百万斛作为军资。六七年间,可以在淮河上游积蓄三千万斛军粮。这些粮食够十万军民食用五年。凭着这些积蓄进攻东吴,可无往而不胜!"③邓艾的建议确实行之有效。开凿河渠除了可以利于灌溉,为大军积蓄粮草,同时也可以利用水网,极大地提升曹魏后勤补给能力,也利于部队的集结调动。

司马懿看后,非常满意,于是立即付诸实施。从正始二年(241)起,曹魏在淮南、淮北广开河道,大举屯田。北以淮水为界,自钟离(今安徽凤阳县东)以南,横石以西,至沘水(今淝河)源头之间的四百多里范围的土地上,五里设置一个军屯营。每营六十人,一面屯田,一面戍卫。同时,淮阳、百尺两条河渠也拓宽了,从

---

① 《三国志》卷28《邓艾传》。
② "十二分休"是指轮休,即十分之二的士卒休息,回家探亲,十分之八的士兵从事生产和守战。如有五万人,其中一万人更迭轮休,经常从事"且耕且守"的正好是四万人。
③ 参阅《三国志》卷28《邓艾传》。

黄河引水注入淮水和颍水,颍南、颍北修成了许多陂田。淮水流域挖掘了三百多里长的水渠,灌溉农田二万顷,从而使淮南、淮北连成一体。几年之后,从京都到寿春,沿途兵屯相望,鸡犬之声相闻,出现了一派繁荣富庶的景象。从此,淮水流域的水利和军屯建设得到飞速的发展,魏国在东南的防御力量也大大加强。"每东南有事,大军兴众,汎舟而下,达于江、淮。资食有储而无水害。(邓)艾所建也。"①

以后,邓艾又向司马师建议:"国之所急,惟农与战,国富则兵强,兵强则战胜。然农者,胜之本也。孔子曰'足食足兵',食在兵前也。上无设爵之劝,则下无财畜之功。今使考绩之赏,在於积粟富民,则交游之路绝,浮华之原塞矣。"②虽然这些都是邓艾的建策,但如果没有司马懿和司马师的全力支持,是不可能做到的。司马懿认为不仅要发展民屯和军屯,而且要在吴魏边境地区广开河渠,兴修水利。在司马懿主持下,曹魏的水利工程开展得有声有色。《晋书·宣帝纪》记载:"(正始三年)三月,奏穿广漕渠,引河入汴,溉东南诸陂,始大佃于淮北。……乃大兴屯守,广开淮阳、百尺二渠,又修诸陂于颍之南北,万余顷。自是淮北仓庾相望,寿阳至于京师,农官屯兵连属焉。"曹魏后期兴屯田、修水利之事,分别记载于《三国志·邓艾传》《晋书·宣帝纪》《晋书·食货志》上,内容大致相同。但是司马懿和邓艾俩人的地位和作用各不相同,司马懿是决策者,邓艾是建议和执行者。两人分别都起到了重要作用。曹魏军屯的发展和推广以及与之配套的水利设施的兴建,既有利于富国强兵,也减轻了民众的负担。自此,三国鼎立的平衡格局逐渐被打破,战略优势开始倒向曹魏,司马懿开创的兴屯田、修水利的经济措施为三国最后的统一奠定了坚实的物质基础。

---

① 《三国志》卷28《邓艾传》。
② 《三国志》卷28《邓艾传》。

由此可见,正始初年,司马懿在太傅的职位上并未悠闲,他在军事和经济两条战线上都取得了不菲的成绩。与此同时,曹爽也利用自己执掌中枢之权的条件,进一步扩充自己的权力,并进行了"正始改制"。

曹爽若要进一步扩充权力,就必须牢牢掌控中央人事部门。吏部尚书虽然隶属于尚书台和尚书令仆,但却掌握着官员的选拔和任免,因此谁掌控吏部铨衡之职,谁就可掌握朝廷官员的进退沉浮。曹爽初任大将军时,担任吏部尚书的是卢毓。

卢毓,字子家,涿郡涿县(今河北涿州市)人,是东汉大儒卢植之子。他先后侍奉了从曹操到曹髦五位君主,长期负责人才的考评和举荐,曾向魏明帝曹叡建议制定考课法。卢毓是世家大族的代表,又是老臣。曹爽决定首先拿卢毓开刀,他升迁卢毓为尚书仆射,将吏部尚书的职位空缺出来让自己的心腹何晏担任。但是,尚书仆射是尚书台的副长官,属于核心职务,曹爽不愿意让卢毓在这个要职上久留,故而不久就转任卢毓为负责执法的廷尉。接着,曹爽授意何晏、毕轨等人弹劾卢毓。何晏、毕轨一弹劾,卢毓即被免官。《三国志·曹爽传》载:"何晏等与廷尉卢毓素有不平,因毓吏微过,深文致毓法,使主者先收毓印绶,然后奏闻,其作威如此。"但世家大族纷纷为卢毓鸣不平,"众论多讼之",曹爽见势不妙,只得重新起用卢毓为光禄勋,以堵天下悠悠之口。光禄勋乃是九卿之一,尽管几乎是个闲职,但品位很高,故百官也无话可说。

卢毓被调离吏部后,曹爽立即以自己的头号亲信何晏担任吏部尚书,控制了这一要害部门。在曹爽扩张势力的同时,司马懿也没有袖手旁观。司马懿升任太傅后,太尉之职由满宠接任,正始三年(242)三月,"太尉满宠薨",司马懿趁机推荐自己的同僚好友蒋济接任太尉,"乙酉,以领军将军蒋济为太尉"。① 司马懿试图在朝

① 《三国志》卷4《齐王芳纪》。

中安插一个强有力的内应。谁也未曾料到,数年之后,蒋济就成为司马懿发动高平陵之变的得力助手。

七、夏侯玄的《时事议》

正始年间,曹爽集团的重要成员夏侯玄推出一系列的改革措施,史称"正始改制"。这是一场力度不小,内涵深刻的改革活动。虽然最终在高平陵之变后被全面废除,但其代表的政治意义是不可忽视的。在正始年间的党争中,双方均有寒门与世族官僚参与。通过这场改革,我们可以窥见魏晋更迭时期上层政治的生态与阶层结构。

正始改制启动后,动作力度较大,反对派乘机非议,舆论沸沸扬扬。但从现存史料中,我们几乎看不到直接的反映,主要原因极有可能是司马氏代魏后的精心处理。故现在只能从侧面了解改制的信息,最完整的应该是《三国志·夏侯玄传》中保留的一篇《时事议》。这是夏侯玄答复司马懿垂询时写的,其中详述了改制的内容和道理。其中心内容有以下几点。

第一,改革九品中正制。

九品中正制其实是曹操在军中推行的以九品品评人才优劣的制度,其承袭汉末月旦评的余绪,将民间士林品评人物的权力收纳在国家体制之内。九品中正制的雏形在曹丕时代已经形成,其主要选拔标准是家世及才能,而前者尤为重要。这是中央政权向地方世家大族势力的妥协,也就是由地方推选的郡中正为人才定级。公元 220 年,陈群推行完善的"九品官人法",其最核心的要旨,是将已入仕之官与未入仕之人,都以品第划等,高官子弟入仕起家官职,又与父辈在朝廷官职直接相关,中正划定的"乡品"又与入仕者的具体官职直接挂钩。

九品中正制在曹丕时期,还是具有明显的进步意义。它比起东汉末年外戚、宦官卖官鬻爵,察举制只凭借"孝廉"选拔官员,无疑给了人才更多的机会。但是任何制度执行一段时间后,必然会发生变化。魏明帝时,采纳行司徒董昭的建议,立郎吏课试法:"郎吏学通一经,才任牧民;博士课试,擢其高第者,亟用;其浮华不务道本者,皆罢退之。"①明帝又诏令散骑常侍刘劭作都官考课法七十二条,交百官议,然而议久不决,未能实行。曹爽执政期间,九品中正制的改革已不再围绕才能品行之争,主要矛盾已经指向了中正的权力大小问题。

正始初年,仅在郡内设置中正官。中正官有审核、举荐当地人才的职权。他们往往由在朝内为官的本地望族充任。中正官的设立剥夺了在野士人私自评议的行为,②这就在一定程度上限制了地方豪族势力的扩张。然而,仅在郡一级设置中正,对盘踞中央的门阀士族的受益还是很有限。如果在州级行政机构设立中正官,由士族大官僚垄断,掌握郡中正的推举权,就可以一举将地方政权的用人之权纳入中央和门阀士族手中。司马懿是州置大中正的创议者。《太平御览》卷256引《晋宣帝集》中有司马懿除九品、州置大中正议:"案九品之状,诸中正即未能料究人才,以为可除九制,州置大中正。"

司马懿设立州大中正有何意义呢? 州大中正与郡中正的区别在于州大中正更进一步代表士族门阀的利益。所谓士族应有中央与地方之分,中央的士族与地方不同。魏晋时期,势力只能达到郡一级的世家大族,称之为"豪右";而势力能渗透到中央的,则可以称之为"士族"或"门阀"。州、郡虽然同为地方行政单位,但性质并不完全相同:郡更多地体现地方乡邑色彩,而州则是中央的派出机构。因此,司马懿设立州大中正之后,整个九品中正制度的枢纽

---

① 《三国志》卷3《明帝纪》。

② 如汝南郡以许劭、许靖为代表的"月旦评"即是乡邑之中典型的私评,详况可参阅朱子彦:《论东汉末年汝南郡的月旦评》,《学术月刊》2002年第9期。

就从地方转到中央手里了。有了州大中正制度的保障，以陈群、司马懿为代表的汝颍集团，甚至整个士族集团的仕途就畅通无阻了。

中正品第人物，必须进行三个程序：一家世，二行状，三定品。《太平御览》卷214引《晋阳秋》："陈群为吏部尚书，制九格登用，皆由于中正。考之簿世，然后授任。"表明魏时已重士人家世，但还不是唯一的标准。曹操由于政治军事上的需要，多次颁布"唯才是举"令。所以在品第人物上，虽然家世是不能忽略的，但在初期，恐怕更看重才学。正如《宋书·恩倖传序》曰："魏武始基，军中仓卒，权立九品，盖以论人才优劣，非为世族高卑。"

九品中正制的实行解决了选拔官吏无标准的问题，同时，士人入仕的途径基本上被世家大族所垄断。越到后来，朝廷越看重家世和德行，因为这两项指标都对世家大族有利；而中正官一般都出自世家大族，自然也会偏袒世家大族的利益。这就缓解了中央政府与世家大族的紧张关系。同时也为日后司马代魏奠定了极为重要的基础。有关该制之利弊得失后人评说极多，可谓众说纷纭，莫衷一是，但其影响深远是毋庸置疑的。

九品中正制是曹丕对察举征辟制的某种调整，旨在规范和限制地方士族选官、议官的权力，使政府在品评对象的舆论方面发挥更大作用。由于其制草创，尚未成熟，实行中又多有变数，从而产生了一些弊端。最主要的问题就是州郡中正和中央吏部职责划分不清，各自揽权，从而导致冲突与混乱。夏侯玄在《时事议》中指出："自州郡中正品度官才之来，有年载矣，缅缅纷纷，未闻整齐，岂非分叙参错，各失其要之所由哉！若令中正但考行伦辈，伦辈当行均，斯可官矣。"[1]九品中正制事关吏治大计，故正始改制从此关键处入手。夏侯玄的核心论点是结束人才评价体系中长期存在"才能"评价权的"双轨制"。就是中正考察人才的才能德行，可以

---

① 《三国志》卷9《夏侯玄传》。

分门别类推荐,但不可夹入任用意向,即剥夺中正对察举对象政治才干的评审权,将其归入州郡长官所有。夏侯玄主张应将中正评定品德、能力的权力削弱,要避免"中正干铨衡之机于下"。夏侯玄主张抑制中正的权限,发挥吏部的作用,由吏部委托州郡官长查询下属的能力,并排出高低等级。中正、州郡长官两方的考核报告全部汇总到台阁,在台阁、吏部这里进行综合分析和品评工作,最终决定士人的高下品第和官职任命。

夏侯玄在《时事议》中规定了台阁与中正的分工:"官长则各以其属能否献之台阁,台阁则据官长能否之第,参以乡间德行之次,拟其伦比,勿使偏颇。中正则唯考其行迹,别其高下,审定辈类,勿使升降。台阁总之,如其所简,或有参错,则其责负自在有司。官长所第,中正辈拟,比随次率而用之。如其不称,责负在外。然则内外相参,得失有所,互相形检,孰能相饰?"①夏侯玄的意思是做官长的,就以他的属下能力大小与否,汇报尚书台阁;尚书台阁便依据官长所定的其人能力大小与否的排列,参考其人在乡党中德行评价的次序,拟定其人的类属和等级,不使有所偏颇;中正仅仅考察其人的日常行为,区分出高下,判定属于哪一类,不决定升职或降级。升迁黜陟由尚书台阁来总揽,如果尚书台阁的选派有差错失当,那责任便在于主管部门。根据长官所作能力大小与否的排列,中正所作的分类和高下评价,按照相应的级别来任用,如不称职,责任便在尚书台阁之外。若能做到内外相互监督,得失有凭据,相互对照检查,还有谁能掩饰过失?

第二,调整政府行政结构,并省郡守,裁撤冗官。

夏侯玄认为:"今之长吏,皆君吏民,横重以郡守,累以刺史。若郡所摄,唯在大较,则与州同,无为再重。宜省郡守,但任刺史。

① 《三国志》卷9《夏侯玄传》。

刺史职存则监察不废。"①夏侯玄看到了曹魏冗官冗吏现象比较严重。认为县作为基本的行政单位,承担治民工作,不宜再叠屋架床重设郡守之职。所以应该裁去郡守这一级行政建置,将州、郡、县三级地方政府设置,合并为州县两级。这个大胆的改革建议,至今读来仍有石破天惊之感。可惜真正的撤郡要等到南北重新统一之后的隋文帝开皇三年(583)才得以实施,距离夏侯玄提出这一主张已三百余年。这就造成了两晋南北朝时期,尤其是南朝方面极为混乱与低下的地方行政效率。

第三,禁止奢侈服饰,简化官场繁文缛礼。

夏侯玄主张禁止奢侈服饰、仪式等,这主要与魏明帝时期的社会风气有关。曹叡执政后期大兴土木,营造宫室,甚至达到了影响农时的程度。公卿等大臣都曾劝谏,但魏明帝均不予理会。司马懿征辽东归来时,仍有万余被征役夫,曹芳即位后,经过司马懿的上奏,才罢除了这些工程。司马懿大力推动农田开垦、兴修水利,为自己赢得了"节用务农,使天下欣赖"②的名声。曹爽不仅在起居、服制上接近天子,还霸占了京畿一带的数百顷良田,即使其弟曹羲极力劝谏也无济于事。当然,作为政治斗争的失败者,曹爽的恶行会被集中放大,这也是很正常的。

自明帝大建宫室以来,曹魏的奢侈之风愈演愈烈,同时服饰逾制现象也特别突出,从皇帝到各级官员打着"振兴儒学,并崇礼教,教化天下"的旗号,喜好讲排场,务虚声。夏侯玄要求朝臣们按照"古法",禁除奢侈之服,"以为礼度,车舆服章,皆从质朴,禁除末俗华丽之事,使干朝之家,有位之室,不复有锦绮之饰,无兼采之服,纤巧之物,自上以下,至于朴素之差,示有等级而已,勿使过

① 《三国志》卷9《夏侯玄传》。
② 《晋书》卷1《宣帝纪》。

一二之觉"，①大家一起养成俭朴之风。

夏侯玄倡导的正始改制的力度是相当大的。一方面他对当时社会的弊端看得很准，另一方面改制的打击面极大，不可避免地触动了士族集团的既得利益。夏侯玄主张削弱中正官的权力，得罪了地方豪右；省郡，裁员，得罪的是整个官僚阶层。

司马懿欲置州中正的建议曾遭到曹爽弟曹羲的反对。② 考虑到曹爽集团控制着尚书台和吏部，而司马懿集团以老一代名士为主体，在地方上的势力和影响较大，故夏侯玄的改制主张难以为司马懿所接受。对夏侯玄的正始改制计划《时事议》，司马懿《报书》说：

> 审官择人，除重官，改服制，皆大善。礼乡间本行，朝廷考事，大指如所示。而中间一相承习，卒不能改。秦时无刺史，但有郡守长吏。汉家虽有刺史，奉六条而已，故刺史称传车，其吏言从事，居无常治，吏不成臣，其后转更为官司耳。昔贾谊亦患服制，汉文虽身服弋绨，犹不能使上下如意。恐此三事，当待贤能然后了耳。③

从《报书》中可知，司马懿虽然表面上肯定改制内容，但却反对付诸实施。司马懿的态度是："审官择人，除重官，改服制"皆是善事，但还是留给子孙后代中的贤能去解决吧。这就表明了士族集团对正始改制的态度。

司马懿虽然反对，但夏侯玄的《时事议》却得到了曹爽等人的支持。"是时，曹爽专政，丁谧、邓飏等轻改法度。"恰巧其时碰到

---

① 《三国志》卷9《夏侯玄传》。
② 《全三国文》卷20·魏20载曹羲《九品议》："伏见明论，欲除九品，而置州中正欲检虚实，一州阔远，略不相识，访得知，会复转访本郡先达者，此为问州中正而实决于郡人。"
③ 《三国志》卷9《夏侯玄传》。

日食,于是少主曹芳"诏群臣问其得失",①太尉蒋济上书曰:"国家的法令制度,只有命世大才,才能够伸张纲维以垂范于后代,岂是中下等的官员所应轻易改变的呢? 这对治国没有什么好处,只能伤害百姓罢了,希望文武官员各守其职,以廉洁公正作表率,那么和气祥瑞的天象就会受到感应而出现。"蒋济同司马懿的立场是完全一致的。

围绕正始改制的有关问题,双方的矛盾日趋激烈,为了争夺人才的选拔与任免权,双方展开了激烈的斗争。钟毓、卢毓、王观、孙礼等人因与曹爽有隙,或被赶出中央,或被贬职。司马懿在重用高门大族的同时,也提拔了邓艾、王基等寒门出身的地方将领。

总之,夏侯玄制定的正始改制计划不仅司马懿不会采纳,而且也不为士族老臣所容。当曹爽集团与司马懿集团为权力而明争暗斗时,前者所进行的改制给后者增添了攻击的口实。司马懿发动政变时,列数曹爽的"罪状",指斥他"背弃顾命,败乱国典"。② 蒋济对丁谧、邓飏轻改法度,也加以斥责。就连曹爽的长史应璩也对改制表示异议。史称:"曹爽秉政,多违法度,璩为诗以讽焉。其言虽颇谐合,多切时要,世共传之。"③毋庸置疑,在三国纷争,内外不宁的形势下,曹爽集团欲进行大规模的改制,确有扰民清静及不合时宜之嫌,这也是促成一些人背离该集团的重要原因。

当然,曹爽与司马懿权力之争,以及对立两集团互相排抑,本不待正始改制而引发。曹爽与司马懿的权力斗争,以及这两个集团进一步洗牌组合,实有更深刻的政治原因。若把正始改制与司马懿发动政变作简单联系,亦未免失之偏颇,也无法解析这两个集团斗争的根本原因和实质。

① 《三国志》卷14《蒋济传》。
② 《三国志》卷9《曹爽传》。
③ 《三国志》卷21《王粲传附应场传》注引《文章叙录》。

八、击退诸葛恪

正始四年(243),司马懿再一次挂帅出征,这一年,司马懿已经六十五岁了。他的对手是孙吴的后起之秀,军界新锐诸葛恪。

诸葛恪,字元逊,是蜀汉丞相诸葛亮之侄,孙吴大将军诸葛瑾的长子。诸葛恪自幼才思敏捷,以神童著称。诸葛恪之父诸葛瑾面孔狭长。一次,孙权大宴群臣,派人牵一头驴来,在驴的脸上挂一个长标签,上写"诸葛子瑜"四字,众人皆捧腹大笑。年幼的诸葛恪跪下来对孙权说:"给我一支笔。"孙权同意了。诸葛恪便在"诸葛子瑜"四字后面加上"之驴"二字,满座皆惊。于是孙权就把这头驴赐给了诸葛恪。诸葛恪弱冠即被拜为骑都尉,与顾谭、张休等人随侍太子孙登讲论道艺,成了太子的宾友。一次,孙权问诸葛恪:"卿父与叔父(指诸葛亮)孰贤?"诸葛恪应声回答:"臣父为优。"孙权问他原因,诸葛恪说:"臣父知所事,叔父不知,以为是优。"孙权听罢大笑。后来蜀国有使者到来,孙权对蜀国使者说:"此诸葛恪雅好骑乘,还告丞相,为致好马。"诸葛恪当即跪在孙权面前拜谢,孙权感到奇怪,问他:"马未至而谢何也?"诸葛恪说:"夫蜀者陛下之外厩,今有恩诏,马必至也,安敢不谢?"[1]这类表现诸葛恪才思敏捷、善于应对的事还有很多。诸葛恪还收服了东吴心腹之患——山越,使山越人成为东吴最充足的兵源。

赤乌年间,已经晋升为威北将军、都乡侯的诸葛恪率兵在庐江、皖城屯田,诸葛恪且耕且守,积聚了不少军粮,把皖城建设成为对魏作战的一个桥头堡。同时诸葛恪又不时地派兵骚扰袭击曹魏的边境地区,掳掠舒县百姓而还,故"边鄙苦之"。诸葛恪还派出许多"斥候"(类似间谍和侦察兵)潜伏进魏国打探地理形势,冀图

---

① 《三国志》卷64《诸葛恪传》。

将曹魏南部的军事重镇寿春(今安徽省淮南市寿县,魏扬州治所)一举拿下。

司马懿同诸葛家族的人似乎很有缘分。他同诸葛亮是棋逢对手,将遇良才。诸葛亮兄诸葛瑾的用兵远不及乃弟,数次交锋,均败于司马懿手中。诸葛瑾子诸葛恪还未和司马懿交过手。如今皖城诸葛恪势力的存在,犹如骨鲠在喉,已成为曹魏的心腹之患,司马懿决定会一会这个后生,拔掉皖城这颗钉子。司马懿意欲亲征,曹爽势力再度予以阻挠。他们说:"贼据坚城,积谷,欲引致官兵。今悬军远攻,其救必致,进退不易,未见其便。"司马懿对这种书生之见表示了鄙视,他反驳道:"贼之所长者水也,今攻其城,以观其变。若用其所长,弃城奔走,此为庙胜也。若敢固守,湖水冬浅,船不得行,势必弃水相救,由其所短,亦吾利也。"① 司马懿分析透彻,入情入理。面对司马懿的用兵之道,群臣无言以对。但曹爽极不情愿司马懿再次领兵出征,树立更大的威望,故一再推托,并唆使少帝曹芳不要下诏批准司马懿用兵。到了正始四年六月,诸葛恪率军进攻六安,"破魏将谢顺营,收其民人"。② 司马懿抓住机会,重申前议。面对吴军屡屡侵犯边境,劫夺人口,曹爽就很难有理由再次进行阻挠了,于是只得同意司马懿带兵出征。

正始四年九月,司马懿督诸军远征诸葛恪,少主曹芳"车驾送出津阳门"。十一月,司马懿率军到达舒城,正准备进攻皖城,只见皖城上空浓烟滚滚。原来诸葛恪得知司马懿率军来攻,就"焚烧积聚,弃城而遁"。③ 为何诸葛恪如此胆小,还未同司马懿交手,就狼狈逃窜呢?原来这是孙权的决定。据《三国志·诸葛恪》记载:"赤乌中,魏司马宣王谋欲攻(诸葛)恪,(孙)权方发兵应之,望气者以为不利,于是徙恪屯于柴桑。"

---

① 《晋书》卷1《宣帝纪》。
② 《三国志》卷47《吴主传》。
③ 《晋书》卷1《宣帝纪》。

所谓"望气"就是"候望风气"的简称。气是阴阳学中常见的概念。中国春秋战国时代的思想家,将气的概念抽象化,认为"气"是天地一切事物组成的基本元素。当时专门有望气家观察风气的各种变化,时人借以占卜凶吉,预测祸福。吴地最有名的望气术师叫吴范,吴范望气十分灵验,几乎十望九准。

据《三国志·吴范传》记载:建安十二年(207),孙权在吴郡,准备讨伐黄祖,吴范说:"今兹少利,不如明年,明年戊子,荆州刘表亦身死国亡。"孙权不听而发兵征讨黄祖,最终不能取胜。翌年,孙权出兵,行至寻阳时,吴范观看天象,于是上船祝贺,催促军队赶快挺进,军队一到就大败黄祖,黄祖趁黑夜逃走。孙权担心抓不住他,吴范说:"未远,必生禽(黄)祖。"到五更天,果然活捉黄祖。刘表终在这年去世,荆州被吴、蜀瓜分。

孙权与吕蒙设谋袭取关羽,与亲近大臣商量,大多数人都说不行。孙权以此事问吴范,吴范说:"行。"后来关羽在麦城时,派人请人投降。孙权问吴范说:"关羽会降吗?"吴范说:"彼有走气,言降诈耳。"孙权派遣潘璋邀截关羽的径路,侦察的人回来,报告说关羽已离开麦城逃走。吴范说:"虽去不免。"问他擒捉关羽的时间,他说:"明日日中。"孙权设置漏表滴漏刻下记号来等待。及至中午没有消息,孙权问其原因,吴范说:"时尚未正中也。"不久,有风掀动帷帐,吴范拍手说:"羽至矣。"很快,帐外欢呼万岁,报告说擒了关羽。孙权与魏国建立友好关系,吴范说:"以风气言之,彼以貌来,其实有谋,宜为之备。"刘备为关羽复仇,大举攻吴,吴范说:"后当和亲。"[1]事情的结局都如他所预言。

司马懿善于用兵,在三国后期已经天下闻名,当司马懿出兵征伐辽东时,孙权曾对公孙渊说:"司马公善用兵,变化若神,所向无

---

① 《三国志》卷63《吴范传》。

前,深为弟忧之。"①加之,东吴名将诸葛瑾、朱然等都败于司马懿,故孙权对司马懿十分忌惮。此番,久历戎机的老将司马懿亲自带兵南征皖城,攻打作战经验并不丰富的诸葛恪,孙权不可能没有隐忧。平心而论,孙权的担忧不无道理,在吴国众多将领中,除军事天才陆逊之外,皆非司马懿的敌手。有鉴于孙吴望气大师吴范所测诸事都十分灵验,故孙权对"望气"十分相信。听到望气者预测:吴军对司马懿作战将"不利",孙权马上下令让诸葛恪主动放弃皖城。诸葛恪本来就不愿意同威名远扬的司马懿交手,所以接到孙权命令后,立即烧掉来不及带走的军事物资,率部弃城登舟,撤往长江上游军事重镇柴桑去了。

司马懿不战而屈人之兵,获得了南征皖城,阻击吴军进犯的胜利。司马懿获胜后,既没有趁势攻打吴国城池,也没有立即班师回朝。他趁此机会奏请在淮北开淮阳渠、百尺渠,又命邓艾在颍水南北广修陂塘,灌溉大量农田,在淮北等地搞军屯。在司马懿亲自部署下,粮仓米库在淮北遍地开花,从寿春到洛阳,一路都设有典农官员和屯田士兵。四个月后,也就是正始五年正月,司马懿才班师回到洛阳,他在班师途中,少帝曹芳派使者前往劳军。

九、曹爽伐蜀

司马懿屡立军功,不仅在朝廷中树立起更大的威望,而且也给曹爽形成巨大的政治压力。作为首辅大臣的曹爽虽然执掌朝政,少主曹芳也对他言听计从,但他在军事上却毫无建树。众所周知,三国乃争战之世,非用武治戎不能立国。曹爽若欲进一步巩固自己的执政地位,就必须在朝廷中树立声望,而要达到这一目的,就必须要建立军功。正始五年(244),"(邓)飏等欲令

---

① 《晋书》卷1《宣帝纪》。

（曹）爽立威名于天下,劝使伐蜀,爽从其言"。① 邓飏的伐蜀建议,正合曹爽心意,于是他欣然同意。司马懿曾随曹操征伐张鲁,对汉中一带的地形比较熟悉,他认为汉中地势险要,魏攻蜀的条件尚不具备,故极力反对曹爽的伐蜀之举,但曹爽一意孤行,根本不听。

司马懿虽然未能劝阻曹爽伐蜀,但也有意外的收获。曹爽自辅政以来,一直把中央禁军牢牢地控制在自己手中。正始三年,领军将军蒋济迁升太尉,曹爽即以其弟曹羲为中领军,而以夏侯玄出任中护军之职。曹爽掌控禁军就为其把持朝政创造了最为关键的条件。但是,这一严密的人事布局却出现了一道缝隙。曹魏老臣征西将军赵俨于"正始四年,老疾求还"。② 赵俨乞归之后,曹爽必须安排另一得力人选出镇关中。此时,曹爽正在为伐蜀作人事安排,遂以夏侯玄"为征西将军,假节都督雍、凉州诸军事",③并以其亲信李胜为长史。夏侯玄出任征西将军之后,其空缺的中护军一职则由司马师继任。《三国志·夏侯玄传》注引《魏略》说:"（夏侯）玄既迁,司马景王代为护军。护军总统诸将,任文武官选举。"曹魏中军向来由曹魏宗室亲贵掌握。中领军和中护军的任职特点是必须由宗室（含夏侯氏）或嫡系亲信担任,非此不能任职这两个要害部门。在这之前,司马懿从未染指过中央禁军,一旦其长子司马师担任中护军,禁军遂由原来曹氏一家掌控变成与司马氏分掌的局面。司马师任中护军即可调动部分禁军,这为司马懿日后发动高平陵之变创造了极为有利的条件。

正始五年三月,曹爽带着心腹李胜、邓飏,统兵从洛阳出发,到

---

① 《三国志》卷9《曹爽传》。《晋书》卷1《宣帝纪》与《曹爽传》记载稍异,其云:"尚书邓飏、李胜等欲令曹爽建立功名,劝使伐蜀。帝（司马懿）止之,不可"。
② 《三国志》卷22《赵俨传》。
③ 《三国志》卷9《夏侯玄传》。

长安与夏侯玄率领的关中军会合,总兵力达到十万余人。[1] 曹爽令司马懿旧部,关中名将郭淮"督诸军为前锋",[2]率领本部兵马先行;夏侯玄另率一军,司马懿次子,征蜀将军司马昭"副夏侯玄出骆谷"。[3] 邓飏、李胜随曹爽为参谋,十万魏军浩浩荡荡,从骆谷(汉中成固县东北,北达扶风郿县)鱼贯而入,杀向汉中。

据《三国志·王平传》记载:"时汉中守兵不满三万",且又分散在数百里范围内的多处据点之中,呈现出相对薄弱的态势。若是魏军大举入侵,后方援军来不及相救,便有陷落的危险。当得到"魏大将军曹爽率步骑十余万向汉川"的消息,戍守汉中的蜀将极为震惊。在蜀汉前监军、镇北大将军王平召开的军事会议上,诸多将领认为敌众我寡,"不足以拒敌,听当固守汉、乐二城,比尔间,涪军足得救也"。蜀汉诸将建议采取收缩兵力,放弃外围,固守待援。此时,蜀汉大将军费祎率领重兵驻守在涪城,诸将认为,"今力不足以拒敌",只要守住汉、乐二城,蜀汉主力就有足够的时间从涪县出发驰援阳平关(蜀北主要门户,今陕西勉县西白马河入汉水处)。但是王平坚决反对,他主张在傥骆道中的险要地区——兴势进行阻击。王平说:"汉中去涪垂千里。贼若得关。便为祸也。"诸将仍然议论纷纷,狐疑不决,王平并不理睬,他立即作出部署,王平说:"今宜先遣刘护军、杜参军据兴势,平为后继;若贼分向黄金,平率千人下自临之,比尔间,涪军行至,此计之

---

① 《三国志》卷9《曹爽传》:"大发卒六七万人。"《三国志》卷43《王平传》曰:"魏大将军曹爽率步骑十余万向汉川。"两传相比较,《王平传》的记载更为可信,其时,曹爽任大将军,掌握曹魏全国军队,为保证自己伐蜀之战取得胜利,必然调动较多的军队。再则,诸葛亮死后,蜀汉军力虽有所削减,但汉中守军仍有近三万,蜀全国军队只有十余万,曹爽若以六七万人伐蜀,岂非以弱战强。以少敌多。

② 《三国志》卷26《郭淮传》。

③ 《晋书》卷2《文帝纪》。

上也。"①

众将中只有护军刘敏拥护王平的决策。刘敏认为,汉中百姓布满田野,庄稼还在田里,如果听任魏军进入平原,则大事去矣。于是,刘敏率部占据兴势山。兴势山在洋县西北 43 里,"形如一盆,缘外险而内有大谷",是傥骆道南出口的战略要地。蜀汉依山而筑的"兴势围",②已成为兵家必争之地。由于兵力严重不足,蜀军在防御时不得不采用虚张声势的做法,刘敏"遂帅所领与王平据兴势,多张旗帜,弥亘百余里"。③ 王平所率领的"后拒"(即机动预备队)数量少得可怜,如果魏军从兴势前线分出部分兵力改走不远处的子午道,由黄金戍进入汉中,身为都督的王平只能带领千余人赶赴援救。

好在陡峭险峻的傥骆道帮了蜀军的大忙。正如曹丕当年所说:"汉中地形实为险固,四岳三涂皆不及也。……临高塞要,一夫挥戟,千人不得过。"④曹爽大军进入骆谷数百里,就成了一字长蛇阵,兵力上的优势得不到发挥,粮草也难以运到前线。而处于劣势的蜀军不但凭险据守,有地利之便,其军中由南中少数民族组成的"无当飞军"更是骁勇异常,这支部队人人身着铁甲,翻山越岭如履平地,最擅长的是夜袭,装备的是涂有毒箭头的连弩和钢刀。在此情况下,魏军"进不获战,攻之不可",⑤陷入被动境地。王平的坚守为蜀军主力的到来赢得了宝贵的时间。

闰三月,后主刘禅下令费祎率军救援汉中,但涪县与汉中距离

① 《三国志》卷 43《王平传》。
② 兴势山,今陕西省汉中市洋县东北。"《水经注》:小成固城北百二十二里有兴势坂。《寰宇记》:兴势山在洋州兴道县北四十三里,今郡城所枕,形如一盆,外险而内有大谷,为盘道上数里,方及四门,因名兴势。"《资治通鉴》卷 74,"正始五年三月"条胡三省注。
③ 《三国志》卷 44《蒋琬传》附《刘敏传》
④ 《太平御览》卷 352《兵部·戟》引《魏文帝书》。
⑤ 《晋书》卷 2《文帝纪》。

太远,相隔几乎近千里。按汉代军队每日行程,"轻行五十里,重行三十里"。① 加上蜀道险阻,行军艰难,援军赶到汉中时,已经是四月份了。此时,距离魏军入侵已经过去了两个月。若不是王平安排得当,汉中就有失陷的危险。

当费祎率领的蜀军主力姗姗来迟时,蜀汉最危急的时刻已然过去。反过来,倒是曹爽率领的魏军此刻身处险地,魏军受阻于兴势,未能走出谷道,不能在富庶的汉中平原"因粮于敌"。此时,关中及氐羌的千里运输不能保障魏十万大军的粮食供应,牛马骡驴大量死于运输途中,运夫号泣于道路上。魏军入骆谷前进了数百里,蜀军依山设防,部队无法前进,形势危急。曹爽"方欲增兵"到前线,散骑常侍钟毓写信劝曹爽退军。他说:"窃以为庙胜之策,不临矢石;王者之兵,有征无战。诚以干戚可以服有苗,退舍足以纳原寇,不必纵吴汉于江关,骋韩信於井陉也。见可而进,知难而退,盖自古之政。惟公侯详之!"②曹爽见信无动于衷。曹爽的参军杨伟意识到形势十分危险,恳求曹爽立即撤军,但邓飏、李胜反对,他们不顾自己缺乏军事常识而同杨伟激烈争辩。杨伟未能说服他们,愤怒地说:"邓飏、李胜将败国家事,可斩也。"③曹爽不悦,拒绝了杨伟的建议。

郭淮长期镇守秦、陇,一向以英勇善战著称,此刻也察觉到局势危险,于是不向曹爽请示,主动将自己所率的部队撤退,避免了重大损失。蜀将王林夜间偷袭司马昭军营,司马昭沉着冷静,按兵不动,王林无机可乘,终于退走。事后,司马昭劝夏侯玄说:"费祎以据险距守,进不获战,攻之不可,宜亟旋军,以为后图。"④

司马懿虽然没有亲临前线,但凭着他多年的作战经验,意识到

① 《汉书》卷70《陈汤传》。
② 《三国志》卷13《钟繇传附子钟毓传》。
③ 《三国志》卷9《曹爽传》。
④ 《晋书》卷2《文帝纪》。

局势不妙,他写信给夏侯玄说:"《春秋》责大德重,昔武皇帝再入汉中,几至大败。君所知也。今兴平路势至险,蜀已先据,若进不获战,退见徼绝,覆军必矣。将何以任其责!"①夏侯玄这才感到恐惧,劝曹爽尽快退兵。五月,曹爽率领大军退还,费祎进军占据三岭(沈岭、衙岭、分水岭,均在今陕西周至县西南之骆谷中)堵截曹爽,"曹爽争险苦战,仅乃得过。所发牛马运转者,死失略尽,羌、胡怨叹",②关中地区多年积蓄的物资为之一空。至此,曹爽伐蜀以惨败而告终。

伐蜀战役的失败曹爽应负极大的责任。首先,曹爽的准备不够充分。与其说他想攻蜀建功立业,还不如说想趁机染指曹魏的关陇军队,曹爽意欲将这支部队牢牢地掌控在自己手中,以削弱司马懿的影响力。

其次,选错了进军的路线。从关中前往汉中较为近捷的是穿越秦岭山脉的几条通道,即褒斜道、傥骆道和子午道,其中褒斜道以南循褒谷、北走斜水而得名,路程五百余里,道的北口即是渭水之滨的五丈原。这条道路在秦岭诸道中相对省时省力,故汉代关中通往巴蜀的驿路就设在这条道上。即便如此,曹操在与刘备争夺汉中的战争中,仍因褒斜道险峻的山路吃足苦头,感慨"南郑直为天狱,中斜谷道为五百里石穴耳"。③ 相比之下,傥骆道和子午道的通行条件还不如褒斜道。位于东面的子午道南口,是几条通道中距离汉中最远的,兵家向汉中进兵,一般都不走此道,而傥骆道是由汉中盆地东端的成固(今陕西省洋县)入傥水河谷,过分水岭后,再沿骆谷进入关中平原。其道路程虽短(全长 420 里),但中间绝水地段较褒斜道长,山路险峻,其中越秦岭主峰一段,盘山路曲折回旋八十余里,共八十四盘,行军极为不易,易受阻塞。曹

① 《三国志》卷9《曹爽传》注引《汉晋春秋》。
② 《三国志》卷9《曹爽传》注引《汉晋春秋》。
③ 《三国志》卷14《刘放传》注引《资别传》。

爽恰恰选择了魏军从傥骆道进攻汉中,事实证明,这是一个最差的选择。

其三,选错了攻击的目标。诸葛亮死后,魏蜀两国的摩擦属于小规模,倒是东吴,孙权亲自策划了四路攻势,朱然、步骘、全琮、诸葛瑾、诸葛恪等东吴名将都出现在战场上,司马懿此时也在东南,可见此时曹魏面对的压力主要来自东吴。东南战场应是曹魏最大的外部威胁,所以从当时三国的政治形势而论,伐吴才是以攻为守的更好选择。曹爽身为大将军,应该和司马懿保持一致,全力对付东吴,然而他却对蜀汉用兵。战争开始后,曹爽行动迟缓,攻击的手段也很单一。蜀将王平虽然应对得当,但其战术就是坚守加袭扰。曹爽在拥有绝对优势兵力的情况下,趁蜀军援兵未到,完全可以调整部署,快速进军,坚决进攻,或可一举攻克汉中。在蜀汉援兵到达,败局已定的情况下,曹爽对撤退一直犹豫不决。等到费祎率领的蜀军占据三岭,层层堵截魏军,才开始仓皇撤退,岂能不遭致重大损失。

对曹爽而言,这场战役,更大的不利影响是在政治层面:其一,曹爽以夏侯玄为征西将军,是因为曹魏宗室后人中,夏侯玄是新一代士人领袖,而且声名显赫。[1] 曹爽派他去接收关陇军队的指挥权,再合适不过。但曹爽此时还必须依赖司马懿的军事能力(司马懿正在东南抵御东吴)。为了能让夏侯玄出任征西将军,曹爽不得已将夏侯玄的中护军之职交给了司马师,这让司马家族首次有了禁军的部分指挥权,为日后高平陵之变奠定了基础。其二,极大地动摇了曹爽在朝中的威信,加速了他的垮台。曹爽本来就没有什么军事建树,此次伐蜀是他首次用兵,首次用兵即遭到惨败,使其威望和影响力骤跌,为五年后他在与司马懿的权力斗争中最

---

① 钟会"谓长史杜预曰:'以伯约比中土名士,公休、太初不能胜也。'"《三国志》卷44《姜维传》。公休指诸葛诞,太初指夏侯玄,可见诸葛诞、夏侯玄颇负盛名。

终倒台埋下伏笔。也正是这场惨败,让曹爽不得不在政治上更加独断专行,意图将权力紧紧地攥在自己手中。其三,延长了蜀汉政权的国祚,推迟了三国统一的进程。兴势之战的失败使得曹魏在此后的很长一段时间里都不敢侵犯蜀汉,它使魏国内部对伐蜀产生恐惧心理,魏长期对蜀采取守势,"畏蜀如虎",以至于 20 年后司马昭提议伐蜀时,举朝大臣竟然只有钟会一人赞成,连在前线与姜维交战多年的宿将邓艾居然也觉得蜀汉无隙可乘,反对攻蜀。其四,由于征调了大量农夫参与后勤运输,导致农田无人劳作,使原本相对富庶的关中地区出现田地荒废,百业萧条的局面。以致削弱了曹魏在当地的统治力,使得西北少数民族势力不断做大,间接导致了日后五胡乱华的发生。

十、辅臣之争公开化

司马懿两次征吴,都获得胜利,而曹爽初次统兵伐蜀,却以失败而告终。两相对照,形成鲜明的对比,这使曹爽无比懊丧羞惭。而朝野内外的一片指责和讥讽,更使他恼怒万分,为了巩固自己的权位,曹爽针对司马懿日渐上升的权威,采取了若干反击措施。

其一,曹爽下令废除中垒营、中坚营。曹魏的军制是中外军制。中军即中央禁军,由曹操的亲军发展而来。曹操设立霸府后,其原有的亲军规模就进一步扩大,曹魏政权建立后,确立中央禁军体制。中央禁军既是皇帝的宿卫军,同时也是战略机动部队。魏文帝曹丕将禁卫军分为武卫、中垒、五校三大营;魏明帝时期,又增设中坚营。武卫营、中垒营、中坚营分别由武卫将军、中垒将军、中坚将军统率;五校则分别由屯骑校尉、步兵校尉、射声校尉、越骑校尉、长水校尉统领。在四大营之上,又设中领军和中护军。首任中领军是曹休,其后是曹真接任。首任中护军是曹洪,后又有陈群、蒋济接任。资历较深、地位尊贵者可为领军将军和护军将军。这两个职位是曹魏军队的要职,向来由曹魏亲族或嫡系担任。魏文帝和魏明帝时,夏侯尚、朱铄、陈群、卫臻、夏侯献、薛悌、荀𫐐、桓范先后出任过中领军和领军将军。

中领军为第三品,是中央禁军的最高长官,中护军为第四品,是中央禁军的副长官。中护军不仅协助中领军负责禁军事宜,还主持武官选举。为中护军者必须秉公无私,才能举荐良材,反之则有接收贿赂之讥。蒋济为中护军,民间有歌谣讥笑他:"欲求牙门,当得千匹;五百人督,得五百匹。"意指蒋济卖官高低各有价格。中领军和中护军分别兼管四大营。其中,武卫、中坚由中领军管辖,中垒、五校由中护军掌管。

其时,武卫、中坚两大营掌控在曹爽之弟中领军曹羲手中。司马懿长子司马师为中护军,掌管中垒与五校两营,并主持武官选举。故双方势力基本平衡,曹爽集团略占优势。正始六年(245)八月,曹爽奏请少主曹芳批准,撤销中垒、中坚营的编制,将两大营军队全部交与中领军曹羲指挥。司马师辖下有中垒、五校两营,中垒是精锐部队,五校兵力较为单薄,兵力总数不过三千五百人左右,且分别由五校尉直接指挥。"曹爽毁中垒中坚营,以兵属其弟中领军(曹)羲。"①其目的就是架空司马师,剥夺其兵权,将禁卫军之权集中于其弟曹羲之手。对曹爽此举司马懿当然极力反对,他对曹爽说:"此乃先帝旧制,不可更改。"此时,曹爽已一改刚执政时对司马懿"恒父事之,不敢专行"的作风,他对司马懿的反对毫不客气,一口回绝。是年冬十二月,少主曹芳以司马懿年事已高,下诏朝会时司马懿可以乘舆上殿,算是一种特殊的礼遇。

其二,曹爽见司马懿无能为力,便开始插手司马懿所主管的东南防务。插手的起因,是一件移民事件。正始七年(246)正月,吴车骑将军朱然又率兵入侵柤中,有万余家住在沔南的百姓为避吴

---

① 《晋书》卷1《宣帝纪》。

兵,北渡沔水,跑到沔北来避难。如何来对待这批前来躲避战乱的难民呢? 司马懿认为沔南离敌太近,倘若百姓返还,还会引来吴兵,故主张让他们暂留北方,并加以妥善安置。但曹爽不同意,他对司马懿说:"今不能修守沔南而留百姓,非长策也。"司马懿则说:"不然。凡物致之安地则安,危地则危。故兵书曰'成败,形也;安危,势也'。形势,御众之要,不可以不审。设令贼以二万人断沔水,三万人与沔南诸军相持,万人陆梁枹中,将何以救之?"①曹爽讲不出反驳司马懿的理由,但就是不听。最后他下令将这些难民一律驱赶回沔南,不许逗留。结果,吴兵果然攻破枹中,虏走一万多户魏国居民。

其三,迁郭太后于永宁宫。郭氏是西平郡(治所在西都,今西宁市)人,家族为河西大族。黄初年间,西平郡发生叛乱,魏文帝曹丕派金城太守平定叛乱。郭氏因此被没入洛阳宫。魏明帝曹叡即位后,封郭氏为夫人,并任命她的伯父郭芝为虎贲中郎将,叔父郭立为骑都尉。魏明帝起初非常宠幸毛皇后,后来宠幸郭氏,对毛皇后日益冷淡。景初元年(237)九月十五日,明帝赏游后花园,召后宫才人以上嫔妃参加饮宴娱乐。郭氏对魏明帝说:"应该把皇后请来吧?"魏明帝不同意,并且告知随从不得宣请毛皇后。第二天,魏明帝和毛皇后见面时,毛皇后问他:"昨日游宴北园,乐乎?"②魏明帝以为是左右侍从给毛皇后泄的密,遂下令诛杀十几个随从,并将毛皇后赐死。

景初二年(238)十二月,魏明帝患病之际,立郭氏为皇后。曹芳继位,尊郭氏为皇太后,所居宫殿称为永宁宫。并追谥皇太后郭氏的父亲郭满为西都定侯,封郭太后的母亲杜氏为郃阳君。又以郭太后叔父郭立之子郭德与郭建兄弟二人同为镇护将军,都封为

---

① 《晋书》卷1《宣帝纪》。
② 《三国志》卷5《明悼毛皇后传》。

列侯,共同负责京师警卫。

郭太后与司马氏的关系很密切。郭太后无子女,非常喜欢其侄郭德与郭建。郭德先娶司马师之女,司马师女死后,司马昭又以己女(晋武帝之姐)适郭德为继室。可见司马氏与郭太后有非同一般的关系。司马懿父子可以姻亲关系对郭太后施加影响。由于曹芳年幼,生活起居尚不能完全自理,所以郭太后并没有住在自己的寝宫——永宁宫。而是同少主曹芳住在一起。曹魏军政大事需要由皇帝决定的,实际上都是向郭太后请示,然后以少帝曹芳的名义下诏施行。史书云:"值三主幼弱,宰辅统政,与夺大事,皆先咨启于太后而后施行。"①

司马懿父子与郭太后时常接近,对曹爽专权肯定不利,为了不让太后对皇帝施加影响,曹爽就设法剥夺郭太后在政治上的话语权。曹爽遂以皇帝已经成年(十六岁),可以独立亲政为由,逼迫郭太后移出皇帝的寝宫,《晋书·五行志下》说:"曹爽专政,迁(郭)太后于永宁宫,太后与帝相泣而别。连年地震,是其应也。"司马懿发动高平陵之变时就拿此事大做文章,斥责曹爽"离间二宫,伤害骨肉"。不管司马懿与郭太后此前的关系如何,应该说曹爽这一举动确实把郭太后推向了司马懿这一边,无形中成为郭太后同司马懿结成坚强同盟的动力。由于曹爽极大地伤害了郭太后,郭太后当然会在关键时刻支持司马懿。

曹爽接二连三地对司马懿进行政治上的打压,对司马懿震动很大。起初,司马懿虽知曹爽尊自己为太傅,是明尊实抑,但考虑到自己已位极人臣,且已是垂暮之年,故他不与曹爽多作计较,而忍耐下来。但是曹爽的步步紧逼,使司马懿意识到若不进行反击,司马氏家族将大受其害。

《晋书·宣帝纪》云:"曹爽用何晏、邓飏、丁谧之谋,迁太后于

---

① 《三国志》卷5《明元郭皇后传》。

450

永宁宫,专擅朝政,兄弟并典禁兵,多树亲党,屡改制度。帝(司马懿)不能禁,于是与(曹)爽有隙。"虽然《宣帝纪》是站在司马懿的立场上,对曹爽多有贬抑之处,但反映了曹爽此时与司马懿的矛盾很深,且已逐渐公开化。司马懿处处受到打压,权力逐渐被架空,很多政事都不能参与,故其内心已对曹爽恨之入骨。但司马懿毕竟富于韬略,城府极深,知道此时大权已落到曹爽手中,反击时机尚不成熟。于是准备称病回避曹爽,韬光养晦,等待良机。正始八年(247)四月,司马懿的原配夫人张春华因病去世,虽然司马懿此时对夫人并无感情,曾经骂其为"老物可憎",但夫人病逝,让司马懿认为这是自己称病的好时机。五月,司马懿"称疾不与政事"。

司马懿"称疾不与政事",正是曹爽等人所期待的。曹爽喜出望外,于是更加肆无忌惮。

曹爽纵容他的党羽亲信胡作非为:如何晏侵占洛阳东北野王县(今河南省沁阳市)典农部所属的数百顷膏腴桑田,又侵吞朝廷赏赐给公主的汤沐地,甚至窃取官物,向州郡索取奇珍异宝,地方官员一味奉承,都不敢违抗。曹爽、何晏实行任人唯亲的用人政策,对廉洁耿直的官员排挤打击,"晏等依势用事,附会者升进,违忤者罢退,内外望风,莫敢忤旨"。① 卢毓、傅嘏等人与何晏有宿怨,何晏便借小事,深文周纳,将他们免官。何晏所为引起其妻金乡公主的担忧,她对"其母沛王太妃曰:'晏为恶日深,将何保身?'"②

曹爽更是骄淫奢靡,其饮食、车马、服饰可以同皇帝相比拟。皇家的珍奇宝物被其窃取,积聚了很多。曹爽府邸早已是妻妾成群,但他犹嫌不足,居然私自带走明帝宫中七八个才人,又将皇宫中的师工、鼓吹、良家子女数十名留在家中从事鼓吹和歌舞。他还

---

① 《资治通鉴》卷74,"景初三年"条。
② 《三国志》卷9《曹爽传附何晏传》注引《魏末传》。

伪造诏书,将先帝的五十七名才人送到邺城铜雀台,让先帝的婕妤教她们学习歌舞,用为伎乐。还擅自取用皇家太乐部的乐器和武库禁卫军的专用武器。并且在家中建造华丽的房屋,经常与何晏等人在其中饮酒作乐,极尽奢华。

曹羲比较有见识,见兄如此胡作非为,甚为忧虑,曾多次劝谏,但曹爽不听。曹羲撰文三篇,陈述骄淫奢侈过度将会产生祸败,言辞十分恳切,但他不敢直接指责曹爽,而是假托训诫诸弟以警示曹爽。曹爽知道曹羲其实是在告诫他,因此很不高兴,反把曹羲训斥一番。曹羲见曹爽对其劝告不予理睬,只得涕泣而去。

曹爽凭借宗室之亲而被魏明帝曹叡看中,得以担任总揽朝政的辅政大臣——大将军。但曹爽秉政后,并不愿意改变曹魏一以贯之的对宗室严加防范和限制的政策。到了少主曹芳时,曹氏宗室近亲在政治上受排斥的状况依然如故。面对司马氏集团日益强大,曹氏宗室力量薄弱的局面,曹氏宗族中的曹冏①目光犀利,看到了曹魏政权存在的危机。曹冏有文才,他有感于曹魏政权不重用宗室、大权将会旁落外姓的危险,向少主曹芳上书,纵论夏、商、周、秦、汉、魏六代兴衰之事,建议分封宗室子弟,授以军政实权,以抑制异姓权臣,强干弱枝,以巩固曹魏统治。由于少主曹芳年幼,曹冏便于正始四年十一月,将奏书呈给执政的大将军曹爽,希望以此感悟曹爽。《昭明文选》将这段议论收入文集中,题名为《六代论》。兹节选其中有关曹魏宗室不受任用的论述:

> 大魏之兴,于今二十有四年矣。观五代之存亡,而不用其长策;睹前车之倾覆,而不改其辙迹。子弟王空虚之地,君有不使之民。宗室窜于间阎,不闻邦国之政。权均匹夫,势齐凡庶。内无深根不拔之固,外无盘石宗盟之助,非所以安社稷为

---

① 曹冏,字元首。其父是曹操从祖兄弟,曾祖父曹叔兴是曹腾(曹操祖父)之兄。《三国志》卷20《武文世王公传》注引《魏氏春秋》云:"是时天子幼稚,(曹)冏以此论感悟曹爽,爽不能纳。"

万世之业也。且今之州牧、郡守，古之方伯诸侯，皆跨有千里之土，兼军武之任。或比国数人，或兄弟并据，而宗室子弟，曾无一人间厕其间，与相维持，非所以强干弱枝，备万一之虞也。今之用贤，或超为名都之主，或为偏师之帅，而宗室有文者必限小县之宰；有武者必置百人之上。使夫廉高之士，毕志于衡轭之内；才能之人，耻与非类为伍，非所以劝进贤能，褒异宗室之礼也。①

曹冏列举夏商至曹魏六朝政权对待皇族宗室政策，分析其中的利害得失。他痛陈统治者对于宗室的苛待和防范，指出一旦有事，曹魏政权将无从防范，其文言之切切，很是中肯。然而曹爽看后，仍然无动于衷，作为曹魏的顾命大臣，曹爽进用人才的原则是既不用"亲"，也不用"贤"，而是用"熟"。这一套用近臣的思路，与曹丕可谓一脉相承，曹丕就是一边严密监视自己的亲兄弟，一边用他身边的熟人掌握实权。夏侯献在明帝朝能够担任中军统帅，曹肇是曹休之子，秦朗是曹操的继子，其还有击败鲜卑叛军的战绩，可以说是曹魏亲贵中为数不多的领兵之才。在被明帝免官后，再未任用，可见曹爽专权欲望之盛，绝非曹魏的纯臣。总之，曹爽不愿意皇室中有人坐大，分割其权力。曹冏后来官至弘农太守，卒于公元264年。其言一语成谶，翌年，魏亡于晋。

曹爽专权之后，时常带着其弟到京师之外游猎，大司农桓范劝曹爽说："（大将军）总万机，典禁兵，不宜并出，若有闭城门，谁复内人者？"曹爽惊讶地问："谁敢尔邪！"②桓范虽然没有直接言明是司马懿，但所指相当明显，曹爽再蠢，也能猜到。自此之后，曹爽游猎有所收敛，曹爽兄弟四人不再一起出猎了。

《晋书·宣帝纪》云："（正始）九年春三月，黄门张当私出掖庭

---

① 《三国志》卷20《武文世王公传》注引《魏氏春秋》。
② 《三国志》卷9《曹爽传》注引《世语》。

才人石英等十一人，与曹爽为伎人。（曹）爽、（何）晏谓帝（司马懿）疾笃，遂有无君之心，与（张）当密谋，图危社稷，期有日矣。帝亦潜为之备。"这条史料是否确切？笔者颇疑之。曹爽、何晏等人生活奢靡淫乱有之，拉帮结派有之，排斥异己有之，但谓其"遂有无君之心，与（张）当密谋，图危社稷"，则不太可信。应该是后来修诸家《晋书》的作者，秉承晋代统治者的意旨，在曹爽等人身上强加的"莫须有"罪名，其宗旨是为司马懿发动高平陵之变，诛锄曹爽集团制造借口，使其在道义上名正言顺、在行动上合法化，以证明曹爽是邪恶势力，而司马懿是正义的一方。唐代房玄龄、诸遂良等人修撰《晋书》，对这条史料亦未加辨析审订，很可能是直接抄录诸家晋书了。

十一、诈病赚曹爽

从正始八年（247）"五月，帝称疾不与政事"，到嘉平元年（249）正月，司马懿称病已经将近二十个月了。曹爽虽然智商不高，耽于享乐，但他同司马懿打交道也已多年，深知唯一可能对自己构成威胁的人就是司马懿，故对于司马懿声称自己得了重病，曹爽也是半信半疑，难以判定真伪。嘉平元年正月是魏明帝逝世十周年的忌日，按照惯例，少帝曹芳必须祭扫先帝陵寝——高平陵。作为首席辅政大臣的曹爽自然必须伴驾。京师禁军必须护卫皇帝，故曹爽的几个弟弟，特别是中领军曹羲、武卫将军曹训也须一同前往。但智囊桓范提醒曹爽对司马懿必须严加提防的话言犹在耳，曹爽素来对司马懿心存忌惮。为慎重行事，曹爽在去高平陵之前，决定派自己的心腹李胜去向司马懿辞行，以便探听其虚实。

李胜前来探病时，司马懿假戏真做，他显得老态龙钟，两眼目光呆滞，斜靠在床上，喘着粗气。两个婢女在一旁侍候。婢女拿衣服给他，让他更衣，他双手颤抖，将衣服掉在地上。然后，他以手指口,表示口渴要喝粥汤,婢女进上粥汤,他不能拿碗,由婢女一口一口地喂他喝,结果连粥汤都喝不下去,全部流在胸前。李胜看了,十分难过,"为之涕泣"。

李胜对司马懿说:"今主上尚幼,天下恃赖明公,然众情谓明公方旧风疾发,何意尊体乃尔!"李胜又告诉司马懿:"胜无他功劳,横蒙特恩,当为本州(胜是南阳人,属荆州,故称荆州为本州),诣阁拜辞,不悟加恩,得蒙引见。"司马懿装作没有听清,过了好一会儿,才颤颤巍巍、口齿不清地说:"年老沈疾,死在旦夕。君当屈并州,并州近胡,好善为之,恐不复相见,如何!"李胜说:"当还忝本州,非并州也。"司马懿仍然假装糊涂地说:"君方到并州,努力自爱。"李胜着急了,提高声音说:"当忝荆州,非并州也。"司马懿这才做出听明白的样子,对李胜说:"懿年老,意荒忽,不解君言。今还为本州刺史,盛德壮烈,好建功勋。今当与君别,自顾气力转微,后必不更会,因欲自力,设薄主人,生死共别。令师、昭兄弟结君为友,不可相舍去,副懿区区之心。"说罢,司马懿"流涕哽咽,(李)胜亦长叹",①李胜对司马懿说:"谨遵太傅教诲,我上任尚须等待圣上的敕命。"

司马懿的这一番表演完全骗过了李胜。李胜回去以后对曹爽说:"太傅语言错误,口不摄杯,指南为北。又云吾当作并州,吾答言当还为荆州。徐徐与语,有识人时,乃知当还为荆州耳。又欲设主人祖送。不可舍去,宜须待之。"②李胜还潜然泪下,感慨万分地对曹爽说:"太傅患不可复济,令人怆然。"③

听了李胜亲耳所闻、亲眼所见的汇报,曹爽悬着的一颗心终于完全放下了。司马懿病入膏肓,"尸居余气,形神已离",④已完全

---

① 《三国志》卷9《曹爽传》注引《魏末传》。

② 《三国志》卷9《曹爽传》注引《魏末传》。

③ 《三国志》卷9《曹爽传》注引《魏末传》。

④ 《晋书》卷1《宣帝纪》。

不足为虑,故曹爽兄弟陪伴少主曹芳,于是年正月甲午,率领中央禁军去祭扫明帝高平陵。"高平陵在洛水南大石山,去洛城九十里。"①祭扫帝王陵寝之事十分隆重,有繁文缛礼,故不是即刻可以回城的。曹爽离开京师,给了司马懿可乘之机。司马懿之所以长时期诈病在床,就是等待曹爽离开京师,曹爽甫一离开洛阳,司马懿就立刻采取行动,他随即调动兵马,发动了历史上著名的"高平陵之变"。

---

① 《三国志》卷 4《齐王芳纪》注引孙盛《魏世谱》。

第十三章　高平陵之变

正始十年(249)正月初六,大将军曹爽、中领军曹羲、武卫将军曹训、散骑常侍曹彦和少主曹芳一起离开洛阳去祭扫魏明帝曹叡的高平陵,司马懿得知此消息,认为这是自己发动政变的最佳时机。所谓机不可失,时不再来。司马懿决定立刻采取行动。从司马懿发动政变有条不紊的整个过程来看,他在政变前已作了精心部署,以下我们进行具体分析。

一、政变前的精心准备

因政变之事关系到司马氏家族的生死存亡,成功则司马氏倾覆魏朝,化家为国,失败则祸及满门,遭倾宗灭族之灾。故早在政变之前,司马懿就殚精竭虑,精心谋划。为了保密,司马懿慎之又慎,只与其子于密室中相商政变之事。据《晋书·景帝纪》记载:"宣帝之将诛曹爽,深谋秘策,独与帝(司马师)潜划,文帝(司马昭)弗之知也,将发夕乃告之。"然而《资治通鉴》卷75正始九年则说:"太傅(司马)懿阴与其子中护军(司马)师、散骑常侍(司马)昭谋诛曹爽。"胡三省在此加注曰:"懿虽称疾,先已置二子于要地矣。"两书记载此事的出入之处在于,司马昭是否参与政变的核心机密。笔者以为,《晋书·景帝纪》说司马懿只同其长子司马师商量发动政变之事,而司马昭"弗之知也",似为不确。实际的情况是,司马师年长,其政坛阅历和政治斗争经验都较乃弟司马昭更为丰富,司马懿在很多事情上都仰仗依赖司马师,可以说,司马师是乃父政治上最得力、最可靠的助手。至于司马昭虽不及乃兄老成练达,但也绝非是寻常之人。司马懿发动政变时,司马昭已入仕多年,史载:"正始初,(司马昭)为洛阳典农中郎将。值魏明奢侈之后,帝躬除苛碎,不夺农时,百姓大悦,转散骑常侍。"①在随曹爽伐蜀之役中,面对蜀将王林的夜袭,司马昭"坚毅不动",沉着冷静地指挥,打退蜀军的进攻,并及时劝阻夏侯玄退军,表现出卓越的政治和军事才能。

司马懿此时已"称疾不与政事",②故他要获得朝廷信息,掌握曹爽的一举一动,必须依靠司马师和司马昭。特别是司马昭,此时任散骑常侍,在皇帝曹芳身边应对顾问,对宫廷和朝廷动态可谓了如指掌,实际上成了司马懿安排布置在皇帝和曹爽身边的眼线。总之,司马师、司马昭二人是司马懿发动政变的左膀右臂,二人皆参与诛灭曹爽的密谋。只是由于司马昭年幼,政变一事,又事关司马氏家族的生死存亡,司马懿为慎重起见,对发动政变的确切时间,始终保密,一直要到政变"将发夕乃告之"③司马昭。

要取得政变的成功,首先是要掌握枪杆子,即司马懿手中要掌握一定数量的武装力量。司马懿虽然出将入相,戎马一生,但其长期担任的是曹魏雍凉地区,即关陇军队的主帅。司马懿身在洛阳,若无皇帝的诏旨是无权将关陇部队调往京师的,何况此时关陇军的主帅乃是曹爽集团的重要成员——征西将军夏侯玄。司马懿要诛锄曹爽,只能在司马师出任中护军,进入禁军系统之后,才拥有发动政变的基本力量。但是由于曹爽废中垒、中坚营的釜底抽薪之举,使得司马师所能掌握的力量十分有限。

由于司马师所能控制的兵力不多,所以早在政变之前,司马懿就预作准备,命司马师暗中培养一支私人武装力量——死士。据

① 《晋书》卷2《文帝纪》。
② 《晋书》卷1《宣帝纪》。
③ 《晋书》卷2《景帝纪》。

《晋书·景帝纪》记载："初，帝(司马师)阴养死士三千，散在人间，至是一朝而集，众莫知所出也。"何谓死士？死士的释义是：为主公而死的勇士，他们是权势之家所豢养的门客中的一种。死士在战争中可以发挥很大的作用。例如，春秋吴越争霸时，越王勾践惧怕吴强越弱，故派出三列敢死的勇士作为前驱，与吴军对阵后，高呼而自刎。吴军争相观看而放松戒备，越军突然进攻，吴军大败。[①] 这些死士除了为权贵豢养之外，大多数都是临时召募的，训练死士的过程我们并不太清楚。为何"死士"能替主人卖命呢？因为"忠义"是古代的契约精神，也是死士的职业准则，一切为了主子，死士可以不仁，但不可以不忠不义，必要时死士都会舍生取义。先秦时期著名的死士刺客甚多，如世人所熟悉的鉏麑、专诸、庆忌、豫让、聂政、荆轲等人。汉魏时期也有士人蓄养死士，如前期的袁绍、后期的姜维等人。[②]

除了三千死士之外，司马师还能指挥一部分禁军。如五校营有三千人，以及司马懿太傅府及尚书令司马孚府中的千余家兵等，[③]估计司马懿发动政变的总兵力有七千余人左右。除了训练士卒之外，司马师还培养了自己的亲信部将。尽管受到曹爽的种种防范和掣肘，司马师任中护军之后，就获得了选举武官的权力。《晋书·景帝纪》云："为选用之法，举不越功，吏无私焉。"《魏略》云："夏侯玄既迁，司马景王代为护军。护军总统诸将，任主武官

---

① 《左传·定公十四年》云："勾践患吴之整也，使死士再禽焉，不动。使罪人三行，属剑于颈。而辞曰：'二君有治，臣奸旗鼓。不敏于君之行前，不敢逃刑，敢归死。'遂自刭也。师属之目，越子因而伐之，大败之。"

② 《后汉书》卷74上《袁绍列传》云："绍有姿貌威容，爱士养名。……中常侍赵忠言于省内曰：'袁本初坐作声价，好养死士，不知此儿终欲何作。'"《三国志》卷44《姜维传》注引《傅子》曰："维为人好立功名，阴养死士，不修布衣之业。"

③ 《晋书》卷42《王浑传》云：司马玮发动政变时，力邀王浑参加，"浑辞疾归第，以家兵千余人闭门距玮，玮不敢逼"。以此估计，司马懿、孚兄弟至少有家兵千余人。

459

选举。前后当此官者，不能止货赂。……及景王之代夏侯玄，整顿法令，人莫犯者。"①由此可见，司马师对于武官的选举十分重视，他全力对禁军加以训练和整顿。由于司马师重视对武官的培养，故司马师所统率的禁军具有较强的战斗力。虽然司马懿发动政变时，所能动用的军事力量有限，与曹爽兄弟相比，其兵力严重不足，但三千死士加上训练有素的禁军和家兵，仍然是一支不可小觑的武装力量。老谋深算的司马懿凭借这支部队，加以周密的部署，出奇制胜，最终将曹爽置于死地。

洛阳城军事要地颇多，司马懿兵力有限，他不可能面面俱到，将兵力分散开来，占领所有的要害之处。凭借多年来积累的丰富的政治与军事斗争经验，司马懿有选择地迅速占领京师洛阳最关键的几处战略要地。为了夺取这些战略要地，司马懿调动了其所能利用的一切资源。毫无疑问，在关系到家族生死存亡的政变中，司马懿最能信任的当然是自己的儿子与兄弟。司马懿命长子司马师、胞弟司马孚控制司马门；次子司马昭率兵"宿卫"二宫。

所谓"二宫"，一般是指皇帝与太子。《颜氏家训·风操篇》云："江左朝臣子孙初释服，朝见二宫，皆当涕泣，二宫为之改容。"赵曦明注："二宫帝与太子也。"然而此时的魏主曹芳尚无子嗣，所以魏的"二宫"并非指皇帝与太子，而是皇帝与郭太后。郭太后本与少主曹芳住在一起，正始八年（247），"曹爽用何晏、邓飏、丁谧之谋，迁太后于永宁宫，专擅朝政"。②因曹芳祭扫高平陵，不在洛阳城内，故司马昭宿卫二宫的主要任务，是控制永宁宫的郭太后，以便让其父司马懿通过挟制郭太后来制约曹爽，使这场政变能名正言顺，披上合法化的外衣。司马昭名为保护，实则带兵入宫，胁迫太后。

① 《三国志》卷9《夏侯玄传》注引《魏略》。
② 《晋书》卷1《宣帝纪》。

司马昭控制永宁宫后，司马懿随即进永宁宫面见郭太后，他在郭太后面前历数曹爽的种种罪行，紧接着司马懿就要郭太后剥夺曹爽的兵权，让他"以侯就第"。司马懿准备对曹爽所采取的一切行动，都获得了郭太后的"同意"和批准。虽然郭太后原本就与曹爽不睦，曹芳亦非其亲生，但司马懿发动兵变，事关曹魏天下之安危，她不可能没有丝毫察觉。但在司马懿父子带兵入宫的高压下，作为一个生活在深宫之内，并无多少政治见识的妇人，她自然别无选择，只能屈从。《三国志·曹爽传》云："太尉臣蒋济、尚书令臣司马孚等，皆以曹爽为有无君之心，兄弟不宜典兵宿卫，奏永宁宫。皇太后令敕臣如奏施行。臣辄敕主者及黄门令罢爽、羲、训吏兵，以侯就第，不得逗留以稽车驾，敢有稽留，便以军法从事。"司马懿兵变时，首先挟制郭太后，实为高明之举。这样一来，司马懿在与曹爽的斗争中，至少在政治上就不落下风，立于不败之地。否则天子曹芳在曹爽的掌控之中，曹爽如纳大司农桓范之策（后文中具体分析），即可用天子的名义声讨司马懿。司马懿预判到这一情况的出现，及时掌控郭太后，即可化被动为主动。一旦曹芳站在曹爽这一边，司马懿即可以太后名义与之抗衡。太后为天子之母，以母训子，名正言顺。果不其然，司马懿在对付曹爽的诸多行动中，都以郭太后诏敕发号施令。《资治通鉴》卷75云："太傅懿以皇太后令，闭诸城门，勒兵据武库，授兵出屯洛水浮桥。"《三国志·高柔传》云：司马懿以"皇太后诏召高柔假节行大将军事，据曹爽营"。至此，司马懿发动的政变至少在表象上已完全合法化了。

太尉蒋济、司徒高柔、太仆王观都是曹魏的老臣。曹爽专权之后，大规模地进用新人，斥退老臣，推行所谓的正始改革，严重损害了蒋济、高柔等人的利益，引起了他们的严重不满。毫无疑问，司马懿在发动高平陵之变前，已经极其秘密地私下征求过蒋济等人的意见，把自己欲采取行动，剥夺曹爽权力的部分计划告诉了他们。蒋济等人入仕多年，历经各种政治风波，他们亦有丰富的政治斗争经验。他们深知，司马懿作为朝廷元老，两代托孤重臣，其威望、战功已无人能出其右，只有他才具有改变这种局面的号召力和政治权威。高柔、蒋济、王观素来与司马懿过从甚密，友情甚笃。为个人利益计，他们决定把自己的命运寄托在司马懿身上，故全力支持司马懿对曹爽采取军事行动。

二、攻占洛阳武库与司马门

司马懿很清楚，诛锄曹爽，单靠自己的家族势力是远远不够的，必须依靠元老重臣们的支持。当时居上公及三公之位的是太傅司马懿、大将军曹爽、太尉蒋济、司徒高柔、司空王凌。由于王凌在淮南，且对其政治态度不甚了解，故司马懿只能倚仗蒋济、高柔。命他们代行曹爽、曹羲的职权，将京师的兵权抓在手里。

高柔出身陈留高氏，是袁绍外甥高干的从弟，曾担任廷尉长达二十三年。正始六年(245)升任司空；九年，又迁任司徒。司马懿令高柔假节行大将军事，占领曹爽的大将军营。高柔临行时，司马懿对他说："君为周勃也。"①周勃是汉初名将，"为人木强敦厚，高帝以为可属大事"。② 对他甚为器重，刘邦临终前曾对吕后言："周勃重厚少文，然安刘氏者必勃也。"③后来，周勃果然不负刘邦所托。吕后死后，诸吕作乱，周勃与陈平定策，一举荡平诸吕，迎立代王刘恒为帝，为汉初政治局面的稳定，乃至后来的"文景之治"奠定了基础。司马懿以高柔比周勃，说明对他期许甚高。

中领军曹羲掌握武卫、中坚两大营，是一支极为重要的武装力量，因此派谁去占领曹羲的中领军营，司马懿颇费思量。史载，"桓范前在台阁，号为晓事，及为司农，又以清省称。……于时曹

① 《晋书》卷1《宣帝纪》。
② 《史记》卷57《绛侯周勃世家》。
③ 《史记》卷8《高祖本纪》。

爽辅政,以范乡里老宿,以九卿中特敬之,然不甚亲也。"①可见,桓范起初并非是曹爽的亲信。故司马懿打算以郭太后的名义派"晓事"②的大司农桓范代理中领军,③前去占领曹羲营。桓范接到命令,正准备"应召",不料,其子出来劝阻,认为天子曹芳在外,不如追随天子更为稳妥。桓范犹豫不决,正在权衡利害得失时,其子频频催促,桓范终于下了决心,决定拒绝司马懿的任用,出城去追随曹爽。"桓范欲去而司农丞吏皆止范,范不从。"④在决定个人命运的转折关头,桓范决策失误,一失足成了千古恨,由此他就成为司马懿的政敌。高平陵之变后,桓范同曹爽等人一起被司马懿族诛。

桓范不服从命令,司马懿只得更换人选,他命太仆王观行中领军事,占据曹爽之弟曹羲的中领军营。由于曹爽、曹羲不在城中,所以两营人马呈群龙无首的状况,失去了指挥。高柔、王观身为公卿大臣,威望素著,又奉皇太后诏敕,故未动刀兵,就顺利地占领了曹爽、曹羲大营。相比高柔、王观兵不血刃地占领曹爽、曹羲大营,司马懿、司马师父子夺取武库、攻占司马门的难度颇大,以下我们依据有关史料,展开具体分析。

司马懿首先要攻占的是洛阳武库。武库又名甲库,是存放军械的国家武器仓库,具有重要的战略价值。周秦以长安、洛阳为二京,秦汉在洛阳设置武库和敖仓,用以控制关东,凡军械及军粮都集中于此,历来被认为是天下之要地。汉初,"汉祖(刘邦)唯与项羽争天下,羽已灭,宫室烧焚,是以萧何建武库、太仓,皆是要急,然犹非其壮丽"。⑤ 汉景帝时,吴王刘濞打着"清君侧"的旗号起兵,

① 《三国志》卷9《曹爽传》注引《魏略》。
② 《三国志》卷9《曹爽传》注引《魏略》载:"及宣王兵起,闭城门,以(桓)范为晓事,乃指召之,欲使领中领军。"
③ 《三国志》卷9《曹爽传》载:"大司农沛国桓范闻兵起,不应太后召,矫诏开平昌门。"可见,司马懿是以郭太后的名义命桓范占领曹羲营。
④ 《三国志》卷9《曹爽传》注引《魏略》。
⑤ 《三国志》卷22《陈群传》。

其部将献策:"愿大王所过城邑不下,直弃去,疾西据洛阳武库,食敖仓粟,阻山河之险以令诸侯,虽毋入关,天下固已定矣。"①汉武帝甚至连自己亲生之子都不肯将其封藩于洛阳。② 随着封建王朝崇文宣武的需要,武库的地位也一再上升,到了汉魏,洛阳武库已经不仅仅是一个武器仓库,而是升华为一种立国理念与政权的象征。甚至连皇帝、皇后所用的全套仪仗、皇家的奇珍异宝都收藏在其内。《晋书·五行志下》记载:"(武库)帝王威御之器所宝藏也,屋宇邃密。"洛阳武库已发展为将军械武器、皇家珍宝、军事后勤等融为一体的重要战略基地。关于曹魏武库的设置与管理,史书中并无记载,很可能是沿袭汉代的设置与管理方式。

"发武库兵"必须得到皇帝的诏制。巫蛊事件发生后,卫太子刘据迫不得已,起兵诛江充。汉武帝于是从甘泉宫返回,来到长安城西建章宫,颁布诏书,征调三辅附近各县的军队,部署中二千石以下官员,归丞相刘屈氂统辖。卫太子手中并无正规军队,三辅军队又不能调遣,太子便派使者矫制,"赦长安中都官囚徒,发武库兵,命少傅石德及宾客张光等分将,使长安囚如侯持节发长水及宣曲胡骑,皆以装会"。③ 司马懿未奉诏旨而强行夺取武库,其性质类似于巫蛊事件中矫诏的卫太子。只不过卫太子刘据的对手是其雄才大略的父亲汉武帝,所以他最终失败了,而司马懿的对手是才具平庸的曹爽,所以他成功了。

为何司马懿把攻占武库看成是其政变能否取得成功的关键所在呢? 这是因为司马懿手中虽掌握数千兵力,但军械武器严重不

---

① 《史记》卷 106《吴王濞列传》。

② 《史记》卷 126《滑稽列传》记载:"王夫人病甚,人主(即汉武帝)至自往问之曰:'子当为王,欲安所置之?'对曰:'愿居洛阳。'人主曰:'不可,洛阳有武库、敖仓,当关口,天下咽喉,自先帝以来,传不为置王。然关东国莫大于齐,可以为齐王。'王夫人以手击头,呼'幸甚。'"

③ 《汉书》卷 66《刘屈氂传》。

足。司马师虽豢养死士三千,但三千死士手中均无得心应手的兵器。洛阳武库中的兵器都是朝廷集中天下的能工巧匠进行制作,十分精良,一旦据为己有,就可大大增强政变将士的战斗力。

汉代规定任何人不得私藏兵器与甲胄,私藏兵器即如同谋逆,将处以死刑。汉景帝时,周亚夫子曾经为父"买工官尚方,甲楯五百被",①以作为其父死后的陪葬品,②结果被人将此事告发到官府,景帝将周亚夫交给廷尉审理。廷尉问周亚夫:"君侯为什么要谋反啊?"周亚夫答道:"我未谋反。"廷尉说:"你不谋反为何要私买兵器?"周亚夫答曰:"甲楯不过是我死后的陪葬品。"廷尉讽刺道:"君不反于地上,亦要反于地下!"周亚夫最终绝食而亡。

司马懿虽常年带兵征战,但也绝不能私藏兵器,因为汉家制度规定:"武库兵器,天下公用……古者诸侯方伯得颛征伐,乃赐斧钺。汉家边吏,职在讵寇,亦赐武库兵,皆任其事然后蒙之。春秋之谊,家不藏甲,所以抑臣威,损私力也。"③所以司马懿要把司马师暗中召募的三千死士全副武装起来绝非易事。他只有在迅速攻占武库之后,才能武装那些参与政变的死士。

不仅司马懿掌控的军队需要武库中的兵器,即使曹爽指挥的部队也要倚恃武库。魏晋南朝的禁卫军,非战争时期,都将辎重、车马、兵仗,以及扎营、攻城等笨重的大器械放在武库中。平时巡哨、守卫宫廷时,禁军将士只携带轻型的武器,如刀枪剑戟等。例如,侯景之乱时,梁朝大将羊侃划分区域进行防御。由于侯景率军突然杀至建康(今南京),百姓们竞相逃入城中,城内秩序十分混乱,故"军人争入武库,自取器甲,所司不能禁"。④ 羊侃遂下令斩

---

① 《史记》卷57《绛侯周勃世家》。

② 所谓"甲楯"即铠甲和盾牌,亦可泛指兵器。《墨子·节用》云:"若有寇乱盗贼,有甲盾五兵者胜,无者不胜,是故圣人作为甲盾五兵。"

③ 《汉书》卷77《毋将隆传》。

④ 《梁书》卷39《羊侃传》。

杀在武库内私取兵器的士卒,使得城内得以平静。由此可见,普通军士平时手中并无兵器,一旦战事来临,按照规定,才能领取兵仗。若无所司命令,私自闯入武库,拿取兵仗,便触犯军法,按律当斩。可见,驻守京师的禁军平时不配备兵器乃是惯例。

按照曹魏法令,一旦控制武库,便可指挥禁军。毌丘俭《讨司马师表》中曾言司马懿"按行武库,诏问禁兵不得妄出"。[①] 这说明,司马懿在控制武库之后,即以皇帝的诏敕命令禁军不得轻举妄动。如同诸吕之乱时,太尉周勃通过典掌皇帝符节的襄平侯纪通获得兵符,诈称皇帝敕命太尉统领北军,然后凭借北军之力,一举荡平诸吕。

魏晋时期的洛阳武库位于洛阳的东北。[②] 据《晋书·杨骏传》载:"时骏居曹爽故府,在武库南。"由此可知,曹爽的宅第位于武库之南。曹爽亦深知武库的重要性,所以选择就近居住,以便更有效地控制武库。司马懿府宅居于何处? 据《晋书·刘弘传》记载:"弘有干略政事之才,少家洛阳,与武帝同居永安里。"武帝即司马懿之孙司马炎也,由此可知,司马懿宅第乃在永安里。据清人徐松所辑《河南志》考订,永安里在洛阳东门,位于曹爽宅第之南,所以司马懿若要夺取武库,必须要经过曹爽府第,而别无其他途径可往。然而就在司马懿率兵经过曹爽府第时,遇到了重大危险。《三国志·曹爽传》注引《世语》及《晋书·宣帝纪》记载:司马懿率军经过曹爽宅第时,由于人多路窄,十分拥堵,司马懿军队前进十分缓慢。此时惊动了曹爽妻刘氏,刘氏来到堂前,对曹爽帐下督严世说:"公(指曹爽)在外,今兵起,如何?"严世答曰:"夫人勿忧。"于是率领弓弩手,"乃上门楼,引弩注箭欲发",正要射向司马懿时,曹爽部下另一个将领孙谦从身后拉住严世,劝他不要射,严

---

① 《三国志》卷 28《毌丘俭传》注引《讨司马师表》。

② 中科院考古研究所洛阳工作队:《汉魏洛阳城初步勘察》,《考古》1973 年第 4 期。

世恼怒不解地瞪着孙谦,孙谦说:"天下事未可知!"①严世不听,引弩再度瞄准司马懿,孙谦扯住严世的胳膊,再度干扰严世的射箭。《晋书·宣帝纪》云:"三注三止,皆引其肘不得发。"作为曹爽部将的孙谦为何要干扰严世射箭? 他和司马懿究竟是何关系? 是否是司马懿派往曹爽府邸的卧底? 由于史书对此均无记载,故我们无从得知,只得对此存疑,留待高明者发微。

司马懿以七旬高龄,尊贵之体,冒着可能被箭矢射中的风险,可以想见当时城内的情况有多么紧急。但从中我们也可以看出司马懿智慧的过人之处,因为时机稍纵即逝,司马懿必须利用曹爽府中将士犹豫不决,率兵迅速通过曹爽宅第,出其不意,一举攻占武库。因为攻占武库,不仅可以武装自己的三千死士,还断绝了曹爽禁军的武器来源,而且可以瓦解驻扎在城外高平陵曹爽所率卫队的士气和抵抗意志。在兵力不足的情况下,司马懿弃曹爽府第而不顾,迅速攻占武库,是极为高明的一着妙棋。

司马懿虽然亲自领兵攻打武库,但是他最为关心的是能否迅速顺利地攻占司马门。所谓的司马门就是宫城外的大门,以守宫司马而得名。自秦代起,司马门就是皇帝专用的天子之门,只有天子或朝见天子的使者才能自司马门出入。如秦二世三年(前207)冬,赵高做了丞相,独揽朝政,谗害忠良。因项羽击败秦军主帅章邯,二世派人责让章邯。章邯恐惧,派长史司马欣去请示。《史记·项羽本纪》载:"章邯恐,使长史(司马)欣请事。至咸阳,留司马门三日,赵高不见,有不信之心。"裴骃《集解》云:"凡言司马门者,宫垣之内,兵卫所在,四面皆有司马,主武事。总言之,外门为司马门也。"又司马贞《索隐》按:"天子门有兵阑,曰司马门也。"

从司马门所处的地理位置就可以得知它是皇宫内廷的必经之路。司马门的规模十分庞大,可以屯兵,是宫内禁军力量的集中

① 《三国志》卷9《曹爽传》注引《世语》。

地,因此它是宫廷门禁的核心,也是守卫大内天子安全的最重要门户。即使贵为太子、亲王入宫时也必须在司马门下车。如西汉张释之任公车令,掌管宫门事宜。太子刘启(即后来的汉景帝)与梁王刘揖同乘一辆车入朝,到了皇宫外的司马门没有下车,违反了宫卫令。①"于是(张)释之追止太子、梁王无得入殿门",并以过司马门"不下公门不敬"的罪名,向汉文帝弹劾太子和梁王。汉文帝只得"免冠谢曰:'教儿子不谨。'"②薄太后知道了这件事,也亲自下达特赦令,太子、梁王才得以进入宫中。

曹操为魏王时,对司马门极为重视,他规定任何人不得随意出入司马门,违令者处死。建安二十二年(217),曹植在曹操外出期间,"尝乘车行驰道中,开司马门出"。③ 他在只有帝王举行典礼才能行走的禁道上纵情驰骋,一直游乐到金门,把曹操的法令忘到九霄云外。"司马门事件"发生之前,曹操还有立曹植为世子的想法,他曾言:"子建,儿中最可定大事。"但"临菑侯(曹植)私出,开司马门至金门,令吾异目视此儿矣"。④ 司马门是汉魏时期洛阳城的南门,门外就是驰道,即皇帝专用的御街。曹植开司马门,驾车上御街,无异于以天子自居,是在行使皇帝的特权。以周文王自居的曹操对曹植擅开司马门极为震怒,他处死了掌管王室车马的公车令。曹植也因此事失去曹操对他的信任和宠爱。同年十月,曹操立曹丕为世子,并加重对诸侯的法规禁令。他下令曰:"诸侯长史及帐下史,知吾出辄将诸侯行意否?从子建私开司马门来,吾都不复信诸侯也。恐吾适出,便复私出,故摄将行。不可恒使吾尔以

---

① 《史记》卷102《张释之列传》,《集解》引如淳曰:"宫卫令'诸出入殿门公车司马门,乘轺传者皆下,不如令,罚金四两'。"

② 《史记》卷102《张释之列传》。

③ 《三国志》卷19《陈思王植传》。

④ 《三国志》卷19《陈思王植传》注引《魏武故事》。

谁为心腹也。"①

据《太平御览》卷354《汉名臣奏》记载:"司马(门)殿省门闼,至五六重,周卫击刁斗,近臣侍侧尚不得着钩带入房。"可见,司马门门禁森严,部分禁军屯驻其内,城门竟多达五六重,夜间还敲击刁斗以巡更。即使是皇帝的近臣侍卫都不能携带兵器入内,这就有力地保障了宫廷大内的安全。曹魏实行的由两支军队分别负责警戒宫城内外的制度,更加提升了司马门在宫廷中的重要性。

由于司马门如此重要,所以政变军队一旦控制了司马门,就起到了隔绝内外的作用,可以切断皇宫内外的联系,驻守在城外的部队因为缺乏消息,不明事变缘由,就不敢轻举妄动;同时又可将殿中禁军堵在宫城内部,使得城外禁军无法与城内禁军互通声气,及时救援,只能坐观政变的成败。

司马懿辅政之后,"与曹爽各统兵三千,共执朝政,更直殿中",②由于他长期在宫内宿卫,故对整个洛阳宫城,包括司马门都极为熟悉。司马懿深知司马门的重要性,故部署政变计划时,尤为重视对司马门的掌控,因为只要政变军队能控制司马门,就能控制整个皇宫,进而控制郭太后。宫外的由曹爽控制的军营就无法掀起波澜。

司马懿发动政变,所能动员的资源有限,不仅兵力不足,而且缺少有作战经验的统兵将领。司马懿所需攻占的战略要地有五处,分别为:武库、司马门、二宫、曹爽大营、曹羲中领军营。司马懿部署各路统兵将领,除司马门之外,其他各处政变要地(包括武库)都只有一个人负责,唯有攻击司马门,司马懿安排了自己最为信赖的长子司马师和素有才兼文武之誉的胞弟司马孚两个人。司马师拥有效忠于司马氏的三千死士,这无疑是攻取由禁军把守的

①　《三国志》卷19《陈思王植传》注引《魏武故事》。

②　《晋书》卷1《宣帝纪》。

司马门的重要力量。但司马懿担心司马师年轻,威望不够,所以要请和自己同心同德的胞弟司马孚出马,要他助司马师一臂之力。可见在司马懿整个政变计划中,攻占司马门起到了举足轻重的关键作用。

司马昭控制二宫的行动也与司马门的得失有着直接的关联。因为只有在控制了司马门,打开了通往宫中的道路之后,司马懿才能进入郭太后居住的永宁宫。司马懿就可以通过挟太后来对付挟天子的曹爽。不出司马懿所料,就在司马师攻占司马门的同时,司马昭也已成功地"宿卫"了二宫。

面对掌握禁军的曹爽,司马懿所能控制的军事力量明显处于劣势。但曹爽带着少帝出城,致使发生政变后,城内禁军立刻陷入了群龙无首的局面。司马懿运用自己丰富的政治斗争经验,把握住了这一千载难逢的历史时刻,他放弃攻取曹爽府邸这个可以控制人质的地方,把有限的兵力集中于武库、司马门这样的要冲之地。这些措施,有章有法,细致周密,不仅体现了司马懿统驭全局的雄才大略,而且也反映出他发动高平陵之变确实是蓄谋已久。①

三、展开"攻心"战术

司马懿在攻占武库、司马门等重要据点后,一刻也没有停留,他亲自出马带兵前往洛水桥头,切断曹爽的归路。《晋书·宣帝纪》记载,司马懿"亲帅太尉蒋济等勒兵出迎天子"。太尉是三公之首,官职仅低于太傅。司马懿之所以要蒋济参加此次行动,其目的是为了壮大自己的声势。太傅司马懿与太尉蒋济联手行动,就有了足够对抗大将军曹爽的政治资本。正如西晋八王之乱时,楚

---

① 攻占武库及司马门一节的部分观点参阅仇鹿鸣:《魏晋之际的政治权力与家族网络》,上海古籍出版社 2012 年,第 100—106 页。

王司马玮发动政变,公孙宏对楚王司马玮说:"昔宣帝废曹爽,引太尉蒋济参乘,以增威重。大王今举非常事,宜得宿望,镇压众心。"①

除了进行上述部署外,司马懿还以自己的名义上奏皇帝曹芳,弹劾曹爽的种种罪行。奏文曰:

> 臣昔从辽东还,先帝诏陛下、秦王及臣升御床,把臣臂,深以后事为念。臣言:"二祖亦属臣以后事,(为念)此自陛下所见,无所忧苦。万一有不如意,臣当以死奉明诏。"黄门令董箕等,才人侍疾者,皆所闻知。今大将军爽背弃顾命,败乱国典,内则僭拟,外专威权;破坏诸营,尽据禁兵,群官要职,皆置所亲;殿中宿卫,历世旧人皆复斥出,欲置新人以树私计;根据盘互,纵恣日甚。外既如此,又以黄门张当为都监,专共交关,看察至尊,候伺神器,离间二宫,伤害骨肉。天下汹汹,人怀危惧。陛下但为寄坐,岂得久安!此非先帝诏陛下及臣升御床之本意也。臣虽朽迈,敢忘往言?昔赵高极意,秦氏以灭;吕、霍早断,汉祚永世。此乃陛下之大鉴,臣受命之时也。太尉臣济、尚书令臣孚等,皆以爽为有无君之心,兄弟不宜典兵宿卫,奏永宁宫。皇太后令敕臣如奏施行。臣辄敕主者及黄门令罢爽、羲、训吏兵,以侯就第,不得逗留以稽车驾;敢有稽留,便以军法从事。臣辄力疾,将兵屯洛水浮桥,伺察非常。②

这封奏折一共说了三层意思,全都是针对曹爽的:首先,司马懿强调了自己此次行动的合理、合法性。先帝当年在临终前曾特意托孤于我,一旦有变,要确保少帝安全。然后,司马懿笔锋一转,开始数落曹爽的种种罪恶:曹爽专权擅政,培植私党,排挤大臣,重用亲信,使浮华之士充斥于朝堂之上,甚至连禁中侍卫、宦官也都是曹爽的私人。由此,司马懿得出结论,曹爽侵犯皇权,导致皇上的安

---

① 《晋书》卷42《王浑传》。按公孙宏指的"宿望"是时任司徒的王浑。
② 《三国志》卷9《曹爽传》。

全受到了极大威胁。最后,司马懿又解释了此次行动的缘由:曹爽离间二宫的亲情,使得皇帝与太后母子不得相见。所以我不得不采用兵谏的方式,为国除害,是郭太后命我执行诏令,罢黜曹爽兄弟的官职。这封奏折火力集中,既精准打击了曹爽,又没有扩大打击面;至于最终的行动目标,也仅仅限定在将曹爽兄弟免官上。

面对这完全出乎意外的突然政变,曹爽如遭霹雳轰顶。曹爽接到司马懿的弹劾表后,十分惊慌,不敢告知曹芳;但"迫窘不知所为",①于是他将曹芳车驾留宿于伊水之南,砍伐树木建成鹿角,构筑了防御工事,并调遣数千名屯田兵士作为护卫。由于曹芳无法返回洛阳,随曹爽露宿于野外。所以司马懿命司马孚赶紧派人给皇帝送露营所需的帐篷和御用食具。

正在曹爽束手无策之时,大司农桓范偷偷地从洛阳城中跑了出来。原来桓范在拒绝司马懿命他代理中领军,前去占领曹羲营后,就出城去投奔曹爽。但此时司马懿已下令洛阳全城戒严,将十二道城门全部关闭。桓范走到平昌城门时,平昌城门也已关闭。守门官员司蕃是桓范过去举荐的官员,桓范把手中的版牒向他一亮,谎称说:"有诏召我,卿促开门。"司蕃心中疑惑,想要目睹诏书,桓范大声呵斥说:"卿非我故吏邪?何以敢尔?"司蕃碍于情面,只得打开城门。桓范出城以后,对司蕃说:"太傅图逆,卿从我去!"②司蕃步行追赶不及,只好在道旁躲避。

司马懿得知桓范出城后,十分担忧,对蒋济说:"智囊往矣。"蒋济对曹爽的为人十分清楚,所以他胸有成竹地对司马懿说:"(桓)范则智矣,驽马恋栈豆,爽必不能用也。"③蒋济此话之意是桓范固然智谋过人,但曹爽如"驽马恋栈豆",肯定不会听桓范所劝。所谓"驽马恋栈豆",就是劣马只会贪食马厩中的豆料,而不

---

① 《三国志》卷9《曹爽传》。

② 《三国志》卷9《曹爽传》注引《魏略》。

③ 《三国志》卷9《曹爽传》注引干宝《晋书》。

肯行走。所以桓范之谋再好，曹爽也不可能使用。

桓范见到曹爽后，劝曹爽兄弟赶快与天子一同前往许昌，以天子的名义"招外兵"来讨伐司马懿。曹爽犹豫不决，桓范对曹羲说："事昭然，卿用读书何为邪！于今日卿等门户倒矣。"①又进一步提醒曹爽兄弟："当今日，卿门户求贫贱复可得乎？且匹夫持质一人，尚欲望活，今卿与天子相随，令于天下，谁敢不应者。"②

曹爽兄弟依然沉默不语。桓范又对曹羲说："卿别营近在阙南，洛阳典农治在城外，呼召如意。今诣许昌，不过中宿，许昌别库，足相被假；所忧当在谷食，而大司农印章在我身。"③然而，任凭桓范说得头头是道，十分在理，曹爽兄弟仍然不置可否，桓范十分焦急。

为何曹爽不纳桓范的建议，因为司马懿的奏疏虽然气势汹汹，但对曹爽的处置还是留有余地。奏疏里仅仅是说曹爽"兄弟不宜典兵宿卫"，而且还能"以侯就第"。这说明司马懿不仅不会杀他，而且侯爵也能保留！和目前景况比起来，无非就是罢免大将军之职，不掌权了。只要能回家安心地做一个富家翁，曹爽也是能够接受的。当然，司马懿是否会兑现自己的承诺？曹爽心中尚怀疑虑。正在曹爽犹豫徘徊之时，司马懿派来了劝降使者。

司马懿深知局势瞬息万变，充满风险，故力图尽快解除曹爽的精神武装，于是先后派侍中许允、尚书陈泰以及曹爽的亲信殿中校尉尹大目等人去见曹爽，说太傅的目的仅是削去曹爽兄弟的兵权。史载，"侍中许允、尚书陈泰说爽，使早自归罪"，④并重申"惟免官而已"。⑤即只要曹爽交出兵权，便可保留爵位。而且还郑重其事

---

① 《三国志》卷9《曹爽传》注引《魏略》。
② 《三国志》卷9《曹爽传》。
③ 《三国志》卷9《曹爽传》注引《魏略》。
④ 《三国志》卷9《曹爽传》。
⑤ 《三国志》卷9《曹爽传》注引《世语》载："宣王使许允、陈泰解语爽，蒋济亦与书达宣王之旨，又使爽所信殿中校尉尹大目谓爽，唯免官而已，以洛水为誓。爽信之，罢兵。"

地告诉曹爽,太傅司马懿"指洛水为誓",①断然不会失信。蒋济也写信给曹爽,称司马懿只是剥夺你们兄弟的兵权,绝不会伤害你们。

殿中校尉尹大目幼时为曹爽家奴,后被曹爽提拔为殿中校尉,负责皇帝寝宫的守卫。许允和李丰、夏侯玄友善,和曹爽关系也不错。曹爽素来信任尹大目,而且蒋济又是朝中的忠厚长者,如此一来,曹爽本来就脆弱的意志被大大软化,所以完全相信了司马懿,准备交出兵权。桓范继续对曹爽苦苦相劝。《晋书·宣帝纪》云:"桓范等援引古今,谏说万端。"桓范一番痛切陈辞,使曹爽又犹豫起来,于是他回到自己的营帐之中苦思冥想。曹爽从"中夜至五鼓",终于作出屈服的抉择,他把佩刀扔在地上,对诸从驾群臣说:"我度太傅意,亦不过欲令我兄弟向己也。我独有以不合于远近耳。"接着,他来到皇帝的御帐之中,呈上司马懿的表章,对曹芳说:"陛下作诏免臣官,报皇太后令。"②曹爽被免职后,对桓范说:"司马公正当欲夺吾权耳,吾得以侯还第,不失为富家翁!"③桓范听后,绝望地哭泣道:"曹子丹佳人,生汝兄弟,犊耳! 何图今日坐汝等族灭矣!"④

次日清晨,曹爽完全接受司马懿的条件,他请许允、陈泰去见司马懿,表示愿"归罪请死"。⑤ 当曹爽跟随皇帝车驾回城,并上缴大将军印绶时,其主簿杨综、司马鲁芝泣谏道:"将军您处在伊尹、周公的高位,手握大权,谁敢不从? 一旦获罪被罢免,即使想效仿李斯牵着黄犬去打猎都办不到了。如果挟天子前往许昌,倚仗帝王的威仪,号令天下,谁敢不听从您呢! 如果放弃这个决策而束手就擒,被逮往东市,那就只有引颈就戮了,岂不令人痛心啊!"但此

---

① 《晋书》卷1《宣帝纪》。
② 《三国志》卷9《曹爽传》注引《魏略》。
③ 《晋书》卷1《宣帝纪》。
④ 《三国志》卷9《曹爽传》注引《魏氏春秋》。
⑤ 《三国志》卷9《曹爽传》。

时的曹爽已昏昏然,完全听不进鲁芝、杨综的意见。正月初七,曹爽放弃抵抗,同曹芳一起返回洛阳城。《资治通鉴》卷75嘉平元年记载:"奉帝还宫,爽兄弟归家。"至此曹爽已穷途末路,只能任凭司马懿宰割了。

曹爽回家以后,司马懿下公文到洛阳县,征调八百多名民夫将曹爽的府第团团包围起来。又在曹爽府第四角筑起高楼,命人在楼上日夜监视曹爽兄弟的举动。曹爽大吃一惊,摸不透司马懿的意图。曹爽"计穷愁闷"之下,只得挟着弹弓到后花园的东南角去打鸟解忧,角楼上的人看见了,就高声叫喊:"故大将军东南行。"见此情景,曹爽惊慌失措,不知如何是好。无奈之下,曹爽只得在家中的议事厅中与其弟一起商量,如何应对司马懿。曹爽想出一个主意来试探司马懿,他写信给司马懿:"贱子爽哀惶恐怖,无状招祸,分受屠灭。前遣家人迎粮,于今未反,数日乏匮,当烦见饷,以继旦夕。"曹爽声称自己家中粮食匮乏,请求司马懿接济。司马懿得书后,假装"大惊",他回信答复曹爽:"初不知乏粮,甚怀踧踖。令致米一百斛,并肉脯、盐豉、大豆。"司马懿将计就计,很爽快地将粮食、鱼肉、盐豆等食品送到曹爽家里。曹爽"不达变数",以为司马懿答应他的请求,就不会置他于死地了。所以曹爽"即便喜欢,自谓不死"。[①]

其实,司马懿这时送给曹爽粮食,并不是他对曹爽发善心,而是要把曹爽,包括他的党羽一网打尽。其行使的是"欲擒故纵"之计。老子说:"将欲取之,必先与之。"司马懿采取的就是这个策略。

四、诬以"谋逆",夷其三族

司马懿发动高平陵之变,因曹爽放弃抵抗而获得全胜。接下

---

① 《三国志》卷9《曹爽传》注引《魏末传》。

来,如何处置曹爽等人便成为引人注目的焦点。黄门张当是曹爽安插在宫中的亲信,曾"私以所择才人张、何等与(曹)爽"。司马懿在奏书中罗列曹爽罪状,其中一项就是曹爽"以张当为都监,专共交关,看察至尊,候伺神器,离间二宫(指魏主曹芳与郭太后),伤害骨肉"。① 张当曾担任黄门,黄门是宦官的别称。汉有黄门令、小黄门、中黄门等,侍奉皇帝及其家族,皆以宦官充任。故后世亦称宦官为"黄门"。曹爽执政后,经常出入宫廷,张当谄事曹爽,曹爽便将其升为"都监",让其监视宫中各色人等。张当从一名普通的小黄门,升至都监,自然对曹爽感激涕零,于是就把魏明帝宠幸过的张才人、何才人等送给曹爽享用。

卢毓曾受到曹爽、何晏的打击,被曹爽先后罢免吏部尚书、尚书仆射等职。在其任廷尉不久,又遭何晏等人弹劾,落职为民,幸赖司马懿等世家大族出面,从中斡旋,卢毓才得以恢复官职,出任光禄勋。故卢毓对司马懿感恩戴德,而恨透了曹爽。高平陵之变后,司马懿任命卢毓为行司隶校尉。据《北堂书钞·设官部》记载:"司隶校尉,武帝初置,后诸王贵戚不服,乃以中都官徒奴千二百人属(焉)。"汉武帝初置司隶校尉时,曾遭到诸王贵戚的反抗,所以才派给司隶校尉一千二百名徒兵,这就使司隶校尉不仅有督察权,而且有逮捕权、惩治权。可以"纠皇太子、三公以下及旁郡国,无所不统"。武帝之后,稍减其权,但司隶校尉仍具有纠察、弹劾中央百官之权,乃是皇帝的耳目之臣。东汉光武帝省去丞相司直,使司隶校尉获得更大的权势,朝会时和尚书令、御史中丞一起都有专席,当时有"三独坐"之称。司隶校尉常劾奏三公等尊官,故为百僚所畏惮。

十分明显,卢毓在此时出任司隶校尉,就是要在司马懿的授意下,负责审理曹爽等人的特殊案件。卢毓熟悉汉魏律法,深知仅凭

---

① 《三国志》卷9《曹爽传》。

曹爽等人败乱国典、贪污纳贿、强占宫人、排斥异己等罪名,尚不足将其定成死罪,只有罗织成"谋逆"大案,才能夷灭曹爽三族。于是卢毓以张当为突破口,"戊戌,有司奏收黄门张当付廷尉,考实其辞"。① 卢毓亲自审理张当。所谓三木之下何求不得,在严刑逼供之下,张当供出"(曹)爽与(何)晏等阴谋反逆,并先习兵,须三月中欲发";②"尚书丁谧、邓飏、何晏、司隶校尉毕轨、荆州刺史李胜、大司农桓范皆与曹爽通奸谋"③的滔天大罪。卢毓将审讯结果报告司马懿,司马懿即刻下令,将曹爽兄弟、丁谧、李胜、毕轨、邓飏等人逮捕下狱。

在曹爽等人下狱之前,司马懿已经收捕了桓范。原来曹爽等人返回洛阳时,少帝曹芳"还宫。遂令桓范随从,到洛水浮桥北",桓范望见司马懿,躲避不过,只好下车向司马懿跪拜,但却一言不发。司马懿大声对桓范说:"桓大夫何为尔邪!"车驾入宫,朝廷下诏让桓范官复原职。桓范到宫廷递上奏表谢恩,等待任命书。此时城门官司蕃已到大鸿胪官署自首,供出桓范在出城时说司马懿谋反。司马懿愤怒地说:"诬人以反,于法何应?"站在一旁的司法官员回答:"科律,反受其罪。"随即将桓范逮捕。大概桓范早有思想准备,故其并不慌张,"范谓部官曰:'徐之,我亦义士耳!'"④桓范遂以诬告司马懿谋反之罪而被送交廷尉。欲前往荆州上任的李胜亦被捕下狱。

何晏是曹爽的心腹,也是曹爽一党的核心成员,而且张当的口供是"(曹)爽与(何)晏等阴谋反逆",但老谋深算的司马懿却暂时放过何晏,并且让何晏去审理曹爽的案件。何晏以为可以借机邀功,将功赎罪,保住性命,遂拼命扩大打击面,唯恐有漏网之鱼,

① 《三国志》卷4《齐王芳纪》。
② 《三国志》卷9《曹爽传》。
③ 《三国志》卷4《齐王芳纪》。
④ 《三国志》卷9《曹爽传》注引《魏略》。

他在审理曹爽案件的过程中，"穷治党与，冀以获宥"。最后，何晏向司马懿报告审理案件的结果，提出应该诛灭七族。司马懿却说："凡有八族。""何晏穷急"，问司马懿："'岂谓晏乎?'宣王曰:'是也!'乃收晏。"①司马懿利用何晏，"穷治党与"，将曹爽集团一网打尽。

由于曹爽身为大将军，是魏明帝临终托孤的首席辅臣;此案又涉及朝中诸多重臣，故对此案如何判决，事关重大，不是司隶校尉就能裁决的。为了显示决狱公正，司马懿决定将此案放在廷议中来定谳。"廷议"是秦汉魏晋时期重要的政治制度，当国家面临重大事件及君王遇到难断之事，便会召集三公九卿及相关官员召开会议，商讨解决方案。汉魏时期，每当刑狱有大案，也往往要召集公卿大臣共同讨论，这也是廷议中的一项重要内容。曹爽一案的定谳是应司马懿要求而召开的，郭太后及少帝曹芳此时都已掌控在司马懿手中，并不能对廷议的召开与定谳置喙。参加此次廷议的主要人员有太傅、太尉、司徒等上公、三公及九卿、司隶校尉、尚书令、尚书仆射等高级官员。经过形式上的讨论，形成最终的决议:

> 《春秋》之义，"君亲无将，将而必诛"。(曹)爽以支属，世蒙殊宠，亲受先帝握手遗诏，托以天下，而包藏祸心，蔑弃顾命，乃与(何)晏、(邓)飏及(张)当等谋图神器。(桓)范党同罪人，皆为大逆不道。

"君亲无将，将而诛焉"语出《左传》，指臣对君、子对父不能冒

---

① 《三国志》卷9《曹爽传》注引《魏氏春秋》。《资治通鉴考异》对司马懿以何晏治曹爽狱之事提出质疑。《考异》案:"宣王方治爽党，安肯使晏典其狱，就令有之，晏岂不自知与爽最亲，而冀独免乎! 此殆孙盛承说者之妄耳。"(《资治通鉴》卷75,魏纪7)笔者认为，司马懿为了达到将曹爽集团一网打尽的目的，还是有可能让何晏参与治狱，因为何晏已在其掌控之中，生杀之权皆由司马懿决定。

犯、忤逆、作乱，甚至只有犯上作乱的思想还没有真正地付诸行动，也是大逆不道的犯罪，即使是皇亲国戚触犯这条原则也要依法处置。而"包藏祸心""大逆不道"则是古代社会最重的罪名，属"十恶"之首。因此当曹爽等人被廷议定为"谋图神器""大逆不道"就法无可赦，罪无可逭了，必将受到最严厉的惩处。

根据廷议的决定，廷尉"于是收爽、羲、训、晏、飏、谧、轨、胜、范、当等"。正始十年正月初十，曹爽等八族"皆伏诛，夷三族"。[①]关于"夷三族"有多种解释，比较通行的是《大戴礼记》中所指的父族、母族、妻族。《史记·秦本纪》曰："法初有三族之罪。"裴骃《集解》引张晏曰："父母、兄弟、妻子也。"汉初，萧何制《九章律》，叔孙通作《傍章律》；汉武帝时，张汤作《越宫律》，赵禹作《朝律》，后将其全部合在一起，统称《汉律》。《汉律》于唐代亡佚，后人只能凭《史记》《汉书》等史书中的片言只语探究其内容。《汉律》规定，凡谋反、谋逆、投敌，不分首从，皆族诛。如"淮阴侯韩信谋反关中，夷三族……梁王彭越谋反，废迁蜀；复欲反，遂夷三族"。[②]汉武帝时，丞相刘屈氂与贰师将军李广利"欲令昌邑王为帝"，事发，刘屈氂被"要斩东市，妻子枭首华阳街。贰师将军妻子亦收。贰师闻之，降匈奴，宗族遂灭"。[③]

这里还需要了解一下曹魏的法律。曹魏有自己的《魏律》，为了区别于汉朝的律法，也称《新律》，由陈群等人编纂成书，留存的已不完整，散见于史料典籍之中。《魏律》加入了"八议"制度，即所谓的议亲、议故、议贤、议能、议功、议贵、议勤、议宾。死刑包括"枭首、腰斩、弃市"等，汉代原有的"夷三族"之法虽然不在律令之中，然而在实施刑法时，仍然有之。如魏讽、公孙渊、邓艾、毌丘俭、诸葛诞、王凌等人谋反后，皆被夷三族。而且在同时期的蜀汉、孙

---

① 《三国志》卷9《曹爽传》。
② 《史记》卷8《高祖本纪》。
③ 《汉书》卷66《刘屈氂传》。

吴也有夷三族的制度,如诸葛恪被杀后,除诸葛氏被族灭外,"恪外甥都乡侯张震及常侍朱恩等,皆夷三族"。① 魏将马茂降吴后,欲行刺孙权,赤乌八年"秋七月,将军马茂等图逆,夷三族"。② 魏延烧断蜀中退往汉中栈道之后,被杨仪诬以谋反,结果被马岱所斩,蜀汉朝廷"遂夷魏延三族"。③ 此类案例甚多,笔者不再一一列举。三国时,族诛除了谋反罪外,也用于严肃法律纲纪。比如魏文帝黄初四年下诏:"丧乱以来,兵革未戢,天下之人,互相残杀。今海内初定,敢有私复仇者皆族之。"④刘备攻成都,想得到刘巴,传令军中:"其有害(刘)巴者,诛及三族。"⑤八议制度虽然可以在一般情况下赦免死刑,然而不包括"谋逆"以及"图谋不轨"等重大的威胁皇权统治的罪行。因此,司马懿诛夷曹爽三族并非首创,乃是符合曹魏对于谋逆大罪传统的处罚规定。

由于司马懿恨透了曹爽,所以将这次"夷三族"的范畴扩大到了极致。《宣帝纪》记载:"诛曹爽之际,支党皆夷及三族,男女无少长,姑姐妹女子之适人者皆杀之。"⑥此条史料明白无误地告诉我们,凡曹爽兄弟、心腹及曹爽支党中的男女老少包括已出嫁的姊妹和女儿全被诛杀。

司马懿对曹爽施以"夷三族"的最重刑法,大部分朝臣都表示认同,至少无人敢于公开反对。一方面,说明曹爽执政时的施政用人等措施确实不得人心。这里,我们仅举一例即可窥豹一斑。"时大将军曹爽专权,任用何晏、邓飏等。王肃与太尉蒋济、司农桓范论及时政,肃正色曰:'此辈即弘恭、石显之属,复称说邪!'爽

---

① 《三国志》卷64《诸葛恪传》。

② 《三国志》卷47《吴主传》

③ 《三国志》卷40《魏延传》。

④ 《三国志》卷2《文帝纪》。

⑤ 《三国志》卷39《刘巴传》注引《零陵先贤传》

⑥ 《晋书》卷1《宣帝纪》。

闻之,戒何晏等曰:'当共慎之,公卿已比诸君前世恶人矣。'"①弘恭、石显为西汉元帝朝著名的奸佞之臣,他们残害忠良,败坏朝政。王肃等公卿大臣以何晏、邓飏比之,直接影射曹爽,可见对曹爽专权十分不满。为维护自身利益计,曹魏的元老重臣都希望早日结束曹爽专权的局面,以恢复原有的政治秩序。

另一方面,高平陵之变成功后,魏廷的朝中大权皆落到司马懿手中,司马懿已成为权臣,他左右朝政,说一不二,朝中已无人能与之颉颃,故众臣都不愿为了曹爽而得罪司马懿。唯独太尉蒋济因之前曾允诺曹爽,只要交出兵权,就能免其一死。故蒋济深感内疚:认为自己虽不杀曹爽,但曹爽却因我而死。为了不自食其言。蒋济私下对司马懿说:"曹真之勋,不可以不祀。"希望司马懿能够刀下留情,留下曹真的后裔。司马懿以国法无私为由,断然拒绝。《晋书·宣帝纪》云:"帝不听。"一直到司马懿去世之后的嘉平中期,魏朝为了表彰功臣,才"封曹真族孙曹熙为新昌亭侯,邑三百户,以奉真后"。②

五、宽严相济,区别对待

值得注意的是,司马懿在处理曹爽案件时,也没有把反对者全部处死,而是根据情况,宽严相济。例如,办案官员认为鲁芝、杨综、辛敞等人附从反逆,理应处死。司马懿了解具体情况后,认为他们支持曹爽只不过是职责所在,为了显示自己的宽宏大度,就赦免了他们。兹将鲁芝、杨综、辛敞获赦的情况叙述如下。

鲁芝,字世英。扶风郡郿县(今陕西眉县)人。东汉末年,其父为郭汜所害。鲁芝十七岁时迁居雍州,致力于儒学研究。被郡

---

① 《三国志》卷13《王朗传附王肃传》。
② 《三国志》卷9《曹爽传》。

守举荐为上计吏,后被州牧征召为别驾。魏明帝时,郭淮担任雍州刺史,适逢诸葛亮北伐曹魏,郭淮遂聘用鲁芝为别驾。此后,郭淮又极力向公府举荐鲁芝,遂被任命为大司马曹真掾属。曹真去世后,司马懿征辟鲁芝,参与骠骑将军军事,旋调任天水郡太守。曹芳即位后,大将军曹爽辅政。曹爽辟用鲁芝为大将军司马。他多有直言和谋略,然而曹爽却不采纳。曹爽出城祭扫高平陵时,鲁芝留守城中,当他得知司马懿发动政变,即刻率领一营骑兵砍开津门,①去告知曹爽。鲁芝受曹爽株连而下狱,论罪亦当处死,但他凛然不屈。因他原先是司马懿故吏,懿嘉其正直和不惧生死的气节,故法外开恩,将其赦免。鲁芝获赦不久后,就被起用为使持节、护匈奴中郎将、振威将军、并州刺史。后因治理并州有方,政绩突出,升任为大鸿胪。

杨综字初伯,是曹爽的主簿,当曹爽准备向司马懿投降时,杨综曾力劝曹爽不要交纳大将军印绶,曹爽不纳。后有人告杨综谋反,司马懿说:"各为其主也。"②就赦免了他。杨综后来官至安东将军司马昭的参军。对于司马懿的这些举措,清代学者王懋竑评论说:"鲁芝、杨综之不死而反迁官,此以安朝臣之心,所谓'盗亦有道'者。既灭晏等之族,又迁芝等之官,庆赏刑威皆其所专擅矣。"③

司马懿发动政变时,紧闭洛阳城门。当时辛敞担任大将军曹爽参军,留在洛阳城中,鲁芝便招呼辛敞同去会合曹爽。辛敞畏惧,不知所措,便对其姊辛宪英说:"天子在外,太傅闭城门,人云

---

① 汉、魏时期洛阳有十二门,南面西头门称津门,又名津阳门、建城门。《后汉书》卷42《光武十王列传·东海王强列传》注七:"津门,洛阳南面西头门也。一名津阳门。每门皆有亭。"
② 《三国志》卷9《曹爽传》注引《世语》。
③ 《白田杂著》卷5,四库笔记小说丛刊本,上海古籍出版社1992年。

将不利国家,于事可得尔乎?"①辛宪英说:"天下有不可知,然以吾度之,太傅殆不得不尔!明皇帝临崩,把太傅臂,以后事付之,此言犹在朝士之耳。且曹爽与太傅俱受寄托之任,而独专权势,行以骄奢,於王室不忠,於人道不直,此举不过以诛曹爽耳。"辛敞追问:"然则事就乎?"②辛宪英当即就对局势作出了准确的判断:曹爽不是司马懿的对手,肯定会在这场事变中失败。辛敞就问:"既然曹爽必败,我是不是就不要去投奔他了?"辛宪英正色说道:"怎可以不去?忠于职守是为人的大义,你身为曹爽的属官,去为他效劳,哪怕为他去死,都是你的职责所在。况且你又不是曹爽的亲信,只不过是从众罢了。"辛敞听了姊姊的分析后,便随鲁芝出关离城。司马懿觉得辛敞并非是曹爽死党,所以就未追究辛敞出关离城之事。辛敞感叹地说:"吾不谋与姊,几不获于义。"③

为了避免打击面过大,司马懿对曹爽大将军府的组成人员加以甄别后,严格区别对待。诛杀曹爽之后,司马懿罢免了一批曹爽大将军府的掾属,但不久又重新启用了一部分人。我们不妨列举数例。

王浑为曹魏名将王昶之子。早年为大将军曹爽幕府掾吏,高平陵之变之后被循例免官。不久复出,历任怀县县令、参军、散骑侍郎等职。王昶死后,袭封京陵县侯。西晋平吴之役中,王浑多有战功,竟成为西晋的主要开国功臣。

裴秀出身著名的大族"河东裴氏"。少年时便颇有名气,后被大将军曹爽辟为掾属,袭爵清阳亭侯,又迁黄门侍郎。高平陵之变后,因是曹爽的故吏而被罢免。不久复职,此后历任廷尉正、卫将军司马昭的司马,参与谋划军国之政,又参与平定诸葛诞叛乱。

① 《晋书》卷96《羊耽妻辛氏传》。
② 《三国志》卷25《辛毗传》注引《世语》。
③ 《三国志》卷25《辛毗传》注引《世语》。

王沈少年失去父母，由其叔王昶收养。王沈善写文章，最初被大将军曹爽辟为掾属，后升任中书门下侍郎。高平陵之变后，王沈因为是曹爽的故吏而被免职。后又被起用为治书侍御史，转为秘书监。高贵乡公曹髦即位后历任侍中、散骑常侍。曹髦欲起兵讨伐司马昭，召王经、王沈、王业商议。王沈、王业随即向司马昭告密，导致曹髦被杀。

卢钦出身范阳卢氏，为人淡泊而有远见，专研经史。曹芳在位时，被大将军曹爽征为掾属，后升为尚书郎。曹爽被杀后，坐曹爽案株连者甚多。卢钦因曾是曹爽的故吏，也被罢免，但不久卢钦便被司马懿亲自辟为太傅从事中郎。司马懿对于卢钦的赦免与拔擢当与其父卢毓与司马懿的特殊关系有关。卢钦不负司马懿的期许，不久就出任阳平郡太守，多有政绩，遂升任淮北都督、伏波将军。卢钦在军中宽猛相济，使得边疆平安无事。后入朝担任尚书仆射，加侍中、奉车都尉，领吏部尚书。

这些人都是曹爽原来的掾属故吏，在得到司马懿赦免后，不免心存感激，其中不少人为司马氏父子所效力，日后还成为司马氏的佐命功臣。司马懿区分不同的对象而分别施以恩威，其政治手段是极为高明的。

除此之外，司马懿还准许夏侯令女领养义子，为曹氏后裔。夏侯令女是曹爽堂弟曹文叔之妻。文叔早死，夏侯令女"自以为年少无子，恐家必嫁己，乃断发以为信"。夏侯令女之父夏侯文宁劝她改适，令女为坚持守寡，用刀割下自己双耳，以表明自己拒绝改嫁的决心。曹爽被诛后，"曹氏尽死"，夏侯家"上书与曹氏绝婚"，并强行把夏侯令女接回家，再次让她改适；夏侯令女悄悄进入寝室，用刀割掉了自己的鼻子，"血流满床席"，其家人十分悲伤、惊愕，对她说："人生在世，就如同尘土栖息在柔弱的草上，你何必这样自讨苦吃？况且你夫家人已被杀尽，你苦守着这个家到底是为了谁呀？"夏侯令女回答说："我听说，仁人不会因盛衰而改变节操,义士也不会因存亡而改变心志。曹家以前兴盛之时,我尚且想终生守节,何况如今衰亡了,我怎么能忍心抛弃? 这是禽兽的行为,我岂能这样做?"司马懿听说后,很称赞她的贤德,于是就"听使乞子字养,为曹氏后"。①

尽管司马懿宽严相济,对曹爽集团中人作了区别对待,但其大开杀戒之后,仍然造成人心惶惶,惊恐不安,夏侯霸就是因畏惧司马懿对其迫害而叛逃蜀汉的。夏侯霸字仲权,是三国后期有一定影响力及显赫家世的人物,其父乃是曹魏名将夏侯渊,夏侯霸是其次子。建安二十四年(219),夏侯渊担任征西将军,镇守汉中,在定军山之战与蜀汉军队交战中被蜀汉大将黄忠斩杀,夏侯霸时常咬牙切齿,立志要为父亲报仇雪恨。

司马懿发动政变,诛杀曹爽之后,担心征西将军夏侯玄拥重兵在外,将对己不利,便征召夏侯玄返京任大鸿胪,以自己的老部下雍州刺史郭淮代替夏侯玄的职位。夏侯霸平素与郭淮不睦,认为此番必然祸及己身,故决定投奔蜀汉。史载:"时征西将军夏侯玄,于霸为从子,而玄于曹爽为外弟。及司马宣王诛曹爽,遂召玄,玄来东。霸闻曹爽被诛而玄又征,以为祸必转相及,心既内恐;又霸先与雍州刺史郭淮不和,而淮代玄为征西,霸尤不安,故遂奔蜀。"②

夏侯霸临行前,邀夏侯玄同往,但遭到夏侯玄拒绝。据《魏氏春秋》记载:"初,夏侯霸将奔蜀,呼(夏侯)玄欲与之俱。玄曰:'吾岂苟存自客于寇虏乎?' 遂还京师。"③夏侯霸在逃往蜀汉的途中,在阴平迷失道路,粮尽遇困。蜀汉得知后,派人迎接夏侯霸。霸至成都,后主刘禅亲自召见,宽慰他说:"卿父自遇害于行间耳,非我先人之手刃也。"又指着自己的儿子说:"此夏侯氏之甥也。"原来,

---

① 《三国志》卷9《曹爽传》注引皇甫谧《列女传》。
② 《三国志》卷9《夏侯渊传》注引《魏略》。
③ 《三国志》卷9《夏侯尚传附夏侯玄传》注引《魏氏春秋》。

在建安五年（200）时，夏侯霸的堂妹夏侯氏外出打柴时被张飞发现，张飞娶其为妻，生二子二女；飞女日后成了后主刘禅的皇后。"故夏侯渊初亡，飞妻请而葬之。"① 夏侯霸于是在蜀汉得到重用，被任为车骑将军。蜀汉大臣去世后，很少有人能得到谥号，"先主时，惟法正见谥；后主时，诸葛亮功德盖世，蒋琬、费祎荷国之重，亦见谥"。夏侯霸去世后，蜀汉因其"远来归国，故复得谥"。② 可见，刘禅给予夏侯霸特殊的哀荣。夏侯霸奔蜀后，司马懿考虑到其父夏侯渊的功勋，故未深究夏侯霸投敌之罪，仅将其子迁徙到乐浪郡。

六、超越人臣之礼的封赏：赐九锡与立庙

高平陵之变之后，司马懿对参加这次行动的有功人员进行论功行赏。所谓"举贤不避亲仇"。③ 司马懿认为儿子司马师、司马昭与弟司马孚在诛灭曹爽集团的行动中都立了大功，故均须进行封赏。于是，司马师"以功封长平乡侯，食邑千户，寻加卫将军"。④ 汉代的将军排序为大将军、骠骑将军、车骑将军、卫将军、前后左右将军。此八将军皆为重号将军。大将军位在三公上，骠骑将军、车骑将军、卫将军位比三公。前后左右将军，位比九卿。汉文帝由代王入继大统，设卫将军，以亲信宋昌任之，总领南北军，是京师部队的统帅，金印紫绶，第二品。司马师由原来第四品的中护军升至第二品的卫将军，属于越级拔擢，很显然，因此时司马懿的年事已高，他已经在考虑培养司马师作为自己接班人了。

司马昭率兵"宿卫"皇帝与郭太后的"二宫"，也"以功增邑千

---

① 《三国志》卷9《夏侯渊传》注引《魏略》。
② 《三国志》卷36《赵云传》。
③ 《吕氏春秋·去私》。
④ 《晋书》卷2《景帝纪》。

户"。不久，"进帝（司马昭）位安西将军，持节，屯关中，为诸军节度"。① 司马昭由此成为拥兵一方，镇守关陇的重要将领。

攻占司马门是高平陵之变中甚为关键的一役。由于司马懿率兵攻打武库，分身乏术，不能亲自前往，故委托胞弟司马孚协助司马师指挥。司马孚不负兄长所托，在攻占司马门时发挥了重要作用。在曹爽一党被诛杀后，司马孚"以功进爵长社县侯，加侍中"。② 汉制，列侯大者食县，小者食乡、亭，县侯为侯爵中最高级别。司马孚由亭侯升至县侯，也是越级提拔。侍中原为少府属下宫官，西汉时为正规官职外的加官，文武大臣加上侍中之类的名号可入禁中受事。西汉武帝以后，侍中地位渐高，秩禄超过侍郎。魏晋以降，侍中往往成为事实上的宰相。司马孚以尚书令加侍中，官职仅次于三公。

凡反对曹爽及助司马懿发动高平陵之变的有关官员，按功劳大小，均有赏赐。《三国志·高柔传》载："爽诛，（高柔）进封万岁乡侯。"太仆王观奉司马懿之命，"据爽弟羲营，赐爵关内侯，复为尚书，加驸马都尉"。孙资在曹爽当政时本已逊位，"曹爽诛后，复以资为侍中，领中书令"。孙礼素来痛恨曹爽，"爽诛后，入为司隶校尉，……迁司空，封大利亭侯"。傅嘏"为河南尹，迁尚书"。卢毓任"行司隶校尉，治爽狱"。③ 王肃为太常。以上诸人或者充任公卿而为朝廷名望，或者占据中枢要津，还有的掌握京畿地区的行政监察权，从而有效地控制着朝政。他们中的一些人，如傅嘏、卢毓，尤其是司马孚和王肃，在司马氏巩固权力和代魏的过程中，还将发挥更重要的作用。

太尉蒋济与司马懿一起率军进驻洛水浮桥，截断曹爽归路，并

---

① 《晋书》卷2《文帝纪》。
② 《晋书》卷37《安平献王孚传》。
③ 分别载于《三国志》24《王观传》；卷14《孙资传》；卷24《孙礼传》；卷21《傅嘏传》；卷22《卢毓传》。

在司马懿授意下,写书信给曹爽,劝其归降,故由亭侯"晋封都乡侯,邑七百户"。[①] 但"蒋济病其言之失信",[②]感到自己有愧疚于曹爽,故固辞不受封赏。他上书言道:

> 臣忝宠上司,而爽敢包藏祸心,此臣之无任也。太傅奋独断之策,陛下明其忠节,罪人伏诛,社稷之福也。夫封宠庆赏,必加有功。今论谋则臣不先知,语战则非臣所率,而上失其制,下受其弊。臣备宰司,民所具瞻。诚恐冒赏之渐自此而兴,推让之风由此而废。[③]

蒋济所说的"论谋则臣不先知,语战则非臣所率"一语,多少有点为自己开脱的味道,意思是太傅司马懿诛杀曹爽之事与我无关,我是局外人,并不知内情。这封固让封爵的奏疏当然不会被司马懿所接受,但从此蒋济郁郁寡欢,数月之后,竟然"发病卒"。[④] 晋人孙盛评论此事说:"蒋济之辞邑,可谓不负心矣。语曰:'不为利回,不为义疚。'蒋济其有焉。"[⑤]

　　高平陵之变由司马懿精心策划,一手发动,毫无疑问,最大的"功臣"自然是非司马懿本人莫属。然而,司马懿已经官居太傅,近乎位极人臣,因此如何对其封赏,就成了难事。尽管如此,众臣还是上奏皇帝,要朝廷给予司马懿特殊规格的重赏。据《晋书·宣帝纪》载:嘉平元年"二月,天子以帝为丞相,增封颍川之繁昌、鄢陵、新汲、父城,并前八县,邑二万户,奏事不名"。连同过去的封邑,司马懿总共食邑八县二万户,其封地之大、食邑之多,是曹魏

---

①　《三国志》卷14《蒋济传》。

②　《三国志》卷14《蒋济传》注引《世语》。

③　《三国志》卷14《蒋济传》。

④　《三国志》卷9《曹爽传》注引干宝《晋纪》载:"蒋济以曹真之勋力,不宜绝祀……济又病其言之失信于爽,发病卒。"《三国志》卷14《蒋济传》注引《世语》曰:"初,(蒋)济随司马宣王屯洛水浮桥,济书于曹爽,言宣王旨'惟免官而已',爽遂诛灭。济病其言之失信,发病卒。"

⑤　《三国志》卷14《蒋济传》注引孙盛曰。

此前的侯爵从未有过的。连曹操为丞相、武平侯时也只有四县封地，曹操为了减轻政敌对他攻击的政治压力，还"上还阳夏、柘、苦三县户二万，但食武平万户，且以分损谤议"。① 另外，曹芳还下诏"群臣奏事不得称（司马懿）名，如汉霍光故事"。② 这条诏令实则上是把司马懿放到王者的地位，众臣从此提及司马懿时皆不准直呼其名，以示尊崇。

然而，最为关键的封赏是皇帝曹芳竟然下"诏使太常王肃册命太傅为丞相"。③ 司马懿若任丞相就将打破汉魏时期实施已久的常规。因为整个汉末至曹魏时期，丞相或相国都非寻常人臣之职，极少设置，置则多系权臣：如东汉末年的曹操、曹丕父子；曹魏后期的司马昭、司马炎父子。《通典》卷十九《职官典·宰相》称："宋齐梁陈，并相因袭，或为丞相，或为相国，多非寻常人臣之职。"由于丞相或相国"总百揆"，位高权重，在时人眼中，已成为人臣篡夺皇位的阶梯。建安十三年（208），曹操废除三公，自任丞相，就是为了集大权于一身。曹魏建立后，文帝曹丕、明帝曹叡都是大权独揽，亲理朝政，故一直实行三公制，而不设丞相。曹芳虽系少主，但此时他已十八岁，做皇帝也已十年了，他不可能不懂得设置丞相对皇权的危害。故此事清楚地表明，曹芳是情非所愿，迫不得已。可见司马懿此时权势之重，已是功高震主的权臣。

司马懿深知此时虽然自己已经掌控朝政，但取代曹魏的时机远未成熟，若担任当年太祖武皇帝曹操曾担任过的丞相之职，等于向世人告知，自己有不臣之心。因此断然拒绝丞相之任。他向朝廷上书辞让曰：

> 臣亲受顾命，忧深责重，凭赖天威，摧弊奸凶，赎罪为幸，功不足论。又三公之官，圣王所制，著之典礼。至于丞相，始

---

① 《三国志》卷1《武帝纪》注引《魏武故事》。
② 《三国志》卷4《齐王芳纪》注引孔衍《汉魏春秋》。
③ 《三国志》卷4《齐王芳纪》注引孔衍《汉魏春秋》。

自秦政。汉氏因之，无复变改。今三公之官皆备，横复宠臣，违越先典，革圣明之经，袭秦汉之路，虽在异人，臣所宜正，况当臣身而不固争，四方议者将谓臣何！①

就如同汉魏禅代时一样，双方都在做戏，曹芳不断下诏，要司马懿接受丞相之职，司马懿只得再次上书固辞。《三国志·齐王芳纪》注引《汉魏春秋》载：司马懿"书十余上，诏乃许之"。然而，使司马懿更为吃惊的是，是年冬十二月，曹芳居然诏令司马懿"加九锡之礼，朝会不拜"。②

何谓九锡之礼？《公羊传·庄公元年》云："王使荣叔来锡桓公命，锡者何？赐也。命者何？加我服也。"东汉经学家何休注曰："礼有九锡，一曰车马，二曰衣服，三曰乐则，四曰朱户，五曰纳陛，六曰虎贲，七曰弓矢，八曰鈇钺，九曰秬鬯，皆所以劝善扶不能。"九锡之礼规格极高，非一般人臣所能享用。如九锡之中的"虎贲"乃天子之卫士也，"天子卒曰虎贲"。③"鈇钺"又称黄钺，乃杀伐之权的象征，亦属天子之卤簿。黄钺在商周时为天子所专用，周武王伐纣时曾用黄钺。《尚书·牧誓》云："王左杖黄钺，右秉白旄以麾。""秬鬯"为天子祭祀天帝时所用之酒。"秬，黑黍，鬯，香酒也，所以降神。"④《礼记·表记》云："天子亲耕，粢盛、秬鬯，以事上帝。"九锡中又有"纳陛"。"纳，内也，谓凿殿基际为陛，不使露也。颜师古曰：尊者不欲露而升陛。"⑤"陛"乃帝王宫殿之台阶也。蔡邕《独断》卷上载："陛，阶也，所由升堂也。天子必有近臣，执兵陈于陛侧，以戒不虞。"后引申其意，称天子为陛下。所以，权臣即可由受"纳陛"而后晋升为"陛下"。由此可见，谁受

---

① 《三国志》卷 4《齐王芳纪》注引孔衍《汉魏春秋》。
② 《晋书》卷 1《宣帝纪》。
③ 《史记》卷 39《晋世家》注引《集解》贾逵曰。
④ 《史记》卷 39《晋世家》注引《集解》贾逵曰。
⑤ 《汉书》卷 99 上《王莽传》注引孟康曰。

了九锡,谁就具备了"准皇帝"的资格,为将来当"真皇帝"铺平道路。

中国古代历史上第一个受九锡之礼的是王莽,王莽代汉是先受九锡,成为摄皇帝,然后由摄皇帝成为真天子。王莽虽然通过受九锡而登上皇位,建立新朝。但王莽代汉为时不长,很快就以失败而告终,故新莽政权在历史上多被视为"僭伪"。基于此因,王莽时期,九锡与禅代制度还未真正的确立起来。"汉魏故事"始作俑者为曹操。曹操加九锡,封公,封王,建国,曹丕因之而终于完成禅代。

曹操开创汉魏禅代制,引起后世史家的高度重视。赵翼在其《廿二史札记》卷七"九锡文"专条中论述:"每朝禅代之前,必先有九锡文,总叙其人之功绩,晋爵封国,赐以殊礼,亦自曹操始。按,王莽篡位已先受九锡,然其文不过五百余字,非如潘勖为曹操撰文格式也。勖所撰乃仿张竦颂莽功德之奏。逐件铺张至三五千字,勖文体裁正相同。其后晋、宋、齐、梁、北齐、陈、隋皆用之,其文皆铺张典丽,为一时大著作。"

实际上,整个魏晋南北朝至隋唐五代的皇位禅让都同九锡制联系在一起。为了效仿上古时期的尧舜禹禅让故事,使改朝换代能符合当时的法理观念,权臣在易代更祚之前,必先由天子赐予九锡,封公建国、然后封王,待时机成熟后,登上九五之位,这俨然成了禅代的惯例。从这个意义上说,九锡之礼乃是汉魏至隋唐五代权臣夺取政权的前奏曲。

对权臣而言,九锡礼仪比丞相规格要高得多,两汉至曹魏时期,任丞相者不少,授九锡者仅王莽、曹操、刘备、孙权数人。曹操于建安十三年任丞相,建安十七年,董昭与列侯诸将认为:"今曹公遭海内倾覆,宗庙焚灭,躬擐甲胄,周旋征伐,栉风沐雨,且三十年,芟夷群凶,为百姓除害,使汉室复存,刘氏奉祀。……今徒与列将功臣,并侯一县,此岂天下所望哉?"因此应该"进爵国公,九锡备物",①但遭到尚书令荀彧的激烈反对,操虽愤愤不平,但也无可奈何,只得惺惺作态地表示:"夫受九锡,广开土宇,周公其人也。汉之异姓八王者,与高祖俱起布衣,创定王业,其功至大,吾何可比之?"②直至其逼死荀彧,平定关中马超,于建安十八年,晋为魏公之后,才敢受九锡。③

司马懿虽已诛锄曹爽集团,但政治局面仍然十分复杂。高平陵之变是司马懿在曹魏元老功臣集团的支持下,精心谋划的一次政变。但这些曹魏元老大多"心存曹氏"。他们在高平陵之变后并未获得重用,其境遇与曹爽专权时相比,也未得到太多的改善,所以不可能转化为支持魏晋禅代的政治力量。在朝中,曹氏宗室力量依然存在;在地方,除关中之外,拥兵一方的镇将并非都是司马懿的亲信,特别是淮南地区的拥曹力量相当强大,之后相继爆发的淮南三叛就是明证。对此局面司马懿头脑十分清醒,在条件不成熟的情况下,司马懿绝不敢冒天下之大不韪,接受类似于天子规格的九锡之礼。故太傅司马懿仿效当年曹操的《让县自明本志令》,上书固让九锡。书曰:

> 太祖有大功大德,汉氏崇重,故加九锡,此乃历代异事,非后代之君臣所得议也。④

司马懿固辞九锡不受,曹芳也乐得收回成命。然而,由于司马懿的功劳实在太大,不赏赐不足以服众,也难以向天下人交代。于是只得另想弥补之法。嘉平"二年春正月,天子命帝立庙于洛阳,置左右长史,增掾属、舍人满十人,岁举掾属任御史、秀才各一人,增官

---

① 《三国志》卷14《董昭传》注引《献帝春秋》。
② 《三国志》卷1《武帝纪》注引《魏书》载公令。
③ 关于九锡问题,可参阅朱子彦:《汉魏禅代与三国政治》,东方出版中心2013年,第73—95页。
④ 《三国志》卷4《齐王芳纪》注引孔衍《汉魏春秋》。

骑百人,鼓吹十四人,封子肜平乐亭侯,伦安乐亭侯"。① 从这一史料中透露出来的这条信息,非常值得我们关注,即魏朝居然破例为司马懿在洛阳立庙。

在中国古代,宗庙不仅是举行祖先祭祀的场所,而且是王朝世袭统治的象征,在国家祀典中占有十分重要的地位,是国家礼仪制度的基础。按照礼仪制度,只有天子才可以在京师中立庙,大臣即使位居三公或宰相也无资格在天子脚下立庙祭祀。例如,诸葛亮辅佐两朝君主,有大功于蜀汉,诸葛亮卒后,蜀人感恩怀德,"所在各求为立庙,朝议以礼秩不听,百姓遂因时节私祭之于道陌上"。②特别是汉中民众,每年春月,男女成群,边走边哭,纷纷前去祭奠诸葛武侯之墓,"其哭甚哀"。③ 后来有人建议在成都为诸葛亮立庙,后主虽对诸葛亮甚为敬重,但认为一旦在成都立诸葛亮祠,就将逼近刘氏宗庙,故坚决不答应。由于百姓巷祭野祀不断,步兵校尉习隆、中书郎向充联名上表请求为诸葛亮立庙于沔阳。表文云:"周人怀召伯之德,甘棠为之不伐;越王思范蠡之功,铸金以存其像。"都是为了表彰对国家建有大功之人,何"况(诸葛)亮德范遐迩,勋盖季世,王室之不坏,实斯人是赖"。但是,由于无庙可以祭祀,致"使百姓巷祭,戎夷野祀,非所以存德念功"。因此建议"宜因近其墓,立之于沔阳,使所亲属以时赐祭。凡其臣故吏欲奉祠者,皆限至庙"。习隆、向充的奏表说得合情合理,这才消除了刘禅"建之京师,又逼宗庙"④的顾虑,于是在蜀汉景耀六年(263)春,后主正式诏令为诸葛亮立庙于沔阳(今陕西勉县东)。

连"功德盖世"⑤的诸葛亮都不能立庙于成都,可见汉代宗庙

① 《晋书》卷1《宣帝纪》。

② 《三国志》卷35《诸葛亮传》注引《襄阳记》。

③ 卢弼:《三国志集解》卷35《诸葛亮传》注引《砚北杂志》。

④ 《三国志》卷35《诸葛亮传》注引《襄阳记》。

⑤ 《三国志》卷36《赵云传》。

制度之严。而魏主曹芳为尚未去世的司马懿立庙于京师洛阳,可谓是超越人臣礼仪制度的破格之举。司马懿虽未升任丞相和享用九锡之礼,但立庙于京师,与曹魏皇室宗庙并行,就是向世人展示他的地位和权威。另外,为司马懿立祖庙与诸葛亮立庙还有所不同,其事类似于古代诸侯立宗庙,有象征家族基业之意,但古代诸侯都是立宗庙于自己的封邑,然而司马懿却立宗庙于京师洛阳,其逼天子宗庙之嫌岂非更甚。此事,自然为日后司马代魏作了铺垫。

除此之外,由于司马懿久病,不任朝请,所以每遇大事,天子都亲自到他府中去征询意见。由此可见,司马懿诛锄曹爽之后,已是功高盖世,威震天下了。

七、高平陵之变成功的必然性

诛灭曹爽集团是曹魏历史的一大转折,从此司马氏控制了魏朝中枢机构,曹魏的军政大权已基本上落到了司马氏手中,由此开启了亡魏成晋的历史进程。需要考量的是司马懿为何能诛灭曹爽?懿胜爽败是历史的必然,还是历史的偶然?是司马懿靠智力,还是图侥幸?这是需要我们认真研究的。宋人叶适曰:"(司马懿)虚位无权,势同单庶,一旦因人主在外,闭门截桥,劫取事柄,与反何殊?此至愚者不敢为,懿号有智,而披猖妄作,自取族灭,然竟以胜,一异也。"[1]叶氏认为,司马懿发动高平陵之变,是"披猖妄作","自取族灭",取胜为异事,即有运气的成分。我以为叶氏完全低估了司马懿的智慧和能力。司马懿发动高平陵之变,虽似乎冒一定的风险,但实质上他是胸有成竹,胜券在握。对此,笔者试作如下分析。

司马懿发动此次政变,绝不是心血来潮,而是深思熟虑、密谋

---

① (宋)叶适:《习学记言序目》卷27《魏志》,中华书局1977年。

已久。他为了能使政变成功,事前作了全面的规划,精心的准备。例如他长期装病,麻痹对手;命长子司马师畜养死士三千,以次子司马昭为散骑常侍,刺探宫中及曹爽府第之事;又暗中联络曹魏元老重臣蒋济、高柔、王观、孙礼、卢毓等人以为臂助。而曹爽却完全被蒙在鼓里,尽管他也派心腹李胜前往试探,但区区李胜岂是老谋深算的司马懿的对手。经过司马懿一番"尸居余气,形神已离"的表演,曹爽等人已完全坠入司马懿所设下的圈套,"不复设备"。①以司马懿的精心准备对曹爽的"不复设备",两人孰胜孰败,岂不一目了然。

经过数十年政坛、军事的历练,司马懿已是三国后期最杰出的政治家、谋略家、军事家。而曹爽虽然因历史的际遇,成为执政的首辅、大将军,但本质上仍是一个纨绔膏粱子弟,正如同桓范对曹爽、曹羲所言:"曹子丹佳人,生汝兄弟,犊耳,何图今日坐汝等族灭矣!"②对曹氏兄弟"犊耳"的评价,不仅是桓范的看法,也是诸多时人的看法。因为当时已有许多人预判到曹爽必然失败的结局。兹举荦荦大端如下。

羊祜,字叔子,出身世家大族,"博学能属文",被人称为"今日之颜子"。羊祜虽然年轻,但很有政治头脑。他判断曹爽虽然势倾朝野,但终究不是司马懿的对手。羊祜与王沈曾一起被曹爽征辟,王沈劝羊祜应命就职,羊祜说:"委质事人,复何容易。"王沈便独自应召。司马懿发动高平陵之变后,与曹爽有关的很多人受到株连。王沈也因为是曹爽的故吏而被罢免,王沈不无后悔地对羊祜说:"常识卿前语。"羊祜却谦逊地回答:"此非始虑所及。"③

卫臻,字公振。因其父卫兹随曹操战死而受到曹操器重,初为黄门侍郎,转任丞相府户曹掾。魏文帝时,任吏部尚书。魏明帝

---

① 《晋书》卷1《宣帝纪》。
② 《三国志》卷9《曹爽传》注引《魏氏春秋》。
③ 《晋书》卷33《羊祜传》。

时,任尚书右仆射,司空、司徒。曹芳即位时,曹爽专政,派夏侯玄劝请卫臻担任"守尚书令,及为弟求婚,皆不许。固乞逊位"。[①] 可见卫臻已预见到曹爽必败。

山涛,字巨源,竹林七贤之一。一次,山涛与石鉴共宿,夜间起床用脚踢石鉴,对他说:"今为何等时而眠邪!知太傅卧何意?"石鉴回答说:"宰相三不朝,与尺一令归第,卿何虑也!"山涛说:"咄!石生无事马蹄间邪!"从山涛与石鉴的这段对话中,可以看到山涛已经看穿"太傅卧"是装病,欲待机诛灭曹爽。过了二年,司马懿果然发动高平陵之变,诛灭了曹爽集团,山涛于是"隐身不交世务"。[②]

阮籍,字嗣宗,竹林七贤之一。曹爽辅政掌权时,"召为参军,阮籍因以疾辞,屏以田里。岁余而曹爽诛,时人服其远识"。[③]

自董仲舒提出天人感应说之后,人们常将日月星辰之变与朝政得失紧密联系起来。《晋书·天文志中》记载:"(正始)八年庚午朔,日有蚀之。是时曹爽专政,丁谧、邓飏等转改法度。会有日蚀之变,诏群臣问得失。蒋济上疏曰:'昔大舜佐治,戒在比周。周公辅政,慎于其朋。齐侯问灾,晏子对以布惠;鲁君问异,臧孙答以缓役。塞变应天,乃实人事。'济旨譬甚切,而君臣不悟,终至败亡。"蒋济借天变来对应人事,实质上他已经预测到曹爽的失败。

平原人管辂,精通《周易》,善于卜筮、相术,相传每言辄中,出神入化。魏郡太守钟毓问管辂:"天下当太平否?"管辂回答道:"方今四九天飞,利见大人,神武升建,王道文明,何忧不平?"钟毓不解其中之意,但是未过多久,"曹爽等诛,乃觉悟云"。[④] 何晏对管辂说:"听说您算卦神妙,请试卜一卦,预测我的官位会不会到

① 《三国志》卷 22《卫臻传》。
② 《晋书》卷 43《山涛传》。
③ 《晋书》卷 49《阮籍传》。
④ 《三国志》卷 29《方技传·管辂》。

三公。"又问:"近日连续几次梦见十几只苍蝇落在鼻子上,怎么挥赶都不肯飞,这是什么征兆?"管辂说:"位高之人,跌得也狠。不能不考虑物极必反,盛极必衰的道理。所以山在地上叫'谦',雷在天上叫'壮',谦,意味着聚敛多反觉其少;壮,意味着非礼之事不做。天下没有为非作歹而不败亡的事。愿您追思文王六爻的意旨,想想孔子象象的含义。这样就可以位至三公,青蝇也可以驱散了。"邓飏说:"你这是老生常谈。"管辂回答说:"老书生看见不读书的人,常谈的人看见不谈的人。"管辂回到家里,把自己说过的话告诉其舅,其舅责怪他说话太率直。管辂说:"与死人语,何所畏邪?"其舅大为愤怒,责骂管辂骄狂荒谬。这年朝会,西北起大风,尘土飞扬,遮天蔽日。"十余日,闻何晏、邓飏皆诛,然后舅氏乃服。"①

马训担任灵台丞,善于占梦。据说"曹爽梦二虎衔雷公,雷公若二升椀,放著庭中,爽恶之",问马训主何凶吉。马训回答说:"忧兵。"马训回家后,对其妻言道:"爽将以兵亡,不出旬日。"②结果,曹爽果以兵亡。

东汉名医皇甫谧于正始九年(248)冬曾做一梦,"梦至洛阳,自庙出,见车骑甚众,以物呈庙云:'诛大将军曹爽。'"梦醒之后,皇甫谧将其事告知邑人,邑人皆不信,他们说:"(曹)爽兄弟典重兵,又权尚书事,谁敢谋之?"皇甫谧却坚信其事,他说:"昔汉之阎显,倚母后之尊,权国威命,可谓至重矣,阉人十九人一旦尸之,况爽兄弟乎?"③此话之意是东汉阎太后临朝称制,其兄阎显专擅朝政,孙程等十九名宦官发动政变,顷刻之间就诛灭阎显等外戚。何况如今曹爽兄弟的权势还不如阎显。

不仅士人、医卜、术士、星相、占梦者预测到曹爽的结局,甚至

---

① 《三国志》卷29《方技传·管辂》。
② 《三国志》卷9《曹爽传》注引《世语》。
③ 《三国志》卷9《曹爽传》注引《汉晋春秋》。

连闺阁中的女子都认为曹爽远非司马懿的对手,日后必为司马懿所诛。例如,辛敞曾问其姐辛宪英:司马懿发动政变能成功否? 辛宪英答曰:"得无殆就,爽之才非太傅偶也。"结果不出辛宪英所料,"宣王果诛爽"。①

杜有道妻严宪也有先见之明。扶风太守傅干之子傅玄博学多识,文采出众,但他和何晏、邓飏不和,何晏等人经常想害他,当时人都不愿意和傅玄通婚。严宪却欲将其女适他,家族中有人对严宪说:"何、邓执权,必为(傅)玄害,亦由排山压卵,以汤沃雪耳,奈何与之为亲?"严宪回答说:"尔知其一,不知其他。何晏等骄侈,必当自败,司马太傅兽睡耳,吾恐卵破雪销,行自有在。"严宪将司马懿比作"兽睡",即装睡的猛兽,很快就会醒来咬死曹爽、何晏等人。结果严宪的预测完全准确,"何晏等亦寻为宣帝所诛"。②

钟会之母张昌蒲亦极有见识。"是时,大将军曹爽专朝政,日纵酒沉醉",钟会之兄侍中钟毓于宴会结束后,回家将此事告诉张昌蒲。昌蒲曰:"乐则乐矣,然难久也。居上不骄,制节谨度,然后乃无危溢之患。今奢僭若此,非长守富贵之道。"③嘉平元年(249),时任中书侍郎的钟会正随同曹爽前往高平陵扫墓。司马懿发动政变,众人恐惧,只有张昌蒲镇定自若。中书令刘放、侍郎卫瓘、夏侯和等人问张昌蒲,汝子钟会处在危难之中您为何还如此镇静,昌蒲说:"大将军奢僭无度,吾常疑其不安。太傅义不危国,必为大将军举耳。吾儿在帝侧何忧? 闻且出兵无他重器,其势必不久战。"④后来果如张昌蒲所言,曹爽很快就失败了。

上述诸人的分析和判断代表了时人对曹爽和司马懿的看法,即曹爽和司马懿二人的文韬武略和聪明才智相去实在太远。尽管

---

① 《三国志》卷25《辛毗传》注引《世语》。
② 《晋书》卷96《列女传·杜有道妻严氏》。
③ 《三国志》卷28《钟会传》裴松之注。
④ 《三国志》卷28《钟会传》裴松之注。

曹爽费尽心机,利用自己掌控中枢的权力和条件,架空司马懿,但司马懿的谋略远高于曹爽,所以,其战胜曹爽是必然的。

有人认为司马懿发动高平陵之变的兵力严重不足,只能占领洛阳城中几个最为重要的战略要地,所以其取胜有相当大的偶然性。然而,他们忽视了一个重要问题:即曹爽身边也没有多少军队,只有少量的护卫及祭扫高平陵的仪仗队。当时曹爽真正能调动的只有京师禁军,问题是他们兄弟三人没带禁军就出城了。司马懿派司徒高柔和太仆王观分别占领了曹爽大将军营和曹羲的中领军营,禁军已全部倒戈,为司马懿所控制了。

曹爽身边不仅没有像样的军队,甚至连士卒手中称手的兵器①及御寒的营帐和食品也没有,完全处于饥寒困境之中。《魏末传》记载:"宣王语弟司马孚,陛下在外不可露宿,促送帐幔,太官食具诣行在所。"②以司马懿聪明神武及用兵之谋略,消灭曹爽这支毫无战斗力的护卫部队及扫陵的仪仗队可谓是易如反掌。然而,司马懿智深虑远,考虑到曹爽身边毕竟有皇帝曹芳在侧,所谓投鼠忌器,诛灭曹爽容易,不惊动天子则难。若稍有不慎,则极易授人以柄,反过来,还会形成司马懿谋逆的局面。所以司马懿先让太尉蒋济写书信给曹爽,后派陈泰、尹大目、许允等人诱劝曹爽放弃权力,其目的就是让曹爽主动归降,以达不战而屈人之兵。

也有学者及三国史爱好者提出曹爽若采纳智囊桓范的建议,其与司马懿之间孰胜孰负尚难以逆料的看法。笔者认为,一般而

---

① 张昌蒲曾言:"闻且出兵无他重器。"(《三国志》卷9《曹爽传》注引《魏略》)。又,《三国志》卷9《曹爽传》注引《魏略》载:桓范对曹爽曰:"今诣许昌,不过中宿,许昌别库,足相被假。所忧当在谷食,而大司农印章在我身。"所谓"许昌别库"即武库也。曹魏武库不止一处,除洛阳武库外,许昌别库中也储存大量的兵器。可见,在曹爽未至许昌前,仪仗队及临时招募的洛阳典农屯田兵都无像样的武器,只有到达许昌才能从武库中拿到兵器。至于军粮,还要桓范用大司农印信在全国征调。

② 《三国志》卷9《曹爽传》注引《魏末传》。

言,对未发生的历史不能假设。若一定要假设,对这个问题,也需要认真分析。曹爽若到许昌,果真能与司马懿抗衡吗?

从军事上来看,曹爽的军事才能与司马懿的军事才能判若云泥,无法以道里计。司马懿精通兵法,其速擒孟达,智斗诸葛,平定辽东,南征孙吴,数十年来,战功赫赫。特别是到了晚年,司马懿的军事谋略已达到炉火纯青的程度,可以称得上是料敌制胜,算无遗策,已成为曹魏开国之后最杰出的军事家。与司马懿同时代的智谋之士无不钦佩司马懿的军事才能,连吴主孙权都云:"司马公善用兵,变化若神,所向无前。"①反观曹爽,其一生唯一的一次用兵,就是率十万大军征伐蜀汉,结果被手中不足三万军卒的蜀将王平击败,若非参军杨伟及司马昭等人极力劝其撤军,必将全军覆没。

从政治上来看,曹爽虽然手中握有少帝曹芳这张牌,按桓范意图,曹爽兄弟可"以天子诣许昌,征四方以自辅"。② 即以天子之令调动地方军镇势力来讨伐司马懿。但从高平陵之变的结果来看,地方军镇在这次事件中反应十分平静,没有任何异动。实际上,司马懿在地方上的潜在力量也十分强大。司马懿一生中多次出守方镇,太和元年(227),司马懿以骠骑将军都督荆豫二州诸军事,屯驻宛县。擒斩孟达就是司马懿在这一时期取得的战绩。曹真死后,司马懿都督雍凉二州诸军事,开始全面接手负责对蜀汉作战。司马懿在关陇根基深厚,关陇诸将领如郭淮等均为其旧部,尽管曹爽为削弱司马懿在关中的影响作了很多努力,但成效并不大。诸葛亮死后,魏蜀边境的重大威胁解除,司马懿回到洛阳。不久,辽东发生公孙渊叛乱,司马懿以太尉之尊统率诸军,远征辽东,沿路的并、冀、幽州都受其节制。虽然司马懿在淮南的影响力较为有限,其时征东将军、都督扬州诸军事的王凌拥有重兵,专制淮南。

① 《晋书》卷1《宣帝纪》。
② 《三国志》卷9《曹爽传》注引《魏略》。

此人忠于曹魏,对司马懿颇多不满,但王凌志大才疏,亦非司马懿的对手。王凌于嘉平三年(251)在淮南欲起兵反叛,司马懿其时虽然已身染重病,但仍然很快就将王凌叛乱扑灭于萌芽之中。可见,即使王凌在高平陵之变中帮助曹爽对抗司马懿,也无济于事,最多仅能使曹爽苟延残喘一段时间罢了。

众所周知,君主是国家的象征,具有至高无上的权威。"智囊"桓范出逃之后,其所献之策中最厉害的一招,就是要曹爽利用掌控天子的有利条件,"使车驾幸许昌,招外兵"①来对付司马懿。然而,司马懿手中也有一张王牌,即他在控制了二宫之后,已经挟制了郭太后。即便曹爽居高临下,以天子诏敕来征讨司马懿,司马懿也并不畏惧,因为只要将郭太后操纵于手,司马懿在政治上就不落下风,就不会丧失主动权。在"以孝治天下"的汉魏时代,郭太后的权威甚至大于皇帝曹芳。嘉平六年(254),曹芳与中书令李丰等人密谋诛除司马师,事情泄露,司马师杀死参与者,随即就以郭太后的令旨废曹芳。《晋书·景帝纪》记载:"秋九月甲戌,太后下令曰:'皇帝春秋已长,不亲万机,耽淫内宠,沈嫚女德,日近倡优,纵其丑虐,迎六宫家人留止内房,毁人伦之叙,乱男女之节。又为群小所迫,将危社稷,不可承奉宗庙。'"可见,从封建道德法理上来看,作为天子之母的太后是有资格废立皇帝的。所以,如果曹爽纳桓范之策,"奉天子幸许昌,移檄征天下兵"。② 司马懿亦可以其人之道反制其人之身,即以太后令旨斥责曹芳。而事实上,司马懿已以太后之令,声讨曹爽罪行,并罢免曹爽兵权。

虽然曹爽与司马懿可以各自挟持天子与太后,但最后的胜负还是要凭军事实力与政治智慧的较量。司马懿控制洛阳并占领曹爽兄弟军营之后,形势很快发生了变化,曹爽、曹羲的营中将士迅

---

① 《三国志》卷9《曹爽传》。
② 《晋书》卷1《宣帝纪》。

速倒戈。《初学记》卷九引王隐《晋书》曰:高柔、王观等人"悉起营兵及城中余众,承制发武库仗,开四门,出迎魏帝于洛滨,奏(曹)爽罪也"。可见,禁军将士已经打开武库,执戈待命,准备讨伐曹爽。以久历戎机,用兵如神的司马懿统率精锐的禁军和数千死士征讨亡命许昌的庸才曹爽,取胜应该是易如反掌的。

虽然曹爽最终放下武器,没有同司马懿在政治、军事上直接交锋,但当曹爽大权在握之时,他既不能澄清吏治,又不能推贤进士,只知呼朋引类,宴饮田猎,完全是个骄奢淫逸的公子哥儿。直到司马懿准备将他置于死地之时,曹爽还试图用借粮的方法来试探司马懿是否有害他之意,司马懿将计就计,立即借粮于他,而曹爽居然"喜欢,自谓不死"。[1] 最终稀里糊涂地做了司马懿的刀下之鬼。如此低劣愚蠢的智商即使有"智囊"桓范或"文武俱赡,当今无双"[2]的王凌等人的鼎力襄助也终究是无济于事,因为他们均非是司马懿的对手,而曹爽也是任何人都扶不起来的"阿斗"。

这里还有一个问题需要讨论,即当桓范苦口婆心地劝曹爽奉天子至许昌,招外兵反击司马懿时,为何曹爽就是不从,最后竟作出做"富家翁"的选择。从表面上看似乎曹爽愚蠢至极,笨如犬豕。但其实曹爽也有情非得已的苦衷。因为曹爽兄弟及其身边将士的眷属全都在洛阳城中,换而言之,这些人的眷属已都作为人质掌控在司马懿手中。从常理来推断,若眷属控制于敌手,士卒就基本上失去了战斗力。例如,吕蒙攻克江陵、公安后,关羽及部下将士的眷属尽落入吴军手中。关羽遣使责问吕蒙违背同盟。吕蒙乘机展开攻心战术,"厚遇其使",并让使者"周游城中",结果"家家致问,或手书示信"。使者回营后,关羽部下私下互相问讯,当将士们得知家中不但平安无事,而且所受到的优抚超过了平时,因而

① 《三国志》卷9《曹爽传》注引《魏末传》。
② 《三国志》卷28《王凌传》注引《魏氏春秋》。

对吕蒙感激不尽。结果关羽所部"吏士无斗心",[1]军心被彻底瓦解,全都投降吕蒙。

由于司马懿发动政变十分突然,完全在仓促之间,所以曹爽所部将士的眷属皆困于洛阳城中,这很可能成了包括曹爽在内所有人最大的心理负担。即使他们不为自身计,与司马懿决一死战,但也不能不考虑自己父母妻孥的生死安危。因为一旦追随曹爽,极有可能被朝廷按上"附逆"的罪名,家属遭受株连。估计此时,除桓范之外,曹爽部下已很少有人甘愿冒倾宗覆族的危险来与司马懿抗衡了。从前文所述可知,曹爽兄弟之中,数曹羲的头脑较为清醒,然而,当桓范苦谏其兄曹爽之时,曹羲竟然默不作声,一言不发,可见他也觉得桓范此计不可行。何况,司马懿此时已作出郑重承诺,"唯免官而已,以洛水为誓"。[2] 又有蒋济、陈泰、尹大目、许允等多人为司马懿作担保。先秦秦汉之时,社会风气仍较淳朴,受宗法制度与周礼的熏陶,士人之间的交往,皆以信守诺言,[3]崇尚道德为本。所以,曹爽等人没有理由轻易怀疑身为太傅、"朝廷之望"[4]司马懿的旦旦誓言。曹爽和司马懿共事已经多年了,对司马懿的为人和政治权谋、军事才能都十分了解。曹爽对司马懿十分畏惧,派李胜前往试探,就是典型之例,故他深知自己远非是司马懿的对手。在司马懿保证自己生命安全的前提下,选择投降,也在情理之中,甚至连久经沙场的老将王凌亦复如此。[5]

---

① 《三国志》卷54《吕蒙传》。

② 《三国志》卷9《曹爽传》注引《世语》。

③ 古人大都重然诺,史称:"得黄金百,不如得季布一诺。"载《史记》卷100《季布栾布列传》。又如汉武帝时,东方朔在上书中声称自己"信若尾生"。颜师古注曰:"尾生,古之信士,与女子期于梁(桥)下,待之不至,遇水而死。"载《汉书》卷65《东方朔传》。

④ 《三国志》卷22《陈矫传》注引《世语》。

⑤ 魏太尉王凌戍守淮南,征战多年,亦有相当的谋略。一旦司马懿亲征淮南,王凌自知不敌,遂不战而降。

八、高平陵事件的社会影响

司马懿出尔反尔,夷灭政敌曹爽等人三族,手段虽然极其残酷,但在当时的社会上却显得风平浪静,并未引发社会动乱。其中的主要原因,恐怕是曹爽集团的执政不得人心之故。太尉王凌之子王广反对其父废曹芳,迎立楚王曹彪时说的一番话,很能说明问题,兹将其译成白话文,录之如下:

> 每当要干一番大事业,应该以人情世态为本。曹爽因骄奢淫逸失去了百姓的信任,何晏虚浮而不能治国,丁谧、毕轨、桓范、邓飏等人虽有较高的声望,但都一心追逐名利。再加上变易国家的典章制度,多次更改政策法令,他们心里想的虽然十分高远,但却不切合实际民情,百姓习惯于旧制,没有人顺从他们。所以他们虽有倾动四海的势力、威震天下的声名,而一旦同日被杀之后,天下名士几乎减半,百姓们照旧安定,没有谁为他们而悲哀,这都是失去民心的缘故。如今司马懿的本心虽然难以测量,事情也不可预料,但是他却能提拔贤能,广泛使用超过自己的人才,遵循先朝的政策法令,符合众人心里的愿望。造成曹爽恶名声的那些事情,他都必定加以改正。终日兢兢业业,以安抚百姓为先务,而且他们父子兄弟都掌握着兵权,是不容易被推翻的。[①]

此话出自司马懿政敌王凌之子王广之口,应该说是可信的。但我们也必须注意到,虽然高平陵之变并未引发大的社会动乱,但却向士人充分展示了政治斗争的极端残酷性。何晏、丁谧、毕轨、邓飏、桓范等人都是当时的名士,在士人中享有一定的声望,但一旦他们卷入了政治斗争,顷刻之间,便被政敌"同日斩戮",以致造成天下

---

① 参阅《三国志》卷28《王凌传》注引《汉晋春秋》。

"名士减半"。

由于司马氏手段残忍,血腥杀戮,"魏晋之际,天下多故,名士少有全者"。① 所以在士人中引起了极大的惊慌与恐惧。东汉士大夫高尚气节,崇尚名节。特别是如东汉党锢之祸中的李膺、陈蕃,曹操谋臣中的荀彧、崔琰等人确实是以社稷之臣自命,胸怀廓世兴邦的大志。他们不畏强暴,视死如归的精神可歌可泣,垂范后世。但魏晋之际的士人因担忧政治舞台的险恶,生命的无常和脆弱,他们就开始转向崇尚清淡,对现实政治避而远之。在利益和死亡面前,士人集团开始分化瓦解。

以竹林七贤为例,王戎、山涛开始隐退,但日后仍不失时机地加入了司马氏集团。向秀则步他们的后尘,但他入仕仅仅是为了生存。《晋书·向秀传》说:"(向秀)雅好老庄之学……后为散骑侍郎,转黄门侍郎,散骑常侍,在朝不任职,容迹而已,卒于位。"可见他仅是挂个做官的虚位。同样避世的还有阮咸、刘伶。他们似乎看透了人生,既不肯勇敢地参与政治,又不投靠司马氏,而是服膺老庄玄学,放达任性,终日我行我素,玩世不恭。七贤之中,只有嵇康、阮籍敢于站在司马氏的对立面。嵇康性格刚烈,厌恶司马氏篡权的行径,他拒绝司马氏的拉拢,作《与山巨源绝交书》,以斥责山涛为名,实则表示与司马氏绝交。嵇康傲岸不群、不畏权贵的不合作态度终于激怒了司马昭,遂捏造罪名将嵇康处死。而性格软弱的阮籍,在司马氏的高压逼迫下,也怀才不遇,抑郁而亡。

魏晋之际,"竹林七贤"成了这个时期文人的代表。文人名士从虚无缥缈的神仙境界中去寻找精神寄托,用清谈、饮酒、佯狂等形式来排遣胸中的块垒。从某种意义上来看,高平陵之变后整个社会的士风为之一变,成了魏晋之际士风与文风的转折点。

将家族利益置于国家利益之上,这是魏晋世家大族的常态,也

① 《晋书》卷49《阮籍传》。

是这些家族出身的人为人处世的基本原则。如果说汉魏禅代之际还有荀彧这类人的纠结和反对。魏晋禅代之际，这种人就少了许多。加上司马氏果于杀戮，世家大族的一些名门公子就开始学会了消极避世，以清谈玄学自高，以事功为俗陋。两晋到南朝之时，无论朝代如何更迭，这些世家大族始终都活跃在政治舞台上

　　高平陵之变是曹魏历史的重大转折点。司马懿因这次政变，剪除了以曹爽为首的曹氏宗室在朝中的势力。自此，曹氏宗室已基本上退出政治中心，司马氏控制了曹魏朝政，并开始逐步消灭支持曹氏的地方势力。十六年后，魏朝覆灭，曹氏被司马氏所取代。必须指出的是：高平陵之变不仅为日后司马代魏奠定了基础，同时也彻底暴露了司马懿残酷嗜杀的庐山真面目，后世之人对司马懿诟病和颇多微词主要是因为他在高平陵之变中施展了过多的阴谋权术和血腥屠杀。对此，笔者已在本书的代序"解构与重塑：司马懿历史形象再思考"中展开过具体分析，此处不再赘言。

第十四章　暮年的余威：平定淮南初叛

高平陵之变之后，忠于曹魏的淮南地方军事将领曾先后发动过三次声讨司马氏的叛乱，史称"淮南三叛"，但先后被司马懿、司马师、司马昭一一敉平。而王凌则是淮南三叛中的第一叛。司马懿一生最后的余威是他于嘉平三年（251）四月至六月间，一举荡平了太尉王凌在淮南地区酝酿的反叛。

一、"舅甥并典兵、专淮南之重"

王凌，字彦云，太原祁县人，世宦出身，乃汉末司徒王允之侄。初平三年（192），王允设计诛杀身拥重兵、专擅朝政的董卓，此举赢得了士民欢悦，王允为天下所重，在士大夫中享有很高的声望。王允诛杀董卓后，开始执掌朝政。不久，董卓的部将李傕、郭汜等人发动叛乱，在攻陷长安、挟持献帝后，李傕、郭汜残忍地诛灭王允全家。在这场阖门遭屠的灾难中，仅有王凌与其兄王晨翻越城墙脱险，逃回家乡。袁绍败亡后，王凌为并州刺史梁习所荐，为孝廉，任东郡发干县（今山东冠县）县长。后因罪受髡刑，每天清扫街道，恰逢兖州刺史曹操巡察，"问此何徒，左右以状对"。[①] 当曹操得知他是王允之侄，又系因小过失而犯罪，当即解除他的劳役，并委以骁骑将军主簿之职。不久"迁至中山太守，所在有治"，得到曹操的赏识，被"辟为丞相掾属"。王凌曾与杨修、贾逵并为曹植

---

① 《三国志》卷28《王凌传》注引《魏略》。

主簿,因而与曹丕并无多少政治上的渊源。

曹魏建立后,王凌任散骑常侍,出任兖州刺史。魏文帝黄初三年(222),参与洞口之战。王凌与张辽等人进军到广陵,共破吴将吕范,因功封为宜城亭侯,加建武将军,太和二年(228),王凌随曹休伐吴,在夹石与吴军遭遇,曹休军失利,他拼死力战突出重围,使曹休免遭全军覆灭。王凌又先后转任扬州、豫州刺史。所任之处,颇有政绩,史称其是"布政施教,赏善罚恶,甚有纲纪,百姓称之,……甚得军民之欢心"。① 正始元年(240),王凌任征东将军,假节,都督扬州诸军事,戍守淮南。

与关中相对封闭的地理迥然不同,淮南是四通八达之地,其背倚兖、豫两州,西连荆州,东通徐州,南邻江东。自曹魏立国以来,淮南与孙吴接壤,一直是曹魏的军事重镇。曹操为防御孙权的进犯,投入大量人力、物力建设淮南。曹丕在淮南全面进行军政建设,以寿春为治所,建立起扬州刺史治民,都督扬州诸军事治军的体系,使淮南成为抗吴的东线根据地。由邓艾倡导的屯田开渠等措施实施后,淮南成了经济发达区,且战略地位极为重要,魏吴两国皆于边境地区集结重兵,形成两军对垒的军事态势。由于淮南处于对吴作战的第一线,故曹魏对戍守淮南军事将领的人选极为重视。曹魏建国初期,负责淮南军事的是大司马曹休。曹休于石亭之战惨败后去世,接替他的是久历戎机的曹魏元老满宠,满宠先以前将军之职代理都督扬州诸军事。太和四年(230),拜为征东将军。直至"景初二年,以宠年老征还,迁为太尉"。② 满宠离任后,魏朝即以王凌接替他出镇淮南。由此可见王凌颇具军政才干,否则魏朝绝不会将东南军政大权交付于他。

王凌果不负朝廷所托,正始二年(241),孙吴大将全琮率领数

---

① 《三国志》卷28《王凌传》。
② 《三国志》卷26《满宠传》。

万人马进攻苫陂。王凌率诸军迎战,与吴军争夺苫陂的水面,连日奋战,终于击败吴军,王凌因功晋封南乡侯,升任车骑将军,仪同三司。正始九年(248),高柔由司空迁为司徒,王凌代高柔为司空,跻身三公之列,但仍然镇守淮南。

王凌早年与司马懿兄"司马朗、贾逵友善",然与司马懿交往并不多,故司马懿对王凌不甚了解,特别是不知王凌对高平陵事件的看法。王凌手握重兵,驻节淮南,其政治上的向背在一定程度上将决定司马氏和曹氏日后斗争的胜负。在司马懿掌握曹魏中枢权力之后,王凌是唯一能与司马懿在政治上、军事上相抗衡的军事将领。王凌不在朝中,曹爽与司马懿的政治斗争,王凌也从不过问,似乎已完全置身于度外。但其不对高平陵之变作政治上的表态,就使司马懿对他很不放心。他向与王凌私交甚笃的太尉蒋济了解王凌父子的情况。蒋济说:"王凌文武俱赡,当今无双,广等志力,有美于父耳。"司马懿听后默然,不作回答。蒋济回到家中,细细品味司马懿问此话的用意,忽然省悟,他大为后悔,对家人言道:"吾此言,灭人门宗矣。"①蒋济不久病殁,太尉之位空缺,为笼络王凌,司马懿奏明曹芳,"进凌为太尉,假节钺"。② 仍领兵驻寿春,镇守淮南。

司马懿不愧为是一个久经沧桑、有着丰富政治斗争经验的政治家,他对王凌的担忧并非多余。曹爽被诛杀后,王凌心中愤愤不平,对司马懿专权十分不满。于是便同他的外甥,时任兖州刺史的令狐愚密商政变大计。

令狐愚,字公治,太原人,本名浚,是曹魏弘农太守令狐邵的族子。令狐浚"为白衣时,常有高志",众人说令狐浚一定会让令狐家族发扬光大,唯独令狐邵认为他"性倜傥,不修德而愿大,必灭

---

①　《三国志》卷28《王凌传》注引《魏氏春秋》。
②　《三国志》卷28《王凌传》。

我宗"。① 令狐浚听了令狐邵的话，心里很不服气。黄初中，乌丸校尉田豫讨伐胡人有功，稍稍违反节度，令狐浚以律法制裁田豫。曹丕闻之大怒，将令狐浚戴上镣铐，拘禁起来，免去官职治罪。不久曹丕下诏："令狐浚何愚！"于是将令狐浚改名为令狐愚。正始年间，令狐愚受到曹爽的重用，任大将军长史。不久，曹爽将兖州刺史桓范征为大司农，而任命令狐愚接任兖州刺史，驻屯平阿（今安徽怀远县西）。兖州为曹操的龙兴之地，地理十分位置重要，许下的屯田更是朝廷、军队的命脉所在。平阿在曹魏扬州州治寿春县东北一百里左右，与寿春互为犄角，为军事要冲，令狐愚驻军于此，是协助其舅王凌共同抵御吴军的入侵。所以史称："舅甥并典兵，专淮南之重。"②

二、谋立楚王

王凌与令狐愚暗中策划，认为魏主曹芳昏庸懦弱，受制于权臣司马懿，"不任天位"，而楚王曹彪是最为合适的人选，因此想立他为帝，奉迎他到许昌建都。曹彪，字朱虎，是曹操小妾孙姬所生之子，陈思王曹植的异母弟。曹操共有二十五子，其中曹植与曹彪的关系最好。裴松之注引《魏氏春秋》记载："是时待遇诸国法峻。任城王（曹彰）暴薨，诸王既怀友于之痛，植及白马王彪还国，欲同路东归，以叙隔阔之思，而监国使者不听。植发愤告离而作诗。"③ 曹植所作之诗即《赠白马王彪》，其诗情真意切，十分感人，是传颂至今的名篇佳作。其中的"丈夫志四海，万里犹比邻"，据说是唐代著名诗人王勃"海内存知己，天涯若比邻"诗句的原型。

① 《三国志》卷16《仓慈传》注引《魏略》。
② 《三国志》卷28《王凌传》。
③ 《三国志》卷19《陈思王植传》注引《魏氏春秋》。

王凌和令狐愚之所以看中曹彪，大概有两个原因：一来曹彪年长（时年五十五岁），且颇"有智勇"；二来曹彪的封地在白马（今河南省滑县东），属于兖州东郡，据东郡民间传言云："白马河出妖马，夜过官牧边鸣呼，众马皆应，明日见其迹，大如斛，行数里，还入河中。"又有谣言："白马素羁西南驰，其谁乘者朱虎骑。"①曹彪字朱虎，又曾被封为白马王，所以其谣就应在曹彪身上。王凌、令狐愚认为此谣预示着曹彪将前往西南之地洛阳，取代曹芳，去当皇帝。再加之曹彪的封地白马正巧就在令狐愚辖区的范畴之内，令狐愚联络他十分便利。

嘉平元年（249）九月，令狐愚派遣亲信张式以监察亲王为名赴曹彪处晋谒，张式对曹彪说："令狐使君向王致意，天下之事未可知，愿王珍重自爱！"曹彪也领悟到令狐愚的用意，回答道："谢使君，知厚意也。"②张式完成任务后，即刻返回平阿，向令狐愚复命。令狐愚也立即将情况向王凌通报。由于废立君主关乎身家性命，王凌一时还拿不定主意，于是他又派自己的亲信舍人劳精前往洛阳，将废立计划告诉长子王广，欲征求王广的意见。王广字公渊，时任尚书台尚书，王广处事稳重，颇有见识，他对父亲的计划完全不赞成。故对来使劳精言道："废立大事，勿为祸先。"③要父亲千万不可轻举妄动，自取灭族之祸。王广不同意父亲举事的理由笔者在"高平陵之变"一章中已作陈述，④此处不再赘述。

然而，王凌自恃己才不在司马懿之下，加之其专制淮南多年，部下多有精兵良将，又有外甥令狐愚相助，故对其儿的苦口良言不

---

① 《三国志》卷28《王凌传》注引《魏略》。
② 《三国志》卷28《王凌传》注引《魏略》。案："使君"是对州刺史或州牧的尊称，如曹操在"青梅煮酒论英雄"时对时任豫州牧的刘备言道："今天下英雄唯使君与操耳。"
③ 《三国志》卷28《王凌传》。
④ 见第十三章"高平陵之变"之八"高平陵事件的社会影响"。

以为然,仍然为起事作筹备。是年十一月,令狐愚又派张式去看望曹彪,可还没有等到张式回来,令狐愚却病死了。令狐愚之死,对王凌打击很大。因为令狐愚病逝,王凌失去一个得力助手,且朝廷必将重新任命兖州刺史,新刺史是友是敌尚难以逆料,故王凌只得暂时蛰伏下来,等待时机,再起兵举事。

嘉平二年(250)夏五月,天空中出现了"日北至,荧惑逆行,入南斗"①的天文现象。所谓"荧惑",即是指火星,由于火星荧荧似火,行踪捉摸不定,因此中国古代称它为"荧惑"。但火星无论在东方或是西方都被认为是战争、死亡的象征。南斗六星是古代中国神话和天文学结合的产物。南斗六星分别为天府星、天梁星、天机星、天同星、天相星、七杀星。这个区域在二十八宿中属于斗宿。火星反向运行到南斗的星域,究竟主何吉凶呢?王凌相信星象之术,他认为"斗中有星,当有暴贵者",而"暴贵者"就是曹彪。为了能证明自己判断的正确,他请来了当时有名的星象家浩详,请浩详来占星。浩详怀疑王凌占星是别有所图,所以"不言吴当有死丧,而言淮南楚分也,今吴、楚同占,当有王者兴"。② 所谓"吴当有死丧",指的是谁?《汉晋春秋》云:'逆行',案占:荧惑入南斗,三月吴王死。'一曰:'荧惑逆行,其地有死君。'太元二年,(孙)权死,是其应也,故国志书于吴。"③按星象解释:"荧惑逆行"是指吴主孙权不久将薨殂,但浩详为了取悦于王凌,故意说"当有王者兴"。王凌信以为真,觉得自己拥立楚王曹彪是上应天象,下顺民意,于是更加坚定另立新君的图谋。

正在王凌加紧准备时,却未料到已经有人泄露了他的密谋。泄露机密的是令狐愚的治中杨康与别驾单固。据《魏略》载:"山阳单固,字恭夏,为人有器实。正始中,兖州刺史令狐愚与固父伯

---

① 《晋书》卷13《天文志下》。
② 《三国志》卷28《王凌传》注引《魏略》。
③ 《晋书》卷13《天文志下》。

龙善,辟固,欲以为别驾。固不乐为州吏,辞以疾。愚礼意愈厚,固不欲应。固母夏侯氏谓固曰:'使君与汝父久善,故命汝不止,汝亦故当仕进,自可往耳。'固不获已,遂往,与兼治中从事杨康并为愚腹心。后愚与王凌通谋,康、固皆知其计。"[1]令狐愚生病时,治中杨康应司徒高柔之召,到京师洛阳司徒府"上计",汇报兖州的政务。单固以患病为由辞官回家。

杨康入京不久,听到令狐愚病死的消息,非常害怕,遂向司徒高柔举报揭发王凌和令狐愚的谋反计划。高柔得知后,立刻向太傅司马懿报告。司马懿觉得王凌位列三公,坐镇一方,若没有确凿证据,一时难以下手,为了不打草惊蛇,他命人将杨康暂时软禁起来。并嘱咐高柔,对王凌谋逆之事必须严加保密,静观其变。又令亲信黄华出任兖州刺史。由于司马懿保密工作做得十分到位,故在一年多时间里,王凌竟然对杨康告密之事毫无察觉。

嘉平三年(251)正月,吴主孙权已七十岁高龄,因担忧自己去世之后魏军可能乘机直取建业,遂"遣军十万,作堂邑涂塘以淹北道"。[2]《舆地纪胜》卷38真州瓦梁堰条云:涂塘"即滁塘也……群山回环,东南相望,底若大陆,如壶之口,丸泥可封,是滁塘堰之形势。其曰作滁塘,是塞滁水以为塘堰也"。即孙权在建业以北,长江北岸的堂邑修筑堤坝,堵塞涂水,淹没北岸大片地区,人为制造泛滥区,以阻止魏军南下。令狐愚之死推迟了淮南叛乱的爆发,使王凌陷入了首鼠两端的尴尬境地,王凌试图以孙权作堂邑涂塘为借口,上奏朝廷,请求调集扬州境内的军队以备战。实际上他是想从中央得到调兵的"虎符"。司马懿洞察其意,对王凌的上书,不予批准。

王凌此时已年近八十,觉得另立新君之事不能再延宕下去了,

① 《三国志》卷28《王凌传》注引《魏略》。
② 《三国志》卷47《吴主传》。

于是决定冒险，作孤注一掷之举。他派手下心腹将领杨弘去平阿联络兖州刺史黄华。《三国志·王凌传》载："凌阴谋滋甚，遣将军杨弘以废立事告兖州刺史黄华"。黄华原是凉州酒泉一带地方割据势力的首领，延康元年（220），"酒泉黄华、张掖张进等各执太守以叛。金城太守苏则讨进，斩之。黄华降。"①黄华降魏后，积累功劳，逐步迁升，令狐愚死后，出任兖州刺史。杨弘、黄华见面后，认为此事成功的希望极其渺茫，都不愿冒被族诛的危险，所以二人商量之后，联名写了举报信，将此事向司马懿告发。尽管黄华的事迹未见诸之后的史籍，但在《晋书·乐志下》，鼙舞《天命篇》所载的庙乐中有"黄华应福始，王凌为祸先"的歌辞。黄华的功绩被载入庙堂之歌乃是一种很高的政治荣誉，于此可见黄华的告发在司马懿平王凌叛乱中所发挥的重要作用。

三、"君非折简之客"：司马懿智擒王凌

司马懿收到举报后，认为平叛时机已经成熟，于是亲率大军讨伐王凌。为了迷惑对方、隐藏行踪，司马懿重施以往对付孟达的故技，他一方面写信安抚王凌，一方面则急速行军。嘉平三年四月，司马懿率大军从水路经黄河，向南入蒗荡渠。② 六天之后，来到汝南郡项县（今河南省沈丘县）以北的百尺堰，③直逼淮南首府寿春。

派出去的杨弘迟迟没有返回，也引起了王凌的警觉。他写信

---

① 《三国志》卷 2《文帝纪》。

② 蒗荡渠：古运河。《汉书》卷 28 上《地理志》河南郡荥阳县载："有狼汤渠，首受沛，东南至陈入颍，过郡四，行七百八十里。"《水经注·河水》："又东过荥阳县北，蒗荡渠出焉。"故道自河南省荥阳县北引黄河水东流，战国以来为中原水道交通干线。魏晋后自开封以下改称"蔡水"，以上改称"汴水"。亦称"狼汤渠"。

③ （北魏）郦道元：《水经注·渠水》："又东迳陈城南，又东流入于新沟水，又东南注于颍，谓之交口，水次有大堰，即古百尺堰也。"

给司马懿,向他表示致意,但均未收到司马懿的回复,因此王凌惴惴不安,感到事情可能已经败露。但事已至此,也无能为力,只能作困兽之斗。

司马懿兵至百尺堰,对寿春形成大军压境之势。但司马懿并不急于进攻,而是采用了攻心策略。为了达到不战而屈人之兵的目的,他首先代表魏主曹芳颁布诏书,在列举了王凌的种种罪状之后,又赦免了王凌的罪行。接着,又挟持随军同行的王广,令其写信劝告乃父认清形势,不要负隅顽抗,尽快归降朝廷。

此时的王凌实际上已濒临绝境,其原因有三:第一,凡发动政变者必须先发制人,在对方毫无察觉,并无准备的情况下,以迅雷不及掩耳之势,打对手一个措手不及,才有成功的可能。而王凌的政变图谋早已泄漏,司马懿已经作了充分准备,同时司马懿以天子名义讨伐叛逆,占领了道德上的制高点,王凌以下犯上,以逆犯顺,毫无胜算的可能。第二,王凌虽然专制淮南,都督扬州诸军事,但兵力十分有限,其直接统率的军队不过只有万余人,没有朝廷调兵的命令和虎符,王凌无权调动扬州地区的军队。第三,司马懿善于用兵,且所率之兵是战斗力强大的中央禁军,数量数倍于王凌,还可以随时增派调遣周边地区郡县之卒。加之原兖州刺史王凌外甥令狐愚已死,新任兖州刺史黄华不仅没有拉拢过来,反而投靠司马懿,心腹将领杨弘又出卖了自己,与王凌为敌。

种种不利因素加在一起,使王凌深感绝望,加之司马懿在诏书中"下赦赦(王)凌罪",①许之以不死,使王凌多少对司马懿的承诺抱有些许的期望,于是他重蹈当年"驽马"曹爽的覆辙,决定放弃抵抗,向司马懿投降。五月初,司马懿大军进驻丘头(一名武丘,今河南省沈丘县东南),王凌自知大势已去,为避免寿春百姓遭受战火,于是只身乘船来迎接司马懿。王凌先派掾属王彧前去

---

① 《三国志》卷28《王凌传》。

认罪,上交印绶、节钺。并委托王彧将亲笔信转呈司马懿,书信曰:

> "卒闻神军密发,已在百尺,虽知命穷尽,迟於相见,身首分离,不以为恨,前后遣使,有书未得还报,企踵西望,无物以譬。昨遣书之后,便乘船来相迎宿丘头,旦发於浦口,奉被露布赦书,又得二十三日况,累纸诲示,闻命惊愕,五内失守,不知何地可以自处?仆久忝朝恩,历试无效,统御戎马,董齐东夏,事有阙废,中心犯义,罪在三百,妻子同县,无所祷矣。不图圣恩天覆地载,横蒙视息,复睹日月。亡甥令狐愚携惑群小之言,仆即时呵抑,使不得竟其语。既人已知,神明所鉴,夫非事无阴,卒至发露,知此枭夷之罪也。生我者父母,活我者子也。"又重曰:"身陷刑罪,谬蒙赦宥。今遣掾送印绶,顷至,当如诏书自缚归命。虽足下私之,官法有分。"①

信中王凌坦承自己犯下了不可饶恕的"枭夷之罪",但还是希望能得到司马懿的宽恕,因此卑躬屈节地说:"生我者父母,活我者子也。"他还强调司马懿先前许诺的"谬蒙赦宥"的诺言,期望司马懿能网开一面,不要自食前言。

司马懿坐着战船,准备受降。王凌"自知势穷,乃乘船单出迎宣王,遣掾王彧谢罪,送印绶、节钺。军到丘头,凌面缚水次"。②王凌赤裸上身,让人把自己双手反绑跪在船上请罪。司马懿"承诏遣主簿"解开王凌的绳索,让他穿上衣服,又还给王凌印绶、节钺。王凌见司马懿命人替他解缚穿衣,还以为司马懿真的要赦免他,不免为之感动,"加怙旧好,不复自疑"。于是"径乘小船自趣太傅",③准备当面相谢。不料,小船行驶至司马懿所乘的大船还有十余丈的距离,就被司马懿派人拦截,不许王凌与他相见。王凌这才如梦初醒,恍然大悟,知道司马懿决不会宽恕于他。于是王凌

---

① 《三国志》卷28《王凌传》注引《魏略》。
② 《三国志》卷28《王凌传》。
③ 《三国志》卷28《王凌传》注引《魏略》。

向司马懿喊道："我如有罪，公可用半片竹简召回，何苦亲自率领大军前来呢？"司马懿回答说："君非折简之客啊！"王凌又叫喊道："太傅对不起我。"司马懿说："我宁可对不起你，也不能对不起国家！"司马懿随即令军士到王凌船上，将其押送上岸，看押起来。

司马懿派步骑六百押送王凌到洛阳治罪。王凌心存侥幸，为试探司马懿有无杀他之心，便向押送者索要钉棺材的长钉。① 押送者请示后，给了他铁钉。王凌自知必死无疑，故不再犹豫。当他到达项城（今河南周口市下辖县级市），"见贾逵祠在水侧"，王凌在贾逵祠前大呼："贾梁道，王凌固忠于魏之社稷者，唯尔有神，知之。"② 王凌为何在临死前呼叫贾逵呢？原来贾逵生前与王凌常有交往，感情甚笃。

贾逵，字梁道，河东襄陵（今山西临汾县）人。起家为并州郡吏，迁渑池县令，拜弘农太守，历仕曹操、曹丕、曹叡三世，是曹魏政权中文武兼资的大臣。贾逵担任豫州刺史期间，曾建起了一条二百余里的运河，称为"贾侯渠"，极大地便利了民生。曹操逝世后，贾逵负责办理丧事，拥立世子曹丕继位。黄初六年（225），参与曹丕征吴之战，击败吴将吕范。石亭之战中，率军救出曹休，避免魏军全军覆没。太和二年（228），贾逵逝于任上，年五十五岁，谥肃侯。他一生忠于曹魏，病重时还对左右之人说："受国厚恩，恨不斩孙权以下见先帝。丧事一不得有所修作。"豫州士民为了追思他，专门刻石立祠。青龙年间，魏明帝东征，乘辇入贾逵祠，颁发诏令说："昨过项，见贾逵碑像，念之怆然。古人有言，患名之不立，不患年之不长。逵存有忠勋，没而见思，可谓死而不朽者矣。其布

---

① 历史常常惊人地相似，王凌谋反失败后，欲试探司马懿对他的处置，《三国志》卷28《王凌传》注引《魏略》载："凌自知罪重，试索棺钉，以观太傅意。"其试探方法与曹爽被困家中后向司马懿借粮如出一辙。

② 《三国志》卷28《王凌传》注引干宝《晋纪》。

告天下,以劝将来。"①从此,贾逵祠在项城便成为著名的祠庙。王凌认为自己是忠于曹魏的,所以在路过贾逵祠时便发出这样的感叹!当夜,王凌在住宿之处召集以前的掾属,对他们感叹道:"我都快八十了,未想到今日竟然身名俱裂!"说完饮药自尽,时年七十九岁。

王凌虽然出身儒门,但也精通兵法。据《隋书·经籍志三》记载,他曾经与曹操一起注解《孙子兵法》一卷,可见王凌亦颇具军事才能,只是他遇到了司马懿这样强劲的对手,加之其不知审时度势,过于自负,所以才落得如此下场。

四、赐死曹彪,族灭王凌

王凌饮毒自尽后。司马懿立即前往寿春。令狐愚与曹彪之间的联系人张式向司马懿自首,司马懿乘机"穷治其事"。因有审理曹爽案的经验在前,所以如何对付这类谋逆案件,司马懿是胸有成竹,驾轻就熟。他首先将已经赋闲在家的令狐愚的别驾单固缉拿归案。司马懿亲自审问单固,单固知晓此案事关重大,所以咬紧牙关,不肯招认。司马懿除了对单固严刑拷打之外,又让证人杨康与其当面对质。单固辞穷,最后不得不承认。《魏略》记载此事甚详:

> 太傅乃东取王凌,到寿春,(单)固见太傅,太傅问曰:"卿知其事为邪?"固对不知。太傅曰:"且置近事。问卿,令狐反乎?"固又曰无。而杨康白,事事与固连。遂收捕固及家属,皆系廷尉,考实数十,固故云无有。太傅录杨康,与固对相诘。固辞穷,乃骂康曰:"老庸既负使君,又灭我族,顾汝当活邪!"辞定,事上,须报廷尉,以旧皆听得与其母妻子相见。固见其

---

① 《三国志》卷15《贾逵传》。

母,不仰视,其母知其惭也,字谓之曰:"恭夏,汝本自不欲应州郡也,我强故耳。汝为人吏,自当尔耳。此自门户衰,我无恨也。汝本意与我语。"固终不仰,又不语,以至於死。初,杨康自以白其事,冀得封拜,后以辞颇参错,亦并斩。临刑,俱出狱,固又骂康曰:"老奴,汝死自分耳。若令死者有知,汝何面目以行地下也。"[1]

杨康、单固等人都是从犯,司马懿抓住线索不放,从他们身上找到突破口,不分首从,要把参与王凌叛乱的人一网打尽。等到案情明朗之后,司马懿故伎重演,如法炮制,在自己缺席的情况下,遥控朝廷,再次冠冕堂皇地把此案放到朝廷的廷议上来定谳。不出司马懿所料(当然是在司马懿授意下),"朝议咸以为《春秋》之义,齐崔杼、郑归生皆加追戮,陈尸斫棺,载在方策。(王)凌、(令狐)愚罪宜如旧典"。[2] 于是将王凌、令狐愚的坟墓挖开,劈开棺椁,在大街闹市上暴尸三天。又把他们的印绶、官服一起烧掉,然后把裸露的尸体直接丢进墓坑草草掩埋。对其党羽全部施以诛灭三族的酷刑。

王凌共有四子,长子王广曾经苦口婆心地劝说其父不要谋反,又按照司马懿的要求,作书于父,劝其归降,应该算是大义灭亲的有功之臣。司马懿仍然不肯放过,将其处死,史书云:"(王)广有志尚学行,死时年四十余。"[3]又据严衍《资治通鉴补》卷75云:王广并非为司马懿所杀,而是其自杀身亡。王广临死前,还对司马懿说了一番话。"广正色曰:广父非反也。广所以劝父弗举者,欲须时耳。广父不幸,举不当而败。广父太傅之贼,而曹氏之忠臣也;广太傅之忠臣,而父之贼也。贼父以求生,广不为也。伏剑而死。"

① 《三国志》卷28《王凌传》注引《魏略》。
② 《三国志》卷28《王凌传》。
③ 《三国志》卷28《王凌传》。

王凌次子王飞枭、三子王金虎"并才武过人"。四子王明山"最知名,善书,多技艺,人得其书,皆以为法"。是知名的书法家,而且猿臂善射。事发之后,王明山逃往"太原,追军及之,时有飞鸟集桑树,随枝低卬,举弓射之即倒,追人乃止不复进。明山投亲家食,亲家告吏,乃就执之"。① 于是,王飞枭、王金虎、王明山一并被诛,都未能幸免。

车骑将军、都督雍凉诸军事的郭淮与王凌是同乡,有乡里之旧。王凌将其妹适郭淮,冀图借助婚姻,加强两人之间的联系和友情。王凌犯夷灭三族之罪,按汉魏律法,其妹亦要弃市。朝廷派御史前来逮捕郭淮妻,郭淮害怕自己受株连,故不敢徇私枉法,他让妻子准备好行装,限定日子就要上囚车。都督府的文武官员和羌胡渠帅数千人都劝说郭淮上表留下妻子,郭淮不同意。到期打发妻子上路,百姓及府中之人"莫不流涕,人人扼腕,欲劫留之"。郭淮的五个儿子也叩头流血,请求父亲不要将母亲送走。郭淮"不忍视",最后终于被打动,"乃命左右追妻,于是追者数千骑,数日而还"。② 夫人追回来以后,郭淮写信给司马懿说:"五子哀母。不惜其身;若无其母,是无五子;无五子,亦无(郭)淮也。今辄追还,若于法未通,当受罪于主者,觐展在近。"③司马懿看过书信之后,思考再三,念及郭淮久镇关陇,于国多劳,又是自己的旧部,于是特准赦免了郭淮妻。

在司马懿亲自审理下,王凌集团所有的成员全部伏法,接下来就是对楚王曹彪的处置。曹魏对宗室藩王的管束向来严厉,何况曹彪竟然伙同王凌、令狐愚意欲夺取皇位,这与谋反何殊。司马懿奏报曹芳后,奉诏与侍御史一起来到淮南,"就国案验,收治诸相连及者"。曹彪勾结方镇事实俱在,在人证物证面前,曹彪只得承

---

① 《三国志》卷28《王凌传》注引《魏末传》。
② 《三国志》卷26《郭淮传》注引《世语》。
③ 《三国志》卷26《郭淮传》注引《世语》。

认。廷尉于是上奏朝廷"请征彪治罪"。曹彪欲图大位,当然引起曹芳的震怒,于是作出决定:"依汉燕王旦故事,使兼廷尉大鸿胪持节赐彪玺书切责之,使自图焉。"①所谓"汉燕王旦故事"是指汉武帝死后,幼子刘弗陵即位,是为汉昭帝。燕王刘旦心中不服,便暗中联络了宗室刘长、刘泽等人,散布昭帝非武帝亲生的谣言。元凤元年(前80)九月,燕王刘旦勾结大司马霍光的政敌鄂邑盖长公主、上官桀、桑弘羊等大臣准备谋反,却被人告发。于是昭帝、霍光在政变未发动之前,先发制人,将主谋政变的大臣统统逮捕,上官桀、桑弘羊被灭族,鄂邑盖长公主自杀。昭帝下诏申斥刘旦,刘旦自杀,封国被废除,谥号刺王。可见"依汉燕王旦故事",就是让曹彪自杀。孔衍《汉魏春秋》载曹芳玺书曰:

> 夫先王行赏不遗仇雠,用戮不违亲戚,至公之义也。故周公流涕而决二叔之罪,孝武伤怀而断昭平之狱,古今常典也。惟王,国之至亲,作藩于外,不能祗奉王度,表率宗室,而谋于奸邪,乃与太尉王凌、兖州刺史令狐愚构通逆谋,图危社稷,有悖逆之心,无忠孝之意。宗庙有灵,王其何面目以见先帝?朕深痛王自陷罪辜,既得王情,深用怃然。有司奏王当就大理,朕惟公族甸师之义,不忍肆王市朝,故遣使者赐书。王自作孽,匪由于他。燕刺之事,宜足以观。王其自图之!②

在朝廷使节的监视下,楚王曹彪被迫自杀,其"妃及诸子皆免为庶人,徙平原。彪之官属以下及监国谒者,坐知情无辅导之义,皆伏诛。"曹彪原先所封的楚国,国除,改为淮南郡。高贵乡公曹髦即位之后,下诏曰:"故楚王彪,背国附奸,身死嗣替,虽自取之,犹哀矜焉。夫含垢藏疾,亲亲之道也,其封彪世子嘉为常山真定王。"③

　　西晋代魏之后,王凌一族得到了赦免。司马炎称帝不久,就于

①　《三国志》卷20《楚王彪传》。
②　《三国志》卷20《楚王彪传》注引《汉魏春秋》。
③　《三国志》卷20《楚王彪传》。

泰始元年（265）冬十二月乙亥下诏："昔王凌谋废齐王,而（齐）王竟不足以守位。邓艾虽矜功失节,然束手受罪。今大赦其家,还使立后。兴灭继绝,约法省刑。"①赦免在魏末反对司马氏诸人的后裔,是西晋代魏之后争取人心的一项举措。王凌是图谋推翻司马懿执政地位的政敌,对于司马氏而言,其罪孽要比邓艾重得多。然而,根据诏书中的解释,王凌当年谋废齐王曹芳之举是正确的,这是因为后来齐王曹芳被司马师所废,很明显,这是晋武帝司马炎为了减轻王凌罪责而制造的一个借口。为王凌平反昭雪,完全是根据当时政治形势的需要。正所谓,此一时,彼一时也。

司马懿诛杀曹彪后,为防止此类事件再次发生,遂下令将曹魏宗室王公全部从各自的封国中迁徙至邺城（今河北安阳附近）,由朝廷派官员监察管理,诸侯王不得移居他处,更不准擅自往来。对此状况,袁子不胜感叹,他说："魏兴,承大乱之后,民人损减……封建侯王,皆使寄地,空名而无其实。王国使有老兵百余人,以卫其国。虽有王侯之号,而乃俦为匹夫。县隔千里之外,无朝聘之仪,邻国无会同之制。诸侯游猎不得过三十里,又为设防辅监国之官以伺察之。王侯皆思为布衣而不能得。既违宗国藩屏之义,又亏亲戚骨肉之恩。"②此时的邺城实际上已成了监控诸侯王的监狱。可见,曹魏宗室亲藩名为诸侯王,实为囚徒耳。为了加强对曹魏宗室的监控,司马懿特委派己子司马伷"监守邺城"。③ 经过这一场变故,曹魏皇室势力被进一步削弱,再无力量与司马氏抗衡。

为何王凌发动的淮南首叛会迅速失败呢? 笔者以为,王凌虽然拥兵一方,专制淮南多年,但实力毕竟有限。王凌起兵所能依靠的力量只有淮南与兖州,令狐愚在政变之前的意外去世,使王凌丧失了近乎一半的力量。为了争取到足够的支援,他只能铤而走险,

---

① 《晋书》卷3《武帝纪》。

② 《三国志》卷20《武文世王公传》注引袁子曰。

③ 《晋书》卷38《琅邪王伷传》。

去拉拢新任兖州刺史黄华,结果黄华不仅不能成为王凌的助手,反而成为王凌的对手。王凌所驻守的淮南尽管战略地位比较重要,但疆土面积狭小,仅辖魏扬州淮南、庐江两郡,不过只有东汉扬州面积的六分之一左右。① 而且在寿春,王凌还受到扬州刺史诸葛诞的掣肘。

另外,王凌欲立新帝,与司马懿分庭抗礼,实乃愚蠢之举。汉初群雄逐鹿,董卓废汉少帝刘辩而立陈留王刘协,此时袁绍割据河北,便想另立宗室刘虞,但遭到刘虞本人一口回绝,而刘虞之所以拒绝,正是考虑到了封建法统的合法性。尽管曹芳只是曹叡的养子,②但毕竟他当皇帝也已有十余年了,而且是魏明帝亲自确立的皇统继承人,在政治上具有无可动摇的合法性。王凌所拥立的楚王曹彪绝非是一个合适的人选。曹彪是曹操之子,曹芳的叔祖,从宗法制度来看,显然于礼不合。以祖代孙,以长者继幼主嗣,岂不是颠倒顺序,故曹彪完全不具备继承大统的资格。③

王凌以曹彪取代曹芳,欲另行定都许昌,这是为对抗司马懿挟天子掌朝政的非常之举,是王凌反叛在政治上的基本内容。然而,此举历来受到后人的诟病。王夫之认为王凌不可以称作“魏之忠臣”,其形迹类似于司马懿。船山云:“齐王芳,魏主叡之所立也,懿杀曹爽而制芳于股掌,其恶在懿,其失在叡,而芳何尤焉! 使霍光而有操、懿之心,汉昭亦无如之何,而可责之芳乎? 凌诚忠于魏

---

① 东汉扬州辖有九江、吴、庐江、丹阳、会稽、豫章六郡。孙吴占领吴、庐江、丹阳、会稽、豫章五郡;曹魏占领九江郡。

② 陈寿写齐王曹芳生父不得而知时云:“宫省事密,莫有知其所由来者。”《三国志》卷4《齐王芳纪》。

③ 司马师废曹芳后,欲立曹操之子彭城王曹据为帝,但遭到明元郭太后的反对。《晋书·景帝纪》载:“太后以彭城王先帝诸父,于昭穆之序为不次,则烈祖之世永无承嗣。东海定王,明帝之弟,欲立其子高贵乡公髦。帝(司马师)固争不获,乃从太后令,遣使迎高贵乡公于元城而立之。”由此足以证明帝王承统是必须以昭穆为顺序的。

而思存其社稷,正懿闭门拒主、专杀宗臣、觊觎九锡之罪,抗表而入讨,事虽不成,犹足以鼓忠义之气,而懿不能驾祸于楚王以锢曹氏之宗支,使敛迹而坐听其篡夺。而凌欲废无过之主以别立君,此其故智,梁、隋之季多效之者,而终以盗铃。"①诚如王夫之所论,人们难免要怀疑王凌起兵反对司马懿的动机,他并非是挽救曹魏政权,而是欲与司马懿争夺对朝廷的控制权。若果真如此,王凌的淮南起兵在政治上的合法性与道义上的号召力都将大为削弱,反倒是使自己成了叛臣。在没有其他政治或军事势力的参与或支持下,单凭淮南一隅之地就欲与司马懿为首的强大的中央势力相抗衡,王凌不过是螳臂当车,焉能不败。

平定王凌之叛也再一次显示了司马懿卓越的政治与军事才能。实际上,早在高平陵事件之后,司马懿就对王凌有了防范,他在蒋济面前了解王凌的为人,就说明司马懿对王凌的疑忌已显端倪。杨康告密后,王凌谋叛之事已经真相大白,但司马懿处变不惊,丝毫不动声色,为了麻痹对手,反而提升王凌的官职,将其由司空迁为太尉。当王凌蒙在鼓里时,司马懿以迅雷不及掩耳之势,兵临城下,打了王凌一个措手不及。这和当年擒斩孟达的谋略几乎如出一辙。司马懿还充分利用王凌之子王广在己手中,而对王凌展开攻心战术。为了避免对手作困兽之斗,司马懿又假装网开一面,许对手以不死。此种手法在曹爽身上已经试过,但仍然屡试不爽,"文武俱赡,当今无双"的王凌竟然和笨伯曹爽毫无二致,束手就擒,完全被司马懿玩弄于股掌之中。

对于司马懿而言,迅速平定王凌之叛意义极大,因为一旦王凌之叛旷日持久,僵持不下,难免会有四方响应,人心动摇之患。虽然司马懿于平定王凌叛乱后很快就去世,但已为司马师、司马昭兄弟先后继位执政提供了一个相对稳定的政治局面。

① (清)王夫之:《读通鉴论》卷10之30。

五、"伊尹既卒,伊陟嗣事":司马懿的临终安排

司马懿平曹爽"谋逆"之后又平王凌之叛,对魏室而言他犹如是擎天之柱,其功绩之大实在是无以复加了。按毌丘俭的说法是"懿有大功,海内所书",[①]所以魏主曹芳只得循故事,"遣侍中韦诞持节劳军于五池……又使兼大鸿胪、太仆庾嶷持节"[②]策命司马懿为相国,封安平郡公,孙及兄子各一人为列侯,前后食邑五万户,封侯者十九人。

相国,起源于春秋晋国,是战国、秦及西汉朝的最高官职。战国时代称为"相邦",秦国第一个相邦是樛斿,最后一个相邦是吕不韦。吕不韦被免职后,嬴政认为相邦权力过大,故废除了相邦职务。刘邦即汉王位后,又重新设立相邦之职,后代为避刘邦讳改称相邦为相国。相国与丞相并不完全相同,已出土的秦国东陵器物上刻有金文:"八年相邦薛君、丞相殳。"这证明相国与丞相是同时并存的,而且相国的地位高于丞相。秦武王二年(前309)设左、右丞相,作为相邦的副手。《史记》中也记载了西汉相国地位高于丞相。如韩信曾为汉相国,而"曹参以右丞相属韩信"。[③]

国公地位崇高,非县侯可比,国公可建自己的宗庙社稷,可设官职,是独立的公国。自刘邦剪除韩信、彭越、英布等异姓王,与群臣定白马之盟,立下"非刘氏不王"的誓约后,两汉仅有王莽与曹操、曹丕父子封公封王,且以后皆以此为阶梯而登大位。司马懿虽然功高震主,但他从政治上考量,认为代魏时机远未成熟,如过早暴露自己的野心,只能招致更多人的反对,对司马氏不利,故他固辞相国、郡公之位不受。

---

① 《三国志》卷28《毌丘俭传》注引俭、钦等表曰。
② 《晋书》卷1《宣帝纪》。
③ 《史记》卷54《曹相国世家》。

关于司马懿的去世,史书记载较为简单。实际上,司马懿七十岁之后,身体已每况愈下,为了对付曹爽,司马懿曾经装病,但笔者揣测,不排除司马懿确实患有"风痹"等疾,只是不太严重而已。司马懿虽然成功地剪除了曹爽和王凌集团,但曹魏正始和嘉平年间接连爆发惊心动魄、极其险恶的政治斗争,也极大地耗费了司马懿的心血。使他身心疲惫,精神状态一直处于高度紧张之中,这就严重地损害了司马懿的健康。嘉平三年(251)四月,司马懿抱老病之躯,亲征淮南,待平定王凌之乱、处死曹彪等人后,司马懿的病情进一步加重。干宝《晋纪》云:"太傅有疾,梦凌、逵为疠,甚恶之。"①"王凌、贾逵为疠"之说虽为荒诞不经之言,但也说明司马懿此时已精神恍惚,病入膏肓了。

七月,司马懿知道自己将不久于人世,于是就要考虑安排后事。长子司马师久经历练,有风度、有才略、有名望,很早就成为曹魏官僚第二代成员中的翘楚。他与玄学领袖夏侯玄、何晏齐名,但政治上却非常成熟、老练。司马懿诛锄曹爽时,司马师作为父亲的主要助手,豢养了三千死士,藏在民间,"众莫知所出也"。高平陵之变时,司马懿赋予司马师最重要的任务,即由司马师率兵攻打皇宫核心所在地——司马门。司马师沉着冷静地指挥调动军队,据《晋书·景帝纪》记载:当司马师"晨会兵司马门,镇静内外,置阵甚整"。在一旁冷眼观看的司马懿大为叹服,禁不住称赞道:"此子竟可也。"可见,在司马懿心目中,司马师是自己接班人的不二人选。

高平陵之变后,司马师晋升为卫将军。司马懿刚去世,朝臣们皆云:"伊尹既卒,伊陟嗣事。"伊陟是殷商宰辅伊尹之子,商王太戊继位后,伊尹去世,太戊即任用伊陟担任宰辅大臣。由于伊陟辅佐朝政得力,太戊在祖庙称赞伊陟,已不把他当臣子看待。朝臣们

---

① 《三国志》卷28《王凌传》注引干宝《晋纪》。

所云的伊尹即司马懿,而伊陟即司马师。曹芳明白众臣之意,故于司马懿死后,立即"命帝(司马师)为抚军大将军辅政。魏嘉平四年春正月,迁大将军,加侍中,持节、都督中外诸军、录尚书事"。① 曹魏后期,大将军处群臣之右,②集军政大权于一身,连皇帝都在其掌控之中。毫无疑问,以司马师辅政是司马懿生前就安排好的谋划,众臣只不过是秉承司马懿的旨意罢了。次子司马昭时任安东将军,持节。司马懿率军征讨王凌时,司马昭配合司马懿,"督淮北诸军事,帅师会于项"。因平王凌功,司马昭"增邑三百户,假金印紫绶"。③ 握有镇守曹魏陪都许昌的大权,是其兄司马师执政最有力的支柱。司马懿三子司马伷时为宁朔将军,负责监守邺城的魏室王公,亦是身负重任。尽管司马懿已将三个儿子放在重要岗位之上,但他仍不放心,为了确保资望较浅的司马师能够顺利掌控朝政,嘉平三年(251)三月,司马懿将胞弟尚书令司马孚,迁为三公之一的司空。仅仅过了四个月,秋七月"辛未,以司空司马孚为太尉"。④ 于是曹魏政权的主要军职,皆落入司马家族之手,经过如此的精心布局,司马懿认为他可以死而瞑目,身后无忧了。

嘉平三年八月戊寅(251年9月7日),司马懿在洛阳病逝,享年七十三岁(虚岁)。司马懿临终前,"作《顾命》三篇"。就是将自己担任大都督、大将军、太尉、太傅,为顾命大臣,辅佐曹丕、曹叡、曹芳三代君主时,为曹魏所作出的功绩记录下来。《顾命》三篇今已散佚,未能传世。司马孚抑或请当时的书法家卫瓘,为司马

① 《晋书》卷2《景帝纪》。
② 司马懿诛灭曹爽后,曹魏已不设大将军,司马师担任此职,表明他已成为新的执政者。
③ 《晋书》卷2《文帝纪》。
④ 《三国志》卷4《齐王芳纪》。

懿书写了《顾命》三篇。① 司马懿还"预作终制",所谓的"终制"即他对自己死后丧葬礼制的遗嘱。其主要内容有四项:

其一,墓址选在离京师洛阳不远处的首阳山。② 入葬后灵柩"不坟不树",即墓地不封土堆,不树墓碑,也不种植树木。"不坟不树"的目的,是不让人看出这是墓地,以防止后人盗墓。司马懿之所以作出如此的决定,估计是他受到了魏文帝曹丕丧葬理念的影响。曹丕在"终制"中言道:"自古及今,未有不亡之国,亦无不掘之墓也。丧乱以来,汉氏诸陵无不发掘,至乃烧取玉匣金缕,骸骨并尽,是焚如之刑,岂不重痛哉! 祸由乎厚葬封树。"③他还强烈要求眷属与朝廷大臣共同遵循这条法规,"若违今诏,妄有所变改造施,吾为戮尸地下,戮而重戮,死而重死。臣子为蔑死君父,不忠不孝,使死者有知,将不福汝。其以此诏藏之宗庙,副在尚书、秘书、三府"。④

其二,入殓时"敛以时服,不设明器"。"敛以时服"指的是遗

---

① 卫瓘是魏晋时期书法世家卫氏的关键人物。卫氏书法影响深远,在两晋南北朝时期,卫氏书风影响到大江南北。在南方,影响了四大家族中的王氏、庾氏、郗氏;在北方,影响到号称"北方第一名门"的清河崔氏。《晋书·卫瓘传》谓其:"学问深博,明习文艺。与尚书郎敦煌索靖俱善草书,时人号为一台二妙。"二人草书同师法于张伯英(张芝)。时人认为卫瓘书法得到张伯英的筋,索靖得到张伯英的肉。

② 高原陵,即司马懿之陵,位于河南省孟津县平乐镇西北,曹凹、郭坟两村东北的首阳山上。但也不排除司马懿陵位于相对海拔较低的土塬地区的可能性,现具体墓址已无迹可考。司马懿陵另有温县说:温县司马氏家族墓地位于温县番田镇三陵村西,三座陵墓呈"品"字形排列。"三陵村"村名由此而来。此为司马懿祖先陵墓,此三座陵墓的选址及布局很有讲究,俗称"凤凰单点翅",风水极佳。司马孚作河内典农中郎将时,曾率军在沁河沿岸筑堤保护,以防水淹。《晋书·惠帝纪》云:"永兴元年……(帝)至温,将谒陵。"所谓"谒陵"即为此三陵。一说是司马懿与其子司马师、司马昭父子三人之陵墓,另一说是司马氏家族之祖茔。按照司马懿的遗言和《晋书》的记载,司马懿去世后,遗言葬于首阳山,并未葬于温县。

③ 《三国志》卷2《文帝纪》。

④ 《三国志》卷2《文帝纪》。

体只穿平时的服装,而不服朝服冠冕;明器指的是古代人们下葬时带入地下的随葬物品,即冥器。战国至汉代,厚葬之风甚盛。儒家主张"葬其亲厚",于是"京师贵戚,郡县豪家,生不极养,死乃崇葬,或至刻金缕玉,糯梓楩枏,良田造茔,黄壤致藏,多埋珍宝偶人车马,起造大冢,广种松柏,庐舍祠堂,崇侈上僭。"①诸多王公贵族死后往往将他们生前所用的金银珠宝等诸物随同下葬。曹操生前就反对厚葬,他下令:"敛以时服,无藏金玉珍宝。"②魏文帝遵循故事,生前"为石室,藏玺绶首,以示陵中无金银诸物也。汉礼明器甚多,自是皆省矣"。③司马懿秉承了魏武、魏文父子的遗风,嘱咐在他的墓室之内不放任何陪葬器物。这虽然有防范盗墓之意,但也可以看出司马懿的生活作风是相当的俭朴。

其三,"后终者不得合葬"。按汉魏丧制,只有嫡妻才能与夫同葬,司马懿正妻张春华病逝于正始八年(247),时年五十九岁,亦葬于洛阳高原陵。司马懿生前与张氏失和,生前既已不同衾,死后当然也不愿与张氏同椁。至于姬妾,因名分不当也不能与他合葬。另外,合葬必须打开棺椁,司马懿为了求得死后的安宁,故不准后人再动他的灵柩。

其四,子孙后裔等眷属不准谒拜陵墓。据《晋书·志第十·礼中》记载:"宣帝遗诏:'子弟群官皆不得谒陵。'于是景、文遵旨。至武帝,犹再谒崇阳陵(景帝陵),一谒峻平陵(文帝陵),然遂不敢谒高原陵(宣帝陵),至惠帝复止也。"是何原因导致司马懿作出如此的决定?《晋书》云:"齐王在位九年,始一谒高平陵而曹爽诛。"④当年,司马懿就是靠着曹爽、曹芳出城祭拜魏明帝的时机,发动高平陵之变夺取大权的,所以他非常担心别人也会起而效仿,

---

① (汉)王符:《潜夫论·浮侈篇》。
② 《三国志》卷1《武帝纪》。
③ 《晋书》卷20《志礼中》。
④ 《晋书》卷20《志礼中》。

为了汲取曹爽事件的经验教训,避免重蹈历史的覆辙,司马懿才留下了这道遗言,以防范高平陵事件的再次重演。

九月庚申,司马懿灵柩葬于河阴首阳山,丧礼从简,葬后即除丧服。① 魏主曹芳"素服临吊,丧葬威仪依汉霍光故事,追赠相国、郡公"。司马孚上表陈述司马懿的遗愿,"辞郡公及辒辌车"。② 何谓辒辌车?《史记·李斯列传》云:"李斯以为上在外崩,无真太子,故秘之。置始皇居辒辌车中,百官奏事上食如故。宦者辄从辒辌车中可奏诸事。"裴骃《集解》引孟康曰:"如衣车,有窗牖,闭之则温,开之则凉,故名之辒辌车也。如淳曰:辒辌车,其形广大,有羽饰也。"可见,只有天子崩殂后,才有资格将其遗体载之于辒辌车。

司马懿谥号原为文,后改为文宣。但《考异》曰:"按《礼志》,魏朝初谥宣帝为文侯,景帝为武侯。文王(司马昭)表不宜与二祖(指魏武帝、魏文帝)同,于是改谥宣文、忠武。然则初谥文,无'贞'字也。《礼志》及《文帝纪》并称舞阳宣文侯,《宋书·礼志》同。此云'文宣',亦转写之误。"③ 司马昭晋爵晋王后,追尊司马懿为晋宣王;泰始元年(265)冬十二月,晋武帝司马炎受魏禅,给司马懿上尊号为宣皇帝,称其陵墓为高原陵,庙号高祖。

嘉平三年(251)十一月,有司奏请将已故功臣的灵位置于魏太祖曹操庙中,以配享祭祀,排位以生前担任的官职高低为序。因太傅司马懿位高爵显,列为第一。曹魏缋配功臣于曹操庙,最早是在青龙三年(233),有夏侯惇、曹仁、程昱等三人。第二次是在正始四年(243),有曹真、曹休、夏侯尚、桓楷、陈群、钟繇等二十人。

① 《晋书》卷20《志礼中》云:"魏武临终,遗令:'天下尚未安定,未得遵古。百官当临殿中者,十五举音,葬毕便除。其将兵屯戍者,不得离部。'魏武以正月庚子崩,辛丑即殡,是月丁卯葬,是为不逾月也。及宣帝、景帝之崩,并从权制。"

② 《晋书》卷1《宣帝纪》。

③ 《晋书》卷1《宣帝纪》校勘记12。

以司马懿祔配曹操庙,属第三次。这一次因"太傅司马宣王功高爵尊,最在上"。①然而,司马懿的最后官位为太傅。而曹仁、曹真、曹休皆官至大司马,夏侯惇任大将军、钟繇任太傅,他们均为上公,与司马懿等同,并无官阶高低的差别。虽然司马懿死后被追赠为相国,但这仅是虚封,并非实授,因而可以不论。至于爵位,司马懿所封的舞阳侯在侯爵中等级最高,是县侯(以下还有乡侯、亭侯、列侯),累计食邑高达五万户,而夏侯惇等人的食邑只有1800户至3500户不等,但必须注意的是汉魏之际因战乱不断而导致人口大量地非正常死亡,户口大幅减少,②所以功臣诸侯的食邑都比较低。曹魏后期由于经济的发展,人口也有了显著的增加,所以司马懿享有的食邑才能远超夏侯惇等人。因此,仅凭封爵并不足以论定司马懿功臣之首的地位。

应该看到,司马懿能作为首席功臣还是依仗凭恃他建立的功业。司马懿擒孟达、拒诸葛皆为时人所称道,尤其是平定辽东公孙渊,有讨灭叛国、开疆拓土的意义。但司马懿能够力压群臣、获得首功或许还不止这类军功。不管时人如何看法,司马懿诛灭曹爽和王凌两个集团,已经被曹魏政权定性为挫败叛逆、匡扶社稷之大功,而这是夏侯惇、曹仁等这类开国元勋无法比拟的。嘉平三年(251)重新确立的,以司马懿作为祔配魏武帝庙的首席功臣,具有极其重要的意义,其意义就是曹魏政权以国家祭奠的形式确立司马懿在魏朝具有擎天之柱的首功地位。这项在司马师当政伊始完成的祭祀法规,其目的就是为司马氏家族继续执掌曹魏政权奠定法理依据。司马懿死后,魏朝很快进入了司马师、司马昭兄弟专政时代,十四年之后的泰始元年(265),历史揭开了新的一页,一个新的朝代——西晋王朝诞生了。

---

① 《三国志》卷4《齐王芳纪》。

② 参阅朱子彦:《三国人口辨析》,《社会科学辑刊》2010年第4期。

附录一：司马师在魏晋禅代中的功业

魏晋禅代实际上是司马家族的三代接力棒所致。司马懿死后，司马师执政，其击败诸葛恪、废曹芳、平定毌丘俭之乱，进一步巩固了司马氏的权力，在魏晋禅代的历史进程中司马师起到了承前启后的关键作用。

司马师的卓越的政治才能早在司马懿诛曹爽时期就得到了充分的展现。司马懿诛曹爽，事关司马家族的生死存亡，参与其核心机密的只有司马师与司马昭二人。为了考察二子在关键时刻谁能更为沉稳，司马懿直到发动高平陵之变的前一晚，才把政变的确切时间告诉司马昭。当晚司马懿派人观察二子的动静，司马师"寝如常"，而司马昭却"不能安席"。此事表明司马师在关键时刻比乃弟更为老练沉着。

由于司马师是司马懿嫡长子，又是乃父政治上最得力的助手，自然成了司马家族事业继承人的不二人选。司马师初涉政坛，就声名鹊起。《晋书·景帝纪》说他"雅有风彩，沈毅多大略。少流美誉，与夏侯玄、何晏齐名。晏常称曰：'惟几也能成天下之务，司马子元是也。'"①由此可见，司马师是曹魏功臣集团第二代子弟中的翘楚。史书虽云其"与夏侯玄、何晏齐名"，但夏侯玄、何晏实乃一介书生，远不能同"沈毅多大略"的司马师相比。何晏称司马师"能成天下之务"，表明司马师虽然也参加名士集会，谈玄论道，但

---

① 《易传·系辞传下》曰："几者，动之微，吉之先见者也。"何晏云：司马师"惟几"，是指他行事细致缜密，有先见之明。

其本志在于建立事功。何晏、夏侯玄先后被司马懿、司马师所杀，也充分表明他们在政治上远非司马父子的对手。

早在司马懿生前，司马师就在政坛上崭露头角，景初中期被拜为散骑常侍，累迁至中护军，掌握了一部分禁军的兵权，从而为司马懿发动高平陵之变奠定了基础。司马师在高平陵之变中所发挥的作用，前文已有论述，故不再赘述。兹将其执政时的功业分三个方面叙之如下。

一、执政初期的严峻考验

司马懿临死前，司马师官职已晋为卫将军，在司马师的授意下，"议者咸云：'伊尹既卒，伊陟嗣事。'"这是明确告知群臣：司马家族子承父业，曹魏的一切大权从此应由司马师来执掌。然而在专制皇权的体制下，只有君主的权力可以世袭，大臣的职权来源于君主的授予，大臣在家族内部进行权力交接并非合法，甚至被看成是对皇权的藐视和觊觎。司马师虽然凭借父亲奠定的功业执掌朝政，但其本人的德望尚不足以威慑群臣。魏嘉平四年（252）春正月，司马师"迁大将军，加侍中，持节，都督中外诸军，录尚书事。"① 正式全面执掌朝政。但此时的司马师还来不及清洗朝中反对派的政治力量，其依靠的对象仍是父亲生前留下来的班底，而未做任何变动。当时的政坛是"诸葛诞、毌丘俭、王昶、陈泰、胡遵都督四方，王基、州泰、邓艾、石苞典州郡，卢毓、李丰掌选举，傅嘏、虞松参计谋，钟会、夏侯玄、王肃、陈本、孟康、赵酆、张缉预朝议"。②

这些人中既有效忠于司马氏的，也有"心存魏室"的，但他们的政治面貌一时难以辨识，司马师也只能依靠他们来治国理政。

① 《晋书》卷2《景帝纪》。
② 《晋书》卷2《景帝纪》。

司马师掌权伊始,很想有一番作为,他命百官推举贤才,抚恤穷孤,提高办事效率,并任命得力的州郡官员。史书称司马师执政时,"四海倾注,朝野肃然"。司马师也亲自选用贤才,但他与"外宽内忌"的父亲司马懿不同,司马师性格刚毅,常以严法绳之于人。例如,司马师掌权后,任命李憙为大将军从事中郎,李憙不得已接受了。二人见面时,司马师问李憙:"昔先公辟君而君不应,今孤命君而君至,何也?"李憙半开玩笑地说:"先君以礼见待,憙得以礼进退。明公以法见绳,憙畏法而至。"①司马师主政以严,以法绳下,主要是为了弥补自己在威望与功业上的不足,通过对内的严格控制来加强自己的权威。

朝臣中,有人请求变更一些制度,司马师说:"'不识不知,顺帝之则',诗人之美也。三祖典制,所宜遵奉;自非军事,不得妄有改革。"②其意是不明白、不知道的事情,就应按照先帝制定的法规去办,这是《诗经》所赞美的。三祖(指魏武、魏文、魏明帝)所制定的典则,应当继续遵守奉行,除非是军事方面的特殊需要,其他都不得随意改动。司马师接受了曹爽、夏侯玄等人于正始年间轻易变更旧制,从而触怒曹魏元勋旧臣的教训,所以他在一般情况下,尽量不触动门阀士族的既得利益,以保持政局的稳定。从上述举措中,我们可以略窥司马师的执政风格,他行事缜密,注重法治,既比较严厉,也比较沉稳,所谓"初总万机,正身平法,朝政肃然",③描绘的就是在司马师执政以后,所造成的朝野肃然的政治气象。但司马师所处的时代并非是承平盛世,而是三国争霸,用兵不戢时期,所以其这一类举措是应付不了当时复杂的政治局面的。

司马师秉政不久,吴魏二国又重开战端。公元252年,吴主孙权病逝,临亡时,破格提拔诸葛恪为大将军领太子太傅,"诸事一

---

①　《晋书》卷41《李憙传》。
②　《晋书》卷2《景帝纪》。
③　《北堂书钞》卷59引王隐《晋书》。

统于恪",①诸葛恪由此一跃而为东吴权臣。诸葛恪好大喜功,其初执政,即在魏吴边境的东兴(今安徽含山西南)建造大堤,并在东兴两边利用山峡修筑两座城池,派将军留略、全端各带兵千人戍守。魏国认为吴军入其疆土,甚感受侮,镇东将军诸葛诞认为应该乘机征伐吴国,王昶、胡遵、毌丘俭等各地方镇将领亦纷纷献攻吴之策。

诸将的请战皆出自于司马师的授意,所以正中司马师下怀。司马师执政不久,急于立功,意欲借孙权新亡,吴国政局不稳之际大举攻吴,以军功来树立自己的威望。由于曹魏的诸路镇将对于作战计划有不同的看法,司马师专门问计于尚书傅嘏,傅嘏仔细分析内外形势后,认为魏军取胜的希望不大,因此反对出兵伐吴。他说:"昔樊哙愿以十万之众,横行匈奴,季布面折其短。今欲越长江,涉虏庭,亦向时之喻也。"②但此时司马师主意已定,故不从傅嘏之言。

同年十一月,司马师通过魏帝曹芳正式下了兵分三路攻吴的命令。令安东将军司马昭持节统领征东将军胡遵、镇东将军诸葛诞率步骑七万攻东兴,欲毁坏大堤。另由王昶、毌丘俭率领偏师,分别向南郡、武昌发动进攻。胡遵、诸葛诞自恃人马众多,便放松了对东吴援军的戒备。嘉平五年(253)正月,诸葛恪亲自率领四万援军到达东兴,对魏军大本营发动突袭,大破胡遵、诸葛诞军于东关,魏军死伤数万,军资器械损失殆尽。王昶、毌丘俭听说东线魏军失利,各自烧毁营地后撤走。魏军大败,舆论哗然,朝臣纷纷要求司马师贬黜诸将。司马师却把战败之责归咎于自己,他说:"我不听公休(诸葛诞),以至于此。此我过也,诸将何罪?"于是

---

① 《三国志》卷64《诸葛恪传》注引《吴书》。
② 《三国志》卷21《傅嘏传》。

"悉原之"。司马昭因为是主帅,追究其责,"唯削文王爵而已",①被革去爵位。其他武将都没有惩处,只是以诸葛诞为镇南将军,都督豫州,毌丘俭改任镇东将军,都督扬州,将他们的防区对调。

东兴之战失利,司马师负有很大的责任,虽然其事后应对有方,除极力安抚诸将,在朝中引咎自责外,还让其弟司马昭当替罪羊,但仍然有人提出要追究战败者的责任。司马师官居大将军,主持朝政,众臣不敢将矛头直接指向他。司马昭虽遭贬爵,但有人仍不放过他。《三国志·王修传》注引王隐《晋书》记载:"司马文王为安东,(王)仪为司马。东关之败,文王曰:'近日之事,谁任其咎?'仪曰:'责在军帅。'文王怒曰:'司马欲委罪于孤邪!'遂杀之。"王仪官居安东将军司马昭的司马,其秉正直言,认为此次东兴之役失利,主帅司马昭难辞其咎,不料却触怒了司马昭,引来杀身之祸。王仪为曹魏元老重臣王修之子,军司马亦为军中要职,司马昭仅因王仪直言不讳就将其诛杀,可见,东关之役惨败,是司马氏兄弟内心的隐痛,谁借题发挥,在此事上做文章,就被视为试图动摇司马兄弟的执政地位,必不能为司马氏所容。

三国时期是用武争战之时,将相大臣必须通过对敌国征讨,建立显赫的军功,才能树立真正的权威,司马懿正是通过擒孟达、拒诸葛、平公孙,建立赫赫战功,才成为曹魏执政大臣。司马师亦欲效仿乃父,意欲通过建立军功来增加自己的威望。但欲速则不达,司马师虽然淡化处理东兴战败事件,但心有不甘,不久,他令雍州刺史陈泰征讨胡人,不料,军队尚未集结完毕,雁门、新兴二郡的胡人因不愿远征而发动叛乱,再次使司马师的计划受挫。司马师也只得再次承担所有的过错。《资治通鉴》卷76,"嘉平五年"条曰:"是岁,雍州刺史陈泰求敕并州并力讨胡,(司马)师从之。未集,而雁门、新兴二郡胡以远役,遂惊反。师又谢朝士曰:'此我过也,

---

① 《三国志》卷4《齐王芳纪》注引《汉晋春秋》。

非陈雍州之责!'是以人皆愧悦。"胡三省作注曰:"司马师承父懿之后,大臣未附,引咎责躬,所以愧服天下之心而固其权耳。盗亦有道,况盗国乎!"习凿齿论曰:"司马大将军引二败以为己过,过消而业隆,可谓智矣。……若乃讳败推过,归咎万物,常执其功而隐其丧,上下离心,贤愚解体,是楚再败而晋再克也,谬之甚矣!君人者,苟统斯理而以御国,则朝无秕政,身靡留愆,行失而名扬,兵挫而战胜,虽百败可也,况于再乎!"①

虽然司马师通过不断地自我批评,引咎自责而暂时挽回了人心,稳定了朝中的局势,但两次战争的失利,毕竟沉重地打击了司马师的权威,给其日后的政敌以攻击的口实。毌丘俭于淮南起兵时,作檄文声讨司马师,即以东关惨败作为司马师罪状之一:"贼退过东关,坐自起众,三征同进,丧众败绩,历年军实,一旦而尽,致使贼来,天下骚动,死伤流离,其罪三也。"②不过,否极泰来,使司马师东山再起,重塑威望的时刻很快就到来了,这就是继东关之役之后,司马师击败劲敌诸葛恪,取得新城之战的胜利。

嘉平五年(253)五月,吴太傅诸葛恪取得东兴之战胜利后,顿起骄心,他恃功轻敌,再次兴师攻魏。吴国群臣觉得连年劳师兴众,劳民伤财,故纷纷劝阻。诸葛恪著论晓喻群臣,文中写道:"司马懿先诛王凌,续自陨毙,其子幼弱,而专彼大任,虽有智计之士,未得施用。当今伐之,是其厄会。圣人急於趋时,诚谓今日。"③骄狂轻敌的诸葛恪竟然将年过四旬的司马师视为"幼弱"可欺,认为这是伐魏难得的良机,千万不能错过。

诸葛恪此次伐魏,可谓是举倾国之力,据《三国志·诸葛恪传》记载,吴国"大发州郡二十万众"。自孙吴政权建立以来,鲜有超过用兵十万的战役。赤壁之战,周瑜破曹操仅三万,彝陵之战,

① 《三国志》卷4《齐王芳纪》注引《汉晋春秋》。
② 《三国志》卷28《毌丘俭传》注引俭、钦等表曰。
③ 《三国志》卷64《诸葛恪传》。

陆逊大败刘备,亦只有五万兵力。即使吴主孙权亲自统兵出征,最多也不会超出十万。可见,诸葛恪此次用兵数量之多在吴国历史上是空前绝后。诸葛恪又遣司马李衡赴蜀见姜维,李衡对姜维说:"今敌政在私门,外内猜隔,兵挫于外,而民怨于内,自曹操以来,彼之亡形未有如今者也。若大举伐之,使吴攻其东,汉入其西,彼救西则东虚,重东则西轻,以练实之军,乘虚轻之敌,破之必矣。"①姜维欣然同意,也率军数万自武都出石营,经董亭(均在今甘肃武山南),进围南安、狄道(今甘肃陇西东南)。吴蜀东西呼应,分两路夹击曹魏,一时间形势十分严重,如何应对这样的局面,对并不善于用兵的司马师,是一个十分严峻的考验。

诸葛恪此次出兵是攻打曹魏的合肥新城,但他声东击西,"扬声将向青、徐",魏廷朝议时,群臣皆主张加强青、徐方向的守备,并有守住各个水口的打算。司马师接受了前次不纳傅嘏之言的教训,就此事征询傅嘏的意见。傅嘏说:"淮海非贼轻行之路,又昔孙权遣兵入海,漂浪沉溺,略无孑遗,恪岂敢倾根竭本,寄命洪流,以徼乾没乎?恪不过遣偏率小将素习水军者,乘海溯淮,示动青、徐,恪自并兵来向淮南耳。"②司马师完全赞同傅嘏的看法,他对群臣言道:"诸葛恪新得政于吴,欲徼一时之利,并兵合肥,以冀万一,不暇复为青徐患也。且水口非一,多戍则用兵众,少戍则不足以御寇。"③不出司马师、傅嘏所料,诸葛恪果然将所有的兵力都集中于合肥新城。

然而吴军兵力雄厚,全力攻打新城,加之姜维又出兵陇右,与之配合。故欲击破吴蜀联盟,并非容易,为此,司马师又求计于中书郎虞松,他对虞松说:"今东西有事,二方皆急,而诸将意沮,若之何?"虞松答曰:"昔周亚夫坚壁昌邑而吴楚自败,事有似弱而

---

① 《三国志》卷64《诸葛恪传》注引《汉晋春秋》。
② 《三国志》卷21《傅嘏传》。
③ 《晋书》卷2《景帝纪》。

强,或似强而弱,不可不察也。今恪悉其锐众,足以肆暴,而坐守新城,欲以致一战耳。若攻城不拔,请战不得,师老众疲,势将自走,诸将之不径进,乃公之利也。姜维有重兵而县军应恪,投食我麦,非深根之寇也。且谓我并力于东,西方必虚,是以径进。今若使关中诸军倍道急赴,出其不意,殆将走矣。"①司马师对虞松之策连连称赞,认为此计甚善。于是立即派遣车骑将军郭淮与陈泰率关中军抵御蜀军,解南安、狄道之围。姜维围攻狄道一个多月不能攻克,因粮食耗尽,在魏国援军抵达前主动撤兵。

击退蜀军后,司马师集中兵力迎击大举攻魏的诸葛恪,并派遣拥有丰富作战经验的叔父司马孚都督诸军二十万迎敌。镇东将军毌丘俭与扬州刺史文钦等请战,司马师说:"(诸葛)恪卷甲深入,投兵死地,其锋未易当。且新城小而固,攻之未可拔。"②面对实力强大的诸葛恪,司马师的作战计划是先不救援新城,以达到利用新城消耗吴军战斗力的目的,等吴军攻城不克后,再让司马孚和毌丘俭出击,用最小的代价取得胜利。

司马师的决策很快奏效,诸葛恪轻敌冒进,围攻新城三个多月不能攻克,造成吴军死伤众多,损失惨重。司马孚督诸军二十万到达寿春,诸将想迅速出击,司马孚领会司马师的意图,对诸将说:"夫攻者,借人之力以为功,且当诈巧,不可力争也。"③故意滞留了一个多月才进军,此时吴军士卒疲劳,加之瘟疫流行,于是望风而退。司马师命文钦、毌丘俭督遣精锐截断诸葛恪的退路,诸葛恪惧怕而遁逃,文钦大破吴军,斩首万余人。

此役魏军大获全胜,司马师通过对吴战争的胜利,一扫执政之后累战不利的颓势,不仅扬眉吐气,而且获得了很高的政治声誉。不久,吴国权臣诸葛恪被孙峻所诛。诸葛恪死后,吴国内乱不已,

---

① 《三国志》卷4《齐王芳纪》注引《汉晋春秋》。
② 《晋书》卷2《景帝纪》。
③ 《晋书》卷37《安平献王孚传》。

已无力对曹魏构成重大威胁。司马师遂将精力逐步转向剪除政敌,肃清异己上来。

二、剪除异己,废主立威

在司马代魏的历史进程中,先后爆发司马师废曹芳,司马昭弑曹髦事件,因事关废主弑君,涉及中古时代纲常伦理的道德底线,有良史之称的陈寿因怕冒犯司马氏,故多有忌讳,不敢秉笔直书。此事在寿志上扑朔迷离,语焉不详,多有回护、曲笔。幸赖裴松之的诸多补注,才基本上廓清了事情真相。在中古史上,权臣废主弑君素来为世人所诟病。然而司马师废后废帝,涉及自高平陵之变后司马氏与曹氏力量又一次政治较量,笔者以为,此事仍须作具体分析。

嘉平六年(254)二月,中书令李丰,后父光禄大夫张缉、黄门监苏铄等人密谋诛杀司马师,拥立太常夏侯玄辅政。这是一次未遂的政变,李丰等人尚未行动,就被司马师发现,遂将所有参与政变者族诛。发动政变的始作俑者是李丰,因恐触怒司马氏,加之李丰本人并无显著事功,故陈寿并未给他立传。其事迹仅散见于《三国志·夏侯玄传》注引中的《魏书》《世语》《魏氏春秋》等书中,兹综合各书,将李丰等人发动的政变经过述之如下。

李丰,字安国,曹魏卫尉李义之子,年轻时就颇有声望。魏明帝为太子时,李丰为东宫文学。曹叡即位时,"得吴降人,问'江东闻中国名士为谁?'降人云:'闻有李安国者是。'时丰为黄门郎,明帝问左右安国所在,左右以丰对。帝曰:'丰名乃被于吴越邪?'后转骑都尉,给事中"。① 正始年间,迁为侍中尚书仆射。李丰在台省任职时,经常借口生病不就职。按照当时台省的制度,生病达一

---

① 《三国志》卷9《夏侯玄传》注引《魏略》。

百天就要解除官职。李丰生病不到几十天,就会突然病愈,然后又卧病在床,数年来都是如此。曹爽专权时,李丰依违于曹爽与司马懿之间,不明确表态,因而有人讥讽他:"曹爽之势热如汤,太傅父子冷如浆,李丰兄弟如游光。"①其意是李丰兄弟虽然表面上清静无为,但骨子里却圆滑狡黠,跟游光很相似。正始十年(249),司马懿发动高平陵之变,奏请曹芳诛杀曹爽,将战车停驻在朝堂下。当告知李丰后,李丰非常恐惧,蜷伏在地上站不起来了。司马懿去世后,中书令一职空缺,司马师征询朝臣意见后即以李丰为中书令。中书令常在帝侧,李丰为中书令二载,又因其子李韬尚公主,故曹芳对其十分信任,"每独召与语,不知所说"。所说之事虽然"甚密",但都与司马师有关,因司马师在魏帝身边有耳目,故《魏略》云:"景王知其议己。"②

李丰素以名士自居。当时,太常夏侯玄为士林领袖,极有声望,李丰十分推崇夏侯玄,图谋夏侯玄能以宗亲的身份掌权,结束司马家族的专权。李丰又结交后父张缉,打算除去司马师后,以夏侯玄为大将军,张缉为骠骑将军。

张缉字敬仲,乃凉州刺史张既之子。张既为曹魏名臣,陈寿将其与刘馥、司马朗、梁习、温恢、贾逵等著名刺史并列为一传,称他们"咸精达事机,威恩兼著,故能肃齐万里,见述于后也"。③ 张缉以门荫入仕,初为温县县令,颇有才干。太和年间,蜀汉丞相诸葛亮领兵北伐,张缉上书献计,魏明帝询问中书令孙资的意见,孙资认为张缉有谋略。明帝遂以张缉为骑都尉,参与对蜀作战。魏明帝认为张缉的才能足以担当重任,于是请相士为其看相,相士说:"不过二千石。"明帝曰:"何材如是而位止二千石乎?"④未几,张

---

① 《三国志》卷9《夏侯玄传》注引《魏略》。
② 《三国志》卷9《夏侯玄传》注引《魏略》。
③ 《三国志》卷15 评曰。
④ 《三国志》卷15《张既传附张缉传》注引《魏略》。

缉以中书郎迁任东莞郡（今山东省沂水县）太守。嘉平四年（252），曹芳立张缉女为皇后。张缉以外戚之故，被免去东莞太守，担任光禄大夫的虚职，故时常悒悒不乐。但他"数为国家陈击吴、蜀形势"，颇能料敌机先。诸葛恪击败司马师，取得东兴大捷之后，司马师视诸葛恪为劲敌，常担忧吴军再次来犯。张缉却"料诸葛恪虽得胜于边土，见诛不久"。司马师"问其故，缉云：'威震其主，功盖一国，欲不死可得乎？'及恪从合肥还，吴果杀之。大将军闻恪死，谓众人曰：'诸葛恪多辈耳！近张敬仲县论恪，以为必见杀，今果然如此。敬仲之智为胜恪也。'"①司马师虽然口中称赞张缉才智出众，料事如神，但内心却颇为嫉恨。元人胡三省窥出了其中的奥秘，他说："（张）缉料（诸葛）恪虽中，缉亦卒为（司马）师所杀。师方专政忌才智而疾异己，况以缉而耀明于师乎！"②再则，诸葛恪"威震其主"，是吴国权臣，而司马师则是魏国权臣，难道"威震其主"的权臣就非死不可？张缉虽智，但与昔日曹操谋士杨修相似，聪明反被聪明误，因进言不慎，遂为日后遭杀身之祸伏下了祸根。

张缉因在朝中不得意，而李丰掌握权力，彼此又是同乡（二人均为冯翊人）。趁张缉生病之时，李丰派其子李韬前往省疾，借此力劝张缉与其合谋，发动政变。《魏书》云："缉尝病创卧，丰遣韬省病，韬屏人语缉曰：'韬尚公主，父子在机近，大将军秉事，常恐不见明信，太常亦怀深忧。君侯虽有后父之尊，安危未可知，皆与韬家同虑者也，韬父欲与君侯谋之。'缉默然良久曰：'同舟之难，吾焉所逃？此大事，不捷即祸及宗族。'韬於是往报丰。"③

李丰欲发动政变，但手中没有武装力量，遂暗中命其弟兖州刺史李翼请求入朝，"欲使将兵入"，但李翼带兵入朝之事却遭到司

---

① 《三国志》卷15《张既传》注引《魏略》。

② 《资治通鉴》卷76，"魏嘉平五年春正月"条。

③ 《三国志》卷9《夏侯玄传》注引《魏书》。

马师断然拒绝。李丰又秘密地警告黄门监苏铄、永宁署令乐敦、冗从仆射刘贤："你们几个人在内廷,不法的事很多,大将军司马师这人严厉刚毅,张当的下场可以作为鉴戒。"苏铄等人迫于李丰的压力,只得服从。《魏书》云:"苏铄等答丰:'惟君侯计。'丰言曰:'今拜贵人,诸营兵皆屯门。陛下临轩,因此便共迫胁,将群僚人兵,就诛大将军。卿等当共密白此意。'铄等曰:'陛下傥不从人,奈何?'丰等曰:'事有权宜,临时若不信听,便当劫将去耳。那得不从?'铄等许诺。丰曰:'此族灭事,卿等密之。事成,卿等皆当封侯常侍也。'丰复密以告玄、缉。缉遣子邈与丰相结,同谋起事。"①

司马师在朝中耳目甚多,李丰尚未来得及采取行动,司马师就听到风声,遂请李丰来相见,并厉声责问,丰知事情败露,于是正色说:"卿父子怀奸,将倾社稷,惜吾力劣,不能相禽灭耳!"②司马师大怒,就命武士当场杀死李丰,并把丰尸送交廷尉,接着又逮捕了李韬和夏侯玄、张缉等人,都送交廷尉钟毓。钟毓负责治狱,其开始时还不想涉足此案。《魏氏春秋》云:"夜送丰尸付廷尉,廷尉钟毓不受,曰:'非法官所治也。'以其状告,且敕之,乃受。帝怒,将问丰死意,太后惧,呼帝入,乃止。"③钟毓本是司马氏心腹,自然领悟到司马师的意图,钟毓审讯后奏称:"丰等谋迫胁至尊,擅诛冢宰,大逆无道,请论如法。"司马师随即将此案交付公卿朝臣廷议,廷议的最终结果:"咸以为丰等各受殊宠,典综机密,缉承外戚椒房之尊,玄备世臣,并居列位,而包藏祸心,构图凶逆,交关阉竖,授以奸计,畏惮天威,不敢显谋,乃欲要君胁上,肆其诈虐,谋诛良辅,擅相建立,将以倾覆京室,颠危社稷。"④等到完成了形式上所有的

① 《三国志》卷9《夏侯玄传》注引《魏书》。
② 《三国志》卷9《夏侯玄传》注引《魏氏春秋》。
③ 《三国志》卷9《夏侯玄传》注引《魏氏春秋》。
④ 《三国志》卷9《夏侯玄传》。

司法程序之后，司马师将张缉"赐死狱中，其诸子皆并诛"。① 李韬、夏侯玄、苏铄、乐敦、刘贤等人，皆夷灭三族。中领军许允因与李丰、夏侯玄亲善，"收付廷尉，徙乐浪，道死"。②

以上就是李丰等人发动的未遂政变的整个过程，然而这里有一个疑点，即夏侯玄是否参与政变。从史料中看，李丰只是派其子李韬同张缉联系，并胁迫黄门监苏铄、永宁署令乐敦、冗从仆射刘贤等人参与。李丰等人欲在政变成功后以夏侯玄来取代司马师，但夏侯玄很可能并不知情，甚至是蒙在鼓中。司马懿发动高平陵之变后，即削去夏侯玄关中都督的兵权，将其征回朝中任大鸿胪，数年后徙太常。高平陵之变爆发后，夏侯霸曾劝其与他一起弃魏奔蜀，夏侯玄断然拒绝道："吾岂苟存自客于寇虏乎?"③遂还京师。由于担忧司马懿加害，夏侯玄为人处事，分外小心，生活简朴，甚至不与人交往。《魏略》说："玄自从西还，不交人事，不蓄华妍。"

在夏侯玄奉诏回洛阳之后，司马懿并未对其苛责，终其一生未加害这位魏晋之际声望颇著的玄学家。司马懿去世后，"许允谓玄曰:'无复忧矣。'玄叹曰:'士宗，卿何不见事乎? 此人犹能以通家年少遇我，子元、子上不吾容也。'"④夏侯玄知晓司马懿对他这个"通家年少"还保留着些许香火情分，但司马师、司马昭兄弟却容不得他。夏侯玄到廷尉时，不肯写罪辞。钟毓自亲自审理此案。夏侯玄严肃地责问钟毓："吾当何辞? 卿为令史责人也，卿便为吾作。"⑤钟毓因为他是名士，名节高而不可屈服，遂于当夜就替夏侯

---

① 《三国志》卷15《张既传》注引《魏略》。
② 《三国志》卷9《夏侯玄传》。案:李丰等人打算发动政变诛杀司马师，期间，有一伪造的一尺一寸长的诏书，以夏侯玄为大将军，以许允为太尉，共录尚书事。有一身份不明之人，趁天未亮，将诏书交给许允家门吏，曰"有诏"，随即驰马而去。许允随即把它烧毁，没有呈报给司马师，因此为司马师所诛。
③ 《三国志》卷9《夏侯玄传》注引《魏氏春秋》。
④ 《三国志》卷9《夏侯玄传》注引《魏氏春秋》。
⑤ 《三国志》卷9《夏侯玄传》注引《世语》。

玄写了罪辞,装作流泪交给夏侯玄看。夏侯玄看完后,只是颔首而已。嘉平六年(254)三月,夏侯玄在东市被处斩,临刑时,仍然神色不变,举动自若,从容受刑,时年四十六岁。

有史料说,对于是否处死夏侯玄? 司马师和司马昭兄弟颇有分歧。《魏氏春秋》和《语林》有不同的记载。《魏氏春秋》曰:"玄之执也,卫将军司马文王流涕请之,大将军曰:'卿忘会赵司空葬乎?'先是,司空赵俨薨,大将军兄弟会葬,宾客以百数,玄时后至,众宾客咸越席而迎,大将军由是恶之。"①《续谈助》卷4引《语林》云:"景王欲诛夏侯玄,意未决,间问安王(司马)孚云:'己才足以制之不?'孚云:'昔赵俨葬儿,汝来,半坐迎之。泰初(夏侯玄)后至,一坐悉起;以此方之,恐汝不如。'乃杀之。"但裴松之对此事提出质疑:曹爽在正始五年伐蜀,当时夏侯玄已经成为关中地区的都督。正始十年的时候,曹爽被诛杀,夏侯玄就回到了洛阳。根据《少帝纪》记载,赵俨在正始六年薨逝,夏侯玄应该没有机会参加赵俨的葬礼。如果说夏侯玄当时因公入朝,但各类本纪和传记都未记载,因此此事可能不实。②

司马懿发动高平陵之变,诛戮了大量忠于曹魏的宗室及旧臣,但余党尚存,且新的异己力量仍在不断产生。赵翼云:"其时中外臣工,尚皆魏帝所用之人。内有张缉、苏铄、乐敦、刘贤等,伺隙相图;外有王凌、毌丘俭、诸葛诞等,相继起兵,声讨司马氏。"③李丰、张缉发动的政变是自司马师执政以来,曹魏朝中第一起意图推翻司马氏专权的重大政治事件,也是朝中尚存的忠于曹氏的力量对司马氏势力的反扑,但其力量微弱,且准备不足,根本不足以与司

① 《三国志》卷9《夏侯玄传》注引《魏氏春秋》。
② 《三国志》卷9《夏侯玄传》注引《魏氏春秋》臣松之案:"曹爽以正始五年伐蜀,时玄已为关中都督,至十年,爽诛灭后,方还洛耳。案少帝纪,司空赵俨以六年亡,玄则无由得会俨葬,若云玄入朝,纪、传又无其事。斯近妄不实。"
③ (清)赵翼:《廿二史札记》卷7,"魏晋禅代不同"条。

马氏相抗衡。然而,司马师新执政,根基尚不稳,威望亦远不如乃父,若不将敌对势力迅速扑灭,司马懿数十年艰苦创立的基业亦有可能中途夭折。所以司马师对李丰、张缉、夏侯玄等人的处置极为严酷。虽然司马氏与夏侯氏家族有联姻关系,且又有通家之谊,但一旦成为政敌,司马师就毫不留情。司马师为人严毅,杀伐决断,雄猜嗜杀丝毫不亚于乃父司马懿,所以他诛杀其妻舅及昔日的好友夏侯玄就不足为怪。①

诛杀李丰等人之后,司马师随即采取了一系列措施。因曹芳后张氏是张缉之女,故必须废之,三月,司马师废皇后张氏;九月,又废少帝曹芳,改立高贵乡公曹髦为帝。从当时的实际情况来看,司马师行废立是箭在弦上,不得不采取的行动。这是因为司马师诛后父张缉、废张后,已经伤害到皇室家庭,与曹芳结下了深仇。当然,更为重要的原因是司马氏父子长期独揽朝政大权,曹芳已经沦为十足的傀儡君主。曹芳生于公元232年,8岁即位,至嘉平六年(254),他已23岁,做天子也已有15年,曹芳春秋正富,处在有为之年,然而长期不能亲政,过问朝政国事,其必然对司马氏恨之入骨。实际上,李丰等人谋诛司马师的背后主使者就是少帝曹芳。正如《晋书·景帝纪》曰:"正元元年春正月,天子与中书令李丰、后父光禄大夫张缉、黄门监苏铄、永宁署令乐敦、冗从仆射刘宝贤等谋以太常夏侯玄代帝辅政。"

司马师杀李丰、张缉,废皇后张氏后,曹芳眼看司马师下一个目标就是自己,故他不肯束手待毙,欲作最后一搏。史称:"天子以玄、缉之诛,深不自安。"②于是他准备夺取兵权,诛杀司马师兄弟。嘉平六年(254)秋,"姜维寇陇右。时司马文王镇许昌,征还击维,至京师"。曹芳在平乐观阅兵。中领军许允与左右亲信谋

---

① 司马师发妻夏侯徽,征南大将军夏侯尚之女,母德阳乡主为大司马曹真之妹。夏侯徽与司马师生有五个女儿。夏侯玄为其同母兄。

② 《晋书》卷2《景帝纪》。

划,欲乘司马昭请辞之时将其诛杀,然后夺取司马昭所指挥的部队攻击司马师。① 诏书已经写毕,等到司马昭觐见,曹芳正在吃栗,"优人云午等唱曰:'青头鸡,青头鸡。'青头鸡者,鸭也。"②"鸭"的谐音是"押",这是提醒曹芳赶紧在诏书上画押并诛杀司马昭,但曹芳因恐惧而不敢实行。事情败露后,司马师大怒,决定废立,但废立必须得到太后的首肯,于是司马师"乃密讽魏永宁太后。"

魏永宁太后即郭太后,郭太后与司马氏家族关系密切,且有婚姻作为纽带,史称:"司马景王辅政,以女妻德。妻早亡,文王复以女继室,即京兆长公主。景、文二王欲自结于郭后,是以频繁为婚。"③师、昭兄弟先后将己女适太后从弟,才具平庸的郭德,为的就是借助郭太后的地位来控制曹芳,因此在司马师废立事件中,郭太后充当了司马师的工具。

嘉平六年(254)九月,司马师与朝中公卿大臣上奏郭太后,言曹芳年长不亲政、沉湎女色、废弃讲学、侮辱儒士,与优人、保林等淫乱作乐,并弹打进谏的清商令、清商丞,乃至用烧铁烙伤令狐景,太后丧母时不尽礼等罪。请依霍光故事,收其玺绶,废其帝位。郭太后遂下废曹芳令:"皇帝芳春秋已长,不亲万机,耽淫内宠,沈漫女德,日延倡优,纵其丑谑;迎六宫家人留止内房,毁人伦之叙,乱男女之节;恭孝日亏,悖傲滋甚,不可以承天绪,奉宗庙。"于是曹芳被废,"归藩于齐,以避皇位"。④

从以上史料来看,曹芳被废似乎是罪有应得,且得到郭太后的支持。其实不然,郭太后虽为女流,且与司马氏关系不错,但她并

---

① 裴松之"案《夏侯玄传》及《魏略》,许允此年春与李丰事相连。丰既诛,即出允为镇北将军,未发,以放散官物收付廷尉,徙乐浪,追杀之。允此秋不得故为领军而建此谋"。《三国志》卷4《齐王芳纪》注引《世语》及《魏氏春秋》。

② 《三国志》卷4《齐王芳纪》注引《世语》及《魏氏春秋》。

③ 《三国志》卷5《后妃传》注引《晋诸公赞》。

④ 《三国志》卷4《齐王芳纪》。

非弱智,曹芳虽非其亲子,但与她已有十余年的养母子关系。更为关键的是,郭太后在宫中已生活数十年,与朝政国事多有涉猎,她不可能不懂得,一旦曹芳被废,曹魏江山就将岌岌可危,她将成为魏朝的千古罪人。事实上郭太后并不同意废曹芳,她曾为曹芳向司马师求情,但遭到司马师断然拒绝。郭太后在司马师的武力威胁下,才被迫下令废曹芳。然而,此事涉及司马师挟持太后,废主立威、一手遮天,故陈寿不敢触碰西晋统治者十分忌讳的这道禁区。所幸鱼豢所撰《魏略》提供的史料才澄清了历史的真相,使我们知道在司马师废立事件中郭太后真实的政治态度。《三国志·齐王芳纪》注引《魏略》曰:"景王将废帝,遣郭芝入白太后,太后与帝对坐。芝谓帝曰:'大将军欲废陛下,立彭城王据。'帝乃起去。太后不悦。芝曰:'太后有子不能教,今大将军意已成,又勒兵于外以备非常,但当顺旨,将复何言!'太后曰:'我欲见大将军,口有所说。'芝曰:'何可见邪?但当速取玺绶。'太后意折,乃遣傍侍御取玺绶著坐侧。芝出报景王,景王甚欢。"

曹芳被废,立何人为帝?司马师与郭太后发生了争执,司马师本打算拥立曹操之子彭城王曹据为帝,但郭太后认为辈分不当,且又不属于魏明帝这一支的后裔,故坚持要求立明帝之弟东海定王曹霖之子曹髦,①在郭太后的坚持下,司马师被迫接受了曹髦,于是派使者迎立曹髦到洛阳登基。《晋书·景帝纪》颇为翔实地记载了此事。司马师"与群臣议所立,帝曰:'方今宇宙未清,二虏争衡,四海之主,惟在贤哲。彭城王据,太祖之子,以贤,则仁圣明允;以年,则皇室之长。天位至重,不得其才,不足以宁济六合。'乃与群公奏太后。太后以彭城王先帝诸父,于昭穆之序为不次,则烈祖之世永无承嗣。东海定王,明帝之弟,欲立其子高贵乡公髦。帝固

---

① 如果立曹据,郭太后就从太后成了侄媳,这对郭太后来说,是一件很尴尬的事情。所以她执意立曹叡的侄子曹髦,这样她就是皇帝的伯母,仍可为太后。

548

争不获,乃从太后令,遣使迎高贵乡公于元城而立之,改元曰正元。"高贵乡公曹髦,聪明好学,才慧早成,且性格刚烈,对司马氏专权极为不满,司马师死后,司马昭继位,曹髦居然亲自率领殿中宿卫和奴仆数百人讨伐司马昭,若不是贾充等人冒天下之大不韪,弑杀曹髦,司马氏苦心经营的基业几乎毁于一旦。可见,郭太后否定彭城王曹据,坚持立曹髦,给司马氏专权带来了很大的威胁。

三、平定淮南第二叛

相对于朝廷,淮南问题要棘手得多。朝中李丰、张缉等人尽管有天子作为靠山,但他们都是文臣,手中没有兵权,调动不了军队,所以他们再煞费心机,也掀不起大的风浪。但淮南就不同了,淮南历来是曹魏对付吴国的军事重镇,有重兵戍守,戍守淮南的将领都是曹魏久历戎机、畅晓军事的名臣宿将。司马懿在世时,虽然常为方镇大帅,掌握一部分兵权,但从来没有染指过淮南,一直到司马师执政,司马氏的力量还是无法渗透到淮南。自司马懿发动高平陵之变后,淮南遂成了唯一能向司马氏势力挑战的强大力量。司马师的擅权废立,激起了毌丘俭、文钦的愤怒,他们矫太后诏,起兵讨伐司马师,是为淮南第二次叛乱。

毌丘俭,河东闻喜人,其父毌丘兴在魏文帝黄初年间任武威太守,立有战功,封高阳乡侯。毌丘兴死后,毌丘俭袭父爵,为平原侯曹叡文学掾,是魏明帝的藩邸旧臣。曹叡即位,拜尚书郎、羽林监、洛阳典农,先后任荆州、幽州刺史,曾率军配合司马懿攻灭辽东公孙渊。正始年间,毌丘俭两征高句丽,攻占高丽国都丸都城,杀高句丽王位宫。毌丘俭率魏军穿越沃沮千余里,至肃慎南界,刻石纪功。东兴之役后,毌丘俭转镇东将军、扬州都督,替换诸葛诞总督淮南兵事。嘉平五年,击败吴国太傅诸葛恪北伐,毌丘俭军功累累,名震天下,成为魏末最年轻、最有实力的封疆大吏。

文钦,字仲若,谯郡人,曹操部将文稷之子。文钦少有声名,太和时为五营校督,与曹爽同在禁卫军中任职,两人之间有着同乡兼同僚的密切关系。文钦先后任淮南牙门将、庐江太守,前将军、扬州刺史。文钦见曹爽被司马懿所诛,心怀怨恨。其作战获胜后,常虚报俘虏人数,企图邀功请赏,但司马师置之不理。因此文钦对司马师的怨恨日益加深。毌丘俭以礼厚待文钦,两人遂成莫逆。

　　毌丘俭与夏侯玄、李丰素来友好,二人被害令毌丘俭颇为不安。司马师藐视皇权,挟持郭太后废黜魏帝曹芳的行为,激怒了手握重兵的毌丘俭。同时毌丘俭亦感念昔日魏明帝的知遇之恩。其长子毌丘甸鼓励父亲反抗司马师,即便其身在洛阳为质,亦在家信中对父亲说:"大人居方岳重任,国倾覆而晏然自守,将受四海之责。"①毌丘俭见信潸然泪下。正元二年(255)正月,毌丘俭、文钦对外宣称得到了郭太后的勤王手诏,于寿春举兵讨伐司马师。他们将在淮南屯驻的大小将领都召集到寿春城内(安徽寿县),在城西筑坛,歃血为盟,留下老弱驻守寿春。毌丘俭、文钦亲率五六万精锐急速行军,渡淮向西北进军到项城附近(河南项城)。毌丘俭进占项城,构筑工事,文钦率领机动部队在外围,等待与即将到来的司马师主力决战。同时,以檄文昭告天下,揭露司马师的十一条大罪。

　　毌丘俭在檄文中对司马家族采取分化瓦解的策略,檄文云:"故相国懿,匡辅魏室,历事忠贞,故烈祖明皇帝授以寄托之任。懿戮力尽节,以宁华夏。又以齐王聪明,无有秽德,乃心勤尽忠以辅上,天下赖之。懿欲讨灭二虏以安宇内,始分军粮,克时同举,未成而薨。齐王以懿有辅己大功,故遂使师承统懿业,委以大事……懿有大功,海内所书。"又云:"弟(司马)昭,忠肃宽明,乐善好士,有高世君子之度,忠诚为国,不与师同。臣等碎首所保,可以代师

<hr />

①　《三国志》卷28《毌丘俭传》注引《世语》。

辅导圣躬。太尉(司马)孚忠孝小心,所宜亲宠,授以保傅。护军散骑常侍(司马)望,忠公亲事,当官称能,奉迎乘舆,有宿卫之功,可为中领军。"①檄文对司马懿予以高度评价、对司马昭、司马孚、司马望等人亦予以充分的肯定,其目的就是要集中力量打击、孤立司马师。

司马氏专权时,淮南共发生三次叛乱,目的都是为了挽救曹魏王朝,阻止魏晋禅代。从淮南三叛的规模来看,声势是一次比一次大。毌丘俭发动的淮南二叛的规模超过淮南初叛。王凌的淮南初叛虽然准备时间较长,但其所部只有一万余人,可谓是兵微将寡。而且其欲立楚王曹彪的阴谋早就被司马懿所察觉,所以还未等王凌起兵,就被司马懿扑灭在萌芽之中。毌丘俭晓畅军事,智谋也在王凌之上,加之有猛将文钦的襄助,两人所率之军有六七万,兵力也超过王凌。在司马师弑后废主后,毌丘俭突然发兵勤王,声讨司马师的废主之罪,可谓是占领了道德上的制高点,打了司马师一个措手不及。

得知毌丘俭兵变后,司马师即刻与心腹及公卿大臣商议征讨之计。当时恰好司马师患有目疾,"新割目瘤,创甚",故时论以为司马师不宜亲自率兵征讨,可遣太尉司马孚前往。但王肃与尚书傅嘏、中书侍郎钟会都力劝司马师亲征。傅嘏对司马师说:"淮、楚兵劲,而俭等负力远斗,其锋未易当也。若诸将战有利钝,大势一失,则公事败矣。"司马师"闻嘏言,蹶然而起曰:'我请舆疾而东。'"②司马师觉得傅嘏言之有理,遂决定抱病征讨毌丘俭。

司马师亲自"统中军步骑十余万以征之,倍道兼行,召三方兵,大会于陈许之郊"。他以荆州刺史王基"为行监军,假节,统许昌军",③并命王基深壁高垒,按兵不动,等待其他各路军队到来,

① 《三国志》卷28《毌丘俭传》注引俭、钦等表。
② 《三国志》卷21《傅嘏传》注引《汉晋春秋》。
③ 《三国志》卷27《王基传》。

以形成合围之势。诸将纷纷请求司马师,立即攻城,司马师说:"诸君得其一,未知其二。淮南将士本无反志。且俭、钦欲蹈纵横之迹,习(张)仪(苏)秦之说,谓远近必应。而事起之日,淮北不从,史招、李绩前后瓦解。内乖外叛,自知必败,困兽思斗,速战更合其志。虽云必克,伤人亦多。且俭等欺诳将士,诡变万端,小与持久,诈情自露,此不战而克之也。"[1]

司马师命诸葛诞督豫州诸军,进攻寿春;派胡遵督青州、徐州诸军从侧翼包抄项城,以断绝毌丘俭的退路。司马师又命兖州刺史邓艾率泰山诸军一万多人至乐嘉,并要求他示弱以引诱毌丘俭,而司马师秘率大军从汝阳潜兵至乐嘉与邓艾会合。文钦不察,率淮南军主力进攻邓艾,因而中了司马师设下的诱敌之计。文钦被魏军包围,大部被歼。毌丘俭闻文钦主力溃败,项城难以再守,自感大势已去,便率残部弃城东撤。魏军乘胜追击。毌丘俭退至慎县境内。追兵穷追不舍,四处搜捕,俭狼狈藏匿在芦苇丛中,被安风津都尉部民张属射死,"传首京都"。至此,淮南第二次叛乱以失败告终。

司马师能迅速平定毌丘俭之乱,并非偶然。概而言之,有这样几方面的原因。

其一,毌丘俭发檄文揭露司马师"罪状",并策反诸葛诞、郭淮、邓艾等人一起举兵,与己协力共讨司马师,然事与愿违,各路方镇不仅不响应,反而帮助司马师一起镇压毌丘俭。毌丘俭与诸葛诞地位相埒,防区相邻,故"毌丘俭、文钦反,遣使诣诞",试图说服诸葛诞共同起兵。诸葛诞此人的政治立场颇为暧昧,他虽与夏侯玄交好,但也并非是曹爽的心腹死党。诸葛诞同毌丘俭交往不多,但却与文钦有隙,[2]加之此时其同司马师相互利用,关系微妙,为

① 《晋书》卷2《景帝纪》。
② 《三国志》卷28《诸葛诞传》云:"钦素与诞有隙,徒以计合,事急愈相疑。钦见诞计事,诞遂杀钦。"

了自身的利益,俨然已倒向司马家族,故诸葛诞坚拒其邀,为了显示自己对司马师的忠诚,诸葛诞"斩其使,露布天下,令知俭、钦凶逆"。① 诸葛诞虽然后来是淮南三叛的发动者,但此时却是司马师的得力助手,淮南二叛的镇压者。

文钦还写了一封长信给郭淮,期望郭淮也能反对司马师,但郭淮其时已亡,根本就没有收到此信。② 另外,策反邓艾的计划也失去作用,"毌丘俭作乱,遣健步赍书,欲疑惑大众,艾斩之。兼道进军,先趣乐嘉城,作浮桥"。③ 邓艾后来成为司马师平定毌丘俭之乱的主要功臣。可见,虽然司马师废主弑后,但各方镇诸将内部矛盾重重,为了自身的利益,谁也不愿与毌丘俭合作,充当政治斗争的牺牲品。从中也可看出司马师政治手段的高明,他始终能够因势利导,利用诸将之间的矛盾,各个击破,不给对手联合的机会。

其二,司马师虽然本人军事才能略显不足,但曹魏此时却是将才辈出,除了王昶、邓艾、胡遵、陈泰等久经沙场、善于用兵的宿将之外,此时又涌现出新的将星——荆州刺史王基。毌丘俭、文钦起兵后,司马师派王基为前锋。司马师认为,毌丘俭、文钦勇猛,很难与他们争锋,故下令让王基按兵不动。王基为此分析战况,认为应该与敌人速战。最主要的原因是毌丘俭军原本是防范东吴的前线部队。现在淮南地区门户洞开,如果东吴进军到此,谯、沛、汝、豫等地全部暴露在敌人的攻击范围内,如此"则淮南非国家之有,谯、沛、汝、豫危而不安,此计之大失也。军宜速进据南顿,南顿有大邸阁,计足军人四十日粮。保坚城,因积谷,先人有夺人之心,此平贼之要也"。④ 王基反复请战,司马师才让他占据濦水。抵达

① 《三国志》卷28《诸葛诞传》。
② 《三国志》卷28《毌丘俭传》注引钦与郭淮书。
③ 《三国志》卷28《邓艾传》。
④ 《三国志》卷27《王基传》。

后，王基又上书说："兵贵神速，不能拖延。而今外有强敌，内有叛臣，如果再不当机立断，后果就难以预测了。议者多认为指挥军队应当持重。持重当然应该，但是停军不进就错了。持重绝不是指按兵不动。而今我军占据险要的城关，却将积蓄的粮食提供给敌人，而我们却要远道运粮，这是兵家大忌！"

司马师想等各路军队到齐后再发兵，还是不听王基的劝谏。王基多次请命不成，以"将在军，君令有所不受"为由，挥师占据南顿。毌丘俭等从项城发兵也想争夺南顿，走了十多里，听说王基已捷足先登，只好退回项城。与此同时，邓艾未等司马师下令，就抢占了乐嘉，毌丘俭派文钦率兵袭击邓艾。王基得知毌丘俭分兵后，不失时机，立即率军进攻毌丘俭主力。尽管文钦之子文鸯骁勇善战，但毌丘俭军最终却因分兵而寡不敌众，被王基击败。由此可见，王基判断敌情正确，用兵能当机立断，平定淮南二叛，他应该是头号功臣。

其三，司马师博采众长，善纳良策。出征之前，司马师咨询太常王肃的意见。司马师对王肃说："安国宁主，其术焉在。"王肃答曰："昔关羽率荆州之众，降于禁于汉滨，遂有北向争天下之志。后孙权袭取其将士家属，羽士众一旦瓦解。今淮南将士父母妻子皆在内州，但急往御卫，使不得前，必有关羽土崩之势矣。"[1]

从法统上来看，毌丘俭利用所谓的"太后手诏"，的确比王凌的"另立中央"更具有说服力。郭太后乃是魏明帝曹叡的皇后，在朝中具有一定的威望。毌丘俭"矫太后诏，罪状大将军司马景王"，揭露司马师"坐拥强兵，无有臣礼，为臣不忠，为子不孝，有无君之心，矫废君主，毁坏宫内，不奉法度，坏乱旧法"[2]等十一条"罪状"，也容易激起曹魏军士们的愤慨。但问题是因为曹魏实施

① 《三国志》卷13《王朗传附子王肃传》。
② 《三国志》卷28《毌丘俭传》注引俭、钦等表曰。

错役法，①毌丘俭手下的士兵家属大多都在北方。曹魏的军事制度是前线的士兵必须有父母妻子在邺城等地做人质，若将士叛变家属皆受株连。因此王肃要司马师充分利用曹魏的士家制②和错役法。王肃认为毌丘俭部属大部分为淮南人，一旦司马师将淮南将士的父母妻子作为人质，淮南军必然作鸟兽散。如同当年关羽因江陵被吕蒙攻破，将士眷属皆陷于城中，从而导致精锐之军顿时瓦解。

司马师依王肃之计而行，果然收到了奇效。《三国志·毌丘俭》传云："淮南将士，家皆在北，众心沮散，降者相属，惟淮南新附农民为之用。"为何只有"淮南新附农民为之用"？这是因为淮南屯田民的家属就在本地，可以为毌丘俭所用，但新附农民的战斗力远非正规军可比，乃是乌合之众。淮南的士兵家属都在北方，因而无心跟随毌丘俭作乱，纷纷投降司马师，故毌丘俭必败无疑了。

其四，自司马懿发动高平陵之变以来，魏朝中外大权皆归司马氏掌控。司马师执政以来，进一步巩固与加强司马氏的统治，其对外击败吴国诸葛恪，对内诛杀李丰、张缉、夏侯玄，废立君主，已经树立起很高的权威。司马师执掌中枢，号令四方，挟天子以令诸侯，地方方镇势力已难以撼动司马氏的地位。毌丘俭虽为曹魏名将，但毕竟只有淮南一隅之地，手中也仅有数万兵力，与司马师掌控全国数十万军队，能指挥调动各路方镇相比，实在是众寡悬殊，孤立无援，其最后失败也在情理之中。

---

① 为了确保前方将士不在战争中叛逃，曹操采用严酷的治军手段，他强迫士兵与其家人分离，史称："昔魏武分离天下，使人役居户，各在一方，既事势所须，且意有曲为。"所谓"人役居户各在一方"，即称之为"错役"。这项制度一直沿袭到晋初而不废，以至"戍守江表，或给京城运漕，父南子北，室家分离"。《晋书》卷46《刘颂传》。

② 曹魏将士兵和他们的家人另立户籍，称之为"士家"，规定世代从军，通婚也要在士家内进行，这是后世兵户的雏形之一。士家中的士兵分散于全国各地，家属则集中居住在魏国的重要政治中心邺城。

司马师虽然平定了毌丘俭之乱,但他本人亦为此付出了生命的代价。司马师出征前患严重目疾,因不放心诸将(包括叔父司马孚),抱恙亲征毌丘俭。文钦之子文鸯骁勇善战,其主张趁司马师军立足未稳,发动奇袭。鸯对父曰:"及其未定,击之可破也。"于是文钦与文鸯商议兵分二路,率军夜袭司马师军营。文鸯勇不可当,他"率壮士先至,大呼大将军,军中震扰",①鸯勇冠三军,如入无人之境。司马师闻之大惊,受伤的眼珠从肉瘤疮口内迸出,疼痛难当;司马师恐扰乱军心,只好咬被头而忍,被头都被咬烂。《晋书·景帝纪》载:"初,帝目有瘤疾,使医割之。鸯之来攻也,惊而目出。惧六军之恐,蒙之以被,痛甚,啮被败而左右莫知焉。"从中可以看出,司马师性格与乃父司马懿十分相似,坚忍不拔,意志坚强。文鸯激战了一夜,文钦却迟迟不来接应。天明后,文鸯见司马师兵盛,只得撤退。

击退文鸯后,司马师病情更加严重,正元二年(255)"崩于许昌,时年四十八"。因司马师病逝较为突然,故其并未考虑继承人。司马师无子,司马昭将己子司马攸过继与他,但嗣子司马攸尚在冲年。此时,司马氏虽已掌控曹魏政权,但根基尚不甚稳固,若司马攸继位,幼冲之年的司马攸根本无力应对当时复杂的政治局面,这对准备代魏的司马家族大为不利,行将就木的曹魏政权仍有可能死灰复燃,卷土重来。为大局计,司马师"闰月疾笃,使文帝总统诸军"。② 这条记载说明司马师临终前已安排后事,令"文帝总统诸军",也就是将中外兵权交付司马昭。司马师安排其弟司马昭继位,在《晋书·文帝纪》中也得到了印证,"及景帝病笃,帝自京都省疾,拜卫将军"。"卫将军"是司马师在司马懿病重时的职务,司马师循此故事,是为司马昭即将执政,由卫将军晋为大将

① 《三国志》卷 28《毌丘俭传》注引《魏氏春秋》。
② 《晋书》卷 2《景帝纪》。

军作准备、作铺垫。

四、"此景王之天下也"

司马师突然亡故,使魏国的最高权力陷入真空状态,魏帝曹髦冀图摆脱司马家族的控制,乘机剥夺司马氏的权力。他命司马昭留守许昌,由尚书傅嘏率大军返回京师,司马昭用傅嘏、钟会之策,对诏书置之不理,亲自率领全军返回洛阳,粉碎了曹髦借司马师病故,趁机夺回权力的图谋。[①] 曹髦无可奈何,只得"以卫将军司马文王为大将军,录尚书事"。[②] 司马师虽然突然病故,但他临终前并未慌乱,而是临机应变,将权力迅速移交给司马昭,从而确保了司马家族权力的平稳过渡,为之后的魏晋禅代奠定了扎实的基础。

如何评价司马师在魏晋禅代中的功业呢? 这是本节最后要讨论的问题。《晋书·帝纪第二》史臣曰:"世宗以叡略创基,太祖以雄才成务。事殷之迹空存,霸商之志弥远,三分天下,功业在焉。及逾剑销氛,浮淮静乱,桐宫胥怨,或所不堪。若乃体以名臣,格之端揆,周公流连于此岁,魏武得意于兹日。轩悬之乐,大启南阳,师挚之图,于焉北面。壮矣哉,包举天人者也! 为帝之主,不亦难乎。"房玄龄等人对于司马师和司马昭的这一段评价,堪称公允。世宗司马师,创立巩固基业;而太祖司马昭,最终成就以晋代魏的大业。这两人有很清晰的先后继承关系。所以将他俩放在同一个帝纪里,也是相当合理的。

司马懿去世后,司马氏面临的政治和军事问题,基本上都是在司马师和司马昭这两代完成的。特别是司马师面临的政治局面比后来司马昭主政时的形势更为复杂。司马懿在世时,仅仅铲除了

---

① 关于这一问题,笔者已在第十章"司马懿构筑权势网络"一节中展开分析,此处不赘。
② 《三国志》卷4《高贵乡公髦纪》。

曹爽集团,初步确立了司马氏主持朝政的局面,朝廷中还存在不少拥戴曹氏的魏臣,时刻准备发动政变。都督四方的方镇大将亦骑墙观望,戍守淮南的将领更是心怀反覆,成为反对司马氏的主要军事力量。

在司马懿的精心栽培下,司马师的政坛阅历和政治斗争经验得到了充分的历练,但与乃父相比,还有一定的差距。具有崇高政治声望的司马懿辞世,而由司马师全面主持朝政,对其而言,是一个巨大的考验,因为他若要继承司马懿的事业,就必须进一步推动魏晋禅代,以完成亡魏成晋的大业。所以忠于司马氏的荆州刺史王基就专门写书信告诫"新统政"的司马师:"天下至广,万机至猥,诚不可不矜矜业业,坐而待旦也。夫志正则众邪不生,心静则众事不躁,思虑审定则教令不烦,亲用忠良则远近协服。故知和远在身,定众在心。"①司马师接受了王基的劝诫,在其主政的短短五年中完成了五件大事:一、平定了李丰等人的政变。他一面毫不留情地处死李丰、张缉、夏侯玄等人,一面对不涉及其事的世家大族予以安抚和示好,稳定了朝内局势。二、在东关惨败之后,自承责任,安抚诸将,然后在合肥新城击败诸葛恪,获得大胜。三、行废立之事。这是易代鼎革的前奏,既彰显了司马氏的权威,同时也是对朝中异己势力的威慑。四、在身患眼疾的情况下,亲自率军平定毌丘俭、文钦的淮南二叛,基本上稳住了淮南地区的局势。五、任用和拔擢人才。他一方面使曹魏旧臣不断地转投于司马氏的门下,从而削弱曹魏政权的基础,另一方面又使新进的才俊归于司马氏的霸府,为司马氏集团日后转化为西晋王朝打下基础。

其实司马代魏并不容易,自司马懿与曹爽为敌后,司马氏与曹氏进行了长达十余年的对抗与较量,从中央到地方,双方的斗争在各个层面展开。在朝廷中相继爆发了高平陵之变,李丰、张缉政变

---

① 《三国志》卷27《王基传》。

和曹髦亲自率众讨伐司马昭；在地方上有王凌发动的淮南初叛，毌丘俭发动的淮南二叛，诸葛诞发动的淮南三叛。可以毫不夸张地说，这些斗争对司马氏而言，都是血与火的较量，生与死的考验，只要司马氏应对失误，失败其中的一次，就将万劫不复，诛灭九族。颇有意思的是，司马氏父子三人恰好每人都粉碎了两次曹氏势力的反抗（一次为朝廷，一次为淮南）。司马师执政时间虽短，但处于魏晋鼎革的历史转型时期，所以面对的形势更为复杂，他继承了司马懿的未竟事业，又十分及时地将权力平稳地移交给司马昭，在魏晋禅代的历史进程中司马师起到了承前启后的关键作用，有大功于晋室。

总之，司马懿的"晋业"开创地位固然毋庸置疑，但司马师却是决定司马家族在司马懿死后命运与奠定魏晋禅代政治基础的最关键人物。晋将代魏时，司马昭常言："此景王之天下也，吾何与也。"①其意是天下是我兄长司马师打下来的，同我没有什么关系。其言出之司马昭之口，良可信也。

① 《晋书》卷3《武帝纪》。

附录二：魏晋之际杰出的政治家、军事家司马昭

司马昭，字子上，乃司马懿次子、司马师胞弟、晋武帝司马炎之父。《晋书·文帝纪》并未记载其早年的经历。但可以推知，由于他出身于世宦之家，再加之其父司马懿的栽培，司马昭较早就得到了政治与军事上的历练。司马懿发动高平陵之变时，司马昭以"议郎"的身份率众"宿卫"二宫，因参与诛曹爽功增加封邑一千户。司马懿死后，司马氏兄弟继续发展司马家族的势力。嘉平年间，司马兄弟为了进一步掌控魏政，二人作了分工，由司马师在洛阳主持朝政，司马昭则出镇关陇，为行征西将军、持节，镇守长安，节度关中诸将。司马昭离开京师的目的有二：一、建立军功；二、掌控地方军权。

司马昭出镇关陇期间，多有战功。蜀将姜维侵扰陇右，郭淮攻打蜀将句安，长期不能决胜负。司马昭即进军占据长城，南向骆谷设置疑兵。姜维惧怕，退保南郑，句安的军队断绝后援，率众投降。不久，姜维扬言要攻狄道，雍州刺史陈泰想抢在蜀军前面占据狄道，司马昭说："姜维攻羌，收其质任，聚谷作邸阁讫，而复转行至此，正欲了塞外诸羌，为后年之资耳。若实向狄道，安肯宣露，令外人知？今扬声言出，此欲归也。"[①]不出司马昭所料，姜维果然烧营而去。

公元 254 年，新平羌胡叛乱，司马昭"击破之，遂耀兵灵州，北

---

① 《晋书》卷 2《文帝纪》。

虏震讋,叛者悉降"。司马昭因屡建军功,晋封为高都侯。不久又兼中领军,留镇洛阳。魏正元二年(255),兄司马师因平毌丘俭、文钦之乱病逝于许昌,司马昭继承兄位,"进位大将军,加侍中,都督中外诸军,录尚书事,辅政"。[①] 他执政后,励精图治,迅速平定淮南诸葛诞之叛,并大力发展农业经济,增强军事实力,使曹魏国力在原有的基础上进一步壮大。在三国后期,天下形势发生重大变化的情况下,司马昭看准时机,挥师灭蜀,拉开了统一战争的序幕,并为西晋代魏奠定了坚实的基础。兹将他执政之后的主要功业与弑高贵乡公曹髦等事状,分六个方面来论述。

一、实施一系列改制和发展经济

在政治上,司马昭改定律令。"诸禁网烦苛及法式不便于时者",司马昭"皆奏除之"。[②] 他感到"前代律令本注烦杂,陈群、刘邵虽经改革,而科网本密,又叔孙、郭、马、杜诸儒章句,但取郑氏,又为偏党,未可承用"。遂下令贾充、郑冲、羊祜、杜预等十四人,本着"蠲其苛秽,存其清约"的原则,正式制定新的律令。从司马昭执政时开始修订律令,到晋武帝泰始四年(268)新律全部完成,颁布于全国。新律中"凡律令合二千九百二十六条,十二万六千三百言,六十卷,故事三十卷。泰始三年,事毕,表上"。[③]《晋律》内容比《汉律》大为精简,原先的《汉律》和说解有七百七十三万字,现省减到只有十二万六千三百字,这在法律编纂史上是一个很大的进步,它相对减轻了官民人等动辄触犯刑律,处置轻重无标准的弊端。同时《晋律》的律文"减枭斩族诛从坐之条,除谋反适养母出女嫁皆不复还坐父母弃市,省禁固相告之条,去捕亡、亡没为

---

① 《晋书》卷2《文帝纪》。
② 《晋书》卷2《文帝纪》。
③ 《晋书》卷30《刑法志》。

官奴婢之制。轻过误老少女人当罚金杖罚者,皆令半之"。① 从总体上来看,《晋律》比之《汉律》又前进了一大步,可以说是"刑宽禁简",②颇得民心。

司马昭还改革官爵制度。首先是在景元五年(264)五月,"晋王奏复五等爵,封骑督以上六百人"。③ 这次颁授五等爵,胡三省认为有借灭蜀战役胜利之机封赏群臣的用意。④ 但如果进一步深究,其深层意义恐怕还不限于此。就王朝易代更祚前夕的改制而言,曹操曾于建安二十年设置名号侯至五大夫等四等爵,加上旧有的列侯、关内侯共六等,用以奖赏军功。司马昭颁授五等爵,其政治功效与此相似,即进一步深化封爵制的功能,以笼络谋臣诸将。但如果我们作进一步考察,司马昭恢复五等爵制的改制力度要比曹操依旧制增设六等军功爵要大。董昭曾建议曹操"宜修古建封五等",被曹操一口回绝。他说:"建设五等者,圣人也,又非人臣所制,吾何以堪之?"⑤曹操之意是五等爵那样的古制,除非是圣人和君主,人臣不得参与其事。由此看来,司马昭恢复五等爵,改革秦汉以来奉行已久的爵制,远追古代圣贤明君,其气势和影响都超过了曹操。

司马昭改革官制的具体内容史书上并无明文记载,但它的基本原则是以"品"来作为基本的官阶尺度,以取代汉代通行的禄秩制,由此造成了不同职位的官员地位上的升降变化。祝总斌指出:"司马氏代魏前夕,为笼络百官,采取了许多措施,同时则颁布官品令,将长期以来官制上的变化固定下来,主要是提高占据要职(如侍中、尚书、中书监令、中领护军等)诸追随司马氏心

① 《晋书》卷30《刑法志》。
② 《晋书》卷40《贾充传》。
③ 《资治通鉴》卷78,"元帝咸熙五年"条。
④ 《资治通鉴》卷78,"元帝咸熙五年"条,胡注云:"赏平蜀之功也。"
⑤ 《三国志》卷14《董昭传》。

腹的官品。"①《晋书·职官志》记载魏末晋国创制职官的背景时说:"宣王既诛曹爽,政由己出,网罗英俊,以备天官。及兰卿(曹芳字)受羁、贵公(曹髦)显戮,虽复策名魏氏,而乃心皇晋。"这就说明晋国职官的设置是适应新的政治形势的需要,司马昭配套地出台新的职官等级制度,通过将魏臣转化为晋臣,以曹魏官员晋国化的方式来完成亡魏成晋的事业。

在经济上,司马昭关心农业生产,废除民屯。司马昭任洛阳典农中郎将时,正值魏明帝大兴奢侈之风,司马昭免除苛捐杂税,不误农时,百姓大为喜悦。他还提倡节俭,"敦尚纯朴,省繇节用,务穑劝分,九野康乂。耆叟荷崇养之德,鳏寡蒙矜恤之施,仁风兴于中夏,流泽布于遐荒"。② 从而使经济能获得进一步发展。

咸熙元年(264),司马昭去世前,决定"罢屯田官,以均政役,诸典农皆为太守,都尉皆为令长",③开始废除民屯制度。屯田制度是在建安初年特定的历史阶段下发展起来的,它对经济的恢复和发展起过一定的作用,但屯田客的地租负担很重,到魏末租率提高到"持官牛者,官得八分,士得二分,持私牛及无牛者,官得七分,士得三分,人失其所"。④ 因此屯田客的生活十分困苦,生产情绪日益低落。而且屯田客的身份地位很低,是用军事编制强制在土地上的劳动者,故在屯田初期,就有屯田客逃亡之事。为了缓和屯田客的反抗和逃亡,整齐划一编户,便于国家的统治和管理。在新的情况下,司马昭罢掉屯田官,废除民屯制度,将民屯的国家佃农改为国家的编户齐民,即自耕农。使他们的经济负担有所减轻,身份地位有所提高,这对生产力的发展是极为有利的。

---

① 祝总斌:《两汉魏晋南北朝宰相制度研究》,中国社会科学出版社 1990 年,第148 页。
② 《晋书》卷 2《文帝纪》。
③ 《三国志》卷 4《陈留王纪》。
④ 《晋书》卷 47《傅玄传》。

司马昭拔擢人才,也是任人唯贤,重于事功。三国后期杰出的政治家、军事家羊祜即为司马昭所选拔。"羊祜字叔子,泰山南城人也。世吏二千石。"祜姐适司马师,故他与司马氏有姻亲关系。羊祜"执德清劭,忠亮纯茂",有"经纬文武"之才,他看透了曹爽等人的腐败无能,故对曹爽的征辟推辞不就。司马昭执政后,举贤不避亲,拜他为"相国从事中郎,与荀勖共掌机密,迁中领军,悉统宿卫,入直殿中,执兵之要,事兼内外"。① 后来成为晋武帝灭吴,完成统一大业的主要谋臣和大将。其余如石苞、胡奋、杜预、张华、王濬、卫瓘等都有治国理民之才,而为司马氏所选拔,以后成为西晋王朝的开国功臣。

司马氏在代魏之前,在军事上也预作周密的布置。司马昭分派子弟出任几个重要地区的都督。咸熙元年(264),司马骏以安东大将军镇许昌,都督豫州,同年,司马亮以镇西将军都督雍凉诸军事;司马伷以右将军监兖州诸军事(此三人皆为司马懿子),司马遂(司马懿弟司马恂之子)自景元二年(261)以北中郎将督邺城守诸军事。这些地区虽不处于边防前线,但却是核心要害之处。许昌、邺城、长安是天下重要的屯兵、武库、粮仓之所,是控制边州,拱卫洛阳的枢纽。魏文帝以洛阳、长安、许昌、邺、谯为曹魏五都,除了谯因曹氏家乡,才予以破格提升之外,其他三个陪都均是军事重镇。自曹魏开国以来,这三个陪都在政治、军事方面一直发挥着重要作用。为了顺利地完成代魏成晋,司马昭不仅将中军牢牢地控制在自己手中(中领军为司马望、羊祜,中护军为贾充),还以子弟出镇地方,以确保万无一失。

总之,司马昭通过爵制、官制、法律等一系列的改革及废除民屯、发展经济等措施,来逐步取代魏政,随着新制的逐步确立,新王朝的规模和形态在曹魏王朝的躯壳内成长起来,并羽翼日丰,即将

---

① 《晋书》卷34《羊祜传》。

脱离旧王朝的躯壳而自立。

二、平淮南"能以德攻"

司马懿消灭曹爽集团后,曹魏政权虽已由司马氏掌控,但曹爽集团的垮台,并不等于司马氏和曹氏之间的矛盾已经解决,新的斗争在酝酿。淮南地区在司马懿、司马师执政时期就先后爆发了王凌和毌丘俭的二次叛乱。甘露元年(256),司马昭刚执掌朝政不久,大将军司马、长史贾充就建议司马昭派遣幕僚去慰劳四征将军,藉此观察这些手握重兵将领的政治态度。贾充的建议正合司马昭之心,司马昭遂派贾充到淮南,贾充见到诸葛诞,一起谈论时事,贾充说:"洛中诸贤,皆愿禅代,君所知也。君以为云何?"诸葛诞厉声说:"卿非贾豫州子?世受魏恩,如何负国,欲以魏室输人乎?非吾所忍闻。若洛中有难,吾当死之。"①贾充默然无语。

贾充从寿春回来后,立即建议司马昭征召诸葛诞入朝。贾充认为这样做可能会激反诸葛诞,但却能提前清除隐患。司马昭反复考虑后,决定采纳贾充的建议。正在为母守孝的钟会得知此事后,劝司马昭不要冒险,以免激反诸葛诞。司马昭主意已定,以"事已施行,不复追改"②为由拒绝了钟会。《世语》记载此事云:"充还启文王:'诞再在扬州,有威名,民望所归。今征,必不来,祸小事浅;不征,事迟祸大。'乃以为司空。书至,诞曰:'我作公当在王文舒(指王昶)后,今便为司空!不遣使者,健步赍书,使以兵付乐綝,此必綝所为。'"③不出贾充、钟会所料,诸葛诞果真不肯接受任命,他杀死扬州刺史乐綝,准备起兵反抗司马昭。

诸葛诞出身琅琊诸葛氏,乃是诸葛亮族弟,官至征东大将军,

---

① 《三国志》卷28《诸葛诞传》注引《魏末传》。
② 《三国志》卷28《钟会传》。
③ 《三国志》卷28《诸葛诞传》注引《世语》。

仪同三司,都督扬州。他将女儿适司马懿之子司马伷(司马伷之孙乃是东晋元帝司马睿)。在淮南前两次的叛乱中,诸葛诞都选择站在司马氏一边,并率军助司马师镇压毌丘俭,击退东吴的援军。从表面上看诸葛诞应该属于司马氏集团,为何此时却与司马昭为敌呢?根据《三国志·诸葛诞传》的记载:"诞既与夏侯玄、邓飏等至亲,又王凌、毌丘俭累见夷灭,惧不自安,倾帑藏振施以结众心,厚养亲附及扬州轻侠者数千人以为死士。"诸葛诞眼见好友夏侯玄等人被灭了三族,前任王凌、毌丘俭等身首异处,而自己在淮南的势力更盛于王凌、毌丘俭。司马氏果于杀戮,连皇帝都敢废,又怎么会顾及自己亲家的身份。可见,"惧不自安"的危机感才是诸葛诞起兵反对司马昭的最直接原因。

魏甘露二年(257),诸葛诞发动淮南第三次叛乱。他"敛淮南及淮北郡县屯田口十余万官兵,扬州新附胜兵者四五万人,聚谷足一年食,闭城自守"。同时又"遣长史吴纲将小子(诸葛)靓至吴请救,吴人大喜"。① 派出两路兵马支援诸葛诞,一路由文钦、全怿等率领三万人,直接增援寿春;一路由朱异率领三万人,屯兵安丰,由寿春城外接应文钦、全怿等。诸葛诞与孙吴联合,声势颇大,对司马氏集团构成很大威胁。司马昭早就预料到诸葛诞会联络吴军,他镇定自若地说:"诞以毌丘俭轻疾倾覆,今必外连吴寇,此为变大而迟。吾当与四方同力,以全胜制之。"于是他当机立断,亲自督军征讨。司马昭思虑缜密,他在统兵出征前,考虑到若将魏帝曹髦单独留在京师之中,就将脱离自己的掌控,这是司马昭不放心的,为了将天子与太后牢牢地掌控在自己手中,司马昭上表曰:"昔黥布叛逆,汉祖亲征;隗嚣违戾,光武西伐;烈祖明皇帝乘舆仍出,皆所以奋扬赫斯,震耀威武也。陛下宜暂临戎,使将士得凭天威。"②

---

①《三国志》卷28《诸葛诞传》。
②《晋书》卷2《文帝纪》。

同年七月，司马昭裹挟曹髦与郭太后一起东征，他征发青、徐、荆、豫四州兵马，并从关中调遣部分军队，全军共达二十六万，会师淮北。司马昭进军丘头。吴国使文钦、唐咨、全端、全怿等三万余人来救诸葛诞，魏诸将迎击。将军李广临敌畏缩不前，泰山太守常时声称有疾不出兵，都被司马昭斩首示众。八月，吴将朱异率兵万余人，将辎重留在都陆，军队轻装到达黎浆。监军石苞、兖州刺史州泰奋力进攻吴军，朱异退走。与此同时，泰山太守胡烈用奇兵偷袭都陆，烧毁朱异的粮草辎重，石苞、州泰再次出兵进击朱异，大破其军。朱异战不能胜，粮草又尽失，吴军饥饿无粮，吃葛叶而逃窜，吴大将军孙綝愤怒，杀了朱异。击退吴军后，司马昭趁势令魏军完成对寿春的合围。

　　由于诸葛诞镇守的寿春是曹魏的军事重镇，城防极其坚固，再加之诸葛诞握有重兵，又有吴军为援，故欲取胜，绝非容易。根据这一情况，司马昭制订了围而不攻，使其坐毙的作战计划，他认为"（寿春）城固而众多，攻之必力屈，若有外寇，表里受敌，此危道也"。[1] 石苞、王基都请求进攻，司马昭说："（诸葛）诞之逆谋，非一朝一夕也，聚粮完守，外结吴人，自谓足据淮南。钦既同恶相济，必不便走。今若急攻之，损游军之力。外寇卒至，表里受敌，此危道也。今三叛相聚于孤城之中，天其或者将使同戮。吾当以长策縻之，但坚守三面。若贼陆道而来，军粮必少，吾以游兵轻骑绝其转输，可不战而破外贼。外贼破，钦等必成擒矣。"[2] 司马昭又派人向寿春城中散布吴军将至，魏军乏食，将要分遣军队到淮北就食，因此势不能久的消息，以麻痹诸葛诞。诸葛诞信以为真，放松了对粮食的管控，寿春城中的存粮很快告急，而吴国救兵却迟迟不来，诸葛诞这才明白中了圈套。

①　《三国志》卷 28《诸葛诞传》。
②　《晋书》卷 2《文帝纪》。

司马昭的战略方针取得了完全的成功,孙吴的援军被司马昭击败,只得退归江东。全怿的母亲是孙权的女儿,在吴获罪,全端的侄子全祎、全仪护卫其母投降魏军。全仪兄全静、全怿等人在寿春城中,司马昭遂行反间计于驻守在城中的孙吴将领。钟会善临摹他人笔迹,遂代全祎、全仪写信给全怿,"说吴中怒(全)怿等不能拔寿春,欲尽诛诸将家,故逃来归命。怿等恐惧",[①]于是全怿、全静兄弟五人率领部下来降,城中大为恐慌。诸葛诞外无救兵,内乏粮草,寿春成了一座孤城。司马昭又乘机展开攻心战术,他"假廷尉何祯节,使淮南,宣慰将士,申明逆顺,示以诛赏",[②]以瓦解叛军。

在司马昭重兵围困下,叛军内部发生内讧,诸葛诞、文钦在计议军事时,二人的意见相左,诸葛诞便亲手杀了文钦。钦子文鸯、文虎走投无路,请降于司马昭。文钦是司马氏政敌,其子投降后,"军吏请诛之",司马昭不但不杀,反而"表鸯、虎皆为将军,赐爵关内侯"。[③]淮南叛军见"文钦之子犹不见杀",纷纷请降,已呈土崩之势。司马昭见时机成熟,"乃自临围,四面进兵",发动猛攻。诸葛诞突围逃跑,被魏军击斩,诸葛诞麾下数百名不愿投降的士兵,也被斩杀,淮南悉平。

战事结束后,有人建议"淮南仍为叛逆,吴兵室家在江南,不可纵,宜悉坑之"。其实,坑杀俘虏在中国古代是相当常见的,秦国大将白起坑赵兵四十万,后来项羽坑秦兵二十万。曹操于官渡之战打败袁绍,袁军八万人投降曹操,曹操竟将这八万人全部坑杀。但是司马昭对此建议却不同意,他说:"古之用兵,全国为上。戮其元恶而已,吴兵就得亡还,适可以示中国之弘耳,"结果"一无所杀,分布三河近郡以安处之"。"淮南将吏士民诸为诞所胁略

① 《三国志》卷28《钟会传》。
② 《晋书》卷2《文帝纪》。
③ 《晋书》卷2《文帝纪》。

者,惟诛其首逆,余皆赦之。听鸯、虎收敛钦丧,给其车牛,致葬旧墓。"①司马昭此举确有政治家的气魄,和曹操采取的"围而后降者不赦"②的屠城暴行形成鲜明的对比。其"能以德攻"的怀柔政策取得了很大的成功,使得"吴众悦服,江东感之"。③对争取吴国民心的归服起到了积极的作用,同时亦为日后晋武帝平吴打下良好的基础。东晋史学家习凿齿对司马昭平淮南的用兵方略和采取的宽容政策甚为钦佩。他赞道:

> 自是天下畏威怀德矣。君子谓司马大将军于是役也,可谓能以德攻矣。夫建业者异矣,各有所尚,而不能兼并也。故穷武之雄毙于不仁,存义之国丧于懦退,今一征而禽三叛,大虏吴众,席卷淮浦,俘馘十万,可谓壮矣,而未及安坐,丧王基之功,种惠吴人,结异类之情,宠鸯葬钦,忘畴昔之隙,不咎诞众,使扬土怀愧,功高而人乐其成,业广而敌怀其德,武昭既敷,文算又洽,推此道也,天下其孰能当之哉?④

可见,司马昭是一个智勇兼备,特别是以谋略见长的政治家、军事家。司马昭迅速平定淮南之乱,不仅巩固了司马氏集团的统治,而且使淮南民众免遭兵灾战祸,其功绩应予肯定。

三、"一举灭蜀,自征伐之功未有如此之速"

司马昭自平定淮南诸葛诞之乱后,便积极准备击灭蜀、吴,统一华夏。以当时的天下形势而言,曹魏统一天下的关键是灭蜀。蜀虽偏据西南一隅,军事,经济实力均不如曹魏,然其地势险要,易守难攻。蜀汉前期有杰出的政治家、军事家诸葛亮治国。他内修

---

① 《三国志》卷28《诸葛诞传》。
② 《三国志》卷14《程昱传》注引《魏书》。
③ 《三国志》卷28《诸葛诞传附唐咨传》。
④ 《三国志》卷28《诸葛诞传》注引习凿齿曰。

农战,严明法令,外伐曹魏,以攻为守。故蜀汉是曹魏劲敌,当诸葛亮北伐时,连足智多谋、善于用兵的司马懿也"畏蜀如虎"。[①] 但自诸葛亮死后,蜀汉国力日趋衰落。姜维对魏连年用兵,损耗严重;刘禅不理朝政,昏庸无能,以致"蜀人愁苦","百姓疲弊",[②]社会矛盾日益尖锐。吴国曾派大夫薛珝出使蜀国,回来后,吴主孙休就问薛珝"蜀政得失,对曰:'主暗而不知其过,臣下容身以求免罪,入其朝不闻正言,经其野民皆菜色。'"[③]由此可见,蜀汉后期政治的腐败,民众百姓的痛苦已经到了何种程度。薛珝还说:"尽管如此,蜀汉君臣仍在醉生梦死之中,他们就像燕雀那样把窝筑在堂上,而不知这座大厦就要倒塌了。"

与蜀汉情况相反,司马氏集团不仅在政治上比较清明,而且大力推行军事屯田,取得十分显著的效果。经过几十年的休养生息,中原地区的社会经济有了很大的恢复和发展,不仅河洛地区垦田增多,而且江淮地区荒田亦被开垦。当时洛阳至淮南一带,河渠纵横,引水灌田,"鸡犬之声,阡陌相属"。[④] 司马懿执政时,接受邓艾的建议,于正始二年(241)在淮南寿春一带"开广漕渠,每东南有事,大军兴众,泛舟而下,达于江、淮,资食有储而无水害"。[⑤] 曹魏又以长安为征蜀的战略前线,为了保证军粮供给,司马懿开成国渠灌溉关中西部渭北农田。《晋书·食货志》云:"青龙元年,开成国渠自陈仓至槐里;引汧洛溉舄卤之地三千余顷,国从充实。"这就为司马氏统一天下,奠定了雄厚的物质基础。

由于连年军阀混战,加上瘟疫、水、旱等自然灾害,三国时期的人口大幅度减少。据《通典》等史料记载,全国人口仅 767 万,但

---

① 《三国志》卷35《诸葛亮传》注引《汉晋春秋》。
② 《华阳国志》卷7《刘后主志》。
③ 《三国志·薛综传附薛珝传》注引《汉晋春秋》。
④ 《晋书》卷26《食货志》。
⑤ 《三国志》卷28《邓艾传》。

魏国的人口数却超过了吴、蜀两国的总和。当时仅魏国登记在户籍上的人口就有443万，这个数字看起来不多，但却是蜀汉的四至五倍。因为蜀汉的总人口不足一百万。随着经济的发展，魏的军事实力亦不断增强，据《晋书·文帝纪》载："今诸军可五十万。"比之蜀汉只有约十万兵力，差不多是整整五倍，占有绝对的优势。

在魏蜀二国力量对比发生深刻变化的形势下，敢不敢于发动战略进攻，趁蜀汉衰弱之际，发兵消灭之呢？曹魏朝廷中很多人并未看出灭蜀条件已经成熟。他们对蜀汉的实力估计过高，又认为巴蜀天险难以逾越，故舆论都不赞成伐蜀。但司马昭力排众议，他洞察局势，看出"蜀数为边寇"，已是"师老民疲，我今伐之，如指掌耳"。[①] 在对吴，蜀二国的政治军事形势、地形、气候等条件作出全面分析后，他及时把握战机，制订了相当周密细致的战略计划。对此，《晋书·文帝纪》有较为详细的记载：

> （景元四年）夏，帝将伐蜀，乃谋众曰："自定寿春已来，息役六年，治兵缮甲，以拟二虏。略计取吴，作战船，通水道，当用千余万功，此十万人百数十日事也。又南土下湿，必生疾疫。今宜先取蜀，三年之后，因巴蜀顺流之势，水陆并进，此灭虞定虢，吞韩并魏之势也。计蜀战士九万，居守成都及备他郡不下四万，然则余众不过五万。今绊姜维于沓中，使不得东顾，直指骆谷，出其空虚之地，以袭汉中。彼若婴城守险，兵势必散，首尾离绝。举大众以屠城，散锐卒以略野，剑阁不暇守险，关头不能自存。以刘禅之暗，而边城外破，士女内震，其亡可知也。"

司马昭的这一番分析，极其精辟，具有极强的预见性和前瞻性。从魏灭蜀的整个战争过程来看，司马昭的战略判断相当准确。蜀军的主力确实被邓艾牵制在沓中，魏军的军事行动完全按照司马昭

---

① 《资治通鉴》卷78，"咸熙元年正月"条。

的战略步骤:钟会乘机"出其空虚之地",一举攻克蜀汉战略要地汉中。及至邓艾从阴平小道进入成都平原后,正如司马昭所预料的,蜀汉"边城外破,士女内震",朝野上下一片慌乱,已经失去了抵抗的意志。刘禅这个昏君吓破了胆,在坚守成都等待姜维回师营救,撤退至南中,以及屈膝投降的三个方案中,刘禅所选择的正是第三个方案。刘禅的所作所为尽在司马昭的掌控之中。

司马昭所制定的"先取蜀","因巴蜀顺流之势"灭吴的战略步骤,也是正确的。因为司马昭在攻占巴蜀之后,就可以充分利用长江上游的有利地形,顺流而下,攻灭吴国。太康元年(280),西晋的水军果然从益州出发,浩浩荡荡、所向披靡,一举攻克吴都建业。唐代诗人刘禹锡有诗云:"王濬楼船下益州,金陵王气黯然收。千寻铁锁沉江底,一片降幡出石头。"故而,从宏观上看,无论是平蜀,还是灭吴的总体战略都在司马昭的谋划之中。

司马昭的谋划为何能取得成功呢? 这是因为他的战略部署是建立在对敌情充分了解的基础上的,也就是孙子所说的"知己知彼,百战不殆"。

我们先来分析他对蜀汉国情的了解。蜀汉的军事统帅是姜维。姜维是诸葛亮亲手培养的军事接班人,诸葛亮死后,姜维屡次率军北伐。虽未能取得重大的战果,但也给魏国带来不少麻烦。所以姜维乃是曹魏的劲敌。起初,"司马昭患姜维数为寇,官骑路遗求为刺客入蜀",以除掉这一心腹之患。"从事中郎荀勖曰:'明公为天下宰,宜仗正义以伐违贰,而以刺客除贼,非所以刑于四海矣。'昭善之。"[1]为何司马昭会改变派刺客刺杀姜维的计划,转而接受荀勖的建议? 我以为,这是因为司马昭充分了解到了蜀汉统治集团内部矛盾的缘故。《资治通鉴》卷七八,景元三年条载:

初,(姜)维以羁旅依汉,身受重任,兴兵累年,功绩不立。

---

[1] 《资治通鉴》卷78,"景元三年十月"条。

黄皓用事于中,与右大将军阎宇亲善,阴欲废维树宇。维知之,言于汉主曰:"皓奸巧专恣,将败国家,请杀之!"汉主曰:"皓趋走小臣耳,往董允每切齿,吾常恨之,君何足介意!"维见皓枝附叶连,惧于失言,逊辞而出,汉主敕皓诣维陈谢。维由是自疑惧,返自洮阳,因求种麦沓中,不敢归成都。

胡三省于此作注曰:"司马昭因是决计绊(姜)维于沓中而伐蜀。"

姜维前往沓中①屯田,无论在政治上或军事上都是极为失策的,因为蜀汉的军事重镇是汉中,汉中在陕西省的南部,距离沓中有千里之遥。蒋琬、费祎执政期间,蜀军主力平时屯于后方基地涪城、汉寿。北部边境有警后,涪城、汉寿的援兵可以及时赴救,途中不会遇到敌人的阻击和干扰,可以按照预定的时间赶到作战地点。而姜维却担心自己回朝后会失去兵权,故不愿退师汉寿。姜维大军屯于边陲僻地——沓中,一是将自己的主力暴露在敌人面前,二是沓中和汉中东西悬隔千里,中间又有山水险阻的诸多障碍,一旦形势告急,很难及时返回营救汉中。

司马昭看出了姜维兵力部署上的重大破绽,遂命邓艾以偏师牵制住沓中的姜维,而让钟会率主力直捣汉中。他在代魏主曹奂所下的诏书中说:"蜀,蕞尔小国,土狭民寡,而姜维虐用其众,曾无废志;往岁破败之后,犹复耕种沓中,刻剥众羌,劳役无已,民不堪命。夫兼弱攻昧,武之善经,致人而不致于人,兵家之上略。蜀所恃赖,唯维而已,因其远离巢窟,用力为易。今使征西将军邓艾督帅诸军,趣甘松、沓中以罗取维,雍州刺史诸葛绪督诸军趣武都、高楼,首尾蹙讨。若擒维,便当东西并进,扫灭巴蜀也。"②司马昭看出姜维名为去沓中种麦,实则是避祸,可见后主刘禅和姜维君臣不和。另外,姜维率领的军队是蜀汉最有战斗力的主力部队,只要

---

① 沓中在现在甘肃省甘南州舟曲县附近。沓中的地理环境复杂,夹在岷山与迭山之间,白龙江在两山之间穿过,形成了狭长的河谷。

② 《三国志》卷4《陈留王纪》。

把姜维这支部队牵制住,魏军乘虚攻打汉中,就能稳操胜券。

司马昭对蜀汉军事力量的判断也十分正确。司马昭估计蜀汉的总兵力为九万多,守成都一带军事重镇的兵力为四万,机动兵力为五万余,这和实际情况基本相符。蜀亡后,刘禅"遣尚书郎李虎送士民簿,……带甲将士十万二千。"①可见,司马昭的判断相当准确。蜀汉国小,极盛时,兵力亦不过十二三万。经过多年战争的消耗,特别是姜维段谷之役的失利,"维为魏大将邓艾所破于段谷,星散流离,死者甚众"。②后虽有补充,也只能维持在十万人左右。

总之,司马昭基于以上三点,认定此时伐蜀胜算极大。其一,此时的魏国六年未经战事,多年来的休养生息,已经做好了充分的物质准备;其二,蜀汉国力空虚,全国上下士卒仅有十万,趁其疲敝可给予致命一击;其三,蜀国朝政黑暗,唯一对曹魏有威胁的姜维已被蜀汉朝廷排挤,被迫屯兵沓中,难以对曹魏伐蜀做出及时应对。以上仅是司马昭作出的总体战略方针,但落实到军事行动上,必须精心规划、周密部署。为此,司马昭又采取了四条具体步骤。

第一,防止吴蜀联盟。司马昭估计,蜀受到魏军攻击后,吴就会出兵来救。故他采取声东击西的策略来迷惑东吴,他下令"青、徐、兖、豫、荆、扬诸州,并使作船,又令唐咨作浮海大船,外为将伐吴者"。③这就使东吴不敢轻举妄动,发兵救蜀。

第二,集中优势兵力。魏国这次伐蜀,"征四方之兵十八万",④几乎是蜀国总兵力的两倍,在军队数量上占有绝对优势。

第三,魏军兵分三路,使蜀汉首尾不能相救:征西将军邓艾率领王顾、牵弘等,领兵三万,"自狄道攻姜维于沓中",任务是牵制住姜维,不让他回救汉中;雍州刺史诸葛绪率兵三万前往武街、桥

① 《三国志》卷33《后主传》注引王隐《蜀记》。
② 《三国志》卷44《姜维传》。
③ 《三国志》卷28《钟会传》。
④ 《晋书》卷2《文帝纪》。

头,任务是配合邓艾,"绝(姜)维归路";镇西将军钟会率十余万主力,"自骆谷袭汉中"。①

第四,选拔伐蜀大军的主将。邓艾久经沙场、足智多谋,让邓艾独当一面,去牵制姜维是无可非议的。问题是由谁去担任主力大军的统帅? 司马昭经过慎重考虑,最后决定"以会为镇西将军,假节都督关中诸军事"。② 司马昭任用钟会为伐蜀大军的主将,说明他独具慧眼,确有知人之明。在平定淮南毋丘俭、诸葛诞的战役中,钟会出谋划策,显示出过人的才华。③ 司马昭认为钟会才堪大用,完全可以胜任伐蜀、灭蜀的重任。后来的事实也证明,司马昭的择将是正确的。④ 在钟会和邓艾的指挥下,魏军居然只用了三个月不到的时间,就平定了蜀国。

按照司马昭的战略步骤,伐蜀的十八万大军分三路进军。由于姜维改变汉中防御策略,由诸葛亮时期的"实兵诸围以应外敌"改为"敛兵聚谷,退就汉、乐二城"。⑤ 因而钟会得以顺利地攻入汉中腹地,随后派遣李辅、荀恺各率一万余人,围蒋斌于汉城、王含于乐城,自己则率领大军攻打阳平关。阳平关守将蒋舒献城投降,驰援阳平关的张翼、董厥此时尚在汉寿,这样就导致了阳平关的陷落。阳平关失守,使汉中丧失了益州屏障的作用。姜维闻讯后立

---

① 《晋书》卷2《文帝纪》。

② 《三国志》卷28《钟会传》。

③ 《三国志》卷28《钟会传》载:"寿春之破,会谋居多,亲待日隆,时人谓之子房。"

④ 《三国志》卷28《钟会传》载:"文王以蜀大将姜维屡扰边陲,料蜀国小民疲,资力单竭,欲大举图蜀。惟会亦以为蜀可取,预共筹度地形,考论事势。"同传注引《世语》载,姜维问夏侯霸:"'京师俊士?'曰:'有钟士季,其人管朝政,吴、蜀之忧也。'"《汉晋春秋》载:"夏侯霸降蜀,姜维问之曰:'司马懿既得彼政,当复有征伐之志不?'霸曰:'彼方营立门户,未遑外事。有钟士季者,其人虽少,终为吴、蜀之忧,然非常之人亦不能用也。'后十五年而(钟)会果灭蜀。"夏侯霸所言的能任用钟会的"非常之人",即是司马昭。

⑤ 《三国志》卷44《姜维传》。

即退守剑阁,途中用声东击西之策,成功绕过了诸葛绪的堵截。最终与赶到剑阁的张翼、廖化合军,坚守剑阁。

姜维的成功退守剑阁,使司马昭原先制订的伐蜀计划发生了变化。姜维凭借剑阁天险和丰富的作战经验,严密防守,魏军一时难以攻克,同时又面临粮运困难的窘境,魏蜀双方一时陷入了僵持状态。为了打破僵局,邓艾提出出奇兵绕过剑阁,偷渡阴平直达蜀汉腹心的计划:"今贼摧折,宜遂乘之,从阴平由邪径经汉德阳亭趣涪,出剑阁西百里,去成都三百余里,奇兵冲其腹心。剑阁之守必还赴涪,则会方轨而进;剑阁之军不还,则应涪之兵寡矣。军志有之曰:'攻其无备,出其不意。'今掩其空虚,破之必矣。"①此计获得了钟会的支持。邓艾随即由阴平小道急行军七百里,克服重重困难,终于通过阴平险道,到达了江油。江油守将马邈经过一番苦战,不敌魏军而降。邓艾攻下绵竹后,兵临成都。蜀汉后主刘禅感到大势已去,在主降派谯周等人的劝导下,向邓艾请降,蜀汉灭亡。

司马昭一举灭蜀,是汉末三国军事史上的奇迹。袁子说:"今国家一举而灭蜀,自征伐之功,未有如此之速者也。"②司马懿时期,魏和蜀的军事较量从来就没有占过上风,在诸葛亮凌厉的攻势下,司马懿几乎只有招架之功,甚至闹出"死诸葛走生仲达""畏蜀如虎"的笑柄。而司马昭居然在这么短的时间内,就灭掉和曹魏长期较量,且颇占上风的强劲对手——蜀国,这是颇出人易料的。故魏主曹奂的诏书云:"使僭号之主,稽首系颈,历世逋诛,一朝而平。兵不逾时,战不终日,云彻席卷,荡定巴蜀。虽白起破强楚,韩信克劲赵,吴汉禽子阳,亚夫灭七国,计功论美,不足比勋也。"③虽然,诏书褒奖的是邓艾,但组织指挥这场灭蜀战争的最高统帅是司马昭,故当"诸侯献捷交至"时,魏主迫于无奈只得封司马昭为晋

---

① 《三国志》卷28《邓艾传》。
② 《三国志》卷28《邓艾传》注引《袁子》。
③ 《三国志》卷28《邓艾传》。

公,赐九锡,"命晋公以相国总百揆"。灭蜀之后,又"进帝爵为王,增封并前二十郡"。①

司马昭为何能建立超越其父兄的不世之功? 我认为,其一是时势造英雄,蜀汉后期国力衰败,三国鼎立的均势条件至司马昭当政时已不复存在,天下统一已成必然趋势;其二是司马昭高屋建瓴,看准了形势,及时组织了战略进攻,故取得了胜利。正如吴人张悌所分析:"今蜀阉宦专朝,国无政令,而玩戎黩武,民劳卒疲,竞于外利,不修守备,彼强弱不同,智算亦胜,因危而伐,殆其克乎。"②事实证明,张悌的这个评论是符合实际情况的。

如何来评价司马昭的灭蜀战争呢? 我认为,三国鼎峙虽较之东汉末年军阀割据的局面稍优些,但三国之间干戈不止,天下无一日之宁,这不仅阻碍了生产力的发展,同时也给人民带来很大的痛苦,所以当邓艾军一"入阴平,百姓扰扰,皆迸山野,不可禁制"。③蜀汉统治者虽欲抵抗,但蜀民都不愿继续作战,来延长国内的割据局面。由此可见,要求统一不仅是司马氏集团的愿望,同时也是人民的迫切要求。从历史发展的潮流来看,司马昭灭蜀是继承了曹操的事业,它结束了三国鼎峙的局面,为统一事业奠定了基础。

以往,有些论者对司马昭的灭蜀功绩评价不高。他们分析三国统一的原因,往往比较强调客观原因。即认为三国后期,中原地区经济的发展已超过吴、蜀,这就为统一创造了条件。其实,客观条件即使已经具备,但如果不发挥人的主观作用,统一还是不能实现。三国后期如果不出现司马昭这样卓越的政治家和战略家,要迅速实现全国的统一,是不可能的。对司马氏统一全国的功绩,习凿齿作出了高度评价,他说:"除三国之大害,静汉末之交争,廓九

---

① 《晋书》卷 2《文帝纪》。
② 《三国志》卷 48《孙皓传》注引《襄阳记》。
③ 《三国志》卷 42《谯周传》。

域之蒙晦,定千载之盛功者,皆司马氏也。"①综观三国历史,习氏的这一见解确是中的之论。

四、平定钟会叛乱

早在司马昭遣钟会伐蜀时,司马昭的幕僚"西曹属邵悌求见曰:'今遣钟会率十余万众伐蜀,愚谓会单身无重任,不若使余人行。'"②为何司马昭遣钟会伐蜀时,邵悌要提醒司马昭,钟会"单身无重任,不若使余人行"呢?胡三省在《资治通鉴》中作注曰:"魏制,凡遣将帅皆留其家以为质任,会单身无子弟,故曰单身无任。"③据钟会本传可知,钟会养兄子毅、峻、辿为后,确无子嗣,胡注所言不虚。由于钟会无家室之累,一旦统重兵于外,朝廷就缺少制约他的办法,邵悌的反对乃基于此。

然则,司马昭因何不纳邵悌之谏?是他不知钟会"单身"吗?显然不是。司马昭之所以以钟会为主将,担当伐蜀重任,实在是有其情非得已的苦衷。司马昭发动的伐蜀之役是曹魏立国以来规模甚大的军事行动,在朝野上下引起颇多质疑,多数人对于伐蜀之役抱有疑虑。虽然就国力而论,魏强于蜀,但蜀地形势险要,易守难攻。当诸葛亮北伐时,连善于用兵的司马懿亦采取稳固防守的消极策略。司马昭秉政时,蜀汉国力虽有衰落,但姜维仍在不断地侵扰曹魏边境。故"昭欲大举伐汉,朝臣多以为不可,独司隶校尉钟会劝之"。④ 直至魏军誓师出征的当天,朝中仍有人质疑,"秋八月,军发洛阳,大赉将士,陈师誓众,将军邓敦谓蜀未可讨,帝斩以徇"。⑤

---

① 《汉晋春秋辑本》卷1。
② 《三国志》卷28《钟会传》。
③ 《资治通鉴》卷78,"魏元帝咸熙元年正月"条。
④ 《资治通鉴》卷78,"景元三年十月"条。
⑤ 《晋书》卷2《文帝纪》。

在临出征前,司马昭不得不采取严厉措施,斩杀反对伐蜀的强硬派邓敦,使得曹魏上下统一了伐蜀的决心。由此可见,为了确保伐蜀之役按计划进行,司马昭对于魏军主将的任命是煞费苦心。

邓艾是当时曹魏最杰出的军事将领,又久在关陇前线,熟悉蜀汉形势,可谓是伐蜀主将的最佳人选。但出乎意料的是战功卓著的邓艾坚决地反对伐蜀。"征西将军邓艾以为蜀未有衅,屡陈异议。昭使主簿师纂为艾司马以喻之,艾乃奉命。"①邓艾在伐蜀之事上和司马昭意见相左,为此司马昭不得不另作考虑。除邓艾之外,钟会其实是司马昭颇为中意的人选。司马昭为何选钟会为伐蜀大军的主将,最主要的原因是他们两人在伐蜀的大政方针上所见略同,正如司马昭所言:"众人皆言蜀不可伐。夫人心豫怯则智勇并竭,智勇并竭而强使之,适为敌禽耳。惟钟会与人意同,今遣会伐蜀,必可灭蜀。"②

甘露五年(260),魏主曹髦被司马昭所弒,其弒君行为触及了儒家的道德伦理底线,饱受士人诟病。司马昭秉政以来,未建重大功业,欲行禅代,恐人心不服,难孚天下之望。其时三国鼎峙的局面依旧,故司马昭图谋借伐蜀来建立功业,以摆脱弒君所带来的道德危机,获取更多的政治资本,以加快魏晋禅代的进程。在司马昭的幕府中,钟会是参与谋划其事的核心人物。"毌丘俭作乱,大将军司马景王东征,会从,典知密事,卫将军司马文王为大军后继。景王薨于许昌,文王总统六军,会谋谟帷幄。"③可见,钟会与司马氏兄弟的关系非同一般。在朝野上下对伐蜀的一片反对声中,作为司马昭的心腹,唯有钟会才能真正理解伐蜀对于司马昭代魏所具有的重大战略意义,司马昭"欲大举图蜀。惟会亦以为蜀可取,

① 《资治通鉴》卷78,"景元三年十月"条。
② 《三国志》卷28《钟会传》。
③ 《三国志》卷28《钟会传》。

豫共筹度地形,考论事势"。① 因此钟会才得以越过年资、声望、战功皆在其上的邓艾,成为伐蜀大军主将的不二人选。

然而,钟会的人品却为时人所诟病。不仅邵悌提醒司马昭,魏廷中不少人对司马昭重用钟会也抱有疑虑,甚至说出了钟会必反的预言。② 那么司马昭为何会不顾妻子王氏、亲信贾充、荀勖以及钟会兄钟毓的极力反对,而授钟会以重兵伐蜀? 其实,钟会作为司马昭的股肱心腹,长期在司马昭帷幄中运筹划策,彼此间都十分了解,以司马昭之睿智,不会察觉不出钟会之野心。在回答邵悌怀疑钟会有可能谋反时,司马昭曰:

> 我宁当复不知此耶? 蜀为天下作患,使民不得安息。我今伐之如指掌耳,而众人皆言蜀不可伐,夫人心豫怯则智勇并竭,智勇并竭而强使之,适为敌禽耳。惟钟会与人意同,今遣会伐蜀,必可灭蜀。灭蜀之后,就如卿所虑,当何所能一办耶? 凡败军之将不可以语勇,亡国之大夫不可与图存,心胆以破故也。若蜀以破,遗民震恐,不足与图事;中国将士各自思归,不肯与同也。若作恶,祗自灭族耳。卿不须忧此,慎莫使人闻也。③

---

① 《三国志》卷28《钟会传》。
② 《晋书》卷39《荀勖传》载,荀勖曾对司马昭曰:"(钟)会虽受恩,然其性未可许以见得思义,不可不速为之备。"《三国志》卷28《钟会传》载:"近日贾(充)护军问我(指司马昭),言:'颇疑钟会不?'我答言:'如今遣卿行,宁可复疑卿邪?'"《三国志》卷28《钟会传》载:"(钟)毓曾密启司马文王,言会挟术难保,不可专任。"《晋书》卷31《文明王皇后传》载:"时钟会以才能见任,后每言于帝曰:'会见利忘义,好为事端,宠过必乱,不可大任。'会后果反。"《晋书》卷43《王戎传》载:"钟会伐蜀,过与(王)戎别,问计将安出,戎曰:'道家有言,为而不恃,非成功难,保之难也。'及会败,议者以为知言。"《三国志》卷25《辛毗传》注引《世语》云:"逮钟会为镇西将军,(辛)宪英谓从子羊祜曰:'钟士季何故西出?'祜曰:'将以灭蜀也。'宪英曰:'会在事纵恣,非持久处下之道,吾畏其有他志也。'祜曰:'季母勿多言。'其后会请琇为参军,宪英忧曰:'他日见钟会之出,吾为国忧之矣。今日难至吾家,此国之大事,必不得止也。'琇固请司马文王,文王不听。"
③ 《三国志》卷28《钟会传》。

580

从这段史料中,即可看出司马昭已经敏锐地观察到,钟会此人虽有军事才能,但很可能在功成名就之后图谋不轨。只是缘于朝中只有钟会与自己"意同",才委以重任。那么,司马昭究竟有无驾驭钟会之策,抑或有无防范钟会谋反的措施?当然有,钟会出征时,司马昭任命廷尉"(卫)瓘以本官持节监(邓)艾、(钟)会军事,行镇西军事,给兵千人",①即是有力的措施之一。时钟会任镇西将军,卫瓘"行镇西军事",其职本当隶属于钟会,但卫瓘负有持节监邓艾、钟会军事的特殊使命,而且司马昭单独"给兵千人",实际上赋予卫瓘总监军的职权。

必须指出的是,以卫瓘为监军,来防范钟会叛乱,其作用还是有限的,起关键作用的还是质任制。抑或有人会质疑,司马昭不是否决了邵悌的提醒:"会单身无重任,不若使余人行。"②怎么会依然用质任制来制约钟会呢?事实上,三国时期的质任制的实施范围极广,凡率兵作战的主将,包括一般将领均须将妻孥眷属,子弟宗族,甚至部曲留在邺城为质。在此,我们须深刻领悟司马昭与邵悌的这么一段对话:"灭蜀之后,就如卿所虑,当何所能一办耶……中国将士各自思归,不肯与同也。若作恶,祇自灭族耳。"③司马昭所云的"中国将士"当指钟会、邓艾统率的三军将士。为何他能料定"中国将士"在平蜀之后,"各自思归","不肯"参与钟会的谋反呢?笔者以为,"各自思归,不肯与同"的关键之处仍在于质任制度。清代学者陈景云说:"魏制,凡镇守部曲将及外州长吏,并纳质任。有家口应从坐者,收系保官。"④《资治通鉴》卷76正元二年正月胡三省注曰:"魏制,诸将出征及镇守方面,皆留质任。"可见,有魏一代,质任制度贯穿始终。

① 《晋书》卷36《卫瓘传》。
② 《三国志》卷28《钟会传》。
③ 《三国志》卷28《钟会传》。
④ 卢弼:《三国志集解》卷3《明帝纪》。

魏明帝曾把郡县分为剧、中、平三类。外剧郡地近曹魏边陲，郡守要送人质到京师。① 曹魏伐蜀军中的牵弘、王颀、杨欣、刘钦等皆为外剧郡的郡守，按制须送子入朝。钟会所部的护军荀恺、胡烈、田续；司马夏侯咸；长史杜预；参军皇甫闿、羊琇、爰青；将军李辅、田章、句安、王买、庞会等均为出征之将，自当援例循质任制。由于质任制犹如紧箍咒似的套在诸将的头上，所以钟会的谋反之举几乎无人响应。

实事求是地来看，钟会谋反的能量确实不容低估。先是钟会率兵攻克了蜀汉的军事重镇汉中，首战告捷，钟会得意洋洋。然而出乎钟会意料的是，邓艾偷渡阴平成功，竟然攻克成都，迫使后主刘禅投降。钟会妒忌邓艾的功劳超过了自己，于是就上表给司马昭，诬告邓艾企图谋反。恰巧邓艾也上表给司马昭。艾在表中说："今宜厚刘禅以致孙休，安士民以来远人，若便送禅於京都，吴以为流徙，则於向化之心不劝。宜权停留，须来年秋冬，比尔吴亦足平。以为可封禅为扶风王，锡其资财，供其左右。郡有董卓坞，为之宫舍。爵其子为公侯，食郡内县，以显归命之宠。开广陵、城阳以待吴人，则畏威怀德，望风而从矣。"②

邓艾的建议虽有一定的道理，但此时司马昭独揽大权，岂容他人对朝政大计置喙。司马昭觉得邓艾狂妄自大，因此很不高兴，于是他通过卫瓘告诉邓艾："事当须报，不宜辄行。"但邓艾此时头脑发热、居然回复司马昭："衔命征行，奉指授之策，元恶既服；至于承制拜假，以安初附，谓合权宜。今蜀举众归命，地尽南海，东接吴

---

① 魏明帝把郡县分为剧、中、平三类，外剧郡地近边陲，其赋税徭役较轻，但郡守要送人质到京师。主事者想把涿郡列为中或平，王观说："涿郡靠近敌人，经常遭其侵犯，为何不列为剧呢？"主事者说："如果把涿郡列为外剧郡，恐怕太守要用己子作为人质。"王观说："为官者，应一切以百姓为重。若列在外剧，那样百姓在服劳役、征户方面就会有所削减。怎能为了我个人的利益而有负于一郡百姓呢？"于是涿郡被列为外剧郡，王观则送己子到邺城去作人质。
② 《三国志》卷 28《邓艾传》。

会,宜早镇定。若待国命,往复道途,延引日月。春秋之义,大夫出疆,有可以安社稷、利国家,专之可也。今吴未宾,势与蜀连,不可拘常以失事机。兵法,进不求名,退不避罪,艾虽无古人之节,终不自嫌以损于国也。"①邓艾回信口气极大,公开挑战司马昭的权威。

邓艾未经司马昭许可,就大肆封赏蜀汉降臣,他"依邓禹故事,承制拜刘禅行骠骑将军,太子奉车,诸王驸马都尉,蜀群司各随高下拜为王官,或领艾官属。以师纂领益州刺史,陇西太守牵弘等领蜀中诸郡"。邓艾对蜀国群臣说:"诸君赖遭某,故得有今日耳。若遇吴汉之徒,已殄灭矣。"俨然把自己当成蜀汉群臣的救世主。邓艾又说:"姜维自一时雄儿也,与某相值,故穷耳。"②得意之情溢于言表。邓艾自以为功高盖世,在成都当起了土皇帝。

这时,钟会、胡烈、师纂等人联名上书司马昭,说邓艾"所作悖逆,变衅以结"。钟会写得一手好字,尤其善于模仿他人字体。于是,他模仿邓艾的笔迹,将邓艾给司马昭的信进行篡改,使得信中的语气更加傲慢、狂妄。司马昭大怒,觉得邓艾尾大不掉、有谋反之意。于是,就以"诏书槛车征艾"。司马昭把"槛车征艾"的任务交给了钟会。钟会估计邓艾不肯束手就缚。于是就借刀杀人,"会以瓘兵少,欲令艾杀瓘,因加艾罪"。③ 如此即可以一石二鸟,坐收渔人之利。卫瓘看透了钟会的险恶用心,绝不上当。卫瓘连夜赶往成都,他到处散发檄文,"称诏收艾,其余一无所问"。如有违抗者,诛灭三族。至天晓鸡鸣之时,卫瓘已经来到成都。邓艾的部将见到檄文之后,都纷纷归降了卫瓘。此时,邓艾还"卧未起",卫瓘冲入邓艾府中,结果"邓艾父子俱被执。艾诸将图欲劫艾,整仗

---

① 《三国志》卷28《邓艾传》。
② 以上皆见《三国志》卷28《邓艾传》。
③ 《晋书》卷36《卫瓘传》。

趣瓘营。瓘轻出迎之,伪作表草,将申明艾事,诸将信之而止"。①

钟会擒住邓艾后,其已手握重兵二十余万。钟会所部原来就有十二三万,在征蜀途中,又"密白(诸葛)绪畏懦不进,槛车征还,军悉属会"。"姜维等所统步骑四五万人"亦"送节传于胡烈,便从东道诣会降"。邓艾所部有三万余人,攻下江油、绵竹、成都后,又有一二万蜀军向他投降。邓艾被擒后,"艾军皆释仗",所部全部归顺钟会。钟会遂"独统大众、威震西土。自谓功名盖世,不可复为人下,加猛将锐卒皆在己手,遂谋反"。钟会的如意算盘是:使"姜维等皆将蜀兵出斜谷,会自将大众随其后。既至长安,令骑士从陆道,步兵从水道浮渭入河,以为五日可到孟津。与骑会洛阳,一旦天下可定也"。

魏灭蜀的战争如此顺利,时人大都未预料到。但接下来的钟会谋反事件却十分严重,几乎使司马昭统一天下的战略规划功亏一篑。司马昭虽曾估计到,钟会可能心存不轨,但这毕竟是他所作的最坏打算。《晋书·荀勖传》载:"及钟会谋反,审问未至,而外人先告之。帝(司马昭)待会素厚,未之信也。"《三国志·钟会传》亦载:"及会白邓艾不轨,文王将西,(邵)悌复曰:'钟会所统,五六倍于邓艾,但可敕会取艾,不足自行。'文王曰:'卿忘前时所言邪,而更云不可须行乎?虽尔,此言不可宣也。我要自当以信义待人,但人不当负我,我岂可先人生心哉!'"可见,在司马昭的内心深处,还是不希望钟会谋反。

尽管钟会曾经是司马昭的心腹,然而在关键时刻,司马昭绝不会感情用事。司马昭处事果断、沉着冷静。当他觉察到了钟会的阴谋,就毫不犹豫地亲率大军进驻长安,司马昭在采取军事行动之

---

① 《晋书》卷36《卫瓘传》。钟会被杀后,魏军在成都大肆掠劫,后由监军卫瓘收拾稳定局势,因其参与诬陷邓艾,遂派护军田续追杀邓艾父子于绵竹(今四川德阳)西。邓艾在洛阳的余子也被诛杀,邓艾妻和孙子被发配至西域。

前,手书与钟会,书云:"恐邓艾或不就征,今遣中护军贾充将步骑万人径入斜谷,屯乐城,吾自将十万屯长安,相见在近。"这封信起到了敲山震虎的作用,实际上是对钟会发出了严厉的警告。"(钟)会得书,惊呼所亲语之曰:'但取邓艾,相国知我能独办之;今来大重,必觉我异矣,便当速发。'"①

钟会发觉司马昭对他已有防范,慌忙诈称郭太后有遗诏,公开打出讨伐司马昭的旗号,但其部将都不愿随他作乱,钟会只得把他们都关押起来,"城门宫门皆闭,严兵围守",②欲尽杀之。《钟会传》较为翔实地记载了钟会在蜀汉旧宫中为郭太后发丧,准备挟持护军、郡守、牙门骑督以上等高级僚属起兵,讨伐司马昭:

> (钟)会以(景元)五年正月十五日至,其明日,悉请护军、郡守、牙门骑督以上及蜀之故官,为太后发丧于蜀朝堂。矫太后遗诏,使会起兵废文王,皆班示坐上人,使下议讫,书版署置,更使所亲信代领诸军。所请群官,悉闭著益州诸曹屋中,城门宫门皆闭,严兵围守。③

钟会欲反,征求诸将意见,但竟无一人响应,其弄巧成拙,狼狈不堪,不得不"严兵围守",将诸将全部禁闭起来。但被幽禁的护军胡烈通过钟会帐下督丘建将钟会阴谋泄漏出去。钟会幽禁魏将,宠信敌国降将姜维的行径极大地激怒了魏军将士。魏军将士"一夜转相告,皆遍。或谓会,可尽杀牙门骑督以上,会犹豫未决"。魏军将士获悉,极为愤怒,攻打宫门,"门外倚梯登城,或烧城屋,蚁附乱进,矢下如雨。牙门、郡守各缘屋出,与其卒兵相得"。④这时里面被囚禁的将领、郡守们也趁机逃了出来,里应外合,终于杀

---

① 以上史料均引自《三国志》卷28《钟会传》。
② 《三国志》卷28《钟会传》。
③ 《三国志》卷28《钟会传》。
④ 《三国志》卷28《钟会传》。

到钟会、姜维据守的大殿，姜维、钟会率领手下将士奋力迎战，亲手杀死五六人，但毕竟寡不敌众，被魏军杀死。"众既格斩维，争赴杀会。会时年四十。"①因为姜维唆使钟会谋反，所以"魏将士愤怒，杀会及维，维妻子皆伏诛"。② 钟会的失败，看似偶然，其实是必然的。最主要的原因是诸将之妻孥眷属皆在邺城，一旦谋反，必殃及宗族，故无人敢冒倾宗覆族之风险。

这里还有一个问题需要讨论，即为何钟会要撇开诸将而专同蜀汉降将姜维商讨谋反之事？此事颇值得探究。《汉晋春秋》生动地记载了钟会与姜维的密切交往与一段隐秘的对话：

> 会阴怀异图，维见而知其心，谓可构成扰乱以图克复也，乃诡说会曰："闻君自淮南已来，算无遗策，晋道克昌，皆君之力。今复定蜀，威德振世，民高其功，主畏其谋，欲以此安归乎！夫韩信不背汉于扰攘，以见疑于既平，大夫(文)种不从范蠡于五湖，卒伏剑而妄死，彼岂暗主愚臣哉？利害使之然也。今君大功既立，大德已著，何不法陶朱公泛舟绝迹，全功保身，登峨嵋之岭，而从赤松游乎？"会曰："君言远矣，我不能行，且为今之道，或未尽于此也。"维曰："其他则君智力之所能，无烦于老夫矣。"由是情好欢甚。③

伐蜀之前，钟会与姜维从未谋面，亦无书信往来，但姜维甫降，钟会就待之若上宾。"会厚待维等，皆权还其印号节盖。会与维出则同舆，坐则同席，谓长史杜预曰：'以伯约比中土名士，公休、太初不能胜也。'"④仇鹿鸣认为："钟会厚遇与自己同一气类的姜维，将姜维比作中原名士诸葛诞与夏侯玄"，是因为他们"所认同的是一种共同的文化属性，而非政治立场"。"钟会本人就是这一名士群

---

① 《三国志》卷28《钟会传》。
② 《三国志》卷44《姜维传》。
③ 《三国志》卷44《姜维传》注引《汉晋春秋》。
④ 《三国志》卷44《姜维传》。

体中活跃的一员"。① 仇鹿鸣的分析虽不无道理,但略有偏颇。笔者以为,钟会、姜维之间的惺惺相惜,共图反晋,主要是为各自的利益而相互利用,至于"文化属性相同"则是其次。钟会"内有异志",但谋反事关身家性命,故不敢轻易泄漏,即使对心腹亦有所顾忌。钟会深知,姜维之降,情非得已,乃形势所迫。利用他来讨伐司马昭,不仅不会有风险,而且是实现自己目标的重要筹码。姜维亦欲利用钟会的谋反来实现自己匡复蜀汉的计划。② 总之,钟、姜两人虽然各有各的如意算盘,但都将司马昭视为政敌,基于此,两人才结成同盟。

从钟会谋反事件的整个过程来看,除了姜维假意相助钟会叛乱之外,钟会孤立无援,几乎处于四面楚歌的境地。当钟会阴谋泄漏后,"(卫)瓘作檄宣告诸军,诸军并已唱义,陵旦共攻会。会率左右距战,诸将击败之,唯帐下数百人随会绕殿而走,尽杀之"。③可见,无论是诸将、还是诸军,除了钟会贴身侍卫,几乎没有人愿意追随钟会讨伐司马昭。个中缘由何在? 尚须我们进一步省思。司马氏废主弑君,欲行禅代,钟会矫郭太后诏声讨之,在道义上冠冕堂皇,并无不当之处。无人响应的根本原因在《晋书·卫瓘传》中或可找到答案:即钟会"发兵反,于是士卒思归,内外骚动,人情忧惧"。④ 卫瓘作檄,登高一呼,魏军将士同仇敌忾,"陵旦共攻(钟)会"。而此种情形早已在司马昭与邵悌的对话之中就已预料到。司马昭之所以会作出"灭蜀之后,中国将士,各自思归,不肯与同也,若作恶,祇自灭族耳"的判断。最主要的原因是,除钟会之外,

---

① 仇鹿鸣:《魏晋之际的政治权力与家族网络》,上海古籍出版社 2012 年,第 146 页。
② 《三国志》卷 44《姜维传》注引《华阳国志》曰:"维教会诛北来诸将,既死,徐欲杀会,尽坑魏兵,还复蜀祚,密书与后主曰:'愿陛下忍数日之辱,臣欲使社稷危而复安,日月幽而复明。'"
③ 《晋书》卷 36《卫瓘传》。
④ 《晋书》卷 36《卫瓘传》。

其手下将士都有质任制的羁绊。因为平蜀之后,魏军诸将士自可按功受赏,以享荣禄;反之,若谋反不成,即有亡宗灭族之祸。两者相较,其中利害泾渭分明,谁肯冒此风险!钟会只顾自己"单身",无后顾之忧,全然不考虑众将士的利益,这就必然招致诸将的愤恨,使自己陷于孤家寡人的境地。

《卫瓘传》中言及的"诸军",即军吏及普通士卒,他们亦不愿追随钟会反叛,毫无疑问,这当然也是有缘由的。汉晋之际的质任制度,不仅针对将领,还针对士兵实施。曹魏的士家制是将质任制渗透于兵制之中。士家制中有"士亡法",即吏士在前线作战,其眷属则须留在后方作人质。如果士卒降敌或叛逃,家属就要受到株连,或没为官奴婢,或被处死。① 唐长孺在论及曹魏士家制时指出:"质任就是人质,将士家属集中居住于邺或洛阳,除了充实户口之外,主要是防止逃亡、反叛。"②在"士亡法"的控制下,魏国叛逃作乱的将士是很难得逞的。可见,曹魏的"士亡法"对前线将士起着巨大的制约作用。司马昭之所以放心地使"单身"的钟会伐蜀,是因为有"士亡法"这个法宝,藉此,他就完全可以将钟会掌控在自己的手中。由此可以看出,魏晋易代之际,质任制的功能并未有丝毫削弱。相反,曹魏灭蜀是三国统一战争的关键之战,质任制与士亡法在其时发挥了其制约将帅吏士的特殊作用。③

姜维诈降虽然没有成功,但他精忠报国,为了蜀汉事业奋斗终

---

① 士亡法规定:"卒逃归,斩之。一日家人弗捕执,及不言于吏,尽与同罪。"(唐)杜佑撰,王文锦等点校:《通典》卷149《兵典二》引《步战令》,中华书局1988年,第347页。《三国志》卷24《高柔传》载:"鼓吹宋金等在合肥亡逃。旧法,军征士亡,考竟其妻子。太祖患犹不息,更重其刑。金有母妻及二弟皆给官,主者奏尽杀之。"

② 唐长孺:《晋书赵至传中所见的曹魏士家制度》,《魏晋南北朝史论丛》,生活·读书·新知三联书店1955年,第32页。

③ 本节主要参阅朱子彦:《汉晋之际质任现象综论》一文,《历史研究》2015年第6期。

生,最后以身殉国,其精神令后人感动不已。姜维诈降之事在历史上有很大影响。例如,太平天国革命运动失败以后,忠王李秀成被俘,他在曾国藩的囚笼中写下了供状,也就是著名的《李秀成自述》。对于这份自述,史学家颇有争议,有人认为这是李秀成贪生怕死,卑躬屈膝地向清朝、向曾国藩投降的铁证,因此得出忠王不忠,李秀成晚节不保的结论。但著名史学家罗尔纲认为,以李秀成之忠心耿耿,决不会屈服,他是在效仿三国时期的姜维,诈降曾国藩,以保存太平天国的有生力量,等待时机,东山再起。不管罗尔纲的推测考证是否有道理。总之,姜维诈降是三国史上颇为精彩的篇章,引起后人无限的惆怅。

钟会起兵反对司马昭,其性质虽然是魏国统治阶级内部争夺统治权的斗争,但钟会的野心是"事成,可得天下;不成,退保蜀汉,不失作刘备也"。[①] 从董卓进京至蜀汉灭亡,天下已经分裂了大半个世纪。在此期间,土地荒芜,人口大量死亡,生产力严重倒退。当时的民众十分期盼天下能早日统一,如若钟会起兵事成,后果将不堪设想。

按照钟会的第一步计划,他将率数十万大军同司马昭在长安、洛阳一带决战。长安、洛阳是二汉的京师,自董卓、李傕、郭汜之乱,关中、河洛地区遭到了毁灭性的破坏,几乎成了废墟。正因其如此,曹操迎献帝时,才不得不迁都于许昌。经过曹魏政权几十年的经营,长安、洛阳才重新恢复了生机。如果钟会和司马昭在此拼杀,二京又要再遭兵革之燹。

钟会的第二步计划是"退保蜀汉,不失作刘备"。经过司马氏父子二代人的努力,和魏国将士们的奋力拼杀,好不容易才灭掉了蜀国,统一天下指日可待。如果钟会的第二步计划得逞,那仍然是三国鼎立的局面。但是,正如司马昭所预料的,蜀亡之后,无论是

---

① 《三国志》卷28《钟会传》。

蜀之遗民还是北方将士都不愿拥护钟会再行割据。钟会叛乱最终失败的原因,不仅仅是司马昭运用高超的谋略,采取果断的措施,稳定了蜀中的局势,更主要的是由于国家长期的分裂给人民带来了莫大的痛苦。可见,统一确实是人心所向,三国归晋也是天命所归。当然这个"天命"实际上是指人民的意愿。所以司马昭迅速平定钟会叛乱,是符合历史的发展和人民要求的。

五、实施正确的治蜀政策

司马昭灭蜀之后,还面临着如何治蜀的问题。正如西汉陆贾所说:"马上得之,宁可以马上治乎?"①所以司马昭在治理巴蜀的问题上,还面临着更复杂的问题,需要采取更高明的谋略,否则将事倍功半,到手的胜利果实也会付诸东流。

司马昭虽然派邓艾、钟会攻占了汉中、成都等地,但蜀国的大部分地区仍不肯归附。南中地区,也就是今天的云南、贵州地区,主要由少数民族居住,他们对汉族统治者历来反感,甚至仇视。诸葛亮南征,七擒孟获,才平定了南中。诸葛亮死后,南中地区又发生过多次的少数民族反抗。蜀汉中央政权虽遭覆灭,但益州土著集团尚有相当的力量;而且此时蜀之南中,巴东等地还在继续抵抗,不肯降服。

为了防范东吴,蜀汉以相当一部分兵力镇守在白帝城和江州。蜀国留守在南中和白帝城的二员大将霍弋和罗宪都是文武双全,能征惯战的将领。"是时罗宪以重兵据白帝,霍弋以强卒镇夜郎,蜀土险狭,山水峻隔,绝巘激湍,非步卒所涉。若悉取舟楫,保据江州,征兵南中,乞师东国,如此则姜、廖五将自然云从,吴之三师承命电赴,何投寄之无所而虑于必亡邪? 魏师之来,襄国大举,欲追

---

① 《史记》卷97《陆贾列传》。

则舟楫靡资,欲留则师老多虞。"①作为政治家的司马昭懂得如果单纯使用武力,采取军事镇压手段,并不能迅速消灭蜀汉的残余势力。因此他根据蜀中的状况,采取了一系列有效的措施来巩固他在巴蜀地区的统治。

首先是轻徭薄赋,缓和蜀地的社会矛盾。在刘禅的统治下,蜀中百姓赋役负担极其沉重,当时全蜀"领户二十八万,男女口九十四万",但却有"带甲将士十万二千,吏四万人"。②平均九个人负担一个"将士",七家民户养活一个"吏"。这样沉重的负担,当然压得人民喘不过气来。司马昭平蜀伊始,就立刻下令,"特赦益州士民,复除租赋之半五年",以苏民困。他还"劝募蜀人能内移者,给廪二年,复除二十岁"。③用经济上的优待政策,鼓励益州士民迁徙到中原地区去。

其次,笼络蜀中士大夫。蜀国统治集团分成三个派系,一是荆州集团,二是东州集团,三是益州土著集团。荆州集团和东州集团都是外来户,土著集团对这两个外来户向来持排斥态度。司马昭洞察蜀汉政权矛盾斗争的焦点和引起蜀汉政权崩溃的症结,为了解决主客之间的矛盾,防范蜀汉政府卵翼下的残余势力在益州东山再起,同时也为了满足益州土著集团驱逐外来势力的愿望。平蜀之后,他下令将荆州集团和东州集团的重要文武官吏,全部召回到中原地区去,给他们官做,有的还赐以爵位,如"尚书令樊建、侍中张绍、光禄大夫谯周、秘书令郤正、殿中督张通并封列侯"。④从而满足了益州土著集团"蜀人治蜀"的要求。换而言之,外来势力已随着蜀汉政权的覆灭而撤出益州了。

复次,司马昭治理巴蜀地区所有的措施中,最为关键的是如何

① 《三国志》卷42《谯周传》注引孙盛曰。
② 《三国志》卷33《后主传》注引王隐《蜀记》。
③ 《三国志》卷4《陈留王纪》。
④ 《三国志》卷33《后主传》。

对待刘禅。刘禅虽系亡国之君,但他毕竟当了四十年的蜀国皇帝,在巴蜀地区很有影响。为了争取蜀汉士人的归附,司马昭对蜀主刘禅采取了安抚笼络的政策。例如,蜀汉南中都督"霍弋闻魏军来,弋欲赴成都,后主以备敌既定,不听。及成都不守,素服号哭,大临三日,诸将咸劝宜速降,弋曰:'今道路阻塞,未详主之安危,大故去就,不可苟也,若主上与魏和,见遇以礼,则保境而降,不晚也,若万一危辱,吾将以死拒之,何论迟速耶。'"①由此可见,对刘禅如何处置,关系到巴蜀地区人心之向背,一旦刘禅受辱或被杀,蜀汉士大夫则不但不会与司马氏集团合作,反而有可能与之为敌。司马昭洞察其情,故对刘禅十分礼遇。他奏请魏帝曹奂封刘禅为安乐公,"子孙为三都尉,封侯者五十余人"。又予以优厚之俸禄,"食邑万户,赐绢万匹、奴婢百人,他物称是"。并以魏主名义下诏褒奖刘禅道:"公恢崇德度,深秉大正,不惮屈身委质,以爱民全国为贵,降心回虑,应机豹变,履信思顺,以享左右无疆之休,岂不远欤。"②司马昭还设宴招待刘禅,"为之作故蜀技,旁人皆为之感怆,而禅喜笑自若"。司马昭又问他:"'颇思蜀否?'禅曰:'此间乐,不思蜀。'"③此事诚然反映了刘禅的昏庸怯懦,被后世传为笑柄。但从另一角度来看,不也表明了由于司马昭对刘禅的"归命之宠",④使其在政治和经济上得到了较好的待遇,故刘禅才有"乐不思蜀"之语。

由于司马昭实施了正确的治蜀政策,蜀汉各地郡守纷纷归降。霍弋"得后主东迁之问,始率六郡将士"请降,并向司马昭表示:

---

① 《三国志》卷41《霍弋传》注引《汉晋春秋》。
② 《三国志》卷33《后主传》。
③ 《三国志》卷33《后主传》注引《汉晋春秋》。
④ 据《三国志》卷48《孙晧传》注引干宝《晋纪》载,孙晧遣纪陟使魏,"晋文王飨之,百僚集会,使傧者告之:'某者安乐公也,某者匈奴单于也。'陟曰:'西主失土,为君王所礼,位同三代,莫不感义。'"可见,刘禅降魏后,司马昭以国宾之礼待之。

"臣闻人生于三,事之如一,惟难所在,则致其命。今臣国败主附,守死无所,是以委质,不敢有贰。"①司马昭不烦刀兵,就平定了南中。司马昭以霍弋能保全一方,举郡内附,故仍委以旧任,拜其为南中都督。霍弋后来派遣部将救援魏将吕兴,平定吴国交阯、日南、九真三郡,以功受封列侯。

蜀巴东太守罗宪"闻成都败,城中扰动,江边长吏皆弃城走,宪斩称成都乱者一人,百姓乃定,得后主委质问之",知蜀汉确实已亡,才放弃死守。遂"送文武印绶,任子诣晋王",②以表示自己绝无二心。自从诸葛亮执政以后,孙刘重归于好,结成盟国。当魏军大举攻蜀之时,吴国曾经派出军队救援蜀国,但远水难救近渴。待吴军赶到,蜀已亡,而且此时邓艾、钟会内讧,益州的局面失去控制。吴国认为有机可乘,欲趁机兼并巴蜀,扩充己方版图。于是东吴就以重兵攻打罗宪镇守的巴东郡。此时的罗宪面临两种选择,由于本国已亡,所以既可以降魏,也可以投吴。但罗宪却表示自己宁愿归魏,也不降吴。于是罗宪"保城缮甲,告誓将士,厉以节义,莫不用命"。当时,罗宪镇守的永安城只有区区二千士卒,但却击败了东吴数倍于己的军队。吴主孙休"复遣陆抗等帅众三万人增宪之围,被攻凡六月日而救援不到,城中疾病大半"。有人劝罗宪弃城而遁,但罗宪却表示要效忠司马昭,他说:"夫为人主,百姓所仰,危不能安,急而弃之,君子不为也,毕命于此矣。"③即罗宪表示自己要与永安城共存亡。不久,魏国的增援部队赶到,打退了吴军的围攻。不久,司马昭加封罗宪为陵江将军,万年亭侯,监巴东军事,使持节,领武陵太守。

从霍弋、罗宪之例,可以看到,司马昭笼络蜀人的谋略获得了很大的成功。罗宪为保卫巴东,舍生忘死,从原来蜀汉的忠臣变成

---

① 《三国志》卷41《霍弋传》注引《汉晋春秋》。
② 《三国志》卷41《霍弋传》注引《襄阳记》
③ 《三国志》卷41《霍弋传》注引《襄阳记》。

了西晋的忠臣。在司马昭的治理下,巴蜀地区日后成了西晋伐吴的基地。西晋灭吴共出动六路大军,而其中战功最为显赫、一举攻克吴都建业、迫使孙皓归降的就是王濬统率的巴蜀军队。

六、司马昭弑君辨析

司马昭一生功业卓著是毋庸置疑的,但其弑杀魏主曹髦之举却最为世人所诟病,留下了千古污名,然而司马昭为何要弑君?是其故意为之,还是迫于无奈?自古及今,学人似乎尚未就此问题展开探讨,笔者不敏,拟就这一问题谈些个人管见,以求正于同好。

如果说,高平陵之变揭开了司马代魏的序幕,那么,司马师废曹芳,另立高贵乡公曹髦,就有力地表明了司马家族代魏的进程已加快了步伐。

曹髦,字彦士,魏文帝曹丕之孙,东海定王曹霖之子,其聪明好学,才慧早成。正始五年(244),封为高贵乡公。嘉平五年(254),大将军司马师废齐王曹芳后,拥立他为帝,年号正元。为了挽救曹魏王朝,曹髦颇有心计地展开了一系列收拾人心的工作。他即位不久就"遣侍中持节分适四方,观风俗,劳士民,察冤枉失职者"。同时,他自己率先垂范,"减乘舆服御,后宫用度,及罢尚方御府百工技巧靡丽无益之物"。① 曹髦还多次下诏,对战死的将士和饱受战火创伤的地方表示哀悼和抚慰。正元二年(255),魏雍州刺史王经被姜维击败,魏军死伤惨重,他下诏曰:"洮西之战,至取负败,将士死亡,计以千数,或没命战场,冤魂不反,或牵掣虏手,流离异域,吾深痛愍,为之悼心。其令所在郡典农及安抚夷二护军各部大吏慰恤其门户,无差赋役一年;其力战死事者,皆如旧科,勿有所

---

① 《三国志》卷4《高贵乡公髦纪》。

漏。"①从史料记载来看,曹髦颁发的此类安抚性质的诏书,其数量大大超过前任君主,这其中显示的用心恐非单纯用个人喜好与否来说明,而是曹髦要让臣下知道他并非是司马氏手中的玩偶,而是有所作为的大魏皇帝。

曹髦喜好文学,擅长诗文,精通绘画,曾亲赴太学论道。讲《易》毕,复命讲《尚书》,他还经常邀请一些大臣进宫,或宴请、或纵论、或私谈,曹髦还常与司马望、王沈、裴秀、钟会等大臣在太极东堂讲经宴筵并作文论,称裴秀是"儒林丈人",王沈是"文籍先生",司马望和钟会也各有名号。史书记载他"爱好文雅,广延诗赋,以知得失"。曹髦还要求群臣"玩习古义,修明经典,称朕意焉。"②实质上他是借机考察臣下心态,拉拢、争取和疏远不同的对象。

一些忠于司马氏的臣工也看出曹髦并非是寻常之主。《魏氏春秋》记载了司马师与钟会的一段对话:"公(曹髦)神明爽儁,德音宣朗。罢朝,景王(司马师)私曰:'上何如主也?'钟会对曰:'才同陈思,武类太祖。'景王曰:'若如卿言,社稷之福也。'"③钟会说曹髦"才同陈思(曹植),武类太祖(曹操)",这个评价何其高也,而司马师说"若如卿言,社稷之福也",显然不是由衷之言,他很可能十分后悔废曹芳后不该立曹髦为帝。

曹髦虽无实权,但并不甘心碌碌无为,而有志于中兴曹魏。他尤其推崇中兴夏朝的少康,声称:"少康生于灭亡之后,降为诸侯之隶,崎岖逃难,仅以身免,能布其德而兆其谋,卒灭过、戈,克复禹绩,祀夏配天,不失旧物。非至德弘仁,岂济斯勋?"④言下之意,他将效仿少康,从司马氏手中夺回大权,中兴曹魏王朝。

司马师病逝后,曹髦命司马昭镇守许昌,令尚书傅嘏率六军回

---

①　《三国志》卷4《高贵乡公髦纪》。
②　《三国志》卷4《高贵乡公髦纪》。
③　《三国志》卷4《高贵乡公髦纪》注引《魏氏春秋》。
④　《三国志》卷4《高贵乡公髦纪》注引《魏氏春秋》。

京师,图谋以此达到削夺司马昭兵权的目的,但司马昭用傅嘏及钟会之计,公然抗旨,亲率大军回京。曹髦计划落空,不得不对司马昭加以笼络。忠于曹氏的诸葛诞于淮南起兵讨伐司马昭,为防意外发生,司马昭挟迫太后与曹髦同行。凡此种种约束和看管,皆引起曹髦强烈地不满,但又无可奈何。甘露四年(259),地方上奏曰:井中出现黄龙,"咸以为吉祥"。但曹髦却说:"龙者,君德也。上不在天,下不在田。而数屈于井,非嘉兆也。"之后,曹髦作《潜龙》诗影射司马昭,"司马文王见而恶之"。①

曹髦不计后果,亲自率众讨伐司马昭的直接原因,是他难以忍受司马昭擅权、皇权日渐式微的局面,且担心自己遭遇被废黜的结局。其导火索,则可能是曹髦被迫对司马昭进行封赏和司马昭的矫饰推脱。曹髦曾于甘露三年(258)五月封司马昭为晋公,建立晋国并设置相应的公府机构,加九锡、升相国,司马昭九次推辞,这件事停了下来,改为在原爵位高都公中增加万户、三县的食邑,无爵位的儿子都封为列侯。甘露五年四月,曹髦被迫再次进行前述封赏,此时距离弑君事件的爆发仅有一个月的时间。这一次,司马昭并没有像先前那样"前后九让",加以推辞,有研究者认为,这是司马昭与曹髦关系彻底破裂的直接诱因。

此外,卢弼根据《晋书·文帝纪》的记载,推测当时司马昭的确有废黜曹髦的图谋,②而《魏氏春秋》记载的郑小同被毒杀,③也

---

① 《三国志》卷4《高贵乡公髦纪》注引《汉晋春秋》。

② 《三国志集解》卷4《高贵乡公髦纪》,卢弼按:"据晋史所载,当时实将有废立之事,昭之密疏或即为此。郑小同之鸩死,虑其漏泄也。"

③ 《三国志》卷4《高贵乡公髦纪》注引《魏氏春秋》云:"(郑)小同诣司马文王,文王有密疏,未之屏也。如厕还,谓之曰:'卿见吾疏乎?'对曰:'否。'文王犹疑而鸩之,卒。"《后汉书》卷35《郑玄列传附郑小同列传》引《魏氏春秋》曰:"小同,高贵乡公时为侍中。尝诣司马文王,文王有密疏,未之屏也,如厕还,问之曰:'卿见吾疏乎?'答曰:'不。'文王曰:'宁我负卿,无卿负我。'遂酖之。"

正是缘于司马昭担心自己废立君主图谋的泄露。另据《世语》《晋书·石苞传》等记载,①时任镇东将军的石苞曾觐见曹髦,被曹髦挽留了很久。司马昭派人请来石苞询问情况,石苞说:"这位君主绝非常人也。"次日石苞就离开洛阳,不几日即发生司马昭弑君之事。

据《三国志·高贵乡公髦纪》注引《汉晋春秋》载:"帝见威权日去,不胜其忿",乃召见侍中王沈、尚书王经、散骑常侍王业,对他们说:"司马昭之心,路人所知也。吾不能坐受废辱,今日当与卿等自出讨之。"王经劝阻曹髦说:"昔鲁昭公不忍季氏,败走失国,为天下笑。今权在其门,为日久矣,朝廷四方皆为之致死,不顾逆顺之理,非一日也。且宿卫空阙,兵甲寡弱,陛下何所资用,而一旦如此,无乃欲除疾而更深之邪! 祸殆不测,宜见重详。"曹髦从怀中拿出"黄素诏"扔在地上说:"行之决矣。正使死,何所惧? 况不必死邪!"

曹髦说完,就进内宫禀告郭太后。王沈、王业要王经与他们一起告密,但被王经拒绝。王沈、王业遂奔出宫殿,疾驰禀报司马昭,欲使司马昭得以有所防备。

甘露五年五月初七(己丑,260 年 6 月 2 日),曹髦拔出佩剑登上辇车,率领殿中宿卫和奴仆数百人,鼓噪着出击。此时,司马昭之弟、屯骑校尉司马伷和司马昭心腹、中护军贾充均率兵向皇宫进发。司马昭之弟司马干想从阊阖门(系曹魏宫城正门)入宫,被时任大将军掾满长武(满宠之孙)、孙佑等劝阻,改走东掖门;参军王羡也被满长武阻拦。曹髦在东止车门遭遇入宫的司马伷及其手下,曹髦左右之人怒声呵斥他们,司马伷的兵士吓得四散而逃。

---

① 《三国志》卷 4《高贵乡公髦纪》注引《世语》云:"甘露中,(石苞)入朝,当还,辞高贵乡公,留中尽日。文王遣人要令过。文王问苞:'何淹留也?'苞曰:'非常人也。'明日发至荥阳。数日而难作。"

曹髦率众继续前进,至皇宫南阙,贾充率兵士数千人在南阙阻拦曹髦。曹髦亲自用剑拼杀,称有敢动者灭其族,贾充的部众"莫敢逼",甚至想要退却。

骑督成倅之弟成济,担任太子舍人,在贾充麾下,见此情景问贾充说:"事急矣,当云何?"贾充说:"司马家事若败,汝等岂复有种乎?何不出击!"[1]又曰:"(司马)公蓄养汝等,正谓今日,今日之事,无所问也。"[2]成济兄弟又问:"当杀邪?执邪?"贾充说:"杀之。"[3]于是成济立即抽出长戈上前刺杀曹髦,戈刃刺穿了曹髦的身体而从其后背露出。曹髦当场毙命。

从事件本末来看,我们可以十分清楚地了解到事件真相,即司马昭废曹髦之意或有,弑君之举实为被迫无奈。在儒家忠孝思想被大力弘扬、忠君观念极为深入人心的汉魏社会,不管出于何种目的,"弑君"都被看成是十恶不赦之罪,将引发朝野震动,甚至是人神共愤。司马昭出身于诗礼之家、阀阅门第,不可能不懂得这个简单的道理。退一步讲,司马昭即使想加快代魏步伐,也不会主动采取这种弑君的极端手段,因为这将造成极为恶劣的政治影响,此事甚至影响了两晋诸帝在日后一百五十余年政治上的被动地位。东晋宰辅王导与明帝有一段对话:"明帝时,王导侍坐。帝问前世所以得天下,导乃陈帝(司马懿)创业之始,及文帝(司马昭)末高贵乡公事。明帝以面覆床曰:'若如公言,晋祚复安得长远!'"[4]从中即可看出此事尽管过去数十年之后,但是司马氏的后裔子孙仍然为祖上的弑君之行感到羞愧万分,甚至说出"若如公言,晋祚复安得长远"的话来。

如何来解读"司马昭弑君"事件呢?笔者以为,从另一种视角

---

① 《三国志》卷4《高贵乡公髦纪》注引《魏末传》。
② 《三国志》卷4《高贵乡公髦纪》注引《汉晋春秋》。
③ 《三国志》卷4《高贵乡公髦纪》注引《魏末传》。
④ 《晋书》卷1《宣帝纪》。

来看,司马昭弑君并非为了加快代魏步伐,而是为了保全其家族。曹髦突然亲自出马讨伐司马昭,事起仓促,司马昭猝不及防,毫无准备,在万分危急的情况下,"弑君"实属被迫无奈的自卫之举。司马昭虽在政坛历练多年,是个成熟的政治家,但百密一疏,他万万未曾料到年方二十岁的曹髦性格如此血性、刚烈,居然仅凭"僮仆数百",就敢"鼓噪而出",前来与自己"拼命"。然而即便曹髦"宿卫空阙,兵甲寡弱",但其贵为九五之尊的天子威严仍然具有极其强大的震撼力。曹髦在讨伐司马昭时,曾声称:"(吾)何所惧?况不必死邪!"其言虽太自信,但也不无道理,因为当众人看到天子曹髦手执宝剑,亲自披挂上阵,来势汹汹的气势,连司马昭弟弟司马伷及其手下军士都震惊了,居然不作抵抗就"伷众奔走"。可见,当时情势之危急。

虽然贾充是司马昭弑君事件的头号帮凶,但细思贾充之言:"司马家事若败,汝等岂复有种乎?"亦不无道理。司马氏专权多年,在政治上已是曹魏王朝的死敌,一旦失败,覆巢之下安有完卵,必遭倾宗覆族之祸。受其株连,其党羽如贾充、成济等人亦必遭诛戮。所以此时此刻,司马氏和曹氏的斗争已是你死我活,没有半点调和的余地。当成济问贾充,对曹髦"当杀邪?执邪?"贾充毫不犹豫地回答"杀之",其言虽然狠毒,但在当时也是不得已而为之。因为生擒曹髦之后,如何处理呢?是审判?还是幽禁?或者释放?都是极大的麻烦。事情到了这个程度,双方的矛盾就是死结,无法解开,所以贾充敢于冒天下之大不韪,果断地命令成济弑君。

从司马懿开始发端,司马师、司马昭兄弟的传承,历经二代父子三人的苦心经营,司马代魏无疑已成了历史的必然,然而代魏是否要以弑君作为代价?这就值得商榷了。曹髦被弑,不仅曹魏江山从此万劫不复,作为胜利者的司马氏也付出了极其惨痛的代价。与司马氏家族有通家之谊的陈泰当廷痛哭高贵乡公之死,固执地要求司马昭追查弑君元凶。① 连司马懿之弟司马孚也觉得其侄司马昭弑君有悖君臣之道，故"枕尸于股，哭之恸，曰：'杀陛下者臣之罪。'奏推主者"。临终前他一再声称自己是"大魏之纯臣""有魏贞士"。② 对司马昭弑君、司马炎受禅表示了不满。总之，这件事带来了极坏的政治影响，③司马昭亦为此留下了千古骂名。

当然，曹髦是司马师选的君主，责任不全都在司马昭身上。司马昭的失误是他对曹髦的性格缺乏深刻的了解。按照以往历史上的成例，凡为傀儡君主者，大都性格比较怯懦软弱，凡事皆由权臣摆布。例如，汉献帝终其一生都不敢对曹操的挟天子之举有丝毫反抗。当董贵人及亲生皇子被杀时，汉献帝仍然沉默不语，只是在伏皇后被害时，才对御史大夫郗虑言道："郗公，天下宁有是邪？"又对伏后说："我亦不知命在何时！"④还是不敢反抗。

但曹髦与以往这些任由权臣掌控的君主截然不同。在曹髦看来，既然司马昭篡魏之心已定，废辱他只是旦夕之事，自己与其束手待毙，不如最后一搏；与其苟延残喘，不如壮烈一死，否则，曹魏江山社稷断送在自己手中，还有何面目去见九泉之下的太祖曹操与文皇帝曹丕。面对这么一位刚烈过人有乃祖之风的君主，司马昭太疏忽、太缺乏警惕心了，他未采取诸如在宫廷中安插耳目，或干脆将曹髦软禁于皇宫之中的任何防范措施。更令人惊讶的是，

---

① 《资治通鉴》卷77，"景元元年五月"条曰："昭入殿中，召群臣会议。尚书左仆射陈泰不至，昭使其舅尚书荀顗召之，泰曰：'世之论者以泰方于舅，今舅不如泰也。'子弟内外咸共逼之，乃入，见昭，悲恸。昭亦对之泣曰：'玄伯，卿何以处我？'泰曰：'独有斩贾充，少可以谢天下耳。'昭久之曰：'卿更思其次。'泰曰：'泰言惟有进于此，不知其次。'昭乃不复更言。"

② 《晋书》卷37《安平献王孚传》。

③ 《三国志》卷4《高贵乡公髦纪》注引《汉晋春秋》曰："丁卯，葬高贵乡公于洛阳西北三十里瀍涧之滨。下车数乘，不设旌旐，百姓相聚而观之，曰：'是前日所杀天子也。'或掩面而泣，悲不自胜。"

④ 《后汉书》卷10下《皇后纪》。

平时周密部署、心细如发的司马昭居然失策到让曹髦明目张胆地来讨伐自己，最后在形势十分危急的情况下，措手不及，只能迫不得已，在大庭广众之下让贾充指使成济公然弑君，此事令天下人震惊与愤怒，这个责任司马昭是难辞其咎的。

成济替司马昭杀死曹髦，也不免被作为替罪羊，而遭灭族惨祸。[①] 在曹髦被杀后，司马昭又"大惊，自投于地曰：'天下其谓我何？'"[②]接着，司马昭又以郭太后的名义下令，其中罗列了曹髦的种种"罪状"，又云曹髦要谋害郭太后，其即位以来，危害国家，其"行悖逆不道，而又自陷大祸"。[③] 这种罗织罪名，欲盖弥彰、故作姿态的行为确实虚伪。但是，玩弄权术是古代政治家的惯用伎俩，不足为怪。由于政治风云的诡谲多变，政治斗争的残酷无情，政治家不用心计，不施手腕何以立足？虽然司马昭有弑君之过，但这与司马昭功绩相比，无疑是次要的，正如吴丞相张悌所说："司马懿父子，自握其柄，累有大功，除其烦苛而布其平惠，为之谋主而救其疾，民心归之，亦已久矣。故淮南三叛而腹心不扰，曹髦之死，四方不动，摧坚敌如折枯，荡异同如反掌，任贤使能，各尽其心，非智勇兼人，孰能如之？其威武张矣，本根固矣，群情服矣。"[④]因此我们不应以弑君之事来否定司马昭。正如评价曹操一样，曹操也是个杀人魔王和精于权术的老手，但这并不妨碍我们对他功业的充分

---

① 《晋书》卷2《文帝纪》载司马昭上奏郭太后："故高贵乡公帅从驾人兵，拔刃鸣鼓向臣所，臣惧兵刃相接，即敕将士不得有所伤害，违令者以军法从事。骑督成倅弟太子舍人济入兵阵，伤公至陨。臣闻人臣之节，有死无贰，事上之义，不敢逃难。前者变故卒至，祸同发机，诚欲委身守死，惟命所裁。然惟本谋，乃欲上危皇太后，倾覆宗庙。臣忝当元辅，义在安国，即骆驿申敕，不得迫近舆辇。而济妄入阵间，以致大变，哀恸痛恨，五内摧裂。济干国乱纪，罪不容诛，辄收济家属，付廷尉。"太后从之，夷济三族。
② 《三国志》卷4《高贵乡公纪》注引《汉晋春秋》。
③ 《三国志》卷4《高贵乡公髦纪》。
④ 《三国志》卷48《孙皓传》注引《襄阳记》。

肯定。

必须指出：司马代魏和曹氏代汉的性质是完全相同的，魏晋易代之际，儒家倡导的忠君思想已遭削弱。旧的两重君主观影响仍然存在，在皇权衰落的境况下，大臣极易操纵和控制才具平庸之君，一旦条件成熟，就会取而代之，登上九五之位。司马昭之后，南北朝君主纷纷效尤，其夺位手法如出一辙。直至隋唐以降，莫不如此，甚至被誉为一代英主的唐太宗李世民也发动玄武门之变，弑兄杀弟，逼父退位；宋太祖赵匡胤正是通过陈桥兵变，才得以黄袍加身。历朝历代，弑君夺位者不可胜数，因此我们绝无必要单单诟病"司马昭之心"。

笔者认为，从历史的大格局来看，司马昭是魏晋鼎革之际杰出的政治家和军事家，是西晋王朝的开创者之一。然而，长期以来由于受到封建正统历史观的影响，"司马昭之心，路人皆知"成了人们诟病斥责所有野心家、阴谋家的口头禅。但这样的评价并不客观，其真实的历史形象遭到严重歪曲。西晋太康元年（280），三国归晋。结束了"鼎峙数世，干戈日寻，流血百载"①的分裂局面，司马昭为统一全国作出了重大贡献。

---

① 《汉晋春秋辑本》卷1。

跋

2017 年 6 月,大型三国题材电视剧《大军师司马懿之军师联盟》在各地卫视热播之际,人民出版社刘畅编辑来电热情地约我撰写《司马懿传》,我在当时颇为犹豫。因为我虽然涉足史坛近四十年,但从未写过历史人物的传记,所以对是否接受这一任务尚有些许踌躇。禁不住对这一选题的诱惑,经过短暂的考虑,我还是允诺了。

坦率地说,写好一部人物传记,并非易事,特别是史学著作与历史小说是迥然不同的两种类型。写历史人物传记必须无征不信,来不得半点虚构。要做到书中所有的人和事,包括情节、对话都必须有史料出处。一言以蔽之,即必须用史料说话,有一分材料说一分话,做到无一事无来历,无一言无出处。如此一来,写历史人物传记最关键之处就在于要依赖史料。凡治中国古代史者皆知,隋唐以降特别是明清两代,涉及的史料,除正史、会典、会要、实录、诏令奏疏、档案、起居注外,还须兼及大量的文集、笔记、学案、类钞、稗官野乘、方志等文献资料。面对简牍盈积、浩如烟海的史料,令人有目不暇接、无法穷尽的感受。然而治秦汉魏晋的历史,却苦于史料太少。以传主司马懿而言,最关键也是最主要的史料就是两部书,即《三国志》与《晋书》。史家悉知,《三国志》著者陈寿虽有良史之称,但他取材精审,文辞简约,对关键人物的记载明显不足。然而与寿志相比,《晋书》更为简要,同样是中华书局出版的《晋书》《三国志》,其中《晋书·宣帝纪》的篇幅只有 22 页,而《三国志·武帝纪》有 55 页。也就是说,对曹操的记载是司马懿的 2.5 倍。①《三国志·文帝纪》也有 34 页,可见对曹丕的记载也多于司马懿。当然,寿志能够著称于世,在很大程度上还得益于裴松之的注,正是由于裴注的补充,与《晋书》相比,《三国志》的史料还是比较丰盈的。

在唐朝以前,即有所谓"十八家晋史"传世,而实际上则多达二十余家。唐初,除沈约、郑忠、庾铣三家晋史已亡佚外,其余都还存在。但由于要维护官修《晋书》的权威,就不允许将这些私撰的《晋书》作为注引掺杂其中。如此一来,房玄龄等人所撰的《晋书》,以史料而言,就显得比《三国志》更为单薄、简约。《晋书·宣帝纪》不仅记述简略,而且内容多与《三国志》有关纪传的裴注重叠,房书实际上是转抄私家《晋书》,且往往还不如《三国志》裴注所引私家《晋书》的详尽。可能刘畅编辑亦深知《晋书》的这一特点,为了不使我为难,故在与我交代任务时,大大降低了本书字数的要求,他说写《司马懿传》可以简单些,只要 15 万字就可以了。而我当时一时冲动,居然颇为自信地说:"15 万字是打不住的,至少可以写 30 万字,甚至 40 万字。"

在史料极其缺乏的情况下,要将《司马懿传》的字数扩大到这样一个目标,着实不易,其方法当然不能采用注水式的情节描写。我以为,人民出版社将这部传记列入"中国历代帝王传记"丛书,已为司马懿这个历史人物定了性,即司马懿虽然生前没有即位称帝,但他实际上是西晋王朝的开创者、肇基之君,故其子孙尊谥他为高祖宣皇帝。众所周知,帝王本纪的内容并非仅仅是传主的生平事迹,而是记载他所处的那个时代。从某种意义上来说,帝王就是那个时代和制度的象征。这是太史公所确立的史家撰史的不二法则。所以撰写《司马懿传》就要确立这样一个理路,即写司马懿

---

① 中华书局出版的《三国志》中的裴松之注的字比寿志原文的字要小很多,若裴注的字与寿志原文一样大小,对曹操的史料记载还不只是司马懿的 2.5 倍。

并非是写他一个人的传记,而是论述一个时代。如果将三国时代分成前后两个部分,那么前三国时代的诸多风云人物应以曹操为核心,后三国时代就应以司马懿为核心。一旦以司马懿一生事功为主线,辅之以与其相关的人物与事件,就将极大地丰富本书的内容。

历史地理以及各种典章、职官制度是历史人物传记中不可或缺的内容。汉晋之际并非是承平盛世,而是诸侯割据、三国争霸、用兵不戢的时期。用兵征战的过程,必然涉及诸多历史地名。举例来说,司马懿率军伐蜀时,曾经兵临"朐䏰,拔其新丰县,军次丹口,遇雨,班师"。①笔者查阅有关史志,"朐䏰"约在今重庆云阳县,当时隶属蜀汉巴东郡。至于新丰县在何处?史志未载,据钱大昕考订:"太和四年,(司马懿)泝沔而上,至于朐䏰,拔其新丰县,此非京兆之新丰,在巴东郡,而晋宋二志皆无此县。《太平寰宇记·开州开江县》:'本汉朐䏰县地,蜀汉先主建安二十一年,于今县南二里置汉丰县,以汉土丰盛为名。'当即此新丰也。魏虽拔之而不能守。"②如此偏僻稀见的地名,作者若不引经据典,细加考订,读史者往往会不加细察,忽略而过。

平辽东公孙渊,是司马懿生平的重要事功之一。然而,汉魏之际的辽东在很长时期处于独立或半独立状态。公孙氏自署掾吏,子弟世袭,曹操平袁绍之后,公孙氏方依附于曹氏,成了曹魏的羁縻政权。辽东的行政区划不局限于今东北范围之内,甚至还包括朝鲜的部分疆域,其郡县时有变迁与沿革,若不利用《史记》《汉书》《后汉书》《三国志》极为分散的有关史料,就很难搞清楚公孙氏统治时期辽东政区的变迁以及西晋朝在辽东设立平

---

① 《晋书》卷1《宣帝纪》。
② (清)钱大昕:《廿二史考异》,上海古籍出版社2004年。

州的原因。① 本书在撰写司马懿平辽东一章时即用了相当的篇幅论述了辽东政区沿革的历史。

司马懿一生由文入武，出将入相，担任过诸多官职，诸如文学掾、黄门侍郎、议郎、丞相东曹属、主簿、太子中庶子、军司马、丞相长史、督军、御史中丞、侍中、尚书右仆射、抚军大将军、给事中、录尚书事、骠骑将军、大将军、大都督、太尉、太傅、都督中外诸军等，还曾享有开府、假黄钺、入殿不趋、赞拜不名、剑履上殿等礼遇。诛曹爽后，又封丞相，朝会不拜，加九锡（懿固让）。平王凌、杀曹彪后，拜相国，封安平郡公（懿亦固让不受）。如此众多的官职及礼仪制度，若不审察解读，抑或会使某些非历史学专业出身的读者一头雾水。我在书中不仅对诸多官职作了介绍，而且对司马懿最后担任的太傅之职提出了与众不同的看法。司马懿虽然由太尉转为太傅，但其任侍中、持节、都督中外诸军、录尚书事并没有被剥夺，实际权力仍然可与曹爽分庭抗礼，双方维持着互相制约的关系。不仅如此，而且二人子弟的权力也大体平衡，都控制着关键的要害部门。正如清人王懋竑所言："何晏、邓飏为尚书，司马孚为尚书令；爽弟羲为中领军，懿子师亦为中领军；爽弟彦为散骑常侍，懿子昭亦为散骑常侍，固相参用，爽非能专制者。"②这就告诉我们，不仅曹爽与司马懿权力大体相当，而且二人的亲信与子弟的职务也大体类似。如果有人对司马懿任太傅后，权力未被架空尚有疑虑，亦可以孙吴太傅比较之。孙权死后，吴太傅诸葛恪全面执掌吴国军政大权，权侔人主，位冠群僚。可见，官职与责权有时并不完全对应，而要因人而异，作具体分析，不能一概而论。再例如东汉

---

① 东汉时于东北方仅设幽州；汉献帝时，公孙度据辽东，自称为平州牧。曹魏分辽东、昌黎、玄菟、带方、乐浪五郡为平州，治所在襄平（今辽宁辽阳市）。不久仍废入幽州。西晋咸宁二年十月，分昌黎、辽东、玄菟、带方、乐浪等郡国五置平州。统县二十六，户一万八千一百。

② 《三国志集解》卷9《曹爽传》注引王懋竑曰。

的五官中郎将之职大致介于将军和校尉之间,官职并不大,但曹丕担任此职,就是丞相副贰,是魏王曹操的接班人。

禅让与禅代是中国历史上王朝更迭的重要方式,它行之于传说中的尧舜禹氏族部落联盟时代与秦汉以降皇权专制制度下的诸多王朝,与之相配套的还有权臣逼君主赐九锡的殊礼。讨论中国古代的"禅代"问题,需考虑阶段性划分。"曹魏代汉"虽是始作俑者,但真正将禅代作为王朝更迭的形式继承并固定下来的是"司马代魏"。之后中国进入了南北朝时期,王朝更迭都概莫能外地采用"禅代",包括南朝的宋、齐、梁、陈;北朝的东魏北齐、西魏北周,再到隋、唐、五代与北宋,甚至"唐高祖本以征诛起,而亦假代王之禅,朱温更以盗贼起,而亦假哀帝之禅"。① 世人完全接受了这种权力交接的范式,成为约定俗成的易代方式。

有关汉魏、魏晋时期的禅代政治及权臣受九锡,笔者多年来曾作过专题研究,著有多篇论文。禅代与九锡是汉魏晋时代的突出政治现象,魏晋两朝都是以禅代的方式完成易代鼎革,曹操、司马昭皆受九锡,魏主曹芳迫于无奈亦赐司马懿九锡,司马懿认为代魏时机尚未成熟,故拒辞不受。有关汉魏晋禅代政治,笔者在本书中辟专章论述,意在突出这一问题的重要性。

我以为,以上这些篇幅的增加十分必要,将其写入书中,不仅不会冲淡主题,而且可以将传主一生的活动纳入汉晋之际历史大变革的宏大视野之中,以彰显其所处时代的历史面貌与各种制度。

写完传主司马懿之后,我又撰写了《司马师在魏晋禅代中的功业》与《魏晋之际杰出的政治家、军事家司马昭》两章,将其作为附录放在本书的最后。为何要将司马师、司马昭附在司马懿传之后呢?因为魏晋禅代实际上是司马家族的三代接力所致。司马师兄弟是司马懿事业的继承人。其实司马代魏并不容易,自司马懿

---

① (清)赵翼:《廿二史札记》卷7"禅代"条。

与曹爽为敌后,司马氏与曹氏进行了长达十余年的对抗与较量,从中央到地方,双方的斗争在各个层面展开。在朝廷中相继爆发了高平陵之变,李丰、张缉政变和曹髦亲自率众讨伐司马昭;在地方上有王凌发动的淮南初叛、毌丘俭发动的淮南二叛、诸葛诞发动的淮南三叛。可以毫不夸张地说,这些斗争对司马氏而言,都是血与火的较量,生与死的考验,只要司马氏应对失误,其中有一次失败,就将万劫不复,诛灭九族。司马师、司马昭执政时间虽短,但处于魏晋鼎革的历史转型时期,所以面对的形势更为复杂,他们继承了司马懿的未竟事业,在魏晋禅代的历史进程中起到了承前启后的关键作用,有大功于晋室。正如东晋史学家习凿齿所言:"(宣皇帝)南擒孟达,东荡海隅,西抑劲蜀,旋抚诸夏,摧吴人入侵之锋,扫曹爽见忌之党,植灵根以跨中岳,树群才以翼子弟,命世之志既恢,非常之业亦固。景文继之,灵武冠世,克伐贰违,以定厥庸,席卷梁益,奄征西极,功格皇天,勋侔古烈,丰规显祚,故以灼如也。"[1]可见,肇建西晋王朝的实际上是司马懿、司马师、司马昭父子三人,也就是晋人常言的"三祖"。至于武帝司马炎名为西晋开国之君,实际上是"前人栽树,后人乘凉"的坐享其成者。

经过二年多的笔耕,我终于完成了这部四十余万字的著作。然而,这二年的著书过程,也是我一生较艰难的时刻,因为在这期间病魔不断袭来,灾难接踵而至,我大病了三次。2017 年 3 月,左腿趾骨骨折,上石膏三个月,不能下地行走。2018 年岁末,食管溃疡复发,吞咽困难,严重时几乎不能进食。2019 年 7 月,先是摔跤导致左手肘关节不能弯曲,继而左手尺关节神经受损,酸麻疼痛,导致食不甘味,寝不安席。11 月,在学校一年一度的体检中,CT查出胸部纵隔中有肿瘤,已经长到五厘米,约鸡卵大小,且已压迫到心脏。天可怜见,抑或也是我命不该绝,如果不是学校首次使用

---

① 《晋书》卷 82《习凿齿传》。

CT(以往都是用 X 光)检查,吾命休矣,因为肿瘤再大些的话,则极易扩散。发现肿瘤后,我毫不犹豫,立即住院手术治疗,也许是巧合,也许是鬼使神差,我居然在 11 月 27 日住院前,即 11 月 26 日完成了本书的最后一章中的最后一节。26 日晚,当我将全书的电子版发送到本书责任编辑刘畅的邮箱时,我终于松了一口气,因为完成书稿后就可以安然地做手术,而无后顾之忧了。12 月 2 日,我做了胸腔手术(术后化验是胸腺瘤),所幸手术还算顺利。为免复发,元旦后仍须做胸部放疗。据刘畅编辑告知,书稿清样即出,为不耽搁出书时间,我打算边放疗边校对清样。但愿苍天垂怜,放疗的副反应能不太严重,以使我顺利地完成清样校对工作。

最后需要说明的是,上海嘉定博物馆王光乾副研究员参与讨论修订了本书的目录、跋和内容提要,在我病中,编辑刘畅不断予以鼓励,在此谨致谢忱。

2019 年 12 月 31 日写于寓所书斋

责任编辑：刘　畅

图书在版编目（CIP）数据

司马懿传/朱子彦 著. —北京：人民出版社，2020.6（2025.3 重印）
（中国历代帝王传记）
ISBN 978－7－01－021956－1

Ⅰ.①司…　Ⅱ.①朱…　Ⅲ.①司马懿（179—251）－传记
　Ⅳ.①K827＝361

中国版本图书馆 CIP 数据核字（2020）第 041658 号

司马懿传

SIMAYIZHUAN

朱子彦　著

人民出版社 出版发行
（100706　北京市东城区隆福寺街 99 号）

北京新华印刷有限公司印刷　新华书店经销

2020 年 6 月第 1 版　2025 年 3 月北京第 5 次印刷
开本：850 毫米×1168 毫米 1/32　印张：19.375　插页：1
字数：486 千字

ISBN 978－7－01－021956－1　定价：66.00 元

邮购地址 100706　北京市东城区隆福寺街 99 号
人民东方图书销售中心　电话（010）65250042　65289539